普通高等教育"十一五"国家级规划教材

民事诉讼法学

（第四版）

主　编　常　怡

副主编　唐　力

撰稿人　（以撰写章节先后为序）

常　怡　唐　力　乔　欣

李　龙　肖　晖　赵泽君

蔡　虹　牟逍媛

中国政法大学出版社

2016·北京

图书在版编目（ＣＩＰ）数据

民事诉讼法学/常怡主编. —4版. —北京：中国政法大学出版社,2016.8
ISBN 978-7-5620-6674-3

Ⅰ.①民…　　Ⅱ.①常…　　Ⅲ.①民事诉讼法—法的理论—中国　　Ⅳ.①D925.101

中国版本图书馆CIP数据核字(2016)第168367号

出　版　者　　中国政法大学出版社
地　　　址　　北京市海淀区西土城路 25 号
邮　　　箱　　fadapress@163.com
网　　　址　　http://www.cuplpress.com（网络实名：中国政法大学出版社）
电　　　话　　010-58908435(第一编辑部)　58908334(邮购部)
承　　　印　　保定市中画美凯印刷有限公司
开　　　本　　720mm×960mm　1/16
印　　　张　　31.25
字　　　数　　648 千字
版　　　次　　2016 年 8 月第 4 版
印　　　次　　2019 年 7 月第 3 次印刷
印　　　数　　9001~12000 册
定　　　价　　59.00 元

作者简介

（以撰写章节先后为序）

常　怡　西南政法大学教授、博士生导师，兼任中国法学会诉讼法学研究会名誉会长。1947 年参加工作并于同年参加共产党，1955 年于中国人民大学法律系毕业，1960 年在苏联列宁格勒大学法律系获法学博士学位，1961 年任西南政法学院讲师，1983 年任西南政法学院副教授，1986 年任西南政法大学教授。1991 年被评为"重庆市优秀教师"，1992 年获政府特殊津贴，1993 年被国务院学位委员会评为博士生指导教师，2009 年获重庆市教育委员会"教育工作终身贡献奖"和中共重庆市委员会、重庆市人民政府颁赠的"庆祝中华人民共和国成立六十周年"纪念章，2014 年入选《20 世纪中国知名科学家学术成就概览》（法学卷第三分册）。主编《民事诉讼法教程》《民事诉讼法学》《强制执行的理论与实务》《告诉申诉的理论与实务》《比较民事诉讼法》《外国民事诉讼法新发展》《中国调解制度》《民事诉讼法学研究》等教材、专著及工具书三十余部，在《中国法学》《法学研究》《现代法学》《法学家》《法学评论》《政治与法律》《法学》等学术刊物上发表文章七十余篇。

唐　力　法学博士，西南政法大学教授、博士生导师，法学院院长，兼任重庆市仲裁委员会委员。主要从事民事诉讼法、仲裁法和行政诉讼法的教学与科研工作。公开出版专著 3 部（独著 1 部、合著 2 部），在《法学研究》《现代法学》《法学评论》《法学》等刊物上发表论文四十余篇。2009 年荣获第二届全国民事诉讼法学中青年优秀成果二等奖，2012 年荣获"重庆市名师"称号，2014 年被聘为重庆市高等学校巴渝学者特聘教授。现为国家级精品课程视频公开课程建设"民事诉讼法"课程主持人，国家级精品课程"民事诉讼法"主讲教师，国家级教学团队"民事诉讼法教学团队"主要成员。

乔　欣　法学博士，中国政法大学民商经济法学院民事诉讼法学研究所教授，2011 计划司法文明协同创新中心教授，中国政法大学诉讼法学院兼职教授，中国法学会民事诉讼法学研究会理事，中国行为法学会执行行为研究会常务理事。主要研究方向为民事诉讼法学、仲裁法学。曾出版独著专著和教材《仲裁权论》《仲裁法学》；主编著作和教材《公司纠纷的司法救济》《比较商事仲裁》《外国民事诉讼法》等；参编著作和教材《民事证据理论新探》《强制执行立法的探索与构建》《民事诉讼法学》《仲裁法理论与适用》《仲裁法学》等十余部。在《中国法学》《政法论坛》《法律科学》《诉讼法学研究》《澳门理工学报》等刊物上发表学术论文数十篇，并多次被《人大复印报刊资料》全文转载。主持、参与省部级研究项目多项，现为教育部人文社会科学重点研究基地重大项目"民事纠纷的多元化解决机制与构建和谐社会的理论与实证研究"主持人；中国政法大学科研项目"多元化信托风险控制与纠纷解决机制研究"主持人。

李 龙 法学博士，西南政法大学教授。1995 年 5 月毕业于西南政法大学诉讼法专业并获得诉讼法硕士学位；1999 年 7 月毕业于西南政法大学民事诉讼法专业并获得博士学位。1995 年留西南政法大学任教，2006 年被评聘为教授。主要为本科生及研究生讲授《民事诉讼法》《行政诉讼法》《律师与公证》《仲裁法》《证据学》等课程。在多年的教学、研究过程中，曾在《中国法学》《法学评论》《现代法学》《法律科学》等重要刊物上公开发表学术论文 60 余篇，参编教材 16 部，出版个人专著 4 部，教辅资料 5 部，共计 160 余万字。其中，关于"民事诉讼标的""诉权和诉""民事判决的既判力""民事执行"等的多篇学术论文具有较高的学术价值，填补了诉讼法学科中的许多理论空白，并多次获得不同级别、类型的奖励。教学方面，对于教授的《民事诉讼法》《行政诉讼法》《仲裁法》《律师与公证》《证据学》等几门课程，形成了一整套完整的较为独特的教学内容体系和教学方法，几门课的讲授都深受学生欢迎。1999 年 3 月，在西南政法大学校工会组织的青年教师教学竞赛中，以 92 分的成绩获第一名；2002 年被学生会评选为"十佳最喜爱的老师"，2007 年被"西政人论坛"评为"最受学生欢迎的老师"第一名。2005 年被重庆市教委确定为重庆市首批"高校中青年骨干教师"。2006 年应邀在中央电视台法制频道做了为期 3 个月总共 13 集的题为《民事诉讼欺诈与应对策略》的专题讲座，在全国引起了较大的反响。2012 年在国家精品视频公开课《民事诉讼法》中任主讲教师。

　　肖　晖　法学博士，曾做过 10 年法官，现为西南政法大学法学院民事诉讼法学教研室副教授，硕士生导师。在《北大法律评论》《思想战线》《现代法学》等刊物上发表论文 20 余篇，出版专著《中国判决理由的传统与现代转型》（法律出版社 2008 年版，独著）和《民事诉讼法学改革开放三十年》（法律出版社 2010 年版，合著）。

　　赵泽君　法学博士，西南政法大学教授、博士生导师，美国圣路易斯华盛顿大学访问学者，民革党员。曾从事审判工作和专职律师等工作 10 余年。从 2001 年开始一直从事民事诉讼法学、证据学以及律师学教学和科研工作，在《政法论坛》《现代法学》《法律适用》以及《人民日报》等学术期刊及报纸上发表论文数十篇，有的被《人大复印报刊资料》全文转载。出版专著《民事诉讼规则疑难问题例说》《民事争点整理程序研究——以我国审前准备程序的现状与改革为背景》《民事诉讼快速解决机制的立法研究——以诉讼拖延的成因与治理为视角》以及《律师实务英语——涉外律师执业必备》等，参编《民事诉讼法实施问题研究》、《民事诉讼法学》（普通高等教育"十一五"国家规划教材）、《民事诉讼法·涉外与仲裁篇》（21 世纪民事诉讼法学前沿系列）等多部著作和教材，主持省部级课题研究多项，参与省部级课题研究多项。

　　蔡　虹　中南财经政法大学法学院教授、博士生导师，中国民事诉讼法学研究会副会长。主要从事民事诉讼法学、证据法学的教学与科研工作。主编和参编省部级以上统编教材 9 部，出版个人专著 2 部，在《中国法学》《法学评论》《法商研究》等法学权威刊物、核心刊物上发表学术论文 30 余篇，主持和参加省部级科研项目 8 项。其中，有 2 部统编教材分别获省部级优秀教材一等奖（北京市政府）和二等奖（司法部），2 部个人专著分别获中国法学会 1999 年度、2011 年度优秀科研成果（著作类）三等奖和二等奖，并有多篇论文被全国重要刊物转载或摘要。2002 年获国家级教学成果二等奖。

　　牟逍媛　华东政法大学教授、硕士生导师，华东政法大学民事诉讼法教研室副主任，兼职律师，兼任中国法学会民事诉讼法学研究会理事，中国法学教育研究会诊所法律教育专业委员会常委。2002年9月~2003年1月在英国维斯敏斯特大学作访问学者，先后赴美国、澳大利亚、日本交流诊所法律教育。作为主持人之一的诊所法律教育项目获上海市2005年教学成果一等奖。出版《诊所法律教育的理论与实务》（法律出版社2008年版）等著作4部。在期刊上发表论文30余篇，如"诊所法律教育价值研究"（载《环球法律评论》2005年第2期）、"民事执行救济的程序保障机制"（载《法学》2005年第7期）、"析民事执行行为"（载《政治与法律》2004年第5期）。

出版说明

中国政法大学出版社是国家教育部主管的，我国高校中唯一的法律专业出版机构。多年来，中国政法大学出版社始终把法学教材建设放在首位，出版了研究生、本科、专科、高职高专、中专等不同层次、多种系列的法学教材，曾多次荣获"国家新闻出版总署良好出版社""国家教育部先进高校出版社"等荣誉称号。

自 2007 年起，我社有幸承担了教育部普通高等教育"十一五"国家级规划教材的出版任务，本套教材将在今后陆续与读者见面。

本套普通高等教育"十一五"国家级规划教材的出版，凝结了我社二十年法学教材出版经验和众多知名学者的理论成果。在江平、张晋藩、陈光中、应松年等法学界泰斗级教授的鼎力支持下，在许多中青年法学家的积极参与下，我们相信，本套教材一定会给读者带来惊喜。我们的出版思路是坚持教材内容必须与教学大纲紧密结合的原则。各学科以教育部规定的教学大纲为蓝本，紧贴课堂教学实际，力求达到以"基本概念、基本原理、基础知识"为主要内容，并体现最新的学术动向和研究成果。在形式的设置上，坚持形式服务于内容、教材服务于学生的理念。采取灵活多样的体例形式，根据不同学科的特点，通过学习目的与要求、思考题、资料链接、案例精选等多种形式阐释教材内容，争取使教材功能在最大程度上得到优化，便于在校生掌握理论知识。概括而言，本套教材是中国政法大学出版社多年来对法学教材深入研究与探索的集中体现。

中国政法大学出版社始终秉承锐意进取、勇于实践的精神，积极探索打造精品教材之路，相信倾注全社之力的普通高等教育"十一五"国家级规划教材定能以独具特色的品质满足广大师生的教材需求，成为当代中国法学教材品质保证的指向标。

中国政法大学出版社
2007 年 7 月

第四版说明

《民事诉讼法学》自 2008 年出版以来，受到了广大读者的欢迎。为使本教材能贯彻党的十八届四中全会"全面推进依法治国"的精神，反映现代民事程序的理论发展，紧密联系立法创新和司法实践，我们结合 2014 年《最高人民法院关于适用〈中华人民共和国民事诉讼法〉的司法解释》以及 2016 年 7 月 5 日《最高人民法院关于印发〈人民法院民事裁判文书制作规范〉〈民事诉讼文书样式〉的通知》的规定，对本书进行了第三次修订，增删了一些章节，使其体系结构更加合理。另外，按照教材"三基"的要求，对书中的一些概念、原理、知识作了进一步的斟酌。

本次修订分工如下（以修订章节先后为序）：

常　怡　第一、二章；

唐　力　第三、四、十八章；

乔　欣　第五至九章；

李　龙　第十、十一、三十六至四十章

肖　晖　第十二、十三、二十六至二十八章；

赵泽君　第十四至十七、三十四、三十五章；

蔡　虹　第十九至二十五章；

牟逍媛　第二十九至三十三章。

因本次修订工作的需要，唐力教授出任副主编。修订工作历时数日，先由每位作者按所承担的章节进行修改，随后由副主编和主编对全书进行了审定。

尽管我们殚精竭虑，但由于水平所限，书中若有不妥之处，诚恳地希望读者提出批评和建议。

作　者

2016 年 8 月

第三版说明

　　本教材自 2008 年出版以来，受到了广大读者的欢迎。为了使本教材能够在"全面落实依法治国基本纲要，加快建设社会主义法治国家"方针的指引下，与时俱进，紧密联系民事程序理论发展、立法创新和司法实践，特结合 2012 年新修订的《民事诉讼法》及最新司法理论和实践，对本教材进行了第二次修订。此次修订要围绕以下几个方面进行：一是在保持第二版的编章结构体系的基础上，增加和删除了一些章节；二是根据 2012 年修正的《民事诉讼法》，全面、系统地进行了修改，并对其中一些创新制度进行了崭新的阐释；三是按照教材"三基"的要求，对书中的一些概念、原理、知识作了进一步的斟酌。

　　本次修订分工如下（以修订章节先后为序）：

　　常　怡　第一至四、四十至四十四章；

　　唐　力　第五至七、二十一章；

　　乔　欣　第八至十二章；

　　李　龙　第十三、十四章；

　　肖　晖　第十五、十六、二十九至三十一章；

　　赵泽君　第十七至二十、三十八、三十九章；

　　蔡　虹　第二十二至二十八章；

　　牟逍媛　第三十二至三十七章。

　　本次修订新吸收了唐力教授。修订工作从 2012 年 9 月至 11 月 15 日先由每位作者按修订要求进行修改，11 月 15 日~30 日由主编常怡对全书进行了审定。

　　尽管我们殚精竭虑，但由于水平所限，书中若有不妥之处，诚恳地希望读者提出批评和建议，以便再版时修改。意见请发到电子邮箱：1281543856@qq.com。

作　者
2013 年 3 月

编写说明

《民事诉讼法学》是司法部高等政法院校规划教材之一，1995年获司法部法学优秀教材二等奖，2002年被最高人民法院、国家法官学院选定为法院系统专项培训指定教材。本教材自1994年出版以来，经过了1996年、1999年、2002年、2005年、2008年的五次修订。第一版至第六版由常怡任主编，吴明童、田平安任副主编，撰稿人均有常怡、吴明童、田平安、蔡虹、韩象乾、金友成。本教材2008年被选为普通高等教育"十一五"国家级规划教材后，我们对撰稿人进行了比较大的调整，吸收了乔欣、牟逍媛、李龙、赵泽君、肖晖参与本教材的撰写。

《民事诉讼法学》由绪论、基本原则与制度、诉讼主体、诉讼客体、民事诉讼证据与证明、民事诉讼保障制度、诉讼程序、执行程序、涉外民事诉讼程序的特别规定和涉港、澳、台民事司法协助等共计10编42章构成。其中有些民事诉讼法理论如民事诉讼法律关系放在第三编"诉讼主体"中阐述，诉权、诉的理论放在第四编"诉讼客体"中讲解，既判力理论放在第七编"诉讼程序"第二十三章"民事判决、裁定和决定"之后，这样安排可使民事诉讼法理论与诉讼法规定的制度、程序等具体问题更贴近，更方便教师的教学和学生的学习。此外，本书将当事人与多数当事人作为两章分别进行讲述，力图从全新的角度使学生清晰地掌握当事人的全部内容。

《民事诉讼法学》以我国现行民事诉讼法典、现行有效的民事司法解释为基础，力图完整、准确地阐明民事诉讼法学的基本概念、基本原理和基本的程序知识，并充分吸收了国内外民事诉讼法学领域的最新科研成果。本教材有如下亮点：

第一，在教材中对中国民事诉讼法学的历史发展、民事诉讼法理念、和谐诉讼模式、民事审判机关和民事审判权等进行了比较充分的论证。这就打破了以往教材中缺乏对这些问题作全面讲述的缺陷，我们将它们进行讲述，使学生能够从中认识到民事诉讼法学在我国法学中的地位，树立民事诉讼法理念，全面正确认识民事审判权，也有助于学生对民事诉讼法原理的领会和对司法实践新情况、新问题的把握。

第二，重新界定了一些比较重要的概念和含义。例如，全面通俗易懂地概括了诉权的特征；将诉的本质要素概括为主观要素和客观要素；明确了诉的变更、合并的含义；描述了诉的合并审理程序；等等。

第三，澄清了一些比较模糊的理论界限，如举证责任起止基点的具体划分、督促程序转入普通诉讼程序的具体做法等。

第四，在教材中写明了新旧法律规定的变化。如2008年1月1日起施行的《劳动合同法》取消了劳动争议仲裁前置程序等。

第五，在教材中采用了以通说为主，以适当介绍各种流派学说为辅，诉讼讲解与案例说明相结合的方法，使学生不仅能够了解关于某一理论的各种学说、观点（包括国外的学说理论），继而深入理解本理论的通说，还能掌握这一理论在实践中的运用。

第六，本教材完全是根据普通高等教育"十一五"国家级规划教材编写方案进行编写的。在体例上进行了新的安排：每章的开头设置"学习目的和要求"，提示学生注意掌握重点难点内容；在每章正文后作了小结，作为对本章内容的回顾和总结；在每章设置了思考题；每章都提供了参考文献，以便帮助学生扩大知识面，进一步掌握基本理论的观点，提高专业学术水平。同时，把大量的内容放在了脚注，包括不同的学术观点、改革的意见、案例分析、一些法律条文的规定、国外材料的介绍等，因此，在学习中，要关注相关脚注的内容。

本教材的写作，具体分工如下（以撰写章节先后为序）：

常　怡　第一、二、六、七、十七至二十章；

赵泽君　第三至五、三十六至四十二章；

乔　欣　第八至十二章；

李　龙　第十三、十四章；

肖　晖　第十五、十六、二十七至二十九章；

蔡　虹　第二十一至二十六章；

牟逍媛　第三十至三十五章。

各位撰稿人根据写作大纲要求和分工进行了认真的编写，在统稿中，肖晖博士对书稿提出了一些修改意见，全书由主编常怡修改定稿。尽管我们在写作和修订中殚精竭虑，但因水平所限和时间仓促，书中若有不妥之处，恳请读者提出宝贵的意见。

作　者
2008年8月

法律、法规、司法解释名称缩略语

法律、法规、司法解释名称	缩略语
● **法律、法规**	
中华人民共和国宪法（1982 年）	《宪法》
中华人民共和国民事诉讼法（2012 年）	《民事诉讼法》
中华人民共和国民事诉讼法（试行）（1982 年）	《民事诉讼法（试行)》
中华人民共和国刑事诉讼法（2012 年）	《刑事诉讼法》
中华人民共和国海事诉讼特别程序法（1999 年）	《海事诉讼特别程序法》
中华人民共和国仲裁法（1994 年）	《仲裁法》
中华人民共和国公证法（2005 年）	《公证法》
中华人民共和国企业破产法（2006 年）	《破产法》
中华人民共和国人民法院组织法（2006 年）	《人民法院组织法》
中华人民共和国民法通则（1986 年）	《民法通则》
中华人民共和国合同法（1999 年）	《合同法》
中华人民共和国物权法（2007 年）	《物权法》
中华人民共和国担保法（1995 年）	《担保法》
中华人民共和国婚姻法（2001 年）	《婚姻法》
中华人民共和国继承法（1985 年）	《继承法》
中华人民共和国收养法（1998 年）	《收养法》
中华人民共和国商标法（2001 年）	《商标法》
中华人民共和国公司法（2005 年）	《公司法》
中华人民共和国票据法（2004 年）	《票据法》
中华人民共和国海商法（1992 年）	《海商法》
中华人民共和国证券法（2005 年）	《证券法》
中华人民共和国劳动法（1994 年）	《劳动法》
中华人民共和国农村土地承包法（2002 年）	《农地承包法》
中华人民共和国土地管理法（2004 年）	《土地管理法》
中华人民共和国城市房地产管理法（2007 年）	《房地产法》
中华人民共和国消费者权益保护法（1993 年）	《消费者法》
中华人民共和国税收征收管理法（2001 年）	《税收征管法》
中华人民共和国国家赔偿法（2012 年）	《国家赔偿法》
中华人民共和国著作权法（2010 年）	《著作权法》

法律、法规、司法解释名称	缩略语
中华人民共和国侵权责任法（2009 年）	《侵权责任法》
中华人民共和国可再生能源法（2009 年）	《可再生能源法》
中华人民共和国统计法（2009 年）	《统计法》
中华人民共和国农村土地承包经营纠纷 调解仲裁法（2009 年）	《农村土地承包经营纠纷 调解仲裁法》
中华人民共和国邮政法（2009 年）	《邮政法》
中华人民共和国保险法（2009 年）	《保险法》
中华人民共和国食品安全法（2009 年）	《食品安全法》
中华人民共和国专利法（2008 年）	《专利法》
中华人民共和国防震减灾法（2008 年）	《防震减灾法》
中华人民共和国企业国有资产法（2008 年）	《企业国有资产法》
中华人民共和国循环经济促进法（2008 年）	《循环经济促进法》
中华人民共和国选举法（2010 年）	《选举法》
中华人民共和国香港特别行政区基本法（1990 年）	《香港特别行政区基本法》
中华人民共和国澳门特别行政区基本法（1993 年）	《澳门特别行政区基本法》
人民调解委员会组织条例（1989 年）	《人民调解条例》
医疗事故处理条例（2002 年）	《医疗事故条例》
工伤保险条例（2010 年）	工伤保险条例》
诉讼费用交纳办法（2006 年）	《交纳办法》
关于适用《诉讼费用交纳办法》的通知（2007 年）	《交纳办法通知》
中华人民共和国国境卫生检疫法实施细则（2010 年）	《卫生检疫法实施细则》
中华人民共和国专利法实施细则	《专利法实施细则》
中华人民共和国外国人入境出境管理法实施细则（2010 年）	《外国人入境出境管理 细则》
中华人民共和国审计法实施条例（2010 年）	《审计法实施条例》
中华人民共和国食品安全法实施条例（2009 年）	《食品安全法实施条例》
中华人民共和国劳动合同法实施条例（2008 年）	《劳动合同法实施条例》

● **立法解释**

全国人大常委会关于完善人民陪审员制度的决定（2005 年 5 月 1 日起实施）	《陪审决定》
全国人大常委会关于司法鉴定管理问题的决定（2005 年 10 月 1 日起实施）	《司法鉴定决定》

● **最高人民法院司法解释和其他规范性文件**

最高人民法院、外交部、司法部关于我国法院和外国	《外交途径送达》

法律、法规、司法解释名称	缩略语
法院通过外交途径相互委托送达法律文书若干问题的通知（1986 年）	
最高人民法院关于贯彻执行《中华人民共和国民法通则》若干问题的意见（试行）（1988 年）	《民通意见》
最高人民法院关于适用《中华人民共和国民事诉讼法》的解释（2015 年）	《民诉法解释》
最高人民法院关于适用《中华人民共和国民事诉讼法》若干问题的意见（1992 年）	《民诉意见》
最高人民法院关于民事经济审判方式改革问题的若干规定（1998 年）	《审改规定》
最高人民法院关于在经济审判工作中严格执行《中华人民共和国民事诉讼法》的若干规定（1994 年）	《经济审判规定》
最高人民法院关于审理劳动争议案件适用法律若干问题的解释（2001 年）	《劳动争议解释（一）》
最高人民法院关于审理劳动争议案件适用法律若干问题的解释（二）（2006 年）	《劳动争议解释（二）》
最高人民法院关于适用《中华人民共和国仲裁法》若干问题的解释（2006 年）	《仲裁法解释》
最高人民法院关于适用《中华人民共和国公司法》若干问题的规定（一）（2006 年）	《公司法规定（一）》
最高人民法院关于审理专利纠纷案件适用法律问题的若干规定（2015 年）	《专利纠纷规定》
最高人民法院关于审理商标案件有关管辖和法律适用范围问题的解释（2002 年）	《商标管辖和适用解释》
最高人民法院关于审理商标民事纠纷案件适用法律若干问题的解释（2002 年）	《商标解释》
最高人民法院关于审理著作权民事纠纷案件适用法律若干问题的解释（2002 年）	《著作权解释》
最高人民法院关于审理涉及计算机网络域名民事纠纷案件适用法律若干问题的解释（2001 年）	《网络域名解释》
最高人民法院审理涉及计算机网络著作权纠纷案件适用法律若干问题的解释（2006 年）	《网络著作权纠纷解释》
最高人民法院关于适用《中华人民共和国合同法》若干问题的解释（一）（1999 年）	《合同法解释（一）》

法律、法规、司法解释名称	缩略语
最高人民法院关于适用《中华人民共和国合同法》若干问题的解释（二）（2009 年）	《合同法解释（二）》
最高人民法院关于审理名誉权案件若干问题的解答（1993 年）	《名誉权解答》
最高人民法院关于审理名誉权案件若干问题的解释（1998 年）	《名誉权解释》
最高人民法院关于审理建设工程施工合同纠纷案件适用法律问题的解释（2004 年）	《建设工程解释》
最高人民法院关于审理人身损害赔偿案件适用法律若干问题的解释（2003 年）	《人身赔偿解释》
最高人民法院关于审理证券市场因虚假陈述引发的民事赔偿案件的若干规定（2003 年）	《证券市场虚假陈述赔偿规定》
最高人民法院关于审理期货纠纷案件若干问题的规定（2003 年）	《期货纠纷规定》
最高人民法院关于审理涉及农村土地承包纠纷案件适用法律问题的解释（2005 年）	《农地承包纠纷解释》
最高人民法院关于审理票据纠纷案件若干问题的规定（2000 年）	《票据纠纷规定》
最高人民法院关于审理存单纠纷案件的若干规定（1997 年）	《存单纠纷规定》
最高人民法院关于适用《中华人民共和国婚姻法》若干问题的解释（一）（2001 年）	《婚姻法解释（一）》
最高人民法院关于适用《中华人民共和国婚姻法》若干问题的解释（二）（2003 年）	《婚姻法解释（二）》
最高人民法院关于适用《中华人民共和国担保法》若干问题的解释（2000 年）	《担保法解释》
最高人民法院关于适用《中华人民共和国海事诉讼特别程序法》若干问题的解释（2003 年）	《海事诉讼特别程序法解释》
最高人民法院关于严格执行公开审判制度的若干规定（1999 年）	《公开审判规定》
最高人民法院关于审判人员严格执行回避制度的若干规定（2000 年）	《回避规定》
最高人民法院关于人民法院民事调解工作若干问题的规定（2004 年）	《调解规定》

法律、法规、司法解释名称	缩略语
最高人民法院关于人民法院合议庭工作的若干规定（2002 年）	《合议规定》
最高人民法院对诉前停止侵犯专利权行为适用法律问题的若干规定（2001 年）	《专利诉前禁令》
最高人民法院关于诉前停止侵犯注册商标专用权行为和保全证据适用法律问题的解释（2001 年）	《商标诉前禁令》
最高人民法院关于审理信用证纠纷案件若干问题的规定（2005 年）	《信用证规定》
最高人民法院关于当事人申请财产保全错误造成案外人损失应否承担赔偿责任问题的解释（2005 年）	《保全赔偿解释》
最高人民法院关于民事诉讼证据的若干规定（2001 年）	《民事证据规定》
最高人民法院关于适用《关于民事诉讼证据的若干规定》中有关举证时限规定的通知（2008 年）	《举证时限规定通知》
最高人民法院关于对经济确有困难的当事人提供司法救助的规定（2005 年）	《司法救助规定》
最高人民法院、司法部关于印发《关于民事诉讼法律援助工作的规定》的通知（2005 年）	《法律援助规定》
最高人民法院关于适用简易程序审理民事案件的若干规定（2003 年）	《简易程序规定》
最高人民法院关于适用督促程序若干问题的规定(2001 年)	《督促程序规定》
最高人民法院关于人民法院对民事案件发回重审和指令再审有关问题的规定（2002 年）	《重审再审规定》
最高人民法院关于严格执行案件审理期限制度的若干规定（2000 年）	《审限规定》
最高人民法院关于人民法院办理执行案件若干期限的规定（2006 年）	《执限规定》
最高人民法院关于审理企业破产案件若干问题的规定（2002 年）	《破产规定》
最高人民法院关于人民法院执行工作若干问题的规定（试行）（1998 年）	《执行规定》
最高人民法院关于正确适用暂缓执行措施若干问题的规定（2002 年）	《缓执规定》
最高人民法院关于人民法院民事执行中查封、扣押、冻结财产的规定（2004 年）	《查封、扣押、冻结规定》

法律、法规、司法解释名称	缩略语
最高人民法院关于人民法院民事执行中拍卖、变卖财产的若干规定（2004 年）	《拍卖规定》
最高人民法院关于冻结、拍卖上市公司国有股和社会法人股若干问题的规定（2001 年）	《冻结规定》
最高人民法院关于人民法院执行设定抵押的房屋的规定（2005 年）	《房屋执行规定》
最高人民法院关于进一步发挥诉讼调解在构建社会主义和谐社会中积极作用的若干意见（2007 年）	《诉讼调解意见》
最高人民法院关于加强和改进委托执行工作的若干规定（2000 年）	《委托执行规定》
最高人民法院关于人民法院执行公开的若干规定(2006 年)	《执行公开规定》
最高人民法院、中国人民银行关于依法规范人民法院执行和金融机构协助执行的通知（2000 年）	《金融机构协助通知》
最高人民法院、国土资源部、建设部关于依法规范人民法院执行和国土资源房地产管理部门协助执行若干问题的通知（2004 年）	《房地产执行通知》
最高人民法院关于审理人民法院国家赔偿确认案件若干问题的规定（试行）（2004 年）	《赔偿确认规定》
最高人民法院关于当前形势下进一步做好涉农民事案件审判工作的指导意见（2009 年）	《涉农民事案件意见》
最高人民法院关于裁判文书引用法律、法规等规范性法律文件的规定（2009 年）	《裁判文书规定》
最高人民法院关于进一步加强司法便民工作的若干意见（2009 年）	《司法便民意见》
最高人民法院关于废止 2007 年底以前发布的有关司法解释（第七批）的决定（2008 年）	《废止司法解释的决定》
最高人民法院关于受理审查民事申请再审案件的若干意见（2009 年）	《再审案件意见》
最高人民法院关于债权人对人员下落不明或者财产状况不清的债务人申请破产清算案件如何处理的批复(2008 年)	《破产清算案件批复》
最高人民法院关于审理公司强制清算案件工作座谈会纪要（2009 年）	《强制清算案件纪要》

法律、法规、司法解释名称	缩略语
最高人民法院关于审理涉及驰名商标保护的民事纠纷案件应用法律若干问题的解释（2009 年）	《驰名商标案件解释》
最高人民法院关于涉及驰名商标认定的民事纠纷案件管辖问题的通知（2009 年）	《驰名商标案件管辖通知》
中共政法委、最高人民法院关于规范集中清理执行积案结案标准的通知（2009 年）	《执行积案结案标准的通知》
最高人民法院关于本院执行工作办公室更名为执行局的通知（2008 年）	《执行办公室更名通知》
最高人民法院关于适用《关于民事诉讼证据的若干规定》中有关举证时限规定的通知（2008 年）	《举证规定》
最高人民法院关于适用《中华人民共和国民事诉讼法》审判监督程序若干问题的解释（2008 年）	《审监解释》
最高人民法院关于适用《中华人民共和国民事诉讼法》执行程序若干问题的解释（2008 年）	《执行程序若干解释》
最高人民法院关于审理民事案件适用诉讼时效制度若干问题的规定（2008 年）	《诉讼时效规定》
最高人民法院关于依法做好抗震救灾恢复重建期间民事审判和执行工作的通知（2008 年）	《抗震救灾期间民事审判和执行通知》
最高人民法院关于调整地方各级人民法院管辖第一审知识产权民事案件标准的通知（2010 年）	《知识产权管辖通知》
最高人民法院关于审理民事级别管辖异议案件若干问题的规定（2009 年）	《级别管辖异议案件规定》
最高人民法院关于审理铁路运输人身损害赔偿纠纷案件适用法律若干问题的解释（2010 年）	《铁路运输人身损害赔偿解释》
最高人民法院关于人民陪审员参加审判活动若干问题的规定（2010 年）	《人民陪审员参加审判活动规定》
最高人民法院关于进一步加强合议庭职责的若干规定（2010 年）	《加强合议庭职责规定》
最高人民法院关于改革和完善人民法院审判委员会制度的实施意见（2010 年）	《审判委员会制度实施意见》
最高人民法院关于审理侵犯专利权纠纷案件应用法律若干问题的解释（2009 年）	《专利权解释》
最高人民法院关于人民法院委托评估、拍卖和变卖工作的若干规定（2009 年）	《评估、拍卖、变卖规定》

法律、法规、司法解释名称	缩略语
最高人民法院关于适用《中华人民共和国保险法》若干问题的解释（一）（2009 年）	《保险法解释（一）》
最高人民法院关于建立健全诉讼与非诉讼相衔接的矛盾纠纷解决机制的若干意见（2009 年）	《纠纷解决机制意见》
最高人民法院关于进一步加强和规范执行工作的若干意见（2009 年）	《执行工作意见》
最高人民法院关于当前形势下进一步做好房地产纠纷案件审判工作的指导意见（2009 年）	《房地产纠纷审判意见》
最高人民法院关于当前形势下审理民商事合同纠纷案件若干问题的指导意见（2009 年）	《合同纠纷意见》
最高人民法院关于当前形势下进一步做好涉农民事案件审判工作的指导意见（2009 年）	《涉农民事案件审判意见》
最高人民法院关于正确审理企业破产案件为维护市场经济秩序提供司法保障若干问题的意见（2009 年）	《企业破产案件意见》
最高人民法院关于依法审理和执行被风险处置证券公司相关案件的通知（2009 年）	《审理和执行风险处置证券公司通知》
最高人民法院关于应对国际金融危机做好当前执行工作的若干意见（2009 年）	《执行工作意见》
最高人民法院人民法院督促检查工作规定（2009 年）	《督促检查规定》
最高人民法院关于审理物业服务纠纷案件具体应用法律若干问题的解释（2009 年）	《物业纠纷解释》
最高人民法院关于审理建筑物区分所有权纠纷案件具体应用法律若干问题的解释（2009 年）	《建筑物区分所有权纠纷解释》
最高人民法院关于民事经济审判方式改革问题的若干规定（1998 年）	《审改规定》
中华人民共和国法官职业道德基本准则（2010 年）	《法官职业道德基本准则》
最高人民法院关于适用《关于民事诉讼证据的若干规定》中有关举证时限规定的通知（2008 年）	《举证时限规定》
最高人民法院关于进一步加强合议庭职责的若干规定(2010 年)	《加强合议庭职责的若干规定》
最高人民法院关于审判人员在诉讼活动中执行回避制度若干问题的规定（2011 年）	《回避规定》
最高人民法院关于司法公开的六项规定（2009 年）	《司法公开的六项定》
最高人民法院关于人民法院接受新闻媒体舆论监督的若干规定（2009 年）	《人民法院接受新闻媒体舆论监督的若干规定》

法律、法规、司法解释名称	缩略语
最高人民法院关于调整地方各级人民法院管辖第一审知识产权民事案件标准的通知（2010 年）	《知识产权管辖通知》
最高人民法院关于人民法院认可台湾地区有关法院民事判决的补充规定（2009 年）	《认可台湾民事判决补充规定》
最高人民法院关于涉港澳民商事案件司法文书送达问题若干规定（2009 年）	《涉港澳送达规定》
最高人民法院关于香港仲裁裁决在内地执行的有关问题的通知（2009 年）	《香港仲裁裁决在内地执行通知》
最高人民法院关于内地与香港特别行政区法院相互认可和执行当事人协议管辖的民商事案件判决的安排（2008 年）	《内地与香港判决认可安排》
最高人民法院关于内地与香港特别行政区法院相互委托送达民商事司法文书的安排（1999 年）	《内地与香港委托送达安排》
最高人民法院关于内地与澳门特别行政区法院就民商事案件相互委托送达司法文书和调取证据的安排（2001 年）	《内地与澳门委托送达安排》
最高人民法院关于内地与香港特别行政区相互执行仲裁裁决的安排（2000 年）	《内地与香港仲裁执行安排》
最高人民法院关于内地与澳门特别行政区相互认可和执行民商事判决的安排（2006 年）	《内地与澳门判决认可安排》
最高人民法院关于人民法院认可台湾地区有关法院民事判决的规定（1998 年）	《认可台湾民事判决规定》
最高人民法院关于人民法院认可台湾地区有关法院民事判决的补充规定（2009 年）	《认可台湾民事判决补充规定》
最高人民法院关于涉台民事诉讼文书送达的若干规定(2008 年)	《涉台送达规定》
最高人民法院关于涉外民事或商事案件司法文书送达问题若干规定（2006 年）	《涉外送达规定》
《关于人民法院推行立案登记制改革的意见》(2015 年)（中央全面深化改革领导小组第十一次会议审议通过的文件）	《立案登记意见》
最高人民法院关于印发《人民法院民事裁判文书制作规范》《民事诉讼文书样式》的通知	《民事文书制作规范》

•最高人民检察院司法解释和其他规范性文件

人民检察院民事行政抗诉案件办案规则（2001 年）	《抗诉办案规则》
人民检察院民事诉讼监督规则（试行）（2013 年）	《检察监督规则》

•司法部司法解释和其他规范文件

人民调解工作若干规定（2002 年）	《人民调解规定》

法律、法规、司法解释名称	缩略语
● 国际公约	
关于向国外送达民事或商事司法文书和司法外 文书公约（1991 年加入）	《海牙公约》
关于从国外调取民事或商事证据的公约（1997 年加入）	《取证公约》
承认及执行外国仲裁裁决公约（1986 年加入）	《纽约公约》

注：在本书中括号内只写条文的，均指《中华人民共和国民事诉讼法》的条文。

|目 录|

第一编 绪 论

第二编 基本原则与制度

第七编　诉讼调解与和解

第八编　诉讼程序

第九编 执行程序

第十编　涉港、澳、台民事司法协助

第十一编　涉外民事诉讼程序的特别规定

第一章

第一编　绪　论

民事诉讼法学

学习目的和要求　了解中国民事诉讼法学的历史发展；明确民事诉讼法学的概念、研究对象和范围；学会运用各种学习研究民事诉讼法学的方法。

■第一节　民事诉讼法学的历史发展

中国古代不仅存在法学，而且其还是一种比较发达的法学形态。[1]中国古代有无民事诉讼法学是人们应当关注的问题。虽然目前还尚未发现中国古代民事诉讼法学方面的成套记载，但是我们从一些历史书籍的记载中可以看出，中国古代有不少解决民事纠纷的理念和方法。中国古代的诉讼理念是以"和为贵"为指导，通过"调停""以德化民、息讼戒争"等来解决民事纠纷的。[2]这些理念和方法，不仅是中国古代人们处理民事纠纷的珍宝，对当今社会也有十分重要的意义。

中国近代民事诉讼法学，大致经历了两个重要发展时期：第一个时期是《大清民事诉讼律（草案)》起草前后，请外国专家讲学、翻译并出版了一批民事诉讼法方面的书籍和文章。19世纪80年代，法国民事诉讼律首次进入中国。1880年，法国人比利干翻译出版了《法国律例》（同文馆聚珍版刊行）一书。该书收录了法国的六大法典，其中有一种名为《民律指掌》，就是《法国民事诉讼法》的汉译本。

---

[1]　何勤华：《中国法学史（第1卷)》，法律出版社2006年版，第51页。
[2]　何勤华：《中国法学史（第1卷)》，法律出版社2006年版，第247页。

1905 年前后，中国出版了最早的一批编译性质的民事诉讼法著作，如欧阳保真、毕厚、王时润等编译的几本《民事诉讼法》同名著作。据初步统计，自清末至 1949 年，中国共出版了六百余部民事诉讼法的专著、译著和教材。[1] 第二个时期是 1935 年中华民国政府制定公布《中华民国民事诉讼法》前后，又翻译和编著了一大批民事诉讼法学方面的书籍和文章。民国时期发表了许多民事诉讼法学方面的论文和译文，据初步统计总数达 450 余篇。民事诉讼法学已成为各政法院校的基础课程之一，并培养了大批人才。[2] 经过这两个重要时期的引进、介绍和研究，民事诉讼法学方面的基本原理和程序，在中国得到了认同。[3]

新中国民事诉讼法学的发展，与我国法治建设一样，经过了一个曲折的发展历程。新中国成立以来，民事诉讼法学的发展大体分为以下几个阶段：

第一阶段，从 1949 年到 1955 年 7 月，是我国全面学习苏维埃民事诉讼法学的时期。这一阶段主要是请苏联民事诉讼法学家讲课，翻译与介绍苏维埃民事诉讼法，借鉴与学习苏联的民事审判制度与理论。[4] 在这一阶段，中国的民事审判实践还没有形成较为规范的程序，民事诉讼法学尚未形成。直到 1955 年 7 月最高人民法院下发《关于北京、天津、上海等十三个大城市高、中级人民法院民事案件审理程序的初步总结》才基本结束。

第二阶段，从 1955 年 7 月到 1958 年下半年，是我国民事诉讼法学的初创时期。各政法院系开始开设民事诉讼课程，编写民事诉讼教材，如中央政法干校、中国人民大学编印了《中国民事诉讼讲义》作为教材，其他很多院校翻印了这本书。研究中国民事诉讼制度的文章也陆续问世。这标志着我国民事诉讼理论研究已经开始。此外，还翻译了不少苏联民事诉讼方面的著作。[5]

第三阶段，从 1958 年底到 1966 年，是我国民事诉讼法学的停滞时期。由于受反右运动和法律虚无主义的影响，民事诉讼法学理论研究基本上处于停滞状态。很多学者被下放劳动，失去了研究的机会；大专院校基本上取消了民事诉讼法这门课，偶有在婚姻法中涉及婚姻诉讼和人民调解等内容。

第四阶段，从 1966 年到 1976 年 10 月，是我国民事诉讼法学被破坏时期。由于"文化大革命"，民事诉讼法学研究不仅停滞，而且由于政法院系被撤销，已经建立起来的尚不完备的民事诉讼理论体系被彻底破坏，一直持续到粉碎"四人帮"。

第五阶段，从 1976 年 10 月到 1982 年 3 月《民事诉讼法（试行）》颁布，是我

---

〔1〕 参见何勤华：《中国法学史（第 3 卷）》，法律出版社 2006 年版，第 476 页。

〔2〕 参见石志泉：《民事诉讼法条例释义》，三民书局 1982 年版；何勤华：《中国法学史（第 1 卷）》，法律出版社 2006 年版，第 51 页。

〔3〕 何勤华：《中国法学史（第 3 卷）》，法律出版社 2006 年版，第 482~483 页。

〔4〕 如中国人民大学编印、由阿布拉夫著的《苏维埃民事诉讼》。

〔5〕 如 1957 年中国人民大学出版社出版的苏联克里曼原著，由马绍春、王明毅、陈逸云翻译的《苏维埃民事诉讼中证据理论的基本问题》；1958 年出版的 M. A. 顾尔维奇著的《诉权》等。

国民事诉讼法学恢复并初步发展时期。一些政法院校、大学法律系复办，并陆续开设民事诉讼法学课程，撰写了一些民事诉讼法讲义。此期间的民事诉讼理论研究零星散碎，文章不多。[1]1978年12月召开的第二次全国民事审判工作会议，对于推动民事诉讼的理论研究起了很大的作用。此后，全国人大常委会成立《民事诉讼法》的起草班子，着手起草《民事诉讼法》。

第六阶段，从1982年3月至今，是我国民事诉讼法学兴起并蓬勃发展时期。随着《民事诉讼法（试行）》和1991年《民事诉讼法》的颁布，以及2007年、2012年的修改，我国的民事诉讼理论研究进入了一个崭新的发展阶段。民事诉讼理论界围绕民事诉讼法的制定、试行以及修改，结合我国民事诉讼的实践经验，进行了一系列研究，结出了丰硕的果实。

第一，从著作方面看，较早的几本教材是1982年10月法律出版社出版的柴发邦等编写的《民事诉讼法通论》，重庆出版社出版的常怡主编的《民事诉讼法教程》以及同年12月北京大学出版社出版的刘家兴编著的《民事诉讼教程》。这些教材吸收了我国新中国成立后的民事诉讼法学理论研究成果，结合我国民事诉讼法的规定，为我国民事诉讼法这一学科的建立奠定了基础。此后迄今，据不完全统计，民事诉讼法学共计出版了教材、讲义一百余本和普及读物十余本。其中有代表性的有4本：一是1983年7月由法律出版社出版的柴发邦任主编，常怡、曾昭度、江伟任副主编的《民事诉讼法教程》（修订后改名为《民事诉讼法学》）。它广泛吸收了民事诉讼法学理论研究的新成果，体系科学、内容丰富，反映了我国民事诉讼法学的研究现状与发展趋势，成为全国高等法律院系的通用教材和司法部门的重要参考书籍。该书获得了"全国高等学校优秀教材"和"司法部高等院校优秀教材"称号。该书目前已发行二十余万册。二是1983年6月由西南政法学院编印的《民事诉讼法讲座》，该书汇集了第三期全国法律专业"民事诉讼法"师资进修班上著名民事诉讼法学家柴发邦、江伟、王锡三、常怡、唐德华、刘家兴、杨荣新、谢邦宇、徐鹤皋、陈六书的讲稿，全书约64万字，引用资料丰富、研究深入、文字朴实、通俗易懂，对民事诉讼法学的教学、研究都有较大的参考价值。三是1988年2月人民法院出版社出版的王怀安任主编，柴发邦、唐德华任副主编的《中国民事诉讼法讲义》，该书体系结构新颖，尤其是结合司法实际、运用了大量的实践材料，对指导司法工作很有帮助，是全国法院和业余法律大学的一本好教材。四是1988年6月法律出版社出版的周道鸾主编的《民事诉讼法教程》，该书在体系上有不少创新，内容上富有新意，是大专法学试用教材。此外，还出版了二十余本民事诉讼法案例分析。

第二，从研究内容和方法上看，近些年来，无论是研究的内容、论证的角度，抑或研究的方法、文章的结构，都令人耳目一新。这些论文和著作或是对民事诉讼

---

[1]　主要的著述是1981年4月法律出版社出版的唐德华等编著的《民事诉讼法基本知识——常用概念释义》和中国人民大学法律系民法教研室编的《外国民事诉讼法分解资料》。

法传统理念的大胆革新，或是对民事诉讼新领域的积极探索，或是对民事审判实践进行理论概括，或是为立法提供依据。这对于进一步丰富民事诉讼法学的理论宝库和提高民事诉讼法学理论研究水平，无疑起到了推动作用。[1]

第三，民事诉讼法学理论的基础性工作得到了加强。这不仅表现在司法实践部门重视法律文件的整理、汇编和实践问题的概括、总结。同时，理论界自身加强了资料积累工作。另外还翻译外国教材、法典、专著八十余本。这对于了解外国民事诉讼理论和制度、深化我国民事诉讼的理论研究及完善民事诉讼立法是大有裨益的。

■第二节　民事诉讼法学的概念、研究对象和范围

一、民事诉讼法学的概念

民事诉讼法学，是研究民事诉讼法的产生、发展及其实施规律以及它与邻近法律联系和区别的规律的学科。这个定义表明了以下三层含义：

1. 它是研究民事诉讼法产生、发展规律的科学。对这一规律加以研究，将有助于我们深刻地认识民事诉讼法的规律，并使现行民事诉讼法得到进一步完善。

2. 它是研究民事诉讼法实施规律的科学。《民事诉讼法》制定颁布后，在实施中无疑会遇到各种各样的新情况、新问题。因此，研究这些新情况、新问题，自然是不可忽视的，研究实施过程中带有规律性的问题就显得尤其重要了。

3. 它是研究与邻近法律联系和区别的规律的学科。民事诉讼法的产生、发展要适应民事实体法律的需要，而且在实施过程中也需要有关程序法律制度的支撑，因此必须研究它与邻近法律的联系与区别。

二、民事诉讼法学的研究对象

什么是民事诉讼法学的研究对象，这在民事诉讼法学界认识颇不一致。有的认为民事诉讼法学的研究对象是民事纠纷；有的认为是民事诉讼法律关系；[2]有的认为是民事诉讼法和民事审判实践经验；[3]有的认为是民事诉讼法规范和民事诉讼具体实践。[4]

如何才能准确确定民事诉讼法学的研究对象呢？要解决这个问题，我们应当遵循马克思主义的一般原理。恩格斯指出："每一门科学都是分析某一个类别的运动形式或一系列互相关联和互相转化的运动形式的。"[5]从这一原理不难看出，要确定民

---

[1]　据不完全统计，从 1949～2015 年，民事诉讼法学方面发表的文章共计一万五千余篇，出版专著二百五十多本。

[2]　刘家兴等：《民事诉讼法学概要》，光明日报出版社 1985 年版，第 4～5 页。

[3]　柴发邦主编：《民事诉讼法学》，法律出版社 1987 年版，第 9 页。

[4]　周道鸾主编：《民事诉讼法教程》，法律出版社 1992 年版，第 12 页。

[5]　[德] 恩格斯：《自然辩证法》，中共中央马克思、恩格斯、列宁、斯大林著作编译局译，人民出版社 1971 年版，第 227 页。

事诉讼法学的研究对象，就应明确民事诉讼法学是分析什么运动形式，以及与这种运动形式相联系和相区别的运动形式。根据这种认识，我们认为，民事诉讼法学的研究对象就是分析民事诉讼法产生、发展和实施的运动形式及其与邻近法律的联系和区别的运动形式。所谓民事诉讼法的运动形式，就是指民事诉讼法产生、发展及其实施的运动规律。规律是指事物之间内在的必然联系。规律是客观存在的，是不以人们的意志为转移的，但人们能够通过实践认识它、利用它。民事诉讼法与邻近法律相联系和相区别的运动形式，是指民事诉讼法在产生、发展和实施过程中与邻近法律相联系和相区别的运动规律。所以，民事诉讼法产生、发展及其实施的运动规律，和它与邻近法律相联系和相区别的运动规律，都是民事诉讼法学的研究对象。

三、民事诉讼法学的研究范围

在明确了民事诉讼法学的研究对象之后，我们还必须确定它的研究范围。从纵向看，自中国古代以来的民事诉讼法产生、发展及其实施的规律固然都要加以研究，但应以研究现行民事诉讼法产生、发展及其实施的规律为重点；同时，也要研究一些国际市场经济和国内市场经济对民事诉讼法提出的要求，以便我们对未来民事诉讼立法的发展趋势加以科学的预测。从横向看，虽然邻近法律与民事诉讼法相关的问题都在民事诉讼法学的研究之列，但应以其中彼此联系最紧密的内容为重点。宪法、法院组织法、检察院组织法、民商事法律，以及辅助民事诉讼法的保护民事权利的公证制度、仲裁制度、律师制度和调解制度中涉及的民事诉讼法内容，都应加以研究；同时，也要研究关于适用《民事诉讼法》的司法解释和《民事诉讼法》实施过程中出现的新情况、面临的新问题，而且对后者的研究，应给予特别的注意和足够的重视。

■第三节　学习研究民事诉讼法学的意义和方法

一、学习研究民事诉讼法学的意义

民事诉讼法学是中国特色社会主义法学体系中的一个重要组成部分，是一门程序性的学科。学习研究民事诉讼法学，对制定、发展、完善和实施民事诉讼法具有重要的意义。首先，有助于贯彻中国共产党十八届四中全会的精神。其次，有助于科学地理解、掌握和运用民事诉讼法，为完善民事诉讼立法、健全民事诉讼制度提出科学的依据。再次，有助于提高司法机关的执法水平，保证民事程序法和实体法的公正贯彻实施，切实保障和维护当事人的合法权利。最后，有助于在涉外民商事纠纷日益复杂化的新形势下增进国际交往合作，推动人类社会不断进步。

二、学习研究民事诉讼法学的方法

民事诉讼法学的研究是以马克思主义的唯物辩证法为指导的。具体说来，应采取下列研究方法：

1. 宏观与微观相结合的方法。任何诉讼制度都是社会经济基础的反映。因此，研究民事诉讼法学的各类问题，就必须把它们放在社会大环境中，从政治、经济、文化等多方面进行考察。同时，由于民事诉讼法是程序法，有独特的个性和发展规律，因而要具体问题具体分析。宏观与微观相结合，才能既有宽度，又有深度。

2. 理论与实践相结合的方法。民事诉讼法学具有明确的实践性和应用性，理论与实践相结合是民事诉讼法学最根本的研究方法。民事诉讼法学是从实践中产生的，也是随实践而发展并受到实践的检验。因此，研究民事诉讼法学的理论只有与中国的实际情况相结合，才能深刻领会民事诉讼法学的主要内容和基本精神。

3. 程序法与实体法相结合的方法。程序法和实体法都是调整社会关系的法律，而且民事诉讼法与民事实体法有着十分密切的关系。因此，研究民事诉讼法学必须把民事程序法和民事实体法结合起来，这样才能比较全面地掌握民事诉讼法的内容。

4. 原则性规定与具体条款规定相结合的方法。原则性规定是民事诉讼法精神的体现，诉讼法具体条款的规定保证原则性规定的实施。没有原则性规定，不仅民事诉讼法会失去方向和灵魂，而且具体条款也会失去方向，更谈不上适应客观形势的需要。反之，没有具体条款的规定，原则性规定就不能得到贯彻实施。因此，民事诉讼法学的研究应当采取原则性规定与具体规定相结合的研究方法，才能领会整个民事诉讼法的精神实质，并保证民事诉讼法得到正确的贯彻实施。

5. 现行法与历史的法、外国的法相比较的方法。有比较才会有鉴别。民事诉讼法学的研究方法，应当采取现行民事诉讼法与中国历史上民事诉讼制度相比较的方法，探讨它们之间的联系和差异；同时，还应当采取现行民事诉讼法与外国民事诉讼制度相互比较的方法，正确认识我国民事诉讼法的特点及其需要进一步完善的地方，关注当今世界各国民事诉讼制度的状况和发展趋势，并汲取其中有益的东西，为我所用。

【本章小结】

1. 本章阐述了我国民事诉讼法学的历史发展，明确了民事诉讼法学的概念、研究对象和研究范围，并介绍了民事诉讼法学的各种学习研究方法。

2. 民事诉讼法学是研究民事诉讼法的产生、发展及其实施的规律以及它与邻近法律联系和区别的规律的科学。

3. 民事诉讼法学是我国社会主义法学体系中的一个重要组成部分，是根据我国社会生活的迫切需要和社会主义法治建设的发展水平及客观需要而建立起来的一个部门法学，是一门实践性很强的学科。研究民事诉讼法学对制定、发展、完善和实施民事诉讼法具有很重要的意义。

【思考题】

1. 试述我国民事诉讼法学的历史发展。

2. 什么是民事诉讼法学？它的研究对象是什么？

3. 学习研究民事诉讼法学应当掌握哪些方法？

【参考文献】

1. 常怡："关于中国民事诉讼法学研究对象和方法的研究回顾与展望"，载《西南政法大学学报》1999 年第 3 期。

2. 陈桂明、刘田玉："民事诉讼法学的发展维度——一个时段性分析"，载《中国法学》2008 年第 1 期。

第一章

第二章

民事诉讼法

学习目的和要求 理解民事诉讼法的概念、特点及制定根据；把握民事诉讼法的历史发展；了解民事诉讼的概念和特征；明确民事诉讼法的任务以及效力范围。

■第一节 民事纠纷与民事诉讼

一、民事纠纷的概念和特征

（一）民事纠纷的概念

在人类社会发展过程中，总是充满着矛盾。"没有什么事物是不包含矛盾的，没有矛盾就没有世界。"[1]这是因为人们在生活、生产、流通、分配、消费等诸多领域，形成了纷繁复杂的各种社会关系，并使社会呈现出有秩序的状态。这种社会秩序既是人们在社会生活中自然形成的，也是人们自觉遵守自己制定的各种行为规范的结果。由于人们在观念及利益方面总是存在不一致，因此往往表现为行为的冲突，从而导致各种纠纷的产生。

民事纠纷[2]，又称民事争议，是指平等主体之间发生的以民事权利义务为内容的一种法律纠纷。

（二）民事纠纷的特征

与其他法律纠纷相比，民事纠纷具有以下主要特征：

1. 民事纠纷主体之间法律地位平等。民事纠纷主体之间不存在服从与隶属的关系，即民事主体相互之间，不论是公民、法人，还是其他组织，在纠纷中均处于平等的地位。

2. 民事纠纷的内容是对民事权利义务的争议。民事主体之间的争议内容，只限

---

〔1〕 毛泽东："矛盾论"，载《毛泽东选集（第1卷）》，人民出版社1952年版，第293页。
〔2〕 民事纠纷属于民法学的研究范畴，是民事实体法所调整的对象。但是，作为法学分支的民事诉讼法学，不仅要研究如何妥善地解决已经发生的民事纠纷，还要研究怎样有效地预防和减少民事纠纷的发生。因此，应对民事纠纷本身及其处理机制作简要介绍。

于他们之间的民事权利义务关系。民事权利义务的争议如果超出了这个范畴，则不属于民事纠纷，而可能属于其他法律纠纷。

3. 民事纠纷发生的原因是违反民事实体法的规定。民事争议之所以发生，是因为民事实体法所保护的社会关系遭到了破坏，使民事法律关系处于一种不正常的状态，即一方当事人的民事权益已经实际受到侵害，或者即将受到侵害。只有使民事实体法所保护的社会关系恢复常态，纠纷才能平息。

4. 民事纠纷具有可处分性。由于民事纠纷是民事权利的享有和民事义务承担的争议，当事人在解决时可以互相让步，放弃自己的某些权利。当然，民事纠纷主体的处分权利也并非绝对的。

（三）解决民事纠纷的制度

民事纠纷的发生是不可避免的。因此，必须研究寻求解决纠纷的有效制度和方法，即必须对解决民事纠纷的机制进行研究。我们认为，解决民事纠纷的制度是指在一定社会中实行的，能有效地解决民事纠纷的一整套综合治理的制度和方法。这些制度和方法，与一定社会阶段的政治、经济、文化状况相适应，经历了一个由低级到高级的逐步发展完善的过程。

我国现行的解决民事纠纷的制度主要有和解、调解、仲裁和诉讼四种。这四种纠纷解决机制中，诉讼是终局性的，是最具有权威性的解决民事纠纷的机制。

二、民事诉讼的概念和特征

民事诉讼，就是人民法院在双方当事人和其他诉讼参与人的参加下，依法审理和解决民事纠纷案件的各种诉讼活动，以及由此所产生的各种诉讼法律关系的总和。

从这一概念可以看出，民事诉讼这一解决民事纠纷的制度，具有以下特征：

1. 民事诉讼具有公权性。我国《宪法》第 123 条规定："中华人民共和国人民法院是国家的审判机关。"《民事诉讼法》第 6 条规定："民事案件的审判权由人民法院行使。人民法院依照法律规定对民事案件独立进行审判，不受行政机关、社会团体和个人的干涉。"审判权以国家强制力为保障，具有公权性。在民事诉讼中，人民法院审判人员对案件进行审理、裁判，执行人员对生效法律文书依法予以强制执行。他们的诉讼行为对民事诉讼的发生、发展和终结有公权决定性作用。

2. 民事诉讼具有强制性。民事诉讼是解决民事纠纷的司法手段，这就决定了它具有强制性。诉讼程序的启动、发展，无须当事人双方自愿。只要一方起诉，另一方当事人就只能被动地参加诉讼，而且诉讼的结果由法院作出裁判。当事人必须服从并履行最终的生效裁判，否则就会受到法律上的强制执行。

3. 民事诉讼当事人双方诉讼地位具有平等性。民事诉讼是以依法协调民事权利义务关系为内容的，诉讼的目的是维护当事人的民事权益，这就决定了民事诉讼当事人的诉讼地位具有平等性。当事人双方都有权依法处分诉讼权利和实体权利。因此，民事诉讼形成了自己特有的和解制度与调解制度。

4. 民事诉讼具有程序性。在民事诉讼中，各诉讼法律关系主体都必须依照《民事诉讼法》的规定，分阶段行使诉讼权利，履行诉讼义务。民事诉讼的每一阶段都有其相应的任务，只有完成前一阶段的任务，才能进入下一阶段，不能逾越。

■第二节　民事诉讼法的历史发展

一、我国古代的民事诉讼制度

（一）我国古代民事诉讼制度的初步发展

早在西周时期，我国就已有民事诉讼与刑事诉讼的初步划分。《周礼·秋官·大司寇》记载，"以两造禁民讼"，"以两剂禁民狱"，其注释讲："争罪曰狱，争财曰讼。""讼，谓以财货相告者；狱，谓以罪相告者。"以财产打官司的，称为讼，即民事诉讼；以某人犯了罪打官司的，称为狱，即刑事诉讼。"听讼折狱"，是对审理民事案件、刑事案件的两种不同称谓。

西周时期，民事诉讼法律制度已有了初步发展。在诉讼证据方面摒弃了原始的神示证据，采用盟誓、书证、人证等证据形式，总结出"五听"[1]方法对证据进行认定，形成了一套比较完备的证据制度。此外，对于审理案件机构的权限、诉讼费用等也有所规定。

（二）我国古代民事诉讼制度的进一步发展

自秦汉起，随着封建经济的发展和中国法制的日趋成熟，审判回避、诉讼权利、民事诉讼受案期限、诉讼时效、书状制度、起诉制度、传讯验问制度较西周有了进一步发展。

我国古代各朝代对上诉制度、申诉复审制度、越诉制度、民事审判法律责任制度、判决和执行制度、爰书和传爰书制度、债务处理制度和调解制度等，都有记载。[2]

二、我国近代民事诉讼法

《大清民事诉讼律（草案）》是中国历史上第一部比较完整的民事诉讼法。它以《德国民事诉讼法》为蓝本，采用德国民事诉讼的体系结构，参照《日本民事诉讼法》并结合中国封建社会的法律和习俗而制定。[3]

---

〔1〕"五听"即辞听（观其出言，不直则烦）、色听（观其颜色，不直则赧然）、气听（观其气息，不直则喘）、耳听（观其听聆，不直则惑）、目听（观其眸子，不直则眊然）。参见张晋藩主编：《中国民事诉讼制度史》，巴蜀书社1999年版，第2页。

〔2〕参见李交发：《中国诉讼法史》，中国检察出版社2002年版。

〔3〕修律大臣沈家本在给清朝皇帝的奏章中写道："臣等从事编纂、博访周咨、考列国之成规，采最新之原理，复斟酌中国民俗，逐一研求。"这表明他引进了西方资本主义国家的民事诉讼法律制度，但又带有半封建半殖民地的色彩。《大清民事诉讼律（草案）》共4编，800条。第一编"审判衙门"；第二编"当事人"；第三编"通常诉讼程序"；第四编"特别程序"。这部民事诉讼法草案虽因清政府的灭亡而未能颁行，但对后来北洋军阀政府和国民党政府的民事诉讼制度产生了重要影响。

南京国民政府于 1935 年 2 月 1 日公布了《民事诉讼法》，同年 7 月 1 日实施。该法共 9 编 630 条。第一编"总则"；第二编"第一审程序"；第三编"上诉审程序"；第四编"抗告程序"；第五编"再审程序"；第六编"督促程序"；第七编"保全程序"；第八编"公示催告程序"；第九编"人事诉讼程序"。这部民事诉讼的结构、内容与《大清民事诉讼律（草案）》基本相同，具有内容庞杂、程序繁琐、制度复杂等弊病，是一部为地主官僚资产阶级专政服务的民事诉讼法。

与此同时，中国共产党领导的各个革命根据地也制定了不少民事诉讼法律规范。1932 年颁布了《裁判部暂行组织及裁判条例》，1934 年公布了《中华苏维埃共和国司法程序》，1943 年颁布了《陕甘宁边区军民诉讼暂行条例》《晋冀鲁豫边区工作人员离婚程序》《晋冀鲁豫边区民事诉讼上诉须知》，1946 年颁布了《晋察冀边区各级法院状纸与讼费暂行办法》等，相继建立了依靠群众、便利群众的民事诉讼制度。革命根据地的民事诉讼实行两审终审制度、就地审理和巡回审判制度、公开审判制度、人民陪审制度，简化诉讼程序，普遍开展调解工作，对中华人民共和国成立后制定完整的民事诉讼法典起了积极推动作用。中国共产党领导的革命根据地政府与国民党领导的"国民政府"并存，一个国家两种不同的社会制度并存，两种不同的民事诉讼制度并存，直到 1949 年中华人民共和国成立，《中华民国民事诉讼法》才在我国大陆地区被彻底废除。

三、中华人民共和国民事诉讼法

（一）《民事诉讼法》的制定与试行

中华人民共和国成立后，国家为制定民事诉讼法做了许多准备工作。1950 年 12 月，政务院法制委员会起草了《中华人民共和国诉讼程序试行通则（草案）》。1951 年 9 月，中央人民政府通过并颁布了《中华人民共和国法院暂行组织条例》。1954 年 9 月，第一届全国人民代表大会通过颁布了《中华人民共和国人民法院组织法》《中华人民共和国人民检察院组织法》。1956 年 10 月，最高人民法院印发了《各级人民法院民事案件审判程序总结》，并于 1957 年将这个总结条文化，制定了《民事案件审判程序（草案）》。1979 年 2 月，最高人民法院于第二次全国民事审判工作会议，制定了《民事案件程序制度的规定（试行）》。这些工作都为制定《民事诉讼法》奠定了基础。

1979 年 9 月，全国人民代表大会常务委员会法制工作委员会正式成立了民事诉讼法起草小组，开始了《民事诉讼法（草案）》的起草工作。1982 年 3 月 8 日，《民事诉讼法（试行）》通过，自 1982 年 10 月 1 日起在全国试行。

（二）《民事诉讼法》的颁行和修改

《民事诉讼法（试行）》经过 9 年的实施，证明它所规定的任务、基本原则和制度是正确的，规定的诉讼程序基本上是可行的。但随着改革开放和市场经济的发展，以及《民法通则》《专利法》等实体法的相继出台，《民事诉讼法（试行）》已不能完全适应民事审判工作的需要，急需对其进行修改、补充。在此背景下，第七届全国人民代表大会第四次会议于 1991 年 4 月 9 日审议通过了《中华人民共和国民事诉讼法》，并当即公布实施。这在中国法治史上有着极为重要的意义，表明我国社会主义法治建设又有了重大进展，同时有益于保障社会主义经济建设的顺利进行。

《民事诉讼法》除保留《民事诉讼法（试行）》的原有特征外，为适应经济纠纷案件审理的需要，还进行了加强当事人提供证据的责任、公正保护当事人的权利等修改。

随着我国经济成分、组织形式、利益关系日趋多样化，自然人、法人和其他组织向法院提起民事诉讼、维护自身合法权益的民事案件大量增加。加之法院在审理和执行过程中遇到了许多新问题，使得《民事诉讼法》的原有规定不能完全适应审判工作的需要。在理论界和实务界的呼吁下，第十届全国人民代表大会常务委员会第三十次会议于 2007 年 10 月 28 日通过《关于修改〈中华人民共和国民事诉讼法〉的决定》，针对民众反映强烈的"申诉难"、"执行难"等突出问题进行修改。此次修改，集中在以下三个方面：

1. 再审程序。明确了再审的具体程序、期间及当事人申请再审的具体事由。

2. 执行程序。加重了拒不履行判决、裁定的处罚力度，规定了执行机构的设立，延长了申请执行的期间。

3. 因《破产法》的出台，《民事诉讼法》中不再规定企业法人破产程序。

随着经济社会的快速发展，民事案件数量不断增多，新的案件类型不断出现，民事诉讼法的规定在某些方面已经不能完全适应人民群众的司法需求，有必要进一步予以完善。近几年来，一些全国人大代表和有关方面陆续提出修改民事诉讼法的意见和建议。中央关于深化司法体制和工作机制改革的意见也要求进一步完善民事诉讼制度。法制工作委员会按照全国人大常委会立法工作安排和不断完善中国特色社会主义法律体系的总体要求，从 2010 年开始，着手民事诉讼法修改方案的研究起草工作。修改工作注意把握以下几点：一是秉持中国特色社会主义法治理念，认真总结民事诉讼法实施的经验，针对实践中出现的新情况、新问题，进一步保障当事人的诉讼权利，维护司法公正；二是遵循民事诉讼的基本原理，科学配置司法资源，提高诉讼效率；三是强化对民事诉讼的法律监督，保证法律的正确实施；四是注重有效解决民事纠纷，促进社会和谐稳定；五是对认识不一致、目前还没有把握的一些问题暂不作规定。法制工作委员会经反复与最高人民法院、最高人民检察院等单位研究，多次听取全国人大代表、企业、律师和专家学者的意见，并专门征求部分地方人大常委会的意见，在充分论证并取得基本共识的基础上，对民事诉讼法作了部分修改，形成了民事诉讼法修正案。第十一届全国人民代表大会常务委员会二十八次会议于 2012 年 8 月 31 日通过《关于修改〈中华人民共和国民事诉讼法〉的决定》。修改的条文多达 71 条，主要内容有以下七个方面：完善调解与诉讼相衔接的机制、进一步保障当事人的诉讼权利、完善当事人举证制度、完善简易程序、强化法律监督、完善审判监督程序、完善执行程序。最高人民法院高度重视修改后《民事诉讼法》的贯彻实施，修改决定通过后，立即着手进行《民诉法解释》的起草工作，经过历时两年的起草、论证准备工作，《最高人民法院关于适用〈中华人民共和国民事诉讼法〉的解释》已于 2014 年 12 月 18 日由最高人民法院审判委员会第1636 次会议通过，自 2015 年 2 月 4 日起施行。

■第三节　民事诉讼法的概念和性质

一、民事诉讼法的概念

民事诉讼法，就是国家制定或者认可的，调整民事诉讼法律关系主体的行为和相互关系的法律规范的总和。

民事诉讼法有狭义和广义之分。狭义的民事诉讼法是指民事诉讼法典，即国家最高权力机关制定颁行的关于民事诉讼的专门法律。现行《民事诉讼法》就是狭义的民事诉讼法。广义的民事诉讼法，不仅包括民事诉讼法典，还包括其他法律中有关民事诉讼程序的规定。例如，《民法通则》《婚姻法》《合同法》等法律中有关民事诉讼程序的法律规范。最高人民法院发布的指导民事诉讼的司法解释，其形式主要分为"意见"、"规定"、"批复"三种，都具有法律效力。这些司法解释虽不具有民事诉讼法典的形式，但对进行民事诉讼活动具有指导作用，是各级人民法院审判民事案件所必须遵循的，并作为人民法院判决或者裁定的依据，因此应当在司法文书中援引，亦属广义的民事诉讼法范畴。

中华人民共和国实行"一国两制"，民事诉讼法在其不同社会制度的特别行政区也不完全相同。我国香港特别行政区、澳门特别行政区和台湾地区都有自己的民事诉讼法律制度。最高人民法院还针对这些地区的实际，发布了一些司法解释。这些也都是在我国进行民事诉讼所应遵循的。

二、民事诉讼法的性质

民事诉讼法的性质，是指民事诉讼法的社会属性。就其社会性质而言，民事诉讼法属于中国特色社会主义法律。就本身特性而言，可概括为以下三个方面：

1. 民事诉讼法是部门法。依法律调整的社会关系不同，一国的法律体系分为许多各自独立的法律部门。民事诉讼法是专门调整民事诉讼法律关系主体的诉讼行为及其相互关系的独立的部门法。

2. 民事诉讼法是基本法。依法律地位和作用的不同，可将其分为根本法、基本法和一般法。民事诉讼法是大陆法系国家的"基本六法"之一。在我国，民事诉讼法处于国家根本法——宪法之后的国家基本法的地位，也是我国的基本大法之一。它是人民法院、人民检察院、诉讼当事人及其他诉讼参与人进行民事诉讼所必须遵守的准则，是各诉讼法律关系主体行使诉讼权利、履行诉讼义务的法律依据。

3. 民事诉讼法是程序法。依法律调整的社会关系的不同，可将法律分为实体法和程序法。民事诉讼法、刑事诉讼法和行政诉讼法都属于程序法。民事诉讼法规定了民事诉讼法律关系中各个主体的诉讼权利和诉讼义务，是确保程序公平正义的重要依据，也是防止枉法裁判、司法不公、腐败的重要手段。

■第四节　民事诉讼法的制定根据

一、宪法是制定《民事诉讼法》的根据

宪法是国家的根本大法，是制定其他一切法律的母法。《民事诉讼法》的制定，必须以宪法为根据。例如，《宪法》第 123 条规定："中华人民共和国人民法院是国家的审判机关。"《民事诉讼法》则具体规定了各级人民法院对民事案件行使审判权的原则、制度和程序。又如，《宪法》第 125 条规定："人民法院审理案件，除法律规定的特别情况外，一律公开进行。……"《民事诉讼法》则规定了公开审判制度，并对不公开审理的具体案件类型作了规定。这都表明民事诉讼法是以宪法为根据制定的，是对宪法中有关原则、制度的具体化。

二、《民事诉讼法》是对我国民事审判工作经验的总结

《民事诉讼法》是在科学地总结我国民事审判工作经验的基础上制定的。新民主主义革命时期和中华人民共和国成立以来所积累起来的一整套民事审判工作经验，经过长时间的审判实践检验，被证明是成功的，应当加以总结、提炼，用法律条文的形式肯定下来，使之制度化、程序化、法律化。《民事诉讼法》的修订也体现着这样的精神。

三、《民事诉讼法》的制定结合了我国特色社会主义的实际情况并借鉴了国外的经验

我国的政治、经济和文化、司法制度都与其他国家不同。并且近年来，随着市场经济的发展，民事案件增多，出现了更多具有中国本土特征的新型民事诉讼问题。因此，我国的民事诉讼立法，在借鉴国外民事审判的有益制度的同时，又不能脱离我国的国情。制定《民事诉讼法》正是在结合我国实际情况和借鉴国外经验的基础上所做的重要尝试，这既符合改革开放和建立社会主义市场经济体制的需要，又形成了具有中国特色社会主义的民事诉讼制度，充分体现了现代民事诉讼理念。

■第五节　民事诉讼法的任务

一、保护当事人行使诉讼权利

《民事诉讼法》第 8 条规定："民事诉讼当事人有平等的诉讼权利。人民法院审理民事案件，应当保障和便利当事人行使诉讼权利，对当事人在适用法律上一律平等。"据此，保护当事人行使诉讼权利是民事诉讼法的一项重要任务。保护当事人行使诉讼权利首先要提高诉讼效益，在立法上，要提高程序质量，力求减少或排除效益不高甚至完全无效益的程序形式；在司法上，除人民法院的审判人员应慎重地选择程序手段外，还要注意引导和启发当事人合理、合法地实施诉讼行为，避免诉讼行为失当，造成不必要的耗费或损失。

保护当事人行使诉讼权利，既要改善当事人的诉讼境遇，增强当事人实施诉讼行为的主动性，又要提高当事人在诉讼过程中的人格和人身待遇，使诉讼主体既可以有效地表达自己对实体权益在诉讼程序上的愿望，又能够对审判组织所采取的不当措施和错误裁判作出抗议并提出反对意见。同时，诉讼主体对审判人员没有保障其诉讼权利行使的行为，有权进行监督。

二、保证人民法院查明事实，分清是非，正确适用法律，及时审理民事案件

人民法院审理民事案件，应以事实为基础。只有查清事实，才能分清是非，明确责任，依法对案件作出公正的裁判。查明事实，主要是查明当事人所主张的事实。《民事诉讼法》规定的各项制度、程序，为人民法院查明案件事实和分清是非责任提供了有力的保障。

正确适用法律，是指人民法院根据实体法和程序法的规定，解决当事人之间的争议。适用法律，不能简单地理解为将案件事实与法律规定"对号入座"。要根据实体法的有关规定，把法律的一般规定运用于案件的具体情况，对当事人之间争议的法律关系进行具体分析，以实体法作为确定当事人是非责任的标准和解决争议的准绳。

及时审理民事案件，是指人民法院应当遵守《民事诉讼法》对诉讼期间的规定，在审理期限内将案件审结，不能久拖不决。对诉讼期间和审理期限的规定，保证了人民法院及时审理民事案件，提高审判效率，从而有利于稳定民事法律关系，防止纠纷扩大，以取得较好的社会效益。

三、确认民事权利义务关系，制裁民事违法行为，保护当事人的合法权益

民事纠纷的发生，可能是当事人之间民事权利义务关系不明确，需要由人民法院作出确认判决；或者是应当履行义务的一方当事人不履行义务，需要人民法院依法判令其履行义务，以实现权利人的权利；或者因某种新情况出现，原有的法律关系需要加以变更、终止，使不明确的民事法律关系重新明确起来，使不确定的权利义务重新确定。因此，民事诉讼法的任务之一，就是要保障人民法院通过对案件的审理，确认当事人之间的民事权利义务关系，解决当事人之间的争议。

制裁民事违法行为，是民事权利义务关系确认的必然结果。人民法院通过对民事案件及时审理，对争议的民事权利义务关系进行裁判，就是对民事违法行为进行制裁。

四、教育公民自觉遵守法律

民事诉讼法教育公民自觉遵守法律的任务，是通过人民法院对民事案件的审判来实现的。人民法院公开审判民事案件，不仅诉讼当事人及其他诉讼参与人要参加，而且允许群众旁听，允许新闻记者采访报道，这就可以使当事人及其他诉讼参与人、广大群众都能受到法治教育，知道国家法律保护什么，支持什么，提倡什么，制裁什么；知道什么是守法，什么是违法，增强法治观念，从而自觉遵守国家法律，用法律规范自己的行为。

以上四项任务，不仅在人民法院审理判决案件时要执行，在人民法院调解案件时也应当执行。

■第六节　民事诉讼法的效力范围

民事诉讼法的效力，是指民事诉讼法对什么事、什么人在什么时间和什么领域范围内有效。民事诉讼法的效力，也称民事诉讼法的适用范围。民事诉讼法的效力，包括以下四个方面：

一、民事诉讼法的对事效力

民事诉讼法的对事效力，是指法院审理民事案件的范围，即哪些案件应当依照民事诉讼法的规定进行审理。根据我国《民事诉讼法》第3条和其他法律法规的规定，民事诉讼法对事的效力体现在两类案件中：①平等主体之间民事法律关系发生争议并引起诉讼的案件；②法律规定适用《民事诉讼法》审理的其他案件。

二、民事诉讼法的对人效力

民事诉讼法的对人效力，是指民事诉讼法对哪些人适用，哪些人应受其约束。《民事诉讼法》第4条规定："凡在中华人民共和国领域内进行民事诉讼，必须遵守本法。"这就是说，民事诉讼法对在我国人民法院进行诉讼活动的人有效。不论是中国的当事人，还是外国或无国籍的当事人，只要在我国领域内进行民事诉讼，都必须受我国《民事诉讼法》的约束，遵守我国《民事诉讼法》的规定。具体地讲，民事诉讼法对下列人有效：中国公民、法人和其他组织；居住在中国领域内的外国人、无国籍人，以及在中国的外国企业和组织（享有司法豁免权者除外）；申请在中国进行民事诉讼的外国人、无国籍人以及外国企业和组织。

三、民事诉讼法的时间效力

民事诉讼法的时间效力，是指民事诉讼法的有效时间。我国《民事诉讼法》从1991年4月9日起生效。2007年修改的《民事诉讼法》有关条文，自2008年4月1日起生效。2012修改的《民事诉讼法》有关条文，自2013年1月1日起生效。在我国领域内施行的民事诉讼法律法规与《民事诉讼法》相违背的均不得再适用。

四、民事诉讼法的领域效力

民事诉讼法的领域效力，是指适用民事诉讼法的有效领域。根据《民事诉讼法》第4条的规定，凡在中华人民共和国领域内进行民事诉讼，必须适用我国《民事诉讼法》。这里的领域包括：领土、领海、领空以及领土的延伸部分。凡在这些领域内发生的民事诉讼，均应遵守我国《民事诉讼法》的规定。

第二章

【本章小结】

1. 本章阐述了民事诉讼法的历史发展,民事诉讼和民事诉讼法的概念、特征、性质、任务和效力范围。

2. 民事纠纷,是指平等主体之间发生的,以民事权利义务为内容的一种法律纠纷和社会纠纷,其特征有四个。民事诉讼法,就是国家制定或者认可的,调整民事诉讼法律关系主体的行为和相互关系的法律规范的总和。我国民事诉讼有广、狭义之分。民事诉讼法的性质是部门法、基本法、程序法。

3. 民事诉讼法的任务有以下四个方面:①保护当事人行使诉讼权利;②保证人民法院查明事实,分清是非,正确适用法律,及时审理民事案件;③确认民事权利义务关系,制裁民事违法行为,保护当事人的合法权益;④教育公民自觉遵守法律。

4. 民事诉讼法的效力,是指民事诉讼法对什么事、什么人在什么时间和什么领域范围内有效。民事诉讼法的效力范围包括对事的效力、对人的效力、时间效力和领域效力。

【思考题】

1. 简述我国民事诉讼法的历史发展。
2. 什么是民事诉讼法?
3. 何谓民事诉讼法的任务?
4. 简述我国民事诉讼的效力范围。

【参考文献】

1. 张晋藩主编:《中国民事诉讼制度史》,巴蜀书社 1999 年版。

2. 王胜明主编:《中华人民共和国民事诉讼法释义》,法律出版社 2012 年版。

3. 顾培东:《社会冲突与诉讼机制——诉讼程序的法哲学研究》,四川人民出版社 1991 年版。

4. 沈德咏主编:《最高人民法院民事诉讼法司法解释理解与适用(上、下)》,人民法院出版社 2015 年版。

第二编　基本原则与制度

第三章

民事诉讼法的基本原则

学习目的和要求　掌握每一个民事诉讼法基本原则的含义、价值及立法意义；将基本原则与反映基本原则的具体法律规范联系起来；能够分析一些现实案例。

■第一节　民事诉讼法基本原则概述

一、民事诉讼法基本原则的概念和意义

民事诉讼法的基本原则，是指在民事诉讼的整个阶段或重要阶段起着指导作用的准则。关于民事诉讼法基本原则的概念，大致有三种不同的学说：第一种学说认为民事诉讼法基本原则是指在整个民事诉讼过程中起指导作用的准则；第二种学说认为民事诉讼法基本原则是在整个民事诉讼过程中或在重要的诉讼阶段起指导作用的准则；第三种学说认为民事诉讼的基本原则是贯穿于民事诉讼法和整个民事诉讼过程的根本性和指导性规则。其对民事诉讼的主要过程和主要问题所作的原则性规定，集中地体现了我国民事诉讼法的社会主义精神实质，对民事诉讼具有普遍指导意义，为诉讼参与人的诉讼活动和人民法院的审判活动指明了方向。

民事诉讼法的基本原则，是根据宪法规定的总任务，全面落实依法治国的总方略，适应发扬社会主义民主和加快建设社会主义法治国家的要求，结合我国实际情况以及民事诉讼法的特点制定的。因此，不论是在司法实践工作中，还是在民事诉讼法的学习研究中，都应当对它有一个正确的认识。学习研究民事诉讼法的基本原则，有利于掌握民事诉讼法的立法精神，正确理解民事诉讼法规定的制度和各种程

序；有利于当事人依法进行诉讼活动和人民法院公正高效审理案件；有利于解决民事审判工作中出现的各种新问题。

民事诉讼法中规定的基本原则的内容虽然各不相同，但彼此之间却有着紧密的联系：其中一项原则的实现，就要求其他有关原则的实现；其中一项原则遭到破坏，必然影响其他相关原则的贯彻执行。因此，各项基本原则之间起着相互保证的作用。只有全面贯彻执行民事诉讼法规定的各种基本原则，才能保证民事诉讼活动正常进行。

二、基本原则的分类

关于基本原则的分类，民事诉讼法学界存在不同观点：一种观点主张按照基本原则的性质来区分，把规定法院组织活动的原则，称为组织原则；把规定法院审判活动的原则，称为职能原则。另一种观点主张根据基本原则是由什么法律规定的来区分，把基本原则分为依据《宪法》《人民法院组织法》有关规定确立的原则和民事诉讼法特有的原则两类。后一种观点为目前我国民事诉讼法学界通行的分类法。我们认为对基本原则的分类，应考虑以下因素：①国家性质；②法治要求；③民事诉讼自身的规律性和特点。我国社会主义民主和社会主义法治都要求在民事诉讼法中必须体现人民当家作主和依法治国的内容，而《宪法》和《人民法院组织法》等法律所规定的原则都充分体现了这一理念，民事诉讼法也不能例外。同时，由于民事诉讼是解决平等主体之间的民事纠纷，与行政诉讼、刑事诉讼具有质的不同，因而其特点也应在民事诉讼法中加以体现，否则就不能保证民事诉讼活动的顺利进行。[1] 为此，我们认为，按依据的法律和民事诉讼自身的特点、规律，比较科学的分类应是将民事诉讼法的基本原则分为共有原则和特有原则两类。

1. 共有原则，是指依据《宪法》，参照《人民法院组织法》有关规定对民事诉讼法规定的原则进行的分类。这些原则有 6 个：民事案件的审判权由人民法院行使原则；人民法院依法对民事案件独立进行审判原则；以事实为依据，以法律为准绳原则；使用本民族语言文字进行诉讼原则；人民检察院对民事诉讼实行法律监督原则；民族自治地方可以制定变通或补充规定原则。

2. 特有原则，是指根据民事诉讼自身的特点和规律，对民事诉讼法规定的原则进行的分类。这些原则有 7 个：诉讼权利义务同等原则；诉讼权利义务对等原则；民事诉讼当事人有平等的诉讼权利原则；自愿和合法调解原则；诚实信用原则；辩论原则；处分原则。

除上述原则外，还有支持起诉原则，但由于其自身的性质不宜归于民事诉讼法特有原则的范畴。此外，在学术理论研究和国外民事诉讼中，还有直接审理原则与间接审理原则；不间断审理原则与间断审理原则；言词审理与书面审理原则；等等。

---

〔1〕　吴明童主编：《民事诉讼法》，法律出版社 1999 年版，第 57 页。

■第二节 共有原则

一、民事案件的审判权由人民法院行使原则

审判权，是指对案件进行审理和判决的权力。审判权是最重要的司法权力，是国家主权的重要组成部分，是对纠纷的最终裁判权。我国《民事诉讼法》第6条第1款规定："民事案件的审判权由人民法院行使。"这是民事案件的审判权由人民法院行使原则的法律依据。

民事案件的审判权由人民法院行使，是指对民事案件审理和判决的权力只能由人民法院行使，其他任何机关、部门或个人都无权行使。此原则包括以下三个方面的含义：①人民法院是国家行使审判权的唯一司法机关，其他任何机关和个人都无权行使；②审判权是国家主权的重要组成部分，基于国家的主权完整与法制统一的原则，任何国家和地区都无权干涉、侵犯我国的司法审判权；③人民法院行使审判权，对外是独立的，对内是互相监督的。人民法院对外是作为一个整体独立、统一地行使审判权，不受行政机关、社会团体和个人的干涉；对内人民法院上下级之间是监督与被监督的关系。无论是上级法院，还是下级法院，都必须在法律授权的范围内行使审判权，各负其责，各尽其职，不能超越法律的规定滥用审判权。

正确贯彻执行民事案件的审判权由人民法院行使的原则，应注意人民法院行使审判权必须依法进行。依法是指依照民事诉讼法的规定受理和审判案件。即只有当事人向人民法院起诉时，人民法院才有管辖的权力。

二、人民法院依法对民事案件独立进行审判原则

我国《宪法》第126条规定："人民法院依照法律规定独立行使审判权，不受行政机关、社会团体和个人的干涉。"《人民法院组织法》第4条和《民事诉讼法》第6条第2款也对此作了明确规定。这是人民法院依法对民事案件独立进行审判原则的法律依据。这个原则包括以下几个方面的内容：

1. 人民法院依照法律规定，对民事案件独立审判，不受行政机关、社会团体和个人的干涉。这有两层含义：①人民法院处理民事案件必须依法办案，只服从法律，不服从任何行政机关、社会团体和个人关于处理具体案件的指示和命令；②任何行政机关、社会团体和个人都不得以任何理由干涉人民法院对具体民事案件的审判。这里的"干涉"，是指非法干涉活动。例如，通过关系、金钱等手段收买、贿赂审判人员，或给审判人员施加压力，利用手中的权力以言代法、以权压法，干涉人民法院的审判工作等。对于通过合法途径，例如，人民代表大会或社会舆论对审判工作进行监督和制约，则不属于干涉的范围。

2. 人民法院依法对民事案件独立进行审判，是指人民法院作为一个整体独立行使审判权，而不是指由审判员、合议庭独立审判。所以，法院院长和审判委员会对具体案件的审判提出意见、作出决定等不是干涉独立审判，而是贯彻民主集中制的原则，是保证审判权正确行使的条件之一。

正确理解和执行独立审判原则，还必须注意以下两点：①人民法院独立行使审判权不是绝对地不受任何领导和制约。我国是社会主义国家，人民是国家的主人，一切权力属于人民。人民法院是国家机构的组成部分，审判权归根结底是人民赋予的，其审判工作也是国家活动的具体体现。因此，人民法院行使审判权，不可能不受代表最广大人民利益的党的领导，不可能不受人民群众的监督。②我国实行的人民法院独立行使审判权的原则与西方国家的"司法独立"原则有着重大区别。[1]

三、以事实为根据，以法律为准绳原则

《民事诉讼法》第7条规定："人民法院审理民事案件，必须以事实为根据，以法律为准绳。"由于案件性质的不同，民事诉讼法规定的以事实为根据，以法律为准绳原则，同刑事诉讼法、行政诉讼法中所确定的这一原则在内容上有所差异。在民事诉讼中，以事实为根据，是指人民法院审理民事案件，要全面了解案情，以查明的事实和证据作为定案的基础。以法律为准绳，是指在查明事实的基础上，以法律作为判断是非的尺度和标准，即按照实体法和程序法的规定，分清当事人之间的是非责任，确定他们之间的民事权利义务关系。

以事实为根据，以法律为准绳，是民事诉讼法的一项重要基本原则。二者的关系是，事实是适用法律的基础和前提条件，法律是人民法院作出正确裁判的唯一标准和依据。二者相辅相成，缺一不可。正确执行这一原则，应当注意以下两点：①"以事实为根据，以法律为准绳"作为基本原则之一，贯穿于民事诉讼的整个过程。无论是审判程序还是执行程序，都必须以事实为根据，以法律为准绳。②贯彻执行"以事实为根据，以法律为准绳"的原则，必须与其他共有原则、特有原则结合起来，否则，人民法院就不能真正实现这一原则。

四、使用本民族语言文字进行诉讼原则

根据我国《宪法》第134条的规定，《民事诉讼法》第11条规定："各民族公民都有用本民族语言、文字进行民事诉讼的权利。在少数民族聚居或者多民族共同居住的地区，人民法院应当用当地民族通用的语言、文字进行审理和发布法律文书。人民法院应当对不通晓当地民族通用的语言、文字的诉讼参与人提供翻译。"因此，公民有权使用本民族语言文字进行诉讼，不仅是民事诉讼法的基本原则，也是宪法规定的原则。据此规定，该原则应包括以下三个方面的内容：

1. 各民族公民都有使用本民族语言文字进行诉讼的权利。无论作为当事人，还是其他诉讼参与人，在进行或参加民事诉讼的过程中，都有权用本民族的语言陈述案件事实，回答审判人员的询问，与对方当事人进行法庭辩论；用本民族的文字书

---

〔1〕 西方国家法律中的"司法独立"是"三权分立"理论的结果，是指司法权独立，即法官独立审判案件，只服从法律。这种独立是绝对的，是其政治制度的重要内容。而我国人民法院独立行使审判权是一种工作原则，而不是政治原则，其独立也是相对的。

写起诉状、鉴定结论、上诉书、申请书及其他诉讼文书。

2. 如果诉讼参与人不通晓当地民族通用的语言文字，人民法院应当为其聘请或指定翻译人员。

3. 在少数民族聚居或者多民族共同居住的地区，人民法院对案件的审理应当用当地民族通用的语言进行。发布判决书、裁定书、公告、通知等，应当使用当地通用的一种或几种文字。对于不通晓当地民族通用文字的诉讼参与人，人民法院在向其送达诉讼文书时，应尽可能地用其所通晓的文字，或者聘请翻译人员为其翻译诉讼文书的内容。

我国是多民族的社会主义国家，各民族公民在国家中的政治地位和法律地位是平等的，各民族公民都有使用和发展本民族语言文字的权利。因此，法律赋予诉讼参与人使用本民族语言文字进行诉讼的权利，这既体现了我国各民族公民在民事诉讼中的平等诉讼地位，又体现了国家对各少数民族公民的特殊照顾，任何人都不能随意限制和剥夺这项权利。人民法院在进行审理和宣判时，更应当遵守这一规定，为当事人和其他诉讼参与人实现这一权利提供切实的保障。

五、人民检察院对民事诉讼实行法律监督原则

检察监督原则，是指人民检察院有权依法对人民法院的诉讼实行法律监督。《民事诉讼法》第 14 条规定："人民检察院有权对民事诉讼实行法律监督。"人民检察院作为国家的法律监督机关，对民事诉讼实行法律监督，是《人民检察院组织法》和《民事诉讼法》赋予人民检察院的重要职责。人民检察院对民事诉讼活动实行监督，有利于维护社会主义法制，有利于保障人民法院依法行使审判权，有利于正确审理民事案件，保护当事人的合法权益。[1]这种监督的监督对象不仅包括人民法院及其审判人员，还包括当事人和其他诉讼参与人；监督的内容除人民法院的审判活动、调解活动和执行活动外，还包括当事人和其他诉讼参与人的诉讼活动；监督的方式除了通过抗诉外，还可以提出检察建议。具体地讲，民事诉讼检察监督包括两个方面的内容：①对审判机关作出的生效判决、裁定、调解书是否合法进行监督。这是通过向人民法院提出抗诉，或者检察建议程序来实现的。《民事诉讼法》第208～213条对此作了规定。②对民事执行活动实行法律监督。针对执行活动中一些当事人恶意串通逃避履行法律文书确定的义务的行为和执行人员在执行过程中的违法行为等，《民事诉讼法》第 235 条规定："人民检察院有权对民事执行活动实行法律监督。"

六、民族自治地方可以制定变通或补充规定原则

《民事诉讼法》第 16 条规定："民族自治地方的人民代表大会根据宪法和本法的原则，结合当地民族的具体情况，可以制定变通或者补充的规定。自治区的规定，报全国人民代表大会常务委员会批准。自治州、自治县的规定，报省或者自治区的

---

〔1〕　王胜明主编：《中华人民共和国民事诉讼法释义》，法律出版社 2012 年版，第 23 页。

人民代表大会常务委员会批准，并报全国人民代表大会常务委员会备案。"该原则的基本内容包括以下几个方面：

1. 民族自治地方的人民代表大会有权依照当地民族的政治、经济和文化特点，制定自治条例和单行条例，但该自治条例和单行条例不得与宪法和民事诉讼法的有关规定相抵触。

2. 民族自治地方的人民代表大会根据宪法和民事诉讼法规定的原则，结合当地民族的具体情况，可以制定变通或补充的规定，经全国人民代表大会批准，其规定在本自治区内有效。自治州和自治县也可以制定变通或者补充的规定，报省或者自治区的人民代表大会常务委员会批准后，其规定在本自治州、自治县有效。

3. 各自治区、自治州、自治县人民法院在依法审理当事人双方属于本行政区的民事纠纷案件时可以适用该自治区、自治州、自治县所制定的自治条例、单行条例或变通、补充的规定，并可在制定法律文书时直接引用。[1]

法律规定在民族自治地方可以制定变通或补充规定原则，对贯彻执行宪法的立法精神，充分发挥各民族人民自己管理本民族内部事务的积极性，尊重少数民族的风俗习惯，增强各民族的团结具有重大意义。这不仅没有破坏法制的统一性，而且使我国的社会主义法制更加民主化、规范化、程序化，更加科学和完善。

■第三节　同等原则和对等原则

一、诉讼权利义务同等原则

《民事诉讼法》第 5 条第 1 款规定："外国人、无国籍人、外国企业和组织在人民法院起诉、应诉，同中华人民共和国公民、法人和其他组织有同等的诉讼权利义务。"这是诉讼权利义务同等原则的法律依据，简称同等原则。

诉讼权利义务同等，是指一国公民、法人和其他组织与他国公民、法人及其他组织在民事诉讼中具有同等的诉讼地位。这是国民待遇原则在涉外民事诉讼中的体现。诉讼权利义务同等原则的基本内容包括以下几个方面：

1. 外国人、无国籍人、外国企业和组织，在我国进行民事诉讼，应当享有同我国一方当事人同等的诉讼地位。即对国外的一方当事人亦给予其国民待遇，其诉讼地位同中国公民、法人或者其他组织一样，处于原告或被告的地位，享有同等的诉讼权利，承担同等的诉讼义务，没有歧视，也不享有特权。

2. 外国人、无国籍人、外国企业和组织，如果作为其他诉讼参与人参与民事诉讼，其权利义务也与我国公民同等对待，诉讼权利不受限制，诉讼义务也不因此而减少或增加。

---

〔1〕　参见最高人民法院《关于裁判文书引用法律、法规等规范性法律文件的规定》〔法释（2009）14号〕。

诉讼权利义务同等原则，是基于国家平等互惠原则而确定的一项诉讼基本原则。在我国民事诉讼法中确定该项原则，有利于发展我国同世界各国人民之间的友好关系，有利于民事纠纷的正确解决，符合当代民事诉讼立法的总趋势。

二、诉讼权利对等原则

民事诉讼法中的诉讼权利对等原则，是指一国司法机关对我国公民、法人和其他组织在民事诉讼中的诉讼权利加以限制的，我国司法机关也对该国公民、法人和其他组织在我国进行民事诉讼所享有的权利加以同样的限制。我国《民事诉讼法》第5条第2款规定："外国法院对中华人民共和国公民、法人和其他组织的民事诉讼权利加以限制的，中华人民共和国人民法院对该国公民、企业和组织的民事诉讼权利，实行对等原则。"

诉讼权利对等原则，是基于主权国家之间在司法上应平等对待理论而确立的原则，是国际上公认的一项诉讼原则，许多国家在立法或司法实践中都确定或实行了这一原则。在民事诉讼法上确定这一原则，对于维护我国的主权和司法独立，保护我国公民、法人和其他组织的合法权益，正确处理国与国之间关系，发展不同国家间的经济贸易交往和民间的友好往来，都具有重大的意义。当然，我国人民法院绝不首先对外国公民、法人和其他组织的诉讼权利加以限制，但若他国法院采取歧视政策，限制我国公民、法人和其他组织的诉讼权利，我国法院也将对该国公民、法人和其他组织的诉讼权利加以同样的限制。只有这样，才能在司法上实现国家之间的平等互利。

■第四节 诉讼权利平等原则

一、诉讼权利平等原则的含义

诉讼权利平等原则，是指民事诉讼当事人平等地享有和行使民事诉讼权利的准则。《民事诉讼法》第8条规定："民事诉讼当事人有平等的诉讼权利。人民法院审理民事案件，应当保障和便利当事人行使诉讼权利，对当事人在适用法律上一律平等。"诉讼权利平等原则，应包括以下含义：

（一）当事人享有平等的诉讼权利

1. 当事人享有平等的诉讼权利，根源于民事诉讼法律关系的特点。因为民事诉讼法律关系主体之间的平等性，要求并决定着在解决纠纷的民事诉讼中，当事人也必然处于平等的地位，享有平等的诉讼权利。当事人诉讼权利的平等是指无论原告或被告的国籍、社会地位和家庭情况如何，也无论他们是公民还是法人或者其他组织，其诉讼地位和诉讼权利都是平等的，不允许任何一方享有诉讼上的特权。

2. 当事人享有平等的诉讼权利，根源于民事诉讼程序正义的要求。程序正义要求民事诉讼法律关系中诉讼主体之间的平等性，要求当事人在诉讼过程中享有和行使平等的诉讼权利，否则整个诉讼就不可能按照民事诉讼的规律运行而公正、合法地解决纠纷。诉讼权利平等包含两方面的内容：一方面是双方当事人享有同样的诉讼权利，比如双方都有权委托代理人，申请回避，收集、提供证据，质证，进行辩论，请求调解，提起上诉，查阅与本案有关材料和法律文书，以及自行和解等权利；另一方面，由于双方处于对立的位置，因而享有相互对应的权利，比如原告有提起诉讼、放弃或者变更诉讼请求的权利，被告则有承认或者反驳原告的诉讼请求或者提起反诉的权利。由于权利与义务是相对应的，因此，诉讼权利平等的实现要求诉讼义务平等地履行。诉讼义务平等也包含两方面内容：①双方都必须承担诉讼义务，比如双方必须依法行使诉讼权利，遵守诉讼秩序，履行发生法律效力的裁判、调解文书等义务；②任何一方如果不履行义务，都要承担一定的法律责任。当然，由于双方所处的位置不同，承担的法律责任也各异。

3. 当事人享有平等的诉讼权利，是由"公民在法律面前一律平等"的宪法原则所派生的。因为诉讼主体在诉讼法律关系中的地位，总是与其在社会中的法律地位紧密相关，诉讼主体地位是主体的法律地位的标志之一。我国《宪法》第 33 条第 2 款规定了"中华人民共和国公民在法律面前一律平等"，这就决定了当事人在诉讼中的平等性。因此，只有在诉讼中将当事人置于平等的地位，才能使其平等地行使诉讼权利，平等地履行诉讼义务，获得平等的保护机会，才能使当事人在适用法律上一律平等。

（二）保障和便利当事人平等地行使诉讼权利

首先，保障和便利当事人平等地行使诉讼权利需要从立法规定上保障当事人有平等的诉讼权利，以及行使诉讼权利的方便。其次，依法保障当事人平等地行使诉讼权利，并且为他们提供同样的机会和条件，是人民法院应当履行的职责，也是当事人诉讼权利平等的重要保障。如果只是法律上规定当事人诉讼权利平等，而在具体案件的审理过程中，人民法院没有切实的保障，法律规定就会成为一纸空文。因此，人民法院在审理民事案件的过程中，应当主动告知当事人享有的诉讼权利，并且应当一视同仁地给他们提供行使诉讼权利的机会，特别是对那些缺乏法律知识的当事人，要为他们行使诉讼权利创造条件。

（三）对当事人在适用法律上一律平等

根据《民事诉讼法》第 8 条的规定，对当事人在适用法律上一律平等，是指人民法院在审理民事案件时，要秉公执法，依法办事，不论当事人的民族、性别、出身、宗教信仰、职务、社会地位等如何，也不论当事人是公民、法人还是其他组织，只要其参加民事诉讼活动，均享有平等的权利，履行平等的义务，在适用法律时一律平等。

二、适用诉讼权利平等原则应注意的问题

（一）要树立平等的观念

我国是社会主义法治国家，宪法和民事诉讼法对诉讼权利平等原则均作了规定，审判人员要认真执行诉讼权利平等原则首先必须在思想上牢固地树立平等的观念。

（二）各级人民法院应制定执行诉讼权利平等原则的规范化标准

《民事诉讼法》第8条以及其他有关条文都对诉讼权利平等原则作了相应的规定，但都不够具体。因此，要使这个原则落到实处，还应当制定规范化标准，从而使这一原则得到执行。

（三）律师和审判人员应明确了解当事人有哪些诉讼权利和诉讼义务

为公正适用这个原则，所有律师和审判人员都应当明确当事人享有的诉讼权利和应尽的诉讼义务。只有这样，才能使当事人该享有的诉讼权利在各个诉讼阶段得到行使，该尽的诉讼义务在各个诉讼阶段得到履行，从而保证诉讼活动正常有序地进行。

（四）明确适用范围

诉讼权利平等原则的适用范围包括两方面：①对人的适用。根据同等原则，既适用于中国的公民、法人或者其他组织，也适用于在中国领域内进行民事诉讼的外国人、无国籍人、外国企业和组织。但是，根据对等原则，外国法院对中国公民、法人和其他组织的民事诉讼权利加以限制的，我国法院对该国公民、企业和组织的民事诉讼权利同样加以限制。②适用的程序。除特别程序外，双方当事人的活动都应适用这一原则。

（五）明确与其他原则的联系

当事人诉讼权利平等原则，对于保证辩论原则、处分原则、调解原则、使用本民族语言文字进行诉讼等原则的实现，都起着积极的作用，尤其与辩论原则的实现关系更为密切。

■第五节　自愿和合法调解原则

一、自愿和合法调解原则的含义

自愿和合法调解原则，是指人民法院审理民事纠纷案件时，对于能够调解解决的案件，在双方当事人自愿的情况下，在事实清楚、是非分明的基础上，依法说服和劝导双方当事人达成协议，以调解方式结案的准则。

《民事诉讼法》第9条规定："人民法院审理民事案件，应当根据自愿和合法的原则进行调解；调解不成的，应当及时判决。"自愿和合法调解原则是我国民事诉讼法的特点之一。这一原则的基本含义是：

1. 尽量用调解方式结案。人民法院审理民事案件，能够用调解方式结案的，就应当尽可能调解结案，而不采取判决的方式结案。因为调解结案不伤害当事人的感情与关系，有利于和谐社会的建立，也有利于执行。

2. 坚持自愿合法原则。调解必须坚持自愿、合法的原则，不能强迫调解，不能违法调解。

3. 不能久调不决。调解不成的，应及时判决，不能久调不决，把案件一拖再拖，损害当事人的程序利益。

二、适用自愿和合法调解原则应注意的问题

（一）正确处理调解与判决的关系

调解与判决是人民法院解决民事案件的两种方式。二者相辅相成，不应把它们对立或割裂开来。调解是解决民事争议的首选的一种方式，但并不是唯一的方式。所以，《民事诉讼法》第9条同时规定："……调解不成的，应当及时判决。"

1. 要正确认识和把握"调解优先、调判结合"原则的科学内涵，树立"调解审判是高质量的审判、高效益的审判，调解能力是高水平的司法能力"的观念。

2. 可以适用调解的案件，还要看是否具备调解的条件。同时，研究调解的方法，注重社会效果，不能盲目调解，更不能该判决的不判决。对于当事人不愿调解或者调解没有达成协议，或者调解书送达前一方反悔的，人民法院应当继续开庭审理；已经开庭审理的，及时作出判决，维护当事人的合法权益，维护法律的权威，维护人民法院判决的严肃性。

（二）应当遵守自愿合法的原则

所谓自愿，包含两层意思，即程序意义上的自愿和实体意义上的自愿。程序意义上的自愿是指当事人主动申请人民法院以调解的方式解决他们之间的民事纠纷，或者同意人民法院为其做调解工作；实体意义上的自愿是指调解达成的协议必须是当事人双方互谅互让、自愿协商的结果。所谓合法，也应包括两层意思，即实体意义上的合法和程序意义上的合法。实体意义上的合法是指双方当事人达成的协议必须符合法律、法规的规定；程序意义上的合法是指人民法院对当事人做调解工作，必须按照民事诉讼法和最高人民法院的司法解释进行。

（三）调解贯穿于审判程序的各个阶段

除特别程序和执行程序不适用调解外，不论是第一审程序，还是第二审程序、再审程序；不论是按普通程序审理的案件，还是按简易程序审理的案件，只要是能够调解的案件，人民法院都可以进行调解。

■第六节　诚实信用原则

诚实信用原则是2012年修改《民事诉讼法》时新增加的一项基本原则。《民事诉讼法》第13条第1款规定："民事诉讼应当遵循诚实信用原则。"

一、诚实信用原则的含义

诚实信用原则，原本是市民社会生活中的一种道德规范，后来上升为民法的一项基本原则，这是由该原则对规范商品交易行为、调整商品经济关系的极端重要性所决定的。[1] 在国外，民事诉讼领域是否适用诚实信用原则存在"肯定说"和"否

---

〔1〕　参见江平主编：《民法学》，中国政法大学出版社2000年版，第66页。

定说"。[1]直到 1933 年，经修改的德国民事诉讼法明确规定了当事人的真实义务，为诚实信用原则适用于民事诉讼领域奠定了基础。[2]随后，学者们展开了关于民事诉讼中诚实信用原则的讨论。诚实信用原则是伴随着协同主义诉讼观的发展而发展的，可以有效地遏制律师凭借诉讼技巧将法庭变成竞技场从而严重影响法庭审理的现象。民事诉讼中的诚实信用原则，"是指法院、当事人以及其他诉讼参与人在审理民事案件时，必须公正、诚实和善意"。[3]

二、诚实信用原则的适用

（一）诚实信用原则对法官的制约

诚实信用原则对于法院而言，就是要求法院审理和裁判民事案件时应当公正合理。①禁止法官滥用审判权。禁止法官滥用审判权，就是要求法官在对实体问题和程序问题自由裁量时，应当立足于案件事实，在法律许可的范围内忠实地行使裁量权。如果法官滥用自由裁量权，当事人可以通过上诉或再审予以救济。②禁止突袭裁判。禁止突袭裁判是程序保障的基本要求。在审理过程中，要保障当事人享有充分的攻击和防御机会，法官也应当根据具体案情、当事人的诉讼能力等及时恰当地进行释明，在发现真实、促进诉讼和法律适用上都要保障当事人诉讼主体地位，杜绝突袭裁判的行为。

（二）诚实信用原则对当事人的制约

1. 禁止滥用诉讼权利。即当事人不得滥用诉讼权利以获取对自己有利的状态。例如，滥用管辖异议权、回避请求权等，影响诉讼的顺利进行，这些当事人诉讼权利的滥用是明显违背诉讼诚实信用原则的。

2. 禁止虚假陈述或提供虚假证据。即要求当事人在诉讼过程中不得违背真实义务，对案件事实做虚假陈述或提交伪证。

3. 禁反言。即当事人在诉讼中不得故意作相互矛盾的陈述。《民诉法解释》第 229 条、第 342 条均体现了禁反言原则的要求。

4. 禁止当事人诉讼突袭。实施突然袭击被普遍认为是违反民事诉讼程序性公正、有悖于诉讼诚实信用原则的不当诉讼行为。

（三）诚实信用原则对其他诉讼参与人的制约

对其他诉讼参与人，诚实信用原则要求其实施诉讼行为时必须接受诚实信用道德准则的约束。具体的要求应当包括：①诉讼代理人不得在诉讼中滥用和超越代理权，要在代理权限内进行诉讼代理行为，对委托人和法院要诚实。②证人不得作虚

---

〔1〕　对民事诉讼领域是否应当确立诚实信用原则的有关争论，详见唐力："论民事诉讼中诚实信用原则之确立"，载《首都师范大学学报（社会科学版）》2006 年第 6 期；[日] 谷口安平：《程序的正义与诉讼》，王亚新、刘荣军译，中国政法大学出版社 2002 年版，第 167～169 页。

〔2〕　[日] 谷口安平：《程序的正义与诉讼》，王亚新、刘荣军译，中国政法大学出版社 2002 年版，第 138 页。

〔3〕　张卫平主编：《民事诉讼法教程》，法律出版社 1998 年版，第 79 页。

假证词。尤其在我国目前当事人自带证人到庭的情况下，有必要建立证人宣誓制度，强调证人的真实义务和协助义务。③鉴定人不得作与事实不符的鉴定意见。④翻译人员不得故意作与诉讼主体陈述或书写原意不符的翻译。

■第七节 辩论原则

一、辩论原则的含义和内容

《民事诉讼法》第12条规定："人民法院审理民事案件时，当事人有权进行辩论。"这一规定为当事人行使辩论权利提供了法律依据。在人民法院的主持下，当事人就案件的事实和争议的问题，各自陈述自己的主张和意见，互相进行反驳和答辩，称为诉讼上的辩论。[1]辩论主义是以当事人双方的诉讼能力完全等同为适用前提的，而这一前提在现实中很难实现。近百年来，随着诉讼理念的变迁，大陆法系各国辩论主义的内涵也发生了深刻的变化。例如，对于当事人未主张的事实，法院欲作为裁判的根据时，只要预先给予当事人辩论的机会，并不违反辩论原则；通过为当事人设定真实义务而对当事人的自认予以限定；法院依职权调查收集证据的规定也在大陆法系各国民事诉讼法中不同程度地保留着。进入21世纪后，从为当事人提供实质性程序保障的视角出发，大陆法系国家更进一步强调法院对当事人提供事实与证据的协助义务，以实现充实而富有效率的审理。

辩论主义是大陆法系国家民事诉讼学理上的概念，表明在作为裁判基础的事实与证据的提出层面，当事人与法院的作用分担。日本学者谷口安平指出，以什么样的事实作为请求的根据，又以什么样的证据证明所主张的事实存在与否，都属于当事人意思自治的领域，法院应当充分尊重当事人在这一领域的自由，这就是辩论主义最根本的含义。[2]德国学者亦认为，在民事诉讼中，探知、收集并在诉讼中提出裁判上重要的事实以及考虑证据的提出，原则上仅属于当事人，当事人对事实资料的收集负有责任。[3]作为规制国家权力与当事人权利之关系的基本原则，辩论主义决定了大陆法系国家民事诉讼的审理结构。

按照日本学者的阐释，辩论主义包括以下内容：①直接决定法律效果发生的主要事实必须在当事人的辩论中出现，法院不能以当事人没有主张的事实作为判决的基础；②对于双方当事人都没有争议的事实，法院应当作为判决的基础，换言之，法院应当受当事人自认的约束；③法院对证据的调查，原则上仅限于当事人提出的

---

[1] 辩论主义是19世纪自由主义思潮在民事诉讼中的反映。它主张保障当事人在民事诉讼领域的意思自治，反对法院的职权干预。

[2] 参见［日］谷口安平：《程序的正义与诉讼》，王亚新、刘荣军译，中国政法大学出版社2002年版，第139页。

[3] 参见［德］埃肯哈德·贝克尔·埃伯哈德："辩论主义的基础和界限"，［日］高田昌宏译，载《比较法学》2001年第1期。

证据，而不允许法院依职权主动调查证据。[1]

我国民事诉讼法虽然也规定了辩论原则，并要求人民法院应当充分保障当事人双方辩论权的行使，但由于法院的保障仅仅停留于让当事人进行辩论的行为层面，而没有通过立法明确当事人的辩论结果对法院裁判的约束，这种形式上的辩论原则被我国学者称为"非约束性辩论原则"，并主张以大陆法系国家的辩论主义取代我国的辩论原则。[2]辩论原则的主要内容包括以下几个方面：

（一）辩论权是当事人的一项重要的诉讼权利

民事诉讼法规定的辩论原则，是建立在当事人诉讼权利平等的基础上的。原告提出诉讼请求，应当陈述事实和理由，提出证据证明自己的诉讼请求是正当的；被告有权对原告的诉讼请求承认或者提出相反的证据，进行反驳和答辩，证明原告的诉讼请求是否合理；第三人也可以就争议的问题提出自己的主张和事实、理由根据。当事人借此维护自己的合法权益。

（二）当事人行使辩论权的范围

一般情况下，当事人行使辩论权的范围包括三个方面：①对案件的事实方面进行辩论，例如，民事法律关系是否存在，是否合法，主体权利是否受到侵害，侵权的范围如何等；②对适用法律进行辩论，包括应适用什么样的实体法解决纠纷以及适用实体法的何项条款解决纠纷；③对程序法上的争论进行辩论，例如，当事人是否正当、法定代理人是否合法、诉讼代理人有无合法委托和授权等。辩论的范围应是当事人争议的焦点，无争议的问题无需辩论。

（三）当事人行使辩论权的形式

当事人行使辩论权的形式有两种：①言词辩论，这是主要的辩论形式，主要集中在法庭审理阶段；②书面辩论，主要在其他阶段进行，例如，诉讼开始时原告提出起诉状，被告提出答辩状；诉讼进行中，一方可以提出书面证明，对方也可以提出相反的书面证明等。

（四）辩论权贯穿诉讼程序的全过程

除特别程序外，在第一审程序、第二审程序和审判监督程序中，都应当贯彻辩论原则，允许当事人行使辩论权。但是，应当把开庭审理的辩论阶段同辩论原则区别开来。开庭审理的辩论阶段只是行使辩论权最集中的一个阶段，因此，绝不能把二者混淆。

---

[1] 参见〔日〕兼子一、竹下守夫：《民事诉讼法》，白绿铉译，法律出版社1995年版，第95页。

[2] 参见张卫平："我国民事诉讼辩论原则重述"，载《法学研究》1996年第6期。不过，应当注意的是，前述辩论主义内涵的变迁表明：作为一项基本原则，辩论主义所提供的只是对当事人与法院在诉讼中作用分担的认知框架。随着社会的发展，辩论主义的内涵与要求将会更加体现出流变性与开放性的特征。这应当是我国在改造辩论原则时需考量的因素。

二、适用辩论原则应注意的问题

（一）充分认识实行辩论原则的意义

实行辩论原则的意义：①能够有效地维护当事人的合法权益；②能够保证人民法院全面查清案件事实，分清是非，正确处理民事案件；③能够有效地保证其他原则和制度的贯彻落实；④能够对公民进行良好的法制宣传教育。

（二）保证当事人在整个诉讼过程中充分地和平等地行使辩论权

在诉讼过程中，审判人员要依法为当事人辩论提供各种方便条件，同时，还应当保证当事人在整个诉讼过程中都能行使辩论权利，而不能只限于法庭辩论阶段。

（三）审判人员在整个辩论过程中的作用

审判人员在整个过程中应起组织和指导的作用，既不能限制当事人进行辩论的积极性和主动性，使辩论流于形式，也不能放任自流，听任当事人离开争议的焦点进行争吵，甚至互相攻击、谩骂，而应当耐心听取双方陈述各自的主张和理由，引导当事人按照法定程序正确行使这项权利，使辩论有条不紊地进行。

■第八节　处分原则

一、处分原则的概念

处分原则是指民事诉讼当事人在法律规定的范围内，自由支配自己依法享有的民事权利和诉讼权利的准则。《民事诉讼法》第 13 条第 2 款规定："当事人有权在法律规定的范围内处分自己的民事权利和诉讼权利。"早在罗马法中就有处分民事权利的规定，奴隶主和自由民在诉讼中或者诉讼外，都可以随自己的意志处分自己的财产和奴隶。但是，处分权作为一项诉讼原则，是在 18 世纪资产阶级反封建的斗争中提出来的。资产阶级为了夺取政权，取得处分自己权利的自由，提出"人人权利自由"、"行动自由"。资产阶级掌握政权后，主张"私法自治"的原则，宣布民事权利是个人的私权，权利人对私权有任意使用和支配的权利。在资本主义制度下，私有财产权是其他民事权利的基础，私有财产权既然可以任意使用和支配，那么对其他民事权利的行使也当然不能例外。资产阶级学者认为，民事诉讼权利是保护私权的一种手段，当事人在诉讼中处分诉讼权利的自由，是处分私权自由的必然要求。因此，处分原则成了资产阶级民事诉讼的基本原则之一。1806 年的《法国民事诉讼法》第 1 条就反映了处分原则。随后，资本主义制度国家的民事诉讼法，一般都规定了处分原则。1877 年《德国民事诉讼法》规定，原告可以放弃诉讼，被告可以承认原告的诉讼请求，双方可以放弃诉讼而和解结案，并允许在诉讼进行过程中，一方当事人可以将诉讼标的物或者所主张的请求出让给第三人。新中国成立前，《中华民国民事诉讼法》曾规定：当事人有抛弃、认诺、撤回及和解等处分权利。1949 年新中国成立后，我国对当事人的处分权利限制得十分严格。1982 年《民事诉讼法（试行）》和 1991 年通过 2007、2012 年修改公布的《民事诉讼法》都规定了当事人有权在法律规定的范围内处分自己的民事权利和诉讼权利。也就是说，只要当事人行使处分权符合法律的规定，任何法外干预都是非法的。人民法院审查当事人的处分权利行使，唯一的标准是现行法律的规定。这是当事人行使处分权的法律依据。

二、处分原则的基本内容

（一）享有处分权的主体

只有当事人和类似当事人的人才能享有处分权利，其他诉讼参与人不享有处分权利。至于诉讼代理人能否代理当事人处分民事权利和诉讼权利，应视诉讼代理人的种类而确定：法定诉讼代理人，处于类似当事人的诉讼地位，因此，可以代理当事人处分民事权利和诉讼权利；委托诉讼代理人则只能在当事人特别授权范围内行使处分权利。

（二）处分民事权利和处分诉讼权利的关系

当事人在诉讼中处分民事权利一般是通过处分诉讼权利来实现的。比如，当事人减少或者放弃诉讼请求，一般是通过和解、撤诉或者调解达成协议，对民事权利进行处分。当然，并不是说处分诉讼权利就一定处分民事权利。比如，在房屋租赁纠纷诉讼中，原告以被告在限定期限内腾房为条件提出撤诉，原告虽然放弃了诉讼权利，但并未放弃对租金的请求权。可见，处分诉讼权利和处分民事权利有时是一个问题的两个方面。

（三）行使处分权的过程

当事人行使处分权利贯穿在整个诉讼过程之中，主要表现在以下几个阶段：

1. 当事人的民事权益受到侵犯或者发生争议时，是否向人民法院起诉，由当事人自己决定。不告不理原则就是处分原则的具体体现。

2. 诉讼程序开始后，原告可以放弃诉讼请求或者变更诉讼请求，被告可以承认、反驳诉讼请求，有权提起反诉；双方可以自行和解，也可以提请调解。

3. 上诉程序是否发生，取决于当事人行使或者放弃上诉权。当事人行使上诉权，并依法提起上诉的，第二审程序才能开始；放弃上诉权的，待法定上诉期届满后，一审法院的裁判即发生法律效力。

4. 执行程序是否开始，一般也由当事人决定。判决、裁定、调解、支付令发生法律效力之后，一方当事人不履行，双方当事人可以申请执行，也可以不申请执行。

5. 对法院裁判已经发生法律效力后，当事人认为确有错误的，有权决定是否申请再审。[1]

（四）行使处分权的范围

从静态角度来看，当事人凭借其处分权决定诉讼请求的范围，法院不得在当事人提出的诉讼请求范围以外进行裁判。比如，原告请求被告给付价金 20 万元，法院就不能判决被告给付原告 30 万元，即使被告真的欠原告 30 万元。此外，当事人处

---

[1] 我国《民事诉讼法》规定法院有权依职权启动再审程序，就与处分原则的精神相冲突。

分民事权利和诉讼权利还必须在法律规定的范围内进行。也就是说，处分原则是相对的，是有限的，不是无限的。这个界限就是法律的规定。如果当事人的处分行为超出了法律规定，侵犯了他人的民事权益，其处分就无效，因而当事人的处分行为应当接受人民法院的监督和审查。

■第九节　其他基本原则

一、支持起诉原则

（一）支持起诉原则的法律根据和内容

支持起诉原则是我国《民事诉讼法》第 15 条规定的一项基本原则，但从其性质来看，又具有不同于民事诉讼法其他基本原则的特殊性。支持起诉的主体是机关、社会团体、企业事业单位，被支持起诉的人是权利受到侵害的单位或个人。支持者与被支持者之间并非诉讼法律关系，所以，支持起诉原则不同于民事诉讼法的特有基本原则。但鉴于我国民事诉讼法将其作为一项基本原则加以规定，故放入本节进行介绍。

《民事诉讼法》第 15 条规定："机关、社会团体、企业事业单位对损害国家、集体或者个人民事权益的行为，可以支持受损害的单位或者个人向人民法院起诉。"这是支持起诉原则的法律根据。其主要内容包括以下几个方面：

1. 支持起诉的前提条件。支持起诉必须具备两个前提条件：①加害人的行为构成了侵权行为，即加害人的行为确实损害了国家、集体或者个人的民事权益，需要支持受害者同这种侵权行为作斗争。如果属于一般的民事权利之争，当事人可以自行处分，无须机关、团体、企业事业单位介入。②受损害者没有起诉。如果已经起诉，则无须支持了。

2. 有权支持起诉的主体。根据《民事诉讼法》的规定，并结合我国诉讼实践经验，有权支持起诉的主体只能是对受害者负有保护责任的机关、团体和企事业单位。[1]

3. 被支持起诉人的诉讼地位。被支持起诉者与本案有直接利害关系，在诉讼中应处于原告的诉讼地位，既可以是机关、团体、企事业单位，也可以是个人。

4. 支持起诉单位在诉讼中的地位。支持起诉的机关、团体、企事业单位为支持起诉人。他们不是本案件的当事人，不以自己的名义起诉。这是我国支持受害者起诉原则的一个显著的特点。因此，在民事诉讼中规定了支持者的诉讼地位。

5. 支持起诉的方式。支持起诉的方式，可以是精神上、道义上的帮助，也可以是法律上、物质上的帮助。我国的支持起诉原则，建立在运用社会力量维护国家、

---

[1] 例如，妇联可以支持受害的妇女起诉，共青团可以支持受害青年起诉，企事业单位可以支持职工起诉，上级国家机关可以支持下级国家机关起诉，等等。公民个人不能作为支持起诉的主体。

集体和个人的合法权益，同各种损害民事权益的行为作斗争的基础上，体现了社会主义国家人与人之间的新型关系。支持起诉原则对于发扬社会主义道德风尚、建设社会主义的精神文明、维护社会主义法制都有重要的意义。

（二）适用支持起诉原则应注意两个问题

1. 正确理解支持起诉与独立行使审判权的关系。支持起诉与法院独立行使审判权是我国民事诉讼法中两个不同的基本原则，二者并不相悖，是相辅相成的关系。实行支持起诉原则，可以帮助受害者更好地保护自己的合法权益，同时也有利于法院实现民事诉讼法的任务。这也是对人民法院独立行使审判权的有力支持。因此，不能把支持受害者起诉与非法干涉法院审判混为一谈。因为这二者在性质上是完全不同的。前者是对违法行为的干预，其目的是保护国家、集体和个人的合法权益不受损害，维护社会主义法制；后者则是对合法行为的干涉，其目的是维护个人私利，搞特权，破坏社会主义法制。

2. 正确掌握支持起诉原则的运用。由于这一原则在立法上没有相应的具体条文保证其贯彻实施，因而各地在审判实践中适用不多，甚至没有适用。因此，对支持起诉原则不仅需要总结适用的实际情况，在理论上也需要认真加以研究，以便在将来修改民事诉讼法时进一步加以完善。

二、直接审理原则与间接审理原则

所谓直接审理原则，是指审判员亲自在审理案件中直接听取当事人提供证据、质证和辩论；所谓间接审理原则，是指将他人审理所得结果作为审判员审理的基础，而对案件作出决定。直接审理原则的长处在于，审判员能亲自听取当事人的陈述、证人证言和辩论，并直接观察其态度表情或证据物体的实际情形，明白事实真相，并作出公正的判断。

多年来，诉讼理论界和司法界疏于对直接审理的研究，只是在民事审判方式改革中才认识到直接审理原则的价值。但要使其在程序上得到保障，还必须在立法上加以规定。

三、不间断审理原则与间断审理原则

所谓不间断审理原则，是指审判人员接受案件开始审理后，要连续地把案件审理完毕，才能办理其他案件。其好处是使审判人员对案件事实保持最新的印象，不至于时间过长而忘记，所以许多国家的法律都规定了不间断审理原则。间断审理原则与不间断审理原则相反，是指审判人员在接受案件开始审理后，可以不连续地审理案件，使案件间隔一段时间后再进行审理。其虽然可使审理案件的行为穿插进行，但是容易使审判人员对案件事实的印象模糊，甚至张冠李戴。我国过去一直实行间断审理原则，但自民事审判方式改革以来，不间断审理原则也开始受到了广泛的关注，并在实践中加以适用。

四、言词审理原则与书面审理原则

言词审理原则，又称言词原则，或称为口头主义，是指在诉讼过程中，当事人及法院的诉讼行为,特别是法庭审理中的质证、法庭调查、辩论等,都要以言词的方式进行。书面审理原则与此相对,是指当事人及法院的诉讼行为以书面形式进行。言词审理原则的好处在于能使庭审更加鲜活,从而使陈述新鲜、印象深刻,法官可当场向当事人或其他诉讼参与人发问,更加明确地理解案件情况。但缺点在于有些复杂的事实仅靠口头说明难以说清,且可能会有遗漏,并且难以记忆。我国司法实践中广泛存在的证人、鉴定人不出庭,书面证言、书面鉴定意见使用频率高等现象,严重影响了当事人的质证、辩论以及法院对案件的正确认定,因此,有学者呼吁我国应尽快建立言词审理原则,并确立某些重要诉讼行为若不以言词方式为之则不发生程序上的效力的制度。

【本章小结】

1. 本章阐述了民事诉讼法基本原则的含义、意义以及共有原则和特有原则的分类,还具体介绍了各个特有原则的内容和其他几个基本原则。

2. 民事诉讼法的基本原则,是指在民事诉讼的整个阶段或重要阶段起着指导作用的准则。其共有原则有六个,分别是:①民事案件的审判权由人民法院行使原则;②人民法院依法对民事案件独立进行审判原则;③以事实为依据,以法律为准绳原则;④使用本民族语言文字进行诉讼原则;⑤人民检察院对民事诉讼实行法律监督原则;⑥民族自治地方可以制定变通或补充规定原则。特有原则包括:诉讼权利义务同等原则;诉讼权利义务对等原则;民事诉讼当事人有平等的诉讼权利原则;自愿和合法调解原则;辩论原则;诚实信用原则;处分原则。

3. 其他几类基本原则包括:①支持起诉原则;②直接审理原则与间接审理原则;③不间断审理原则与间断审理原则;④言词审理原则与书面审理原则。

【思考题】

1. 辩论原则的主要内容是什么?与其他大陆法系国家的辩论主义相比,我国民事诉讼法规定的辩论原则有何不足?

2. 什么是诚实信用原则?它在民事诉讼中有何意义?

3. 如何理解处分原则?我国民事诉讼法都在哪些方面体现了处分原则?

4. 从司法制度视角谈谈法院调解原则与提高审判效率和建立和谐社会的意义。

【参考文献】

1. 田平安主编:《民事诉讼法·原则制度篇》,厦门大学出版社2006年版。

2. 李浩:"民事诉讼程序权利的保障:问题与对策",载《法商研究》2007年第3期。

第四章

民事审判的基本制度

第四章

学习目的和要求 掌握合议、公开审判、回避、两审终审四项主要制度的内容、适用情形；能够结合具体案例分析相关制度的适用范围和适用条件。

■第一节 合议制度

一、合议制度的概念

合议制度，是指由 3 名以上的审判人员组成审判集体，代表人民法院行使审判权，对案件进行审理并作出裁判的制度。

合议制度是相对于独任制度而言的。独任制度，是指由 1 名审判员独立地对案件进行审理和裁判的制度。根据我国《人民法院组织法》和《民事诉讼法》的规定，合议制和独任制是人民法院审理民事案件的两种审判组织形式。

合议制度，是民主集中制原则在我国民事审判活动中的体现。这一制度有利于充分发挥集体的智慧和力量，弥补审判人员个人知识上的缺陷和认识上的不足，避免可能出现的主观片面性，提高办案质量，保证人民法院公正审理民事案件。

二、合议制度的组织形式

合议庭，是人民法院审判民事案件的基本的审判组织。根据《民事诉讼法》的规定，除适用简易程序审理的简单民事案件外，其他案件一律组成合议庭进行审理。合议庭由审判长、助理审判员或者人民陪审员随机组成。由于第一审人民法院和第二审人民法院的任务侧重点有所不同，反映在合议庭的组成上也有所区别：

（一）第一审合议庭

《民事诉讼法》第 39 条第 1 款规定："人民法院审理第一审民事案件，由审判员、陪审员共同组成合议庭或者由审判员组成合议庭。合议庭的成员人数，必须是单数。"人民法院采取哪种形式的合议庭，取决于审理案件的需要。在审判实践中，有些民事案件可能涉及较强的专业性和技术性，因而邀请具有专门知识的陪审员参加审判，有利于正确处理案件。《民事诉讼法》第 39 条第 3 款规定："陪审员在执行陪审职务时，与审判员有同等的权利义务。"至于陪审员在合议庭中的人数比例，没有作限制性规定。

第二审人民法院发回重审的案件，原审人民法院应当按照第一审程序另行组成合议庭。

（二）第二审合议庭

《民事诉讼法》第 40 条第 1 款规定："人民法院审理第二审民事案件，由审判员组成合议庭。合议庭的成员人数，必须是单数。"据此，在第二审的合议庭中不吸收陪审员参加。因为第二审是上诉审，不仅要对当事人之间的上诉请求进行审理，还要对下级人民法院的审判活动实行监督，第二审的性质和任务决定了第二审应由审判员组成合议庭进行审理。

（三）再审合议庭

《民事诉讼法》第 40 条第 3 款规定："审理再审案件，原来是第一审的，按照第一审程序另行组成合议庭；原来是第二审的或者是上级人民法院提审的，按照第二审程序另行组成合议庭。"另行组成合议庭，是指原来审判该案的独任审判员或合议庭成员，一律不得参加再审案件的合议庭。

三、合议庭的活动原则和职责

合议庭是一个审判集体，代表人民法院行使审判权，合议庭按照民主集中制原则进行活动。《民事诉讼法》第 41 条规定："合议庭的审判长由院长或者庭长指定审判员一人担任；院长或者庭长参加审判的，由院长或者庭长担任。"

合议庭的成员，享有同等的权利。对案件进行评议或作出决定，必须充分发扬民主，共同协商。合议庭成员的意见不一致时，按照少数服从多数的原则，以多数人的意见为合议庭意见，少数人的意见允许保留。评议应当制作笔录，由合议庭成员签名。评议中的不同意见，必须如实记入笔录。

合议庭组成人员必须共同参加对案件的审理，对案件的事实、证据、性质、责任、适用法律以及处理结果等共同负责。

经过开庭审理，当事人当庭达成调解协议的，由审判长或者独任审判员签发调解书。

事实清楚、法律关系明确、是非责任分明、合议庭意见一致的裁判，可以由审判长签发法律文书。但应当由院长签发的除外。

合议庭、独任审判员审理决定的案件或者经院长提交审判委员会决定的案件，发现认定事实或者适用法律有重大错误并造成严重后果的，按照有关规定由有关人员承担相应责任。[1]但有《加强合议庭职责规定》第 10 条规定的情形的，合议庭成员可不承担责任。[2]

---

〔1〕"人民法院审判人员违法审判责任追究办法（试行）"（1998 年 8 月 26 日），载最高人民法院研究室编：《司法文件选》，人民法院出版社 1998 年版，第 36～41 页。

〔2〕2009 年 12 月 14 日通过的最高人民法院《关于进一步加强合议庭职责的若干规定》。

根据《民事诉讼法》第43条的规定："审判人员应当依法秉公办案。审判人员不得接受当事人及其诉讼代理人请客送礼。审判人员有贪污受贿，徇私舞弊，枉法裁判行为的，应当追究法律责任；构成犯罪的，依法追究刑事责任。"

四、合议庭与审判委员会的关系

根据《人民法院组织法》第10条的规定，审判委员会是人民法院内部领导审判工作的组织机构，它的主要任务是，总结审判工作经验，讨论重大疑难案件，研究其他审判工作问题。而合议庭则是人民法院实现其审判职能的组织，它的任务就是代表人民法院对具体的民事案件行使审判权，解决当事人之间的民事权利义务关系争议。

审判委员会与合议庭的关系，是指导与被指导、监督与被监督的关系，审判委员会在审判业务上对合议庭进行指导和监督。长期以来，审判委员会的存废一直是学者争议的问题，大致有三种观点：第一种观点建议废除审判委员会，因为审判委员会的存在导致了合议庭审判权的丧失，出现了"审者不判，判者不审"的局面；第二种观点赞成保留审判委员会，认为审判委员会有利于提高审判质量，并对合议庭进行监督；第三观点建议目前暂时保留审判委员会，但应尽量减少其对审判的干预，待日后时机成熟，再废除审判委员会。具体表现在：审判委员会虽然不直接开庭审理案件，但对重大疑难案件享有讨论决定权，其对案件作出的最后处理意见，合议庭必须执行；本院院长发现合议庭作出的发生法律效力的判决、裁定确有错误的，必须提交审判委员会讨论，才能决定再审。

■第二节　回避制度

一、回避的概念和条件

（一）回避制度的概念

回避制度，是指审判人员及其他有关人员，遇有法律规定的回避情形时，退出对某一具体案件的审理或诉讼活动的制度。

回避制度是为了保证案件公正审理而设立的一项审判制度。在民事诉讼中，实行回避制度具有重要意义。它可以使审判人员及其他有关人员合法地退出本案，又可以消除当事人的某些顾虑，保证案件审判的公正性。

（二）回避的条件

回避的条件，即《民事诉讼法》第44条规定的应当回避的几种情形。根据《民事诉讼法》第44条第1款、《民诉法解释》第43条的规定，审判人员有下列情形之一的，应当自行回避，当事人有权用口头或者书面方式申请他们回避：①是本案当事人或者当事人、诉讼代理人的近亲属的；②本人或者其近亲属与本案有利害关系的；③担任过本案的证人、鉴定人、辩护人、诉讼代理人、翻译人员的；④本人或者其近亲属持有本案非上市公司当事人的股份或者股权的；⑤与本案当事人、诉讼代理人有其他关系，可能影响对案件公正审理的。依据《民事诉讼法》第44条第2款、《民诉法解释》第44条的规定，审判人员有下列情形的，当事人有权申请其回避：①接受当事人、诉讼代理人请客送礼，或者参加由其支付费用的活动的；②索取、接受本案当事人及其受托人财物或者其他利益的；③违反规定会见当事人、诉讼代理人的；④为本案当事人推荐、介绍诉讼代理人，或者为律师、其他人员介绍代理本案的；⑤向本案当事人及其受托人借用款物的；⑥有其他不正当行为，可能影响公正审理的。法律及司法解释关于回避的规定，适用于书记员、翻译人员、鉴定人、勘验人。

凡在一个审判程序中参与过本案审判工作的审判人员，不得再参与该案其他程序的审判。但是，经过第二审程序发回重审的案件，在一审法院作出裁判后又进入第二审程序的，原第二审程序中合议庭组成人员不受本条规定的限制。

二、回避的方式与程序

回避的方式有两种：①自行回避，即审判人员、书记员、翻译人员、鉴定人和勘验人遇有法定情形时，自动退出本案的审理、记录、翻译、鉴定和勘验工作；②申请回避，即当事人及其诉讼代理人根据法律规定的回避条件，以口头或书面方式，申请审判人员或其他有关人员回避。它是当事人一项重要的诉讼权利，必须予以保障。

在这两种回避方式中，审判人员及有关人员自行回避，属于法院内部的事情，相对简单。当事人申请回避是当事人的一项重要诉讼权利，直接关系到诉讼的公正性问题。因此，立法上设置明确的程序：①合议庭组成人员确定后，应当在3日内告知当事人；②在案件开始审理时，审判长或独任审判员宣布审判人员、书记员名单，告知当事人有关的诉讼权利义务后，必须特别询问当事人是否申请回避。当事人可以在案件开始时提出回避申请。对于在案件开始审理后知道回避事由的，当事人可以在法庭辩论终结前提出。但是，当事人提出回避申请的同时，应当说明理由。

根据《民事诉讼法》第45～47条和《回避规定》第4条的规定，法院对回避的决定程序包括三个方面的内容：①法院对当事人提出的回避申请，应当在申请提出的3日内，以口头或者书面形式作出决定，并向当事人宣布。至于采取口头还是书面方式，由法院根据具体情况决定。②院长担任审判长时的回避，由审判委员会决定；审判人员的回避，由院长决定；其他人员的回避，由审判长决定。③审判人员应当回避，本人没有自行回避，当事人及其法定代理人也没有申请其回避的，院长或者审判委员会应当决定其回避。被申请回避的人员在人民法院作出是否回避的决定前，应当暂停参与本案的工作，但案件需要采取紧急措施的除外。

当事人对法院有关回避的决定不服的，可以在接到决定时申请复议一次。复议期间，被申请回避的人员，不停止参与本案的工作。人民法院对复议申请，应当在3日内作出复议决定，并通知复议申请人。第二审人民法院认为第一审人民法院的审理有应当回避而未回避的情形时，应当裁定撤销原判，发回原审人民法院重新审判。

■第三节　公开审判制度

一、公开审判制度的概念和意义

公开审判制度，是指人民法院审判民事案件的活动，除法律规定可以不公开的以外，依法向当事人和社会公开的制度。公开审判是相对于秘密审判而言的。在封建社会的司法专横制度下，实行纠问式诉讼，审判秘密进行。资产阶级革命胜利后，用辩论式诉讼代替了纠问式诉讼，用公开审判代替了秘密审判，这是社会的一大进步。现在，各国民事诉讼法一般都规定了公开审判制度。

所谓向当事人公开，是指当事人就法院及对方当事人所进行的诉讼行为有获知权，有参与诉讼程序的权利，有阅览全部诉讼笔录的权利。所谓对社会公开，是指群众有权自由进入法庭旁听，新闻媒体可以对案件采访报道。

公开审判制度不仅是社会主义法治国家的民主在诉讼中的体现，还是保证司法公正的重要方式，这一制度在诉讼中具有重要作用：①公开审判制度将人民法院审判活动置于广大群众的监督之下，有利于增强审判人员依法办案的责任感，从而提高办案质量、公正解决民事纠纷。②公开审判对诉讼参加人也有一定的约束作用，可以促使其如实陈述事实和提供证言，为人民法院查明案情、明辨是非提供较为可靠的依据。③公开审判有利于进行法制教育。通过具体案件的公开审理，能够使旁听群众生动、形象地接受法制教育，增强群众的法制观念，提高广大群众遵守法律的自觉性，尤其是对一些影响较大的案件进行现场电视转播，社会效果更为明显。④公开审判制度是贯彻执行民事诉讼原则和制度的一个"重心"制度。只要在审判活动中认真执行这个制度，其他的原则和制度也就比较容易执行了。因此，最高人民法院制定了《关于司法公开的六项规定》和《关于人民法院接受新闻媒体舆论监督的若干规定》。[1]

二、公开审判制度的内容

根据我国《民事诉讼法》的规定，公开审判制度的主要内容包括：①人民法院应当在开庭前公告当事人姓名、案由和开庭的时间、地点，以便群众旁听；②庭审过程必须向当事人公开，即当庭举证、当庭质证、当庭辩论、当庭认证，甚至当庭宣判；③除法律规定不公开审理的案件外，审判过程应向社会公开，允许群众旁听和新闻媒体采访报道，允许电视直播或转播；④不论是否公开审理案件，判决都必须公开宣告；⑤庭审前，当事人有权了解对方当事人提供的证据材料，以及阅览庭审笔录。

---

〔1〕 2009 年 12 月 8 日最高人民法院发布《关于司法公开的六项规定》和《关于人民法院接受新闻媒体舆论监督的若干规定》。

三、不公开审理的规定

公开审判是民事审判必须遵守的基本要求，但是，并非所有的民事案件都必须公开审理。根据《民事诉讼法》第 134 条和最高人民法院《关于严格执行公开审判制度的若干规定》的相关规定，不适用公开审理的情形可以分为绝对不公开审理和相对不公开审理两类：

1. 绝对不公开审理。绝对不公开审理包括两种情形：①涉及国家秘密的案件，即法院审理的民事案件涉及国家安全和利益的秘密事项，包括军事、经济、科技等方面的秘密。在此情况下，保守国家秘密比对当事人公开审判的程序保障更为重要。②涉及个人隐私的案件。保护个人隐私是现代各国都普遍重视的问题。对涉及个人隐私的案件不公开审理也是个人隐私保护在诉讼中的体现。

2. 相对不公开审理。相对不公开审理案件包括离婚案件和涉及商业秘密的案件。对此类案件，首先要求当事人申请不公开审理，然后法院审查决定是否公开审理。是否公开审理赋予当事人程序选择权，主要是因为离婚案件往往会涉及个人感情和私生活的情况，公开审理会对个人生活带来影响。同样，对于涉及商业秘密的案件，公开审理可能会泄露当事人的技术秘密、商业情报等，对其商品生产和经营造成影响。

对于不公开审理的案件，应当当庭宣布不公开审理的理由。但是，这里的不公开仅指审理过程的不公开，其判决结果必须公开宣告。

■第四节　两审终审制度

一、两审终审制度的概念和意义

两审终审制度，是指一个民事案件经过两级法院审判就宣告终结的制度。

我国的审级制度有一个发展过程，新民主主义革命时期的革命根据地，曾经实行三审终审制。新中国成立后，基本上确立了两审终审制。

我国现行的两审终审制，是由我国的国情决定的。我国地域辽阔，人口分布不均，交通又比较不便，若实行三审终审制，不仅增加当事人的讼累，而且实际效果也不明显，同时还增加了人民法院特别是较高级别人民法院的工作负担，不利于他们监督下级人民法院的审判工作。因此，根据我国的实际情况，确立两审终审制是正确的立法选择。必须指出的是，我国的第二审既是事实审，又是法律审，这就有利于发挥上诉审应有的作用。此外，我国的审判监督程序和当事人申请再审程序还可以弥补审级上的不足。即对于人民法院作出的终审裁判，如果发现有法律规定的错误，可以通过审判监督程序予以纠正。这就为民事案件的公正性提供了可靠的保障。

二、两审终审制度的内容

根据《人民法院组织法》的规定，我国人民法院分为四级：最高人民法院、高级人民法院、中级人民法院和基层人民法院。除最高人民法院以外，其他各级人民法院都有自己的上一级人民法院。根据两审终审制，一个民事案件经第一审人民法院审判后，当事人如果不服，依法有权向上一级人民法院提起上诉，由其进行第二审。二审人民法院作出的判决、裁定为终审判决、裁定，当事人不得再行上诉。但是，最高人民法院作出的一审判决、裁定即为终审判决、裁定。

除此之外，依特别程序审理的案件，适用小额诉讼程序审理的案件，实行一审终审，当事人不得上诉。

【本章小结】

1. 本章介绍了民事审判基本制度的含义、意义，基本制度的分类和各类制度的内容。

2. 民事审判的基本制度，是人民法院审判民事案件所必须遵循的起关键性作用的审判制度。其意义在于，保障人民法院公正、公开、合法地行使审判权，保证基本原则及其他程序制度的贯彻实施，保护当事人的合法权益和法院判决的权威。该制度包括合议制度、回避制度、公开审判制度、两审终审制度。

3. 合议制度，是指由 3 名以上的审判人员组成审判集体，代表人民法院行使审判权，对案件进行审理并作出裁判的制度。本章还阐述了合议制度的几个应该注意的问题。回避制度，是指审判人员及其他有关人员，遇有法律规定的回避情形时，退出对某一具体案件的审理或诉讼活动的制度。本章同时介绍了回避的条件和方式。公开审判制度，是指人民法院审判民事案件的活动，除法律规定可以不公开的以外，依法向当事人和社会公开的制度。公开审判制度包括五方面内容。两审终审制度，是指一个民事案件经过两级法院审理裁判就宣告终结的制度。

【思考题】

1. 哪些情形下，当事人可以申请审判人员回避？
2. 不同审级的合议庭有何区别？
3. 哪些案件应当不公开审理或者可以不公开审理？

【参考文献】

1. 陈桂明：《诉讼公正与程序保障：民事诉讼程序之优化》，中国法制出版社 1996 年版。
2. 兰耀军："海峡两岸民事回避制度比较研究"，载《台湾法研究》2006 年第 1 期。
3. 毕玉谦："我国各级法院的职能定位与审级制度的重构"，载《中国司法》2005 年第 8 期。

第三编　诉讼主体

第五章

民事诉讼法律关系

第五章

　　学习目的和要求　了解民事诉讼法律关系的内涵和基本内容；明确民事诉讼法律关系在民事诉讼理论架构和司法实务中的重要意义；培养从民事诉讼法律关系的角度学习研究民事诉讼程序的能力；在了解相关法律规定和司法解释的基础上，熟练掌握民事诉讼法律关系的概念和特征；正确认识民事诉讼法律关系的要素；理解引起民事诉讼法律关系发生、变更和消灭的法律事实；能够在司法实务中熟练运用。

■第一节　民事诉讼法律关系概述

一、民事诉讼法律关系的概念

　　民事诉讼法律关系，是双方当事人和法院之间的一种统一的、逐步发展着的法律上的关系。[1]民事诉讼法律关系是在民事诉讼程序中形成的，基于对民事诉讼程序主体存在争议，学界关于民事诉讼法律关系存在以下几种学说：

　　1. 一面关系说。该学说由德国诉讼法学者科勒尔倡导，认为民事诉讼法律关系是仅存在于原告和被告之间的关系。如下图所示：

原告 ◄──────► 被告

　　2. 两面关系说。该学说的代表人物是德国诉讼法学者普兰克，认为民事诉讼法

---

〔1〕　江伟主编：《民事诉讼法学原理》，中国人民大学出版社 1999 年版，第 201 页。

律关系是作为中立者的法院分别与原告和被告形成的关系。如下图所示：

3. 三面关系说。该学说的主要倡导人是德国诉讼法学者瓦西，认为民事诉讼法律关系是法院、原告和被告之间的三面法律关系。如下图所示。我国台湾著名学者李学灯也认为"诉讼程序一经开始之后，法院与两造当事人及两造当事人之间，即生诉讼法之法律关系"。[1]

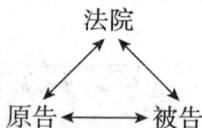

4. 多面关系说。该学说认为，民事诉讼法律关系不仅是法院与当事人、原告和被告之间的关系，而且是在所有诉讼法律关系主体之间形成的法律关系，如证人与法院之间、当事人与人民检察院之间的权利义务关系。

当今民事诉讼法学界的通说即多面关系说。综观我国民事诉讼法，其调整对象固然是以法院与当事人之间的关系为主导，但同时也把人民检察院、其他诉讼参与人与法院、当事人之间的关系纳入调整范围。应该说，多面关系说能更全面地体现诉讼法律关系主体之间的权利义务关系。因此我们认为，民事诉讼法律关系是指由民事诉讼法所调整的，在人民法院、人民检察院、当事人及其他诉讼参与人之间形成的一种诉讼权利义务关系。这一概念包括以下三个要点：①民事诉讼法律关系是民事诉讼法调整下的一种法律关系；②民事诉讼法律关系产生于人民法院、人民检察院、当事人及其他诉讼参与人之间；③民事诉讼法律关系的内容是诉讼权利和义务。

二、民事诉讼法律关系的特征

作为一种多面法律关系，民事诉讼法律关系具有如下特征：

（一）民事诉讼法律关系是由审判法律关系和争讼法律关系构成的特殊社会关系

审判法律关系是指法院与当事人及其他诉讼参与人之间形成的，以审判权力和职责为内容，并受民事诉讼法、人民法院组织法调整的法律关系。自人民法院决定受理原告的起诉始，即形成了人民法院与当事人之间的法律关系。在这一关系中，人民法院依法行使审判权，并指挥、控制诉讼的进行，当事人有权请求人民法院对其争讼标的进行审判，并须接受人民法院的裁判。同时，为寻求事实，人民法院听

────────────

[1] 何孝元主编：《云五社会科学大辞典·（第六册）·法律学》，台湾商务印书馆股份有限公司1971年版，第317~318页。

取证人证言、鉴定意见，形成与其他诉讼参与人之间的审判法律关系。审判法律关系体现民事诉讼法中的人民法院独立、公开审判原则和回避、合议等审判制度，其基本目的是实现人民法院对民事纷争的正确处理和公正解决。

争讼法律关系是指当事人之间以及当事人与其他诉讼参与人之间形成的以诉讼权利义务为内容，并受民事诉讼法、律师法等调整的法律关系。近年来，当事人在民事诉讼中的地位和作用越来越受到重视，随着立法的不断完善，其在民事诉讼中享有的权利越来越多，当事人之间争讼法律关系的内容也日趋丰富，争讼法律关系在民事诉讼中逐渐取得了与审判法律关系并重的地位。同时，其他诉讼参与人基于其公民权也被赋予了相应的权利义务。在民事诉讼中，当事人为实现争讼目的，避免败诉风险，积极收集证据、进行质证、展开辩论，在充分行使诉讼权利的同时，与对方当事人形成争讼法律关系。争讼法律关系体现民事诉讼中的私法自治和平等、辩论、处分等原则，基本目的是为解决当事人之间的民事纠纷提供充分的契机。

（二）民事诉讼法律关系体现了法院审判权与当事人诉权的结合

承认民事诉讼法律关系是审判法律关系和争讼法律关系的结合，便须承认民事诉讼法律关系兼顾了法院审判权和当事人诉权。在现代诉讼程序理念中，当事人的诉权与法院的审判权共同构成了诉讼。所谓"不告不理"，即当事人通过行使诉权而引起诉讼程序的开始，对法院审判权具有一定的约束力；同样，法院审判权又对当事人诉权产生重要的决定性作用。只有承认法院审判权与当事人诉权的并存和结合，才能最大限度地发挥法院和当事人在诉讼中的作用，防止过分的职权主义和任意的当事人主义，才能建立理性的民事诉讼程序和相关制度，保护当事人的合法权益，达到民事诉讼的目的。

（三）民事诉讼法律关系是在多个法律关系主体之间形成的多面法律关系

在民事诉讼中，人民法院代表国家行使审判权，并同时承担其审判职责；当事人有请求司法救济的权利，有权委托代理人、收集提供证据、进行辩论，有权依法处分其诉讼权利和民事权利，但同时也必须服从法院指挥，遵守法庭秩序，履行生效裁判；诉讼代理人在一定权限内代替或协助当事人进行民事诉讼，享有相应的权利并承担相应的义务；证人、鉴定人、翻译人员、勘验人员和协助执行人协助查明案件事实，保证诉讼的公正；人民检察院对民事诉讼活动实行法律监督，并可依法提出检察建议和提起抗诉。各民事诉讼法律关系主体均以其诉讼权利和义务为内容，彼此之间形成诉讼法律关系。由此可见，民事诉讼法律关系是一种多面法律关系。

研究民事诉讼法律关系，对于更好地掌握人民法院审判权与当事人诉权的平衡，更好地实现解决民事纠纷的目的，都具有重要的指导意义。首先，研究民事诉讼法律关系有利于促进人民法院尊重并保护当事人充分行使诉讼权利，更好地履行审判职责。在民事诉讼中，人民法院不仅享有审判权力，还必须履行一定的诉讼职责，正确认识民事诉讼法律关系，有助于正确认识人民法院在民事诉讼中的地位，正确处理人民法院与当事人及其他诉讼参与人的关系，避免法院审判权与当事人诉权的失衡。其次，研究民事诉讼法律关系有利于引导当事人正确行使诉讼权利，有效提升诉权的地位。通过民事诉讼法律关系，当事人的诉权被置于与法院审判权同等的重要地位，从立法的角度讲，有利于确定当事人在民事诉讼中广泛的诉讼权利，保障当事人诉讼主体的地位。从民事诉讼程序的角度看，既可以引导人民法院等代表公权力的国家机关充分认识到当事人诉权的存在，也可以有效地引导当事人正确行使诉讼权利，避免权利滥用或妨碍民事诉讼秩序的行为发生。

■第二节　民事诉讼法律关系的要素

民事诉讼法律关系的要素是指构成民事诉讼法律关系的必备因素。民事诉讼法律关系由主体、内容和客体三个要素构成。

一、民事诉讼法律关系的主体

民事诉讼法律关系的主体，是指在民事诉讼法律关系中，诉讼权利的享有者和诉讼义务的承担者。民事诉讼法律关系的主体是多元的，包括：人民法院、人民检察院、当事人及其诉讼代理人[1]和其他诉讼参与人。

1. 人民法院。人民法院是国家的审判机关，代表国家行使审判权，在民事诉讼中起组织和指挥作用，有权对民事案件进行审判，其审判行为对于民事诉讼法律关系的产生、变更或消灭具有重要的作用。

2. 人民检察院。人民检察院是国家的法律监督机关，有权对人民法院的民事诉讼活动实行法律监督，如发现人民法院已经发生法律效力的判决、裁定有错误的，有权提出抗诉，并应派员出席再审法庭。人民检察院在民事诉讼活动中，依法享有诉讼权利并承担诉讼义务，是民事诉讼法律关系的主体。

3. 当事人。在民事诉讼活动中，当事人包括：第一审程序中的原告、被告、共同诉讼人、诉讼代表人、诉讼第三人；第二审程序中的上诉人与被上诉人；再审程序中的申请人或申诉人与被申请人。根据《民事诉讼法》的规定，当事人享有广泛的诉讼权利，民事诉讼当事人不仅是民事诉讼法律关系的主体，也是争议民事实体法律关系的主体，其诉讼行为对诉讼程序的推进和民事诉讼法律关系的产生、变更和消灭具有决定性的作用。

4. 诉讼代理人。诉讼代理人是在代理权限内代替或协助当事人进行民事诉讼的诉讼参加人，包括法定诉讼代理人和委托诉讼代理人两种。[2]诉讼代理人能够充分

---

[1] 根据《民事诉讼法》第五章的有关规定，"当事人"和"诉讼代理人"共同构成"诉讼参加人"这一概念。

[2] 有一种观点将诉讼代理人分为三种：法定代理人、委托代理人和指定代理人。其中，"指定代理人"是根据《民事诉讼法》第57条的规定产生的，即"法定代理人之间互相推诿代理责任的，由人民法院指定其中一人代为诉讼"。但由于指定代理人是由法院在法定代理人中指定的，因此本质上仍是一种法定代理人。

保护当事人的合法权益，有助于民事诉讼的顺利进行和民事纠纷的正确、及时解决，因此，诉讼代理人被依法赋予相应的诉讼权利义务，是民事诉讼法律关系的主体。

5. 其他诉讼参与人。其他诉讼参与人是指除人民检察院、当事人及其诉讼代理人以外的诉讼参与人。具体包括证人、鉴定人、翻译人员、勘验人员和协助执行人。其他诉讼参与人与案件没有法律上的利害关系，其参加诉讼是为了协助查明案件事实，保证正确合理判决，并因此享有相应的诉讼权利义务。

在此，应注意区分诉讼法律关系主体、诉讼主体和诉讼参与人这三个概念。通说认为，诉讼主体是指能够对诉讼程序的启动、变更和终结产生决定性作用的人，包括人民法院、人民检察院和当事人，以及与当事人诉讼地位相同的人。据此，诉讼主体一定是诉讼法律关系主体，而诉讼法律关系主体则不一定是诉讼主体。

二、民事诉讼法律关系的内容

民事诉讼法律关系的内容，是指民事诉讼法律关系主体依法享有的民事权利和承担的民事义务。在民事诉讼中，由于各法律关系主体的诉讼地位和作用不同，其诉讼权利义务也存在差异。

1. 人民法院的诉讼权利义务。人民法院的诉讼权利义务与其行使国家审判权的职责是统一的，因此，在我国法律中，对各级人民法院使用了"职权"或"权限"一词。对民事案件进行审理和裁判，既是人民法院的权力，又是人民法院的义务，此义务既是对国家的义务，也是对当事人的义务，即保护当事人行使诉讼权利，保证正确、及时审理民事案件，维护当事人的合法权益。

2. 人民检察院的诉讼权利义务。人民检察院对人民法院的审判活动有权实行法律监督，对人民法院已经发生法律效力的判决、裁定，认为有错误，或者基于审判人员的违法行为，有权向人民法院提出检察建议；对于生效裁判认为确有错误的有权提起抗诉，并应派员参加再审程序，这同时也是人民检察院对其法律监督职责的履行。

3. 当事人的诉讼权利义务。当事人与案件处理结果具有法律上的利害关系，并受人民法院裁判的拘束，在民事诉讼中享有广泛的诉讼权利并承担相应的诉讼义务。随着当事人在诉讼中地位的逐渐加强，其权利范围也将有所扩大。

4. 诉讼代理人的诉讼权利义务。诉讼代理人必须在法律规定或当事人授予的权限范围内实施诉讼行为，其在诉讼中的地位与当事人相似。因此，诉讼代理人特别是法定诉讼代理人的诉讼权利义务与被代理的当事人的诉讼权利义务是基本相同的。

5. 其他诉讼参与人的诉讼权利义务。根据证人、鉴定人、翻译人员、勘验人员和协助执行人等在民事诉讼中的诉讼地位和作用的不同，他们各自享有相应的诉讼权利并承担相应的诉讼义务。例如，《民事诉讼法》第72条第1款规定，凡是知道案件情况的单位和个人，都有义务出庭作证；第77条第1款规定，鉴定人有权了解进行鉴定所需的案件材料，必要时可以询问当事人、证人。

第五章

三、民事诉讼法律关系的客体

民事诉讼法律关系的客体，是指民事诉讼法律关系主体之间的诉讼权利和诉讼义务所指向的对象。民事诉讼法律关系是一种多面法律关系，不同的法律关系主体之间具有不同的权利义务，因此，民事诉讼法律关系的客体也不是单一的。

人民法院与人民检察院之间诉讼权利义务关系的客体，包括人民检察机关提起公益诉讼的起诉书、人民法院所作出的生效判决和裁定、调解书以及审判人员的诉讼行为。人民检察院监督人民法院的审判活动并提出检察建议或抗诉，其权利义务所指向的对象为人民法院生效裁判认定事实及适用法律是否具有《民事诉讼法》第208条所规定情形，调解书是否损害国家利益和社会公共利益，以及审判人员在审判监督程序以外的其他审判程序中的行为是否违法。

人民法院与当事人及其诉讼代理人之间诉讼权利义务关系的客体，是争议案件的事实和诉讼请求。人民法院对民事案件进行审判，当事人行使其诉讼权利，履行其诉讼义务，全部是围绕查明案件事实、确定当事人之间的实体权利义务关系展开的，这也是人民法院与当事人之间进行诉讼活动的目的，是其诉讼权利义务指向的对象。

人民法院与其他诉讼参与人之间诉讼权利义务关系的客体，只有案件事实。这不同于人民法院与当事人之间诉讼权利义务指向的对象，即不包括诉讼请求。这是由其他诉讼参与人在诉讼中的作用决定的，证人、鉴定人、翻译人员、勘验人员和协助执行人参加到诉讼中来，是协助人民法院查明案件事实的，这是其权利义务指向的对象。

当事人及其诉讼代理人、其他诉讼参与人和人民检察院之间诉讼权利义务所指向的对象，也互有差异。当事人及其诉讼代理人之间诉讼权利义务关系的客体，是案件事实和诉讼请求；当事人及其诉讼代理人与其他诉讼参与人之间诉讼权利义务关系的客体，是案件事实；当事人及其诉讼代理人或其他诉讼参与人与人民检察院之间诉讼权利义务关系的客体，是人民法院裁判的正确性。

民事诉讼法律关系的客体不同于诉讼标的。首先，诉讼标的在性质上是一种法律关系，是指当事人之间发生争议并请求人民法院作出裁判的民事实体法律关系，两者在性质上显然不同；其次，诉讼标的在内容上是民事实体法律关系，受民事实体法调整，而民事诉讼法律关系的客体则具有多元性，受民事诉讼法的调整。

■第三节　民事诉讼法律事实

民事诉讼法律事实，是指根据民事诉讼法的规定，能够引起民事诉讼法律关系产生、变更或消灭的事实。依是否以人的意志为转移为标准，可以将民事诉讼法律事实分为诉讼行为和诉讼事件。

一、诉讼行为

诉讼行为，是指民事诉讼法律关系主体所实施的能够引起民事诉讼法上效果的行为，具体是指人民检察院、人民法院、当事人及其他诉讼参与人根据民事诉讼法的规定参加民事诉讼所实施的行为。诉讼行为是民事诉讼的主要法律事实，在民事诉讼中，绝大多数民事法律效果是由民事诉讼法律关系主体的诉讼行为引起的。

根据法律关系主体的行为方式，诉讼行为既包括作为，也包括不作为，前者如人民检察院提起民事抗诉（《民事诉讼法》第208条）；后者如原告经传票传唤无正当理由拒不到庭的，可视为撤诉（《民事诉讼法》第143条）。根据法律关系主体行为的合法性，诉讼行为既包括合法行为也包括违法行为，前者如双方当事人自行和解（《民事诉讼法》第50条）；后者如依法必须到庭的被告经两次传票传唤无正当理由拒不到庭，即可产生拘传的法律效果（《民事诉讼法》第109条）。

1. 人民法院的诉讼行为主要有三种：裁判行为、执行行为和其他行为。其中，裁判行为是人民法院最主要的诉讼行为，是由人民法院的基本任务所决定的，具体是指人民法院以事实为依据，以法律为准绳，对案件进行审理并作出裁判的行为；执行行为是指人民法院依法行使司法执行权，依靠国家强制力使被执行人履行生效法律文书内容的诉讼行为；其他行为包括依法告知当事人诉讼权利、送达诉讼文书、调查收集证据、指挥诉讼等。

2. 人民检察院的诉讼行为，主要是指提出检察建议和抗诉行为。人民检察院对人民法院的诉讼活动实行法律监督，有权提出检察建议，有权提起民事抗诉，启动再审程序，对于民事诉讼法律关系的产生、变更和消灭具有重要的影响。

3. 当事人及其诉讼代理人的诉讼行为分为两种：①针对诉讼标的进行的处分行为，如当民事权益遭到侵害或与他人就民事权益发生争执时，当事人向人民法院起诉，引起诉讼程序的启动；诉讼程序开始后，原告放弃诉讼请求或者变更诉讼请求，被告承认、反驳诉讼请求，或者提起反诉，双方自行和解，或者提请调解；当事人上诉启动第二审程序；申请强制执行启动执行程序；等等。②为实现诉求目的进行的具体诉讼行为，如委托诉讼代理人、收集调查证据、申请回避、申请保全和先予执行等。

4. 其他诉讼参与人的诉讼行为，依其在诉讼中的地位和作用各有不同，具有特定性。如鉴定人进行鉴定的行为、证人出庭作证的行为、翻译人员进行翻译的行为等，都可以引起一定的民事诉讼上的法律效果。

二、诉讼事件

诉讼事件，是指不以人的意志为转移，能够引起一定民事诉讼上法律效果的客观事实。根据《民事诉讼法》的规定，如当事人死亡，可根据不同情形产生不同的法律效果：一方当事人死亡，需要等待继承人表明是否参加诉讼，该事件引起诉讼中止的法律效果（《民事诉讼法》第150条）；离婚案件的一方当事人死亡，导致诉讼终结（《民事诉讼法》第151条）。

第五章

【本章小结】

1. 本章介绍了民事诉讼法律关系的一般理论，包括民事诉讼法律关系的概念、特征，民事诉讼法律关系的要素和民事诉讼上的法律事实。

2. 民事诉讼法律关系，是指由民事诉讼法所调整的人民法院、人民检察院、当事人及其他诉讼参与人之间形成的一种诉讼权利义务关系，是一种多面法律关系。

3. 民事诉讼法律关系的要素包括主体、内容和客体。其中，民事诉讼法律关系的主体包括人民法院、人民检察院、当事人及其诉讼代理人和其他诉讼参与人，民事诉讼法律关系的内容和客体因其主体的多元性呈现多样性的特点。

4. 引起民事诉讼法律关系产生、变更或者消灭的事实，是民事诉讼上的法律事实。以是否以人的意志转移为标准，可分为诉讼行为和诉讼事件两种。

【思考题】

1. 什么是民事诉讼法律关系？简述民事诉讼法律关系的特征。
2. 民事诉讼法律关系包括哪些要素？
3. 简述诉讼法律关系主体和诉讼主体的区别。
4. 简述民事诉讼法律关系客体和诉讼标的的区别。

第五章

【参考文献】

1. 江伟主编：《民事诉讼法学原理》，中国人民大学出版社 1999 年版。
2. 刘荣军：《程序保障的理论视角》，法律出版社 1999 年版。
3. 常怡主编：《比较民事诉讼法》，中国政法大学出版社 2002 年版。
4. 王娣等：《民事诉讼法》，高等教育出版社 2013 年版。

第六章

民事审判权

学习目的和要求　法院是民事审判权的主体；学习本章，在领会相关法律规定和司法解释的基础上，认识民事审判权的概念和意义，理解其特征和性质，重点掌握民事审判权的作用范围及其构成。

第一节　民事审判权概述

现代法治国家，司法权解决纠纷的主要方式是通过法院这一专门国家司法机关依照法定职权和程序，以审判的形式将相关法律适用于具体案件。"司法权的核心是审判权，除审判权外，还包括司法解释权、司法组织权和司法执行权。"[1]民事审判权是国家司法权的一个重要组成部分，由于现代社会纠纷大多为民事纠纷，因而法院正确行使民事审判权对经济稳定和社会发展具有重要作用。

一、民事审判权的概念与特征

民事审判权是法院审判权中的一种，是指法院对民事案件审理并作出裁判的权力。它是国家司法权的组成部分，属于国家基本权力的一部分。[2]具有如下特征：

1. 民事审判权的独立性。[3]民事审判权应该而且必须独立。作为民事审判权的基本特征，独立性是民事案件得到公正审判的基本保证，它要求法院行使民事审判权只服从法律，任何机关、团体和个人无权进行干涉。

2. 民事审判权的中立性。与行政权和立法权不同，司法权的本质特征在于其中立性。中立是作为审判机关存在的法律理由和价值核心。作为司法权的组成部分，民事审判权的中立性要求法院和法官在民事审判中超然于纠纷各方，不偏不倚，以中立的身份和地位进行裁判。

---

[1] 王洪俊主编：《中国审判理论研究》，重庆出版社1993年版，第235页。

[2] 江伟主编：《民事诉讼法》，高等教育出版社、北京大学出版社2000年版，第18页。

[3] 《宪法》第126条："人民法院依照法律规定独立行使审判权，不受行政机关、社会团体和个人的干涉。"《民事诉讼法》第6条第2款："人民法院依照法律规定对民事案件独立进行审判，不受行政机关、社会团体和个人的干涉。"《人民法院组织法》第4条："人民法院依照法律规定独立行使审判权，不受行政机关、社会团体和个人的干涉。"

　　3. 民事审判权的被动性。基于民事权利的可处分性，民事诉讼的启动取决于当事人。西方有句法谚："无诉无判。"这是对民事审判权被动性的通俗表述。首先，被动性要求纠纷的存在是民事审判权行使的前提条件，有纠纷方有司法；其次，当事人将纠纷提交法院审理，法院才能行使民事审判权。

　　4. 民事审判权的强制性。民事审判权的行使以国家机器为后盾，具有强制性。这也是民事审判权不同于其他解决民事纠纷的方式中有关机构或人员所享有的权力（如仲裁权、诉讼外调解权）的一个基本特征。

　　5. 民事审判权的终局性。民事纠纷在法院行使民事审判权解决之后，任何机关、团体和个人都无权再对这一民事纠纷运用其他的方式予以解决。终局性是司法最终解决原则在民事审判中的具体体现。司法是维护社会公正的最后一道防线，法院判决应具有绝对的权威性，各方当事人必须遵从。

　　6. 民事审判权行使主体的专门性。民事审判权只能由人民法院代表国家统一行使。就具体案件的审判而言，是由经过专门职业训练的法官依照法定职权和程序组成审判组织来进行的。

　　7. 民事审判权行使对象的特定性。民事审判权是针对各类民事案件以及法律规定适用民事诉讼程序审理的案件行使的。这是民事审判权不同于刑事审判权和行政审判权的一个重要特点。

二、民事审判权的作用范围

　　民事审判权的作用范围即人民法院受理民事诉讼案件的范围。它与一个国家的宪政结构、法律传统密不可分。民事诉讼产生后，公民能否顺利进入司法程序并获得救济，是一国法治文明及其实现程度的重要标尺。

　　我国民事审判权的作用范围体现为民事诉讼主管制度。从现行法律规定来看，主管范围的大小直接决定了民事审判权作用范围的大小。凡属民事诉讼主管范围之内的纠纷，法院皆可行使民事审判权，两者具有一致性。但民事审判权作用范围要比民事诉讼主管的内涵广泛，例如，具体案件中民事审判权的范围要受当事人的处分权和辩论权的限制，法官应在当事人提出的事实和证据的范围内行使民事审判权，不能依据当事人没有提出的事实或证据判案，等等。民事审判权的作用范围是通过民事审判权行使界限的划分得以明确的。在很多场合，两者具有相同意义。我国《宪法》虽然明确了人民法院是行使民事审判权的唯一主体，但其行使界限和作用范围并不明确。因此，要实现对当事人诉权的充分保护，需进一步明确民事审判权的行使界限，科学地界定其作用范围。

　　1. 案件性与民事审判权的界限。"案件性"有时又称"法律上的争讼性"，是审判权的首要界限，也是法院进行自律的首要原则，因此，案件性又称为案件性原则。[1]只有当民事纠纷按照法律规定成为法院可裁判的案件时，法院才能对其行使

---

[1]　江伟主编：《民事诉讼法专论》，中国人民大学出版社2005年版，第119页。

民事审判权。一般来说，作为可裁判性的案件须具备以下条件：①案件必须是明确具体的，不同于假定或抽象的分歧和争端；②案件必须是真实和有实质性争议的，不同于纯学术性的或不具有实际意义的争议；③争议问题的性质通过法律上规定的要件来作出判断予以终局性地解决。

2. 司法豁免权与民事审判权的界限。外交人员和某些外国组织、国际组织的代表享有外交特权和豁免是一项无争议的国际法规则。[1]《民事诉讼法》第261条也规定："对享有外交特权与豁免的外国人、外国组织或者国际组织提起的民事诉讼，应当依照中华人民共和国有关法律和中华人民共和国缔结或者参加的国际条约的规定办理。"由此可见，民事审判权的行使受到国际法中司法豁免权的限制。与刑事审判权相比，民事审判权的司法豁免也是受限制的。对于以下三种情况，法院仍可行使民事审判权：①享有司法豁免权的人的所属国主管机关明确宣布放弃司法豁免权。②享有司法豁免权的人，因私事与对方发生纠纷。所谓私事，我国《外交特权与豁免条例》第14条规定了两点：一是外交代表以私人身份进行的遗产继承诉讼；二是外交代表违反不得在中国境内为私人利益从事任何职业或者商业活动的规定，在中国境内从事公务范围以外的职业或商业活动的诉讼。③外交代表本人向驻在国法院提起诉讼而引起反诉的。

3. 刑事审判权、行政审判权与民事审判权的界限。这三类审判权皆为法院审判权的组成部分。根据它们行使对象的不同，可以清晰地明确各自的界限，按照各自的诉讼程序进行审判。但在现实生活中，某些案件所反映的法律关系往往是相互交织、错综复杂的。例如，某一犯罪行为在违反刑法的同时，往往也对他人合法的民事权益构成侵犯，从而被提起刑事附带民事诉讼。某一行政行为并非民事争议案件的诉讼标的或者争议的民事法律关系，但它决定着民事案件的性质或裁判结果，[2]从而导致民事诉讼中的行政附属问题。如何更好地明确上述情况下民事审判权与其他审判权的行使界限，是一个值得研究的问题。

4. 国家行为与民事审判权的界限。国家行为不受司法审查是世界各国的通例，我国也不例外。这里需要掌握的是哪些行为属于国家行为。我国目前已有三部法律文件规定了国家行为：①2014年修正的《行政诉讼法》第13条第1项规定，人民法院不受理公民、法人或者其他组织对国防、外交等国家行为提起的诉讼。②1990年《香港特别行政区基本法》第19条第3款规定："香港特别行政区法院对国防、外交等国家行为无管辖权。……"③1993年《澳门特别行政区基本法》第19条第3款也作出了完全相同的规定。对外国家行为主要有国防、外交行为，对内国家行为如

---

〔1〕 根据1961年《维也纳外交关系公约》第31、37、39条的规定，外交官及其家属和随行人员对接收国的审判权享有豁免。且该公约第32条规定，放弃这一特权，只能由外交官的派遣国行使之，外交官本人不得放弃其特权。

〔2〕 杨荣馨主编：《民事诉讼原理》，法律出版社2003年版，第737页。

总动员、宣布戒严以及其他紧急性措施等，也应纳入相关法律加以规定，以明确民事审判权的界限。

5. 单位或团体内部纠纷的自律性处分与民事审判权的界限。[1] 单位或团体内部纠纷的自律性处分反映了国家对社会纠纷或争议的干预程度。我国法院对于单位内部的纠纷从计划经济时代的不干预态度发展到市场化时代的有选择地受理一部分纠纷。我国学界普遍认为，法院受理单位内部纠纷的范围仍有进一步扩大的必要。当然，这绝不意味着要求法院过多地干预单位、团体内部的事务以及要求法院去决定那些本质上应当由单位、团体自行决定的事情。法院只应受理单位与成员之间关于民事权益的争议；其余纠纷，则应当由单位自行解决或通过有关部门解决。

三、民事审判权的意义

民事审判权的意义体现在以下几点：

1. 民事审判权是法院参加民事诉讼的根据。民事争议的主体有诉权，才能在法院进行诉讼。相应地，法院之所以能参加民事诉讼，在于其拥有民事审判权。民事审判权由法院专属行使，是其参加民事诉讼的根据。

2. 民事审判权是法院在民事诉讼中进行审判行为的基础。法院是民事纠纷的裁判者，民事审判权是其最基本的职权。但民事审判权是一个抽象概念，往往通过具体权力来体现，如程序控制权、调查取证权等。法院的审判行为正是这些职权行使的结果。

3. 民事审判权与当事人诉权共同构成完整的民事诉讼机制。一个完整的民事诉讼机制离不开当事人和法院的有效参与。诉权和民事审判权分别是当事人和法院参加民事诉讼的根据，是他们进行各种民事诉讼行为、有效参与民事诉讼的基础。因此，两者共同构成完整的民事诉讼机制。

4. 民事审判权保障诉讼的有序进行，维护当事人的正当权利和合法权益，保障国家有关法律制度的贯彻执行。民事审判权的强制性和终局性可以保障诉讼的有序进行，保障国家有关法律制度的贯彻执行。其独立性、中立性和行使主体的专门性则可以维护当事人的正当权利和合法权益，保障诉讼的公正。

总之，民事审判权是法院对案件审理和裁判的基石。从诉讼的进程看，民事审判权影响着法院的主管、管辖、审理、裁判及执行；从基础理论看，民事审判权涉及诉权理论、证据理论、既判力等问题。从实务的角度看，民事审判权还与审判方式改革息息相关。因此，民事审判权在民事诉讼理论中具有重要的意义。

■第二节 民事审判权的性质

一、民事审判权是公权力

公权力，又称国家权力、公法权力或公共权力，是指国家机关及其工作人员依

第六章

---

[1] 参见江伟主编：《民事诉讼法专论》，中国人民大学出版社 2005 年版，第 125 页。

法行使的具有公法意义的国家权力，通常体现为立法权、行政权、审判权、检察权、军事权等。公权力的特征是以国家权力为本位，具有确定力、拘束力和执行力，必须要有法律的明确授权方可行使。根据《宪法》第 126 条和《民事诉讼法》第 6 条的授权，民事审判权具有公权力的属性，从而区别于仲裁权、诉讼外调解权等公权力以外的权力。

从作用上讲，民事审判权是国家用以解决民事纠纷的一种国家权力；从形式上讲，民事审判权源于国家宪法和法律的规定；从实质意义上说，民事审判权是民众赋予国家通过法院来行使的一种权力，是服务于当事人诉权的一种权力，是保障当事人的诉讼权利和实体权利得以实现的手段。

二、民事审判权是与当事人诉权相对应的司法权

现代法治国家，国家公权力包括立法权、行政权和司法权三项基本内容，分别由立法机关、行政机关和司法机关行使。司法权是指特定的国家机关在依其法定职权和一定程序，通过审判的形式将相关法律适用于具体案件的专门化活动中所享有的权力。司法权从广义上看包括检察权在内，但目前通说认为，人们提到的"司法权"多指狭义司法权，即虽包括检察权在内，但却明显偏重于审判权，或仅仅指审判权。

根据我国《民事诉讼法》的规定，民事审判权由国家司法机关即人民法院专属行使，属于司法权，有别于国家公权力中的立法权与行政权。"不告不理"是民事诉讼法的基本原则，正是在当事人的诉权与法院的民事审判权的相互作用下，才使民事诉讼得以发生、进行并终结。因此，民事审判权是与当事人诉权相对应的司法权，这也是它与刑事审判权和行政审判权的本质区别。

三、民事审判权是判断权

民事审判权在本质上是一种判断权，即对公民、法人和其他组织提交的民事争议依民事实体法律作出权利归属或对其法律关系存在与否进行判断的权力。

■第三节　民事审判权的构成

民事审判权是抽象意义上对法院享有的审理和裁判民事案件的公权力的总称。在我国民事诉讼过程中，民事审判权具体体现为一系列权力，这些权力与特定的诉讼阶段相联系，并且各自有其特定的行使方式、程序以及目标，共同推动着审判权运行目标的实现。[1]民事审判权主要由以下几项具体权力构成：

一、程序控制权

程序控制权，是指法院对民事诉讼程序的发生、发展、中止、终结以及程序进程的方式和节奏的决定权。出于对诉讼效率价值的追求，法律赋予法院一系列具体

第六章

----

〔1〕　田平安主编：《民事诉讼法原理》，厦门大学出版社 2004 年版，第 80 页。

的程序控制权。例如，法院有权审查诉讼是否应当启动，有权决定适当的时候进行证据交换、何时开庭审理、诉讼是否应当予以合并或分离、是否应当追加被告、是否同意变更诉讼请求、是否同意被告提起反诉等。当然，诉讼效率只是诉讼实施的价值要求之一，法院程序控制权的行使必须与当事人诉权相协调，以保证公正得到实现，毕竟司法公正才是诉讼活动永恒的主题。

二、调查取证权

调查取证权，是指法院依法对案件的有关证据进行调查收集的权力。调查取证权包含两种不同的含义：①法院可以按照自己的意志或判断，主动调查收集证据；②法院根据当事人的申请调查收集证据。根据我国法律的规定，无论是法院依当事人申请调查收集的证据，还是法院依职权主动调查收集的证据，都可以作为法院裁判的依据。[1]

三、事实认定权

事实认定权是指法院作为中立的裁判者享有的对当事人主张的事实进行认定的权力。由于民事诉讼当事人利益的对立，当事人主张的事实也存在差异，法院必须通过审查最终认定案件事实，并以该事实为基础适用法律，对实体争议作出裁判。当事人主张的事实需要由当事人提出证据证明，因而事实认定权首先是对当事人提出证据的认定。

由于司法实践中案件的差异性和多样性，事实的认定必然需要法官自由裁量权的行使。为防止法官在认定事实时滥用自由裁量权，有必要实行心证的公开化，建立完善详尽的证据认定规则。这一点目前已在学界达成共识。

四、实体争议裁判权

民事诉讼最终要对当事人之间的实体问题（主要是实体权利义务）的争议作出裁判，这是民事诉讼的实质问题。法院对民事案件实体问题的判决权，即实体争议裁判权，是法院民事审判权中最重要的一项权力。实体争议裁判权的实质是法院如何适用实体法，法院对这一项权力的行使通过判决来实现。而与实体争议裁判权相对的程序事项裁决权则主要解决的是案件的程序性问题，法院对程序事项裁决权的行使主要通过裁定和决定来实现。

【本章小结】

1. 本章围绕法院民事审判权进行阐述。民事审判权是指法院对民事案件审理并作出裁判的权力，具有独立性、中立性、被动性、强制性、终局性、专门性和特定性等特点。民事审

---

〔1〕《民事诉讼法》第 64 条第 2 款规定："当事人及其诉讼代理人因客观原因不能自行收集的证据，或者人民法院认为审理案件需要的证据，人民法院应当调查收集。"第 67 条第 1 款规定："人民法院有权向有关单位和个人调查取证，有关单位和个人不得拒绝。"

判权的作用范围即人民法院受理民事诉讼案件的范围。

2. 民事审判权的性质是国家公权力，是与当事人诉权相对应的司法权，是一种判断权。

3. 民事审判权包括程序控制权、调查取证权、事实认定权和实体争议裁判权等。

【思考题】

1. 什么是民事审判权？其由哪些具体权力构成？

2. 简述民事审判权的特征和性质。

3. 简述民事审判权的意义和作用范围。

【参考文献】

1. 江伟主编：《民事诉讼法专论》，中国人民大学出版社 2005 年版。

2. 常怡主编：《民事诉讼法学》，中国政法大学出版社 2008 年版。

3. 杨荣馨主编：《民事诉讼原理》，法律出版社 2003 年版。

4. 李祖军等撰写：《民事诉讼法·诉讼主体篇》，厦门大学出版社 2005 年版。

第六章

第七章

民事案件的主管及管辖

学习目的和要求　了解民事案件主管与管辖的概念和原则；正确认识人民法院与其他国家机关、社会团体之间主管民事案件的关系；理解级别管辖、地域管辖、裁定管辖和管辖权异议的含义及适用条件和程序；掌握管辖在民事诉讼中的具体应用。

■第一节　民事案件的主管

一、民事案件主管的含义及意义

（一）主管与人民法院对民事案件的主管

主管是对国家机关、社会团体各自职责和权限范围的界定。

人民法院对民事案件的主管，即人民法院主管民事案件的职责和权限范围，是指人民法院依法受理、审理民事案件的职权范围，其实质是确定人民法院和其他国家机关、社会团体之间解决民事纠纷的分工和权限。

我国人民法院主管的民事案件由《民事诉讼法》具体规定。《民事诉讼法》第3条规定："人民法院受理公民之间、法人之间、其他组织之间以及他们相互之间因财产关系和人身关系提起的民事诉讼，适用本法的规定。"第119条第4项规定，当事人起诉应当"属于人民法院受理民事诉讼的范围和受诉人民法院管辖"；第123条规定："人民法院应当保障当事人依照法律规定享有的起诉权利。对符合本法第119条的起诉，必须受理。……"第124条规定："人民法院对下列起诉，分别情形，予以处理……"并列举了七种情形。这些都是法律对人民法院主管的具体规定。

（二）人民法院对民事案件主管的意义

1. 明确人民法院对民事案件主管的意义，有利于人民法院正确、及时地行使审判权，解决民事纠纷，保护公民、法人和其他组织的合法权益，制裁民事违法行为。

2. 明确人民法院对民事案件的主管范围，有利于保障当事人正确、及时地行使诉权。起诉权是法律赋予当事人的一项重要诉讼权利，只有明确人民法院的职权范围，才便于当事人对所发生纠纷是否由人民法院主管进行判断，有效行使起诉权。

对于司法实践中存在的人民法院与其他国家机关、社会团体之间的主管争议，究其原因，虽然有因立法滞后于实践发展而无法可依的情形，但也存在着因主管范围不够明确、认识错误所致的情况。主管争议导致相互争执或相互推诿，其结果就是使当事人告状"无门"，使其合法权益得不到及时保护，甚至导致矛盾激化和转化，给社会带来不安定因素。因此，明确人民法院对民事案件的主管意义重大。

二、人民法院主管民事案件的标准及主管范围

（一）人民法院主管民事案件的标准

由于国家的性质和法律制度不同，各国法律对法院主管民事案件范围的规定不尽一致，确定法院主管的标准也不尽相同。特别是英美法系国家在民事诉讼理论上一般不研究法院主管问题，法律对此也不作具体规定，对民事案件实行司法最终解决的原则。即凡是私法调整的社会关系引起的纠纷，一律由法院解决。而大陆法系国家，如德国、法国、日本等，将法院审判权范围规定在宪法、法院法中。我国关于法院主管的规定，主要受苏联的影响较深，对于繁杂众多的民事纠纷采用分散解决的原则。一般来说，划分法院主管民事案件的标准主要有三个：法律关系的性质；诉讼主体的特点；诉讼标的金额的大小。[1]

我国人民法院主管民事案件的标准主要依《民事诉讼法》第3条的规定："人民法院受理公民之间、法人之间、其他组织之间以及他们相互之间因财产关系和人身关系提起的民事诉讼，适用本法的规定。"这一规定所确定的人民法院主管民事案件的标准是：平等主体之间因财产关系和人身关系所发生的纠纷。这实际上是以发生争议的实体法律关系是否为民事法律关系为标准而进行划分的。在这一标准下，最高人民法院根据我国国情及司法实践经验，进一步明确了对特定案件的法院主管范围，也为法院解决主管有疑难的案件提供了法律依据。

（二）人民法院主管民事案件的范围

根据上述标准，人民法院主管的民事案件有以下几种：

1. 平等主体之间发生的财产权和人身权纠纷。这类纠纷包括：

（1）由民法调整的因财产关系及与财产关系相联系的人身关系产生的民事纠纷。如财产所有权、用益物权、担保物权、无因管理、不当得利、身份权和人格权等纠纷。

（2）由婚姻法、继承法、收养法等调整的因婚姻家庭关系、继承关系、收养关系等产生的纠纷。例如，离婚案件，追索赡养费、扶养费、抚育费案件，财产继承案件，解除收养关系案件，等等。

（3）由商法调整的因商事关系引起的纠纷。如海商事案件、票据纠纷案件等。

（4）由经济法调整的因经济关系引发的各类纠纷。如因不正当竞争行为引起的损害赔偿案件、因环境污染所引起的损害赔偿案件等。

（5）由劳动法调整的因劳动关系引发的纠纷。我国自2008年1月1日起施行的

---

〔1〕　参见常怡主编：《民事诉讼法学》，中国政法大学出版社2005年版，第134页。

《劳动合同法》（2012 年 12 月 28 日修订，2013 年 7 月 1 日施行）取消了劳动争议仲裁前置程序，该法第 77 条规定："劳动者合法权益受到侵害的，有权要求有关部门依法处理，或者依法申请仲裁、提起诉讼。"这一规定突破性地赋予了劳动者仲裁或诉讼的自主选择权。

2. 法律规定由人民法院适用民事诉讼法解决的其他案件。该类案件主要有选民资格案件、宣告失踪或宣告死亡案件等。

三、人民法院与其他国家机关、社会团体主管民事案件的关系

由于人民法院和其他国家机关、社会团体都有权主管一定范围的民事纠纷案件，因此，它们之间主管民事纠纷的关系是确定一个民事案件主管的关键。

（一）人民法院与仲裁机构主管民商事案件的关系

人民法院是国家的司法机关，通过行使审判权解决当事人之间的争议。仲裁机构是自律性的民间机构，通过行使法律赋予的仲裁权解决当事人之间的纠纷。由于人民法院和仲裁机构对民商事案件的主管范围有重合，因此，正确区分二者主管民商事案件的关系，是科学认定具体民商事案件主管的关键。二者的关系体现在：

1. 人民法院主管民事案件的范围宽于仲裁机构受理仲裁案件的范围。按照《仲裁法》的规定，仲裁机构受理的案件只包括平等主体的公民之间、法人之间和其他组织之间以及他们相互之间发生的合同纠纷和其他财产权益纠纷。婚姻、收养、监护、扶养、继承纠纷等不具有可仲裁性。而上述所有纠纷都属于人民法院的主管范围。

2. 对于既属于人民法院又属于仲裁机构受理范围的民商事案件，应当依据当事人意愿来确定纠纷解决方式。即如果双方当事人签订仲裁协议依法选择了以仲裁方式解决纠纷，就不得再向人民法院起诉；如果当事人没有订立仲裁协议或者仲裁协议无效，则可以向人民法院起诉。[1]需要强调的是：

（1）根据"或裁或审、一裁终局"原则，仲裁裁决生效后，当事人不服的，不得向人民法院起诉，也不得再仲裁机构申请仲裁。

（2）当事人因认为仲裁裁决有法定撤销或不予执行事由而申请撤销或者不予执行仲裁裁决的案件，属于人民法院主管。

（3）当事人在仲裁裁决被人民法院撤销或者裁定不予执行后，重新达成仲裁协议申请仲裁的，由仲裁机构受理。没有达成新的仲裁协议，或者新达成的仲裁协议无效的，由人民法院主管。

3. 人民法院与劳动争议仲裁委员会主管的关系，不同于人民法院与民商事仲裁

---

[1] 我国《合同法》第 128 条规定："当事人可以通过和解或者调解解决合同争议。当事人不愿和解、调解或者和解、调解不成的，可以根据仲裁协议向仲裁机构申请仲裁。涉外合同的当事人可以根据仲裁协议向中国仲裁机构或者其他仲裁机构申请仲裁。当事人没有订立仲裁协议或者仲裁协议无效的，可以向人民法院起诉。……"与此相同，《仲裁法》和《民事诉讼法》也作了类似规定。

机构之间的关系，这是由劳动争议与平等主体之间争议的不同而决定的。因此，劳动争议不属于仲裁法调整的范围，自然不适用仲裁法的原则和制度。尽管如此，对劳动争议同样涉及主管问题。依《劳动合同法》的规定，劳动争议不再强制采用"先裁后审"的解决模式，当事人可以自行选择劳动争议仲裁委员会或者人民法院主管。

（二）人民法院与人民调解委员会主管民事案件的关系

人民调解，是指人民调解委员会通过说服、疏导等方法，促使当事人在平等协商基础上自愿达成调解协议，解决民间纠纷的活动。人民调解委员会是村民委员会和居民委员会下设的调解民间纠纷的群众性组织。人民法院主管民事案件的范围明显宽于人民调解委员会的调解范围，但对于公民之间有关人身、财产权益和其他日常生活中发生的纠纷，二者的主管范围是重合的。在处理彼此关系时，应遵循以下原则：

1. 自愿调解原则。当事人因民事权益发生纠纷，在双方当事人自愿的前提下，可以向人民调解委员会申请解决，人民调解委员会有权进行调解。

2. 人民调解不是纠纷解决的必经程序。当事人中一方向调解委员会申请调解，另一方向人民法院起诉的，由人民法院主管；对起诉到法院的民事纠纷，适宜调解的，可以先行调解，但当事人拒绝调解的除外；调解不成或调解达成协议后又反悔，当事人向人民法院起诉的，同样由人民法院主管。

（三）人民法院与行政机关主管民事案件的关系

依法律规定，行政机关在履行对社会事务管理的职能时，也有处理部分民事纠纷的权限。在处理人民法院与行政机关主管民事案件的关系时，应遵循如下原则：

1. 并行主管中，人民法院主管优先。针对既可由人民法院主管又可由行政机关主管的民事纠纷，如果双方当事人请求行政机关处理，由行政机关主管；如果一方当事人请求行政机关处理，另一方当事人向人民法院起诉，由人民法院主管。

2. 当事人因不服行政机关的处理决定而向人民法院起诉的，属于行政诉讼的范畴，应划入人民法院行政诉讼主管范围。如我国《专利法》第60条规定，未经专利权人许可，实施其专利，即侵犯其专利权，引起纠纷的案件时，如果认定侵权行为成立的，管理专利工作的部门可以责令侵权人立即停止侵权行为，当事人不服的，可以自收到处理通知之日起15日内依照《行政诉讼法》向人民法院起诉；侵权人期满不起诉又不停止侵权行为的，管理专利工作的部门可以申请人民法院强制执行。

3. 当事人因不服行政机关的调解而向人民法院起诉的，属于人民法院民事诉讼的主管范围。如我国《专利法》第60条规定，进行处理的管理专利工作的部门应当事人的请求，可以就侵犯专利权的赔偿数额进行调解；调解不成的，当事人可以依照《民事诉讼法》向人民法院起诉。

4. 法律规定专属于其他行政机关处理的争议，由相应机关处理，人民法院无权主管。例如，农村划分责任田、规划宅基地引发的纠纷，离婚登记效力的纠纷，等等。

四、解决民事案件主管争议的原则

尽管法律对人民法院主管的民事案件及职权范围作了原则性规定，但司法实践中仍会发生民事案件主管争议。这种争议通常有两种情况：①人民法院与其他国家机关、社会团体之间所发生的民事案件主管的争议；②人民法院与当事人之间所发生的对民事案件主管的争议。根据我国现行法律和最高人民法院相关司法解释的规定，解决上述争议依照以下原则进行：

1. 对人民法院与其他国家机关、社会团体之间所发生的民事案件主管的争议，首先由争议双方通过协商的办法予以解决。若协商不成，则各自报请其上级机关再进行协商，直至由当地权力机关的同级人民代表大会常务委员会作出决定。

2. 人民法院与当事人之间所发生的民事案件主管争议，往往属于原告起诉后人民法院认为不符合《民事诉讼法》所规定的人民法院受理民事案件的范围，即不属于人民法院主管，而当事人坚持要起诉所引起的争议。解决此种争议的原则是由人民法院院长或上一级人民法院决定。具体来说，该案是否受理应由人民法院院长决定，案件受理后，经审查确认该案不属于人民法院主管的，人民法院应当裁定驳回当事人的起诉。当事人对裁定不服的，可依法上诉，由上一级人民法院作出裁定。

■第二节　民事案件管辖概述

一、民事案件管辖的概念和意义

（一）民事案件管辖的概念

民事案件的管辖，是指各级人民法院之间以及同级人民法院之间，受理第一审民事案件的分工和权限。管辖是在人民法院系统内部划分和确定上下级法院或者同级法院中，某一人民法院对具体民事案件行使审判权的制度。

人民法院对民事案件的管辖与主管是两个不同的概念。主管，只划定了人民法院行使审判权作用的范围，解决的是人民法院与其他国家机关、社会团体之间受理民事案件的分工和权限。而管辖是人民法院内部具体实施审判权的制度，解决的是某一民事案件由哪一级以及由哪一个人民法院行使审判权的分工和权限。因此，主管是确定管辖的前提和基础，管辖是对主管的实现和落实。

（二）管辖的意义

民事案件管辖问题在民事诉讼中既复杂又重要，科学地确定管辖，无论是在诉讼理论上，还是在审判实践中，都具有重要意义。

1. 正确确定管辖，可以使各级人民法院和同级人民法院之间明确各自受理第一审民事案件的职权范围，及时、正确地行使审判权，从而防止上下级人民法院之间或者同级人民法院之间因管辖权不明而发生相互推诿或相互争夺管辖权的现象。

2. 正确确定管辖，有利于当事人正确有效地行使诉权。明确管辖，使当事人知晓自己的民事纠纷应当到哪一级、哪一个人民法院起诉，避免因管辖不明而出现

"告状无门"，致使其合法权益得不到及时的保护。

3. 管辖权是国家主权的重要组成部分。正确确定民事案件的管辖，有利于人民法院处理涉外民事案件，维护国家主权和社会利益。

二、确定管辖的原则

根据我国《民事诉讼法》的规定，确定民事案件的管辖应遵循如下原则：

1. 便于当事人进行诉讼原则。确定管辖应体现民事诉讼立法的指导思想，便于当事人行使诉权，方便当事人进行诉讼。据此，《民事诉讼法》将绝大部分第一审民事案件交由基层人民法院管辖，正体现了这一原则。

2. 便于人民法院行使审判权原则。为了保证人民法院及时审理民事案件，提高办案效率，就要求在确定案件的管辖时，从客观实际出发，充分考虑人民法院工作的实际情况和案件的需要，以利于人民法院顺利完成审判任务。

3. 保证案件的公正审判原则。公正是审判的灵魂。通过公正审判，维护当事人合法权益是民事诉讼所追求的终极目标。《民事诉讼法》在确定管辖时，根据各级人民法院职权范围和各类案件的具体情况，分别确定了不同案件的管辖。例如，为防止地方保护主义干扰，规定了对合同纠纷和其他财产权益纠纷的协议管辖；为便于排除和避免某些行政干预因素和基于基层人民法院的业务素质及设备条件，规定了管辖权转移和指定管辖，并适当地提高了某类案件管辖的审级；等等。

4. 兼顾各级人民法院的职能和工作负担的均衡原则。根据《人民法院组织法》的规定，我国各级人民法院的职能和分工是不同的，各级人民法院的职能随着级别的增高而增多。中级人民法院、高级人民法院不仅要审理部分一审民事案件，还要审理二审案件，并对下级人民法院的审判活动进行监督和指导，因而不宜过多管辖一审民事案件。最高人民法院是国家的最高审判机关，主要职能是监督和指导地方各级人民法院、专门人民法院的审判工作，制定司法解释，总结和推广审判经验，以保证整个人民法院系统的审判质量，因此对一审民事案件的管辖范围更加有限。因此，为均衡不同级别人民法院的工作负担，《民事诉讼法》确定了基层人民法院对大多数一审民事案件的管辖权。

5. 确定性与灵活性相结合原则。为便于当事人行使诉讼权利，便于人民法院及时、正确地受理民事案件，特别是避免在当事人之间、人民法院之间以及他们相互之间因管辖不明发生争议，立法上对管辖的规定应尽可能明确、具体。但由于客观现实的不断变化和法律的相对稳定性等特点，为保证对案件的公正处理，确定管辖时还应体现一定的灵活性，以满足审判实践发展的需要。

6. 有利于维护国家主权原则。司法权是国家主权的重要组成部分，在民事诉讼中，尤其是涉外民事诉讼中，司法管辖权直接与国家主权相联系，是国家主权在司法上的具体体现。因此，在确定涉外民事案件管辖时，应当以维护国家主权和我国公民的合法权益为出发点，尽量扩大我国人民法院对涉外民事案件管辖的范围。

三、管辖的种类

对管辖种类的研究，一般从以下两个方面进行：

（一）根据民事诉讼法的规定对诉讼管辖进行分类

根据民事诉讼法的规定，可将诉讼管辖划分为：级别管辖、地域管辖、移送管辖和指定管辖。其中，地域管辖又可进一步划分为：一般地域管辖、特殊地域管辖、协议管辖、专属管辖、共同管辖、选择管辖和合并管辖。

（二）根据民事诉讼理论对诉讼管辖进行分类

根据民事诉讼理论，可将管辖作如下划分：

1. 法定管辖和裁定管辖。依据是由法律直接规定还是由人民法院通过裁定加以确定为标准，管辖可以分为法定管辖和裁定管辖。由法律直接规定的管辖为法定管辖；由人民法院通过裁定方式确定的管辖为裁定管辖。

2. 专属管辖和协议管辖。依据管辖是否由法律强制性规定、是否允许当事人协议变更为标准，管辖可以分为专属管辖和协议管辖。由法律强制性加以规定，不允许当事人协议变更的管辖为专属管辖；允许当事人通过协议变更法律规定的管辖为协议管辖。

3. 共同管辖和合并管辖。以诉讼关系为标准，管辖可以分为共同管辖和合并管辖。对同一案件，两个或者两个以上人民法院都有管辖权的，为共同管辖。对某一案件具有管辖权的人民法院将与该案有牵连的其他案件一并进行审理，即为合并管辖。

四、管辖恒定

管辖恒定，是民事诉讼管辖中的重要原则，是指人民法院对民事案件管辖权的确定，以起诉时为标准，起诉时对案件享有管辖权的人民法院，不因确定管辖的事实在诉讼过程中发生变化而影响其管辖权。确立管辖恒定的原则，可以避免已经确定的管辖因发生无法预料的情形而可能随时变动的风险，减少因管辖变动而造成的司法资源的浪费，减轻当事人的讼累，符合诉讼经济的要求。

我国《民事诉讼法》并未明确规定管辖恒定，但在最高人民法院的司法解释中充分体现了立法者对于管辖恒定的肯定。管辖恒定既包括级别管辖恒定，也包括地域管辖恒定。

级别管辖恒定是指某一案件在起诉时按照诉讼标的金额确定了级别管辖后，不因在诉讼过程中诉讼标的金额的增加或者减少所造成的对原级别管辖标准的突破而变更级别管辖。《民诉法解释》第39条规定："人民法院对管辖异议审查后确定有管辖权的，不因当事人提起反诉、增加或者变更诉讼请求等改变管辖，但违反级别管辖、专属管辖规定的除外。人民法院发回重审或者按第一审程序再审的案件，当事人提出管辖异议的，人民法院不予审查。"

地域管辖恒定，是指某一案件在起诉时按照法律规定确定了地域管辖法院后，不因在诉讼过程中确定管辖因素的变动而改变。《民诉法解释》第37、38条规定了地域管辖恒定原则："案件受理后，受诉人民法院的管辖权不受当事人住所地、经常居住地变更的影响。""有管辖权的人民法院受理案件后，不得以行政区域变更为由，将案件移送给变更后有管辖权的人民法院。判决后的上诉案件和依审判监督程序提审的案件，由原审人民法院的上级人民法院进行审判；上级人民法院指令再审、发回重审的案件，由原审人民法院再审或者重审。"

■第三节　级别管辖

一、级别管辖的概念

级别管辖，是指划分上下级人民法院之间受理第一审民事案件的分工和权限。纵向划分每一级人民法院各自管辖第一审民事案件的权限范围，对第一审民事案件的管辖权限予以明确分工，对于确定哪一级人民法院对哪一类第一审民事案件享有管辖权具有重要意义。

在我国法院体制中，各级人民法院都具有第一审民事案件管辖权。但由于各级人民法院职能不同，受理第一审民事案件的权限范围也存在着一定的差异。世界各国对于法院级别管辖的规定各不相同。有的国家并不对此进行规定，而将所有案件的第一审均交由最低级别的初审法院管辖，如美国联邦法院系统中，联邦地区法院为初审法院，民事案件只由联邦地区法院初审，联邦上诉法院和最高法院都不审理第一审民事案件。也有的国家将民事案件的一审管辖权交给审级较低的不同法院，如日本的简易法院和地方法院都审理民事第一审案件，地方法院同时又受理对简易法院判决不服的上诉审案件。不管属于上述哪种类型的国家，都不涉及复杂的级别管辖问题，即使有不同级别法院之间的管辖问题，也相对较为简单。

二、确定级别管辖的标准

各国确定级别管辖的标准不尽相同，但一般是以诉讼标的金额或者价额的大小、诉讼主体的特点和案件的性质为标准来确定的。对双方当事人争议的金额或者价额在一定限度以下、诉讼主体无特殊性，属于一般的财产关系和人身关系的纠纷，原则上均由级别较低的法院管辖；反之，则由较高级别的法院管辖。我国《民事诉讼法》依照以下两方面的标准来确定案件的级别管辖：

1. 案件性质。所谓案件性质，是指案件的属性，即案件属于一般类型的还是特殊类型的民事案件。例如，专利案件、海事和海商案件就不同于一般的财产权益和人身权益案件，这类特殊性质的案件一般就应由较高级别的人民法院管辖。

2. 案件影响范围。所谓案件影响范围，是指案件自身和案件处理的结果对社会的影响范围。有的案件只在基层人民法院辖区内具有影响，而有的案件则在全国范围内产生影响。案件的影响范围之所以决定不同级别法院的管辖权，主要在于案件的影响范围越大，对审判质量要求就越高，由较高级别人民法院审理的必要性就越突出。为了真正体现审理的公正，案件自身及案件处理结果对社会影响大的案件就应当由较高审级的人民法院作为一审法院,如重大涉外民事案件即由中级人民法院为一审管辖法院。反之,对社会影响小的一审民事案件则由基层人民法院管辖。

尽管上述标准具有一定的合理性,而且早已成为确定我国法院级别管辖的通说,但实际上这一标准在实践中很难划出一条清晰的界限,使得法院和当事人都能明确某一具体案件的管辖法院。我国《民事诉讼法》之所以没有将诉讼金额或价额的大小作为划分级别管辖的标准,是认为"案件的难易程度并不决定于争议金额或价额的大小,而要受诸多因素的制约,比如案件的性质、案情繁简、社会的影响等,都制约着整个案件,都不能以一定的数额加以衡量"[1]。虽然案件的难易程度的确不完全取决于争议金额或价额的大小,但设立级别管辖标准的关键是确定性。鉴于此,将争议金额或价额作为确定级别管辖的标准之一已成为主流观点。例如,有观点认为,应以争议标的的价额作为划分级别管辖的依据。[2]也有观点认为,"应以争议标的的数额作为划分级别管辖的主导性标准,以案件的性质作为划分级别管辖的辅助性标准"[3]。在审判实务中,最高人民法院也已允许高级人民法院根据各自地区经济发展的状况和司法实践的需要,在对级别管辖作出规定时,将诉讼金额或价额作为划分级别管辖的标准。[4]

三、各级人民法院管辖的第一审民事案件

(一)基层人民法院管辖的第一审民事案件

我国《民事诉讼法》第17条规定:"基层人民法院管辖第一审民事案件,但本法另有规定的除外。"基层人民法院是我国人民法院组织系统中最低级别的法院,遍布于我国各基层行政区域之中,数量多、分布广。而且,当事人住所地、纠纷发生地、法律事实所在地、争议财产所在地等都与特定辖区相联系,由基层人民法院管辖大多数第一审民事案件,符合便利群众诉讼、便利人民法院行使审判权的管辖原则。因此,基层人民法院是具有一般管辖权的法院,即除了法律明确规定由中级人民法院、高级人民法院和最高人民法院管辖的第一审民事案件,所有民事案件,基层人民法院都具有管辖权。

(二)中级人民法院管辖的第一审民事案件

根据《民事诉讼法》第18条的规定,中级人民法院管辖的第一审民事案件包括以下三种:

1. 重大涉外案件。涉外案件是指具有涉外因素的民事诉讼案件。重大涉外案件,根据《民诉法解释》第1条的规定,包括争议标的额大的案件、案情复杂的案

---

[1] 参见柴发邦主编:《民事诉讼法学新编》,法律出版社1992年版,第129页。

[2] 参见江伟主编:《民事诉讼法学原理》,中国人民大学出版社1999年版,第350页。

[3] 参见江伟主编:《民事诉讼法》,高等教育出版社、北京大学出版社2000年版,第77页。

[4] 例如,《知识产权管辖通知》(法发〔2010〕5号)就是主要依据案件诉讼标的额来调整知识产权民事案件的级别管辖标准的。

件，或者一方当事人人数众多等具有重大影响的案件。一般涉外民事案件由基层人民法院管辖，只有重大涉外民事案件才由中级人民法院管辖。如此规定，主要是考虑到有些涉外案件难度较大、涉及的法律关系较复杂，甚至案件处理结果会涉及国家利益及国家间关系等问题。因此，为保证案件审判质量，维护国家声誉，由中级人民法院管辖就非常必要了。

2. 本辖区有重大影响的案件。本辖区是指中级人民法院所辖区域。有重大影响，则是指案件自身复杂，涉及面广，其影响已经超出了基层人民法院辖区范围。对于案件在本辖区是否有重大影响，民事诉讼法只作了原则性规定。审判实践中，一般从三个方面予以判断：案情的繁简；诉讼标的金额的大小；在当地的影响。

3. 最高人民法院确定由中级人民法院管辖的案件。该类案件包括：

（1）海事、海商案件。海事、海商案件由作为专门人民法院的海事法院管辖。我国已经在天津、大连、青岛、宁波、广州、厦门、上海、武汉等地设立了海事法院，海事法院与中级人民法院同级，其受案范围依据《海事诉讼特别程序法》及相关司法解释加以确定。

（2）专利纠纷案件。专利纠纷案件有两类：①专利行政案件，属于行政诉讼的受案范围。例如，《专利法》第46条第2款规定，对专利复审委员会宣告专利权无效或者维持专利权的决定不服的，可以自收到通知之日起3个月内向人民法院起诉。《专利法》第58条规定，专利权人对国务院专利行政部门关于实施强制许可的决定不服的，专利权人和取得实施强制许可的单位或者个人对国务院专利行政部门关于实施强制许可的使用费的裁决不服的，可以自收到通知之日起3个月内向人民法院起诉。②专利民事案件，属于民事诉讼的受案范围。专利民事案件主要包括：关于专利申请公布后、专利授予前使用发明、实用新型、外观设计费用的纠纷案件；专利侵权的纠纷案件；转让专利申请权或者专利权的合同纠纷案件。根据《民诉法解释》第2条的规定，专利纠纷案件由知识产权法院[1]、最高人民法院确定的中级人民法院和基层人民法院管辖。

（3）商标纠纷案件。为保证商标司法标准的统一，充分保护商标专用权人和其他当事人的合法权益，根据《商标管辖和适用解释》第3条第1款的规定，商标民事纠纷第一审案件，由中级以上人民法院及最高人民法院指定的基层人民法院管辖。之所以规定可以由基层法院管辖，主要是考虑到部分较大城市的一些基层人民法院

---

[1]　中国知识产权法院属于中级人民法院。在北京、上海和广州设立。北京知识产权法院以审理专利商标等行政授权确权案件为主，兼顾审理民事案件；广州和上海知识产权法院则以审理专利等民事侵权案件为主，以行政处罚类知识产权行政案件为辅，不审理专利商标行政授权确权案件。知识产权法院按照审级设置，既是专利、植物新品种、集成电路布图设计、技术秘密、计算机软件等技术类案件的初审法院，又是著作权、商标、不正当竞争等案件的上诉法院。对于技术类案件而言，三个知识产权法院的主要职责在于查明事实和解决纠纷；对于著作权、商标等非技术类案件而言，三个知识产权法院还承担统一辖区内基层法院的裁判尺度的职责。

近年来处理了不少商标民事纠纷案件，积累了一定的审判经验，根据本辖区的实际情况，经最高人民法院批准，可以在较大城市确定 1～2 个基层人民法院受理第一审商标民事纠纷案件。但是，涉及驰名商标认定的民事纠纷案件，只能由省、自治区人民政府所在地市、计划单列市、直辖市辖区中级人民法院及最高人民法院指定的其他中级人民法院管辖。这一规定提高了商标民事纠纷案件的级别管辖，是人民法院为加强我国入世后知识产权的保护力度和提高整体执法水平的重要措施之一。

（4）著作权纠纷案件。由于著作权纠纷案件在事实认定和适用法律方面比一般民事案件更为复杂，为切实保证著作权案件的审判质量，便于总结审判经验，提高审判水平，2002 年 10 月，最高人民法院颁布实施了《著作权解释》，该解释第 2 条规定，著作权纠纷案件由中级以上人民法院管辖。但考虑到各地的实际情况和已有的人民法院管辖经验，又灵活规定各高级人民法院可以确定若干基层人民法院具有著作权纠纷案件的管辖权。

（5）证券虚假陈述民事赔偿案件和期货纠纷案件。依据最高人民法院《证券市场虚假陈述赔偿规定》第 8 条的规定，虚假陈述证券民事赔偿案件，由省、直辖市、自治区政府所在的市、计划单列市和经济特区的中级人民法院管辖。依据最高人民法院《期货纠纷规定》第 7 条的规定，期货纠纷案件由中级人民法院管辖。高级人民法院根据需要可以确定部分基层人民法院受理期货纠纷案件。

（6）涉及港、澳、台同胞及其企业、组织的经济纠纷案件。

（7）诉讼标的金额大，或者诉讼单位属于省、自治区、直辖市以上的经济纠纷案件。

（三）高级人民法院管辖的第一审民事案件

我国《民事诉讼法》第 19 条规定："高级人民法院管辖在本辖区有重大影响的第一审民事案件。"

我国高级人民法院的主要任务是对不服中级人民法院裁判的上诉案件进行审理，并对其辖区内中级人民法院和基层人民法院的审判工作进行指导和监督。因此，《民事诉讼法》规定，只有在高级人民法院辖区有重大影响的案件，才由高级人民法院作为第一审案件的管辖法院。

（四）最高人民法院管辖的第一审民事案件[1]

最高人民法院是国家的最高审判机关。根据《民事诉讼法》第 20 条的规定，最高人民法院对下列民事案件行使一审管辖权：

---

[1]　2014 年 10 月，十八届四中全会提出最高人民法院设立巡回法庭。2015 年 1 月 28 日，最高人民法院第一巡回法庭在广东省深圳市挂牌，巡回区为广东、广西、海南三省区。2015 年 1 月 31 日，最高人民法院第二巡回法庭在辽宁省沈阳市挂牌，巡回区为辽宁、吉林、黑龙江三省区。最高人民法院巡回法庭，审理跨行政区划的重大民商事、行政等案件，确保国家法律统一正确实施。调整跨行政区划重大民商事、行政案件的级别管辖制度，实现与最高人民法院案件管辖范围的有序衔接。

1. 在全国有重大影响的案件。将在全国有重大影响的案件交由最高人民法院管辖，主要是考虑到此类案件处理的结果对整个社会的影响。为保证审判质量，同时也对全国各级人民法院的审判工作起指导作用，维护法律的统一，这一规定有其积极意义。

2. 认为应当由本院审理的案件。认为应当由本院审理的案件，是指只要最高人民法院认为案件应当由自己审理，不论法律是否有明确规定，或者是否属于在全国范围内有重大影响的案件，最高人民法院都可以行使对该案的管辖权，进行审理并作出终审裁判。这是法律赋予国家最高审判机关在管辖上的特殊权力。法律这样规定，可以使具有代表性的案件，通过最高人民法院的审判，指导地方各级人民法院和各专门人民法院的审判工作。同时，也可以防止地方保护主义和其他因素干扰地方人民法院的审判工作，从而保证案件的审判质量，维护法律的尊严。

■第四节 地域管辖

一、地域管辖的概念

级别管辖只确定了民事案件由哪一级人民法院管辖的问题，并没有确定由哪个具体人民法院受理。这一问题要靠地域管辖来解决。地域管辖，是指确定同级人民法院之间在各自的辖区内受理第一审民事案件的分工和权限。我国依人民法院辖区和民事案件的隶属关系来确定民事案件的管辖。世界各国在确定具体民事案件的管辖时，一般以当事人所在地与法院的关系或者诉讼标的、诉讼标的物与法院的联系为标准。例如，《日本民事诉讼法》第4条规定，诉讼属于被告普通审判籍所在地的法院管辖。人的普通审判籍依其住所或者居所而定。《法国民事诉讼法》第44条规定，不动产物权案件，不动产所在地的法院有唯一管辖权。我国《民事诉讼法》在确定地域管辖的根据时也采用了上述标准。

1. 在我国，由于人民法院辖区与行政区域相一致，因此，行政区域的范围就是设在该区域内的人民法院行使审判管辖权的空间范围。

2. 以当事人所在地与人民法院辖区的联系确定地域管辖。当事人所在地即当事人的住所地或者居住地。由于当事人所在地与其所居住的行政区域具有密切联系，因此，如果当事人住所地等在某一行政区域内，就由设在该区域内的人民法院行使管辖权。

3. 以诉讼标的或者诉讼标的物与人民法院辖区的关系确定地域管辖。作为纠纷案件争点和解决纠纷关键的诉讼标的或者诉讼标的物在哪个人民法院辖区，案件就由该辖区的人民法院管辖。

根据上述标准，我国《民事诉讼法》对地域管辖进行了进一步划分，包括一般地域管辖、特殊地域管辖、专属管辖、协议管辖、共同管辖、选择管辖和合并管辖。

二、一般地域管辖

一般地域管辖又称普通管辖，是指以当事人所在地与人民法院辖区的关系来确定管辖法院。当事人包括原告和被告。我国《民事诉讼法》以被告所在地确定管辖法院为原则，以原告所在地确定管辖法院为补充，确立了一般地域管辖。

（一）一般地域管辖的原则

《民事诉讼法》第21条确立了一般地域管辖原则，即"原告就被告"原则。其基本含义是：民事诉讼由被告所在地的人民法院行使管辖权，即被告在哪个人民法院辖区，原告就应当到哪个人民法院起诉，案件归该被告所在地人民法院管辖。

1. 被告为公民时的一般地域管辖。《民事诉讼法》第21条第1款规定，对公民提起的民事诉讼，由被告住所地人民法院管辖；被告住所地与经常居住地不一致的，由经常居住地人民法院管辖。根据《民诉法解释》的规定，住所地对于公民来说即该公民的户籍所在地；经常居住地，则是指公民离开住所地至起诉时已连续居住1年以上的地方，但公民住院就医的地方除外。如果当事人的户籍迁出后尚未落户，有经常居住地的，由经常居住地人民法院管辖；没有经常居住地的，由其原户籍所在地人民法院管辖。

最高人民法院在《民诉法解释》中还对特定情况作了以下补充规定：①原告、被告均被注销户籍的，由被告居住地人民法院管辖。②双方当事人均为军人或者军队单位的民事案件，由军事法院管辖。③双方当事人都被监禁或者被采取强制性教育措施的，由被告原住所地人民法院管辖。被告被监禁或者被采取强制性教育措施1年以上的，由被告被监禁地或者被采取强制性教育措施地人民法院管辖。④夫妻双方离开住所地超过1年，一方起诉离婚的案件，由被告经常居住地人民法院管辖；没有经常居住地的，由原告起诉时被告居住地人民法院管辖。

2. 被告为法人或者其他组织的一般地域管辖。《民事诉讼法》第21条第2款规定，对法人或者其他组织提起的民事诉讼，由被告住所地人民法院管辖。根据《民诉法解释》，对于法人或者其他组织来说，住所地是指该法人或者其他组织的主要办事机构所在地。法人或者其他组织的主要办事机构所在地不能确定的，法人或者其他组织的注册地或者登记地为住所地。

对于没有办事机构的个人合伙、合伙型联营体提起的诉讼，由被告注册登记地人民法院管辖。没有注册登记，几个被告又不在同一辖区的，被告住所地的人民法院都有管辖权。

不论被告为公民，还是法人或者其他组织，如果同一诉讼的几个被告住所地、经常居住地在两个以上人民法院辖区的，各该人民法院都有管辖权。

实行"原告就被告"原则，有利于人民法院查清案件事实，及时、正确地作出裁判；有利于被告出庭应诉，在双方当事人到庭的情况下解决争议；有利于人民法院采取保全措施和对生效判决的执行；还可以限制原告滥用诉权，避免给被告造成不应有的经济损失。

（二）一般地域管辖的例外

"原告就被告"是确定一般地域管辖的原则，但在特殊情况下适用该原则却不利于诉讼的进行。因此，《民事诉讼法》作了例外规定，将某些案件交由原告所在地人民法院管辖。根据《民事诉讼法》第22条的规定，下列民事诉讼由原告住所地人民法院管辖，原告住所地与经常居住地不一致的，由原告经常居住地人民法院管辖：

1. 对不在中华人民共和国领域内居住的人提起的有关身份关系的诉讼。所谓身份关系，即指与人身有关的法律关系。如因婚姻、血缘产生的夫妻关系、亲子关系。对此类案件，《民事诉讼法》限定了两个必备条件：①被告不在中华人民共和国领域内居住；②提起的诉讼仅限于与身份关系有关的诉讼。

2. 对下落不明或者宣告失踪的人提起的有关身份关系的诉讼。根据法律规定，当被告下落不明或者被人民法院宣告失踪并且诉讼有关身份关系时，原告住所地人民法院或者经常居住地人民法院有对该类案件的管辖权。

3. 对被采取强制性教育措施的人提起的诉讼。被采取强制性教育措施的人在强制性教育期间，人身自由受到了一定限制，且所处场所也往往是不固定的。如果适用"原告就被告"原则，不但给原告诉讼带来一定困难，对被告也没有实际意义，因此，《民事诉讼法》规定此类案件由原告住所地或者经常居住地人民法院管辖。

4. 对被监禁的人提起的诉讼。被监禁的人包括已判刑被监禁劳动改造的罪犯和依法被逮捕、拘留监禁的未决犯。由于监禁场所与当事人及其争议的民事法律关系没有任何联系，故由原告住所地或者经常居住地人民法院管辖，更便于原告起诉。

此外，《民诉法解释》还对下列特殊情况作了补充规定：

1. 追索赡养费、抚育费、扶养费案件的几个被告住所地不在同一辖区的，可以由原告住所地人民法院管辖。

2. 夫妻一方离开住所地超过1年，另一方起诉离婚的案件，可以由原告住所地人民法院管辖。

3. 被告被注销户籍的，由原告住所地人民法院管辖。

（三）对离婚案件地域管辖的特别规定

最高人民法院在《民诉法解释》第13～17条中针对在国外居住的我国公民的离婚诉讼管辖作出了特别规定：

1. 在国内结婚并定居国外的华侨，如定居国法院以离婚诉讼须由婚姻缔结地法院管辖为由不予受理，当事人向人民法院提出离婚诉讼的，由婚姻缔结地或一方在国内的最后居住地人民法院管辖。

2. 在国外结婚并定居国外的华侨，如定居国法院以离婚诉讼须由国籍所属国法院管辖为由不予受理，当事人向人民法院提出离婚诉讼的，由一方原住所地或在国内的最后居住地人民法院管辖。

3. 中国公民一方居住在国外，一方居住在国内，不论哪一方向人民法院提起离婚诉讼，国内一方住所地的人民法院都有权管辖。如国外一方在居住国法院起诉，国内一方向人民法院起诉的，受诉人民法院有权管辖。

4. 中国公民双方在国外但未定居，一方向人民法院起诉离婚的，应由原告或者被告原住所地的人民法院管辖。

5. 已经离婚的中国公民，双方均定居国外，仅就国内财产分割提起诉讼的，由主要财产所在地人民法院管辖。

三、特殊地域管辖

特殊地域管辖，又称特别管辖，是指以诉讼标的、诉讼标的物所在地或者法律事实所在地为标准，确定诉讼案件的管辖法院。特殊地域管辖相对于一般地域管辖而言，是法律对某些特殊案件的管辖法院所作的特殊规定。根据《民事诉讼法》第23～32条以及《民诉法解释》第23条的规定，以下诉讼适用特殊地域管辖：

（一）因合同纠纷提起的诉讼，由被告住所地或者合同履行地人民法院管辖

合同履行地是指合同规定的履行义务地点，主要是指合同标的物交接地点。合同履行地应当在合同中明确规定。由于合同的种类繁多，纠纷的原因和表现形式也各有不同，因此实践中常有难以确定合同履行地的情况。为解决因确定履行地带来的困难，最高人民法院在《民诉法解释》中明确规定，合同履行地依以下原则确定：

1. 合同中约定有明确的履行地点的，以约定的履行地点为合同履行地。

2. 合同对履行地点没有约定或者约定不明确，争议标的为给付货币的，接收货币一方所在地为合同履行地；交付不动产的，不动产所在地为合同履行地；其他标的，履行义务一方所在地为合同履行地。即时结清的合同，交易行为地为合同履行地。

3. 合同没有实际履行，当事人双方住所地都不在合同约定的履行地的，由被告住所地人民法院管辖。

4. 财产租赁合同、融资租赁合同以租赁物使用地为合同履行地。合同对履行地有约定的，从其约定。

5. 以信息网络方式订立的买卖合同，通过信息网络交付标的的，以买受人住所地为合同履行地；通过其他方式交付标的的，收货地为合同履行地。合同对履行地有约定的，从其约定。这是司法解释对《民事诉讼法》第23条关于合同履行地的规定在网络买卖合同履行地中具体运用的解释。这一解释，对实践中存在的分歧，尤其是对于收货地址能否视为合同履行地意见的分歧，具有重要意义。由于通常情况下买受人住所地与收货地是一致的，因此，网络买卖合同纠纷案件将从原来的集中由被告住所地法院管辖分散到由买方住所地法院管辖。

（二）因保险合同纠纷提起的诉讼，由被告住所地或者保险标的物所在地人民法院管辖

保险合同是保险人与投保人之间关于保险权利义务关系的协议。保险合同纠纷，是指在投保人和保险人之间发生的，关于保险人应否承担赔偿责任及赔偿数额的纠纷。保险标的物，即保险对象，是投保人与保险人订立保险合同、收取保险费用所指向的对象。根据《民诉法解释》的规定，因财产保险合同纠纷提起的诉讼，如果

保险标的物是运输工具或者运输中的货物，可以由运输工具登记注册地、运输目的地、保险事故发生地人民法院管辖。因人身保险合同纠纷提起的诉讼，可以由被保险人住所地人民法院管辖。

（三）因票据纠纷提起的诉讼，由票据支付地或者被告住所地人民法院管辖

票据是根据票据法以支付一定数额金钱为其效能的有价证券，即在指定的期日、地点，持票人向付款人无条件请求支付一定金额款项的凭证。票据分为汇票、本票和支票三种。票据纠纷，是指持票人与付款人因票据承兑等问题发生的争议。票据支付地，是指票据上载明的付款地。票据上未载明付款地的，汇票付款人或者代理付款人的营业场所、经常居住地，本票出票人的营业场所，支票付款人或代理付款人的营业场所所在地为票据付款地。[1]

（四）因公司设立、确认股东资格、分配利润、解散等纠纷提起的诉讼，由公司住所地人民法院管辖

公司设立、确认股东资格、分配利润、解散等是所涉公司成立及运行中的常见纠纷形式。《民诉法解释》第22条将上述公司纠纷分为因股东名册记载、请求变更公司登记、股东知情权、公司决议、公司合并、公司分立、公司减资、公司增资等纠纷。我国《公司法》对上述纠纷类型、纠纷解决原则及方式作出了明确规定。现行《民事诉讼法》进一步规定，上述所涉公司纠纷由公司住所地人民法院管辖。

（五）债权人申请支付令，适用《民事诉讼法》第21条规定，由债务人住所地基层人民法院管辖。

申请支付令，是指债权人对债务人的特定债权，请求法院以支付令的方式催促债务人履行支付义务的行为。申请支付令与向法院起诉的区别在于督促程序是略式诉讼程序，可以尽快实现债权，降低诉讼成本，提高诉讼效率，但本质上都是通过法院实现债权的行为。因此，《民诉法解释》规定，债权人申请支付令，由债务人住所地基层人民法院管辖。

（六）因铁路、公路、水上、航空运输和联合运输合同纠纷提起的诉讼，由运输始发地、目的地或者被告住所地人民法院管辖

运输合同纠纷，是指托运人与承运人之间在运输法律关系中的权利义务争议。运输合同既包括货运合同，也包括客运合同。运输始发地，是指货物起运或者旅客出发的地点。目的地，是指依照合同规定的货物运输或旅客最终到达地。上述各种形式的运输合同纠纷应由运输始发地、目的地或者被告住所地人民法院管辖。

（七）因侵权行为提起的诉讼，由侵权行为地或者被告住所地人民法院管辖

侵权行为地，是指构成侵权行为的法律事实所在地，包括侵权行为实施地和侵权结果发生地。在通常情况下，侵权行为实施地与侵权结果发生地不在同一人民法院辖区以及跨越多个辖区的，各人民法院都有管辖权。最高人民法院对以下几类案

---

[1]　参见《票据纠纷规定》第6条。

第七章

件有特殊规定：

1. 因海事侵权行为提起的诉讼，除依照《民事诉讼法》第 28～30 条的规定外，还可以由船籍港所在地海事人民法院管辖。

2. 因产品、服务质量不合格造成他人财产、人身损害提起诉讼的，产品制造地、产品销售地、服务提供地、侵权行为地和被告住所地的人民法院都有管辖权。

3. 因侵犯专利权行为提起的诉讼，根据《专利纠纷规定》第 5、6 条的规定，由侵权行为地或者被告住所地人民法院管辖。侵权行为地包括：被诉侵犯发明、实用新型专利权的产品的制造、使用、许诺销售、销售、进口等行为的实施地；专利方法使用行为的实施地，依照该专利方法直接获得的产品的使用、许诺销售、销售、进口等行为的实施地；外观设计专利产品的制造、许诺销售、销售、进口等行为的实施地；假冒他人专利的行为实施地。上述侵权行为的侵权结果发生地。原告仅对侵权产品制造者提起诉讼，未起诉销售者，侵权产品制造地与销售地不一致的，制造地人民法院有管辖权；以制造者与销售者为共同被告起诉的，销售地人民法院有管辖权。销售者是制造者分支机构，原告在销售地起诉侵权产品制造者制造、销售行为的，销售地人民法院有管辖权。

4. 因侵犯注册商标专用权行为提起的诉讼，由《商标法》规定的侵权行为实施地、侵权商品储藏地或者查封扣押地、被告住所地人民法院管辖。[1]

5. 因侵犯著作权行为提起的民事诉讼，由《著作权法》规定的侵权行为实施地、侵权复制品储藏地或者查封扣押地、被告住所地人民法院管辖。

【例题】北京市居民赵某在天津某出版社出版《论民事诉讼管辖》一书，该书出版后，A 市某公司认为盗版该书有利可图，遂在 B 市非法复制该书 1 万册。该公司将这些盗版书藏在 C 市，后来在 D 市销售时被版权局查封。赵某欲对该公司起诉要求赔偿。该案应当由哪些地方人民法院管辖？

【解析】本案为因侵犯著作权提起的诉讼，因此，侵权行为实施地、结果地和被告住所地法院都有管辖权，故 A 市、B 市、C 市和 D 市法院有管辖权。

6. 信息网络侵权行为实施地包括实施被诉侵权行为的计算机等信息设备所在地，侵权结果发生地包括被侵权人住所地。这一规定，对网络侵权行为的侵权行为结果地进行了明确规定，即"被侵权人住所地"属于侵权结果发生地。实际上，这意味着网络侵权案件的被侵权人提起诉讼将不再局限于被告住所地法院，被侵权人可以选择己方所在地法院，即被侵权人住所地法院。可以预见，这一规则的确立，将改变现有网络侵权案件基本由被告住所地法院管辖的局面。

（八）因铁路、公路、水上和航空事故请求损害赔偿提起的诉讼，由事故发生地或者车辆、船舶最先到达地、航空器最先降落地或者被告住所地人民法院管辖

该种诉讼属于交通工具在运行过程中引起的损害赔偿诉讼。航空事故，是指航

第七章

----

〔1〕　参见《商标解释》第 6 条。

空器在空中碰撞、坠毁，或者为了排除障碍采取抛物、排油等措施给地面设施或水域造成损害的事故。航空器，是指能在空中运行的器械，如飞机、火箭、卫星、热气球等。事故发生地，是指侵权行为发生地。车、船最先到达地，是指事故发生后，车辆、船舶首先到达的车站、港口。航空器最先降落地，是指航空事故发生（时）后，航空器首先降落地或坠毁地。[1]

（九）因船舶碰撞或者其他海事损害事故请求损害赔偿提起的诉讼，由碰撞发生地、碰撞船舶最先到达地、加害船舶被扣留地或者被告住所地人民法院管辖

所谓海损事故，是指船舶在运行过程中所发生的损害事故，包括船舶碰撞、触礁、搁浅、失火、沉没、失踪、损坏港口设施等。碰撞发生地，即侵权行为发生地。碰撞船舶最先到达地，即碰撞事故发生后，船舶首先到达的地点。加害船舶被扣留地，即实施侵权行为船舶被扣留的地点。

（十）因海难救助费用提起的诉讼，由救助地或者被救助船舶最先到达地人民法院管辖

所谓海难救助，是指援救在海上遇难的船舶、货物和人员脱险。海难救助费用，是指遇难的船舶受到救助后，根据救助的事实和效果，应支付救助船舶一定的报酬。实施救助的行为人，既可以是专业救护组织，也可以是邻近过往的船舶。救助地，即救助行为实施地。被救助船舶最先到达地，即被救助船舶经过救助脱险后，首先到达的地点（港口）。

（十一）因共同海损提起的诉讼，由船舶最先到达地、共同海损理算地或者航程终止地人民法院管辖

共同海损，是指船舶在海运中遭遇海难等意外事故时，为了摆脱险情，采取一定的挽救措施所造成的特殊损失和支出的额外费用。共同海损经过清算，由全体受益人分担。共同海损的全体受益人，对共同海损的分担比例发生争议并诉至人民法院，称为共同海损诉讼。共同海损理算地，是指确定共同海损受到补偿的损失和费用项目、金额，以及应当参加分摊的受益方应收或应付的金额及结算办法，进行审核计算工作的机构所在地。对共同海损的理算，目前国际上通用的是 1890 年制定的《约克安特卫普规则》。我国适用的是 1975 年 1 月 1 日颁布实施的《中国国际贸易促进委员会共同海损理算规则》，中国国际贸易促进委员会设有共同海损理算处。航程终止地，即船舶航程的最终目的地。

第七章

---

[1] 根据 2010 年 3 月施行的最高人民法院《铁路运输人身损害赔偿解释》第 3 条的规定，赔偿权利人要求对方当事人承担侵权责任的，由事故发生地、列车最先到达地或者被告住所地铁路运输法院管辖；赔偿权利人依照《合同法》要求承运人承担违约责任予以人身损害赔偿的，由运输始发地、目的地或者被告住所地铁路运输法院管辖。

（十二）当事人申请诉前保全后，没有在法定期间起诉或者申请仲裁，给被申请人、利害关系人造成损失引起的诉讼，由采取保全措施的人民法院管辖。当事人申请诉前保全后，在法定期间内起诉或者申请仲裁，被申请人、利害关系人因保全受到损失提起的诉讼，由受理起诉的人民法院或者采取保全措施的人民法院管辖

四、专属管辖

专属管辖，是指法律规定特定类型的案件只能由专门的人民法院管辖，其他人民法院无管辖权，当事人也不得协议变更管辖法院的制度。专属管辖具有强制性和排他性的特点，即凡法律规定属于专属管辖的案件不得适用一般地域管辖和特殊地域管辖；当事人不得采用协议管辖；属于我国人民法院专属管辖的案件，外国法院无权管辖。根据《民事诉讼法》第33条、《海事诉讼特别程序法》第7条的规定，下列案件适用专属管辖：

1. 因不动产纠纷提起的诉讼，由不动产所在地人民法院管辖。不动产，是指不能移动或移动后影响或丧失其性能和使用价值的财产。如土地及土地上的定着物、滩涂、河流等。不动产纠纷是指因不动产的权利确认、分割、相邻关系等引起的物权纠纷。农村土地承包经营合同纠纷、房屋租赁合同纠纷、建设工程施工合同纠纷、政策性房屋买卖合同纠纷，按照不动产纠纷确定管辖。不动产已登记的，以不动产登记簿记载的所在地为不动产所在地；不动产未登记的，以不动产实际所在地为不动产所在地。

2. 因港口作业产生纠纷提起的诉讼，由港口所在地法院管辖。港口作业，主要指货物的装卸、搬运、仓储、理货等。港口作业所造成的纠纷，既包括货物装卸、搬运、仓储、理货时发生的纠纷，也包括因违章操作造成他人人身或财产损害的侵权纠纷。港口所在地人民法院，即指港口所在地海事法院。

3. 因继承遗产纠纷提起的诉讼，由被继承人死亡时住所地或者主要遗产所在地人民法院管辖。遗产是指死者生前个人的合法财产，既包括动产，也包括不动产。当遗产既有不动产也有动产时，一般以不动产所在地为主要遗产所在地；当遗产为不动产或者动产且有多项时，以价值高的遗产为主要遗产。

五、协议管辖

协议管辖，又称合意管辖或约定管辖、意定管辖，是指双方当事人在纠纷发生前或发生后，以书面方式约定管辖法院的制度。

当事人协议管辖法院，是法律赋予当事人的重要诉讼权利，是"意思自治原则"在民事诉讼管辖领域的体现。《民事诉讼法》第34条规定："合同或者其他财产权益纠纷的当事人可以书面协议选择被告住所地、合同履行地、合同签订地、原告住所地、标的物所在地等与争议有实际联系的地点的人民法院管辖，但不得违反本法对级别管辖和专属管辖的规定。"因此，协议管辖，必须具备以下条件：①协议管辖适用于合同纠纷和其他所有财产权益纠纷案件。②协议管辖只适用于第一审人民法院管辖的上述纠纷案件，当事人不得就第二审法院的管辖进行协议。③管辖协

第七章

议须采用书面形式，口头协议无效。当事人可在合同中约定协议管辖，也可以单独以协议书或其他书面形式确定协议管辖。④当事人只能在法律规定的范围内协议选择与争议有实际联系的地点的管辖法院。可选择的法院包括：被告住所地、合同履行地、合同签订地、原告住所地、标的物所在地的人民法院。⑤当事人应当对管辖法院作出明确的选择。⑥不得违反《民事诉讼法》对级别管辖和专属管辖的规定。上述六个条件必须同时具备，当事人的协议管辖方为有效。

协议管辖有明示协议管辖和默示协议管辖之分。明示协议管辖是当事人以书面协议约定管辖人民法院；默示协议管辖则是原告向无管辖权的人民法院起诉，人民法院受理后，被告不对管辖权提出异议并应诉答辩的情形，推断出双方当事人对该人民法院管辖的认可。我国《民事诉讼法》第 127 条第 2 款规定了默示协议管辖："当事人未提出管辖异议，并应诉答辩的，视为受诉人民法院有管辖权，但违反级别管辖和专属管辖规定的除外。"

根据《民诉法解释》的规定，适用《民事诉讼法》第 34 条关于协议管辖的规定时，要特别注意以下几点：

1. 《民事诉讼法》第 34 条规定的书面协议，包括书面合同中的协议管辖条款或者诉讼前以书面形式达成的选择管辖的协议。当事人既可以在合同中约定管辖法院，也可以就管辖法院达成单独的协议。

2. 根据管辖协议，起诉时能够确定管辖法院的，从其约定；不能确定的，依照民事诉讼法的相关规定确定管辖，协议管辖条款无效。如果当事人在管辖协议中约定了两个以上与争议有实际联系的地点的人民法院管辖，原告可以向其中一个人民法院起诉。

3. 经营者使用格式条款与消费者订立管辖协议，应该善意提醒消费者格式合同中所载明的管辖协议，未采取合理方式提请消费者注意，消费者主张管辖协议无效的，人民法院应予支持。

4. 管辖协议约定由一方当事人住所地人民法院管辖，协议签订后，当事人住所地变更的，由签订管辖协议时的住所地人民法院管辖，但当事人另有约定的除外。

5. 合同转让的，合同的管辖协议对合同受让人有效，但转让时受让人不知道有管辖协议，或者转让协议另有约定且原合同相对人同意的除外。

6. 当事人因同居或者在解除婚姻、收养关系后发生财产争议，约定管辖的，应当属于财产权益争议，可以适用民事诉讼法关于协议管辖的规定确定管辖法院。

六、共同管辖、选择管辖和合并管辖

（一）共同管辖

共同管辖，是指法律规定两个或两个以上人民法院对同一案件都有管辖权。共同管辖的情形包括：①因诉讼主体的牵连关系发生的共同管辖，如同一诉讼的几个被告住所地、经常居住地在两个以上人民法院辖区内，各该人民法院都有管辖权；②因诉讼客体的牵连关系发生的共同管辖，如同一案件的标的物分散在两个以上人民法院辖区，或者侵权行为地跨越两个以上人民法院辖区的，各该人民法院都有管辖权。

我国《民事诉讼法》第 23～25、27～32 条和第 33 条第 3 项均属共同管辖。

（二）选择管辖

选择管辖，是指法律规定当两个以上人民法院对同一案件都有管辖权时，当事人可以选择其中之一的人民法院起诉。《民事诉讼法》第 35 条规定："两个以上人民法院都有管辖权的诉讼，原告可以向其中一个人民法院起诉；原告向两个以上有管辖权的人民法院起诉的，由最先立案的人民法院管辖。"根据《民诉法解释》第 36 条的规定，两个以上人民法院都有管辖权的诉讼，先立案的人民法院不得将案件移送给另一个有管辖权的人民法院。人民法院在立案前发现其他有管辖权的法院已先立案的，不得重复立案；立案后发现其他有管辖权的人民法院已先立案的，应当裁定将案件移送给先立案的人民法院。

共同管辖和选择管辖实际上是一个问题的两个方面。共同管辖是从人民法院的角度出发；而选择管辖是从当事人的角度出发；共同管辖是选择管辖的前提，选择管辖是对共同管辖的实现。二者都是对一般地域管辖、特殊地域管辖和专属管辖法律规定适用的进一步落实和补充。

（三）合并管辖

合并管辖，又称牵连管辖，是指对某个案件有管辖权的人民法院可以一并审理与该案有牵连的其他案件。合并管辖是对某案有管辖权的人民法院，因另外案件与该案存在牵连关系，有必要进行合并审理而获得对该另外案件的管辖权的制度。例如，原告增加诉讼请求，被告提出反诉，第三人提出与本案有关的诉讼请求时，人民法院应当适用合并管辖。

■第五节　移送管辖和指定管辖

一、移送管辖

移送管辖，是指人民法院受理案件后，发现本人民法院对该案无管辖权，依法将案件移送给有管辖权的人民法院审理的制度。移送管辖是对案件的移送，是在案件管辖发生错误时所采取的纠正措施，将案件从没有管辖权的人民法院移送至有管辖权的人民法院进行审理。

移送管辖既可以发生在同级人民法院之间，也可以发生在上下级法院之间；既可以因当事人提出管辖权异议而引起，也可以基于法院依职权而引起。移送管辖的法律依据包括：

《民事诉讼法》第 36 条："人民法院发现受理的案件不属于本院管辖的，应当移送有管辖权的人民法院，受移送的人民法院应当受理。受移送的人民法院认为受移送的案件依照规定不属于本院管辖的，应当报请上级人民法院指定管辖，不得再

第七章

自行移送。"

最高人民法院《民诉法解释》第35条："当事人在答辩期间届满后未应诉答辩，人民法院在一审开庭前，发现案件不属于本院管辖的，应当裁定移送有管辖权的人民法院。"

最高人民法院《关于审理民事级别管辖异议案件若干问题的规定》第7条："当事人未依法提出管辖权异议，但受诉人民法院发现其没有级别管辖权的，应当将案件移送有管辖权的人民法院审理。"

根据上述规定，移送管辖的适用应当具备以下条件：①人民法院已经受理案件。这是适用移送管辖的程序前提。②受理案件的人民法院对该案无管辖权。这是移送管辖的基础。③接受移送的人民法院依法享有管辖权。移送的目的在于纠正案件管辖的错误，因此，接受移送的人民法院应当是依法享有管辖权的人民法院。

根据法律规定，受移送的人民法院不得再自行移送。所谓"不得再自行移送"，是指移送案件的人民法院所作出的移送案件的裁定，对接受移送案件的人民法院具有约束力。具体表现在：①移送案件的裁定作出后，接受移送案件的人民法院必须受理，不得以任何理由再自行移送；②如果接受移送案件的人民法院认为该法院依法确无管辖权时，应报请其上级人民法院指定管辖。

"不得再自行移送"的规定，既可以避免人民法院之间相互推诿或者争夺管辖权，又可以防止拖延诉讼，使当事人的合法权益得到有效保护。

【例题】孔某在A市甲区拥有住房两间，在孔某外出旅游期间，位于A市乙区的建筑工程公司对孔某邻居李某房屋进行翻修。在翻修过程中，施工工人不慎将孔某家的墙砖碰掉，砖块落入孔某家中损坏电视机等家用物品。孔某回家后发现此情，交涉未果即向乙区人民法院起诉，请求建筑工程公司赔偿。乙区人民法院认为甲区人民法院审理更方便，便根据被告申请裁定移送至甲区人民法院，甲区人民法院却认为乙区人民法院审理更便利，不同意接受移送。哪个法院对本案具有管辖权？

【解析】本案是基于侵权行为引起的诉讼。根据法律规定，因侵权行为提起的诉讼，由侵权行为地或者被告住所地人民法院管辖。本案中，甲区是侵权行为地，乙区是被告住所地，因此，甲、乙两区法院对本案都有管辖权。原告向乙区法院提起诉讼是符合法律规定的，而乙区人民法院以甲区人民法院审理更方便为由移送管辖是错误的。但案件裁定移送甲区法院后，甲区法院亦不得再自行移送，如果认为无管辖权，应报上级法院指定管辖。

二、指定管辖

指定管辖，是指上级人民法院以裁定方式，指定其下级人民法院对某一案件行使管辖权的制度。指定管辖的实质，是法律赋予上级人民法院在特殊情况下有权变更和确定案件管辖法院。《民事诉讼法》第37条规定："有管辖权的人民法院由于特殊原因，不能行使管辖权的，由上级人民法院指定管辖。人民法院之间因管辖权发生争议，由争议双方协商解决；协商解决不了的，报请它们的共同上级人民法院

第七章

指定管辖。"指定管辖适用于下列情形：

1. 移送案件的人民法院对所移送案件有管辖权。

2. 有管辖权的人民法院由于特殊原因，不能行使管辖权。该特殊原因可以从两方面来理解：①事实上的原因。主要指因发生不可抗力而无法行使管辖权。②法律上的原因。主要指因法律规定，使得人民法院不能行使管辖权。如受诉人民法院的审判人员因回避而无法组成合议庭审理案件。出现上述情形之一的，应由上级人民法院在其辖区内，指定其他人民法院管辖。

3. 经协商未能解决管辖权争议。管辖权争议，是指不同人民法院之间对同一案件的管辖相互推诿或相互争夺。其产生原因通常是因人民法院辖区之间界限不明，或对法律规定理解不一致，也有保护局部经济利益的地方保护主义的原因。不论何种原因引起的管辖权争议，首先应尽可能协商解决，协商不成时，应报请它们的共同上级人民法院指定管辖。

根据《民诉法解释》第40、41条的规定，发生管辖权争议的两个人民法院因协商不成报请它们的共同上级人民法院指定管辖时，双方为同属一个地、市辖区的基层人民法院的，由该地、市的中级人民法院及时指定管辖；同属一个省、自治区、直辖市的两个人民法院的，由该省、自治区、直辖市的高级人民法院及时指定管辖；双方为跨省、自治区、直辖市的人民法院，高级人民法院协商不成的，由最高人民法院及时指定管辖。报请上级人民法院指定管辖时，应当逐级进行，并应当作出裁定。对报请上级人民法院指定管辖的案件，下级人民法院应当中止审理。指定管辖裁定作出前，下级人民法院对案件作出判决、裁定的，上级人民法院应当在裁定指定管辖的同时，一并撤销下级人民法院的判决、裁定。

三、管辖权转移

管辖权转移，是指经上级人民法院决定或者同意，将案件的管辖权由上级人民法院转交给下级人民法院，或者由下级人民法院转交给上级人民法院的制度。管辖权的转移是对级别管辖的一种变通和补充。《民事诉讼法》第38条规定："上级人民法院有权审理下级人民法院管辖的第一审民事案件；确有必要将本院管辖的第一审民事案件交下级人民法院审理的，应当报请其上级人民法院批准。下级人民法院对它所管辖的第一审民事案件，认为需要由上级人民法院审理的，可以报请上级人民法院审理。"根据这一规定，管辖权的转移有两种情形：

（一）自下而上的转移

自下而上的转移，是指案件的管辖权由下级人民法院转移至上级人民法院。该类转移包括两种情况：

1. 上级人民法院依职权提审下级人民法院有管辖权并已受理的案件。

2. 因特殊原因，下级人民法院将其管辖并已受理的案件报请上级人民法院审理。该特殊原因主要包括：不便于本院审理，如一方当事人是受诉人民法院或者其工作人员的案件；案情复杂、涉及面广，受诉人民法院审理有困难；等等。为了保证案件审判的公正、高效和审判质量，法律赋予上级人民法院有权审理下级人民法院具有管辖权的案件。

在上述第一种情况中，上级人民法院作出决定后，管辖权即发生转移，下级人民法院不得拒绝。而第二种情况必须经上级人民法院同意才发生案件管辖权的转移。例如，根据最高人民法院《知识产权管辖通知》的规定，对重大疑难、新类型和在适用法律上有普遍意义的知识产权民事案件，可以依照《民事诉讼法》第38条的规定，由上级人民法院自行决定由其审理，或者根据下级人民法院报请决定由其审理。

（二）自上而下的转移

所谓自上而下的转移，是指案件的管辖权由上级人民法院转移至下级人民法院。上级人民法院认为自己审理的第一审民事案件确有必要交由下级人民法院审理的，可以在经其上级人民法院批准的前提下，将自己有管辖权并已受理的案件转交下级人民法院审理，学术界有学者认为，管辖权自下而上的转移制度有其存在的价值，有利于案件的公正审理。但管辖权自上而下的转移则未必科学，这实际上是把按照法定标准已被认定为重要的，应由上级人民法院审理的案件交给下级人民法院进行审理。这样做，一方面会给规避级别管辖留下可乘之机，另一方面会弱化程序保障和损害诉讼当事人的利益，因此主张《民事诉讼法》在修订时应当删除管辖权向下转移的规定。2012年《民事诉讼法》修订时认为，民事案件情况复杂，有的案件如破产程序中的衍生诉讼案件，交下级法院审理更有利于当事人参加诉讼，节约诉讼资源。因此，现行修订的《民事诉讼法》在原有条文规定的基础上增加了严格条件，即上级人民法院在确有必要将本院管辖的第一审民事案件交下级人民法院审理的，应当报请其上级人民法院批准。《民诉法解释》第42条进一步限定，只有下列第一审民事案件，人民法院可以根据《民事诉讼法》第38条第1款的规定，在开庭前交下级人民法院审理：①破产程序中有关债务人的诉讼案件；②当事人人数众多且不方便诉讼的案件；③最高人民法院确定的其他类型案件。人民法院交下级人民法院审理前，应当报请其上级人民法院批准。上级人民法院批准后，人民法院应当裁定将案件交下级人民法院审理。

管辖权的转移与移送管辖有本质性区别，主要表现为：

1. 性质不同。管辖权转移改变的是案件管辖权，是将管辖权从有管辖权的人民法院转移到原本无管辖权的人民法院；移送管辖中移送的是案件，是将案件从无管辖权的人民法院移送给有管辖权的人民法院。

2. 作用不同。管辖权转移是对级别管辖的补充和变通，只能在上下级人民法院之间进行；移送管辖是为纠正地域管辖中的错误，一般在同级人民法院之间进行，但并不排除在上下级人民法院之间进行的情形。

3. 程序不同。管辖权转移应经上级人民法院决定或者同意，否则不得转移；移送管辖无须经受移送的人民法院同意或者决定。

第七章

【本章小结】

1. 本章是对法院受理民事诉讼的范围和管辖的阐述，重点是人民法院受理民事诉讼范围与管辖的制度规定和法律适用。

2. 人民法院受理民事诉讼的范围，是指根据法律规定，人民法院受理民事诉讼的权限范围，也是法院与其他国家机关、社会团体在受理民事纠纷方面的分工和权限。

3. 民事案件的管辖，是指各级人民法院之间以及同级人民法院之间，受理第一审民事案件的分工和权限。它是在人民法院系统内部划分和确定上下级人民法院或者同级人民法院中具体人民法院对某一民事案件行使审判权的制度。民事诉讼法将诉讼管辖划分为级别管辖、地域管辖、移送管辖和指定管辖。其中，地域管辖又可进一步划分为一般地域管辖、特殊地域管辖、协议管辖、专属管辖、共同管辖、选择管辖和合并管辖。

【思考题】

1. 什么是民事案件的主管？简述民事诉讼与仲裁的关系。

2. 什么是级别管辖？我国民事诉讼法对级别管辖是如何规定的？

3. 什么是地域管辖？如何理解一般地域管辖的原则？

4. 什么是特殊地域管辖？简述我国民事诉讼法中，合同纠纷案件的管辖法院应当如何确定。

5. 什么是专属管辖？具体情形有哪些？

6. 简述移送管辖与管辖权转移的区别。

7. 2012 年修订的《民事诉讼法》对民事诉讼管辖作出了哪些修改？其意义是什么？

【参考文献】

1. 柴发邦主编：《民事诉讼法学新编》，法律出版社 1992 年版。

2. 江伟主编：《民事诉讼法》，高等教育出版社 2007 年版。

3. 王娣等：《民事诉讼法》，高等教育出版社 2013 年版。

4. 王胜明主编：《中华人民共和国民事诉讼法释义》，法律出版社 2012 年版。

5. 沈德咏主编：《最高人民法院民事诉讼法司法解释理解与适用（上）》，人民法院出版社 2015 年版。

第七章

第八章

诉讼当事人与代理人

学习目的和要求　了解当事人和诉讼代理人的概念及特征；正确理解当事人、正当当事人、诉讼担当、诉讼权利义务的承担、当事人能力以及诉讼能力的含义，并能对相关概念进行区分；掌握我国立法对当事人确定的规定以及法定代理人、委托代理人的代理权限和代理权的取得与消灭。

■第一节　当事人概述

一、民事诉讼当事人的概念及特征

（一）当事人的概念

在我国民事诉讼理论界，关于民事诉讼当事人的概念存在着不同的学说。对民事诉讼当事人概念的界定经历了由实体意义上当事人逐渐向程序意义上当事人转变的过程。主要学说有实体当事人说、程序与实体双重适格当事人说和程序当事人说。

1. 实体当事人说。实体当事人说分为直接利害关系人说和权利保护人说。直接利害关系人说认为，只有与案件有直接利害关系的人才能作为民事诉讼的当事人。被公认为直接利害关系当事人说的典型表述是：民事诉讼中的当事人，是指因民事权利义务关系发生纠纷，以自己的名义进行诉讼，并受人民法院裁判拘束的利害关系人。权利保护人说可以视为对直接利害关系人说的一种初步修正。由于直接利害关系人说一方面反映了诉讼法依附于实体法而不独立的状态；另一方面排除了非直接利害关系人参与诉讼寻求救济的机会，因此，随着当事人理论的发展，一些学者提出了权利保护说。该说认为，民事诉讼的当事人，是指因民事上的权利义务关系发生纠纷，以自己的名义进行诉讼，旨在保护民事权益并能引起民事诉讼程序发生、变更和消灭的人。

2. 程序与实体双重适格当事人说。该说认为，当事人应是指对解决纠纷最恰当的程序法和实体法上的主体，即程序适格和实体适格。所谓程序适格当事人，是指具备诉讼权利能力、诉讼真正以其名义进行的实际当事人。实体适格当事人，是指有权以自己的名义支配争讼的民事权利义务的主体，亦即有权以自己的名义主张、

第八章

放弃民事权利和有权以自己的名义否定、承认民事义务的主体。该说认为，当事人应具有程序意义与实体意义双重含义，判断当事人是否在程序上适格，应当以程序法的规定为根据；判断当事人是否在实体上适格，应当以实体法的规定为根据。适格当事人应分解为二，即程序适格当事人和实体适格当事人。[1]

3. 程序当事人说。该说认为，民事诉讼当事人，应当是以自己的名义起诉和应诉，要求人民法院保护其民事权利或法律关系的人及其相对方。应包括一切符合诉讼程序要求的起诉和应诉的双方。凡是以自己的名义起诉、应诉的人，就是当事人，并不以民事权利或法律关系的主体为限。在实务中表现为，凡是在诉状内明确标示的争议主体就是当事人。

我们认为，当事人是诉讼法上的概念，应当是指形式上（即程序意义上）的当事人，与实体法没有关系。形式上的当事人概念承认当事人只是争讼的法律关系的主体，而且其主体地位不应依赖于客观的权利状况，仅应依赖于当事人的主张。[2] 也就是说，民事诉讼中的当事人应当从形式上来加以确定，包括一切符合程序要求的起诉人和应诉人。而是否具有法律上的利害关系则是实体法上的问题，需要随着诉讼程序的推进进行深入的调查，逐渐加以明确。如果法院在诉讼程序开始阶段就要求当事人必须与案件有法律上的利害关系，就会抬高诉讼门槛，必然会影响当事人行使诉权。因此，民事诉讼当事人的判断依据，应该是请求人是否以自己的名义实施诉讼行为以及以何人作为相对人。凡是以自己的名义起诉和应诉的人就是当事人，至于提起民事诉讼以及应诉的人是否与案件有实体法上的利害关系，则是当事人是否适格的问题。

综上所述，民事诉讼当事人，是指因民事权利义务关系发生争议，以自己的名义实施诉讼行为并受人民法院裁判约束的人。其中，以自己的名义实施诉讼行为，要求法院行使民事裁判权从而引起民事诉讼程序发生的人为原告，而被诉的相对人即为被告。当事人存在狭义与广义之分。狭义上的民事诉讼当事人仅指原告和被告。但从广义上讲，当事人除了原告与被告之外，还包括共同诉讼人、诉讼代表人以及第三人。

当事人因所处的诉讼程序以及诉讼阶段不同，称谓也有所区别。在第一审普通程序和简易程序中，起诉和被诉的主体分别称为原告和被告；在第二审程序中，称为上诉人和被上诉人（双方均提起上诉的，都称为上诉人）；在审判监督程序中，如果适用第一审程序审理的，仍称为原告和被告，如果适用第二审程序审理的，称为上诉人和被上诉人；在特别程序中，通常称为申请人，但在选民资格案件中，则称为起诉人；在督促程序中，称为申请人和被申请人；在公示催告程序中，称为申请人和利害关系人；在执行程序中，称为申请执行人和被执行人（或申请人和被申请人）。

[1] 谭兵主编：《民事诉讼法学》，法律出版社2004年版，第157、162页。
[2] [德]奥特马·尧厄尼希：《民事诉讼法》（第27版），周翠译，法律出版社2003年版，第81页。

第八章

当事人在诉讼中的不同称谓，一方面表明了他们所处的诉讼程序和阶段不同，另一方面也表明了他们因此而具有不同的诉讼地位以及享有不同的诉讼权利，承担不同的诉讼义务。

（二）当事人的特征

根据当事人的概念，民事诉讼当事人应当包含以下三个特征：

1. 因民事权利义务关系发生争议。这是民事诉讼当事人最基本的特征。众所周知，诉讼最重要的功能就是"定分止争"，只有权利义务关系发生争议，权利主体才有可能选择请求法院履行其"定分止争"的职能，继而对自己的权利予以救济。即只有对权利义务分配产生争议的双方当事人才具有提起诉讼的正当性。换句话说，法院"定分止争"的功能背后，正是权利主体对自身权利的关切，而这正是当事人产生的基础和前提。如果当事人的民事权利没有受到侵害或未与他人发生争议，也即纠纷没有发生，前述两造对抗的诉讼程序就无法启动，民事诉讼当事人也就无从谈起。

2. 以自己的名义进行诉讼。如前所述，权利主体对自身权利的关切，才是当事人产生的基础和前提。因此，权利主体不论是否为法院最终裁判的权利享有者，都必须以自己的名义进行诉讼。换言之，凡是以自己的名义起诉、应诉，并由此引起民事诉讼程序发生、变更和消灭的人，不论其是否为发生争议的民事法律关系的真正主体，都可以作为当事人。[1]当事人这一特征，也是厘清其和诉讼代理人区别的关键。[2]

3. 受法院裁判的约束。当事人以自己的名义参与诉讼，并请求法院确定权利义务关系后，以强制力为后盾的法院判决要求当事人必须履行，从而体现出诉讼"定分止争"的基本功能。因此，从这个意义上说，当事人应当受到法院裁判的约束。当事人的这一特征，亦可以厘清其和证人、鉴定人等诉讼参与人的界限。[3]然而，应当注意的是，当事人虽然有义务履行法院的裁判，但不一定必须承担裁判的法律后果。例如，在涉及宣告失踪人的民事诉讼中，虽然财产代管人以当事人的身份参与诉讼，但裁判结果要求其为一定给付时，通常是由财产代管人从失踪人的财产中支付。

二、原告与被告

原告，是指为维护自己或者自己所管理的他人的民事权益，以自己的名义向法院起诉，从而引起民事诉讼程序发生的人。被告，是指被原告诉称侵犯原告的民事权益或与原告发生民事争议，而由法院通知应诉的人。[4]原告与被告是最基本的民事诉讼当事人，在诉讼过程中形成相互对立的两造。他们的诉讼地位既相互对立又

---

〔1〕　宋朝武主编：《民事诉讼法学》，厦门大学出版社2007年版，第140页。

〔2〕　诉讼代理人参与诉讼程序、实施诉讼行为的目的是为了保护被代理人的权利不受侵犯，因而必须以被代理人的名义进行诉讼。

〔3〕　证人、鉴定人等诉讼参与人虽以自己的名义参加诉讼，但不受法院裁判的约束，因而本质上不属于当事人的范畴。

〔4〕　张卫平：《民事诉讼法》，法律出版社2004年版，第142页。

彼此依存，没有原告就没有被告；没有被告，原告也无从谈起。他们都以自己的名义参加诉讼，享有诉讼权利，承担诉讼义务，并受人民法院裁判的约束。其诉讼行为对民事诉讼的发生、发展和消灭有重大的影响。

原告与被告具有如下特征：①原告是引起民事诉讼程序发生的人；②被告是被法院通知应诉的人；③原告与被告处于相互对立的诉讼地位。

【例题】王甲2岁，在幼儿园入托。一天，为幼儿园送货的刘某因王甲将其衣服弄湿，便打了王甲一记耳光，造成王甲左耳失聪。王甲的父亲拟代儿子向法院起诉。如何确定本案原告和被告？

【解析】原告是因权益受到侵害而以自己的名义向法院起诉的人。本案中，王甲受到刘某伤害，是实体权利受损的一方，尽管其父代王甲提起诉讼，但应以王甲的名义起诉，因此，王甲是本案原告。直接给王甲造成损害的是刘某，显然，刘某是实际的侵权人，需要承担民事赔偿责任，是本案的被告。根据最高人民法院《人身赔偿解释》第7条的规定，对未成年人依法负有教育、管理、保护义务的学校、幼儿园或者其他教育机构，未尽职责范围内的相关义务致使未成年人遭受人身损害，或者未成年人致他人人身损害的，应当承担与其过错相应的赔偿责任。第三人侵权致未成年人遭受人身损害的，应当承担赔偿责任。学校、幼儿园等教育机构有过错的，应当承担相应的补充赔偿责任。本案中，幼儿园对王甲负有安保义务，幼儿园没有尽到责任造成王甲人身受到侵害，应当承担补充赔偿责任，也是本案的被告。因此，刘某和幼儿园是本案被告。

三、当事人的诉讼权利与诉讼义务

为了充分保障当事人的合法权益，民事诉讼法赋予当事人广泛的诉讼权利，同时，为使诉讼程序顺利进行，也为当事人设定了相应的诉讼义务。

（一）当事人的诉讼权利

根据《民事诉讼法》的相关规定，当事人享有以下诉讼权利：①原告有提起诉讼的权利，起诉后有放弃、变更诉讼请求和撤诉的权利；被告有应诉答辩的权利。答辩究竟是被告的一项权利还是义务，我国学界仍存在争议。现行《民事诉讼法》将其规定为被告的权利。②被告可以承认或反驳原告的诉讼请求，并有权提起反诉。③委托诉讼代理人的权利。④申请回避的权利。⑤收集、提供证据的权利。⑥进行辩论的权利。⑦请求调解的权利。⑧提起上诉的权利。⑨查阅并复制本案有关材料和法律文书的权利。⑩要求重新调查、鉴定或者勘验的权利。⑪申请保全和先予执行的权利。⑫申请执行的权利。⑬申请再审的权利。

（二）当事人的诉讼义务

义务是权利的对应物，两者从来都是同时存在的。因此，我国《民事诉讼法》在赋予当事人广泛的诉讼权利的同时，也规定了当事人必须承担以下诉讼义务：①依法行使诉讼权利。当事人的诉讼权利不是绝对的，权利的行使必须遵守《民事诉讼法》的有关规定。②遵守诉讼秩序。良好的诉讼秩序是当事人顺利进行诉讼活动、充分行使诉讼权利的保障，因此，当事人在诉讼过程中必须遵守诉讼秩序。③自觉履行发生法律效力的判决书、裁定书和调解书。人民法院依法作出的发生法律效力的判决书、裁定书和调解书是人民法院审判权的体现，对双方当事人都具有约束力，当事人有义务遵照履行。

■第二节　当事人的认定

当事人的认定，是指在某一具体诉讼中，确定何人享有当事人的地位。一般情况下，诉状中所载明的原告和被告与实际进行诉讼并受法院裁判约束的人是一致的。但在特定情形下，如冒用他人名义进行诉讼或者诉状中载明的当事人已经死亡、他人冒充死者进行诉讼等情况下，法院就必须根据一定的标准来确定当事人。民事诉讼理论中，关于当事人的认定标准存在各种学说：①意思说。该说认为，当事人的认定以原告所想要表示的意思为准。例如，原告甲本意是想以乙作为被告而起诉，但误认丙为乙提起了诉讼。根据意思说，该诉讼的被告为乙，允许甲进行更正，这种更正不属于诉的变更。②行动说。该说认为，在诉讼过程中扮演当事人的角色实施诉讼行为的人为当事人，即"当事人认定的决定性因素在于起诉与被诉之人，而不是其中的起诉或被诉之姓名"（赫尔维希）。例如，甲冒用乙的名义诉讼，甲在诉讼中实施诉讼行为，那么依行动说，甲才是当事人而非乙。③表示说。该说为德国、日本学界的通说。该观点认为，当事人的认定以起诉状上记载的当事人为准。例如，甲冒用乙的名义诉讼，由于诉状中记载的当事人是乙，则乙为当事人。如果要更正为甲则属于诉的变更。在此情形下，根据表示说，被冒名的人为当事人，从而应当受法院裁判的约束。如果裁判已生效则必须提起再审才能撤销裁判对被冒名人的效力。④适格说。该说认为，应当将起诉至诉讼终结这一过程中的所有资料作为认定当事人标准的资料，从而判断谁是纠纷的实际主体。将该主体认定为当事人。⑤并用说。该说认为，应当同时并用各种标准来认定诉讼中的当事人，即对于原告的认定适用行动说，而对于被告的认定则按照"原告的意思、当事人适格、诉状的表示"这一顺序来作出判断。⑥规范分类说。该说认为，当事人的认定标准应将诉讼程序分为不同的诉讼阶段来加以考察。我们认为，在诉讼开始阶段，以行为规范为标准认定当事人，应采表示说。在诉讼程序进行中，以评价规范为认定标准，以已经具有参与诉讼机会并且适格的当事人作为民事诉讼当事人。[1]

一、正当当事人概述

（一）正当当事人的含义

正当当事人，又称当事人适格，是指有资格以自己的名义起诉或应诉从而成为

---

[1]　[日] 高桥宏志：《民事诉讼法——制度与理论的深层分析》，林剑锋译，法律出版社2003年版，第131~134页；陈荣宗、林庆苗：《民事诉讼法（上）》，三民书局2006年版，第153~154页。

原告或被告并受本案裁判拘束的当事人。在诉讼中，只有正当当事人起诉或者应诉、以自己的名义实施诉讼行为并受本案判决约束，诉讼才有实质意义。[1]

正当当事人与当事人是两个不同的概念，二者的区分正是我国民事诉讼理论中确立程序当事人概念的具体体现。当事人的概念是指形式意义上的当事人，是纯粹程序法上的概念。凡是在原告起诉书中载明的原告与被告，就可以视为当事人。程序当事人概念的优点在于赋予当事人自由行使诉权的权利、有效降低诉讼门槛、缓解"告状难"等问题，以及提高当事人启动和推进诉讼程序的自主性和积极性。但如果在具体的诉讼中，起诉书所列的原告与被告与本案毫无关联，就会使诉讼的进行变得毫无意义。此外，倘若当事人滥用起诉权进行恶意诉讼，也会导致司法资源的浪费，损害相对人的利益。正当当事人就是为了解决程序当事人的概念在实践中所产生的无端生诉或滥诉的问题，以排除不适当的当事人。正当当事人强调的是一种资格，即要求法院对作为本案诉讼标的的权利义务关系作出判决，并取得本案诉讼主体地位的资格。只有与本案的诉讼标的有实体法上的利害关系的当事人才是正当当事人。

（二）诉讼担当

通常情况下，正当当事人是实体法上的权利人和义务人。但在某些特殊情况下，实体权利人或义务人所享有的权利或承担的义务并不由自己行使或承担，而是依实体法或诉讼法的规定或根据权利主体的意思表示，赋予第三人以诉讼实施权，使第三人以自己的名义在诉讼中成为正当当事人，进行有关他人利益的诉讼，而诉讼的最终结果归于实体权利人或义务人，此情形为诉讼担当。其中，由法律强制性规定的称为法定的诉讼担当；由权利主体的意思表示赋予的称为任意的诉讼担当。我国立法上仅承认法定的诉讼担当，具体可分为以下两种类型：

1. 基于身份权的诉讼担当。基于身份权的诉讼担当主要包括：

（1）对侵害死者遗体、遗骨以及姓名、肖像、名誉、荣誉、隐私等行为提起诉讼的，死者的近亲属为当事人。近亲属包括：配偶、父母、子女、兄弟姐妹、祖父母、外祖父母、孙子女、外孙子女。

（2）对死者著作权的保护。根据我国《著作权法》第 21 条的规定，公民的作品，其发表权、使用权和获得报酬权保护期为作者终生及死后 50 年。上述权利如在著作权人死后受到侵犯，则由其继承人担当诉讼来加以保护。

（3）侵权致人死亡的，死者的继承人有诉讼实施权。

（4）《继承法》第 28 条规定了对胎儿应留份额的保护制度。因此，侵犯胎儿继承权的，胎儿的母亲有诉讼实施权。

2. 基于财产管理权的诉讼担当。基于财产管理权的诉讼担当主要包括：

（1）企业管理人。《民通意见》第 60 条第 2 款也规定："对于涉及终止的企业法人债权、债务的民事诉讼，清算组织可以用自己的名义参加诉讼。"我国《破产

_____

[1]　江伟主编：《民事诉讼法学原理》，中国人民大学出版社 1999 年版，第 400 页。

法》中用管理人替代了原清算组织的概念。根据《破产法》第 13、25 条的规定，人民法院裁定受理破产申请的，应当同时指定管理人。管理人的职责包括：管理和处分债务人的财产，代表债务人参加诉讼、仲裁或者其他法律程序，等等。由此可见，虽然法人在进入清算程序之后，法人人格并未丧失，其仍然是债权债务关系的主体，但是根据法律的规定，管理人负责对法人的财产进行保管、清理、估价、处理和清偿。因此，对于涉及清算企业法人债权债务的民事诉讼，管理人可以自己的名义作为诉讼担当人参加诉讼。

（2）失踪人的财产代管人。《民通意见》第 32 条第 2 款规定："失踪人的财产代管人向失踪人的债务人要求偿还债务的，可以作为原告提起诉讼。"由于失踪人的财产代管人对其代管的财产在代管的期限内有管理权和处分权，因此，在有关该财产的诉讼中，代管人可以作为诉讼担当人参加诉讼。

（3）遗产管理人、遗嘱执行人也可以作为诉讼担当人。

二、我国立法对正当当事人的认定

我国在立法上对原告与被告的认定问题采取了不同的标准。《民事诉讼法》第 119 条第 1 项明确规定，起诉条件必须符合"原告是与本案有直接利害关系的公民、法人和其他组织"。显然，立法对于原告的认定采取的是"适格说"。与本案有直接利害关系的原告可以分为两种：①直接的权利主体，即因属于自己所有或认为应当为自己直接享有的民事权益遭受侵害或者发生争议而提起诉讼、请求人民法院保护的公民、法人和其他组织。此乃原告主体之常态。②非权利主体，即依据法律的规定对某种民事权益有权进行管理、保护的人因权益受到他人侵害或发生争议而提起诉讼的主体，如作为诉讼担当人的企业管理人、失踪人的财产代管人、为保护死者名誉权而提起诉讼的死者的近亲属、遗产管理人、遗嘱执行人等。非权利主体作为原告应当满足三个要件：①直接权利主体不存在或无法行使权利；②非权利主体有权管理、保护民事权益；③法律有明确的规定。

《民事诉讼法》第 119 条第 2 项规定，起诉要求有明确的被告。可见，我国《民事诉讼法》对于被告的认定采取的是"表示说"，即被告的认定以原告起诉状上记载的当事人为准。因此，从整体上来看，我国立法在当事人的界定问题上仍然采取的是实体当事人说而非程序当事人说。[1]

三、当事人的更换与诉讼权利义务的承担

（一）当事人的更换

当事人的更换，是指人民法院在诉讼过程中发现起诉或者应诉的人不具有当事

---

〔1〕 为贯彻落实十八届四中全会《决定》关于改革人民法院案件受理制度的要求，《民诉法解释》第 208 条规定了立案登记制，以保护当事人的起诉权。但我国的立案登记制强调的是在程序上对符合《民事诉讼法》规定的起诉条件的起诉，必须有案必立有诉必理，并不意味着我国改变了起诉条件和对当事人的认定标准。

人适格条件，而让该不适格当事人退出诉讼，通知适格当事人参加诉讼的行为。根据程序当事人理论，法院在起诉与受理阶段并不对起诉的人及其相对人的当事人资格进行实质审查，因此，有可能出现起诉状中所列的原告和被告与争议的诉讼标的没有利害关系，即当事人不适格的情形。为了使诉讼具有实际意义，使争议能够在真正的主体之间得到彻底解决以及避免司法资源的浪费，各国在诉讼理论与实践中都允许对非正当当事人进行更换。

我国1991年《民事诉讼法》取消了更换当事人的规定，现行《民事诉讼法》仍未对此问题作出明确规定。但在理论界，有学者认为应当在《民事诉讼法》中对当事人的更换作出相应规定。司法实践中，对于当事人不符合条件的情形，人民法院一般依据《民事诉讼法》第119条的规定裁定驳回起诉，但也有更换当事人的做法。

（二）诉讼权利义务的承担

诉讼权利义务的承担也称诉讼承担，是指在民事诉讼进行过程中，由于特殊原因的出现，一方当事人的诉讼权利义务转移给案外人，由案外人承受原当事人的诉讼权利义务，作为当事人继续进行诉讼。一般认为，诉讼承担有四个要件：①原当事人是正当当事人；②诉讼正在进行中；③出现了特定的事由；④承担者与被承担者存在特定的关系。[1]我国《民事诉讼法》以及最高人民法院的司法解释也对此作了相应的规定：

1. 在诉讼中，一方当事人死亡，有继承人的，裁定中止诉讼。人民法院应及时通知继承人作为当事人承担诉讼，被继承人已经进行的诉讼行为对承担诉讼的继承人有效。

2. 因合并或分立前的民事活动发生的纠纷。在诉讼过程中，企业法人合并的，由合并后的法人作为诉讼承担者参加诉讼；企业法人分立的，由分立后的法人作为共同承担者参加诉讼。

企业法人解散的，依法清算并注销前，以该企业法人为当事人；未依法清算即被注销的，以该企业法人的股东、发起人或者出资人为当事人。

【例题】自然人甲因借款纠纷将乙公司诉至法院，要求乙公司偿还20万元借款。如果在诉讼进行过程中分别出现以下情况，诉讼应当如何进行？①自然人甲死亡；②乙公司被丙公司合并而丧失主体资格，而且合并时未就本案作出特别约定；③乙公司分立为丁、戊两个公司；④乙公司被注销。

【解析】①根据法律规定，甲的合法继承人可以承担甲的诉讼权利和义务继续进行诉讼。（应当注意的是，并非在所有的案件中出现自然人死亡的情况都必然引起继承人承担诉讼。由于身份关系的特殊性，一些基于身份关系而产生的纠纷就不会发生诉讼承担，如甲的父亲到法院起诉，要求甲支付赡养费。如果甲在诉讼过程中死亡，则不能发生诉讼权利义务的承担，诉讼应当终结。）②合并后的丙公司作为当

第八章

---

〔1〕　谭兵主编：《民事诉讼法学》，法律出版社2004年版，第174页。

事人继续进行诉讼。③由丁和戊作为共同诉讼人继续进行诉讼。④乙公司被注销，依法清算并注销前，以该企业法人为当事人；未经清算的，以乙公司的股东、发起人或出资人为当事人继续进行诉讼。

诉讼承担不同于诉讼担当，二者的区别在于：①诉讼承担发生于诉讼进行过程中，而诉讼担当发生于诉讼程序开始之前。诉讼承担是在诉讼进行中，由于特殊原因的出现而使诉讼当事人发生变化，需要新的当事人加入诉讼；诉讼担当一般发生在诉讼实施之前，不包括诉讼进行中新的当事人加入诉讼的情形。[1]②诉讼承担人在承担事由发生以前并不是诉讼当事人，被承担人才是案件的正当当事人；诉讼担当人本身即为案件的正当当事人。③诉讼承担的本质是当事人诉讼地位的承受，原当事人的诉讼权利义务转移给了案外人，并由其代替原当事人继续进行诉讼，[2]其发生是基于法定的事由。诉讼担当是对传统正当当事人理论的突破，传统的正当当事人理论认为，适格的当事人必须具有实体法上的权利义务，实体权益主体与诉讼权益主体必须是统一的；诉讼担当则将两者分开，是因法律规定或者真正的权利义务主体授权而获得诉讼担当权，其发生是基于特定类型的案件所作的特殊规定。[3]

■第三节 当事人主体资格

一、当事人能力

当事人能力又称诉讼权利能力，是指能够成为民事诉讼当事人的法定资格或能力。具体而言，当事人能力是指公民、法人和其他组织能够成为诉讼权利与义务以及诉讼法上效果归属主体的能力。公民的当事人能力始于出生，终于死亡；法人和其他组织的当事人能力始于成立，终于撤销或解散。

当事人能力与实体法上的民事权利能力有着密切的联系。大陆法系国家的民事诉讼理论认为："谁有权利能力，谁就有当事人能力。"[4]也就是说，具有民事主体资格的人在民事活动中发生争议，自然就享有成为民事诉讼当事人的资格。尽管两者在通常情况下是一致的，但毕竟是两个概念，不能混同。当事人能力是程序法上的概念，是作为诉讼主体的资格；民事权利能力是实体法上的概念，是作为民事主体的资格。[5]

《民事诉讼法》第48条和第55条对当事人能力作了规定。《民事诉讼法》第48条规定："公民、法人和其他组织可以作为民事诉讼的当事人。法人由其法定代表人

---

[1] 肖建华：《民事诉讼当事人研究》，中国政法大学出版社2002年版，第141页。

[2] 谭兵主编：《民事诉讼法学》，法律出版社2004年版，第174页。

[3] 肖建华：《民事诉讼当事人研究》，中国政法大学出版社2002年版，第140～141页。

[4] ［德］奥特马·尧厄尼希：《民事诉讼法》（第27版），周翠译，法律出版社2003年版，第86页。

[5] 无权利能力的主体是否就一定不具有当事人能力？理论界通说采取的是当事人能力与民事权利能力分离的观点，即认为在某些特殊情况下，没有民事权利能力的主体，却可能享有独立的当事人能力。如各国立法中并不认为胎儿具有民事权利能力，但为了保护胎儿的权益，承认其具有当事人能力。

进行诉讼。其他组织由其主要负责人进行诉讼。"因此，公民、法人和其他组织是法律规定的具有当事人能力、可以作为民事诉讼当事人的主体。《民事诉讼法》第55条规定："对污染环境、侵害众多消费者合法权益等损害社会公共利益的行为，法律规定的机关和有关组织可以向人民法院提起诉讼。"该条是对公益诉讼的规定。依据上述规定，具有民事诉讼当事人能力的主体包括：

（一）公民

公民作为民事主体，在与他人发生争议时，可以自己的名义起诉或应诉，成为原告或被告。根据《民诉法解释》的规定，公民作为当事人的情形还包括：

1. 提供劳务一方因劳务造成他人损害，受害人提起诉讼的，以接受劳务一方为被告（《民诉法解释》第57条）。

2. 在诉讼中，个体工商户以营业执照上登记的经营者为当事人。有字号的，以营业执照上登记的字号为当事人，但应同时注明该字号经营者的基本信息（《民诉法解释》第59条第1款）。

3. 当事人之间的纠纷经人民调解委员会调解达成协议后，一方当事人不履行调解协议，另一方当事人向人民法院提起诉讼的，应以对方当事人为被告（《民诉法解释》第61条）。

4. 下列情形，以行为人为当事人：①法人或者其他组织应登记而未登记，行为人即以该法人或者其他组织名义进行民事活动的；②行为人没有代理权、超越代理权或者代理权终止后以被代理人名义进行民事活动的，但相对人有理由相信行为人有代理权的除外；③法人或者其他组织依法终止后，行为人仍以其名义进行民事活动的（《民诉法解释》第62条）。

（二）法人

法人作为民事诉讼当事人，应当由其法定代表人进行诉讼。法人的法定代表人以依法登记为准，但法律另有规定的除外。依法不需要办理登记的法人，以其正职负责人为法定代表人；没有正职负责人的，以其主持工作的副职负责人为法定代表人。法定代表人已经变更，但未完成登记，变更后的法定代表人要求代表法人参加诉讼的，人民法院可以准许。其他组织，以其主要负责人为代表人。在诉讼中，法人的法定代表人变更的，由新的法定代表人继续进行诉讼，并应向人民法院提交新的身份证明书。原法定代表人进行的诉讼行为有效。根据《民诉法解释》的规定，法人作为当事人的情形还包括：

1. 法人非依法设立的分支机构，或者虽依法设立，但没有领取营业执照的分支机构，以设立该分支机构的法人为当事人（《民诉法解释》第53条）。

2. 法人或者其他组织的工作人员执行工作任务造成他人损害的，该法人或其他组织为当事人（《民诉法解释》第56条）。

3. 在劳务派遣期间，被派遣的工作人员因执行工作任务造成他人损害的，以接受劳务派遣的用工单位为当事人。当事人主张劳务派遣单位承担责任的，该劳务派遣单位为共同被告（《民诉法解释》第 58 条）。

4. 企业法人合并的，因合并前的民事活动发生的纠纷，以合并后的企业为当事人；企业法人分立的，因分立前的民事活动发生的纠纷，以分立后的企业为共同诉讼人（《民诉法解释》第 63 条）。

5. 企业法人解散的，依法清算并注销前，以该企业法人为当事人；未依法清算即被注销的，以该企业法人的股东、发起人或者出资人为当事人（《民诉法解释》第 64 条）。

（三）其他组织

其他组织，是指合法成立、有一定的组织机构和财产，但又不具备法人资格的组织。其他组织虽然不具备法人资格，但是他们仍能够以自己的名义独立进行民事活动，享有权利和承担义务，《民事诉讼法》承认其具有当事人能力。如《民诉法解释》第 68 条规定，村民委员会或者村民小组与他人发生民事纠纷的，村民委员会或者有独立财产的村民小组为当事人。

《民诉法解释》第 52 条对其他组织进行了列举式规定，包括：①依法登记领取营业执照的个人独资企业；②依法登记领取营业执照的合伙企业；③依法登记领取我国营业执照的中外合作经营企业、外资企业；④依法成立的社会团体的分支机构、代表机构；⑤依法设立并领取营业执照的法人的分支机构；⑥依法设立并领取营业执照的商业银行、政策性银行和非银行金融机构的分支机构；⑦经依法登记领取营业执照的乡镇企业、街道企业；⑧其他符合本条规定条件的组织。上述"其他组织"都可以在民事诉讼中作为诉讼当事人。

（四）公益诉讼原告资格

2012 年修正的《民事诉讼法》增加了公益诉讼条款，确立了民事公益诉讼制度。[1]

─────────────

[1] 公益诉讼制度起源于罗马法。在古罗马的诉讼中，有私益诉讼和公益诉讼之分，前者是保护个人权利的诉讼，仅限于特定的人提起；后者是保护社会公共利益的诉讼，除法律有特别规定者外，只要是罗马市民，就可以提起这一公益诉讼。这是因为当时的政权机构还没有像现代这样完备，仅依靠政府官吏来维护公共利益，力量明显不足，所以只好授权市民代表社会集体进行诉讼来弥补行政力量不足的缺失。但公益诉讼真正的蓬勃兴起是在 20 世纪。随着资本主义由自由资本主义迈向垄断资本主义，社会生产力飞速发展，科学技术日新月异，全球化进程不断加深，人们的生产生活也日益社会化，造成了各种社会公害问题集中凸显。为了维护国家利益和社会公共利益，公益诉讼这一解决问题的途径受到西方国家的高度重视，公益诉讼从理论到实践获得了重大发展。美国是现代公益诉讼制度比较健全的国家，以布朗诉教育委员会案为标志，现代公益诉讼制度得以兴起，形成了以"私人检察官"（即美国公民）和检察官为诉讼主体的公益诉讼制度，前者的代表性法律如《清洁水法》，公民可以作为"私人检察官"提起环境公益诉讼；后者的代表性法律如《谢尔曼法》和《克莱顿法》，检察官可以代表联邦公众提起公益诉讼。而在英国，只有检察总长能够代表公众提起公益诉讼，私人没有提起公益诉讼的权利，除非公共性的不当行为已经使他的私人利益受到损害。德国则将提起公益诉讼的权利"信托"给具有公益性质的社会团体，由他们代表社会公共利益提起诉讼，这就是独具特色的"团体诉讼"模式。总之，西方各国都在公益诉讼这个问题上进行了理论到实践的有益探索，形成了各具特色的公益诉讼模式。

民事公益诉讼，是指法律规定的特定主体对于损害社会公共利益的行为向法院提起诉讼，由法院依法审理并裁判的诉讼活动。

在我国，随着改革开放进程的加快，社会经济不断飞速发展，很多社会化问题不断显现，出现了诸多严重侵害公益的公共事件，如环境污染、侵害消费者权益、国有资产流失等，但在法律制度上却既不能给侵权人以有效的制裁和惩戒，也不能给受害人有效的赔偿和补偿，只能用一些行政手段对侵权人进行有限惩罚，这种杯水车薪的做法，远远达不到震慑的效果，以致我国公益被侵犯的事件时有发生，公众对此怨声载道。在这样的背景下，民事诉讼法及时确立了公益诉讼制度，赋予法定机关和有关组织民事公益诉讼原告的主体资格，这是对上述公众诉求的一个有效回应，将有效地制裁大规模侵害公益的行为，保护国家利益和社会公众利益，为社会的健康发展创造一个和谐安定的环境。这是我国民事诉讼制度发展过程中的一大进步，具有重大现实意义。

《民事诉讼法》第55条规定："对污染环境、侵害众多消费者合法权益等损害社会公共利益的行为，法律规定的机关和有关组织可以向人民法院提起诉讼。"这一规定明确了法律规定的机关和有关组织可以作为公益诉讼的原告针对侵害公共利益[1]的行为提起公益诉讼，这是对民事公益诉讼原告资格的肯定。

民事公益诉讼原告资格，也可称为公益诉讼权利能力，是指享有民事公益诉权、能够提起民事公益诉讼的主体的法定资格或能力。民事公益诉讼原告资格，属于一种特殊的民事诉讼权利能力，其有别于一般的当事人主体资格，即提起民事公益诉讼的主体是被法律赋予公益诉权的人，而且并非仅仅基于自身权益受到侵害，是从公共利益的角度出发，根据法律的规定通过行使公益诉权提起诉讼。

1. 对于法律规定的机关，应当包括哪些机关，本法并没有指明，但根据《民诉法解释》第284条的规定，环境保护法、消费者权益保护法等法律规定的机关可以根据法律规定提起公益诉讼。可以明确的是，提起公益诉讼的机关必须有法律的明确授权。比如，《海洋环境保护法》第90条第2款规定："对破坏海洋生态、海洋水产资源、海洋保护区，给国家造成重大损失的，由依照本法规定行使海洋环境监督管理权的部门代表国家对责任者提出损害赔偿要求。"将提起公益诉讼的主体资格限于法

---

[1]　公共利益，从字面上理解，可称之为公共的利益，简称公益。公共利益是指不特定的社会成员所享有的利益。公共利益的最大特点在于，它是一个框架性概念，具有高度的抽象性和概括性，很难为它勾勒一个准确而清晰的定义。一般认为，公共利益具有以下特征：①可还原性，即公共利益必须最终可以还原为特定类型，特定群体民事主体的私人利益。②内容的可变性，也就是说，今天的公共利益，可能在明天就不算是公共利益。随着社会的发展，公共利益的内容会发生变化。③不可穷尽性，即使通过立法机构的立法行为、司法机构的司法行为两个途径对公共利益进行具体的确定，公共利益的类型仍然是无法穷尽的。这些特征可以有助于我们对公共利益有一个更为清楚的认识。法律规定的损害社会公共利益的行为，也就是侵害不特定社会成员利益的行为，本法列举了两种代表性行为：①污染环境行为，包括乱排污水、污染海洋等行为；②侵害众多消费者合法权益的行为，包括制造销售有毒食品、有安全隐患的产品的行为。这些行为应当可以作为公益诉讼的受案范围，由有关机关、社会团体对这些行为发起公益诉讼，追究相关肇事者的责任。

律规定的机关，既可使公益诉讼在我国适度开展，有利于社会进步，同时也能保障公益诉讼有序进行。

2. 关于社会组织，目前在民政部门登记的社会组织包括三类：社会团体、民办非企业单位和基金会。这些组织是我国公民自愿组成，为实现组织成员共同意愿，按照其章程开展活动的非营利性组织。包括各类学会、协会、研究会、促进会、联谊会、联合会、基金会、商会等社会组织。这些组织都是潜在的可以提起公益诉讼的主体，但是根据《民事诉讼法》和《民诉法解释》，只有法律规定的组织才能够实际地提起公益诉讼。例如，2014 年实施的《中华人民共和国消费者权益保护法》第 47 条规定："对侵害众多消费者合法权益的行为，中国消费者协会以及在省、自治区、直辖市设立的消费者协会，可以向人民法院提起诉讼。"因此，消费者协会是法律规定具有民事公益诉讼主体资格的组织。

3. 个人能否作为适格主体提起公益诉讼，一直是有争论的问题。为了防止滥诉，同时考虑到对于与公民个人有利害关系的起诉并不存在起诉障碍，而与公民个人没有利害关系的公益纠纷，个人的力量难以进行公益诉讼，《民事诉讼法》没有将个人作为提起公益诉讼的适格主体。

二、当事人的诉讼行为能力

当事人的诉讼行为能力又称诉讼能力，是指诉讼当事人能够以自己的行为有效地进行诉讼的能力。具有当事人能力的人并不一定具有诉讼行为能力。只有两者同时具备，才能够亲自进行诉讼，行使诉讼权利，履行诉讼义务。仅有当事人能力而无诉讼能力之人，需要由其法定代理人代为诉讼。因此，立法上之所以制定关于诉讼行为能力的规则，旨在保护某些特定类别的人，如未成年人、精神病人等。当事人的诉讼行为能力与民法上的行为能力相对应，但又有不同。这种不同主要体现在自然人的诉讼能力与民事行为能力的对应上。自然人的民事行为能力按照年龄标准与精神状况分为三种，即无民事行为能力、限制民事行为能力和完全民事行为能力。而诉讼行为能力只有两种：有诉讼行为能力和无诉讼行为能力。有完全民事行为能力的人是具有诉讼行为能力的人，而限制民事行为能力人和无民事行为能力人都不具有诉讼行为能力。

自然人的诉讼行为能力始于成年，终于死亡。但是由于我国法律规定，16 周岁以上不满 18 周岁的公民，以自己的劳动收入为主要生活来源的，视为完全民事行为能力人。因此，在诉讼法上也相应地承认其具有诉讼行为能力。法人和其他组织的诉讼行为能力与他们的当事人能力一样，都是始于成立，终于撤销或者解散。

■第四节　诉讼代理人

一、诉讼代理人的概念和特征

（一）诉讼代理人的概念

民事诉讼代理人是指以一方当事人的名义，在法律规定或者当事人授予的权限范围内代替或者协助当事人进行民事诉讼活动的人。代理人实施诉讼行为的权限，即为诉讼代理权。根据诉讼代理权发生的根据不同，可以将诉讼代理人分为两类：法定诉讼代理人和委托诉讼代理人。

一般而言，由于案件纠纷涉及当事人的实体权利，因此，为了维护自身利益，当事人都会尽可能地亲自进行诉讼活动。但实际生活中经常会遇到当事人没有诉讼行为能力，无法独立进行诉讼活动；或者虽有诉讼行为能力，但由于自身知识水平等原因难以有效地维护自身权益等情况，此时，便需要他人来代替或者帮助其进行诉讼，诉讼代理制度应运而生。

（二）诉讼代理人的特征

1. 有诉讼行为能力。诉讼代理人参加诉讼是为了代替或者帮助被代理人进行诉讼活动，因此，其自身首先要具有诉讼行为能力，否则其实施的诉讼行为不具有法律效力，也就无法履行自己的职责，这是担任诉讼代理人最基本的条件。

2. 始终以被代理人的名义并为被代理人的利益进行诉讼活动。诉讼代理人本身与案件并没有直接的利害关系，其参加诉讼的目的只是也只能是帮助被代理人，为被代理人的利益进行诉讼活动，因此，自始至终应当以被代理人的名义并为被代理人的利益进行诉讼活动。

3. 必须在代理权限范围内实施诉讼行为。代理权是诉讼代理人进行诉讼代理活动的基础，无论该权利是来自法律赋予还是当事人的授权，作为诉讼代理人都不能超越代理权限范围实施诉讼行为，否则该行为将不具有法律效力。

4. 诉讼代理人进行诉讼活动的法律后果由被代理人承担。与案件本身具有直接利害关系的是被代理人而非代理人，后者只是代替或帮助前者为一定的诉讼行为。因此，只要作出的诉讼代理行为在代理权限范围内，被代理人就要承担由该行为产生的法律后果，无论结果是有利还是不利。如果代理人的诉讼行为超出了代理权限范围，则超越的部分不发生诉讼代理效果。当然，被代理人可以追认该越权代理行为有效。

5. 同一诉讼代理人在同一案件中只能代理一方当事人。由于诉讼中双方当事人的利益相互冲突，而诉讼代理人的职责在于维护被代理人的合法权益，如果允许其同时代理双方当事人进行诉讼，将会出现自己对抗自己的荒唐局面，不利于对被代理人权益的保护，因此法律严禁双方代理。

值得注意的是，一般情况下，同一诉讼代理人可以代理共同诉讼中的一方当事人进行诉讼，但如果数个共同诉讼人之间的利益存在冲突，则亦不得同时代理。

二、法定诉讼代理人

（一）法定诉讼代理人的概念和特征

法定诉讼代理人，是指依照法律规定代理无诉讼行为能力的当事人进行民事诉讼的人。法定诉讼代理人适用于代理无诉讼行为能力的公民进行诉讼。我国《民法通则》第14条规定："无民事行为能力人、限制民事行为能力人的监护人是他的法定代理人。"《民事诉讼法》第57条规定："无诉讼行为能力人由他的监护人作为法定代理人代为诉讼。……"由此可见，法定诉讼代理人具有以下特征：①代理权产生的基础特殊。法定诉讼代理之所以发生，既不是基于当事人本人的意志，也不是基于代理人的意志，而是基于法律的规定。代理人资格"法定"是法定诉讼代理人与委托诉讼代理人最主要的区别。②代理的对象特殊。法定诉讼代理是专门为无诉讼行为能力人设立的一种诉讼代理制度，因此，法定诉讼代理人只能代理无诉讼行为能力人进行诉讼。如果被代理人在诉讼过程中恢复了诉讼行为能力，则法定诉讼代理权消灭。③代理人的范围特殊。法定诉讼代理人是基于行使监护权而代理当事人进行诉讼的，因此，其范围只限于对被代理人享有监护权的人，其他人不能担任法定诉讼代理人。

（二）法定诉讼代理人的范围

1. 未成年人的法定监护人。按照《民法通则》第16条的规定，未成年人的法定监护人首先是父母，如果父母已经死亡或者没有监护能力，则由下列人员中有监护能力的人担任监护人：①祖父母、外祖父母；②兄、姐；③关系密切的其他亲属、朋友愿意承担监护责任，经未成年人的父、母所在单位或者未成年人住所地的居民委员会、村民委员会同意的。对担任监护人有争议的，由未成年人的父、母所在单位或者未成年人住所地的居民委员会、村民委员会在近亲属中指定。对指定不服提起诉讼的，由人民法院裁决。没有前述监护人的，由未成年人的父、母所在单位或者未成年人住所地的居民委员会、村民委员会或者民政部门担任监护人。

2. 精神病人的法定监护人。《民法通则》第17条规定，无民事行为能力或者限制民事行为能力的精神病人，由下列人员担任监护人：①配偶；②父母；③成年子女；④其他近亲属；⑤关系密切的其他亲属、朋友愿意承担监护责任，经精神病人所在单位或者住所地的居民委员会、村民委员会同意的。对担任监护人有争议的，由精神病人所在单位或者住所地的居民委员会、村民委员会在近亲属中指定。对指定不服提起诉讼的，由人民法院裁决。没有前述监护人的，由精神病人所在单位或者住所地的居民委员会、村民委员会或者民政部门担任监护人。

法律设立法定代理制度，对于法定代理人而言，不仅是一种权利，也是一种义务。如果无民事行为能力人、限制民事行为能力人事先没有确定监护人的，可以由有监护资格的人协商确定；协商不成的，由人民法院在他们之中指定诉讼中的法定代理人。如果当事人没有法律规定的监护人的，可以指定法律规定的有关组织担任诉讼中的法定代理人。如果当事人有两个以上的法定代理人，且彼此之间相互推诿责任的，则按照《民事诉讼法》第57条的规定，由人民法院指定其中一人代为诉讼。在指定法定诉讼代理人时，法院应充分考虑监护顺序、监护人的能力与被监护人的关系等因素，以最大限度地保护无诉讼行为能力人的利益。

（三）法定诉讼代理人的代理权限和诉讼地位

鉴于法定诉讼代理人所代理的当事人是无诉讼行为能力人，为了更好地保护被

第八章

代理人的合法权益，法定诉讼代理人应该享有被代理人的全部诉讼权利，包括处分其实体权利的权利，例如，与对方和解，承认、变更、放弃诉讼请求，提起反诉或上诉，等等。

尽管法定诉讼代理人在诉讼中的地位与当事人十分相似，但其不是当事人。表现在：①承担案件裁判结果，即最终权利义务的承担者仍然是当事人（被代理人），而非代理人；②案件的管辖以当事人所在地为依据，法定代理人所在地对管辖不产生影响；③由始至终，法定代理人都只能以被代理人的名义而不能以自己的名义进行诉讼；④诉讼过程中如果出现代理人死亡或不能代理的情况且无别的代理人接替，则诉讼中止，但如果当事人出现这种情况，一般情形下会导致诉讼终结。

（四）法定诉讼代理权的取得和消灭

由于法定诉讼代理人的代理权来源于监护权，因此，法定诉讼代理权的取得与监护权的取得同步。监护权的取得大致有三种情况：①因某种身份关系的存在；②基于自愿而发生的某种抚养义务；③基于人道主义而产生的社会保障措施。一旦因此取得监护权，而被监护人涉诉时，监护人便依法取得诉讼代理权。

同样，监护权的丧失必然导致法定诉讼代理权的消灭。具体而言，法定代理权的消灭有以下几种情况：①被代理人具有或者恢复了民事行为能力；②法定诉讼代理人死亡、丧失诉讼行为能力；③法定诉讼代理人丧失或者被依法撤销了监护人的资格；④基于婚姻或收养关系而产生的监护权因该关系的解除而消灭，其法定诉讼代理权也随之消灭；⑤被代理的当事人死亡。

三、委托诉讼代理人

（一）委托诉讼代理人的概念及特征

委托诉讼代理人，是指受当事人、法定代理人的委托并以当事人的名义在该授权范围内进行民事诉讼活动的人。

与法定诉讼代理人相比，委托诉讼代理人具有以下特点：①委托诉讼代理人的代理权基于被代理人的授权而产生，换言之，这种诉讼代理关系的发生不是法律规定的，而是双方当事人约定的结果；②委托诉讼代理人与被代理人之间一般不存在监护与被监护的关系；③委托诉讼代理人的代理权限和代理事项除法律另有规定外，一般由委托人自己决定；④委托诉讼代理人进入诉讼必须向法院提交被代理人的授权委托书，这是委托诉讼代理人取得代理权的依据。

（二）委托诉讼代理人的范围和人数

在很多国家，对充当委托诉讼代理人资格的限制是十分严格的。与之相比，我国委托诉讼代理人的范围则相当宽泛。按照《民事诉讼法》第58条第2款的规定，律师和非律师均可以被委托为诉讼代理人，但无民事行为能力人、限制民事行为能力人以及其他依法不能作为诉讼代理人的，当事人不得委托其作为诉讼代理人。

委托代理人具体包括：①律师、基层法律服务工作者。律师，即指取得律师执业资格的专、兼职律师；基层法律服务工作者，是指符合基层法律服务工作者管理办法规定的执业条件，经核准执业登记，领取《法律服务工作者执业证》，在基层法律服务所中执业，为社会提供法律服务的人员。②当事人的近亲属或者工作人员。当事人的近亲属是针对当事人为公民的情况，包括与当事人有夫妻、直系血亲、三代以内旁系血亲、近姻亲关系以及其他有抚养、赡养关系的亲属；工作人员是针对当事人为法人或其他组织的情况，即法人、其他组织中的工作人员可以接受委托为诉讼代理人。根据司法解释，与当事人有合法劳动人事关系的职工，可以当事人工作人员的名义作为诉讼代理人。③当事人所在社区、单位以及有关社会团体推荐的公民。当事人所在社区、单位，是当事人生活、工作的地方，由当事人所在社区、单位推荐的诉讼代理人，由于更了解当事人的情况，因此更有利于保护当事人的合法权益。当事人所在社区、单位推荐的人，指当事人所居住社区、工作单位举荐并能胜任代理职责的人；有关社会团体是指案件的内容与其业务内容或职责范围有一定关联的社会团体，如妇联、共青团等。司法实践中，有关社会团体通常会推荐本团体法律事务部的工作人员或其他相关人员作为涉诉成员的诉讼代理人参加诉讼，单位在征得当事人同意的前提下，向人民法院推荐能够胜任诉讼的人作为诉讼代理人参加诉讼。根据《民诉法解释》第87条的规定，推荐公民担任诉讼代理人的，应当符合下列条件：①社会团体属于依法登记设立或者依法免予登记设立的非营利性法人组织；②被代理人属于该社会团体的成员，或者当事人一方住所地位于该社会团体的活动地域；③代理事务属于该社会团体章程载明的业务范围；④被推荐的公民是该社会团体的负责人或者与该社会团体有合法劳动人事关系的工作人员。专利代理人经中华全国专利代理人协会推荐，可以在专利纠纷案件中担任诉讼代理人。

当事人、法定代理人有权委托诉讼代理人，代理人的人数为1~2人。如委托2人代理诉讼，授权委托书应分别记明代理事项和权限。诉讼代理人除根据《民事诉讼法》第59条的规定提交授权委托书外，还应当按照下列规定分别向人民法院提交相关材料：律师应当提交律师执业证、律师事务所证明材料；基层法律服务工作者应当提交法律服务工作者执业证、基层法律服务所出具的介绍信以及当事人一方位于本辖区内的证明材料；当事人的近亲属应当提交身份证件和与委托人有近亲属关系的证明材料；当事人的工作人员应当提交身份证件和与当事人有合法劳动人事关系的证明材料；当事人所在社区、单位推荐的公民应当提交身份证件、推荐材料和当事人属于该社区、单位的证明材料；有关社会团体推荐的公民应当提交身份证件和符合规定条件的证明材料。

（三）委托诉讼代理人的权限和诉讼地位

与法定代理人不同，委托诉讼代理人的权限源自委托人的授予，因此其权限范围由委托人决定，不能超出委托人的授权范围。委托诉讼代理人的授权分为一般授权和特别授权两种。所谓一般授权，是指委托人只授予代理人代为进行一般诉讼活动的权限，如起诉、应诉、答辩、提供证据、申请回避等；所谓特别授权，是指委托人专门授予代理人处分涉及自己实体权益事项的权限，如承认、放弃、变更诉讼请求，进行和解，提起反诉或者上诉。《民诉法解释》第 89 条规定："当事人向人民法院提交的授权委托书，应当在开庭审理前送交人民法院。授权委托书仅写'全权代理'而无具体授权的，诉讼代理人无权代为承认、放弃、变更诉讼请求，进行和解，提出反诉或者提起上诉。适用简易程序审理的案件，双方当事人同时到庭并径行开庭审理的，可以当场口头委托诉讼代理人，由人民法院记入笔录。"这是为了防止委托人因一时疏忽或对相关法律知识了解不够而造成其诉讼代理人的权限不明，引起争议，进而给自己乃至对方当事人的合法权益造成损害。[1] 虽然委托诉讼代理人只能在被代理人的授权范围内进行代理活动，但并不是无所作为、消极地传达被代理人的意见，委托诉讼代理人是具有独立诉讼地位的诉讼参加人。根据我国《民事诉讼法》第 61 条的规定，代理诉讼的律师和其他诉讼代理人有权调查收集证据，可以查阅本案有关材料。查阅本案有关材料的范围和办法由最高人民法院规定。

一般情况下，被代理人在委托代理人之后，可以与代理人一起出庭诉讼，如果被代理人因故不能出庭，除必须到庭的情况外，由委托诉讼代理人单独出庭也是允许的，但对离婚案件的代理，法律有特殊的规定。《民事诉讼法》第 62 条规定："离婚案件有诉讼代理人的，本人除不能表达意思的以外，仍应出庭；确因特殊情况无法出庭的，必须向人民法院提交书面意见。"

【例题】原告田某（女）与被告谢某（男）均系哑人。1990 年 10 月经人介绍相识，1991 年 10 月 1 日结婚。婚后生一女。因夫妻双方性格不合，经常发生争执。1994 年，田某向当地人民法院提起诉讼，要求与谢某离婚，并要求抚养女儿。人民法院受理案件后，认为原、被告均系哑人，于是分别通知原告之母席某与被告之父谢某某作为原被告法定代理人参加诉讼。经审理，在双方当事人未到庭的情况下达成调解协议："同意原告与被告离婚；婚生女儿由原告田某抚养，被告谢某每月给付抚养费 50 元。"

【解析】该案在程序上存在两个问题：①本案中，原告之母与被告之父不应为原被告的法定代理人，而应作为委托诉讼代理人参加诉讼。根据《民事诉讼法》的规定，只有无诉讼行为能力的当事人才由其监护人作为法定代理人参加诉讼。本案中，原告和被告虽为哑人，但不是未成年人或精神病人，不属于无诉讼行为能力人，所以不符合为他们设定法定代理人的情况。为了诉讼上的方便，可以委托熟悉他们各自情况的父母作为委托诉讼代理人参加诉讼。②本案中，原、被告虽为哑人，但能够表达自己的意思，法院应当传唤他们与诉讼代理人一起出庭。另外，对于离婚案件，委托代理人是无权代理达成协议的，所以，人民法院在双方当事人未到庭情

---

〔1〕 与我国不同，法国在其民事诉讼法中规定，只要是持有诉讼代理委托书的人，即视为得到专门的授权，可以提出或接受撤诉与认诺，可以提出接受或给予许诺，也可以表示承认或同意。可见，在这里是没有一般授权与特别授权之分的，只要是诉讼代理人获得授权，那就是真正的全权代理。参见《法国新民事诉讼法典》，罗结珍译，中国法制出版社 1999 年版，第 83 页。

况下达成的调解协议无效。《民事诉讼法》第 62 条中所指本人可以不出庭的"特殊情况"，一般是指当事人本人因病或因伤卧床无法行动等情形。

（四）委托诉讼代理权的取得、变更和消灭

委托诉讼代理权是基于当事人、法定代理人的授权委托而产生的，这也是委托代理人获得代理权的唯一途径。这种授权委托应以书面方式进行。《民事诉讼法》第 59 条规定："委托他人代为诉讼，必须向人民法院提交由委托人签名或者盖章的授权委托书。授权委托书必须记明委托事项和权限。诉讼代理人代为承认、放弃、变更诉讼请求，进行和解，提起反诉或者上诉，必须有委托人的特别授权。侨居在国外的中华人民共和国公民从国外寄交或者托交的授权委托书，必须经中华人民共和国驻该国的使领馆证明；没有使领馆的，由与中华人民共和国有外交关系的第三国驻该国的使领馆证明，再转由中华人民共和国驻该第三国使领馆证明，或者由当地的爱国华侨团体证明。"需要注意的是，当事人如果同时委托 2 名代理人参加诉讼，应表明他们各自的权限和代理事项，特别是要避免同时给予 2 个代理人特别授权，法院在发现这一情况时，应及时要求当事人作出调整，以方便诉讼的顺利进行。

在授予诉讼代理人代理权后，被代理人仍可根据情况对其代理人的权限范围进行变更甚至解除代理权，但是，由于变更或解除代理权限可能会对对方当事人的合法权益以及整个诉讼的进程造成影响，因此，诉讼代理人的权限如果变更或者解除，当事人应当书面告知人民法院，并由人民法院通知对方当事人，否则，代理权的变更和解除对人民法院和对方当事人不发生效力。另外，诉讼代理权的变更或解除应在合议庭评议前进行。

导致委托代理权消灭的原因主要有：①诉讼结束，代理人的代理职责履行完毕；②代理人在诉讼进程中死亡或者丧失诉讼行为能力；③被代理的公民死亡或法人、组织解散；④代理人辞去代理职务或被代理人解除委托。

（五）有关转委托

转委托是指代理人为了被代理人的利益，在必要时将代理事项的一部或全部再委托第三人代为实施的行为，又称"复代理"。从理论上讲，诉讼代理关系的建立是基于委托人对代理人的信任，委托诉讼代理人无权再将这种委托转给他人。但是，民事诉讼法中并没有禁止转委托的条款，而且在某些情况下，委托代理人因一些原因无法有效履行自己的职责，如果此时不允许其将代理权转让，可能更不利于保障委托人的权利和诉讼的正常进行，因此我们认为，原则上允许转委托，但对这种行为必须严格控制，转委托的适用必须符合一定的条件。具体而言：

1. 必须是为了被代理人的利益。委托诉讼代理人将对自己的授权转让给第三人，主观上应当是出于对被代理人利益的考虑。

2. 转委托应事先取得被代理人的同意或者事后由被代理人追认。委托诉讼代理是人身性很强的一种行为，因此，诉讼代理人在转委托时，必须要有委托人关于转委托的授权，如果确因情况紧急，无法事先得到授权，事后也一定要取得委托人的同意才有效。

3. 复代理人的代理权不能超过原代理人的代理权。由于委托诉讼代理权的权限范围由委托人决定，因此，原代理人所转让的委托权限不能超过委托人授予自己的权限范围。另外，复代理人（即受转委托人）仍是委托人的诉讼代理人，而非原代理人的代理人。

【本章小结】

1. 本章介绍了当事人的概念、认定、主体资格以及公益诉讼原告资格和诉讼代理人制度等相关法律规定、基本理论和基本知识。

2. 当事人是指因民事权利义务关系发生争议，以自己的名义实施诉讼行为并受人民法院裁判约束的人。当事人有狭义与广义之分。狭义的民事诉讼当事人仅指原告和被告。但从广义上讲，当事人除了原告与被告之外，还包括共同诉讼人、诉讼代表人以及第三人。当事人享有法律规定的诉讼权利和诉讼义务。

3. 正当当事人，又称当事人适格，是指有资格以自己的名义成为原告或被告进行起诉或应诉并受本案裁判拘束的当事人。通常情况下，正当当事人是实体法上的权利人和义务人。但是在某些特殊的情况下，实体权利人或义务人所享有的权利或承担的义务并不由自己行使或处分，而是赋予第三人以诉讼实施权，使第三人以自己的名义在诉讼中成为正当当事人，进行有关他人利益的诉讼，而诉讼的最终结果归于实体权利人或义务人，此情形即为诉讼担当。诉讼担当与诉讼承担是两个概念。

4. 作为当事人必须具有当事人能力。当事人能力是指能够成为当事人，享有诉讼权利，承担诉讼义务以及诉讼法上效果所必需的诉讼法上的资格。当事人只有同时具有诉讼行为能力，才能亲自进行民事诉讼活动。当事人的诉讼行为能力又称诉讼能力，是指诉讼当事人能够以自己的行为有效地进行诉讼的能力。

5. 民事公益诉讼，是指法律规定的特定主体对于损害社会公共利益的行为向法院提起诉讼，由法院依法审理并裁判的诉讼活动。民事公益诉讼原告资格，是指享有民事公益诉权，能够提起民事公益诉讼的主体的法定资格或能力。根据《民事诉讼法》和《民诉法解释》的规定，环境保护法、消费者权益保护法等法律规定的机关和有关组织对污染环境、侵害众多消费者合法权益等损害社会公共利益的行为，可以提起公益诉讼。

6. 民事诉讼代理人是指以一方当事人的名义，在法律规定或者当事人授予的权限范围内代替或者协助当事人进行民事诉讼活动的人。代理人实施诉讼行为的权限，即为诉讼代理权。基于诉讼代理权发生的根据不同，诉讼代理人分为法定诉讼代理人和委托诉讼代理人。

【思考题】

1. 什么是当事人？什么是正当当事人？
2. 什么是当事人能力？什么是当事人的行为能力？

第八章

3. 简述诉讼担当与诉讼权利义务承担的区别。

4. 什么是民事公益诉讼？如何确定民事公益诉讼原告的主体资格？

5. 什么是诉讼代理人？法定诉讼代理人和委托诉讼代理人有何区别？

【参考文献】

1. ［德］奥特马·尧厄尼希：《民事诉讼法（第 27 版）》，周翠译，法律出版社 2003 年版。

2. 肖建华：《民事诉讼当事人研究》，中国政法大学出版社 2002 年版。

3. 常怡主编：《比较民事诉讼法》，中国政法大学出版社 2002 年版。

4. 王娣等：《民事诉讼法》，高等教育出版社 2013 年版。

5. 王胜明主编：《中华人民共和国民事诉讼法释义》，法律出版社 2012 年版。

6. 沈德咏主编：《最高人民法院民事诉讼法司法解释理解与适用（上）》，人民法院出版社 2015 年版。

第八章

第九章

多数当事人

学习目的和要求 掌握共同诉讼人、诉讼代表人、诉讼第三人的相关概念和特征；了解共同诉讼人的性质和类型；理解诉讼第三人产生的根据和参加诉讼的重要性；正确区分诉讼代表人和诉讼代理人、必要共同诉讼人和普通共同诉讼人，以及有独立请求权的第三人、无独立请求权的第三人和第三人撤销之诉；在准确理解有关法律规定和司法解释的基础上，掌握对多数当事人的正确判断和具体运用。

■第一节 共同诉讼人

一、共同诉讼人与共同诉讼制度

（一）共同诉讼人的概念与共同诉讼制度的产生

共同诉讼是与一个原告和一个被告进行的单独诉讼相对应的复数诉讼形式。按照《民事诉讼法》第52条的规定，当事人一方或者双方为2人以上，其诉讼标的是共同的，或者诉讼标的是同一种类、人民法院认为可以合并审理并经当事人同意的，为共同诉讼。在共同诉讼中，一方或双方为2人以上，共同在人民法院进行诉讼的当事人称为共同诉讼人。原告一方为2人以上的，称为共同原告；被告一方为2人以上的，称为共同被告。

早期的罗马法从重视个人在私法上的利益出发，只承认一对一的单独诉讼，不承认共同诉讼。但为了诉讼经济，裁判者把有关联的两个诉讼合并审理，出现了普通共同诉讼这种诉的合并的最初表现形式。后来，审判者逐渐要求某些诉讼必须由全体利害关系人共同提起或必须针对全体利害关系人提起，这才出现了固有的必要共同诉讼形态。与罗马法不同，早期的日耳曼法从团体本位出发，首先肯定了固有的必要共同诉讼的结构。日耳曼法中，团体的观念特别发达，对于团体"总有"、"合有"的权利，必须由该权利的总有人或合有人一同提起，诉讼才能进行，否则当事人就不适格。这种制度给司法实践造成了很多不便，为克服这种状况，日耳曼法就在制度上不断缓和，将这种必须一同起诉的诉讼，变为也允许部分人共同提起，直至最后允许单个人分别起诉。虽然共同诉讼制度在罗马法与日耳曼法中经历了两种不同的发展轨迹，但最终殊途同归，走向了一致。可以说，现代各国共同诉讼制度是大陆法系国家和英美法系国家依照不同的进路逐步生成、分别演进，相互影响渗透的结果。

在民事诉讼法中确立共同诉讼制度有着重要意义。首先，它让应当共同参与诉讼的当事人都参与到诉讼中来，便于实现对共同当事人权益的平等保护；其次，该制度使法院可以对多个当事人之间的纠纷一并审理，节省了人力物力，符合诉讼经济的原则；最后，该制度可以防止法院对同一问题作出前后矛盾的裁判。

（二）共同诉讼的性质和特点

诉的合并分为诉的主体合并和诉的客体合并两种形式。共同诉讼是将一方或双方为 2 人以上的诉讼主体纳入同一个诉讼程序，属于诉的主体合并，即当事人的合并。共同诉讼不同于诉的客体合并，但实践中有时也会出现诉的主体合并与诉的客体合并相竞合的情况。诉的客体合并，是指人民法院对同一原告向同一被告提出的两个以上的诉讼请求，合并于同一诉讼程序中审理。在审判实践中，诉的客体合并是经常遇到的。如离婚案件中，请求离婚的一方当事人除提出离婚请求外，往往还提出分割共同财产、子女抚养等诉讼请求。而诉的主体合并与诉的客体合并相竞合的情况是指，在当事人一方或双方为多数的情况下，多数的一方当事人同时又提出了两个以上的诉讼请求，法院将他们合并于同一诉讼程序中进行审理的情况。

与单一的原告、被告之间的诉讼相比，共同诉讼具有以下特征：①诉讼主体一方或双方为 2 人以上。诉讼主体人数上的差异是共同诉讼与单一诉讼最明显的区别。②诉讼标的是共同的或者是同一种类的。就形式而言，共同诉讼是诉讼主体上的增多，但形成共同诉讼还必须具备一定的条件，即诉讼标的是共同的，或者诉讼标的是同种类的。没有这样的条件，不能把无关的诉讼主体合并在一起，作为共同诉讼人，形成共同诉讼。

（三）共同诉讼的种类

按照我国《民事诉讼法》第 52 条的规定，以诉讼标的的性质不同为标准，共同诉讼可以划分为必要的共同诉讼和普通的共同诉讼。必要的共同诉讼是指，当事人一方或者双方为 2 人以上，诉讼标的是共同的，必须共同进行的诉讼。普通的共同诉讼是指，当事人一方或者双方为 2 人以上，诉讼标的是同一种类的，人民法院认为可以合并审理，并经当事人同意而合并审理的诉讼。

共同诉讼的种类不同，决定了共同诉讼人的区别。与共同诉讼相对应，共同诉讼人也可以分为必要共同诉讼人和普通共同诉讼人。[1]

---

[1] 德国、日本等大陆法系国家对共同诉讼的分类与我国相同，只是表述上略有差异，但他们在区分必要共同诉讼与普通共同诉讼的基础上，又将必要共同诉讼分为固有的必要共同诉讼和类似的必要共同诉讼，后者是指共同诉讼人之间因有连带债权或连带债务而具有共同的权利和义务的情况。

二、必要共同诉讼人

(一) 必要共同诉讼人的概念和特点

必要共同诉讼人是指当事人一方或者双方为2人以上，诉讼标的是共同的，必须共同进行诉讼的人。必要共同诉讼人具有以下特征：

1. 诉讼标的是共同的。所谓诉讼标的是共同的，是指共同诉讼人对争议的实体法律关系有共同的权利义务。诉讼标的是共同的，可以分为两种情况：①诉讼标的的权利义务关系是共同的。如财产案件中的财产共有人、债务案件中的连带债务人、继承案件中的共同继承人等，他们在案件中所享受的权利或承担的义务都是共同的。②诉讼标的基于同一事实或同一法律原因而产生。共同诉讼人之间之所以能够发生共同的权利义务关系，往往是基于同一事实或法律上的原因。例如，甲、乙、丙三个化工厂废液外流，同时污染了专业户王林的养鱼塘，致使全塘鱼死亡。王林对甲、乙、丙三个化工厂提起诉讼，要求该三个化工厂赔偿经济损失。在这一案件中，甲、乙、丙三个化工厂赔偿王林损失的诉讼标的是同一的，是出于同一法律事实，人民法院裁判赔偿损失的法律依据也是同一的。因此，应当作为必要的共同诉讼进行审理。

2. 共同诉讼人必须共同参加诉讼且人民法院必须合并审理。由于必要的共同诉讼中的诉讼标的是共同的，因此，若必要共同诉讼人不能一同参加诉讼，就会影响案件事实的查明，致使当事人的合法权益得不到保护，人民法院也很难作出正确的裁判。法院合并审理，并要求当事人必须一同参加诉讼，是为了避免因分别审理和判决而导致裁判的相互矛盾。

【例题】常年居住在Y省A县的王某早年丧妻，独自一人将两个儿子和一个女儿养大成人。大儿子王甲居住在Y省B县，二儿子王乙居住在Y省C县，女儿王丙居住在W省D县。2000年以来，王某的日常生活费用主要来自大儿子王甲每月给的800元生活费。2003年12月，由于物价上涨，王某要求二儿子王乙每月也给一些生活费，但王乙以自己没有固定的工作、收入不稳定为由拒绝。于是，王某将王乙告到法院，要求王乙每月支付给自己赡养费500元。如何确定本案的当事人？

【解析】本案属于追索赡养费的案件，原告是被赡养人即王某，被告是有赡养义务的王某的子女。在本案中，虽然王某仅对其中的二儿子提起诉讼，但根据法律关系，王某的两个儿子与一个女儿对王某有共同的赡养义务，王乙、王丙和王甲是必要的共同诉讼人，因此，法院应当追加大儿子王甲和女儿王丙作为共同被告参加诉讼。

(二) 必要共同诉讼人参加诉讼的情形

根据最高人民法院《民诉法解释》的规定，以下情形应列为共同诉讼人参加诉讼：

1. 以挂靠形式从事民事活动，当事人请求由挂靠人和被挂靠人依法承担民事责任的，该挂靠人和被挂靠人为共同诉讼人（第54条）。

2. 在诉讼中，个体工商户营业执照上登记的经营者与实际经营者不一致的，以登记的经营者和实际经营者为共同诉讼人（第59条第2款）。

3. 在诉讼中，未依法登记领取营业执照的个人合伙的全体合伙人为共同诉讼人。个人合伙有依法核准登记的字号的，应在法律文书中注明登记的字号。全体合伙人可以推选代表人；被推选的代表人，应由全体合伙人出具推选书（第60条）。

4. 企业法人分立的，因分立前的民事活动发生的纠纷，以分立后的企业为共同诉讼人（第63条）。

5. 借用业务介绍信、合同专用章、盖章的空白合同书或者银行账户的，出借单位和借用人为共同诉讼人（第65条）。

6. 因保证合同纠纷提起的诉讼，债权人向保证人和被保证人一并主张权利的，人民法院应当将保证人和被保证人列为共同被告。保证合同约定为一般保证，债权人仅起诉保证人的，人民法院应当通知被保证人作为共同被告参加诉讼；债权人仅起诉被保证人的，可以只列被保证人为被告（第66条）。

7. 无民事行为能力人、限制民事行为能力人造成他人损害的，无民事行为能力人、限制民事行为能力人和其监护人为共同被告（第67条）。

8. 在继承遗产的诉讼中，部分继承人起诉的，人民法院应通知其他继承人作为共同原告参加诉讼；被通知的继承人不愿意参加诉讼又未明确表示放弃实体权利的，人民法院仍应将其列为共同原告（第70条）。

9. 原告起诉被代理人和代理人，要求承担连带责任的，被代理人和代理人为共同被告（第71条）。

10. 共有财产权受到他人侵害，部分共有权人起诉的，其他共有权人为共同诉讼人（第72条）。

（三）必要共同诉讼人的追加

由于法律要求必要共同诉讼人必须共同参加诉讼，因此涉及当事人的追加问题。按照《民事诉讼法》第132条和最高人民法院《民诉法解释》第73、74条的相关规定，"必须共同进行诉讼的当事人没有参加诉讼的，人民法院应当通知其参加诉讼"；"必须共同进行诉讼的当事人没有参加诉讼的，人民法院应当依照民事诉讼法第132条的规定，通知其参加；当事人也可以向人民法院申请追加。人民法院对当事人提出的申请，应当进行审查，申请理由不成立的，裁定驳回；申请理由成立的，书面通知被追加的当事人参加诉讼"；"人民法院追加共同诉讼的当事人时，应当通知其他当事人。应当追加的原告，已明确表示放弃实体权利的，可不予追加；既不愿意参加诉讼，又不放弃实体权利的，仍应追加为共同原告，其不参加诉讼，不影响人民法院对案件的审理和依法作出判决"。需要注意的是，《民诉法解释》第74条对"既不愿意参加诉讼，又不放弃实体权利的"原告的规定仅适用于一审，二审中如果出现这种情况则应裁定撤销原判决发回重审。

【例题】甲对乙提起财产损害赔偿之诉，一审法院判决甲胜诉。乙不服，提出上诉。二审法院发现丙是必须参加诉讼的共同诉讼人，便追加其参加诉讼。但丙既不参加诉讼，也不表示放弃权利。在此情况下，二审法院应如何处理？

【解析】本案中，丙是必要的共同诉讼人，二审法院应通知丙参加诉讼。在丙既不愿意参加诉讼又不表示放弃权利的情况下，鉴于对丙的上诉权的保护，法院不应将其直接列为二审当事人，也不可直接根据上诉人的请求作出判决，可以根据当事人自愿的原则予以调解，调解不成的，裁定撤销原判决发回重审。在思考该案例时，除了要注意《民诉法解释》第74条外，还应注意对《民诉法解释》第327条的理解。[1]

另外，在再审程序中也涉及必要共同诉讼人的追加，根据最高人民法院《民诉法解释》第424条和第422条第2款的规定，因案外人申请人民法院裁定再审的，人民法院经审理认为案外人属于必要的共同诉讼当事人的，按第一审程序再审的，应追加其为当事人，作出新的判决、裁定；按第二审程序再审，经调解不能达成协议的，应当撤销原判决、裁定，发回重审，重审时应追加案外人为当事人。[2]

（四）必要共同诉讼人之间的关系

必要共同诉讼人之间存在着两方面关系：

1. 外部法律关系。外部法律关系是必要共同诉讼人与对方当事人之间的关系。必要共同诉讼人因共同权利与义务关系而与对方当事人处于对立状态，他们之间争议的民事权利义务关系决定了必要共同诉讼人之间存在的外部法律关系。

2. 内部法律关系。内部法律关系是必要共同诉讼人之间的关系。对于共同诉讼人相互之间的关系，我国法律采取协商一致的原则。《民事诉讼法》第52条第2款规定："共同诉讼的一方当事人对诉讼标的有共同权利义务的，其中一人的诉讼行为经其他共同诉讼人承认，对其他共同诉讼人发生效力；……"也就是说，只有在协商一致的情况下，个人的行为才对全体发生效力，否则该行为仅对行为实施者发生效力。例如，共同原告中的一人放弃诉讼请求，如果经共同原告全体承认，则对全体有效，否则仅对作出放弃诉讼请求行为的个人发生效力，其他人的诉讼请求权不受影响。这里所说的承认，可以是口头的，也可以是书面的，但口头承认必须记入笔录，并经全体共同诉讼人签名或盖章。

三、普通共同诉讼人

（一）普通共同诉讼人的概念及构成要件

普通共同诉讼人是相对于必要共同诉讼人而言的，又称为一般共同诉讼人。普

---

[1]《民诉法解释》第327条规定："必须参加诉讼的当事人或者有独立请求权的第三人，在第一审程序中未参加诉讼，第二审人民法院可以根据当事人自愿的原则予以调解；调解不成的，发回重审。"

[2] 学术界有学者主张法院在必要共同诉讼中追加当事人的行为违背了民事诉讼的处分原则。但大部分学者仍认为，由于必要共同诉讼中共同诉讼人间存在着共同的权利义务，共同诉讼中一人的行为势必影响其他人，因此，为了维护所有当事人的合法权益，保障判决的稳定性，法院对没有参加诉讼的当事人予以追加是十分必要的。

通共同诉讼人是指当事人一方或双方为 2 人以上，其诉讼标的是同一种类的，人民法院认为可以合并审理，并经当事人同意，一同在人民法院起诉或应诉的人。由于在普通共同诉讼人之间不存在共同的权利义务关系，只是同种类的诉讼标的，因此，其在诉讼中可以共同起诉或应诉，也可以单独起诉或应诉。人民法院对同一种类的若干诉讼，是否采取合并审理的程序，要通过权衡利弊并征得当事人同意后加以确定。

普通共同诉讼人的成立要件除了诉讼主体为复数外，还包括以下几点：

1. 诉讼标的的同类性。所谓诉讼标的的同类性，是指诉讼标的具有共同的法律性质，即共同诉讼人与对方当事人争议的法律关系性质相同，属同一种类。

2. 法院认为可以合并审理。由于普通共同诉讼本质上是将若干个原本独立的诉讼合并而成的一种形态，这些诉讼可以独立存在，合并不是必需的，只是人民法院出于一定目的的考虑而将他们合并到一起审理。只有在人民法院认为可以合并审理，并决定予以合并审理后，才能形成普通的共同诉讼人的共同诉讼。

3. 当事人同意合并审理。诉讼是否合并审理还必须经过当事人的同意。当事人如果反对，法院就不能将案件合并审理。因为案件合并审理后，可能会对当事人的诉讼活动产生一定的影响，为了维护当事人的诉讼权利，法院在试图将案件合并审理时，必须征求当事人的意见。

4. 属于同一诉讼程序并归同一人民法院管辖。诉讼的合并审理，要求各诉讼都在人民法院的受理范围之内，且归同一个人民法院管辖，适用同一诉讼程序。如果其中一个案件需按照二审程序进行，另一个应按照一审程序进行，则两个案件不能合并审理。

5. 符合合并审理的目的。之所以将普通共同诉讼的案件合并审理，是因为可以有效地节省诉讼时间和费用，有利于诉讼的进行，如果达不到这一目的，就应当分别审理。

在符合上述条件的情况下，人民法院才能对普通共同诉讼案件予以合并审理，也才能形成诉讼中的普通共同诉讼人。但即使合并审理，也要分别查明各当事人发生纠纷的事实，在判决书或调解书中分别确定当事人的权利义务。

（二）普通共同诉讼人之间的关系

由于普通共同诉讼人之间不具有共同的权利义务关系，因此，与必要共同诉讼人相比，普通共同诉讼人各自具有更强的独立性。按照《民事诉讼法》第 52 条第 2 款的规定："……对诉讼标的的没有共同权利义务的，其中一人的诉讼行为对其他共同诉讼人不发生效力。"因此，每个共同诉讼人的诉讼行为只对自己发生法律效力，对其他共同诉讼人没有约束力。如共同原告之一提出撤诉，或者共同被告之一承认诉讼请求或提出反诉等，都只是行使本人的诉讼权利，其法律后果不涉及其他共同诉讼人。如果有共同诉讼人遇到诉讼中止或者诉讼终结的情况，也只对其本人的诉讼活动发生中止或终结的后果，不影响其他共同诉讼人诉讼活动的正常进行。

第九章

（三）普通共同诉讼人与必要共同诉讼人的区别

普通共同诉讼人与必要共同诉讼人都属于共同诉讼人，二者都具有共同诉讼人的基本特征，存在着许多相似之处，但二者的区别也是十分明显的。主要体现在：

1. 诉讼标的的性质。必要共同诉讼人之间的诉讼标的是共同的；普通共同诉讼人之间的诉讼标的是同一种类的。

2. 诉是否具有可分性。必要共同诉讼人之间存在的是不可分之诉，必须合并在一起审理；普通共同诉讼人之间存在的诉具有可分性，由数个同一种类的诉讼标的组成，这些诉讼标的均具有独立性。

3. 是否需要经过当事人同意。必要共同诉讼无需经共同诉讼人同意即可合并审理，且适用追加当事人的规定；普通共同诉讼则必须经共同诉讼人同意才能合并审理。

4. 共同诉讼人之间的内部关系。必要共同诉讼人中一人的诉讼行为经其他共同诉讼人承认后，对全体共同诉讼人发生效力，否则仅对行为的实施者产生效力；普通共同诉讼人中一人的诉讼行为只对自己发生效力，不影响其他的共同诉讼人。

■第二节　诉讼代表人

一、代表人诉讼制度概述

（一）代表人诉讼制度的概念和特征

诉讼代表人是代表人诉讼制度中的当事人形态。所谓代表人诉讼制度，是指在民事诉讼中，一方或双方当事人人数众多，法律允许人数众多的一方当事人推选出代表人参与诉讼，代表人所为之行为对本方当事人发生法律效力的诉讼制度。代表人诉讼制度是我国为解决日益频发的群体性诉讼而设立的一种当事人制度。

随着现代市场经济的发展，民事纠纷的范围已经出现了由点向面变化的新趋向，诉讼的当事人往往不再是个人，而是具有共同利益的群体。这些群体性的纠纷主要出现在环境污染、产品消费、标准合同等领域。然而这些在诉讼中享有共同利益的群体却非法律上固定的团体，致使司法空间无法容纳如此数量的诉讼个体。为了实现诉讼经济，顺利解决纠纷，多数国家都建立了群体性纠纷解决制度。这些制度，从类型上看主要可以分为以下三种：①美国的集团诉讼制度。[1] ②德国的团体诉讼制度。[2]

---

[1]《美国联邦民事诉讼规则》第23条第1款规定了集团诉讼的先决条件。在下列情况下，集团中的一个人或数人可以作为集团全体成员的代表，代表当事人起诉或应诉：①集团人数众多以致全体成员的合并在实际上是不可能的；②该集团有共同的事实或法律问题；③代表当事人的请求或抗辩是在集团中有代表性的请求和抗辩；④代表当事人能公正和充分地维护集团成员的利益。

[2] 德国的团体诉讼制度即当社会组织的成员或者受其保护的人民事权益受到侵害时，该社会团体依法以自己的名义进行民事诉讼，法院的判决直接针对该团体作出，但该判决扩张到该团体的成员和受其保护的人，即个体可以援引该判决保护自己的权益。

③日本的选定当事人制度。[1]

我国代表人诉讼制度是一种独特的群体性诉讼制度，与集团诉讼制度相比，在当事人的登记方式和判决效力的扩张上具有明显区别；与选定代表人制度相比，无论是制度的性质，还是代表人选定的程序均有差异。因此，它是在借鉴国外立法经验的基础上，根据我国实际情况所确立的具有中国特色的群体诉讼制度。该制度具有以下特征：

1. 当事人一方或双方人数众多。只有在多数人之诉中才会出现诉讼代表人，人数众多是诉讼代表人产生的前提。根据《民诉法解释》第 75 条的规定，当事人人数众多一般是指 10 人以上，若人数少于 10 人则不适用代表人诉讼制度。

2. 由诉讼代表人参与诉讼。人数众多的一方当事人同时参加诉讼会极大地增加法院在时间上和空间上的负担，因此只能由选出的当事人作为代表参加诉讼，其他人尽管作为本案的当事人，却不能直接参与诉讼活动。

3. 多数当事人的诉讼标的是共同的或同一种类的。多数当事人选定共同的代表人代表自己参加诉讼的原因，在于他们对于涉案的诉讼标的有某种相同的利益。即多数当事人之间有共同的诉讼标的，或者多数当事人之间的诉讼标的属于同一种类。

（二）确立代表人诉讼制度的意义

自 1991 年《民事诉讼法》增加了代表人诉讼的相关规定以来，我国在处理群体性纠纷方面有了很大改善，既为人数众多的共同诉讼人进行诉讼提供了可能，又简化了诉讼程序，具有十分重要的作用和意义。

1. 适应市场经济需要，维护社会安定。随着社会主义市场经济的发展，社会经济关系日趋复杂，群体性纠纷日益增多，环境污染引起的损害赔偿、产品责任引起的消费者权益诉讼等涉及面广泛的群体性纠纷一旦涉诉，其复杂的程序问题是共同诉讼制度所无法解决的。通过代表人诉讼制度，可以起到稳定社会经济秩序、维护社会安定的作用。

2. 完善民事诉讼主体制度，扩大司法解决纠纷的功能。在实施代表人诉讼制度之前，一方当事人人数众多的纠纷，法院只能按照共同诉讼将其合并到一个诉讼中进行。但纠纷的大型化与群体化，使得我国现有的诉讼空间已经难以容纳群体化纠纷中数量庞大的诉讼主体，同时也给人民法院和当事人进行诉讼带来诸多不便。代表人诉讼制度可以将共同利害关系人结合起来，由其推选或与法院商定代表人来参加诉讼，不仅维护了群体利益，有效地解决了司法空间不足等问题，同时完善和发

---

[1]《日本民事诉讼法》第 30 条规定了选定当事人制度：具有共同利益的多数人，可以选定一人或数人为全体成为原告或被告；在诉讼系属之后选定了应成为的原告或被告，则其他当事人当然退出诉讼；与诉讼系属中的原告或被告有共同利益，但不是当事人的人，可以把诉讼的原告或被告选定为自己的原告或被告；根据本条第 1 款或前款的规定，选定原告或被告的人可以撤销或更换被选定的人；选定当事人中有因死亡或其他原因丧失其资格的人，可由其他选定当事人为全体选定人为诉讼行为。

展了诉讼主体制度。

3. 有利于贯彻"两便"原则，提高诉讼效益。我国民事诉讼法的一个重要立法原则是既要便利群众诉讼，又要便利人民法院办案。法律规定对于当事人一方或双方人数众多的群体性纠纷适用代表人诉讼制度，不仅简化了诉讼程序，节省了人力、物力，还可以借助这一程序一并解决众多当事人的司法保护问题，提高办案效率，同时也能有效避免矛盾判决的出现。

二、诉讼代表人

（一）诉讼代表人的概念与条件

诉讼代表人，是指在代表人诉讼中，由多数当事人共同推选或者在特殊情况下由人民法院指定，代表本方当事人实施诉讼行为的民事主体。我国民事诉讼法中没有关于诉讼代表人资格的条款，但依照诉讼理论，诉讼代表人应当具备以下条件：①必须是多数当事人中的一员，与涉案诉讼标的有直接利害关系；②具有诉讼行为能力，并且还应进一步具备与进行该诉讼相适应的能力；③须经其他当事人的推选或者人民法院的指定；④诚实、善意且竭力维护被代表人的合法权益。

（二）诉讼代表人与诉讼代理人和共同诉讼人之间的关系

尽管代表人诉讼制度建立在共同诉讼与代理人诉讼制度的基础上，但诉讼代表人并不等同于诉讼代理人和共同诉讼人。

1. 诉讼代表人与诉讼代理人。在代表人诉讼中，代表人代替他人直接实施诉讼行为，这是其和诉讼代理人制度上的相同点，但两者具有本质的不同：

（1）诉讼地位不同。代表人诉讼制度中，代表人与诉讼标的有直接的利害关系，是本案当事人；诉讼代理人并非当事人，其与诉讼标的没有法律上的利害关系。

（2）保护的利益范围不同。代表人诉讼制度中，代表人不仅维护所代表的其他当事人的利益，同时也在维护自己的利益；诉讼代理人只是维护被代理的当事人的利益，不包括自身权益。

（3）法律后果不同。代表人诉讼制度中，法院的判决及于诉讼代表人和其代表的全体当事人；诉讼代理人因为不是本案的当事人，所以不受判决的约束。

2. 诉讼代表人与共同诉讼人。代表人诉讼制度建立在共同诉讼制度基础上，主要目的在于通过一个诉讼解决多数人的纠纷，这是它和共同诉讼的联系，但两者也存在着明显的区别：

（1）产生的基础不同。诉讼代表人是基于一方或双方当事人的人数在10人以上产生的；共同诉讼人则基于一方或双方当事人为2人或2人以上。

（2）保护的利益范围不同。代表人诉讼中，由于并非由全体当事人直接参加诉讼，而是由选定的代表人实施诉讼行为，因此诉讼代表人维护的不仅是自身利益，同时也维护着所代表的全体被代表当事人的利益；在共同诉讼中，全体共同诉讼人都应当参加诉讼活动，直接行使诉讼权利，承担诉讼义务，因此，共同诉讼人维护的仅仅是自身权益。

（3）诉讼行为的效力不同。代表人诉讼中，代表人的诉讼行为除及于代表人自身外，还及于被代表的同一方的其他当事人；共同诉讼中，普通共同诉讼人一人的诉讼行为对他人无约束力，必要共同诉讼人一人的诉讼行为只有经其他当事人的一致同意才对该共同诉讼的一方当事人产生效力。

（4）受裁判约束的效力范围不同。代表人诉讼中，裁判的效力不仅及于诉讼代表人，向法院登记的全体权利人都受裁判的约束，而且在人数不确定的代表人诉讼中，裁判的效力范围还扩张至虽然没有向人民法院登记，但在诉讼时效期间内向人民法院起诉的其他权利人；在共同诉讼中，裁判的效力对全体共同诉讼人有效。

（三）我国诉讼代表人的类型

根据《民事诉讼法》第 53、54 条及《民诉法解释》第 76、77 条的规定，我国的诉讼代表人分为两种类型，即人数确定的代表人之诉中的诉讼代表人和人数不确定的代表人之诉中的诉讼代表人。

1. 人数确定的代表人之诉中的诉讼代表人的概念及选定。

（1）人数确定的代表人之诉中的诉讼代表人，是指起诉时共同诉讼的一方当事人人数众多且确定，由其成员推选出的代为实施诉讼行为的人。

（2）人数确定的代表人诉讼中诉讼代表人的选定，依《民诉法解释》第 76 条的规定，即当事人一方人数众多在起诉时确定的，可以由全体当事人推选共同的代表人，也可以由部分当事人推选自己的代表人；推选不出代表人的当事人，在必要共同诉讼中可以自己参加诉讼，在普通共同诉讼中可以另行起诉。

2. 人数不确定的代表人之诉中的诉讼代表人的概念及选定。

（1）人数不确定的代表人之诉中的诉讼代表人，是指起诉时共同诉讼的一方当事人人数不能确定，由向人民法院登记的权利人推选或由人民法院与其商定确定的，代表其他当事人进行诉讼的人。

（2）人数不确定的代表人诉讼中诉讼代表人的选定，需要经过以下步骤：①推选。由向人民法院登记的当事人共同推选产生。②协商。经过以上程序没有推选出代表人的，可以由人民法院提出人选并与当事人协商产生代表人。③协商不成，则由人民法院在已登记的当事人中指定代表人参加诉讼活动。

（四）诉讼代表人的人数与更换

《民诉法解释》第 78 条规定："民事诉讼法第 53 条和第 54 条规定的代表人为 2~5 人，每位代表人可以委托 1~2 人作为诉讼代理人。"因此，无论是人数确定的代表人诉讼，还是人数不确定的代表人诉讼，代表人的数量以及可以委托的代理人的数量是相同的。法律对该数量作如此限制，原因有二：①避免人数过少不能充分维护被代表人的权益；②防止人数过多而违背诉讼代表人制度设立之初衷。

选定代表人进行诉讼，一方面是为了提高司法效率，但更重要的是保护权利人的合法利益。因此，在代表人出现以下情形，不能履行职责时，人民法院应当作出裁定对其进行更换：①代表人死亡或者丧失诉讼行为能力；②代表人有损害其他权

第九章

利人权益之行为或其他不适宜担任代表人状况的出现。根据上述程序重新选定的代表人，原诉讼代表人实施的诉讼行为对其具有约束力。

（五）诉讼代表人的权限及其法律地位

1. 诉讼代表人的权限。根据《民事诉讼法》第54条第3款的规定，代表人的诉讼行为对其所代表的当事人发生效力，但代表人变更、放弃诉讼请求或者承认对方当事人的诉讼请求，进行和解，必须经被代表的当事人同意。由此可以看出，在代表人诉讼制度中，代表人代表其他权利人进行诉讼行为，享有除处分其他权利人实体权利以外的其他一切诉讼权利。在涉及处分其他权利人实体权利时，必须征得被代表人的同意。如此规定的意义在于防止代表人滥用权利损害被代表人的利益。

2. 诉讼代表人的法律地位。诉讼代表人在诉讼中具有双重法律地位。一方面，作为与争议标的有直接利害关系的民事主体，诉讼代表人是本案的当事人，享有当事人的一切权利；另一方面，作为其他权利人的代表人，代表其他权利人处理除处分实体权利以外的其他一切诉讼事务，诉讼代表人又具有代理人的某些属性。一般情况下，诉讼代表人在诉讼中所进行的诉讼行为对其所代表的当事人发生法律效力。

三、人数不确定的代表人诉讼的特殊程序

由于起诉时人数不确定，所以，与人数确定的代表人诉讼相比，该诉讼还需要履行以下特殊程序：

1. 公告。《民诉法解释》第79条规定："依照民事诉讼法第54条规定受理的案件，人民法院可以发出公告，通知权利人向人民法院登记。公告期间根据案件的具体情况确定，但不得少于30日。"据此，在当事人不确定的代表人诉讼中，为告知未起诉的民事权利人，法院可以发出公告，说明案件情况，通知权利人在一定期间内向人民法院登记。公告时间视案件的具体情形确定，但不得少于30日，公告的方式依案件的影响范围可以选择不同的方式，如在法院的公告栏发布公告、在报刊上登载公告等。

2. 登记。人民法院在对案件进行审理之前首先需要确定当事人的人数，这是登记制度的重要功能。《民诉法解释》第80条规定："根据民事诉讼法第54条规定向人民法院登记的权利人，应当证明其与对方当事人的法律关系和所受到的损害。证明不了的，不予登记，权利人可以另行起诉。……"在当事人不确定的代表人诉讼中，当事人的登记事关代表人的推选，只有经过登记的当事人才享有选定诉讼代表人的权利，诉讼代表人也只能在登记的当事人中产生。登记时，当事人应证明其与对方当事人的法律关系和所受到的损害，否则只能通过另行起诉维护自己的权益，而不能参加到该代表人诉讼中来。

3. 判决效力的扩张。从理论上讲，既判力的主体范围只包括提出请求的当事人及相对方，即法院判决的效力仅限于本案当事人，但在人数不确定的代表人诉讼制度中，法律却规定了例外。《民诉法解释》第80条规定："……人民法院的裁判在登记的范围内执行。未参加登记的权利人提起诉讼，人民法院认定其请求成立的，裁定适用人民法院已作出的判决、裁定。"因此，在人数不确定的代表人诉讼中，判决的效力表现为两个方面：①对于已经登记的全体当事人具有拘束力；②对于没有登记的其他权利人，只要在诉讼时效期间内起诉，且起诉符合法定条件，人民法院认为诉讼请求成立的，适用人民法院先前就同一事项已经作出的裁决，这是判决效力间接扩张的体现。

■第三节　第三人

一、第三人的含义及特征

（一）第三人的含义

民事诉讼中的第三人，是指对他人争议的诉讼标的有独立的请求权，或者虽然没有独立的请求权，但案件的处理结果与其有法律上的利害关系，因而参加到他人已经开始的诉讼中的人。

我国《民事诉讼法》在"诉讼参加人"一章的第一节"当事人"中规定了第三人制度。根据参加诉讼的方式和在诉讼中的地位，第三人可以划分为有独立请求权的第三人和无独立请求权的第三人。第三人可以是法人，也可以是自然人；可以是单一的民事主体，也可以是多数人。

第三人是民事诉讼当事人制度的重要内容，对完善当事人制度具有积极意义：①第三人制度的建立有益于对诉权的保障，特别是对原被告以外的第三人合法权益的保护；②设立第三人参加诉讼制度，可以简化诉讼程序，提高诉讼效率，节约人力、物力、财力、时间；③第三人制度的设立有利于彻底解决彼此有联系的纠纷，更好地保护当事人的利益，维护诉讼的公平正义；④可以防止法院对同一问题作出相互矛盾的判决。

（二）第三人的法律特征

根据法律规定，第三人具有以下特征：

1. 第三人是参加他人已经开始但尚未结束的诉讼中的人。之所以被称为第三人，在于他参加的是原被告双方已经开始的诉讼活动，是相对于本诉讼中的原被告双方而言的第三人。因此，第三人为参加之诉的当事人。

2. 第三人是对他人之间争议的诉讼标的有独立请求权或与案件处理结果有法律上利害关系的人。第三人之所以参加到他人已经开始的诉讼中，就在于其与该案有某种利害关系，表现为对他人争议的诉讼标的有独立请求权，或者与案件处理结果有法律上的利害关系。

3. 第三人参加诉讼的形式，依照第三人的类型不同，可以自己申请参加诉讼，或者由人民法院通知参加诉讼。

4. 第三人参加诉讼的目的是为了维护自身利益。第三人参加诉讼是为了防止自己的利益因他人的诉讼而受到损害，即使属于参加到当事人一方进行诉讼中的人，也是为了维护自身的利益，而不是本诉讼中原被告的利益。

二、有独立请求权的第三人

（一）有独立请求权第三人的概念

有独立请求权的第三人，是指对他人争议的诉讼标的认为有独立的请求权，因而提出独立的诉讼请求，并加入到已经开始的诉讼中的第三方当事人。《民事诉讼法》第56条第1款规定："对当事人双方的诉讼标的，第三人认为有独立请求权的，有权提起诉讼。"该规定确立了有独立请求权第三人参加诉讼的制度。

有独立请求权的第三人参加诉讼必须具备以下几个要件：①本诉讼正在进行。本诉讼正在进行是法定时间要件，即他人之间的诉讼已经开始尚未结束。②对原被告之间争议的诉讼标的主张独立的请求权。所谓独立请求权，是指第三人所享有的独立于本诉讼中原告和被告请求权的请求权，请求权的独立性是有独立请求权第三人参加诉讼的实质要件。独立的请求权既可以针对诉讼标的的全部提起，也可以针对部分提起。③以起诉的方式参加诉讼。即以本诉讼中的原被告为共同被告提起参加之诉讼。有独立请求权第三人提起的第三人参加之诉要受到《民事诉讼法》第119条关于起诉要件的约束，即只有符合起诉要件，法院才能受理。④必须向受理本诉讼的法院提起诉讼。即有独立请求权的第三人参加诉讼必须符合管辖的规定，其参加之诉讼属于受理本诉讼的人民法院管辖。

（二）有独立请求权第三人参加诉讼的程序

1. 参诉方式。根据《民诉法解释》第81条第1款的规定，有独立请求权的第三人有权向人民法院提出诉讼请求和事实、理由，成为当事人。因此，有独立请求权的第三人只能以起诉的方式参加诉讼，并以本诉讼中的原告和被告为共同被告。

2. 对于撤诉情形的处理。在有独立请求权第三人参加的诉讼中，撤诉表现为两种情形：①有独立请求权第三人撤诉。《民诉法解释》第236条规定："有独立请求权的第三人经人民法院传票传唤，无正当理由拒不到庭的，或者未经法庭许可中途退庭的，比照民事诉讼法第143条的规定，按撤诉处理。"该第三人撤诉视为从未提起诉讼，本诉讼继续进行。②本诉讼原告撤诉。《民诉法解释》第237条规定："有独立请求权的第三人参加诉讼后，原告申请撤诉，人民法院在准许原告撤诉后，有独立请求权的第三人作为另案原告，原案原告、被告作为另案被告，诉讼继续进行。"此时，该参加之诉讼变为普通诉讼，有独立请求权第三人为另案原告。

（三）有独立请求权第三人的诉讼地位

《民诉法解释》第81条明确赋予了有独立请求权第三人当事人的诉讼地位，使其有权以实体权利人的资格，向人民法院提出诉讼请求和事实、理由，成为当事人，请求人民法院给予司法保护。其一旦参加诉讼就取得了参加之诉讼原告的诉讼地位，享有原告的一切诉讼权利，承担原告的一切诉讼义务。而本诉讼中的原告和被告则

第九章

成为参加之诉讼的被告。[1]

（四）有独立请求权第三人与必要共同诉讼人的区别

有独立请求权的第三人与必要共同诉讼人都属于多数人诉讼中的当事人，两者有很多相似之处，但同时也有很大的区别。两者的不同主要体现为以下几方面：

1. 争议的诉讼标的不同。有独立请求权的第三人参加的诉讼实质上是两个诉的合并审理，存在两个诉讼标的，即本诉讼中原被告双方争议的法律关系和第三人基于对涉案标的有独立请求权而与本诉讼当事人之间争议的法律关系；必要的共同诉讼人争议的诉讼标的是同一的，即必要共同诉讼中原告和被告之间发生争议的民事法律关系。

2. 参加诉讼的方式和时间不同。有独立请求权的第三人参加诉讼的方式为本诉讼开始后，以起诉的方式参加；必要共同诉讼人应当同时起诉或应诉，或者在遗漏必要共同诉讼人的情形下，由人民法院查明后予以追加。因此，参加诉讼的时间可以是诉讼开始时，也可以是在诉讼进行中。

3. 对方当事人不同。有独立请求权的第三人以本诉讼中的双方当事人为对方当事人，即以本诉讼中的原告和被告为被告；必要共同诉讼人，不论共同原告还是共同被告，基于彼此间存在共同的利害关系，因此，在诉讼中仅与对方当事人成为对立的双方当事人。

4. 诉讼地位不同。尽管都处于当事人的诉讼地位，但有独立请求权的第三人只能是原告；必要共同诉讼人可能是原告，亦可能是被告。

三、无独立请求权的第三人[2]

（一）无独立请求权第三人的概念

《民事诉讼法》第56条第2款规定："对当事人双方的诉讼标的，第三人虽然没

---

〔1〕　至于本诉讼中的原被告是否为参加之诉讼的共同被告，学界有争议。一种观点认为：有独立请求权的第三人是基于原告和被告的共同侵权，以原告和被告为共同被告起诉的，因此当然是共同被告；但另一种观点认为，理论上讲，共同被告的利益应当是一致的，但本诉讼中，原被告的利益则恰好相反，因此他们在参加之诉讼中并非共同被告。

〔2〕　在我国的理论和实践中，无独立请求权第三人制度被认为是一项"迷雾重重"的制度，其中存在很多困惑与冲突。参见张卫平：《民事诉讼：关键词展开》，中国人民大学出版社2005年版，第137页。最核心的问题在于，既认可无独立请求权第三人可以承担民事责任，但又没有通过"诉"的方式来引入第三人，大多由法院通知其参加诉讼，这明显同"不告不理"的理念相冲突，加上对第三人相应程序保障的缺乏，使要求无独立请求权第三人承担责任的判决丧失了正当性基础。有学者指出，上述问题的症结在于我国司法实践中其实存在两种无独立请求权第三人，即被告型和辅助型第三人，而理论上却用一种第三人理论去包容和解释这两种截然不同的第三人，必然造成一些无法释明的困惑。参见张晋红：《民事诉讼当事人研究》，陕西人民出版社1998年版，第267～268页。因此，需要借鉴域外第三人制度对我国的无独立请求权第三人制度进行重构和改造。学界普遍认为，主要应当借鉴美国的"第三人引入"制度（third-party practice）和德国、日本的辅助参加制度来对我国实践中的两种无独立请求权第三人分别加以规范。参见张卫平：《民事诉讼：关键词展开》，中国人民大学出版社2005年版，第141～166页；肖建华：《民事诉讼当事人研究》，中国政法大学出版社2002年版，第302～350页。

有独立请求权，但案件处理结果同他有法律上的利害关系的，可以申请参加诉讼，或者由人民法院通知他参加诉讼。……"根据该规定，无独立请求权第三人，是指对他人之间的诉讼标的没有独立的请求权，但由于案件的处理结果与他有法律上的利害关系，因而参加到他人已经开始的诉讼中的人。

无独立请求权的第三人参加诉讼，需要具备以下两个条件：①对诉讼标的没有独立的请求权；②案件的处理结果与其有法律上的利害关系。这两个条件缺一不可。所谓对诉讼标的没有独立的请求权，是相较于有独立请求权来讲的，即对诉讼标的没有实体法上的请求权。有学者认为，有没有"独立请求权"，应当属于实体法而非诉讼法的范畴，而确立无独立请求权第三人的身份地位应当发生在诉讼开始以前，实体上的请求权并不在法院职权调查的范围内，法院必须经过案件审理才能作出是否在实体上具有请求权的判断，因此，不宜规定第三人对诉讼标的"有无"独立请求权，而应更改为是否在诉讼中"主张"独立请求权。[1]与案件处理结果有法律上的利害关系，是指因民事判决而使第三人和本诉讼当事人一方之间产生某种权益牵连。

由于法律规定的模糊性，怎样认定"案件的处理结果与其有法律上的利害关系"在学界有不同的观点。第一种观点认为，当事人一方对第三人或者第三人对当事人一方，享有可能的返还请求权或者赔偿请求权；[2]第二种观点认为，第三人与当事人一方的法律关系同当事人之间的法律关系存在着权利、义务上的牵连，一旦一方当事人败诉，败诉方就有权要求有牵连的一方赔偿损失或承担义务；[3]第三种观点则认为，诉讼的判决或调解书认定的事实结果将直接影响到第三人的民事权益或者法律地位。[4]

我们认为，"案件的处理结果与其有法律上的利害关系"应该理解为：①客观上存在两个法律关系，即本诉讼当事人之间的法律关系和当事人一方与无独立请求权第三人之间的法律关系；②这两个法律关系之间存在着权利义务上的牵连，表现为：前一个法律关系中双方当事人的权利行使和义务履行，会对后一个法律关系中无独立请求权第三人的权利义务产生影响；③如果法院判决当事人一方承担责任或履行义务，该当事人有权请求无独立请求权第三人承担相应的责任或履行相应的义务。比如，甲诉乙为其提供的产品有瑕疵，而乙认为产品瑕疵是因为丙加工的零件有瑕疵造成的。这种条件下，如果法院以产品零件不合格判决乙承担责任，乙就会追究丙的相应责任。因此，在甲乙诉讼进行中，通知丙参加诉讼，以达到一并解决

〔1〕 李祖军主编：《民事诉讼法·诉讼主体篇》，厦门大学出版社2005年版，第189页。
〔2〕 柴发邦主编：《民事诉讼法学新编》，法律出版社1992年版，第176页。
〔3〕 江伟、单国军："论民事诉讼中无独立请求权第三人的确定"，载《中国人民大学学报》1997年第2期。
〔4〕 廖中洪主编：《民事诉讼改革热点问题研究综述：1991~2005》，中国检察出版社2005年版，第117页。

纠纷的目的，丙即成为无独立请求权的第三人。

（二）无独立请求权第三人的参诉方式

《民事诉讼法》第56条第2款和《民诉法解释》第81条对无独立请求权第三人参加诉讼的方式进行了明确规定，无独立请求权的第三人可以申请参加诉讼或者由人民法院通知参加诉讼。申请参加诉讼即无独立请求权的第三人主动向法院申请参加到已经开始的原被告之间的诉讼中；由法院通知参加诉讼即法院依职权通知无独立请求权的第三人参加到已经开始的原被告之间的诉讼中。在实践中，人民法院通知参加诉讼为无独立请求权第三人参加诉讼的主要方式。

为防止法院在实务中不适当行使职权而扩大无独立请求权第三人的范围，根据相关司法解释和立法精神，下列人员不得作为无独立请求权第三人参加诉讼：

1. 与原被告双方争议的诉讼标的无直接牵连和不负有返还或赔偿等义务的人，以及与原告或被告约定仲裁或有约定管辖的案外人，或者专属管辖案件的一方当事人。

2. 在审理产品质量纠纷案件中，证据已证明其已经提供了合同约定或符合法律规定的产品的，或者案件中的当事人未在规定的质量异议期内提出异议的，或者作为收货方已经认可该产品质量的原被告之间法律关系以外的人。

3. 已经履行了义务，或者依法取得了一方当事人的财产，并支付了相应对价的原被告法律关系以外的人。

（三）实体法对无独立请求权第三人认定的特别规定

《合同法解释（一）》规定了合同纠纷中认定无独立请求权第三人的几种情形：

1. 代位权诉讼中的无独立请求权第三人。债权人以次债务人为被告向人民法院提起代位权诉讼，未将债务人列为第三人的，人民法院可以追加债务人为第三人。

2. 撤销权诉讼中的无独立请求权第三人。债权人依照《合同法》第74条的规定提起撤销权诉讼时，只以债务人为被告，未将受益人或者受让人列为第三人的，人民法院可以追加该受益人或者受让人为第三人。

3. 合同转让中的无独立请求权第三人。有以下三种情况：①债权转让。债权人转让合同权利后，债务人与受让人之间因履行合同发生纠纷诉至人民法院，债务人对债权人的权利提出抗辩的，可以将债权人列为第三人。②债务承担。经债权人同意，债务人转移合同义务后，受让人与债权人之间因履行合同发生纠纷诉至人民法院，受让人就债务人对债权人的权利提出抗辩的，可以将债务人列为第三人。③概括承受。合同当事人一方经对方同意将其在合同中的权利义务一并转让给受让人，对方与受让人因履行合同发生纠纷诉至人民法院，对方就合同权利义务提出抗辩的，可以将出让方列为第三人。

4. 连带保证合同中的无独立请求权第三人。因连带保证合同纠纷提起的诉讼，债权人仅起诉保证人的，人民法院可以将被保证人列为第三人。

另外，根据《合同法解释（二）》第16条、《合同法》第64、65条的规定，债务人向第三人履行债务的合同和由第三人向债权人履行债务的合同中的第三人，人民法院可以依据案情将其列为无独立请求权第三人。

（四）无独立请求权第三人的法律地位

根据《民事诉讼法》第56条第2款的规定，人民法院判决承担民事责任的第三人，有当事人的诉讼权利义务。《民诉法解释》第82条规定："在一审诉讼中，无独立请求权的第三人无权提出管辖异议，无权放弃、变更诉讼请求或者申请撤诉，被判决承担民事责任的，有权提起上诉。"

基于上述法律规定，无独立请求权的第三人不是当事人，不具有当事人的诉讼地位，其不具有提出管辖异议的权利，放弃、变更诉讼请求的权利以及撤诉的权利。实质上，无独立请求权的第三人只是享有独立诉讼地位的诉讼参加人，因此，其有权委托代理人进行诉讼；有权参加法庭审理；有权进行辩论；等等。为实现对无独立请求权第三人的救济，法律规定，无独立请求权的第三人在被判决承担法律责任时，有权提起上诉。[1]

四、提起撤销之诉的第三人

（一）提起撤销之诉的第三人与第三人撤销之诉

提起撤销之诉的第三人，是指基于自己的民事权益受到生效裁判侵害而请求司法保护的案外第三人。可以提起撤销之诉的第三人，必须是《民事诉讼法》第56条规定的有独立请求权的第三人或者无独立请求权的第三人，因不能归责于本人的事由未参加诉讼，但有证据证明发生法律效力的判决、裁定、调解书的部分或者全部内容错误，损害了其民事权益。不符合法律上述规定条件的第三人，不具有提起撤销之诉的第三人资格。

案外第三人在符合法律规定的前提下，向作出生效判决、裁定、调解书的法院提起改变或者撤销原判决、裁定、调解书的诉讼制度，即为第三人撤销之诉制度。

对权益受到生效裁判侵害的第三人进行救济的制度，在世界各国主要有三种立法模式：一是第三人另行起诉制度；二是第三人撤销之诉制度；三是第三人再审之诉制度。在我国2012年《民事诉讼法》的修订过程中，围绕我国应当采用上述哪种模式，法学界和实务界展开了激烈的争论，最终之所以确定采用第三人撤销之诉的模式，主要是考虑到第三人撤销之诉的诉讼模式更利于案件的管理和审理，而且相比较而言，利大于弊。

2012年修订的《民事诉讼法》第56条新增加了第3款："前两款规定的第三人，因不能归责于本人的事由未参加诉讼，但有证据证明发生法律效力的判决、裁定、调解书的部分或者全部内容错误，损害其民事权益的，可以自知道或者应当知道其民事权益受到损害之日起6个月内，向作出该判决、裁定、调解书的人民法院

---

〔1〕但也有学者认为，无独立请求权第三人仍应是当事人，只不过是一种诉讼权利受到法定限制的当事人。

提起诉讼。……"这一规定即我国新设立的诉讼类型——第三人撤销之诉的法律依据。

我国第三人撤销之诉制度的设立主要借鉴了法国和我国台湾地区的第三人撤销之诉。法国将第三人异议作为非常上诉途径予以规定，《法国民事诉讼法典》第582条规定："第三人提出取消判决的异议，是指攻击判决的第三人为其本人利益，请求撤销判决或请为改判之。第三人异议，对提出该异议的第三人，是指对其攻击的已判争点提出异议，使之在法律上与事实上重作裁判。"我国台湾地区的"民事诉讼法"将第三人撤销之诉作为独立的救济程序，该法第507条第1款规定，有法律上利害关系之第三人，非因可归责于己之事由而未参加诉讼，致不能提出足以影响判决结果之攻击或防御方法者，得以两造为共同被告对于确定终局判决提起撤销之诉，请求撤销对其不利部分之判决。但应循其他法定程序请求救济者，不在此限。这体现了我国民事诉讼制度的特点。

民事诉讼法之所以增加第三人撤销之诉，目的是为因不能归责于本人的事由而未能参加诉讼却可能受到判决既判力侵害的第三人提供法律救济途径。特别是当前，当事人通过恶意诉讼、恶意仲裁等手段侵害案外人合法权益的情况时有发生，这对于防止第三人的合法权益受到他人以骗取法院或者仲裁机构生效法律文书等方式进行恶意诉讼与仲裁的不当侵害，维护被损害人的合法民事权益，是非常必要的。

（二）第三人提起撤销之诉的条件

根据《民事诉讼法》第56条第3款的规定，第三人提起撤销之诉必须符合以下条件：

1. 第三人撤销之诉的原告应为《民事诉讼法》第56条前两款所规定的，符合有独立请求权第三人和无独立请求权第三人条件的主体。

2. 第三人撤销之诉的客体为已发生法律效力的判决、裁定、调解书。

3. 第三人撤销之诉提起的原因条件包括：①有证据证明该第三人因不能归责于本人的事由而未参加诉讼，这是指没有被列为生效判决、裁定、调解书的当事人，无过错或者无明显过错的情形。包括：不知道诉讼而未参加的；申请参加未获准许的；知道诉讼，但因客观原因无法参加的；因其他不能归责于本人的事由未参加诉讼的。②有证据证明已发生法律效力的判决、裁定、调解书部分或全部内容错误，并损害了其民事权益。这是针对判决、裁定的主文以及调解书中处理当事人民事权利义务的结果而言的。但对于下列情形提起第三人撤销之诉，人民法院不予受理：适用特别程序、督促程序、公示催告程序、破产程序等非讼程序处理的案件；婚姻无效、撤销或者解除婚姻关系等判决、裁定、调解书中涉及身份关系的内容；《民事诉讼法》第54条规定的未参加登记的权利人对代表人诉讼案件的生效裁判；《民事诉讼法》第55条规定的损害社会公共利益行为的受害人对公益诉讼案件的生效裁判。

4. 第三人应当自知道或者应当知道其民事权益受到损害之日起的6个月内提起

撤销之诉。

5. 第三人应当向作出生效判决、裁定、调解书的法院提起撤销之诉。

（三）第三人撤销之诉案件的审查受理

1. 第三人对已经发生法律效力的判决、裁定、调解书，向有管辖权的法院提起撤销之诉的，应当提供能证明下列情形的证据材料：因不能归责于本人的事由未参加诉讼；发生法律效力的判决、裁定、调解书的全部或者部分内容错误；发生法律效力的判决、裁定、调解书内容错误，损害其民事权益。

2. 人民法院应当在收到起诉状和证据材料之日起 5 日内送交对方当事人，对方当事人可以自收到起诉状之日起 10 日内提出书面意见。人民法院应当对第三人提交的起诉状、证据材料以及对方当事人的书面意见进行审查。必要时，可以询问双方当事人。

3. 经审查，符合起诉条件的，人民法院应当在收到起诉状之日起 30 日内立案。不符合起诉条件的，应当在收到起诉状之日起 30 日内裁定不予受理。

4. 受理第三人撤销之诉案件后，原告提供相应担保，请求中止执行的，人民法院可以准许。

（四）第三人撤销之诉案件的审理

1. 第三人提起撤销之诉，人民法院应当将该第三人列为原告，生效判决、裁定、调解书的当事人列为被告，但生效判决、裁定、调解书中没有承担责任的无独立请求权的第三人列为第三人。

2. 审理第三人撤销之诉的案件，法院应当组成合议庭开庭进行审理。

3. 对第三人撤销或者部分撤销发生法律效力的判决、裁定、调解书内容的请求，人民法院经审理，按下列情形分别处理：

（1）请求成立且确认其民事权利的主张全部或部分成立的，改变原判决、裁定、调解书内容的错误部分。

（2）请求成立，但确认其全部或部分民事权利的主张不成立，或者未提出确认其民事权利请求的，撤销原判决、裁定、调解书内容的错误部分。

（3）请求不成立的，驳回诉讼请求。

对裁判不服的，当事人可以上诉。原判决、裁定、调解书的内容未改变或者未撤销的部分，继续有效。

（五）第三人撤销之诉与再审程序的关系

第三人撤销之诉与再审都是基于法院生效判决、裁定、调解书有错误，为了维护自己的合法权益而启动的诉讼程序。在民事诉讼中，不可避免会出现第三人撤销之诉和再审的冲突与重合。为解决这一问题，《民诉法解释》第 301～303 条明确规定：

1. 第三人诉讼请求可以并入再审程序。第三人撤销之诉案件审理期间，人民法院对生效判决、裁定、调解书裁定再审的，受理第三人撤销之诉的人民法院应当裁

第九章

定将第三人的诉讼请求并入再审程序。但有证据证明原审当事人之间恶意串通损害第三人合法权益的，人民法院应当先行审理第三人撤销之诉案件，裁定中止再审诉讼。

2. 第三人诉讼请求并入再审程序审理的，按照下列情形分别处理：按照第一审程序审理的，人民法院应当对第三人的诉讼请求一并审理，所作的判决可以上诉；按照第二审程序审理的，人民法院可以调解，调解达不成协议的，应当裁定撤销原判决、裁定、调解书，发回一审法院重审，重审时应当列明第三人。

3. 第三人提起撤销之诉后，未中止生效判决、裁定、调解书执行的，执行法院对第三人依照《民事诉讼法》第 227 条的规定提出的执行异议，应予审查。第三人不服驳回执行异议裁定，申请对原判决、裁定、调解书再审的，人民法院不予受理。

4. 案外人对人民法院驳回其执行异议裁定不服，认为原判决、裁定、调解书内容错误，损害其合法权益的，应当根据《民事诉讼法》第 227 条的规定申请再审，提起第三人撤销之诉的，人民法院不予受理。

【本章小结】

1. 本章是对多数当事人理论、实务和法律规定的讲述。多数当事人包括共同诉讼人、诉讼代表人和第三人。

2. 共同诉讼人是指当事人一方或者双方为 2 人以上，诉讼标的是共同的，或者诉讼标的是同一种类的，人民法院认为可以合并审理并经当事人同意，共同在人民法院进行诉讼的当事人。以共同诉讼人与诉讼标的的关系为标准，可将共同诉讼人分为必要的共同诉讼人和普通的共同诉讼人。必要共同诉讼人是指当事人一方或者双方为 2 人以上，诉讼标的是共同的，必须共同进行诉讼的人。普通共同诉讼人是指当事人一方或双方为 2 人以上，其诉讼标的是同一种类的，人民法院认为可以合并审理并经当事人同意，一同在人民法院起诉或应诉的人。

3. 诉讼代表人，是指在代表人诉讼中，由多数当事人共同推选或者在特殊情况下由人民法院指定，代表本方当事人实施诉讼行为的民事主体。我国的诉讼代表人分为两种类型：人数确定的代表人诉讼中的诉讼代表人和人数不确定的代表人诉讼中的诉讼代表人。人数确定的代表人诉讼中的诉讼代表人，是指起诉时共同诉讼的一方当事人人数众多且确定，由其成员推选出的代为实施诉讼行为的人。人数不确定的代表人诉讼中的诉讼代表人，是指起诉时共同诉讼的一方当事人人数不能确定，由向人民法院登记的权利人推选或由人民法院与其商定的，代表其他当事人进行诉讼的人。代表人的诉讼行为对其所代表的当事人发生法律效力；但代表人放弃、变更诉讼请求，承认对方的诉讼请求，进行和解，必须经被代表的当事人同意。

4. 民事诉讼中的第三人，是指对他人争议的诉讼标的有独立的请求权，或者虽然没有独立的请求权，但案件的处理结果与其有法律上的利害关系，因而参加到他人已经开始的诉讼中的人。根据参加诉讼的方式和在诉讼中的地位，第三人可以划分为有独立请求权的第三人和无独立请求权的第三人。有独立请求权的第三人，是指对他人之间争议的诉讼标的认为有

第九章

独立的请求权，因而提出独立的诉讼请求，并加入到已经开始的诉讼中的第三方当事人。有独立请求权的第三人以起诉的方式参加诉讼，其具有原告的诉讼地位，享有原告的诉讼权利，承担原告的诉讼义务。无独立请求权第三人，是指对他人之间的诉讼标的没有独立的请求权，但由于案件的处理结果与他有法律上的利害关系，因而参加到他人已经开始的诉讼中的人。无独立请求权的第三人可以申请参加诉讼或者由人民法院通知其参加诉讼。无独立请求权的第三人不是当事人，不具有当事人的诉讼地位，是享有独立诉讼地位的诉讼参加人。

5. 第三人撤销之诉，是指有独立请求权的第三人和无独立请求权的第三人，因不能归责于本人的事由未参加诉讼，但有证据证明发生法律效力的判决、裁定、调解书的部分或者全部内容错误，损害其民事权益的，可以自知道或者应当知道其民事权益受到损害之日起 6 个月内，向作出该判决、裁定、调解书的人民法院提起诉讼。人民法院经审理，诉讼请求成立的，应当改变或者撤销原判决、裁定、调解书；诉讼请求不成立的，驳回诉讼请求。

【思考题】

1. 什么是共同诉讼人？简述必要共同诉讼人和普通共同诉讼人的区别。
2. 什么是诉讼代表人？简述诉讼代表人与诉讼代理人和共同诉讼人的区别。
3. 什么是第三人？简述有独立请求权第三人与无独立请求权第三人、必要共同诉讼人的区别。
4. 简述《合同法》及其司法解释对无独立请求权第三人的规定。
5. 如何理解第三人撤销之诉？

【参考文献】

1. 蓝凤英："共同诉讼制度的缘起与价值分析"，载《前沿》2007 年第 2 期。
2. 廖中洪主编：《民事诉讼改革热点问题研究综述：1991～2005》，中国检察出版社 2005 年版。
3. 张卫平：《民事诉讼：关键词展开》，中国人民大学出版社 2005 年版。
4. 张晋红：《民事诉讼当事人研究》，陕西人民出版社 1998 年版。
5. 肖建华：《民事诉讼当事人研究》，中国政法大学出版社 2002 年版。
6. 王娣等：《民事诉讼法》，高等教育出版社 2013 年版。
7. 王胜明主编：《中华人民共和国民事诉讼法释义》，法律出版社 2012 年版。

第四编 诉讼客体

第十章

诉权与诉

学习目的和要求 了解诉权的含义及其基本特征；理解诉权的学说流派；熟悉诉的概念、诉的要素、诉的分类以及诉的变更与追加的主要理论观点。

■第一节 诉 权

一、诉权的概念及其基本特征

诉权学说以"为什么可以提起诉讼"这一命题为研究对象，是一切理论的出发点。诉权对于当事人来讲，是当事人之所以成为当事人从而进行诉讼的前提，也是胜诉、败诉的关键；对于民事诉讼程序来讲，诉权是民事诉讼启动、发展和终结的重要动力；对于审判权来讲，诉权是审判权行使的条件，审判权是诉权行使的结果。

当事人因民事实体权利义务关系发生争议或者处于不正常的状态，请求司法机关（法院）以国家的强制力为支撑，以裁判的方式予以保护、解决和救济的权利，就是诉权。因此，诉权是民事实体权利义务关系争议的司法保护或者司法解决请求权，也叫司法救济权。这种司法保护或者司法解决请求权应该具备以下几个特征：

（一）诉权总是就某一个具体的纠纷而言的，"无争议便无诉权"

诉权不是一项法律赋予的抽象的权利，离开一项具体的民事实体权利义务的争议，诉权便无从谈起。我们不能抽象地谈某某人有诉权或者没有诉权，而只能就某一个具体的纠纷而言，根据民事实体法和民事程序法的规定，他享有某种诉权，因而他可以作为适格的当事人提起诉讼、参加诉讼、进行诉讼，要求法院作出利己的裁判。如果某种纠纷尚未发生，或者纠纷已经解决（可能因双方当事人达成合意而解决，也可能因法院的确定裁判而解决），那么诉权也就不存在了。当然，这种具体的纠纷肯定是根据民事实体法和程序法的规定可以某种方式纳入诉讼救济轨道的纠纷，即具备民事诉讼可诉性，否则，即使有纠纷存在，纠纷的当事人仍然不享有诉权，因为诉权归根结底是一种公力救济请求权，即司法救济请求权。

（二）诉权只能在法院行使

当人类从自然界分离出来，形成人类社会以后，人类就以群体的方式生活在一起。人类社会的存在，使各种类型、各种层次的冲突的发生成为必然。在国家出现之前，人类处于原始文明状态，尽管人们基于原始的平等观念也会寻求第三人来居间解决争议，但不可能存在公力救济方式[1]，因而也就不存在向国家司法机关行使的诉权。国家司法机关（法院）干预社会成员（私人）之间的冲突，是国家法律秩序的需要，因此，国家法律赋予了当事人诉权。在现代社会，纠纷发生以后，当事人有多种救济的权利，例如，向非司法机关申诉解决的权利，申请仲裁解决的权利，请求复议解决的权利，等等。但这些权利都不是诉权，只有当事人拟将纠纷提交法院解决，才谈得上诉权。从民事诉权来讲，当事人基于民事纠纷的存在，就拥有了实体法上的请求权，但是否行使诉权却不一定，如果当事人没有将这种请求权向法院提出，要求保护与这种请求权相联系的实体权利，那么当事人就并没有行使诉权。纠纷如果通过协商、调解和仲裁等私力救济和社会救济的方式予以解决，那么当事人也始终没有行使诉权。

（三）诉权为双方当事人所享有，"纠纷双方都有诉权"

民事纠纷是平等主体之间的纠纷，即私权的纠纷。由于纠纷的主体在法律地位上是平等的，因此，在纠纷发生以后，法律也应当赋予双方当事人以平等的救济权。纠纷的双方都可以首先向法院行使诉权，启动诉讼程序，而不管该当事人在纠纷中的地位如何，也不管他在纠纷中是否真正享有实体权利。纠纷双方在诉讼过程中，都平等地享有各种进行诉讼的权利，包括起诉权、反诉权、扩张诉权、抗辩权；同时，纠纷双方当事人也平等地享有要求法院作出利己裁判的权利。

（四）诉权贯穿于民事诉讼的全过程

诉权是法律赋予双方当事人的一种司法救济的权利，这种权利在诉讼开始以前，当事人已经享有；在纠纷没有得到司法的最终解决以前是不会丧失的。当事人之所以进入诉讼，是因为他拥有法律赋予的诉权。合格的当事人肯定是拥有诉权的当事人，"无诉权便无当事人"。在诉讼过程中，如果当事人丧失了诉权，那么当事人就

---

[1] 对于纠纷的解决机制，我国学者通常分为私力救济、公力救济和社会救济三种。私力救济是指纠纷主体依靠自己的力量（不依靠第三者的力量）解决纠纷，维护自己的利益；公力救济是指以凌驾于社会之上的国家的强制力来解决纠纷；社会救济是指基于纠纷主体的合意，依靠某种社会的力量居间解决纠纷。

不存在了，民事诉讼也就无法进行下去。民事诉讼必须将当事人的诉权与法院的审判权相结合才能正常运作。民事纠纷是"不告不理"，没有当事人的诉权，诉讼程序根本不会启动。在诉讼的任何一个阶段，诉权都是支撑和推动民事诉讼程序的重要动力，离开当事人诉权的民事诉讼是不存在的。当然，民事诉讼的运行仅有当事人的诉权是不够的，法院的审判权也必不可少，离开审判权的民事诉讼也是不能想象的。

（五）诉权以民事诉讼法和民事实体法为依据，但从本质上讲，诉权是一种程序上的权利

诉权是法律赋予当事人的一项司法救济的权利，这种权利的取得应分为两个层次：①这种权利必须以实体法为依据。如果某个纠纷根据实体法的规定，当事人不享有实体法上的请求权，诉权就不可能享有。当事人总是以某种实体法上的请求权为依据或者背景而在法院行使诉权的，缺乏实体法依据的诉权是不存在的。当然，这种实体法上的请求权并不一定真正存在或者享有。但是，无论是否真正存在、真正享有，当事人都必须主张或者提出某项实体法上的请求权，否则诉权便失去了依托。②这种权利还必须以民事程序法为依据。如果当事人基于某种民事纠纷享有民事实体法上的请求权，但是，民事程序法将这类纠纷排斥在诉讼救济之外，或者说，为这类纠纷的解决设置了其他的程序，那么当事人对这类纠纷就不享有诉权或者说诉权受到了限制。比如，一些机关、企事业单位内部的管理纠纷，根据民事程序法的规定，是不能寻求民事司法救济的。再如，大多数劳动争议纠纷，非经劳动仲裁，机构仲裁，是不能寻求司法救济的。

实体法上的请求权是诉权的依据，也就是说，行使诉权必须以提出实体法上的请求权作为依据，但是，诉权的存在与实体法上的请求权是否真正存在无关。当事人只需根据自身的法律评价主张一种实体法上的请求权就行了，至于这种请求权是否能够得到法院裁判的确认和支持，并不影响诉权的存在。

二、诉权理论的学说流派

为原、被告双方所享有的诉权，从本质上讲到底是什么性质的权利，在大陆法系民事诉讼理论界曾经形成若干截然不同的理论流派。

（一）私法诉权说

这种学说认为，民事诉讼实际上是民事实体法上的权利在审判中行使的过程或方法，诉权是实体法上的权利，尤其是实体法上请求权的强制力的表现，或者说，是因实体法上的权利被侵害而转换而生的权利。这种学说盛行于公法学说还不太发达的德国普通法时代，以萨维尼为代表。这一学说的理论根源在于当时诉讼法与实体法并没有真正分野，认为诉讼法隶属于实体法，诉权只是实体法上权利的发展、延伸和变形，是实体权利的派生物；另外，当时只承认给付之诉一种诉讼类型，只承认原告基于实体法上的请求权向法院行使针对被告的权利，因此，这种诉权，被告是不享有的。这一学说的缺陷是十分明显的：①诉权是对于国家司法机关（法

院）的权利，而非对于被告的权利，诉权与实体法上的权利应当有所区别，当实体法与诉讼法分野以后，诉权与实体法上的请求权更应该明确区分；②在消极确认之诉中，原告对于被告并没有主张任何实体法上的权利，而只是请求法院对原被告之间争议的法律关系或者法律事实予以确认，私法诉权说对此无法自圆其说。正是由于私法诉权说存在这些缺陷，这种学说实际上早已经成为历史，不为学者们所采用。

（二）公法诉权说

从 19 世纪后半叶开始，随着经济的发展、文化的进步、法治国家思想的深入人心，国家享有公权的观念兴起以后，诉权的观念也就逐渐演变为对于国家的公法上的权利，公法诉权说应运而生。这种学说认为，诉权不是对纠纷当事人的实体法上的权利，恰恰相反，而是对于国家的公法上的请求权。以诉权到底应该承认有哪种程度的请求为标准，可以将公法诉权说分为四类：

1. 抽象诉权说。抽象诉权说又称抽象的公权说或者形式的诉权说，这种学说认为，诉权是指当事人能够向法院提起诉讼，请求合法的审理，因而承受某种裁判的权利。简言之，诉权是私人根据法律的规定，要求法院作出正当判决的权利。因为这一学说界定的诉权并不要求法院作出具体的判决，而只是要求得到诉讼判决本身，因此这一学说又称抽象的诉权学说。这一学说以德国学者德根科贝、伯洛兹和比洛为代表。根据这一学说，诉权的内容既然是请求法院作出抽象的裁判，并不是就具体的内容请求法院判决，因此，即使原告的起诉不合法，法院作出了驳回的裁定，其诉权也已经获得了满足。然而，当事人既然已经向法院起诉，法院就应该作出处理，对争议的实体权利义务关系作出确认和裁判。如果诉权只是指任何人都能够提起诉讼、请求法院作出裁判的权利，则只能认为当事人享有起诉的自由，而不能称之为权利。因为在法治国家，请求法院作出裁判，这是人民享有的基本人权。因此，公法诉权说也不完善。实际上，公法诉权说是从德国普通法时代的私法诉权说发展到权利保护请求权说的中间过渡理论。

2. 具体诉权说（权利保护请求权说）。具体诉权说又称为具体公权说，这种学说认为，诉权是当事人就具体内容请求法院作出利己裁判的权利。该学说在 1880 年由近代公法学者拉邦德及诉讼法学者瓦希提倡以后，由赫尔维格、斯太因、塞芬特等学者继续主张，这个学说是大陆法系各国学术界的通说。尽管具体诉权学说存在许多问题，但对于当前解释诸多民事诉讼理论问题和司法实践问题来说，具体诉权说是相对比较圆满的，因而系通说。

具体诉权说的学者认为，诉权在诉讼开始以前就已经存在于纠纷双方当事人，但是在诉讼过程中，诉权以请求法院作出利己判决请求权的方式得以实现，诉权归属于原、被告双方当事人中的一方。法院审理终结后，对于具有诉权的一方当事人，就应该作出对其有利的判决。因此，根据这一学说，诉权的存在必须要具备权利保护要件，这种权利保护要件可以分为实体要件和诉讼要件。

（1）实体要件就是关于诉讼标的的要件，即原告主张的实体法上的权利义务关系存在与否。

（2）诉讼要件又可以分为当事人适格的要件及诉之利益要件。当事人适格的要件是指当事人对于作为诉讼标的的权利义务关系有进行诉讼的权利；诉之利益要件是指诉讼标的能够或者适于由法院以判决的方式加以确定，即法院裁判这一纠纷的可能性和必要性，亦即有权利保护的资格。具体诉权说发现了诉讼上的权利保护要件，将诉权和实体法上的权利予以区分、确认，这是私法诉权说所不及的地方。但是，具体诉权说的学者认为，法院的审理在于认定利己判决请求权属于哪一方当事人这一观点值得斟酌。①所谓诉权，不过是当事人加以装饰后对于国家司法机关主张的私权而已。由于私人对于对方当事人没有强制主张权利的权利，所以才向国家司法机关起诉，请求司法保护；然而，具体诉权说却认为原告有请求法院依自己主张的权利作出判决的权利，这显然是解释不通的。②司法机关应公正审理案件、正确适用法律，这是司法机关职责上当然的事，并不是对于特定的当事人所负有的义务，所以，不能将法院作出公正判决称为该当事人的权利（诉权）。③具体诉权说也不能充分说明在原告败诉的情况下，即原告的请求被驳回时，被告有诉权存在的理论根据。被告因原告的无理起诉，其权利受到了侵害，一般情况下，被告会应诉提出权利保护请求。但是，在被告不到庭，也没有声明请求法院作出判决驳回原告的诉的情况下，原告提出的诉如果没有理由，法院仍然应该作出驳回原告的诉的本案判决，此项判决仍然足以保护被告的权利；此时，被告并没有提出请求，但其权利仍然得到了。另外，假如案件欠缺诉讼的权利保护要件（比如案件不可诉）时，不但不能作出原告胜诉的判决，而且就同一诉讼标的，即使由被告提起诉讼，法院也不得作出被告胜诉的判决。因此，驳回原告的诉的判决，并不是同时为被告的利益作出裁判。由此可见，诉讼的权利保护要件是原被告胜败的共同要件。

3. 本案判决请求权说。抽象诉权说所谓的诉权，如果仔细推敲，并不是权利；具体诉权说却将不能以权利主张的事项也认为是权利。抽象诉权说"不及"，而具体诉权说又太"过"；既然过犹不及，那么诉权就应该存在于两者的中间。于是，本案判决请求权说就产生了。本案判决请求权说认为，民事诉讼制度的目的，不在于私权的保护，而在于解决民事纷争，确定私法上的权利义务关系。诉权是法院作出本案判决（及诉讼标的当否）的权利。这一学说是德国布莱提倡的，在德国是少数派。在日本，由于有兼子一博士的主张，这一学说产生了很大的影响。兼子一从诉权的实质出发，认为诉权是解决纠纷的请求权，即私人要求法院解决纠纷的请求权。如果持本案判决请求权说，只有等法院的判决作出以后，才知道当事人有无诉权，在诉讼过程中，并不知道当事人有无诉权。这一学说显然也有问题，当事人既然已经起诉，即使后来法院以起诉不合法为理由驳回原告的诉，那么在诉讼过程中，仍不能否认其诉权存在。另外，依本案判决请求权说，原告即使受到了败诉判决，也应该认为诉权已经实现，这显然与原告起诉目的不相符合。

4. 诉讼内诉权说（即司法行为请求说）。这一学说由德国的萨伊尔、李欧、罗

第十章

森贝克主倡，在日本，则由著名的民事诉讼法权威三月章所提倡。这种学说认为，诉权是请求人要求国家司法机关作出适于实体法的司法行为的权利。诉经合法提起后，基于诉讼法和实体法的理由，法院作出有利于原告或者被告的判决，这是国家司法权（审判权）公正运行的结果，而不是对当事人的诉权履行义务，因而这一理论也颇受质疑。按照这一学说，诉权是请求裁判权发动的权利，权利的主体是请求人，相对人是国家。实际上，诉权应该是诉讼制度机能发挥的原动力，任何构造的诉讼程序，任何诉讼上的处理方法，应该与诉权自外部加以利用的机能无关。这一学说，其实又回到了抽象诉权说的起点。

（三）诉权否认说

诉权学说至今没有一种完美无瑕的学说，每一种学说都有难以自圆其说的理论缺陷，于是诉权否认说就产生了。诉权否认说主张以"法律地位"代替诉权的概念。这种学说认为，当事人对于国家司法机关来说，并没有诉权存在，当事人之所以能够请求司法机关就其发生的实体权利义务的争议作出裁判，仅仅是基于其"法律上的地位"而已，不是基于诉权。诉权否认说的理论缺陷也是十分明显的，现代国家的民事诉讼制度，对于原告起诉的一切民事案件，法院都应当予以审理并作出裁判。在这种制度下，当事人的法律地位，与在行政法范畴内仅消极地期待行政机关作出适当的行政措施大不相同。当事人对于司法机关应该具有起诉的权利，法院也应该具有裁判的义务，这种关系不是"法律上的地位"所能够解释的。

（四）二元诉权论

长期以来，二元诉权说是我国诉权学说的通说，至今几乎所有的民事诉讼法教材都无一例外地主张这一诉权学说。这一学说起源于苏联民事诉讼理论，由苏联民事诉讼法学家顾尔维奇所首倡。顾尔维奇在其专著《诉权论》中主张，诉权应该包含三个部分：①程序意义上的诉权，即起诉权；②实体意义上的诉权，即胜诉权；③认定主体资格意义上的诉权。苏联的民事诉讼法理论在此基础上，保留了诉权的前两重涵义，形成了现在的二元诉权论学说。

1. 程序意义上的诉权。根据二元诉权学说，程序意义上的诉权是指民事诉讼法赋予当事人进行诉讼的基本权利。它对提起诉讼的原告一方来讲，是请求人民法院行使审判权、对自己的合法民事权益给予保护的权利。这些权利包括：提出诉讼请求的权利，提供证据的权利，进行辩论的权利，行使各项诉讼权利的权利，实施各项诉讼行为的权利。程序意义上的诉权对被告来讲，是应诉答辩的权利，这些权利包括被告参加诉讼的权利，承认或者反驳原告提出的诉讼请求的权利，提起反诉的权利，等等。在民事诉讼中，除原告、被告之外，共同诉讼人、诉讼中的第三人都享有诉权。有独立请求权的第三人有权以原告的资格提起诉讼和参加诉讼，享有诉权；无独立请求权的第三人不论参加到原告一边进行诉讼，还是参加到被告一边进行诉讼，均享有程序意义上的诉权。

2. 实体意义上的诉权。实体意义上的诉权，是指当事人根据实体法的规定，通过法院向对方当事人主张实体请求的权利。对原告而言，实体意义上的诉权是指当其利用程序意义上的诉权请求法院通过审判的方式保护自己的合法权益时，法院受理案件，经过审理查明原告有实体意义上的诉权，并确实受到了被告的侵犯或者与其发生了民事权益争议，法院就应作出裁判，保护其合法权益。对被告而言，实体意义上的诉权是指有权在诉讼中反驳原告提出的实体上的请求，有权在诉讼中提起反诉。

二元诉权学说实际上是西方民事诉讼的三大诉权学说中具体诉权说的变种，并没有完全超越具体诉权说而形成统一的诉权概念。二元诉权说实际上是将具体诉权说的程序保护要件和实体保护要件作为两种诉权分开定义，从而作为当事人诉权的两个部分。目前，该学说已经受到了许多学者的质疑，这种学说在理论上和实务中都存在着许多难以自圆其说的地方。二元诉权说的理论缺陷表现在：①诉权二元说把程序上的诉权称之为起诉权，实际上否定了被告的诉权；有的则把被告应诉也理解为起诉权的另一层含义，这是对起诉权的曲解。由于诉权二元说只把起诉权理解为程序上的诉权，因而实际上排斥了起诉权之外的诉讼权利，这是十分片面的。②诉权二元说中的实体上的诉权是指胜诉权、请求权，这也不科学。因为任何一个诉讼必有一方胜诉、一方败诉或双方均败诉，这样势必有一方当事人不享有诉权。而且胜诉不是当事人的一项既定权利，任何一方都不具有共有的胜诉权利。另外，把实体意义上的诉权理解为请求权也不合适。一方面，它完全否认被告有实体意义上的诉权；另一方面，它忽视了义务主体起诉的情况，事实上，义务主体也有向法院提出司法保护的权利。因此，诉权是一项诉讼权利，虽不包括实体上的权利，但它与实体权利有必然的联系。③在诉讼实践中，区分两重意义上的诉权相当困难，而且没有必要。

■ 第二节　诉

一、诉的概念及特征

诉，是指当事人根据自己对法律的理解，按照法律规定的条件，向法院提出的解决民事争议、保护其实体法上的权利的请求。在我国民事诉讼法学界，多数人赞同的观点是把诉理解为一种请求，即民事权利主体认为自己的民事权益受到侵犯或与他人发生争议时，向人民法院提出给予法律保护的请求。简言之，诉是司法解决纠纷的请求或者司法保护的请求。

诉权是诉存在的基础，诉是诉权的外在表现形式。没有诉权，当事人不能提出诉，当事人提出的诉已经被法院接受，就意味着当事人享有诉权。有什么样的诉权，就能够而且只能够提出什么样的诉。诉权和诉联系得如此紧密，可以说，几乎诉权的所有特征都可以在诉的身上体现出来，例如，无争议便无诉权，无争议便无诉；有什么样的争议就有什么样的诉权，有什么样的争议就可以提出什么样的诉；纠纷双方都享有诉权，纠纷双方都可以提出诉；诉权是针对法院的权利，诉只能向法院提出；无诉权便无民事诉讼，无诉便无民事诉讼。

二、诉的要素

诉的要素，是指决定某一诉的本质的最重要的组成部分。诉的要素是此诉区别于彼诉的最本质的特征；诉的要素不同，诉肯定不同；诉的要素发生变化，诉肯定也发生了变化。

（一）诉的要素的基本理论观点

关于诉的要素，我国民事诉讼法学界曾经有过长时间的无谓的争论，持二要素论（诉的标的与诉的理由）、三要素论（诉的主体、诉的标的与诉的理由）乃至四要素论（诉的主体、诉的标的、诉的理由与诉讼请求）的都有。

德、日学者在研究民事诉讼法学时，通常认为，民事诉讼的诉由主观要素和客观要素[1]两方面组成。这两个要素相互联系，互为因果。

主观要素就是指作为诉讼主体的案件的双方当事人，即因民事权利义务关系发生争议而以自己的名义向法院提出权利保护请求的人。法院受理一个民事案件，必须首先弄清楚纠纷是在谁与谁之间发生的。

客观要素就是指诉讼标的。诉讼标的的确定对于当事人与法院都是十分必要的。原告起诉时，应当向法院提出要求法院裁判的民事实体权利请求，或者要求法院对某种民事法律关系存在与否加以裁判，否则，法院无从审理和裁判。另外，对于案件管辖的确定、二重起诉的禁止、诉的合并变更、反诉、适用的诉讼程序、诉讼费用的征收、裁判既判力的范围等问题，都与诉讼标的的确定有密切的关系。

民事诉讼的主观要素与客观要素有着内在的紧密的联系。主观要素的确定必须以客观要素的确定为基础和依据，此所谓民事诉讼中的"先客体而后主体"；客观要素又有赖于主观要素来具体提出和划定。

（二）诉的要素理论在我国司法实践中的应用

诉的要素的理论在司法实践中的应用，主要体现在如何识别和处理重复起诉的问题。由于我国当前学术界对诉的要素的理论观点争论较大、莫衷一是，实务部门对诉的要素的认识也各有不同，同一案件是否属于重复起诉，往往认识上也差异较大。对此，2015年《民诉法解释》采用了"四要素"论来解决司法实践中的重复起诉的识别和处理问题：当事人、诉讼标的、诉的理由（是否发生了新的事实）和诉讼请求四个要素。

《民诉法解释》第247条规定，当事人就已经提起诉讼的事项在诉讼过程中或者

---

[1]　主观和客观是大陆法系诉讼学界常用的术语。主观是指主体或者人的意思，例如，既判力的主观范围是指既判力及于谁和谁之间的关系；诉的主观合并是指从当事人的角度看，几个诉结合的状态，即共同诉讼。客观是指客体、对象或者标的的意思，例如，既判力的客观范围是指既判力及于什么样的对象；诉的客观合并是指从诉讼标的的角度看，诉讼合并的状态。

裁判生效后再次起诉，同时符合下列条件的，构成重复起诉：①后诉与前诉的当事人相同；②后诉与前诉的诉讼标的相同；③后诉与前诉的诉讼请求相同，或者后诉的诉讼请求实质上否定前诉裁判结果。当事人重复起诉的，裁定不予受理；已经受理的，裁定驳回起诉，但法律、司法解释另有规定的除外。同时，《民诉法解释》第248条还规定，裁判发生法律效力后，发生新的事实，当事人再次提起诉讼的，人民法院应当依法受理。

可见，人民法院在判断当事人的起诉是否属于重复起诉的时候，需要审查的要素有：当事人（诉的主体）、诉讼标的、诉的理由（新的事实理由）及诉讼请求。四个要素完全相同则认定为重复起诉，其中只要有一个要素不同，法院则应当作为新诉受理，不能视为重复起诉。这一司法解释，使认定重复起诉的条件更高，有利于拓宽法院的受案范围，最大限度地保护当事人的诉权。

三、诉的种类

对于诉的种类进行划分，可以参照许多标准。比如，按照提出诉的主体为标准，可以把诉分为本诉、反诉、参加之诉。另外，我们还可以按照审判的不同阶段，将诉划分为：第一审之诉、第二审之诉和再审之诉。但是，在民事诉讼法学界，通常按照当事人提出诉的目的和内容进行划分，将诉划分为确认之诉、给付之诉和变更之诉（形成之诉）。由于这种划分使每一种诉分别反映了当事人的特定意向，同时，每一种诉也相应地制约着法院特定的审理、裁判的范围和方式，因而这种划分对于研究民事诉讼标的具有十分直接和重要的意义。

（一）给付之诉

给付之诉是指当事人提出的要求法院对争议的给付内容予以裁判的请求。给付之诉是民事诉讼中运用最为广泛的一种诉讼，也是自罗马法以来最为古老的诉讼类型。在这种诉讼中，原告声称其与被告之间存在某种实体法上的给付请求权，请求法院予以确认并依法就这一给付权利义务加以裁判。而原告所主张的当事人之间的实体法上的给付请求法律关系，包括合同、无因管理、不当得利、侵权行为等债权请求权以及因某种物权被侵害而产生的物权请求权等。

（二）确认之诉

确认之诉是指当事人提出的要求法院对当事人之间争议的某种法律关系或者法律事实是否存在、是否有效予以判定的请求。任何一种法律关系的成立，都必须有一定的事实和条件。当事人双方之间对某种民事法律关系是否已经成立，现在是否还存在，是否有效而发生争议提请人民法院确认的，就是确认之诉。确认之诉是原告为了预防某种实体法上的权利或者法律关系将来可能发生纷争而提起诉讼，因此，原告对于什么范围内的实体法上的权利或者法律关系可以提起诉讼，是一个值得研究的问题。这就是所谓确认之诉的"确认利益"问题。对此，各国民事诉讼法对于确认之诉的提起均限于"原告有既受判决的法律上的利益"。所谓既受判决的法律上的利益，是指法律关系存在与否不明确，原告主观上认为其在法律上的地位有不恰当的状态存在，而且这种不恰当的状态能够以确认判决的方式消灭掉的情形。如果经法院确认的判决不能消灭掉上述不恰当的状态，就不能认为有既受判决的法律上的利益。另外，确认利益限于既存的利益，至于过去或者将来应产生的法律关系，不能作为确认之诉的诉讼标的。

（三）形成之诉

形成之诉，也叫变更之诉、创立之诉，它是指原告人请求法院改变或消灭某种现存的民事法律关系或者在双方当事人之间建立新的民事法律关系的诉。在这种诉讼中，法院可以自己的判决来变更、消灭或者创立当事人之间的民事法律关系。民事诉讼法学界通常将形成之诉分为实体法上的形成之诉（使实体法律关系发生变动的诉）和诉讼法上的形成之诉（变更诉讼法效果的诉）。原告在第一审程序中提出的形成之诉一般多属于实体法上的形成之诉，如离婚诉讼、民事行为撤销之诉。在第二审程序和再审程序中，当事人提出的上诉与再审之诉就属于诉讼法上的形成之诉。除此之外，我国现行《民事诉讼法》第227条规定的执行异议之诉和第56条第2款规定的第三人撤销诉讼，从本质上讲也属于诉讼法上的形成之诉。

■第三节 反 诉

一、反诉的概念和特征

反诉是指原告起诉后，被告以同一诉讼程序对原告起诉。我国《民事诉讼法》把反诉规定为被告的一项诉讼权利，反诉与本诉可以合并审理。

反诉具有以下特征：

1. 反诉的主体的特定性。反诉只能由本诉被告针对本诉的原告向法院提出，第三人以本诉的原、被告为被告提出的诉是参加之诉，不是反诉。

2. 反诉的诉的独立性。反诉是一个独立的诉，反诉具备诉的一切条件，被告提出反诉还应当向法院预交反诉的诉讼费。在诉讼过程中，如果本诉撤回或者被驳回，反诉应当继续审理，不受影响。在反诉与本诉合并审理的诉讼中，调解时，法院应当就本诉与反诉一并调解，一并制作调解书。

3. 反诉目的的对抗性。被告提起反诉是在同一个诉讼中以提出一个独立的诉的方式对抗原告的诉讼请求，目的在于抵销、吞并本诉或者使本诉失去作用。

二、反诉的条件

我国民事诉讼法并未对反诉的条件作出明确而具体的规定，只是在《民诉法解释》中对反诉的条件作了粗略的规定，学界对这一问题的争论也很大。根据学术界的一般认识和《民诉法解释》的基本精神，反诉作为一种独立的诉，除必须符合诉的一般条件外，还必须具备以下五个条件：

1. 反诉必须由本诉的被告对本诉的原告提起。这是对反诉主体的要求，反诉只是将本诉的当事人地位互换，反诉不能由本诉以外的当事人提起，也不能由第三人提起。《民诉法解释》第 233 条第 1 款规定，反诉的当事人应当限于本诉的当事人的范围。

2. 反诉必须是在一定的诉讼阶段提出的。这是对反诉时间上的要求。反诉肯定应该在本诉起诉之后提出，但具体在哪个阶段提出，民事诉讼法与司法解释稍有冲突。《民诉法解释》第 232 条规定，被告可以在法庭辩论终结之前提起，但最高人民法院《民事证据规定》第 34 条第 3 款规定，被告提出反诉应当在举证期限届满前提出。

《民诉法解释》对于当事人提出反诉的时间作出了更为宽泛的规定。《民诉法解释》第 328 条规定："在第二审程序中，原审原告增加独立的诉讼请求或者原审被告提出反诉的，第二审人民法院可以根据当事人自愿的原则就新增加的诉讼请求或者反诉进行调解；调解不成的，告知当事人另行起诉。双方当事人同意由第二审人民法院一并审理的，第二审人民法院可以一并裁判。"对于发回重审的案件是否提出反诉的问题，《民诉法解释》第 251 条规定，二审裁定撤销一审判决发回重审的案件，当事人申请变更、增加诉讼请求或者提出反诉，第三人提出与本案有关的诉讼请求的，依照《民事诉讼法》第 140 条规定合并审理。同时，《民诉法解释》第 252 条规定："再审裁定撤销原判决、裁定发回重审的案件，当事人申请变更、增加诉讼请求或者提出反诉，符合下列情形之一的，人民法院应当准许：①原审未合法传唤缺席判决，影响当事人行使诉讼权利的；②追加新的诉讼当事人的；③诉讼标的物灭失或者发生变化致使原诉讼请求无法实现的；④当事人申请变更、增加的诉讼请求或者提出的反诉，无法通过另诉解决的。"

3. 反诉必须向审理本诉的人民法院提起。这是对反诉管辖的要求。反诉与本诉合并审理，本质上属于诉的合并。诉的合并自然合并地域管辖权，只有向同一法院提起，才能使本诉与反诉合并审理。但是，如果反诉应属本诉受诉法院以外的其他法院专属管辖的，则不能在本诉法院提起反诉。

4. 反诉必须与本诉为同一诉讼程序。反诉与本诉必须同属普通程序或简易程序。特别程序不适用反诉制度。本诉与反诉也不能一个适用第一审程序，另一个适用第二审程序或者再审程序。

5. 反诉必须与本诉在事实和法律上具有牵连性。反诉与本诉的诉讼请求基于相同法律关系或诉讼请求之间具有因果关系，或者反诉与本诉的诉讼请求基于相同的事实。反诉与本诉合并的目的是使诉讼更经济，同时避免法院作出矛盾的判决。如果将毫无关联的两个诉胡乱合并审理，不仅不能达到诉讼经济的目的，反而可能使诉讼复杂化。因此，反诉与本诉在纠纷发生、变更和消灭的事实上，以及与此相关联的法律基础上，能够相互抵销或者吞并。在反诉与本诉合并的诉讼中，本诉与反诉的诉讼请求因其矛盾性的存在，不可能全部都得到法院的支持。

三、反诉与反驳的区别

反驳是被告为维护自己的合法权益提出各种有利于自己的事实和根据，以否定原告提出的诉讼请求的诉讼行为。反诉与反驳的不同，主要体现为以下几个方面：

1. 性质不同。反诉被告对原告提出的独立的诉，具有诉的性质、具备诉的条件；反驳只是被告对抗原告的诉的一种手段，不是独立的诉，不具备诉的条件，当事人提出反驳也无需向法院预交诉讼费。

2. 前提不同。反诉以承认本诉的存在为前提，被告对原告提出的诉讼请求并不直接加以否定；反驳是当事人直接否定对方提出的某项事实、证据部分或某项诉讼请求，而不以承认本诉的存在为前提。

3. 目的不同。被告反诉的目的在于以其独立的诉讼请求抵销、吞并原告提起的诉讼请求，使本诉的原告败诉，并使自己独立的主张得到支持；反驳的目的则只是否定原告提出的事实、证据或者请求，没有提出独立的诉讼请求。

4. 提出的时间与次数不同。反诉只能在法定的诉讼阶段提出，而且反诉只能提出一次，不允许对反诉再反诉；反驳则可以在诉讼的任何阶段、由任何当事人提出，而且没有次数限制。

■第四节 诉的变更与追加

一、诉的变更与追加的条件

诉的变更与追加就是诉的要素的变更与追加，即诉讼标的的变更与追加以及诉讼当事人的变更与追加。诉的追加会直接形成诉的合并，当事人的追加形成共同诉讼，即主观的诉的合并；诉讼标的的追加则形成客观的诉的合并。[1]

一般而言，诉讼系属后，当事人与法院均不得随意进行诉的变更与追加（当然，必须参加诉讼的当事人，即必要共同诉讼人属于例外，必须追加）。在德国，法官绝对不允许当事人进行诉的变更，但日本和我国台湾地区则有条件地允许当事人变更其提出的诉。我国《民事证据规定》第35条也规定，在一定条件下，允许当事人进行诉的变更与追加。原告进行诉的变更与追加，必须具备下列条件：

1. 诉的变更与追加，须经被告同意。原告提起诉讼以后，为了避免被告疲于防御而拖延诉讼，世界各国民事诉讼法一般都不允许原告随意进行诉的变更和追加。这项制度的设立本身是基于保护被告的利益，当然，被告同意就属于例外了。

2. 诉的变更与追加，不得妨碍被告的防御和诉讼的正常进行。诉的变更和追加的目的在于诉讼经济和纠纷能一次性解决。如果追加和变更的诉讼证据与以前的诉讼相同，法院可以相互引用，只需调查其他少数诉讼证据，甚至不必调查就可以作出裁判；那么，这种诉的变更和追加就一般不会妨碍被告防御和诉讼的正常进行。

---

[1] 如果诉的要素中，有其中之一是多数时，我们就称之为复合之诉，其中，主观要素为多数的诉讼，在民事诉讼中，叫诉的主体合并或者诉的主观合并，也就是我们通常所说的"共同诉讼"；客观要素为多数的，就称为诉的客体合并。

反之，因诉的变更和追加使以前所收集的诉讼证据和已经进行的诉讼程序大半归于白费，必须另行收集新的诉讼证据，诉讼程序必须重新进行；那么这必然妨碍被告的防御以及诉讼程序的正常进行。至于是否符合这个要件，应该由法院根据具体情况依职权进行审查决定。

3. 追加和变更的诉，不得包含有非受诉法院专属管辖的诉讼标的。专属管辖的规定涉及社会公共利益或者国家的利益，不能以当事人的意志随意变更。如果追加和变更的诉不属于专属管辖，即使受诉法院没有管辖权，也因诉的牵连关系，受诉法院可以合并管辖。

4. 追加和变更的诉，必须能够适用同一诉讼程序。法律之所以准许原告追加变更诉讼标的，目的在于使追加、变更的诉合并到原诉的诉讼中，从而符合诉讼经济的原则。如果追加、变更的诉与原诉不能适用同一诉讼程序，自然就无法达到诉讼经济的目的。

二、诉讼标的变更与追加的程序及裁判

（一）诉的追加、变更程序

诉的追加或变更，实际上是原告在同一诉讼程序中提出新的诉。在简易程序中，原告可以不向法院提交诉状，由书记员将原告追加或变更诉的陈述记入笔录；在普通程序中，原告进行诉的追加或变更，即使追加或变更的诉属于可以适用简易程序的案件，根据《民事诉讼法》的规定，仍然应该向法院提交诉状。另外，根据《民事诉讼法》的规定，诉的追加或变更必须在法庭辩论终结前提出，并根据追加、变更的诉讼标的所涉及的标的物价额预交诉讼费用。原告或者其法定代理人进行诉的追加或变更，必须有提起新诉的能力或者代理权。诉讼代理人对新诉是否必须由当事人另行授权委托，诉讼法学术界略有争论。但一般认为，当事人在授权委托时，已经含有将解决纠纷所应采取的请求方法对诉讼代理人进行授权，诉讼代理人有权自由选择。所以，无须由当事人另行授权委托。但是，原告进行诉的变更而撤回原诉的，必须要有当事人的特别授权，这自不待言。

（二）诉的追加或变更的裁判

1. 诉的追加的裁判。原告追加新诉时，法院应依职权审查其是否符合追加诉讼的特别要件与一般诉的诉讼成立要件。如果不具备诉的一般成立要件或者追加之诉的特别要件，审判长应裁定责令原告限期补正，如逾期不补正或不能补正，法院应就追加之诉部分以裁定驳回，法院并应就原诉作出裁判。如果认为追加之诉合法，则应该就原诉与追加之诉合并审理，并加以判决。

2. 诉的变更的裁判。原告进行诉的变更时，如果原告声明以变更的新诉代替原诉并撤回原诉时，法院只需就变更的新诉进行审查。如果发现变更的新诉不符合法定情形但可以补正的，审判长应该裁定责令原告限期补正。如果原告逾期不补正或者不能补正的，法院可以以其诉不合法为由裁定驳回原告之诉，而且无须就原诉作出判决。如果变更的诉合法，当然应该进行实体上的审理并作出裁判。如果原告在

第十章

进行诉的变更时，并未明确表示撤回原诉，那么，为了保护原告的利益，在司法实践中的做法是：如果变更之诉合法，原诉当然视为撤诉；反之，则认为原告没有撤诉。所以，在这类诉讼中，法院应该首先就变更之诉进行审查，判定其是否合法。如果不合法，则以裁定驳回变更之诉，并就原诉进行实体审理并作出裁判。

【本章小结】

1. 本章阐述了诉权的概念和特征，介绍了诉权理论的学说流派；叙明了诉的概念、诉的要素、诉的种类以及诉的变更与追加等理论观点。

2. 当事人因民事实体权利义务关系发生争议或者处于不正常的状态，请求司法机关（法院）以国家的强制力为支撑，以裁判的方式予以保护、解决、救济的权利就是诉权。诉权理论经历了从私法诉权说到公法诉权说，再到诉权否认说的发展过程，但公法诉权说的具体诉权说是通说。

3. 诉，是指当事人根据自己对法律的理解，按照法律规定的条件，向法院提出的解决民事争议、保护其实体法上的权利的请求。诉应当包含客观要素与主观要素，以当事人提出诉的目的为标准，诉可以分为三种：给付之诉、确认之诉与形成之诉。

4. 反诉是指原告起诉后，被告于同一诉讼程序中对原告起诉。反诉应当具备一定的条件。

5. 诉的变更与追加就是诉的要素的变更与追加，即诉讼标的的变更与追加以及诉讼当事人的变更与追加。诉的变更与追加也应当具备若干条件。

【思考题】

1. 什么是诉权？诉权有哪些特点？
2. 简要阐述诉权理论的主要学说流派。
3. 简述诉的种类。
4. 简述诉的变更与追加的条件。

【参考文献】

1. 李龙：《民事诉讼标的理论研究》，法律出版社 2003 年版。
2. 王锡三：《民事诉讼法研究》，重庆大学出版社 1996 年版。
3. 张卫平：《程序公正实现中的冲突与衡平——外国民事诉讼研究引论》，成都出版社 1993 年版。
4. 沈达明编著：《比较民事诉讼法初论》，中信出版社 1991 年版。

第十一章

诉讼标的

学习目的和要求　了解民事诉讼标的的基本概念及其与相关概念的关系；理解诉讼标的理论的实践意义；认识我国理论界对诉讼标的理论的研究现状和实务界的理论需求。

■第一节　民事诉讼标的基本概念

诉讼标的也叫诉讼对象、诉讼客体[1]，与诉讼上的请求权是同一个概念，一般是指当事人之间争议的，原告请求法院裁判的实体权利或者法律关系的主张或者要求（声明）。在日本，民事诉讼法学者称诉讼标的为"诉讼物"。

民事诉讼标的理论是民事诉讼若干基础理论中最为抽象的理论之一。20 世纪，以德、日为主的大陆法系的民事诉讼法学界，对民事诉讼标的理论始终都保持着浓厚的研究热情，围绕着如何定义诉讼标的、如何识别诉讼标的的单复数、如何解释与诉讼标的理论有关的诸多相关理论等问题展开了旷日持久的争论和探讨，并在各个时期取得了丰富的阶段性研究成果。

一、实体法上的请求权与诉讼法上的请求权

在民事诉讼法学发展的一个相当长的历史阶段，诉讼标的被理解为纯粹实体法上的东西，与实体法上的请求权是同一个概念，并没有将实体法上的请求权与诉讼上的请求权加以区别。民法上的请求权是指存在于民事实体法之上的请求权[2]；而诉讼上的请求权则属于纯粹的民事诉讼法上的概念，它是指原告在其向法院提出的诉的声明中请求法院裁判的实体权利要求。也就是说，诉讼标的是原告个人主观

---

[1]　有人认为诉讼标的与诉讼客体不是完全相同的两个概念。认为诉讼客体是指诉讼活动所要解决的事项，诉讼客体不仅仅是对法院和当事人而言的，也是对其他诉讼参与人而言的。诉讼标的只是诉讼客体的有机组成部分。参见张晋红：《民事之诉研究》，法律出版社1996 年版，第 91～94 页。

[2]　实体法上的请求权是指请求他人为一定行为或者不为一定行为的权利，如债权。请求权必须有一定的基础权利。基础权利不同，请求权分类也不相同。一般分为物权的请求权、债权的请求权、知识产权的请求权和人身权的请求权等。债权的请求权在债的关系成立时即产生，而其他请求权一般只是在基础权利遭到侵害时才产生。

上向法院所主张的权利或者法律关系，在客观上未必已经确实存在。

二、民事诉讼标的与民事诉讼请求

在我国的民事诉讼法学术界，有一对相互联系但又有区别的概念是经常混淆使用的，即诉讼标的与诉讼请求。世界各个国家和地区对于诉讼请求在立法上有不同的称谓，有的称为诉讼的目标（如法国），有的称为诉讼旨意（如日本），还有的称为诉的声明（如我国台湾地区）。诉讼请求在我国民事诉讼法学的教材中通常是这样与诉讼标的区别概括的："诉讼请求是当事人通过人民法院向对方当事人所主张的具体权利；诉讼标的是双方当事人之间争议的法律关系，是就争议总体而言的。""法律关系（诉讼标的）决定诉讼请求，当事人是基于民事实体法律关系提出诉讼请求。原告只有在法律关系中享有权利，其提出的请求才能实现。如果法律关系不存在，或者虽有法律关系，但原告在这一法律关系中不享有权利，诉讼请求也就不能存在。""在民事诉讼中，诉的标的是不能变更的。因为变更了诉的标的，就等于变更了原来的诉。当事人变更后的诉，实际上是一个新的案件，例如，原告将房屋的租赁合同纠纷变成买卖合同纠纷，就不能允许。但是，对诉讼请求则允许变更，例如，原告要求被告交付房租的请求，可以变为请求腾房。诉讼请求还可以放弃，也可以增加或减少诉讼请求的数额。"应该说，这一解释基本上揭示出了诉讼标的与诉讼请求的本质，分清了诉讼标的与诉讼请求之间的关系，但是由于我国民事诉讼法学教材对诉讼标的理论缺乏深入、系统的研究，所以，民事诉讼法教材学中的这一解释始终显得单薄、抽象和没有理论上的有力支持。

诉讼请求相对于诉讼标的而言，具有以下特点：

1. 诉讼请求是当事人向法院提出的具体的权益请求。诉讼请求必须具体，[1]诉讼标的不可能具体。当事人提出的诉讼请求只是当事人根据自身对法律的理解或者评价，认为自己依法享有某种实体权利（请求权），于是，由这些权利出发，向法院要求的一些具体权益请求，当然，这种理解或者评价是否真正有道理，当事人依据这种理解或者评价要求的具体权益请求能否得到法院的认同（支持），还不一定。而诉讼标的则是当事人根据实体法的规定直接提出的较诉讼请求更为抽象的实体权利（法律关系）主张或者声明；也就是说，诉讼标的是直接的实体法上的权利或者法律关系的主张或者声明，诉讼请求是结合具体的案件对这种主张或者声明的具体化。离开了诉讼标的，当事人便不能凭空向法院提出任何具体的权益请求（诉讼请求），当然，法院也是通过诉讼请求去把握隐藏在其背后的诉讼标的。可以说，诉讼标的是诉讼请求的前提或者说内在原因，诉讼请求是诉讼标的的外在形式或者具体体现。

2. 当事人提出的诉讼请求可能是实体权利方面的权益请求，也可能是程序上的

---

〔1〕《民事诉讼法》第119条第3项规定："起诉必须符合下列条件：……③有具体的诉讼请求和事实、理由；……"

权益请求。首先，当事人提出诉讼请求是实体法方面的权益请求。当事人正是由于实体权利义务关系发生争议或者处于不正常的状态，才诉请法院予以裁判，诉讼请求的核心当然是实体法上的权益请求。其次，当事人向法院起诉并要求实现或者恢复自己的实体权利的同时，还可以提出程序上的权益要求（如要求法院判令对方当事人承担诉讼费用，要求第二审法院驳回起诉等），要求法院一并在诉讼中裁判。当然，程序法上的权益请求不能独立存在，它必须依附于实体法上的权益请求而存在。程序法上的权益请求是实体法上的权益请求派生出来的。当法院驳回了当事人实体法上的请求时，程序法上的权益自然就不存在了。诉讼标的是当事人向法院提出的实体法上的权利主张或者声明，这种主张或者声明与实体法律关系的产生、发展和变更有密切的关系，但不会直接涉及程序法上的权益要求。

3. 诉讼请求必须由当事人在其向法院提交的诉状中明确声明。当事人在诉讼过程中没有明确声明的诉讼请求，法院不予裁判确认。尽管根据实体法上的权利规定，就某一案件，当事人应当享有某一项或者几项重要的权益，当事人也有权在诉讼中主张这一项权益，只要没有向法院明确提出，法院就可以认为当事人已经处分了这一实体法上的权益而在裁判时不予理会。诉讼标的虽然也是由当事人提出的，但是，当事人无需在诉状中明确具体地列出。在一个诉讼中，当事人只列明了诉讼标的的具体表现——诉讼请求，法院只是直接对这一具体的、外在的东西进行裁判。当然，要对诉讼请求进行裁判，首先必须对内在的、具有本质内容的诉讼标的进行审查。诉讼标的审查清楚了，诉讼请求的裁判就顺理成章了；诉讼标的没有清楚地进行审查，诉讼请求便无从下判。

4. 诉讼请求可以由当事人在诉讼过程中随意处分、变更，而诉讼标的不得随意处分、变更。当民事争议发生以后，当事人以某一诉讼标的向法院起诉，可以依法主张若干实体权益请求。对于这些权益请求，当事人可以基于处分权主张全部，也可以只主张一部分；在诉讼过程中，可以随意变更、放弃或者增加这种权益请求。而诉讼标的一经提出，便不能随意变更、放弃和追加。

综上所述，我们以为，诉讼请求是指当事人在诉讼过程中根据诉讼标的向法院提出的具体的权益请求。诉讼标的是指当事人之间争议的且原告请求法院裁判的实体权利或者法律关系的主张或者声明。

■第二节　我国诉讼标的理论透视

一、我国诉讼标的理论的现状透视

概观我国民事诉讼法学界，自民事诉讼法学体系建立至今，从来就没有对诉讼标的理论作过系统的研究，也从来没有参与过以德、日为主流的世界诉讼标的理论的论争。虽然在我国的民事诉讼法中曾多次出现诉讼标的的概念，但民事诉讼法学界的学者几乎无一例外地将诉讼标的作为诉的一个构成要素加以定义。因此，在我国民事诉讼法学界，对诉讼标的与诉的标的没有加以区别，而且所有的民事诉讼法学教材的诉讼标的的定义本质上几乎完全相同，没有差异，或者说，关于民事诉讼标的的定义在我国民事诉讼法学界几乎没有争论。关于诉讼标的的概念，我国学者的表述方式略有不同，早期的民事诉讼法著作主要的表述方式有：① "诉讼标的是指当事人向对方所提出的法律关系或者一定的民事权益。" [1] ② "民事诉讼的双方当事人，因民事权利义务关系发生纠纷，或者他的民事权益受到侵害，以诉讼的形式要求人民法院对争议的民事法律关系通过审理，作出裁判或者调解并受调解和裁判的约束。这种需要调解和裁判的民事法律关系就是诉讼标的。由于案件的诉讼标的不同，当事人争议的内容和请求人民法院作出裁判和调解的实体权利和义务也不一样。在诉讼活动中，第三人通过人民法院向本诉的原告和被告同时提出实体权利的要求，被告反诉时提出的实体权利要求，也都有其诉讼标的。" [2] 即最终都将诉讼标的定义为：双方当事人发生争议而请求人民法院作出裁判的实体权利义务关系。[3]

（一）诉讼标的的基本内涵

一谈到我国民事诉讼法学理论的建立，很多人都会联想到苏联。的确，我国民事诉讼法学理论体系的构建，基本理论观点的形成与苏联有着密不可分的联系，"我国民事诉讼的理论体系基本上是以苏联的民事诉讼理论体系为蓝本构建的，从民事诉讼的法理念到理论框架都是苏联的移植"。[4] 但是，诉讼标的概念的形成却与苏联的诉讼标的理论没有直接、必然的联系。也就是说，恰恰是诉讼标的的理论观点没有从苏联引进或者继承过来，至少没有完全、彻底地引进、继承过来。有的学者有不同看法，比如，张卫平认为："关于诉讼标的的观点也是从苏联引进的……苏联民事诉讼体制和理论尽管在基本模式和理念上与其旧的体制和理论有很大的差异，但诉讼体制的形式结构和诉讼理论中的许多概念仍被 '批判性' 地加以了继承。诉讼标的就是所继承的一部分。" [5]

我国民事诉讼法学界在分析作为诉的要素的诉讼标的时，借鉴了我国台湾地区旧实体法学者的观点，简单地将诉讼标的定义为：当事人之间争议的，并要求人民法院裁判的民事法律关系。对于民事诉讼标的的内涵，我国民事诉讼法学界是这样

---

〔1〕 常怡主编：《民事诉讼法教程》，重庆出版社 1982 年版，第 125 页。

〔2〕 柴发邦主编：《民事诉讼法教程》，法律出版社 1983 年版，第 184 页。

〔3〕 柴发邦主编：《中国民事诉讼学》，中国人民公安大学出版社 1992 年版，第 285 页；常怡主编：《民事诉讼法教程》，重庆出版社 1982 年版，第 125 页；常怡主编：《民事诉讼法学》，中国政法大学出版社 1994 年版，第 127 页；《中国大百科全书·法学》，中国大百科全书出版社 1984 年版，第 566 页。

〔4〕 张卫平："转换时期我国民事诉讼理论体系的逻辑发展与契合"，载《湘江法学评论（第 1 卷）》，湖南出版社 1996 年版，第 235 页以下。

〔5〕 张卫平："论诉讼标的及识别标准"，载《法学研究》1997 年第 4 期；张晋红：《民事之诉研究》，法律出版社 1996 年版，第 87 页。

界定的："诉讼标的，又称为诉的标的，是指当事人之间发生争议，并要求人民法院作出裁判的民事法律关系。民事权利义务关系在未发生争议时，只是民事法律关系，是民法学所研究的内容；发生争议而未提请法院裁判的，也只是民事权利义务的争议，仍不能成为诉讼标的。只有民事权利义务关系发生争议并诉诸法院，要求法院对争议作出裁判，民事法律关系才成为诉的标的。在民事诉讼中，有的争议是对法律关系的争议；有的当事人进行诉讼，却不是对当事人之间的法律关系本身有争议，而只是在行使权利或履行义务上发生争议。当事人将争议提请法院裁判，法院查明案情，确认其民事法律关系，这一法律关系就是诉的标的。"[1]在我国民事诉讼法学界，对民事诉讼标的作这样的界定是具有代表性的。根据这一概念，当事人之间争议的民事法律关系，即纳入诉讼的实体权利义务关系。关于民事法律关系的争议，从本质上讲就是关于这种法律关系的内容——实体权利和义务的争议。这种争议表现为：①实体权利义务的履行的争议（给付之诉）；②实体权利义务存在与否或者有效与否的争议（确认之诉）；③对现存实体权利义务关系请求解除的争议（变更之诉）。无论是什么样的争议，法院的审判都是围绕着民事实体法律关系来展开的，法院的裁判都必须在对民事法律关系进行全面的审查后才能作出。所以，我国民事诉讼法学界将诉讼标的视为"争议的民事法律关系"。

需要特别说明的是，尽管我国民事诉讼法学界的诉讼标的理论主要是旧实体法学说的理论体系，在大多数问题上也采纳了该学说的基本观点，但是，概观我国民事诉讼法学界和我国的司法实践，我们并没有将旧实体法学说贯彻到底，在某些具体的问题上，有时又吸收了诉讼法学说（新诉讼标的理论）的一些零碎的观点。例如，在我国民事诉讼法中，诉的合并与变更是指诉讼请求的变更（诉的声明的变更）；在请求权竞合时，在司法实践中，法院通常并不认为当事人可以提出多个诉，法院只根据当事人的诉讼请求（诉的声明）作出一个判决，判决的既判力及于所有竞合的实体法上的请求权。这种对诉讼法学说的吸收，是在诉讼标的的基本理论观点确定的基础上，一方面是诉讼法学说的某些观点符合我国司法实践的需要；另一方面也是一些民事诉讼法学者意识到了旧实体法学说本身的缺陷。

（二）诉讼标的的外延

我国民事诉讼标的概念的外延是指民事诉讼标的到底包含哪些内容？或者说，在民事诉讼中，符合民事诉讼标的的概念的对象是什么？对此，我国民事诉讼法学界从来没有人作出过界定，但要深入研究民事诉讼标的的概念，有必要对诉讼标的的外延作出明确的界定。

1. 从民事实体法的角度看，民事法律关系可以按照不同的标准进行划分。根据民事法律关系的内容即民事法律关系中当事人之间的民事权利义务是否有直接的物质利益，可以将民事法律关系分为财产法律关系和人身法律关系；按照民事法律关

〔1〕 常怡主编：《民事诉讼法学》，中国政法大学出版社 1999 年版，第 163 页。

系义务主体的范围即义务主体是否特定，民事法律关系可以分为绝对民事法律关系和相对民事法律关系。有的学者认为，民事法律关系的这一分类是根据民事法律关系当事人行使和实现其权利或者履行其义务的方式不同为标准进行划分的。其实，这是从不同角度来看待同一问题，前一种标准是根据民事法律关系的主体不同，后一标准则是根据民事法律关系内容的行使和实现方式的不同。根据权利主体行使和实现其权利方式的不同，财产法律关系可以分为物权法律关系和债权法律关系。

应当特别注意的是，作为诉讼标的的民事实体法律关系和民事实体法上的请求权，必须是这种法律关系或者请求权的"最小单位"。比如，名誉权就是人身权的最小单位，借贷合同就是合同纠纷的最小单位。其实，当事人向人民法院提出的案由就直接体现了民事诉讼的诉讼标的，或者说，在我国民事诉讼中，民事诉讼的案由就是当事人讼争的诉讼标的。

最高人民法院从司法实践出发，以民事实体法和民事诉讼法为依据，颁布了《民事案件案由规定》，这一规定经多次修订后，在 2011 年 4 月 1 日已经施行。在这一规定中，最高人民法院以民法理论对民事法律关系的分类为基础，按法律关系的内容即民事权利类型来编排体系，结合现行立法及审判实践，将侵权责任纠纷案由提升为第一级案由，将案由的编排体系重新划分为：人格权纠纷，婚姻家庭继承纠纷，物权纠纷，合同、无因管理、不当得利纠纷，劳动争议与人事争议，知识产权与竞争纠纷，海事海商纠纷，与公司、证券、保险、票据等有关的民事纠纷，侵权责任纠纷，适用特殊程序案件案由，共 10 大部分，作为第一级案由。

在第一级案由项下，细分为 43 类案由，作为第二级案由；在第二级案由项下，列出了 424 种案由，作为第三级案由，第三级案由是司法实践中最常见和广泛使用的案由。

2. 从民事诉讼法的角度看，诉讼标的可以按照诉讼种类划分为给付之诉的诉讼标的、变更之诉的诉讼标的、确认之诉的诉讼标的。给付之诉实质上是对民事法律关系的内容的争议；变更之诉和确认之诉应该说，都是对民事法律关系本身的争议：要么是对民事法律关系是否存在或者有效的争议，要么是对现存的民事法律关系是否继续维持的争议。应该说，三种诉讼类型的诉讼标的的具体内容是不同的，但是我国民事诉讼法学界都统统定义为：争议的民事法律关系，在任何一种民事诉讼案件中，似乎当事人只要向法院主张某种法律关系，法院也只需对法律关系本身进行审理、裁判就行了，就可以实现民事诉讼的目的了。非常明显，我国民事诉讼标的概念的外延太狭窄。

（三）诉讼标的术语的法条解读

在我国民事诉讼法典和《民诉法解释》中，涉及"诉讼标的"一词的地方有十多处，这十多处的"诉讼标的"的概念的含义是没有统一的，这些概念所表达的含义很难形成一个科学的、完整的理论体系。

1. 诉讼标的是指争议的民事法律关系。在我国《民事诉讼法》中，涉及"诉讼标的"的法律条文有第 52、54、56、241 条，在《民诉法解释》第 233 条和上述几个条文中，诉讼标的的概念在立法时是经过了仔细推敲的，其概念的内涵和外延是基本上统一的。这里的"诉讼标的"基本上都可以按照民事诉讼法学教材中的通说观点进行定义，即指当事人之间争议的民事实体法律关系。

（1）《民事诉讼法》第 52 条规定："当事人一方或者双方为 2 人以上，其诉讼标的是共同的，或者诉讼标的是同一种类、人民法院认为可以合并审理并经当事人同意的，为共同诉讼。共同诉讼的一方当事人对诉讼标的有共同权利义务的，其中一人的诉讼行为经其他共同诉讼人承认，对其他共同诉讼人发生效力；对诉讼标的没有共同权利义务的，其中一人的诉讼行为对其他共同诉讼人不发生效力。"

（2）《民事诉讼法》第 54 条第 1 款规定："诉讼标的是同一种类、当事人一方人数众多在起诉时人数尚未确定的，人民法院可以发出公告，说明案件情况和诉讼请求，通知权利人在一定期间向人民法院登记。"

（3）《民诉法解释》第 233 条规定："反诉的当事人应当限于本诉的当事人的范围。反诉与本诉的诉讼请求基于相同法律关系、诉讼请求之间具有因果关系，或者反诉与本诉的诉讼请求基于相同事实的，人民法院应当合并审理。反诉应由其他人民法院专属管辖，或者与本诉的诉讼标的及诉讼请求所依据的事实、理由无关联的，裁定不予受理，告知另行起诉。"

（4）《民诉法解释》第 247 条规定："当事人就已经提起诉讼的事项在诉讼过程中或者裁判生效后再次起诉，同时符合下列条件的，构成重复起诉：①后诉与前诉的当事人相同；②后诉与前诉的诉讼标的相同；③后诉与前诉的诉讼请求相同，或者后诉的诉讼请求实质上否定前诉裁判结果。当事人重复起诉的，裁定不予受理；已经受理的，裁定驳回起诉，但法律、司法解释另有规定的除外。"

在这几个法条和司法解释中，所谓"诉讼标的是共同的"和"诉讼标的是同一种类"，非常明显是指双方当事人在民事诉讼中争议的、要求法院裁判的民事实体法律关系在最小单位的意义上是同一个或者是同一种类型。诉讼标的共同的诉讼就称为"必要共同诉讼"，诉讼标的是同一种类的诉讼就称为"普通共同诉讼"。所谓"当事人对诉讼标的有共同的权利义务"和"对诉讼标的的没有共同的权利义务"，是指当事人对于民事法律关系的内容（民事权利义务）是否一致。至于《民诉法解释》提到的"诉讼标的"，很明显是与诉讼请求不同的实体法律关系或者实体法上的请求权。

2. 诉讼标的是指诉讼标的物。

（1）《民事诉讼法》第 56 条第 1、2 款规定："对当事人双方的诉讼标的，第三人认为有独立请求权的，有权提起诉讼。对当事人双方的诉讼标的，第三人虽然没有独立请求权，但案件处理结果同他有法律上的利害关系的，可以申请参加诉讼，或者由人民法院通知他参加诉讼。人民法院判决承担民事责任的第三人，有当事人的诉讼权利义务。"

这个条文中的"诉讼标的"的概念值得进一步研究。对这里的诉讼标的，如果按照通说的观点，将其理解为"双方当事人争议的民事实体法律关系"，那么，"对当事人双方的诉讼标的，第三人认为有独立请求权的，有权提起诉讼"，就应该理解为：对当事人双方争议的民事法律关系，第三人认为有独立的请求权，有权提起诉讼，这显然不好理解：第三人如何对民事法律关系有独立的请求权呢？对这一条文的不同理解，曾经在我国民事诉讼法学界引发过一场不大不小的争论。[1]这场争论其实是对诉讼标的概念的两种不同理解的结果。如果将诉讼标的理解为"民事实体法律关系"，那么这一争论还可以进行下去，很难有终结的一天。

民事诉讼法在这里使用"诉讼标的"一词其实是立法的一个疏漏，应该使用"诉讼标的物"这一概念。也就是说，这里的"诉讼标的"是"诉讼标的物"的同义语。第三人"对当事人之间的诉讼标的有独立的请求权"就是指第三人对原被告之间争议的诉讼标的物有全部或者部分的请求权。根据这个观点，在没有诉讼标的物的诉讼（纯粹的身份关系诉讼）中，就不存在有独立请求权的第三人。在不涉及财产分割的离婚诉讼中，不应该存在有独立请求权的第三人。但是，在涉及财产分割的诉讼中，有独立请求权的第三人可以对即将分割的财产主张部分或者全部权利，因而可以参加诉讼。

（2）《民事诉讼法》第 265 条规定："因合同纠纷或者其他财产权益纠纷，对在中华人民共和国领域内没有住所的被告提起的诉讼，如果合同在中华人民共和国领域内签订或者履行，或者诉讼标的物在中华人民共和国领域内，或者被告在中华人民共和国领域内有可供扣押的财产，或者被告在中华人民共和国领域内设有代表机构，可以由合同签订地、合同履行地、诉讼标的物所在地、可供扣押财产所在地、侵权行为地或者代表机构住所地人民法院管辖。"

该条文明确提出了诉讼标的物的概念：诉讼标的物是指诉讼标的所指向的对象，即争议的民事法律关系所直接涉及的客体，诉讼标的物完全属于实体法的概念。这说明，我国大陆的民事诉讼立法完全意识到了诉讼标的与诉讼标的物的区别，另外还说明，我国大陆民事诉讼标的的概念从来就没有离开过实体法，总是从实体法的角度来界定诉讼标的的。

3. 诉讼标的就是指诉讼请求（诉的声明）。在《民诉法解释》中，提到"诉讼标的"概念的地方总共有 10 处，其中，第 193、194、197（两处）、198（两处）条

---

[1] 对此，有学者认为，第三人对诉讼标的的独立请求权指的是第三人对本诉诉讼标的所主张的权利；还有人认为，第三人对诉讼标的的独立请求权是第三人对本诉原告、被告争执的标的物所主张的请求权；更有人认为，第三人的独立请求权是指第三人对本诉原告和被告主张的请求他们为一定行为或不为一定行为的权利（参见常怡主编：《新中国民事诉讼法学研究综述（1949～1989）》，长春出版社1991年版，第134页），以恢复其因本诉原告、被告，设立并争执一定的民事法律关系的行为所受侵害的合法民事权益，第三人的独立请求权在性质上是属于民事实体法的范畴（参见陈彬："浅析第三人的独立请求权"，载《政法学刊》1986年第1期）。

所涉及的"诉讼标的"，实际上就是指的诉讼请求：

（1）《民诉法解释》第193条规定："人民法院对个人或者单位采取罚款措施时，应当根据其实施妨害民事诉讼行为的性质、情节、后果，当地的经济发展水平，以及诉讼标的额等因素，在民事诉讼法第115条第1款规定的限额内确定相应的罚款金额。"

（2）《民诉法解释》第194条规定："依照民事诉讼法第54条审理的案件不预交案件受理费，结案后按照诉讼标的额由败诉方交纳。"

（3）《民诉法解释》第197条规定："诉讼标的物是证券的，按照证券交易规则并根据当事人起诉之日前最后一个交易日的收盘价、当日的市场价或者其载明的金额计算诉讼标的金额。"

（4）《民诉法解释》第198条规定："诉讼标的物是房屋、土地、林木、车辆、船舶、文物等特定物或者知识产权，起诉时价值难以确定的，人民法院应当向原告释明主张过高或者过低的诉讼风险，以原告主张的价值确定诉讼标的金额。"

在《民诉法解释》的这几个条文中所涉及的"诉讼标的"，实际上也是指诉讼请求，不是诉讼标的（争议的实体法律关系），即《民诉法解释》混淆了诉讼标的与诉讼请求这两个概念。《民诉法解释》第193条中有提到"诉讼标的金额"，其实只有诉讼请求才有金额大小，诉讼标的（争议的民事实体法律关系）无所谓金额的大小；在《民诉法解释》第194条中，"按照诉讼标的额"由败诉方交纳诉讼费用，诉讼标的额也只能是诉讼请求的数额大小，诉讼标的（争议的民事实体法律关系）的额度是无法量化的；在《民诉法解释》第197、198条中，"诉讼标的物"、"诉讼标的额"实际上也是指诉讼请求所涉及的标的物及其价值，而不是指争议的实体法律关系。

二、诉讼标的理论的实践意义

在我国大陆民事诉讼法学界，始终都是从诉的要素的角度去研究诉讼标的，因此，诉讼标的也叫诉的标的。也就是说，在我国民事诉讼的基本理论中，诉讼标的只有在作为诉的要素时才具有意义。在我国民事诉讼法中，作为诉的重要要素之一的诉讼标的（诉的标的）的实践意义也就体现在以下几个方面：

（一）诉讼标的是法院受诉的重要依据

根据我国现行的民事诉讼法理论，原告因民事实体权利义务关系发生争议，向人民法院提起诉讼，寻求司法保护，即向人民法院提起诉讼。这个诉必须具备最基本的要素：①诉讼标的；②诉的主体。也就是说，原告起诉时必须向法院申明他与被告争议的是什么、要求法院裁判的对象是什么，同时还要说明提起这一诉讼的主体是谁，否则，人民法院就会以原告的诉讼不成立为由裁定不予受理。要区分此诉与彼诉的区别，关键就要看这两个诉的诉讼标的是否一致。如果原告向法院提出的诉与法院已经裁判过的某个诉讼的诉讼标的完全相同，而且提出诉的理由也完全相同，人民法院也会以后诉属于"重诉"为由不予受理。[1]

（二）诉讼标的是使诉特定化的重要依据

在民事诉讼过程中，原告可以变更、放弃诉讼请求，这并不影响诉讼的正常进行。比如，原被告之间因一个合同纠纷在法院进行诉讼，原告的请求由要求被告继续履行合同变更为赔偿损失，这并没有改变原诉讼的性质。但是，原告一旦向人民法院提出了诉讼标的，便不得随意变更，如果原告变更了诉讼标的，也就等于变更了诉。比如，原告以与被告之间存在个人合伙法律关系为由，要求分配合伙的第一期利益；在诉讼过程中，原告又变为主张借贷关系存在，要求被告支付借款的第一期利息，这就属于变更诉讼标的的情况，这实际上是将原来的诉讼变为了一个全新的诉讼。至于诉的另一个要素，即诉的理由在不切合实际时，按照我国人民法院实事求是、追求案件的客观真实的办案原则，可以进行变更。也就是说，在民事诉讼中，当事人提出的诉的理由，由于种种原因，经过法院对案件的审理，证明是不真实的，或者是不完全真实的，应当允许当事人变更诉的理由。即使当事人不变更，人民法院也应当予以变更，即人民法院必须以查证属实的事实作为确认当事人之间民事法律关系的根据。[2]可见，在我国当前的诉讼模式下，使诉特定化的唯一依据只能是诉讼中不能随意变更的诉讼标的。

（三）诉讼标的是法院适用审判程序和确定审判方式的基础

原告提出的诉讼标的的性质和范围直接影响人民法院对案件的主管和管辖、审判程序的选择、审判方式的选择等程序问题的确定。

一个民事案件在起诉以前，首先应该弄清楚这个案件是否具有民事诉讼的"可诉性"，即这个案件是否属于人民法院的受案范围。任何非法律关系的纠纷都不能通过诉讼救济的方式解决，能够进入诉讼程序的纠纷肯定是法律关系的纠纷。[3]而民事诉讼只是解决平等主体之间因财产关系和人身关系而发生的纠纷，换句话说，只有平等主体之间的某些法律关系的争议才能起诉。原告在起诉时首先要弄清楚在我国现行的法律制度下，该法律关系的纠纷是否可以作为诉讼标的纳入诉讼救济的轨道。在确定该案件具有民事诉讼的可诉性以后，该案件的诉讼标的（争议的实体法律关系）的性质决定了该案件是否属于法定的专属管辖（是否允许当事人协议选择该案件的管辖法院）、级别管辖是否有特别的规定、是否属于共同管辖等问题；该案件的诉讼标的的范围与该案的影响范围、涉及的法院辖区范围、是否有涉外的因素、是否有

---

[1]　关于"重诉"不予受理，在我国民事诉讼中有例外：对于人民法院准予撤诉的裁定，当事人可以再起诉；另外，对于人民法院判决、调解不准离婚或者判决、调解维持收养关系的案件，当事人可以在6个月以后再起诉。

[2]　常怡主编：《民事诉讼法学》，中国政法大学出版社1999年版，第164页。

[3]　非法律关系的纠纷，即不受法律规范调整的纠纷。因为既然非法律关系的纠纷不受法律规范的调整（或许受道德、宗教或者其他行为规范的调整），法院在解决这一纠纷时就不能找到裁判这一纠纷的实体法，因此，法院也就无法在"以事实为依据、以法律为准绳"的法治原则下裁判该案件。

涉港澳台的因素等问题紧密相连，这对确定案件的管辖权当然也有非常重要的影响。

案件的诉讼标的，决定了人民法院审理该案件时适用的审判程序。如果案件的诉讼标的属于选举法律关系的争议，那么人民法院就应当适用特别程序的选民资格案件程序；如果案件的诉讼标的属于劳动法律关系的争议，那么当事人必须先向劳动仲裁机构申请仲裁，对仲裁裁决不服才能起诉；如果诉讼标的只是申请人要求人民法院对某种法律事实或者法律关系予以确认，并不要求人民法院解决民事实体权利义务的争议，那么人民法院就应当适用特别程序、督促程序、公示催告程序；如果诉讼标的是一般民事法律关系的争议，则应适用普通程序或者简易程序。对于一般民事实体权利义务的争议，如果事实清楚、权利义务关系明确（诉讼标的明确）、争议不大（对诉讼标的物的争议不大），人民法院可以适用独任制进行审理；反之，则必须组成合议庭进行审理。

（四）诉讼标的是被告应诉答辩的依据

在原告向人民法院提起诉讼以后，被告要应诉答辩，只能根据原告向人民法院提出的诉讼标的进行答辩。原告是根据什么实体法律关系向人民法院主张什么样的权利？该实体法律关系到底是否存在或者该法律关系是如何发生、发展和变更的？被告应选择什么样的角度或者方式反驳原告的主张：是否认为诉讼标的的实体法律关系存在呢？还是提出一个新的法律关系来抵销或者吞并原告的主张（提出反诉）？这些都是被告在答辩时必须考虑的。总之，被告在应诉答辩时，一切诉讼策略的考虑和设计都不能离开原告提出的诉讼标的。

【本章小结】

1. 本章阐述了关于民事诉讼标的的一般理论，包括诉讼标的的概念、诉讼标的与诉讼请求的区别、诉讼标的的外延、诉讼标的的法条解读。

2. 诉讼标的也叫诉讼对象、诉讼客体，与诉讼上的请求权是同一个概念，一般是指当事人之间争议的，原告请求法院裁判的实体权利或者法律关系的主张或者要求。诉讼标的不同于诉讼请求，诉讼请求是当事人向法院提出的具体的权益请求。

3. 从司法实践出发，诉讼标的的外延可概括为：10 大部分，30 大类，361 种。在我国大陆民事诉讼法典和最高人民法院司法解释中，涉及"诉讼标的"一词的含义并没有统一，有多种内涵。

4. 在我国民事诉讼法中，作为诉的重要要素之一的诉讼标的（诉的标的）的实践意义表现在：①诉讼标的是法院受诉的重要依据；②诉讼标的是使诉特定化的重要依据；③诉讼标的是法院适用审判程序和确定审判方式的基础；④诉讼标的是被告应诉答辩的依据。

【思考题】

1. 什么叫民事诉讼标的？

2. 民事诉讼标的理论有何实践意义？

3. 简述构建我国民事诉讼标的理论体系的可能性与必要性。

【参考文献】

李龙:《民事诉讼标的理论研究》，法律出版社 2003 年版。

第十一章

第五编　民事诉讼证据与证明

证据

学习目的和要求　了解民事诉讼证据的概念、特征、学理上对证据的分类标准；理解书证等 8 种《民事诉讼法》规定的证据种类及特征；了解证据保全的概念、条件、程序与方法；熟悉并能运用各种证据的特点，结合实际情况判断某一材料属于何种证据；掌握证据审核认定的概念、原则及其基本内涵和方法。

■第一节　证据概述

一、民事诉讼证据的界定和作用

民事诉讼证据，是指在民事诉讼中用以证明和确认案件事实的各种依据。为准确起见，这里必须对民事诉讼证据和民事诉讼证据材料作出区分。民事诉讼证据材料，是指当事人在民事诉讼中提供的或人民法院收集的，尚未经过诉讼程序检验的那些材料。它和民事诉讼证据的最大区别在于：它要成为后者，还必须经过当事人双方的质证以及人民法院的审核和认定。但两者之间同时具有密切的联系，民事诉讼证据来源于民事诉讼证据材料，离开后者，它就是无源之水、无本之木。由于《民事诉讼法》对两者未加以区分，所以本书中有的地方对此不便区分，但读者需要注意其在各种语境下的具体含义。它具有以下作用：

1. 证据是人民法院查明事实真相的手段、认定案件事实的根据。案件一旦发生就成为过去，我们无法让时间倒转，唯一有效和可能的手段就是通过有价值的信息和材料最大限度地还原案件的本来面目。这些有价值的信息和材料在法律上以证据材料的形式表现出来，人民法院对这些证据材料通过严格的程序筛选，获得了有用的证据，并通过这些证据查明了事实真相，案件事实得以重构。

2. 证据是当事人维护自己民事权益的武器。对进入诉讼的当事人来说，要得到人民法院的支持，获得有利于自己的司法裁判，就必须用证据说话，证据充分不充分常常直接决定着诉讼的胜负。如果主要的证据灭失，即使当事人主张的事实本身是真实的，除非对方当事人予以承认，否则人民法院也无法从法律上加以确认。

3. 证据是使裁判具有公信力的基础。裁判的权威性体现在它以事实为依据，以法律为准绳。一个无事实依据、无充分证据支持的裁判文书，是不会有公信力的。

二、民事诉讼证据的特征

通说认为，民事诉讼证据具有客观性、关联性和合法性三大特征，只有同时具备这三个特征的证据材料，才有作为证据的资格或者可采性，学者将之称为证据资格或证据能力。也有学者认为，证据材料只要同时具备关联性和合法性，甚至只要具备合法性，就具有证据资格。

（一）客观性

民事证据的客观性，是指作为民事证据的事实材料必须是客观存在的。也就是说，作为证据事实，它不以任何人的主观意志为转移，它以真实而非虚无的、客观而非想象的面目出现于客观世界，且能够为人所认识和理解。民事证据的客观性，源于事物之间的普遍联系。具体地说，在民事法律关系的变动过程中，必然会以各种形式在客观世界里留下印迹，这些印迹，在民事诉讼中就表现为人证或物证等形式。通过这些印迹，一般而言可以真实地再现民事法律关系的具体变动过程。由此看来，虽然这个回溯性的事实不能和真实的事实划等号，但它是建立在客观、真实的证据材料之上的，这是毫无疑问的。

强调民事证据的客观性就是强调它必须是真实、客观的证据材料。为此，一方面要求当事人在举证时必须向人民法院提供真实的证据，不得伪造、篡改证据；要求证人如实作证，不得作伪证；要求鉴定人提供科学、客观的鉴定意见。另一方面，要求人民法院在调查收集证据时，应当保持客观，不得先入为主，甚至只收集有利于一方当事人的证据；要求人民法院在审查核实证据时，必须持客观的立场。

（二）关联性

民事证据的关联性，又称为民事证据的相关性，是指民事证据必须与案件的待证事实之间有内在的联系。事物之间的联系是普遍的，在一个民事法律关系中，联系也是普遍的，但并非所有的联系均具有法律意义。对于民事诉讼这个领域来讲，所考察的联系只是那些和待证事实之间有关系的内在联系。也就是说，只有对于认定案件事实有帮助的事实材料才有法律意义。这种事实材料所反映的关联性一般以两种形式表现出来：①直接的联系，如事实材料所反映出的事实本身就是待证事实的组成部分；②间接的联系，如事实材料所反映出的事实能够间接证明某一待证事实成立。

强调民事证据的关联性，就是强调它与案件事实之间具有内在的联系。为此，对于当事人及其诉讼代理人而言，在收集、提供证据时应将注意力集中在那些与案件有关联的证据材料上；对于人民法院而言，应将调查和审核证据的范围严格限定在与案件有关联的证据材料上。

（三）合法性

民事证据的合法性是指作为民事案件定案依据的事实材料必须符合法定的存在形式，并且其获取、提供、审查、保全、认证、质证等证据的适用过程和程序也必须是合乎法律规定的。[1] 通说认为，民事证据的合法性包括三个方面的内容：①证据的存在形式合法，即所有的证据都必须具备法律规定的特定形式要件。②证据的取得合法，即当事人和代理人在收集证据时，所使用的手段和程序必须符合法律规定；人民法院在依职权调查、收集证据时也同样要遵守法律的规定。③证据的提交和认定的程序合法。如《民事诉讼法》第63条第2款规定，证据必须查证属实，才能作为认定事实的根据。

明确证据具有合法性，可以使当事人和人民法院在收集和运用证据的过程中始终注意合法性的要求，以便将那些不具备合法性要求的证据材料排除。

客观性、关联性和合法性（一般简称"三性"）是作为民事证据的事实材料不可分割的三个本质属性，缺一不可。不同时具备这"三性"的事实材料对人民法院最终认定案件事实不具有参考价值；对于当事人和其诉讼代理人而言，无形中就浪费了时间和金钱，得不偿失。所以，深刻理解民事证据的"三性"，无论是对于人民法院而言，还是对于当事人而言，均具有重要的意义。

■第二节 证据的分类

根据不同的标准，学理上对民事诉讼证据进行了不同的分类：本证与反证、直接证据与间接证据、原始证据与传来证据、言词证据与实物证据等，下面分别予以论述。

一、本证与反证

根据证据与证明责任承担者关系的不同，可以将证据分为本证与反证。对待证事实负有证明责任的一方当事人所提出的、用来证明自己所主张事实存在的证据叫做本证；不负证明责任的当事人提出的证明对方主张的事实不真实的证据叫做反证。反证的作用在于削弱、动摇本证的证明力。因此，在负有证明责任的一方当事人提出本证并使事实的认定发生不利于对方当事人的变化时，对方当事人才有提出反证的必要。

---

[1] 在法治国家，强调民事证据的合法性其实就是在强调人权的重要性，如《民诉法解释》第106条就深刻地体现了这一点。

　　由于证明责任不完全分配给原告一方，所以，本证与反证的划分同举证人在诉讼中究竟是处于原告还是被告的诉讼地位无关，原告所举的证据并非都是本证，被告所举的证据也并非都是反证。区分本证与反证的实践意义在于：

　　1. 本证与反证对证明的要求不一样。本证必须达到使审判人员确信本证的事实极有可能存在的程度；而反证只要能够达到动摇审判人员对本证的事实确信的程度，使其真伪不明就行了。形象地说，如果说本证要证明某一待证事实为真，或者起码是八九不离十这种程度的话，那么，反证只要证明本证的事实有五六成的把握，达到可以判定其为假或者真假难辨的程度就可以了。

　　2. 明确调查证据的顺序。在本证与反证都已提出的情况下，法官应先调查本证，如果本证的证明力很弱，明显达不到证明标准，就没有必要再对反证进行调查。

　　二、直接证据与间接证据

　　根据证据与待证事实之间联系的不同，可以把证据分为直接证据与间接证据。直接证据是指与待证的案件事实具有直接联系，能够单独证明案件事实的证据。间接证据是指与待证的案件事实之间具有间接联系，不能单独证明案件事实，必须与其他证据结合起来才能证明案件事实的证据。

　　直接证据与间接证据的证明力不同。[1]直接证据由于能够单独证明案件事实，因此其证明力要强于间接证据；间接证据由于必须同其他证据结合起来才能证明案件事实，因此其证明力要弱于直接证据。但间接证据也具有重要的证明作用：一方面，它可以用来补充直接证据的效力，对案件事实起辅助的证明作用；另一方面，在缺乏直接证据的情况下，可运用多个间接证据形成证据链条来对案件事实加以证明。[2]

　　此种分类的意义在于：①促使当事人尽量收集和提供直接证据，而运用间接证据时需注意形成证据链条；②促使人民法院谨慎对待间接证据。

　　三、原始证据与传来证据

　　按照证据来源的不同，可以把证据分为原始证据与传来证据。原始证据是指直接来源于原始出处的证据，又称为第一手证据，如目击证人对其亲眼所见所作的证词。传来证据，是指由原始证据衍生的，经过复制、转述、传抄等中间环节得来的证据，又称为派生证据，如复印件。

　　原始证据由于未经过任何中间环节，因而其证明力要强于传来证据。传来证据由于间接得来、容易失真，因而其证明力较弱。但传来证据在诉讼中也具有重要的作用：一方面，它可以作为获得原始证据的线索；另一方面，在获得原始证据确有困难的情况下，可用传来证据来证明和认定案件事实。当然，相比较直接证据而言，

---

〔1〕　证明力是指各种证据的可靠程度及证明作用的大小，以便决定其是否可以作为定案的依据。

〔2〕　该证据链条必须符合以下证明规则：①各个间接证据本身必须真实可靠；②间接证据本身须具有一致性，相互之间不存在矛盾。

用传来证据来证明和认定案件事实必须符合更为苛刻的条件，如《民诉法解释》第
111条的规定。

区分原始证据与传来证据的意义在于：①促使当事人尽可能地收集和提供原始
证据；②促使人民法院谨慎对待传来证据，不轻易加以认定。

四、言词证据与实物证据

根据证据所依附的载体及表现的形式不同，可以将证据分为言词证据与实物证
据。言词证据，是指以人为载体，以其陈述为表现形式的证据，故又称人证。证人
证言、当事人陈述都属于言词证据。鉴定意见虽然具有书面形式，但其实质是鉴定
人就案件中某些专门性问题进行鉴定后作出的判断性意见，在法庭审理时，鉴定人
有义务出庭，当事人有权对其进行质询。所以，鉴定意见也是言词证据。实物证据，
是指以客观存在的物体或者物体上的特征作为证据表现形式的各种证据，故又称物
证。此处的"物证"的含义和《民事诉讼法》中法定证据之一的"物证"的概念含
义不尽一致。《民事诉讼法》中所规定的法定证据种类中，物证和书证是典型的实
物证据，一般将电子数据作为书证对待，因而它也可被看作实物证据。勘验笔录不
反映审判人员的主观判断和分析意见，是一种客观记载，故也属于实物证据。而视
听资料是否属于实物证据，学术界有不同的意见。一般认为，视听资料是一种特殊
的物品，也属于实物证据。

区分言词证据和实物证据的意义在于理解各自的特点，从而有针对性地区别对
待。言词证据信息量大，但容易失真，所以，对于言词证据，审判人员要创造条件，
让陈述者能够客观、全面地提供；另外，要严格审查，贯彻直接言词原则。实物证
据容易灭失，要注意及时固定和保全。对需要借助科学技术、特殊设备和专业知识
的，应尽量创造条件。

■第三节 证据的种类

一、书证

（一）书证的概念和特征

书证，是指以文字、符号、图形等所记载的内容或表达的思想来证明案件事实
的证据。书证的主要形式是各种书面文件，如合同书、信函、图纸等。其他能表达
人的思想或者意思的有形物，如刻有文字的石碑，也是书证的形式之一。

书证具有以下四个特征：①书证是以其记载的思想内容来证明案件事实的；
②书证所记载的思想内容能够为人所认识和了解；③书证的载体可以有多种，但这
些载体必须能够表达一定的思想内容；④书证有较强的真实性和客观性。

（二）书证的分类

根据不同的标准，可以对书证作不同的分类：

1. 按照制作主体的不同，可将书证分为公文书与私文书。公文书，是指国家机

关、社会团体依职权制作的公文书证，如人民法院制作的判决书、仲裁机关制作的裁决书、婚姻登记机关制作的结婚证书等。私文书，是指公文书以外的文书，如公民个人制作的借据、商事合同等。私文书即使经公法人证明或者认证，仍然是私文书。如经公证机关公证过的合同书是私文书，但公证书本身是公文书。

区分公文书与私文书的意义主要在于两者的证明力不同，审查判断其是否真实的侧重点也不同。公文书的证明力一般大于私文书。对公文书真实性的审查判断侧重于看该文书是否为国家机关或社会团体依职权制作；对私文书则侧重于看文书是否有制作者本人的签名或盖章。

2. 按照书证所记载的内容和产生的法律后果的不同，可将书证分为处分性书证与报道性书证。处分性书证，是指以设立、变更或者消灭一定的民事法律关系为目的，以记载一定的民事法律行为为内容的书证，如合同书、授权委托书等。报道性书证，是指不以产生一定的法律后果为目的，而是制作者记录或者报道已发生的或者了解的某种事实的书证，如日记、会议记录等。

区分处分性书证与报道性书证的意义主要在于两者的法律意义不同。处分性书证能够直接证明一定的民事法律关系是如何设立、变更或者消灭的；报道性书证虽然对于案件事实也有一定的证明作用，但通常其证明只具有间接性。因此，处分性书证的效力强于报道性书证。

3. 以书证的制作是否必须采用特定形式或履行特定手续为标准，书证可分为普通书证与特别书证。普通书证是指不要求具备特定形式或履行特定手续即有证明效力的书证，如借条、一般的买卖合同等。特别书证是指必须具备特定形式或履行特定手续才有证据效力的书证，如必须经公证或认证的涉外委托书。

区分普通书证与特别书证的意义主要在于，对两者是否符合证据的形式要件要求和由此带来的证明力不一样。普通书证无形式要件上的要求；特别书证有形式要件上的要求，所以，如果特别书证不具备形式要件上的要求，则不具备证明力，但一旦符合形式要件上的要求，则通常情况下证明力高于普通书证。

4. 按制作方式的不同，书证可分为原本、正本、副本、节录本、复印件。原本，是制作人制作的原始文本，如审判员起草的、经过核准的判决书原件。正本，是指依照原本抄写或印制，对外具有正式文本效力的文书，如人民法院根据审判员起草的、经过核准的判决书原件而制作的保留于卷宗里的正式文本。副本，是指按原本全文制作的、送达当事人的、对外一般具有与正本同一法律效力的文书，如民事案件中当事人所签收的判决书。节录本，是指摘抄原本、正本、副本等部分内容的文书，如摘抄档案材料所形成的文书。复印件，是指将原本、正本、副本等复制而得到的文本。

区分原本、正本、副本、节录本、复印件的意义在于它们的文本效力不一样。原本的文本效力最大，其他文本形式如果有和原本不一致的，以原本为准。正本和副本一般情况下文本效力是一样的，但当副本与正本的内容不一致时，应当以正本为准。节录本的文本效力低于原本、正本和副本，因此，对节录本具有证明力的要求较高。提交节录本的，应当注明出处，并加盖制作单位或者保管单位的印章，摘录人和其他调查人员应当在摘录件上签名或者盖章。摘录文件、材料应当保持内容的完整性，不得断章取义。复印件的文本效力最低，因此对它具有证明力的要求也就最高，如《民诉法解释》第111条的规定。

二、物证

（一）物证的概念与特征

物证，是指以物品的自身存在及其外形、重量、质量、规格等物理特征来证明案件事实的证据。常见的物证如买卖合同中存在质量争议的标的物、侵权纠纷中受到损坏的物品、所有权有争议的物品等。

与其他证据种类相比，物证具有以下特征：

1. 物证具有较强的客观性。这是由物品或它的物理特征本身是客观存在的所决定的。

2. 物证具有不可替代性。由于物证具有较强客观性的特征，它能够最直接、最直观地反映案件事实的本来面目，一经替换就难以反映待证事实的本来面目，因此其具有不可替代性。

3. 物证具有较好的稳定性。由于物证是客观存在的，不会轻易消失，所以物证一旦固定或者用科学方法提取，一般可以长时间保存，具有较强的稳定性。

4. 物证具有较强的可靠性。由于物证有较强的客观性，所以用物证来证明待证事实较为可靠。当然，并不能说物证丝毫不带主观性，物证中也会凝聚人的主观意志。例如，作为物证的建筑物本身是客观存在的，但它同时又是人所建造的。正因为如此，物证也有被伪造的可能，它的可靠性也不是绝对的。

（二）物证与书证的区别

物证与书证的主要区别在于：①书证以其表达的思想内容来证明案件事实，而物证以它自身的存在及其物理特征来证明案件事实；②法律对某些书证有特殊的要求，而对物证则无特殊的要求。

尽管物证和书证的区别是明显的，但它们之间也有密切的联系。例如，一个合同书，既可能成为书证，用它的内容来证明案件事实；也可能成为物证，用它上面的笔迹来证明该合同书是某人亲自所为。所以，对书面文件，不能简单地说它是书证还是物证，而是要根据其在具体的个案中是如何证明案件事实的来确定。

三、视听资料

（一）视听资料的概念与特征

视听资料，是指利用录音、影像等反映的视听素材来证明案件事实的证据。《民诉法解释》第116条第1款明确指出，视听资料包括录音资料和影像资料。

与其他证据种类相比，视听资料具有以下特征：

1. 视听资料的载体特殊。视听资料的载体包括：录音带、录像带、胶片、磁盘、光盘、U盘、硬盘、可录音或拍照的手机等。这些载体都是随着科学技术的发展逐渐进入人们的生活中的，均需要通过特殊的视听设施才能再现。

2. 视听资料能够形象地证明案件事实。例如，录像能够动态地反映行为人的周边环境及其行为过程，让人有身临其境之感；录音能够再现行为人的言谈话语，从这些言谈话语所反映出的行为人的声音变化中，甚至可以判断行为人当时的心理状态。

3. 视听资料易于保存和伪造。这是由视听资料的载体的特殊性所决定的。随着科学技术的发展，作为视听资料的载体越来越先进，体积越来越小，储存量越来越大，因此极易保存。但由于视听资料一般都可以复制、修改和剪辑，因此也极易伪造。正因为这样，对视听资料的审查比较严格。《民事诉讼法》第71条规定，人民法院对视听资料，应当辨别真伪，并结合本案的其他证据，审查确定能否作为认定事实的根据。《民诉法解释》第116条第3款进一步规定："存储在电子介质中的录音资料和影像资料，适用电子数据的规定。"

（二）视听资料与书证、物证的区别

【例题】患者甲与某医院发生医疗纠纷。甲向法院提起诉讼并提出病历和X光片保存在医院，只要医院出示病历和X光片就可以证明医院对此负有责任。如果X光片在本案中作为证据，则该证据属于民事诉讼法规定的何种证据？[1]

A. 物证　　　　B. 书证　　　　C. 视听资料　　　　D. 鉴定意见

【答案】C

【评析】即使不了解X射线与红外线技术等其他技术手段能产生视听资料这一点，明白视听资料与物证的证明方法不同也可以作出正确判断。视听资料是用声音、影像中反映出来的信息来证明争议过程的；物证是用材料的物理特征证明争议过程的。鉴定意见的本质特征是其专门性。鉴定意见是由法定的鉴定机构通过专门的鉴定程序对民事争议中的特定问题而作出的。根据这一点，鉴定意见与视听资料很容易区别。

视听资料是实物证据的一种，它与同属于实物证据的书证、物证虽然有一定的关系，但明显不同于这两种证据。①视听资料与书证。视听资料与书证的相同之处在于它们都以一定的思想内容来证明案件事实，但视听资料不是以文字和符号来表达思想内容，而是形象地、动态地表达思想内容。②视听资料与物证。视听资料与物证的区别比较明显。物证是以其自身存在及物理特征来证明案件事实的，而视听资料以具有思想内容的声音、影像来证明案件事实。

四、证人证言

（一）证人证言的概念与特征

证人证言，是指了解案件有关情况的证人向人民法院就其知晓的案件事实所作

---

[1]　本题是对2003年国家司法考试卷三第99题进行的改编，为了与2012年《民事诉讼法》保持一致，将第99题D项的"鉴定结论"修改为"鉴定意见"。

的陈述或证词。与其他证据相比较，证人证言具有以下特征：

1. 证人证言的主观性很强。证人证言是证人对他亲身感知的事实的一种回忆性的陈述，这种陈述是否客观，依赖于他的记忆能力、表达能力、理解能力以及他本人是否有主观偏见。换句话说，证人本人主观上的因素对他的陈述影响很大。因此，证人证言的主观性很强。

2. 证人证言具有不可替代性。证人证言是建立在证人与案件事实发生的空间和时间具有同一性的基础之上的，这种空间和时间上的联系是不可替代的，所以，证人证言也是不可替代的。

3. 证人证言必须采取法定的形式。《民事诉讼法》第73条明确规定："经人民法院通知，证人应当出庭作证。……"只有符合该条所规定的法定条件，如因健康原因不能出庭的；因路途遥远，交通不便不能出庭的；因自然灾害等不可抗力不能出庭的；其他有正当理由不能出庭的，经人民法院许可，才可以通过书面证言、视听传输技术或者视听资料等方式作证。《民诉法解释》第119、120条还规定，证人出庭要签署保证书，如拒绝签署保证书的，不得作证，但无民事行为能力人和限制民事行为能力人作证无需签署保证书。

（二）证人的范围

我国民事诉讼中的证人，包括单位和个人两大类。《民事诉讼法》第72条第1款规定："凡是知道案件情况的单位和个人，都有义务出庭作证。……"《民诉法解释》第115条对单位作证的要求作了更加详尽的规定，首先，单位应当出具由单位负责人及制作证明材料的人员签名或者盖章并加盖单位印章的证明材料；其次，人民法院可以向单位及制作证明材料的人员进行调查核实；最后，在必要时，人民法院可以要求制作证明材料的人员出庭作证。如单位出具的证明材料形式要件不符合要求，或者单位及制作证明材料的人员拒绝人民法院调查核实，或者制作证明材料的人员无正当理由拒绝出庭作证的，该证明材料不得作为认定案件事实的根据。个人作为证人，则必须能够正确表达意思。待证事实与其年龄、智力状况或者精神健康状况相适应的无民事行为能力人和限制民事行为能力人，可以作为证人。

以下人员不得作为证人：①不能正确表达意思的人。[1] ②诉讼代理人在同一案件中不得作为证人。如果诉讼代理人对正确查明事实有重要作用，可以在终止与被代理人的委托代理关系后成为证人。[2] ③办理本案的审判人员、书记员、鉴定人、勘验人、翻译人员和检察人员，不能同时是本案的证人。[3]

---

[1] 能够向法庭正确表达自己的意思，是作为证人的必备条件。因此，精神病人、生理上有缺陷的人、年幼的人等，如果不具备这一条件，就不能作为证人。如果对与其年龄、智力状况或者精神状况相适应的待证事实提供证据，可以作为证人。

[2] 这主要是为了避免角色冲突。如诉讼代理人必须自始至终参与法庭审理，而证人却不得旁听法庭审理。

[3] 这主要是因为这些人员对案件的裁判具有一定的影响力，如果同时作为证人，不利于程序正义。

（三）证人的权利

证人的权利主要有：①有权用本民族语言文字提供证言。②补充、更正权。证人对人民法院的笔录与其陈述有出入的，对笔录中误记或漏记的部分，有权要求更正和补充。③损失补偿权。《民事诉讼法》第74条明确规定："证人因履行出庭作证义务而支出的交通、住宿、就餐等必要费用以及误工损失，由败诉一方当事人负担。当事人申请证人作证的，由该当事人先行垫付；当事人没有申请，人民法院通知证人作证的，由人民法院先行垫付。"《民诉法解释》第118条第1款进一步规定："民事诉讼法第74条规定的证人因履行出庭作证义务而支出的交通、住宿、就餐等必要费用，按照机关事业单位工作人员差旅费用和补贴标准计算；误工损失按照国家上年度职工日平均工资标准计算。"④获得保护权。证人因作证受到侮辱、诽谤、诬陷、殴打或者打击报复的，人民法院可以根据情节轻重予以罚款、拘留；构成犯罪的，依法追究刑事责任。

（四）证人的义务

证人的义务主要有：①出庭义务。证人除确有困难不能出庭外，应当出庭作证，接受当事人的质询。②如实作证的义务。证人应如实向法庭陈述其亲身感知的事实，不得使用猜测、推断或者评论性的语言。应接受审判人员和当事人对他的询问，如实回答问题，不得对事实进行增减，更不得作伪证。

五、当事人陈述

（一）当事人陈述的概念与特征

当事人陈述，是指当事人就争议的民事法律关系发生、变更或者消灭的事实向人民法院所作的陈述。当事人在诉讼中所作的陈述内容涉及许多方面，包括诉讼请求方面的陈述、提出诉讼请求所依据的事实方面的陈述、反驳诉讼请求方面的陈述、反驳诉讼请求所依据的事实方面的陈述等。其中，只有那些对争议的民事法律关系发生、变更或者消灭的事实向人民法院所作的陈述，才是当事人的陈述，即只有提出诉讼请求所依据的事实方面的陈述和反驳诉讼请求所依据的事实方面的陈述才可能成为当事人的陈述。换句话说，当事人对所陈述事实的分析，以及在此基础上适用法律的意见，不能作为当事人的陈述来看待。

当事人的陈述具有以下特征：

1. 真实性与虚假性并存。当事人对发生争议的民事法律关系如何发生、变更或者消灭比其他人知道得更为清楚、全面，因此，如果当事人足够诚信的话，他陈述的真实性通常较强。但是，由于当事人同案件的审理结果有直接的利害关系，彼此之间利益对立，所以有意无意地夸大对自己有利的事实，而对自己不利的事实则加以掩盖、缩小，甚至歪曲、虚构。所以，当事人陈述的真实性与虚假性并存这一特征较为明显。[1]

2. 主观性较强。当事人的陈述是他对自己亲历的事实的一种回忆，因此，其主

---

[1]　这就要求审判人员不能偏听偏信，而要结合其他证据综合分析，做到兼听则明。

观因素对陈述影响很大。[1]

3. 不可替代性。当事人的陈述是建立在当事人亲历案件事实的基础之上的，当事人特殊的角色决定了他的陈述无人能够代替。[2]

（二）当事人陈述的证据效力

当事人对案件事实陈述的情况不同，证据效力也有所不同，具体可分为以下三种情形：①具有免除对方当事人证明的效力。当事人如在诉讼中以承认对方当事人所主张事实的方式作出了不利于自己的陈述，该陈述一般具有免除对方当事人证明的效力。[3]②具有证据效力。当事人所作的对自己有利的陈述，经其他证据证明为真后，人民法院可以将其作为认定案件事实的根据之一。③不具有证据的效力。《民诉法解释》第110条第3款规定："负有举证证明责任的当事人拒绝到庭、拒绝接受询问或者拒绝签署保证书，待证事实又欠缺其他证据证明的，人民法院对其主张的事实不予认定。"

六、鉴定意见

（一）鉴定意见的概念与特征

鉴定意见，是指受聘请或指派的单位或个人，运用自己的专门知识和技能，以及必要的技术手段，对与案件有关的专门性问题进行检测、分析、鉴别所形成的判断性的意见。

鉴定意见具有以下特征：①专业性。鉴定意见是由某一特定问题的专业人员经行业所认同的手段鉴别而得出的意见，这使得鉴定意见不同于普通人对特定问题的一般看法，具有专业性。②中立性。从理论上说，鉴定意见是由完全中立的单位和个人，在不受外界干扰的情况下所作的中立性的意见。中立性是鉴定意见的根本特征。③法定性。鉴定意见的作出必须符合法定程序。这体现在两个方面：一是鉴定的主体——鉴定人必须符合法律的规定；二是鉴定意见的作出必须依照法定的程序。

（二）鉴定机构、鉴定人的确定

《民事诉讼法》第76条第1款规定："……当事人申请鉴定的，由双方当事人协商确定具备资格的鉴定人；协商不成的，由人民法院指定。"可见，鉴定机构、鉴定人的确定有两种方式：协商确定和指定确定。协商确定，是指当事人申请鉴定，经人民法院同意后，由双方当事人协商确定有鉴定资格的鉴定机构、鉴定人员。指定确定，是指在当事人协商确定达不成一致的情况下，由人民法院指定鉴定机构、鉴

---

[1] 这一点同证人证言有相似之处。正因为这样，德国等国的民事诉讼法中规定，当法官依其他各种证据形式还不能充分得到心证时，可以命令当事人自己为证人进行宣誓后再加以讯问，将其证言作为证据使用。

[2] 这也使得他的陈述和其他证据形式的证据效力不尽相同。

[3] 《民诉法解释》第92条第1款规定："一方当事人在法庭审理中，或者在起诉状、答辩状、代理词等书面材料中，对于己不利的事实明确表示承认的，另一方当事人无需举证证明。"当然，也有例外情形，《民诉法解释》第92条第2、3款规定，对于涉及身份关系、国家利益、社会公共利益等应当由人民法院依职权调查的事实，不适用第1款自认的规定；自认的事实与查明的事实不符的，人民法院不予确认。

定人。鉴定机构、鉴定人的确定以当事人协商确定为原则，只有在协商不成的情况下才由人民法院指定。[1]

根据《司法鉴定决定》的规定，国家对法医类、物证类、声像资料以及其他应当实行登记管理的鉴定人和鉴定机构实行登记管理制度。因此，对于这些事项需要鉴定的，无论用以上哪种方式确定鉴定人，都应当委托已列入鉴定人名册的鉴定人，但不得直接委托，而是由其所在的鉴定机构统一接受委托。由于各鉴定机构之间没有隶属关系，所以，委托鉴定机构从事司法鉴定业务，不受地域范围的限制。

（三）鉴定人的权利与义务

鉴定人享有以下权利：①了解权。鉴定人有权了解进行鉴定所需要的案件材料，有权通过询问当事人和证人了解有关情况，有权参加现场勘验。②自主鉴定权。鉴定人的鉴定意见独立作出，同时有几个鉴定人的，对如何鉴定可以互相讨论。意见一致的可以共同写出鉴定意见；不一致的，有权写出自己的鉴定意见。如认为提供鉴定的材料有问题，还可以拒绝鉴定。③报酬和其他合理费用的请求权。鉴定人有权请求委托人给付规定或约定的鉴定费、差旅费和其他合理费用。④获得保护权。鉴定人因作证受到侮辱、诽谤、诬陷、殴打或者打击报复的，人民法院可以根据情节轻重予以罚款、拘留；构成犯罪的，依法追究刑事责任。

鉴定人应承担以下义务：①不得弄虚作假。鉴定人故意提供虚假鉴定意见的，应负法律责任。②应当出庭接受当事人的质询。《民事诉讼法》第78条明确规定："当事人对鉴定意见有异议或者人民法院认为鉴定人有必要出庭的，鉴定人应当出庭作证。经人民法院通知，鉴定人拒不出庭作证的，鉴定意见不得作为认定事实的根据；支付鉴定费用的当事人可以要求返还鉴定费用。"

（四）鉴定人与证人的区别

1. 是否需要专业知识不同。鉴定人要对案件中的专门性问题分析研究后提出相应的意见，因此鉴定人必须具备相应的专门性知识。证人是就其所了解的案件事实向法庭作证的，只要能够正确表达意思即可，不需要具备相应的专门性知识。

2. 了解案件事实的时间不同。鉴定人在接受委托后才开始了解案件事实。证人由于耳闻目睹案件事实的发生，因此较鉴定人更早了解案件事实。

3. 能否回避不同。鉴定人和诉讼当事人与案件的处理结果不能有利害关系，否则应当回避。而能否成为证人取决于是否了解案件的事实，因此，即使与诉讼当事人和案件的处理结果有利害关系，证人也不发生回避的问题。

4. 能否被替代不同。鉴定人可以被替代，由于同一专门性问题往往多个鉴定人都能够进行鉴定，因此，鉴定人在符合条件的情况下是可以被替代的。证人作证建

---

[1]《民诉法解释》第121条第2款也规定："人民法院准许当事人鉴定申请的，应当组织双方当事人协商确定具备相应资格的鉴定人。当事人协商不成的，由人民法院指定。"《民事诉讼法》第76条第2款的规定，也可看作是一种指定确定的形式。

立在证人与案件事实有时间和空间上的联系的基础之上，因此一个案件可能有多个证人，但每个证人都是不能被替代的。

5. 向法庭提供的信息不同。鉴定人向法庭提供的是对专门性问题进行鉴定后得出的一种判断性的意见。证人向法庭提供的则是对案件事实的复原，不需要对案件事实进行评论和推断。

（五）鉴定人与专家辅助人的区别

专家辅助人，是指由一方当事人聘请，经人民法院允许，帮助该当事人向审判人员说明案件事实中的专门性问题，协助该当事人对案件中的专门性问题进行质证的人。《民事诉讼法》第79条明确规定："当事人可以申请人民法院通知有专门知识的人出庭，就鉴定人作出的鉴定意见或者专业问题提出意见。"《民诉法解释》第122条第1款也规定："当事人可以依照民事诉讼法第79条的规定，在举证期限届满前申请1~2名具有专门知识的人出庭，代表当事人对鉴定意见进行质证，或者对案件事实所涉及的专业问题提出意见。"专家辅助人具有专门性知识，也要对专门性问题进行分析和说明，与鉴定人相似。但两者之间的区别也是明显的：①产生的方式不同。鉴定人是由当事人双方协商确定或者人民法院指定而产生的。专家辅助人是由当事人一方单独聘请的。②所起的作用不同。鉴定人所作的鉴定意见是诉讼证据之一，鉴定意见经过质证后可以作为认定案件事实的依据。依照《民诉法解释》第122条第2款的规定，具有专门知识的人在法庭上就专业问题提出的意见，视为当事人的陈述。

七、勘验笔录

（一）勘验笔录的概念与特征

勘验是指人民法院认为有必要的，可以根据当事人的申请或者依职权对物证或者现场进行勘查检验。勘验笔录，是指人民法院工作人员对民事案件涉案现场或物证进行实地或实物勘查检验时所作的记录，包括笔录、照片、示意图等。

勘验笔录具有以下特征：①勘验笔录只能由人民法院办案人员制作；[1]②勘验笔录是对查验情况与结果的客观记载。[2]

（二）勘验笔录的制作

勘验物证或者现场，勘验人必须出示人民法院的证件，并邀请当地基层组织或者当事人所在单位派人参加。在涉及鉴定时，还可以要求鉴定人参与勘验。必要时，可以要求鉴定人在勘验中进行鉴定。当事人或者当事人的成年家属应当到场，拒不到场的，不影响勘验的进行。有关单位和个人根据人民法院的通知，有义务保护现

---

〔1〕　此点不同于鉴定意见，也不同于书证。鉴定意见是由专门聘请或指派的鉴定人制作的，人民法院办案人员无权制作鉴定意见。书证有公文书和私文书等形式，并不一定是诉讼文书；勘验笔录则肯定是由人民法院办案人员制作的诉讼文书。

〔2〕　此点不同于鉴定意见和书证。尽管鉴定意见的作出必须建立在相关事实的基础之上，但它是鉴定人的一种分析和判断，反映的是制作人主观的意志。书证的主观性更是毋庸置疑的。

场，协助勘验工作。但勘验时也应当注意保护他人的隐私和尊严。勘验人应当将勘验情况和结果制作笔录，记录勘验的时间、地点、勘验人、在场人以及勘验的经过、结果，由勘验人、在场人签名或者盖章。对于绘制的现场图，应当注明绘制的时间、方位、测绘人姓名、身份等内容。

八、电子数据

（一）电子数据的概念与特征

电子数据是指通过电子邮件、电子数据交换、网上聊天记录、博客、微博客、手机短信、电子签名、域名等形成或者存储在电子介质中的信息。一般认为，电子数据不含存储在电子介质中的录音资料和影像资料，但这种类型的视听资料适用电子数据的相关规定。电子数据具有以下特征：

1. 电子数据要有相应的设备才能识别。电子介质包括内存、硬盘和可移动设备等，无论贮存在什么地方，都无法为人所直接感知，必须通过相关的设备或软件才能识别。这一点和一般的书证是有区别的。

2. 极具脆弱性。对电子数据进行截收、删节、剪接、远程控制或者近程操作，一般用户都难以发觉。除非采用相关加密技术，或者请专家进行数据恢复，或者查看相关日志文件，一般情况下，很难发现证据被伪造或者篡改过。

3. 可信度较低。由于电子证据的删改可以不留下任何痕迹，除非依靠专家，否则很难发现改动，因此，对电子证据的采信要特别谨慎。

（二）电子数据的审查判断规则

1. 对电子数据原件的识别。在调查收集证据的场合，电子数据的原件应当指最初生成的电子数据及其首先固定所在的各种存储介质，如果某一电子数据首先固定于某块计算机硬盘上，则该硬盘或其上的电子数据就是原件。在举证、质证和审核认定证据时，应当进行适当的变通。在诉讼过程中的举证、质证和认证环节，应当强调将原始载体中的电子数据转化为可识别的形式，可将具有最终完整性和可用性的电子复本规定为原件。

2. 对电子数据完整性的认定。电子数据的完整性包括两层含义，即电子数据本身的完整性和电子数据所依赖的系统的完整性。电子数据本身的完整性是构成电子数据原件的一个要素，它要求电子数据必须保持生成之时的原状，未遭到非必要的添加或删除。系统的完整性是指记录电子数据的系统必须处于正常的运行状态，数据电文记录、附属信息和系统环境信息三者要统一。

■第四节　证据的调查、收集和保全

一、证据的调查和收集

（一）当事人及其诉讼代理人收集证据

根据《民事诉讼法》第49条第1款的规定，收集证据是当事人的诉讼权利之一；《民事诉讼法》第 61 条对当事人的诉讼代理人收集证据的权利也作了明确的规定。作为诉讼权利之一，当事人及其诉讼代理人的收集证据权不能滥用，应当符合法律的规定，不能以侵害他人合法权益或者违反法律禁止性规定的方法取得证据，以这样的方法所获得的证据不能作为认定案件事实的依据。收集证据也是当事人的义务。《民诉法解释》第 90 条规定："当事人对自己提出的诉讼请求所依据的事实或者反驳对方诉讼请求所依据的事实，应当提供证据加以证明，但法律另有规定的除外。在作出判决前，当事人未能提供证据或者证据不足以证明其事实主张的，由负有举证证明责任的当事人承担不利的后果。"提供与诉讼请求有关的证据既然是当事人的义务，那么为提供该证据而进行的事前收集证据的工作就具有不得不为之的意味。从这个角度而言，当事人收集证据也是其诉讼义务之一。

（二）人民法院依职权调查收集证据

1. 依法主动调查收集必要的证据。按照辩论主义的要求，人民法院不宜主动依职权调查收集证据。但遇到超出当事人处分权、涉及公益的事项，人民法院应依职权调查收集证据。因此，涉及可能有损国家利益、社会公共利益或者他人合法权益的事项，以及涉及身份关系、涉及公益诉讼的，人民法院可依职权调查取证。涉及依职权追加当事人、中止诉讼、终结诉讼、回避等与实体争议无关的程序事项，不属于当事人处分权的范畴，而是属于审判权的范畴，人民法院可自行调查收集。《民诉法解释》第 96 条对此作了详细的规定。

2. 根据当事人的申请调查收集证据。民事诉讼当事人及其诉讼代理人调查收集证据的手段和权限有限，有些证据无法自行获得，但为了案件的顺利解决，做到以事实为依据，根据《民事诉讼法》第 64 条第 2 款的规定，当事人及其诉讼代理人因客观原因不能自行收集的证据，人民法院应当调查收集。依照《民诉法解释》第 94 条第 1 款的规定，当事人及其诉讼代理人因客观原因不能自行收集的证据包括：①证据由国家有关部门保存，当事人及其诉讼代理人无权查阅调取的；②涉及国家秘密、商业秘密或者个人隐私的；③当事人及其诉讼代理人因客观原因不能自行收集的其他证据。

当事人申请调查收集证据应当符合法定程序：①提出申请的人必须是当事人本人或其诉讼代理人。②应当提交书面申请。申请书应当载明被调查人的姓名或者单位名称、住所地等基本情况，所要调查收集的证据的内容，需要由人民法院调查收集的原因及其要证明的事实。③应当在举证期限届满前。

3. 人民法院在调查、收集证据时应当注意的问题。当事人申请调查收集的证据，与待证事实无关联、对证明待证事实无意义或者其他无调查收集必要的，人民法院不予准许。人民法院调查收集证据，应当由两人以上共同进行。调查材料要由调查人、被调查人、记录人签名、捺印或者盖章。调查人员调查收集的书证，可以是原件，也可以是经核对无误的副本或者复制件。书证是副本或者复制件的，应当在调查笔录中说明来源和取证情况。调查人员调查收集的物证应当是原物。被调查人提供原物确有困难的，可以提供复制品或者照片。提供复制品或者照片的，应当在调查笔录中说明取证情况。调查人员调查收集电子数据或者录音、录像等视听资料的，应当要求被调查人提供有关资料的原始载体。提供原始载体确有困难的，可以提供复制件。提供复制件的，调查人员应当在调查笔录中说明其来源和制作经过。

二、证据保全

（一）证据保全的概念和意义

证据保全，是指在证据可能灭失或以后难以取得的情况下，人民法院根据利害关系人或当事人的申请或依职权采取措施，对可能灭失或今后难以取得的证据予以调查收集和固定保存的行为。需要强调的是，依照《民事诉讼法》第81条的规定，申请证据保全的人，既可能是当事人，也可能是利害关系人。其他法律和司法解释对此也有规定。例如，《商标法》第66条规定："为制止侵权行为，在证据可能灭失或者以后难以取得的情况下，商标注册人或者利害关系人可以依法在起诉前向人民法院申请保全证据。"换句话说，证据保全既包括起诉前或仲裁前的证据保全，又包括诉讼过程中的证据保全。

一般来说，从纠纷的产生到开庭审理需要经过一段时间。在这段时间里，有些证据可能出现重大变化，如不及时收集，就有可能难以收集，甚至灭失。这会给当事人举证和人民法院查证带来很大的困难，造成难以弥补的损失。为防止出现这种情况，需要事先对证据进行固定和保护。证据保全制度的立法目的就在于此。

（二）证据保全的条件

1. 证据可能灭失或者以后难以取得。这是人民法院决定采取证据保全措施的原因。"证据可能灭失"，是指证人可能因病死亡，物证和书证可能会腐烂、变质等情形。所谓证据"以后难以取得"，是指虽然证据没有灭失，但如果不采取保全措施，可能导致以后取得该证据的成本过高或者难度很大，比如某一证人要出国定居等。但起诉前或仲裁前的证据保全与诉讼过程中的证据保全对此要求有所不同，起诉前或仲裁前的证据保全要求必须情况紧急，有"非保全不可"之意。

2. 诉讼过程中，当事人向人民法院申请保全证据，应在举证期限届满前。按照《民诉法解释》第98条第1款的规定，当事人在诉讼过程中申请证据保全的，应在举证期限届满前提出。

（三）证据保全的程序和方法

证据保全，一般是人民法院根据申请人申请采取的。但在人民法院认为必要时，也可以由人民法院主动采取证据保全措施。申请人可以是当事人及其法定代理人、委托代理人等，同时必须提交书面的申请书。申请书上应当写明保全证据的形式、内容、地点、申请保全的原因和理由等，人民法院据此审查决定是否准许。当事人的申请经人民法院审查批准，制定批准证据保全的裁定书；人民法院认为没有保全必要的，裁定驳回申请，并说明理由。人民法院对申请证据保全的，还可以要求申请人提供相应的担保。人民法院依职权保全证据时，不需要经过当事人的申请，直接裁定对有关证据予以证据保全。证据保全的裁定书，由合议庭或者独任审判员制作、署名，并加盖人民法院印章。

证据保全措施的对象可以是证人证言、物证、书证等。人民法院采取证据保全的主要方法有三种：①向证人进行询问调查，记录证人证言；②对文书、物品等进行拍照、录像、抄写或者用其他方法加以复制；③对证据进行鉴定或者勘验。

总之，人民法院可以根据具体情况，采取查封、扣押、拍照、录音、录像、复制、鉴定、勘验、制作笔录等方法。不论采取哪一种方法，人民法院都应当客观、真实地反映证据情况，以达到证明案件事实的目的。

由人民法院裁定保全的证据，与人民法院依职权调查收集的其他证据有同等效力。诉讼证据一经保全，即免除了当事人提供该项证据的责任。但是，被保全的证据并不一定必然成为定案根据，还需要进一步综合审查判断，才能得出结论。

■第五节　证据的审核认定

一、审核认定证据的概念和原则

审核认定证据，是指审判人员围绕当事人主张的案件事实和当事人在庭审中争议的焦点问题，对证据材料进行审查核实、鉴别真伪，分析证据之间的关联以及证据与案件事实的关系，确定其真实性和证明力，从而正确认定案件事实的活动。

《民事诉讼法》第63条第2款规定，证据必须查证属实，才能作为认定事实的根据。"查证属实"是对人民法院审核认定证据的要求。《民事诉讼法》规定的书证等8种证据只是证据材料，人民法院必须审查它们是否具有证据的客观性和合法性，并对它们之间的相互联系以及它们与待证事实的关系进行审查。只有经过人民法院认真、细致的调查和分析，查证属实后，以上证据材料才转化为证据，才能作为认定事实的根据。

《民诉法解释》第105条规定："人民法院应当按照法定程序，全面、客观地审核证据，依照法律规定，运用逻辑推理和日常生活经验法则，对证据有无证明力和证明力大小进行判断，并公开判断的理由和结果。"这一规定确定了我国法院审核认定证据的原则，即法官根据法律规定、理性、日常生活经验法则和逻辑推理审核判断证据。

二、审核认定证据的基本内涵

（一）依照法定程序，全面、客观地审核证据

证据是认定案件事实的依据，证据的提供决定着案件事实的认定和案件审理的最终结果。证据的提供有两个来源：①当事人举证；②人民法院调查收集证据。无论是通过什么方式收集的证据，都存在对证据的审查、核实和鉴别问题，以确定证据证明力的有无、大小与强弱。对证据的审核认定，主要通过庭审调查和当事人辩论的方式进行。为确保当事人的诉讼权利，对证据的审核认定应当依照法定程序进

行，同时应当全面、客观地审核证据。所谓全面，是指对与待证事实有关的所有证据都要审查核实，不得任意取舍；所谓客观，是指法官应当保持中立立场，避免先入为主，坚持以证据为依据来认定案件事实，对证据的审核认定应建立在对证据进行实事求是的审查判断的基础之上。

（二）运用逻辑推理

运用逻辑推理，是指审判人员运用法律思维对案件事实进行分析、推理、判断，进而正确认定事实的过程。

逻辑推理可分为归纳推理、演绎推理和类比推理三种形式。与法律思维有关的逻辑推理主要有演绎推理和类比推理两种形式。演绎推理，即三段论推理，是从一般到个别的推理。"一个有效的演绎推理，如果前提是正确的，那么结论就肯定是正确的。所以，如果是从一个有着正当依据的前提出发进行的演绎推理，那么所得出的结论就是有正当理由的。"[1]以法律规定为大前提，以案件事实为小前提，从而推出判决结论就是典型的演绎推理，这也是大陆法系国家法律思维的核心。类比推理，又称为类推法、例推法，是根据两个对象具有相似的属性，从而得出它们在与此属性相关联的其他属性上也彼此相似的推理方式。列维对类推在法律上的运用曾有一个经典的说法："类推法就是从个案到个案的推理，这一推理过程运用的是所谓的'先例原则'，也就是说，将一项由先例提炼出的论断视同一项法则并将之适用于后一个类似的情境之中。具体而言，这一过程分为三步，即首先要提炼出个案之间的相似之处，然后总结出先例中蕴含的相关法则，最后再将此相关法则运用于当下的个案之中。"[2]通常认为，类比推理是英美法系国家法律思维的核心。

对于审判人员来说，逻辑推理的重要性体现在：一方面，它能避免法官在证据的审核认定中出现思维错误，导致错误认定事实；另一方面，它能保证法律推理的确定性、一致性，从而保证法律适用的一致性和裁判的正当性。

（三）运用日常生活经验法则

日常生活经验法则，又称为经验法则，"是指人类以经验归纳抽象后所获得的关于事物属性以及事物之间常态联系的一般性知识或法则，它是在人类长期生产和生活实践中形成的客观存在的不成文法则"[3]。它"不是具体的事实，而是谁都知道并且不觉得奇怪的常识"[4]。

日常生活经验法则对于审判人员审核认定证据的重要作用主要体现在：它是衡量证据客观性和关联性的重要尺度。民事证据的客观性，是指作为民事证据的事实材料必须是客观存在的，且能为人所认识和了解。这种认识和了解有相当的成分已

〔1〕　Richard Warner, "Three Theories of Legal Reasoning", 62 *Southern California L. Rev.* 1989, p. 1557.

〔2〕　〔美〕艾德华·H. 列维：《法律推理引论》，庄重译，中国政法大学出版社 2002 年版，第 2～3 页。

〔3〕　刘春梅：《自由心证制度研究：以民事诉讼为中心》，厦门大学出版社 2005 年版，第 78 页。

〔4〕　〔日〕兼子一、竹下守夫：《民事诉讼法》，白绿铉译，法律出版社 1995 年版，第 102 页。

经外化为人的日常生活经验法则。证据的关联性，是指民事证据必须与案件的待证事实之间有内在的联系，它同样需要以普通人能够认知和接受为判断的标准。这也离不开人的日常生活经验法则。

三、审核认定证据的方法

审核认定证据的方法有两种：①对单一证据的审核认定；②对全部证据的综合审核认定。

（一）对单一证据的审核认定

《民事证据规定》第65条规定："审判人员对单一证据可以从下列方面进行审核认定：①证据是否原件、原物，复印件、复制品与原件、原物是否相符；②证据与本案事实是否相关；③证据的形式、来源是否符合法律规定；④证据的内容是否真实；⑤证人或者提供证据的人，与当事人有无利害关系。"

1. 审核认定证据是否为原件、原物，复印件、复制品与原件、原物是否相符。当事人向人民法院提供证据，应当提交原件或者原物。依照《民事诉讼法》第70条的规定，只有"提交原件或者原物确有困难的，可以提交复制品、照片、副本、节录本"。《民诉法解释》第111条对于"提交书证确有困难"作了细化规定，包括：①书证原件遗失、灭失或者毁损的；②原件在对方当事人控制之下，经合法通知提交而拒不提交的；③原件在他人控制之下，而其有权不提交的；④原件因篇幅或者体积过大而不便提交的；⑤承担举证证明责任的当事人通过申请人民法院调查收集或者其他方式无法获得书证原件的。在这些情形下，人民法院应当结合其他证据和案件具体情况，审查判断书证复制品等能否作为认定案件事实的根据。

2. 审核认定证据与本案事实是否相关。证据与需要证明的案件事实之间必须具有关联性，缺乏关联性的证据，也就欠缺证据能力。

3. 审核认定证据的形式、来源是否符合法律规定。对证据形式、来源合法性的审查主要涉及证据是否具有可采性的问题。只有符合法律规定形式或者以合法方式和手段收集的证据才具有证据能力，才可以作为认定案件事实的依据，否则，将丧失证据资格，不能作为诉讼证据采纳。

所谓证据的形式，是指《民事诉讼法》所规定的8种证据种类，如法律要求特定的证据必须履行相应的法律手续的，应当满足这一要求。《民事证据规定》第11条规定："当事人向人民法院提供的证据系在中华人民共和国领域外形成的，该证据应当经所在国公证机关予以证明，并经中华人民共和国驻该国使领馆予以认证，或者履行中华人民共和国与该所在国订立的有关条约中规定的证明手续。"

所谓证据的来源是否合法，包括两个方面的内容：①证据的收集方式和手段是否符合法律程序。《民诉法解释》第106条规定："对以严重侵害他人合法权益、违反法律禁止性规定或者严重违背公序良俗的方法形成或者获取的证据，不得作为认定案件事实的根据。"②证据的形成过程以及证据的提供是否合法。如对证人证言的审核认定，要看待证事实与证人的年龄、智力状况或者精神健康状况是否相适应。

4. 审查认定证据的内容是否真实。证据的真实性，是指证据所反映的案件事实是否与客观事实相一致。对证据内容真实性的审查，是正确认定案件事实、作出公正判决的关键。审判人员应当依据逻辑推理、日常生活经验法则等考察证据所反映的情况是否合情合理、证据所表明的事物的联系是否顺理成章。

5. 审查认定证人或者提供证据的人，与当事人有无利害关系。《民事证据规定》第 77 条第 5 项规定："证人提供的对与其有亲属或者其他密切关系的当事人有利的证言，其证明力一般小于其他证人证言。"

（二）对全部证据的综合审核认定

对全部证据的综合审核认定，须从各个证据与案件事实的比较关联程度以及各个单一证据相互之间的协调一致性等方面来判断证据整体的综合证明力。对全部证据的综合审核认定之所以必要，是因为通常仅凭对单一证据的审核认定，无法达到确认案件事实的目的。特别是在多个证据构成一个证据链条的情况下，必须对全部证据进行综合审核认定，才能保证证据是真实可靠的。

1. 综合审核认定各个证据与案件事实的关联程度。为此，可根据情况的不同，分别适用完全证明力证据规则、最佳证据规则、补强证据规则、证据排除规则等。

（1）完全证明力证据规则，是指一方当事人提出的下列证据，对方当事人提出异议但没有足以反驳的相反证据的，人民法院应当确认其证明力：①书证原件或者与书证原件核对无误的复印件、照片、副本、节录本；②物证原物或者与物证原物核对无误的复制件、照片、录像资料等；③有其他证据佐证并以合法手段取得的、无疑点的视听资料或者与视听资料核对无误的复制件；④一方当事人申请人民法院依照法定程序制作的对物证或者现场的勘验笔录；⑤对方认可的证据或者提出的相反证据不足以反驳的；⑥一方当事人提出的证据，另一方当事人有异议并提出反驳证据，对方当事人对反驳证据认可的，可以确认反驳证据的证明力。

人民法院委托鉴定部门作出的鉴定意见，当事人没有足以反驳的相反证据和理由的，可以认定其证明力也属于完全证明力证据规则的范畴。

（2）最佳证据规则，是指双方当事人对同一事实分别举出相反的证据，但没有足够的依据否定对方证据的，人民法院应当结合案件情况，判断一方提供证据的证明力是否明显大于另一方提供证据的证明力，并对证明力较大的证据予以确认。具体而言，人民法院就数个证据对同一事实的证明力，可以依照下列原则认定：①国家机关、社会团体依职权制作的公文书证的证明力一般大于其他书证；②物证、档案、鉴定意见、勘验笔录或者经过公证、登记的书证，其证明力一般大于其他书证、视听资料和证人证言；③原始证据的证明力一般大于传来证据；④直接证据的证明力一般大于间接证据；⑤证人提供的对与其有亲属关系或者其他密切关系的当事人有利的证言，其证明力一般小于其他证人证言。

（3）补强证据规则，是指只有在其他证据佐证的情况下，才能作为认定案件事实依据的规则。包括：①未成年人所作的与其年龄和智力状况不相当的证言；②与一方当事人或者其代理人有利害关系的证人出具的证言；③存有疑点的视听资料；④无法与原件、原物核对的复印件、复制品；⑤无正当理由未出庭作证的证人证言。

（4）证据排除规则，是在法律有特别规定的情况下，某些证据虽然具有真实性，也不能作为定案依据的规则。包括：①当事人在诉讼中为达成调解协议或者和解而作出妥协所涉及的对案件事实的认可，不得在其后的诉讼中作为对其不利的证据；②以侵害他人合法权益或者违反法律禁止性规定的方法取得的证据，不能作为认定案件事实的依据。

2. 综合审核认定各证据之间的联系。证据与证据之间是否协调一致，是甄别和判断证据真实性和证明力的重要依据。如果所有的证据协调一致指向同一事实，可以认定该证据为真。如果证据之间相互矛盾，则可以通过分析矛盾形成的原因来判断证据的真伪，从而最大限度地接近客观真实。

【本章小结】

1. 本章讲述了民事诉讼证据的概念、特征，按不同标准的分类，以及证据的调查、收集，证据保全的条件和证据的审核认定。

2. 民事诉讼证据，是指在民事诉讼中用以证明和确认案件事实的各种依据。它具有客观性、关联性和合法性三大特征。在学理上，民事诉讼证据可分为本证与反证、直接证据与间接证据、原始证据与传来证据、言词证据与实物证据等。《民事诉讼法》将证据分为书证、物证、视听资料、电子数据、证人证言、当事人的陈述、鉴定意见、勘验笔录。

3. 证据的调查和收集分为当事人及其诉讼代理人调查、收集证据和人民法院依职权调查、收集证据两种。

4. 证据保全，是指在证据可能灭失或以后难以取得的情况下，人民法院根据当事人的申请或依职权采取措施，预先对证据加以固定和保护的行为。证据保全应符合一定的条件。

5. 审判人员应当依照法定程序，全面、客观地审核证据，依据法律规定，运用逻辑推理和日常生活经验法则对证据有无证明力和证明力大小独立进行判断，并公开判断的理由和结果。审核认定证据的方法有两种：①对单一证据的审核认定；②对全部证据的综合审核认定。

【思考题】

1. 民事诉讼证据有哪些基本特征？
2. 民事诉讼证据学理上有哪几种分类方法？如此分类的意义何在？
3. 证据保全的条件是什么？
4. 审判人员审核认定证据的原则是什么？
5. 如何运用日常生活经验法则对证据进行审核认定？
6. 如何对证据能力和证明力进行判断？
7. 从自由心证的角度，谈谈公开判决理由的必要性在哪里。

【参考文献】

1. 廖中洪主编：《民事诉讼改革热点问题研究综述：1991～2005》，中国检察出版社2005年版。

2. 毕玉谦主编：《证据法要义》，法律出版社2003年版。

3. 肖建华主编：《民事证据法理念与实践》，法律出版社2005年版。

4. 张永泉：《民事证据采信制度研究》，中国人民大学出版社2003年版。

5. ［美］艾德华·H. 列维：《法律推理引论》，庄重译，中国政法大学出版社2002年版。

6. 王胜明主编：《中华人民共和国民事诉讼法释义》，法律出版社2012年版。

7. 沈德咏主编：《最高人民法院民事诉讼法解释理解与适用（上）》，人民法院出版社2015年版。

第十二章

第十三章

证明

学习目的和要求　了解证明对象的概念、范围、证明责任的双重含义及规范说；理解证明责任的正置和倒置；熟悉证明标准、举证期限的含义，证据交换的概念及实际操作，质证的含义及程序。

■第一节　证明对象

一、证明对象概说

民事诉讼中的证明，是指当事人为使法官确信某一事实而进行的运用证据的活动。在具体的诉讼中，并非所有的案件事实都需要借助证据来认定，需要运用证据加以证明的，往往只是其中的一部分案件事实。在诸案件事实中，决定哪些需要证明、哪些不必证明，是证明对象的确定问题。需要用证据加以证明的案件事实，就叫证明对象，也叫证明的客体或证明的标的。

明确证明对象对当事人和人民法院都具有重要意义。对当事人来说，确定了证明对象，就可以围绕证明对象收集、提供证据，进行质证和辩论；对于人民法院来说，证明对象的确定意味着事实审查范围的划定和审理对象的明晰。

二、证明对象的范围

广义的民事诉讼中的证明对象包括以下方面：

1. 法律规范所确定的要件事实。法律规范所确定的要件事实关系到诉讼当事人的实体权利义务，也关系到人民法院对案件的实体处理，因此是民事诉讼中主要的证明对象（关于要件事实的具体阐述，详见本章第二节"证明责任"）。

2. 用来推断要件事实是否存在的间接事实。在一些情况下，要件事实本身难以用直接方式证明，需要先证明与要件事实有关的另外一些间接事实，以此来推断要件事实存在与否。

3. 与证据能力和证明力有关的辅助事实。证据能力的有无和证明力的大小常常与一些事实紧密相关，如果对此存在争议，就需要加以证明。如《民事证据规定》第 77 条第 5 项规定："证人提供的对与其有亲属或者其他密切关系的当事人有利的证言，其证明力一般小于其他证人证言。"如果双方对证人与当事人之间是否有密切关系存在争议，就需要对此加以证明。

4. 程序法事实。程序法事实，虽然不直接涉及当事人的实体权利，但对当事人的实体权利及诉讼程序会产生很大的影响，能够产生诉讼法上的效果。比如，某一个审判人员是否具有导致回避的事实，关系到该审判人员是否能参加该案件的审理。

5. 外国法律和地方性法规、习惯。外国法律不属于审判人员职务上应当知悉的范围；地方性法规往往也不为审判人员所知悉；存在于某一地方的习惯，审判人员往往也并不清楚，因此，需要当事人对此加以证明。

6. 特别经验法则。经验法则可分为一般经验法则和特别经验法则。日常生活领域内的经验法则，即一般经验法则，为一般人所知晓，无需证明。"就特别经验法则而论，因其规则的形成是基于特别知识或经验所取得的事实，对这种事实本身，在诉讼上仍可作为证明的对象，由其他证据加以证明或采取其他相应的证明方式，如交付专家鉴定等。"[1]

狭义的民事诉讼中的证明对象仅指法律规范所确定的要件事实。因为要件事实直接与证明责任挂钩，如果要件事实没有查清或者真伪不明，承担证明责任的一方当事人就要承担败诉的风险，所以，为了使法官对于某一个要件事实获得心证，承担证明责任的一方当事人必须将它作为证明的客体努力加以证明。广义的民事诉讼中的证明对象的其他情形，由于不直接与证明责任挂钩，因此不属于严格意义上的证明对象。通常情况下，我们所谈论的民事诉讼中的证明对象是从狭义的角度来理解的。

三、无需证明的事实

（一）众所周知的事实

众所周知的事实，也叫公知的事实，是指在一定范围内，人们广为知晓的事实，包括生活常识、习俗、有重大影响的事件等。这些事实通常没有必要再去证明。但是，对方当事人有相反的证据足以推翻的，不能免除其证明责任。

（二）自然规律及定理

自然规律与定理不必证明，是由于它们的科学性与正确性早已被反复验证。

（三）推定的事实

推定，是指根据某一事实的存在而作出的与之相关的另一事实存在或不存在的假定。根据法律规定或者已知事实与日常生活经验法则推定出的另一事实无需证明。如《民诉法解释》第112条规定："书证在对方当事人控制之下的，承担举证证明责任的当事人可以在举证期限届满前书面申请人民法院责令对方当事人提交。申请理由成立的，人民法院应当责令对方当事人提交，因提交书证所产生的费用，由申请人负担。对方当事人无正当理由拒不提交的，人民法院可以认定申请人所主张的书证内容为真实。"该主张即为推定的事实，无需另行证明。

---

[1] 毕玉谦："试论民事诉讼中的经验法则"，载《中国法学》2000年第6期。

推定的事实包括法律上推定的事实和事实上推定的事实。将推定事实列为无需证明的事实，有两点需要说明：①当作为推定事实的前提处于不明状态时，主张推定事实存在的当事人虽然不必证明推定事实，但需要对前提事实存在进行证明；②推定事实并非都是无可争议的事实，在法律允许当事人提出相反的证据推翻推定事实的情况下，当事人提出相反的证据后，推定事实将重新成为证明对象。

（四）预决的事实

预决的事实，是指已为人民法院发生法律效力的裁判所确认的事实。预决的事实是否有预决效力，应具体情况具体分析。通说认为，民事、行政生效判决主文中认定的事实对后续的民事诉讼具有预决的效力，判决理由中的判断通常不具有预决的效力。刑事判决分有罪判决和无罪判决。有罪判决中认定的犯罪行为，具有预决的效力。无罪判决分两种情形：①指控的犯罪事实已被否定，人民法院在诉讼中已查明犯罪行为并非被告人所为；②由于案件事实不清、证据不足、不能认定被告人有罪，而作出证据不足、指控犯罪不能成立的无罪判决。第一种情形对民事诉讼具有预决的效力；第二种情形对民事诉讼不具有预决的效力，因为这种无罪判决是建立在证据不足、不能认定被告人有罪的基础上的。由于刑、民证明标准不同，在证据相同的情况下，刑事判决中没有认定的事实可能被民事判决所认定。

（五）已为仲裁机构的生效裁决所确认的事实

仲裁机构的生效裁决与人民法院生效裁判具有同样的法律效力。因此，已为仲裁机构的生效裁决所确认的事实无需证明。需要注意的是，已为仲裁机构的生效裁决所确认的事实仅指裁决主文中所确认的事实，通常不包括仲裁理由中所确认的事实。

（六）已为有效公证文书所证明的事实

公证机关及其公证员依照法定程序所作的公证证明，是具有法律效力的证明。已为有效公证文书所证明的事实，在诉讼中不需要另行证明。但是，有相反证据足以推翻公证证明的除外。

（七）诉讼上承认的事实

1. 诉讼上承认的概念。诉讼上的承认即诉讼上的自认，是指在诉讼中，一方当事人就对方当事人所主张的不利于己的事实作出明确的承认或表示，从而产生相应的法律后果的诉讼行为。[1]

诉讼上的自认不同于诉讼外的自认。诉讼外的自认是指当事人在诉讼过程之外作出的承认。诉讼外的承认得到证明以后，虽然可以作为证据来使用，但不具有免于证明的效力。

诉讼上自认也不同于对诉讼请求的承认。尽管对诉讼请求的承认也会发生作为诉讼请求根据的事实无需证明的效果，但二者在对象上和法律后果上还是存在区别

---

[1]　诉讼上的自认的对象必须是案件事实，适用或解释法律的陈述不能成为自认的对象。

的。前者的对象是诉讼请求或反驳诉讼请求所依据的事实,后者为诉讼请求本身;前者未必导致作出自认的一方当事人败诉,因为在自认的同时往往会提出新的事实进行抗辩,而后者可直接导致人民法院根据承认作出被告败诉的判决。

2. 诉讼上自认的构成要件。构成诉讼上的自认,应当具备以下三个要件:

(1) 时间要件。自认必须在诉讼过程中作出。这里的诉讼过程包括开庭前的准备阶段(如证据交换阶段;关于证据交换的有关知识,详见本章第四节)和开庭审理的阶段。此外,当事人在起诉状、答辩状、陈述及委托代理人的代理词中承认的对己不利的事实,除当事人反悔并有相反证据足以推翻外,人民法院亦将确认此种承认的效力。

(2) 形式要件。自认的表示应当明确,不能使用"可能""大概""也许"等模糊词,也不能简单地将"既不承认也不否认"直接当作承认。

(3) 实质要件。自认的对象是不利于己的案件事实,而且自认必须与对方当事人的事实主张相一致。

对一方当事人陈述的不利于己的事实,另一方当事人既未承认也未否认的,另一方当事人对该事实构成诉讼上的拟制自认。理解拟制自认的关键点在于"不争执",也就是说,对于对方当事人主张的于己不利的事实,不作任何陈述或不为明显或积极的陈述。诉讼上的拟制自认与诉讼上的自认具有相同的效力。[1]

必须指出的是,对于涉及身份关系、国家利益、社会公共利益等应当由人民法院依职权调查的事实,即使符合以上要件也不能成为诉讼上的自认。[2]并且,这里的身份关系的案件是指婚姻关系案件和亲子关系案件两类。由于身份关系的案件不仅涉及当事人双方的私人利益,而且涉及道德伦理,甚至影响社会的稳定,因此必须谨慎对待,人民法院对当事人的自认可以斟酌甚至依照职权进行调查。

3. 诉讼上自认的效力。

(1) 对当事人的效力。一方当事人在对方当事人对某一案件事实作出诉讼上的自认后,即可免除对该案件事实举证证明的义务。作出自认的当事人必须受该自认事实的拘束,不得随意撤回自认。

(2) 对人民法院的效力。原则上,人民法院应受自认事实的拘束,不得将与自认相反的事实作为判决的基础。但是,当人民法院怀疑当事人为规避法律或达到其他非法目的而恶意串通作出自认时,可不顾自认而继续对事实进行调查。《民诉法解

---

[1] 如《民事证据规定》第8条第2款就明确规定:"对一方当事人陈述的事实,另一方当事人既未表示承认也未否认,经审判人员充分说明并询问后,其仍不明确表示肯定或者否定的,视为对该项事实的承认。"第8条第3款还规定:"当事人委托代理人参加诉讼的,代理人的承认视为当事人的承认。但未经特别授权的代理人对事实的承认直接导致承认对方诉讼请求的除外;当事人在场但对其代理人的承认不作否认表示的,视为当事人的承认。"

[2] 《民诉法解释》第92条第2款明确规定:"对于涉及身份关系、国家利益、社会公共利益等应当由人民法院依职权调查的事实,不适用前款自认的规定。"

第十三章

释》第92条第3款就规定："自认的事实与查明的事实不符的，人民法院不予确认。"

4. 诉讼上自认的撤回。在通常情况下，当事人在诉讼中作出自认后，是不允许将其撤回的。诉讼上的自认对当事人的效果来源于禁反言原则。禁反言原则是诚实信用原则在民事诉讼中的体现。但作为例外，在当事人具有充分而正当的理由时，允许其将自认撤回。《民事证据规定》第8条第4款对此加以了规定："当事人在法庭辩论终结前撤回承认并经对方当事人同意，或者有充分证据证明其承认行为是在受胁迫或者重大误解情况下作出且与事实不符的，不能免除对方当事人的举证责任。"《民事证据规定》第74条对此也有涉及："诉讼过程中，当事人在起诉状、答辩状、陈述及其委托代理人的代理词中承认的对己方不利的事实和认可的证据，人民法院应当予以确认，但当事人反悔并有相反证据足以推翻的除外。"

■第二节 证明责任

一、证明责任的含义

证明责任，又称举证责任，是指当事人对自己提出的事实主张有责任提供证据进行证明，当作为裁判基础的法律要件事实在诉讼中处于真伪不明的状态时，负有举证证明义务的当事人应承担败诉的风险。一项争议事实"真伪不明"的前提条件是：①原告方提出有说服力的主张；②被告方提出实质性的反主张；③对争议事实主张有证明必要，在举证规则领域，自认的、不争议的和众所周知的事实不再需要证明；④用尽所有程序上的许可和可能的证明手段，法官仍不能获得心证；⑤口头辩论程序已经结束，上述第③项的证明需要和第④项的法官心证不足仍没有改变。[1] 需要补充的是，在辩论主义诉讼中，事实必须由当事人主张，即使主要事实对自己有利，如果没有主张，也会受到不利的裁判。诉讼法上将当事人的这种责任归纳为主张责任。但在职权探知主义的诉讼中，当事人虽然没有主张某一事实，也未必会承受不利的裁判。而证明责任在辩论主义诉讼中和职权探知主义诉讼中都是存在的。但证明责任和主张责任并非没有联系，在辩论主义诉讼中，通常情况下，主张责任的范围和证明责任的范围一致，均以同一要件事实为对象，且两种责任的负担人都是一致的。

证明责任具体包括主观上的证明责任和客观上的证明责任两层含义：①主观上的证明责任，又称行为意义上的举证责任、形式上的举证责任、提出证据的责任，是指当事人对自己提出的主张有提供证据的责任；②客观上的证明责任，又称结果意义上的举证责任、实质上的举证责任，是指当待证的要件事实真伪不明时，由依法负有证明责任的人承担不利后果的责任。主观上的证明责任着眼于"何人应该举证"，如果无法履行这一义务，就要承担法院不考虑这一事实存在或不存在的危险；

---

〔1〕〔德〕汉斯·普维庭：《现代证明责任问题》，吴越译，法律出版社2000年版，第22~23页。

而客观上的证明责任着眼于"何事应该被举证",如该事实最终无法得到证明,法官必须作出对承担客观的证明责任的当事人不利的判断。原则上,职权探知主义诉讼无主观的证明责任,而辩论主义的诉讼才有主观的证明责任的问题。客观的证明责任无论在职权探知主义的诉讼中,还是在辩论主义的诉讼中均存在,并且客观的证明责任是证明责任的本质所在,主观证明责任的范围与客观证明责任的范围一致,不多也不少。因此,在不特指的情况下,一般我们谈到证明责任时,所指的是客观上的证明责任。

二、证明责任的作用

1. 引导法院在事实真伪不明的状态下作出裁判。在诉讼中,有部分案件事实虽然经过当事人和法院的努力,仍然无法判明究竟是真实还是虚假,而法院不能拒绝裁判。在此情形下,法院必须借助证明责任的规则进行裁判,将案件事实真伪不明引起的不利后果由负有证明责任的一方当事人承担。

2. 为当事人在诉讼中展开进攻和防御提供依据。原告在诉讼中处于攻击者的地位,被告则处于防御者的地位。无论是进攻还是防御,都必须以一定的事实主张作为依据,而双方当事人在诉讼中应当主张哪些事实,取决于证明责任的分配。也就是说,原告在进攻时,应向法院主张由其承担证明责任的事实;被告在防御时,也应当主张由其承担证明责任的事实。

3. 为确定本证和反证提供依据。本证和反证的分类标准是证明责任,离开了证明责任,就无法正确地区分本证和反证。当法律要件事实处于真伪不明的状态时,法院可决定由负有证明责任的一方继续举证,只有其所举证据的证明力达到高度盖然性标准,才能免去进一步提供证据的责任。而对于不负证明责任的一方,只要其提供的反证动摇了本证的证明力即可。

三、证明责任的分配标准概说

(一) 证明责任分配的含义

证明责任的分配,是指按照一定的标准,将事实真伪不明的风险,在双方当事人之间进行分配。

证明责任的分配直接关系到双方当事人举证义务的负担,因此,必须在双方当事人之间进行公平的分配,才能使正义在诉讼中得以真正体现。通常情况下,证明责任的分配应考虑司法的政策、经验法则、持有证据的便利性、与证据的距离远近、盖然性等因素。但如果由法官按照以上因素在每一个个案中来决定分配,可能出现标准不统一的情况。特别是法规范出发型的国家,在具体个案中进行证明责任的分配是不恰当的。正因为这样,很有必要设定一定的、具有可操作性的原则来作为分配证明责任的标准。证明责任的分配原则,最早可追溯至罗马法时代。近代以来,关于证明责任分配原则有三大学说,即待证事实分类说、法规分类说和法律要件分类说。待证事实分类说是指就待证事实本身,按照特定的标准进行分类,凡符合特定性质或内容的待证事实,在当事人之间分配相应的证明责任,而不论该待证事实在实体法构成要件的权利属性上能够产生何种法律效果。待证事实分类说主要包括消极事实说与外界事实说。消极事实说主张：凡主张消极事实的当事人不负证明责任；在个案中，当遇有待证事实为是否曾发生这种消极事实与积极事实时，由因主张积极事实而产生利益的一方当事人负证明责任。外界事实说，又称为内界事实说，依据事物能否借助人的五官从外部加以观察，把待证事实划分为外界事实与内界事实。凡当事人主张外界事实的，应就该事实负证明责任；凡主张内界事实或状态的当事人不负证明责任。在现代，占统治地位的证明责任分配原则是法律要件分类说。该说主张：诉讼上所要证明的事实为要件事实，而何种要件事实应由何方当事人负证明责任，应当依据该要件事实发生何种法律上的效果来确定。代表人物是德国学者罗森贝克和莱昂哈特。该学说目前在大陆法系国家是占主流地位的学说，但第二次世界大战后，为修正"法律要件分类说"的不足，出现了"危险领域说""盖然性说""利益衡量说"等学说。危险领域说是指，当损害原因存在于加害人的领域时，加害人应负证明责任。盖然性说是从盖然性角度将事物的原则视为一种常态，而将事物的例外视为一种非常态。通过公平性的实质权衡，作为原告的一方当事人应当对其所主张的事实所依据的常态情形承担证明责任，被告应当对否认其事实主张所依据的非常态情形承担证明责任。利益衡量说是指，如果立法者的观点已体现在制定法上，就应当根据法律规定来确定证明责任的分配标准。当立法者的观点或者立法意思不存在或者处于不明的状态时，对于这种法律上的欠缺，就应当通过判例来创造证明责任规范予以弥补。考虑的因素包括证据的远近距离、依照事物性质所决定的举证难易程度、关于事实的存在或不存在的盖然性等。[1]

（二）罗森贝克"规范说"的证明责任分配原则

罗森贝克提出的规范说的法律要件分类说是证明责任分配原则的通说。该学说将实体法规范按照对立关系分为两大类：权利发生规范和权利对立规范。权利发生规范，又称权利根据规范，是指能够产生一定权利的规范。如《合同法》第65条规定："当事人约定由第三人向债权人履行债务的，第三人不履行债务或者履行债务不符合约定，债务人应当向债权人承担违约责任。"权利对立规范是对权利发生规范起反作用的规范。权利对立规范又可分为三种类型：权利障碍规范、权利消灭规范和权利制约规范。权利障碍规范，是指权利发生规范的构成要件已经部分实现，但因该权利的效果受到妨碍而使该权利的效果自始不能发生所涉及的规范。如《合同法》第52条规定："有下列情形之一的，合同无效：①一方以欺诈、胁迫的手段订立合同，损害国家利益；②恶意串通，损害国家、集体或者第三人利益；③以合法形式掩盖非法目的；④损害社会公共利益；⑤违反法律、行政法规的强制性规定。"权利消灭规范是指在权利发生以后，能够将已存在的权利消灭所涉及的规范。如《合同法》第91条规定："有下列情形之一的，合同的权利义务终止：①债务已经

---

[1] 毕玉谦：《民事证明责任研究》，法律出版社2007年版，第二章。

按照约定履行；②合同解除；③债务相互抵销；④债务人依法将标的物提存；⑤债权人免除债务；⑥债权债务同归于一人；⑦法律规定或者当事人约定终止的其他情形。"权利制约规范，是指在权利发生之后，权利人欲行使权利时，能够将权利的效果加以遏制，使该权利不能发挥效力的规范。如《合同法》第66条规定："当事人互负债务，没有先后履行顺序的，应当同时履行。一方在对方履行之前有权拒绝其履行要求。一方在对方履行债务不符合约定时，有权拒绝其相应的履行要求。"与这些规范相联系的、抽象意义上的、类型化的、能够导致民事法律关系发生、变化或消灭的事实，就是我们所说的要件事实，分别为权利发生的要件事实、权利障碍的要件事实、权利消灭的要件事实和权利制约的要件事实。与此相关的证明责任分配原则是：凡主张权利存在的当事人，应就权利发生的法律要件事实承担证明责任；凡否定权利存在的当事人，应就权利障碍法律要件、权利消灭法律要件或权利制约法律要件的存在事实负证明责任。通常情况下，在实体法中，在由主文和但书构成的条文中，主文表示的是权利发生规范，但书表示的是权利对立规范；在以原则和例外形式规定的条文中，原则是权利发生规范，例外是权利对立规范。相对应地，在诉讼中，主张权利的当事人应当证明权利发生要件事实存在，反对权利的人应当证明权利障碍要件事实、权利消灭要件事实或者权利制约要件事实存在。

具体而言：①提出诉讼请求的人就权利产生事实承担证明责任，反驳诉讼请求的人就抗辩事实承担证明责任，就权利产生事实不存在或者没有发生不承担证明责任；[1] ②超出实体法规定范围的事实，即不属于各要件事实的事实，因与证明责任无关，不发生证明责任的分配问题。

四、我国《民事诉讼法》及其司法解释对证明责任分配的规定

（一）现行《民事诉讼法》与证明责任分配的原则

我国在相当长的一段时期里，对证明责任及其分配问题未予以应有的重视。现行《民事诉讼法》第64条第1款规定："当事人对自己提出的主张，有责任提供证据。"这条规定并不是证明责任分配的原则，因为它仅仅停留在"谁主张，谁举证"的层面上，而未触及双方当事人各自应当对哪些事实负证明责任的问题，也未解决事实真伪不明时审判人员如何裁判的问题。虽然在我国民事实体法以及最高人民法院的司法解释中，对某些要件事实的证明责任作了明确规定，解决了事实真伪不明时审判人员如何裁判的问题。[2]但这种情形毕竟是少数，在大多数情况下，仍需要确立一定的原则作为证明责任分配的标准。

---

〔1〕　这里的抗辩事实是指针对对方主张的权利产生要件事实，而提出的权利障碍要件事实、权利消灭要件事实或权利制约要件事实。

〔2〕　例如，《民法通则》第126条规定："建筑物或者其他设施以及建筑物上的搁置物、悬挂物发生倒塌、脱落、坠落造成他人损害的，它的所有人或者管理人应当承担民事责任，但能够证明自己没有过错的除外。"该条规定中，将是否有过错这一要件事实的证明责任分配给建筑物或者其他设施以及建筑物上的搁置物、悬挂物的所有人或者管理人，即是证明责任法定分配的例子。

（二）《民事证据规定》对合同、侵权等民事案件的证明责任分配原则的规定

《民事证据规定》的出台，改变了这一局面。该规定参照"规范说"和我国民事审判经验，在第2、5、6条对合同、侵权等民事案件中的证明责任进行了分配：

1. 在合同纠纷案件中，主张合同关系成立并生效的一方当事人对合同订立和生效的事实承担举证责任；主张合同关系变更、解除、终止、撤销的一方当事人对引起合同关系变动的事实承担举证责任。对合同是否履行发生争议的，由负有履行义务的当事人承担举证责任。

2. 对代理权发生争议的，由主张有代理权的一方当事人承担举证责任。

3. 在劳动争议纠纷案件中，因用人单位作出开除、除名、辞退、解除劳动合同、减少劳动报酬、计算劳动者年限等决定而发生劳动争议的，由用人单位负举证责任。

（三）《民事证据规定》对证明责任分配的例外规定

《民事证据规定》在借鉴规范说的同时，也考虑到了某些类型案件和特殊情况下证明责任分配的特殊性，作出了证明责任分配的例外规定。包括证明责任的倒置、推定、法官裁量分配等规则。

1. 证明责任分配的倒置。证明责任分配的倒置又称为证明责任的转换。按照规范说对证明责任的分配是证明责任的正置，证明责任分配的倒置是相对于证明责任正置的一般原则而言的特殊原则。它是法律为了维护法政策或法秩序而特别设置的让相对方承担证明责任的例外规定的情形，即法律直接规定当事人对提出的诉讼请求或者反驳对方的诉讼请求所依据的事实不承担证明责任，而由否认的当事人承担相反事实的证明责任。

证明责任倒置一般仅限于特殊侵权行为，其实质是免除了主张方对特定要件事实的证明责任，转由其相对方证明此要件事实不存在，如果不能以相反的证据推定此免证事实，法官就要推定此免证事实存在，从而适用以此免证事实为前提条件的法律规范。

《民事证据规定》第4条对证明责任倒置的情形作了规定，但同一条款中的许多规定并不属于证明责任的倒置，而是证明责任的正置。为准确起见，下面分别述之。

（1）关于新产品制造方法、发明专利侵权诉讼。按照民法理论，新产品制造方法发明专利侵权行为不是特殊侵权行为，只是一般侵权行为。但考虑到发明专利侵权行为由原告举证有很大难度，法律规定由制造同样产品的单位或个人对其产品制造方法不同于专利方法承担证明责任。"产品制造方法同于专利方法"是专利侵权责任中"违法行为"是否存在的事实，所以，由制造同样产品的单位或者个人对其产品制造方法不同于专利方法承担证明责任，是对过错责任中"违法行为"这一要

件事实的证明责任的倒置。[1]

（2）关于高度危险作业致人损害的侵权诉讼。高度危险作业致人损害属于特殊侵权行为，实行无过错责任原则，责任构成要件包括三方面：高度危险作业的行为，损害后果或严重危险的存在以及因果关系。《民事证据规定》第4条第1款第2项规定："高度危险作业致人损害的侵权诉讼，由加害人就受害人故意造成损害的事实承担举证责任。"并没有对特殊侵权的三个要件中一个或多个证明责任倒置，主张方仍需就构成侵权责任的三个要件承担证明责任，因而不是证明责任的倒置。该规定只是对被告抗辩事由的限制性规定，属于对证明责任的一般分配。[2]

（3）因环境污染引起的损害赔偿诉讼。构成环境侵权责任须具备违反环境保护法律的污染环境行为、损害事实、因果关系三个要件。《民事证据规定》第4条第1款第3项规定："因环境污染引起的损害赔偿诉讼，由加害人就法律规定的免责事由及其行为与损害结果之间不存在因果关系承担举证责任。"其中，关于加害人就"行为与损害结果之间不存在因果关系"的规定，体现了对于侵权责任中"因果关系"这一要件的证明责任的倒置，而加害人就"法律规定的免责事由"承担证明责任的规定不属于证明责任的倒置，属于证明责任的一般分配。[3]

（4）关于建筑物或者其他设施以及建筑物上的搁置物、悬挂物发生倒塌、脱落、坠落致人损害的侵权诉讼。对于此类侵权行为，按照《民法通则》第126条的规定，采用的是过错责任原则。《民事证据规定》第4条第1款第4项规定的"由所有人或者管理人对其无过错承担举证责任"是关于主观过错这一要件事实的证明责任的倒置。[4]

（5）饲养动物致人损害的侵权诉讼。按照《民法通则》第127条的规定，对于

---

[1]　《专利法》第61条第1款规定："专利侵权纠纷涉及新产品制造方法的发明专利的，制造同样产品的单位或者个人应当提供其产品制造方法不同于专利方法的证明。"此规定和《民事证据规定》在证明责任的分配上完全一致。

[2]　《民事证据规定》的这一条款已经很大程度上被更为详实的《侵权责任法》第九章"高度危险责任"所代替，但就证明责任的分配上而言，二者是一致的。

[3]　《侵权责任法》第65条规定："因污染环境造成损害的，污染者应当承担侵权责任。……"第66条规定："因污染环境发生纠纷，污染者应当就法律规定的不承担责任或者减轻责任的情形及其行为与损害之间不存在因果关系承担举证责任。"这一规定和《民事证据规定》在证明责任的分配上是一致的。

[4]　《侵权责任法》第85条规定："建筑物、构筑物或者其他设施及其搁置物、悬挂物发生脱落、坠落造成他人损害，所有人、管理人或者使用人不能证明自己没有过错的，应当承担侵权责任。……"这一规定和《民事证据规定》在证明责任的分配上是一致的。但《侵权责任法》第86条规定："建筑物、构筑物或者其他设施倒塌造成他人损害的，由建设单位与施工单位承担连带责任。建设单位、施工单位赔偿后，有其他责任人的，有权向其他责任人追偿。因其他责任人的原因，建筑物、构筑物或者其他设施倒塌造成他人损害的，由其他责任人承担侵权责任。"这一规定表明，建筑物、构筑物或者其他设施倒塌造成他人损害的，实行的是无过错责任，也就是说，所有人或者管理人是否有过错不构成证明对象，无需对此承担证明责任。

此类侵权行为，适用的是无过错责任原则。《民事证据规定》第 4 条第 1 款第 5 项规定的"……由动物饲养人或者管理人就受害人有过错或者第三人有过错承担举证责任"，不属于证明责任的倒置，而属于证明责任的一般分配。[1]

（6）因缺陷产品致人损害的侵权诉讼。对于此类侵权行为，适用的是无过错责任原则。《民事证据规定》第 4 条第 1 款第 6 项规定的"……由产品的生产者就法律规定的免责事由承担举证责任"，不属于证明责任的倒置，属于证明责任的一般分配。[2]

（7）因共同危险行为致人损害的侵权诉讼。该类侵权行为实行因果关系推定，即受害人不负危险行为人的行为与损害结果之间有因果关系的证明责任，而由危险行为人提供证据证明自己的行为与损害结果之间没有因果关系；如果不能证明，则推定危险行为人的行为与损害结果之间有因果关系。《民事证据规定》第 4 条第 1 款第 7 项规定的"……由实施危险行为的人就其行为与损害结果之间不存在因果关系承担举证责任"，是对侵权责任构成要件中的因果关系的证明责任的倒置。

（8）因医疗行为引起的侵权诉讼。医疗事故责任实行过错责任的归责原则。《民事证据规定》第 4 条第 1 款第 8 项规定的"……由医疗机构就医疗行为与损害结果之间不存在因果关系及不存在医疗过错承担举证责任"，是对侵权责任构成要件中的因果关系和主观过错的证明责任的倒置。[3]

综上所述，《民事证据规定》第 4 条所规定的 8 种情形中，只有第 1、4、7、8 项是有关证明责任倒置的规定，第 3 项既涉及证明责任的倒置，又涉及抗辩事由证明责任的正置，其余 3 项则是关于抗辩事由或免责事由的证明责任正置的规定。需要强调的是，民事诉讼中的证明责任的倒置，并非全部要件事实的证明责任的倒置，而只是部分要件事实的证明责任的倒置。[4]

（四）《民诉法解释》对证明责任及其分配的规定

《民诉法解释》第 90 条明确规定："当事人对自己提出的诉讼请求所依据的事实或者反驳对方诉讼请求所依据的事实，应当提供证据加以证明，但法律另有规定的除外。在作出判决前，当事人未能提供证据或者证据不足以证明其事实主张的，

---

[1] 《侵权责任法》第 78 条规定："饲养的动物造成他人损害的，动物饲养人或者管理人应当承担侵权责任，但能够证明损害是因被侵权人故意或者重大过失造成的，可以不承担或者减轻责任。"这一规定和《民事证据规定》稍有不同，即对被侵权人的过错作了界定，只限于"故意"或者"重大过失"这两种情况，而"一般过失"并未包括在内，但二者在证明责任的分配上是一致的。

[2] 《产品质量法》第 41 条第 2 款规定："生产者能够证明有下列情形之一的，不承担赔偿责任：①未将产品投入流通的；②产品投入流通时，引起损害的缺陷尚不存在的；③将产品投入流通时的科学技术水平尚不能发现缺陷的存在的。"这些情形即属于法律规定的产品的生产者免责的事由，是证明责任分配的一般情形。

[3] 《侵权责任法》第七章"医疗损害责任"对此的规定和《民事证据规定》有所不同，并没有要求"由医疗机构就医疗行为与损害结果之间不存在因果关系及不存在医疗过错承担举证责任"。因此，《民事证据规定》对此的证明责任分配已经不适用。

[4] 参见薛永慧："民事诉讼举证责任倒置刍议"，载《政法论坛》2004 年第 3 期。

由负有举证证明责任的当事人承担不利的后果。"第 91 条规定："人民法院应当依照下列原则确定举证证明责任的承担，但法律另有规定的除外：①主张法律关系存在的当事人，应当对产生该法律关系的基本事实承担举证证明责任；②主张法律关系变更、消灭或者权利受到妨害的当事人，应当对该法律关系变更、消灭或者权利受到妨害的基本事实承担举证证明责任。"这两条规定，充分说明我国司法领域所适用的证明责任的分配原则和其他大陆法系国家和地区一样，都是罗森贝克"规范说"的证明责任分配原则。

2. 推定。推定，是指根据某一事实的存在而作出的与之相关的另一事实存在或不存在的假定。从推定与规范的关系看，推定可以分为法律推定和事实推定，它们都可以起到分配证明责任的作用。

（1）法律推定。法律推定，是指根据法律规定，以某一基础事实的存在为前提，从而认定某一法律要件事实存在或不存在的假定。如《民事证据规定》第 75 条规定："有证据证明一方当事人持有证据无正当理由拒不提供，如果对方当事人主张该证据的内容不利于证据持有人，可以推定该主张成立。"该规定中，"有证据证明一方当事人持有证据无正当理由拒不提供"系基础事实，"该证据的内容"属于推定事实。又如《民诉法解释》第 112 条规定："书证在对方当事人控制之下的，承担举证证明责任的当事人可以在举证期限届满前书面申请人民法院责令对方当事人提交。申请理由成立的，人民法院应当责令对方当事人提交，因提交书证所产生的费用，由申请人负担。对方当事人无正当理由拒不提交的，人民法院可以认定申请人所主张的书证内容为真实。"该规定中，"书证在对方当事人控制之下"及"对方当事人无正当理由拒不提交"系基础事实，"申请人所主张的书证内容"属于推定事实。

法律推定对证明责任的影响主要表现在两个方面：①减轻了主张推定事实一方的证明责任。对推定事实负有证明责任的一方可通过证明基础事实来减少因推定事实真伪不明而产生的风险。②加重了主张推定事实的相对方的证明责任。对推定事实负有证明责任的一方对基础事实举证成功而使推定事实已被假定存在时，其相对方为推翻推定事实，必须对推定事实不存在负证明责任。

（2）事实推定。事实推定是指人民法院依据某一已知的事实，根据严密的逻辑推理和经验法则，推出诉讼中需要证明的另一事实存在或不存在。事实推定也是从已知的基础事实推论未知的推定事实，它在一定程度上可减轻主张推定事实的当事人的举证负担。

事实推定和法律推定的区别在于：①是否有法律的明文规定不同。事实推定无法律的明文规定；法律推定必须基于法律的明文规定。②是否可以被相反的证据推翻不同。事实推定虽然建立在严密的逻辑推理和人们日常生活经验的基础之上，但当事人仍然可以提出相反的证据推翻推定规则，从而使推定规则失去作用；法律推定规则不能被当事人用相反的证据推翻。③推定事实真伪不明时，承担败诉风险的当事人不同。在事实推定的情况下，当推定事实的真伪最终不能认定时，败诉的风险仍然由主张推定事实的一方负担；法律推定在此情况下的败诉风险则由其相对方来负担。

事实推定和法律推定的联系在于：①它们都是从基础事实推断推定事实；②它们都缓解了推定事实证明上的困难。

3. 法官裁量。一般而言，证明责任应当由民事实体法作预先的分配。但是，法律难以穷尽所有诉讼的证明责任分配，而法官不能拒绝裁判，在这种情况下，应由法官对证明责任如何在双方当事人之间进行分配加以裁量。[1]对此，《民事证据规定》第7条作出了明文的规定："在法律没有具体规定，依本规定及其他司法解释无法确定举证责任承担时，人民法院可以根据公平原则和诚实信用原则，综合当事人举证能力等因素确定举证责任的承担。"[2]

■第三节　证明标准

一、证明标准的含义与作用

（一）证明标准的含义

证明标准，又称为证明尺度、证明额度、证明强度或者证明度，是指当事人为说服裁判者相信其主张，对其主张形成心证达到的最低证明程度。所谓最低证明程度，是指当事人的证明只有达到了该程度之后，裁判者对该方当事人的主张才会形成心证，才会认定其主张。如果当事人的证明超过该程度，因其对该当事人有利无害，故无需禁止，即所谓可以过之，但不可不及。证明标准既是裁判者认定当事人主张的标准，也是当事人判断应当将诉讼证明进行到什么程度的标准。[3]也就是说，证明标准确定以后，一旦证据的证明力达到该证明标准的要求，待证事实的真实就算是得到了证明，审判人员就应当认定该事实，以该事实的存在作为裁判的依据。反之，审判人员就应当认为待证事实未被证明为真或者仍处于真伪不明的状态，对此事实负有证明责任的当事人应承担不利的后果。

---

〔1〕《民事证据规定》第33条第1款规定："人民法院应当在送达案件受理通知书和应诉通知书的同时向当事人送达举证通知书。举证通知书应当载明举证责任的分配原则与要求……以及逾期提供证据的法律后果。"可见，早在人民法院送达案件通知书和应诉通知书的阶段，就应当告知当事人案件的举证责任应当如何分配。也就是说，在这一阶段就有可能需要法官对证明责任如何分配进行裁量。

〔2〕这里的公平原则要求当事人之间权利与义务的对等。诚实信用原则要求当事人应当具备诚实、善意的内心状态，法官在进行证明责任分配时也应当具备诚实、善意的内心状态。综合当事人举证能力要求考虑当事人自身的客观条件、当事人与案件事实的客观联系、当事人负担证明责任的经济条件等。

〔3〕王学棉：《证明标准研究——以民事诉讼为中心》，人民法院出版社2007年版，第41页。

（二）证明标准的作用

证明标准具有一般性、抽象性、法定性特点，其目的旨在保障法官事实认定的客观化以及统一裁判尺度，提高司法公信力。具体作用体现在以下几个方面：

1. 对于审判人员来说，只有了解了证明标准，才能保证正确把握认定案件事实需要具备何种程度的证据，才能真正衡量待证事实是否已经得到证明或者还处于真伪不明的状态。据此才能决定是否有必要要求当事人进一步补充证据或者依法主动调查收集证据。在二审过程中，原判决认定事实不清、证据不足的，即不符合证明标准要求的情形，是人民法院撤销原判决发回重审或查清事实后改判的法定事由之一。原判决、裁定认定事实的主要证据不足的，即不符合证明标准要求的情形，也是人民法院再审的法定事由之一。

2. 对于当事人来说，只有了解了证明标准，才能真正预测自己胜诉的概率，才能确定自己所举证据要达到何种程度。对于相对方而言，只有当负担证明责任的一方当事人提出的本证已达到证明标准，审判人员将作出有利于该当事人的事实认定时，另一方当事人才有提供反证的必要。

二、关于我国民事诉讼证明标准的一些讨论

关于我国民事案件中究竟采用什么样的证明标准，主要有以下三种观点：客观真实的证明标准、法律真实的证明标准和高度盖然性的证明标准。

（一）客观真实的证明标准

客观真实的证明标准是指：①据以定案的每个证据都已查证属实；②每个证据必须与待查证的案件事实之间存在客观联系，具有证明力；③各要件事实均有相应的证据加以证明；④所有证据在总体上已足以对所要证明的案件事实得出确定无疑的结论，即排除其他一切可能性而得出唯一结论。

有学者主张我国实行的是客观真实的证明标准，其理由是：①辩证唯物主义物质第一性、意识第二性的认识论为查明案件事实提供了科学的理论依据；②案件事实发生后必然会留下这样或那样的证据材料；③我国有一支忠于人民利益、忠于法律、忠于事实真相的司法队伍，为实行客观真实的证明标准提供了人才基础；④诉讼法规定的各项制度和措施为查明案件的客观真实提供了法律上的保障。[1]

（二）法律真实的证明标准

法律真实的证明标准，是指案件事实是经过法律程序重塑的，凡对案件事实的认识达到法律要求的标准就应当加以认定。

有学者主张我国实行的是法律真实的证明标准，其理由是：

1. 法官的主观判断对案件事实形成的最终结果具有决定性意义。在诉讼过程中所呈现的冲突事实，实际上不过是法官凭借相关证据材料所形成的主体性认识。再现案件事实的真正程度，取决于法官这种主体性认识与证据本身的感触和理解上的

---

[1]　陈一云主编：《证据学》，中国人民大学出版社 1991 年版，第 117 页。

准确性、合理性。案件事实的最终确定是源自证据所形成的法律真实。

2. 通过审查判断证据借以发现案件事实的真相是一个程序的过程，程序的正当性对诉讼的结果具有决定性意义。通过程序过程所认定的案件事实，作为一种法律事实，这种效果并不是来自判决内容的"正确"或"错误"与否等实体性的理由，而是从程序过程本身的公正性、合理性产生出来的。因此，通过正当程序作为认定案件事实的根据只能是"法律真实"的体现。

3. 在诉讼中需要再现的是时过境迁的冲突事实，但若是让有关事实重新呈现在法庭上，必须依法定程序进行证明活动。但是究竟何为证据材料，如何对证据进行收集、提供、审查和判断，都是由法律予以规定的。因此，在诉讼中，案件事实的形成过程始终受到法律的规制。

4. 由于民事权利属于私权性质，国家不加任意干预，由此而导致证据法包括举证责任在内的功能运作取决于当事人私力救济的能力。在实践中，当事人的证明能力受制于多种客观条件和因素的限制，一旦其证明能力没有达到证明责任的要求，即便为其主张的事实确属客观存在，也不为法官所认可。可见，程序上的正当无法保证事实上的绝对公正。[1]

（三）高度盖然性的证明标准

高度盖然性，是指一项事实主张具备非常大的可能性，一个理性的人不再怀疑或者看起来其他的可能性都被排除了，这种情况足够形成法官的心证。[2]这种证明标准不要求证明达到不容半点怀疑的程度，而是指按照经验法则，并综合对所有证据的审视，使法官不再怀疑"事情原本就是这样"，并且一般人也对"事情原本就是这样"不夹杂任何疑念，即抱以真实性的确信。

高度盖然性的证明标准是目前学界对此的主流观点，也是大陆法系原则性的民事证明标准。对高度盖然性的证明标准，一般应从以下几个方面进行把握：①高度盖然性的证明标准是一个法定的标准。因此，审判人员不享有是否适用的选择权，只享有依据此标准对证据的评价权、判断权。②高度盖然性的证明标准是法官获得心证的最低限度的标准。在有更高可能性的科学证明可以利用的情况下，法官并不拒绝以此作出裁判。③达到高度盖然性的证明标准的事实不等于客观真实，因此，在认定案件事实时，只要求其接近真实，或者说达到普通人心目中将其当作客观真实的程度，其衡量的尺度被普通人作为行为或见解依据而真诚地加以相信。④高度盖然性的证明标准不是一个固定的点，不可以量化，而是法官心证应达到的一个应然的状态。

与之相对，英美法系原则性的证明标准是盖然性优越的证明标准，即当一事实被陪审团确信其存在的可能性要大于不存在的可能性时，那么此项事实主张就被认

---

〔1〕 毕玉谦：《民事证据法及其程序功能》，法律出版社 1997 年版，第 76 ~ 79 页。

〔2〕 ［德］汉斯·普维庭：《现代证明责任问题》，吴越译，法律出版社 2000 年版，第 110 ~ 111 页。

为是真实的。但对于某些特殊类型的民事案件，则采取比这一证明标准更高的标准，如口头遗嘱、口头信托、以错误欺诈为理由请求更正文件等，审理这类案件要求主张的一方当事人必须以明确的、使人信服的证据来加以证明。英美法系的证明标准之所以和大陆法系不同，是同它的陪审制、强大的证据开示程序等诉讼制度分不开的。如果离开这种法律背景，是无法理解这种证明标准的。

我们认为，我国原则上实行的是高度盖然性的证明标准，其理由是：

1. 有法律依据。《民诉法解释》第108条第1、2款规定："对负有举证证明责任的当事人提供的证据，人民法院经审查并结合相关事实，确信待证事实的存在具有高度可能性的，应当认定该事实存在。对一方当事人为反驳负有举证证明责任的当事人所主张事实而提供的证据，人民法院经审查并结合相关事实，认为待证事实真伪不明的，应当认定该事实不存在。"这里的"高度可能性"即"高度盖然性"之意。

2. 能够使判决获得广泛的社会认同和较强的司法公信力。人们日常生活中行事所根据的并非数学般的公理，而是自己的经验。从科学意义上说，经验并不能够保证百分之百的准确，但这种经验的确保证了人们能够正常地生活和工作，让人们对世界有一种真实性的确认。所以，只有与人们通常的经验保持一致的高度盖然性的证明标准，才能使人们不会对世界真实性的确认产生怀疑，才能使人们不致对自己通常的经验予以否定，从而产生严重的挫折感。

3. 能够维护私法秩序。中国是一个典型的"法规范出发型"的国家，从法治的角度而言，法治秩序是由法规范所维持的。因此，保证法规范的安定性是法治秩序所不可缺少的。这种保证有两层含义：①法规范本身不作过多的变动；②由法规范所维持的法秩序不轻易地变动。高度盖然性正好可以保证法规范所维持的法秩序不轻易地变动，它使实体法请求权的基础由于证明标准达到高度盖然性而不会轻易动摇，使轻易胜诉成为不可能，从而使私法秩序得以维持。

4. 能够保障法官心证的客观化。高度盖然性的证明标准既然是和人们通常的经验保持一致的，那么也就是容易被普通人所辨别的。因此，如果法官所认定的事实不符合高度盖然性的证明标准，普通人凭自己的经验就能立刻感受到，法官在事实认定上是否守法，立刻就能作出判断。所以，尽管法官的心证是伴随着自己的思想、经验法则等对事实真相的内心推理，但由于高度盖然性证明标准的精巧设置，使其不得不将其心证客观化，以接受普通人的检验。

当然，必须指出，我国除原则上适用高度盖然性的证明标准外，在特定情形下，还适用高于高度盖然性的排除合理怀疑的证明标准。这一点，结合《民诉法解释》第108条第3款和第109条可以清楚地看到。《民诉法解释》第108条第3款规定："法律对于待证事实所应达到的证明标准另有规定的，从其规定。"第109条规定："当事人对欺诈、胁迫、恶意串通事实的证明，以及对口头遗嘱或者赠与事实的证明，人民法院确信该待证事实存在的可能性能够排除合理怀疑的，应当认定该事实存在。"

■ 第四节 证明过程

一、证据的提供与收集

(一) 当事人提供证据的方式

当事人向人民法院提供证据，主要有以下两种方式：

1. 实际提交证据。当证据为当事人占有或控制，而又能够将它们提交人民法院时，应采用实际提交的方式，如将书证、物证、视听资料等提交给人民法院。并且，当事人应当对其提交的证据材料逐一分类编号，对证据材料的来源、证明对象和内容作简要说明，签名盖章，注明提交日期，并依照对方当事人人数提交副本。人民法院收到当事人提交的证据材料，依照《民事诉讼法》第66条的规定，应当出具收据，写明证据名称、页数、份数、原件或者复印件以及收到时间等，并由经办人员签名或者盖章。

当事人向人民法院提供证据，应当提供原件或者原物。如需自己保存证据原件、原物或者提供原件、原物确有困难的，可以提供经人民法院核对无异的复制件或者复制品。当事人向人民法院提供的证据系在中华人民共和国领域外形成的，该证据应当经所在国公证机关证明，并经中华人民共和国驻该国使领馆认证，或者履行中华人民共和国与该所在国订立的有关条约中规定的证明手续。当事人向人民法院提供的证据是在我国香港、澳门、台湾地区形成的，应当履行相关的证明手续。当事人向人民法院提供外文书证或者外文说明资料，应当附有中文译本。对双方当事人无争议但涉及国家利益、社会公共利益或者他人合法权益的事实，人民法院可以责令当事人提供有关证据。

2. 提供证据来源或线索。有的证据虽然由举证一方当事人占有，但由于体积庞大或固定于某一地点而无法实际提交，对这样的证据，当事人只能向人民法院说明证据的基本情况后，申请人民法院进行勘验；有的证据从性质上无法采用实际提交的方式，如当事人欲用证人证言作为证据时，只能向人民法院表明证人的姓名、单位、住址、证人能够证明的案件事实等；有的证据由对方当事人或第三人占有或控制，举证一方当事人无法获得这些证据，因而只能提供证据线索后，申请人民法院调取。当事人申请人民法院调取证据时，应向人民法院说明证据的种类、通过该证据可证明的案件事实、该证据由谁占有或控制以及自己无法收集的原因。具体可参见《民诉法解释》第111条。

(二) 人民法院依职权调查收集证据

《民事诉讼法》第64条第2款明确规定："当事人及其诉讼代理人因客观原因不能自行收集的证据，或者人民法院认为审理案件需要的证据，人民法院应当调查收集。"《民诉法解释》第96条第1款对《民事诉讼法》第64条第2款作出了细化规定："……人民法院认为审理案件需要的证据包括：①涉及可能损害国家利益、社会公共利益的；②涉及身份关系的；③涉及民事诉讼法第 55 条规定诉讼的；④当事人有恶意串通损害他人合法权益可能的；⑤涉及依职权追加当事人、中止诉讼、终结诉讼、回避等程序性事项的。"

二、举证期限

（一）举证期限的含义及作用

举证期限是指负有证明责任的当事人，应当在法律规定或者人民法院指定的期限内提出证明其主张的证据，逾期不提出证据的，将可能承担证据失权的不利后果。

举证期限具有以下的作用：

1. 能够更有利于对当事人诉讼权利的公正保护。限制当事人举证期间，有利于防止证据突袭，防止当事人滥用诉讼权利损害对方当事人的利益，有利于公平保护当事人的诉讼权利。

2. 有利于提高诉讼效率，便于集中审理，防止诉讼拖延。规定当事人在一定期限内提出证据，可以使庭审效率提高，从而避免因当事人随时提出证据而造成多次开庭的情况发生，减少了人民法院的重复劳动，使诉讼井然有序地进行。

（二）我国对举证期限制度的具体规定

《民事诉讼法》第 65 条明确规定："当事人对自己提出的主张应当及时提供证据。人民法院根据当事人的主张和案件审理情况，确定当事人应当提供的证据及其期限。当事人在该期限内提供证据确有困难的，可以向人民法院申请延长期限，人民法院根据当事人的申请适当延长。……"《海事诉讼特别程序法》第 84 条也规定，当事人应当在开庭审理前完成举证。

按照《民事证据规定》及《民诉法解释》，举证期限确定的方式有以下几种：

1. 当事人协商确定，但需经人民法院认可。民事诉讼是私权纠纷，所以应充分体现当事人意思自治的理念。举证期限亦如此，如果双方当事人对举证期限能够协商一致，只要不存在所协商的举证期限过长而影响人民法院及时结案的情况，人民法院就应当予以认可。适用简易程序审理的民事案件，当事人当庭举证有困难的，举证的期限由当事人协商决定，但最长不得超过 15 日。[1]

2. 人民法院指定举证期限。人民法院确定举证期限，第一审普通程序案件不得少于 15 日，简易程序不得超过 15 日，当事人提供新的证据的第二审案件不得少于 10 日。起算点是从当事人收到案件通知书或应诉通知书的次日起计算。第一审普通程序案件不得少于 15 日，当事人提供新的证据的第二审案件不得少于 10 日的规定主要是为了使当事人有充分的时间调查、收集证据，是充分保证当事人诉讼权利的制度体现。而简易程序不得超过 15 日，主要是因为适用简易程序的案件相对较简单，证据比较容易调查收集。当然，即使适用简易程序审理的案件，在人民法院指定举证期限的情况下，人民法院也应当给当事人留出合理的时间。人民法院在举证

---

[1]　参见《民诉法解释》第 266 条。

通知书中指定举证期限。依照《民事证据规定》第33条的规定，人民法院应当在送达案件受理通知书和应诉通知书的同时向当事人送达举证通知书。举证通知书应当载明人民法院根据案件情况确定的举证期限。诉讼过程中，当事人主张的法律关系的性质或者民事行为的效力与人民法院根据案件事实作出的认定不一致的，人民法院应当告知当事人可以变更诉讼请求。在此情况下，当事人变更诉讼请求的，人民法院应当重新指定举证期限。

3. 以证据交换日来确定举证期限。在人民法院组织当事人交换证据的情况下，证据交换之日即为举证期限届满之日。如果在证据交换之日，当事人仍不能提出证据的，其申请延期举证并经人民法院准许的，证据交换日延期，举证期限也相应地顺延。

如在举证期限届满前无法完成举证，当事人可以申请延长。当事人应当在举证期限内向人民法院申请延期举证。人民法院经审查，确属应当延期举证的情形，可以决定延期。当事人申请延长举证期限经人民法院准许的，为平等保护双方当事人的诉讼权利，延长的举证期限适用于其他当事人。[1]

关于逾期提供证据的法律后果，《民事诉讼法》第65条第2款明确规定："……当事人逾期提供证据的，人民法院应当责令其说明理由；拒不说明理由或者理由不成立的，人民法院根据不同情形可以不予采纳该证据，或者采纳该证据但予以训诫、罚款。"《民诉法解释》第102条对此作了更细化的规定。可见，我国《民事诉讼法》和《民诉法解释》并非绝对规定，负有提交证据责任的一方诉讼当事人如果未能按照约定或者规定的时间向法庭提交证据时，视为放弃举证权利，其提交的证据不再予以组织质证，也不能作为认定案件事实的依据。这是和《民事证据规定》完全不同的。应该说，这一立法及《民诉法解释》充分考虑了国情，较之《民事诉讼规定》体现了其务实性。

三、证据交换

（一）证据交换的含义及功能

证据交换是指人民法院组织当事人在开庭审理前交换彼此调查收集的证据的行为。证据交换的功能主要包括：

1. 整理、明确争议焦点。对于当事人来说，通过证据交换能够迅速地找到和对方当事人之间的分歧所在，明确和固定双方之间的争议焦点，更有利于在今后的庭审中有的放矢地进行攻击或防御。对于人民法院来说，通过证据交换，能够迅速地查明双方争议的焦点，为今后的庭审中集中精力审理争议焦点打下基础。[2]

2. 整理证据。由于证据交换中，双方当事人的证据均已摆明，所以，证据交换

---

〔1〕 参见《民诉法解释》第100条。
〔2〕《民事诉讼法》第133条第4项明确规定："需要开庭审理的，通过要求当事人交换证据等方式，明确争议焦点。"

的过程实际上就是双方当事人与人民法院一道对证据进行系统整理的过程。人民法院通过证据交换，能够快捷地查明事实，对于双方当事人之间无争议的证据，可以加以认定，对有争议的证据则打上标记，为今后的庭审做必要的准备。当事人也可通过对证据的整理，适时提出反驳并可提出新证据与对方再进行证据交换。

3. 促进和解或达成调解协议。当事人在开庭之前通过证据交换了解了对方的证据和理由，对双方当事人掌握的信息进行了全面的交流，对诉讼结果的预测性大大提高，有利于其根据实际情况适当地处分自己的实体权利和程序权利，因此，其更愿意在开庭审理之前进行和解或者达成调解协议。

（二）证据交换的启动方式、时间及交换对象

1. 证据交换的启动方式。①经当事人申请，人民法院可以组织当事人在开庭审理前交换证据；②人民法院对于证据较多或者复杂疑难的案件，应当组织当事人进行证据交换。[1]证据交换的启动一般不超过两次。但重大、疑难和案情特别复杂的案件，人民法院认为确有必要再次进行证据交换的除外。

2. 证据交换的时间。证据交换的时间可以是双方当事人的合意时间，也可以是人民法院指定的时间。包括：①由当事人协商一致并经人民法院认可的证据交换时间；②由人民法院直接指定的证据交换时间。无论以上哪一种情况进行证据交换，时间均应在答辩期届满后、开庭审理之前。

3. 证据交换的对象。应当将与争议标的有关联的所有证据都纳入证据交换的范围，包括证明有关实体法事实的证据、证明有关程序法事实的证据等。当事人及其诉讼代理人经过分析、思考，不属于事实范畴的具有智力成果性质的资料，如代理意见、辩论意见等，不属于证据交换的对象。

（三）证据交换的实际操作

交换证据应当在审判人员的主持下进行。从事审判工作的法官都可主持庭前的证据交换，既可以是立案庭的法官，也可以是民事审判庭的法官。法官助理（如具备助理审判员资格则另当别论）和书记员不属于审判人员，不能主持交换证据。

在证据交换的过程中，审判人员对当事人无异议的事实、证据应当记录在卷。《民诉法解释》第103条第2款规定："当事人在审理前的准备阶段认可的证据，经审判人员在庭审中说明后，视为质证过的证据。"因此，将此记录在卷，具有重要的法律意义。对有异议的证据，按照需要证明的事实分类记录在卷，并记载异议的理由。通过证据交换，确定双方当事人争议的主要问题。

四、质证

（一）质证的含义及意义

1. 质证的含义。质证是指当事人、诉讼代理人在法庭的主持下，对所提供的证

---

〔1〕 换言之，对于证据不多、案情简单、法律关系不复杂、当事人争议事项较少的案件，人民法院没有必要组织当事人进行证据交换。

据进行辨认、质疑、说明、辩驳等，以确认其是否具备真实性、关联性、合法性以及证明力大小的诉讼活动。质证有广义和狭义两种含义。广义上的质证，是指在整个诉讼过程中，对对方当事人的证据进行质证的活动；狭义上的质证，仅指在庭审过程中，对对方当事人在法庭上出示的证据进行对质、核实的活动。在我国民事诉讼立法中，主要指的是狭义上的质证。

2. 质证的意义。质证在民事诉讼中具有重要的作用。首先，质证作为当事人法定的诉讼权利之一，能够切实维护其自身的合法权益。当事人通过质证，说明哪些证据是真实可靠的，哪些证据是虚假的，哪些证据是违法的，哪些证据的证明力强，哪些证据的证明力弱，从而能够对审判的结果产生实质性的影响。其次，质证能够帮助人民法院更准确地认定案件事实。民事诉讼中，当事人收集和提供的证据真伪并存，甚至自相矛盾，如果不经过质证，就很难排除那些不具备客观性、真实性和合法性的证据，容易影响对案件事实的判断。

【例题】在某一民事案件的审理过程中，原告一方无法获得作为档案材料存放在某单位的证据，申请法院进行调查。庭审中对该证据的质证，应当如何进行？（2005年国家司法考试卷三第42题）

A. 应当由原、被告双方进行质证

B. 应当由被告与法院进行质证

C. 应当由被告与保管该证据的单位进行质证

D. 法院对该证据进行说明，无需质证

【答案】A

（二）质证的主体、客体、内容

1. 质证的主体。质证的主体是当事人和诉讼代理人，当事人包括原告、被告、第三人等。审判人员虽然主持质证活动，虽然也需要将自己调查收集的材料在质证中出示，虽然有时也会向当事人发问，但不是质证的主体。

2. 质证的客体。质证的客体是进入诉讼程序的各种证据，既包括当事人向人民法院提供的证据，又包括人民法院依职权调查收集的证据。前者由双方当事人互相质证，后者则由审判人员出示后，让当事人质证。当质证的客体是证人证言、勘验笔录和鉴定意见时，又可称之为质询。对书证、物证、视听资料、电子数据等进行质证时，当事人有权要求出示证据的原件或原物。出示原件或原物确有困难并经人民法院准许出示复制件或复制品的，或者原件或原物已不存在，但有证据证明复制件、复制品与原件或原物一致的，可以只出示复制件或复制品。

需要注意的是，在证据交换的过程中，审判人员对当事人无异议的事实、证据记录在卷的，在庭审中，经审判人员说明后，不需要再进行质证，可以直接作为认定案件事实的依据。另外，法律规定无须当事人举证的事实，不需要质证。

3. 质证的内容是审查证据是否具备客观性、关联性和合法性，并在此基础上针对证据的证明力有无以及证明力大小，进行质疑、说明与辩驳。实际上，质证的内容就是审查证据是否具有证据能力和证明力。

（三）质证的程序

1. 原告出示证据，同时对证据的形式、内容、来源、欲证明的事实等内容进行陈述，再由被告、第三人认可或者提出质询或抗辩，对证据的真实性、关联性、合法性表明意见。原告对于被告和第三人提出的异议，可再予解释。

2. 被告出示的证据，先由被告作出说明，再由原告、第三人认可或提出质询，被告再回答疑问。

3. 第三人出示的证据，先由第三人说明，再由原告、被告认可或者提出质询，第三人回答疑问。

总结以上的质证顺序，从质证各个阶段的特点划分，大致可分为以下三个阶段：

第一阶段：出示证据。即由当事人提出证明自己主张或反驳对方主张的证据材料。出示的方式包括宣读、展示、播放等。如果证据是证人证言和鉴定意见时，证人和鉴定人原则上应当出庭接受质询。如果涉及国家秘密、个人隐私或者法律规定的其他应当保密的证据，不得在开庭时公开质证。

第二阶段：辨认证据。如对对方当事人或第三人的证据予以认可的，按照"自认免质"的质证原则，不需要再继续质证，但涉及身份关系的案件除外。认可分为明示方式和默示方式两种。一般以明示方式进行，如承认对方宣读的书证的内容是真实的。但在特定情况下，默示方式的认可也是具有法律效力的。[1]另外，当事人在法庭辩论终结前撤回承认并经对方当事人同意，或者有充分证据证明其承认行为是在受胁迫或重大误解情况下作出且与事实不符的，那么，对证实该事实的证据还需要举证和质证。

第三阶段：质问和辩驳。即对方当事人及第三人对举证人所举证据存有异议，进行询问和质疑，在此基础上，当事人及第三人围绕证据的真实性、关联性、合法性等内容进行辩驳。当质询的对象为证人证言时，经法庭许可后，当事人可以向证人发问，但不得使用威胁、侮辱及不适当引导证人的言语和方式。只有在确有困难不能出庭时，经人民法院许可后，才能用提交书面证言或视听资料的方式替代出庭。证人确有困难不能出庭的情形主要包括：①年迈体弱或者行动不便无法出庭的；②特殊岗位确实无法离开的；③路途特别遥远、交通不便难以出庭的；④因自然灾害等不可抗力的原因无法出庭的。当质询的对象为鉴定意见时，鉴定人也应当出庭接受当事人质询。鉴定人确因特殊原因无法出庭的，经人民法院准许，可以书面答复当事人的质询。当质询的对象为勘验笔录时，经法庭许可，当事人可以向勘验人发问，但同样必须遵守向证人或鉴定人发问的规则。

在当事人提供的证据质证完毕后，还必须对人民法院调查收集的证据进行质证。法官可就调查收集该证据的情况予以说明。

---

[1]　参见《民事证据规定》第8条第2、3款的规定。

【本章小结】

1. 本章讲述了民事诉讼中的证明、证明对象、证明责任、证明责任的分配、证明标准、证据的提供、举证期限、证据交换及质证。

2. 民事诉讼中的证明，是指当事人为使法官确信某一事实所进行的运用证据的活动。证明对象是指需要用证据加以证明的案件事实。当作为裁判基础的法律要件事实在诉讼中处于真伪不明的状态时，由负有举证证明义务的当事人承担败诉风险，这就是证明责任的问题。为此，按照一定的标准，将事实真伪不明的风险，在双方当事人之间进行分配，这就是证明责任分配的问题。而当事人举证证明到何种程度才使法官形成心证，这就是证明标准的问题。

3. 证据的提供分为当事人提供证据和人民法院依职权调查、收集证据两种方式。负有证明责任的当事人，应当在法律规定或人民法院指定的期限内提出其证据，逾期不提出的，将可能承担证据失权的不利后果。证据交换是指人民法院组织当事人在开庭审理前交换彼此收集的证据的行为。

4. 质证是指当事人、诉讼代理人在法庭的主持下，对所提供的证据进行辨认、质疑、说明、辩驳等，以确认其是否具备真实性、关联性、合法性以及证明力大小的诉讼活动。在当事人提供的证据质证完毕后，还必须对人民法院调查收集的证据进行质证。

【思考题】

1. 无需证明的事实有哪些？为什么无需证明？
2. 试述主观上的证明责任和客观上的证明责任的区分意义。
3. 试述规范说的精髓。
4. 为什么有些情况下证明责任要倒置？
5. 试述设立举证期限制度的必要性。
6. 如何在举证期限与当事人的权利保护之间实现平衡？
7. 证据交换的功能是什么？
8. 质证的内容是什么？
9. 证据交换等同于质证吗？为什么？

【参考文献】

1. ［德］汉斯·普维庭：《现代证明责任问题》，吴越译，法律出版社2000年版。
2. ［德］莱奥·罗森贝克：《证明责任论：以德国民法典和民事诉讼法典为基础撰写》，庄敬华译，中国法制出版社2002年版。
3. 刘春梅：《自由心证制度研究：以民事诉讼为中心》，厦门大学出版社2005年版。
4. 吴宏耀、魏晓娜：《诉讼证明原理》，法律出版社2002年版。

5. 王学棉：《证明标准研究——以民事诉讼为中心》，人民法院出版社 2007 年版。

6. 毕玉谦：《民事证明责任研究》，法律出版社 2007 年版。

7. 沈德咏主编：《最高人民法院民事诉讼法司法解释理解与适用（上）》，人民法院出版社 2015 年版。

第十三章

第六编　民事诉讼保障制度

第十四章

期间和送达

学习目的和要求　了解期间的计算；理解送达的效力；重点掌握期间的补救、期间与期日的区别以及六种送达方式的内容。

第十四章

■第一节　期　间

一、期间概述

民事诉讼中的期间，是指人民法院、当事人和其他诉讼参与人进行诉讼行为的期限。广义的诉讼期间包括期日和期限两种。狭义的诉讼期间仅指期限。有关诉讼期间的规定是民事诉讼法的重要组成部分。期间在民事诉讼过程中，对于保障诉讼法律关系主体及时行使诉讼权利、履行诉讼义务，迅速解决纠纷，保护当事人及其他诉讼参与人的合法权益等，都具有非常重要的作用。

诉讼期间可按不同的标准来划分。以期间是由法律直接规定还是人民法院指定为标准，可分为法定期间和指定期间。

法定期间，是指由法律明文规定的诉讼期间。法律将人民法院、当事人及其他诉讼参与人进行某项诉讼行为的时间规定在相关法律条文中，该行为只有在法律规定的期间内完成的才具有法律效力。[1]

指定期间，是指人民法院根据案件的具体情况，依职权指定完成某项诉讼行为

---

[1]　如提出管辖权异议期间，对一审判决、裁定的上诉期间，申请执行的期间，任何单位和个人无权延长或缩短法律规定的期间。

的期间。指定期间是相对于法定期间而言的，也可以说是法定期间的补充。与法定期间略有不同的是，指定期间具有一定程度的可变更性。[1]

二、期间的计算

诉讼期间有一个计算方法问题。按照《民事诉讼法》第82条第2~4款和《民诉法解释》第125条的规定，期间以时、日、月、年计算。期间开始的时和日，不计算在期间内。以时起算的期间从次时起算；以日、月、年计算的期间从次日起算。期间届满的最后一日是节假日的，以节假日后的第一日为期间届满的日期。期间不包括在途时间，诉讼文书在期满前交邮的，不算过期。

三、期间的补救

期间的补救，是指当事人、诉讼代理人因故不能在法定或指定的期间内完成应为的诉讼行为时，依法采取的顺延措施。《民事诉讼法》第83条规定："当事人因不可抗拒的事由或者其他正当理由耽误期限的，在障碍消除后的10日内，可以申请顺延期限，是否准许，由人民法院决定。"所谓"不可抗拒的事由"，是指当事人、诉讼代理人不可预见、不能避免，以自身的力量和条件不能克服的客观事件，如地震的发生等。所谓"其他正当理由"，系指除不可抗拒事由之外的导致当事人和诉讼代理人不能在期限内完成诉讼行为的客观事实和理由，如当事人重病、诉讼文书被他人迟误而未能及时收到等。

顺延期限的申请，应在障碍消除后10日内提出，过期不得再申请顺延。顺延期限的长短，因法定期间与指定期间的区别而有所不同。法定期间以实际耽误的期间为准，计算顺延期限的长短。至于指定期间，其顺延期限的长短，由人民法院根据具体情况决定。如最高人民法院《民事证据规定》对举证期限的延长制度的相关规定。[2]

四、期日

期日，是指人民法院与当事人及其他诉讼参与人会合进行诉讼行为的日期。根据法院和诉讼参与人在期日中进行的诉讼行为的不同，可将期日分为准备程序期日、调查证据期日、宣判期日等。期日确定后，如遇特殊情况不能如期进行诉讼活动，法院可依当事人申请或依职权决定变更期日。经法院允许变更期日后，应及时通知

---

〔1〕 比如，当事人或其他诉讼参与人遇有特殊情况，不能在指定的期间内完成规定的诉讼行为时，当事人或其他诉讼参与人可以申请延长。人民法院根据实际情况，可以作出决定，改变原来指定的期间，重新指定诉讼期间。指定期间虽然可以变更，但必须符合案件的实际情况，既不能任意延长，也不能无故缩短；既要考虑保障当事人行使诉讼权利，又要考虑人民法院指定期间的严肃性。同时，期间变更以后，人民法院必须将变更的理由和变更后的时间及时书面通知当事人和其他诉讼参与人，以保证诉讼的顺利进行。

〔2〕《民事证据规定》第36条规定："当事人在举证期限内提交证据材料确有困难的，应当在举证期限内向人民法院申请延期举证，经人民法院准许，可以适当延长举证期限。当事人在延长的举证期限内提交证据材料仍有困难的，可以再次提出延期申请，是否准许由人民法院决定。"

参与诉讼的有关人员。

■第二节 送 达

一、送达的概念

民事诉讼中的送达，是指人民法院依照法定程序和方式，将诉讼文书送交当事人和其他诉讼参与人的诉讼行为。在理论上，人们往往把法院负责送达事务的人称为送达人，将接受诉讼文书的人称为受送达人。送达是人民法院的一种重要的诉讼行为，具有以下特征：①送达的主体只能是人民法院。必须是法院的书记员、司法警察或者其他工作人员送达诉讼文书。②送达的对象是当事人或者其他诉讼参与人。③送达的文书是诉讼文书。如判决书、裁定书、调解书、支付令、决定书、起诉状副本、答辩状副本、传票、通知书等。④送达必须依法定程序和方式进行。《民事诉讼法》第84～92条和《民诉法解释》第130～141条对送达的程序和方式有比较具体的规定，人民法院实施送达行为时，必须依照规定办理。

二、送达的方式

根据《民事诉讼法》的规定，人民法院送达的方式有以下七种：

（一）直接送达

直接送达，又称交付送达，是指人民法院派专人将诉讼文书直接交付受送达人签收的送达方式。直接送达是送达方式中最基本的方式。凡是能够直接送达的诉讼文书，应当直接送达，以防止诉讼拖延，保证诉讼程序的顺利进行。在一般情况下，受送达人是公民的，由该公民直接签收，该公民不在时可交由与其同住的成年家属签收；受送达人是法人的，交由其法定代表人或者该法人负责收件的人签收；受送达人是其他组织的，交由其主要负责人或者该组织负责收件的人签收；受送达人有诉讼代理人的，可以交由其签收；受送达人已向人民法院指定代收人的，由代收人签收。《民诉法解释》第131条规定："人民法院直接送达诉讼文书的，可以通知当事人到人民法院领取。当事人到达人民法院，拒绝签署送达回证的，视为送达。审判人员、书记员应当在送达回证上注明送达情况并签名。人民法院可以在当事人住所地以外向当事人直接送达诉讼文书。当事人拒绝签署送达回证的，采用拍照、录像等方式记录送达过程即视为送达。审判人员、书记员应当在送达回证上注明送达情况并签名。"

此外，依据《民诉法解释》第133条的规定，调解书应当直接送达当事人本人。当事人本人因故不能签收的，可由其指定的代收人签收。

（二）留置送达

留置送达，是指受送达人无理拒收诉讼文书时，送达人依法将诉讼文书放置在受送达人的住所并产生法律效力的送达方式。《民事诉讼法》第86条规定："受送达人或者他的同住成年家属拒绝接收诉讼文书的，送达人可以邀请有关基层组织或者所在单位的代表到场，说明情况，在送达回证上记明拒收事由和日期，由送达人、见证人签名或者盖章，把诉讼文书留在受送达人的住所；也可以把诉讼文书留在受送达人的住所，并采用拍照、录像等方式记录送达过程，即视为送达。"《民诉法解释》第 130 条规定："向法人或者其他组织送达诉讼文书，应当由法人的法定代表人、该组织的主要负责人或者办公室、收发室、值班室等负责收件的人签收或者盖章，拒绝签收或者盖章的，适用留置送达。民事诉讼法第 86 条规定的有关基层组织和所在单位的代表，可以是受送达人住所地的居民委员会、村民委员会的工作人员以及受送达人所在单位的工作人员。"但依据《民诉法解释》第 133 条的规定，调解书应当直接送达当事人本人，不适用留置送达。

（三）委托送达

委托送达，是指负责审理该民事案件的人民法院直接送达诉讼文书有困难时，依法委托其他人民法院代为送达。委托送达与直接送达具有同等法律效力。委托送达应当出具委托函，并附相关的诉讼文书和送达回证。受委托的人民法院应当自收到委托函及相关诉讼文书之日起 10 日内代为送达。受送达人在送达回证上签收的日期为送达日期。

（四）邮寄送达

邮寄送达，是指人民法院将所送达的文书通过邮局用挂号信寄给或者用专递寄给受送达人的方式。法院采用邮寄送达通常是在受送达人居住地离法院路途较远，直接送达有困难时所采用的一种送达方式。

最高人民法院根据诉讼中出现的"送达难"，对邮寄送达作了以下几方面的规定：

1. 有下列情形之一的，法院不能邮寄送达：①受送达人或者其诉讼代理人、受送达人指定的代收人同意在指定的期间到法院接受送达的；②受送达人下落不明的；③法律规定或者我国缔结或参加的国际条约中约定有特别送达方式的。

2. 当事人起诉或者答辩时应当向法院提供或者确认自己准确的送达地址，并填写送达地址确认书。送达地址确认书涵盖的内容应当包括送达地址的邮政编码、详细地址以及受送达人的联系电话等内容。但当事人要求对送达地址确认书中的内容保密的，法院应当为其保密。当事人在诉讼和执行终结前变更送达地址的，应当及时以书面方式告知法院。当事人拒绝提供送达地址的，法院应当告知其不利的后果，并记入笔录。

3. 当事人拒绝提供送达地址的，经法院告知后仍不提供的，自然人以其户籍登记中的住所地或者经常居住地为送达地址；法人或者其他组织以其工商登记或者其他依法登记、备案中的住所地为送达地址。

4. 邮政机构按照当事人提供或者确认的送达地址送达的，应当在规定的日期内将回执退回法院。邮政机构按照当事人提供或者确认的送达地址，在 5 日内投送 3 次以上未能送达，通过电话或者其他联系方式又无法告知受送达人的，应当将邮件在规定的日期内退回法院，并说明退回的理由。

5. 受送达人指定代收人的，指定代收人的签收视为受送达人本人签收。邮政机构在受送达人提供或者确认的送达地址未能见到受送达人的，可以将邮件交给与受送达人同住的成年家属代收，但代收人是同一案件中另一方当事人的除外。受送达人及其代收人应当在邮件回执上签名、盖章或者捺印。受送达人及其代收人在签收时，应当出示其有效身份证件并在回执上填写该证件的号码；受送达人及其代收人拒绝签收的，由邮政机构的投递员记明情况后将邮件退回法院。

6. 邮寄送达有下列情形之一的，即为送达：①受送达人在邮件回执上签名、盖章或者捺印的；②受送达人是无民事行为能力或者限制民事行为能力的自然人，其法定代理人签收的；③受送达人是法人或者其他组织，该法人的法定代表人、该组织的主要负责人或者办公室、收发室、值班室的工作人员签收的；④受送达人的诉讼代理人签收的；⑤受送达人指定的代收人签收的；⑥受送达人的同住成年家属签收的。

7. 签收人是受送达人本人或受送达人的法定代表人、主要负责人、法定代理人、诉讼代理人的，签收人应当场核对邮件内容。签收人发现邮件内容与回执上的文书名称不一致的，应当场向邮政机构的投递员提出，投递员在回执上记明情况后将邮件退回法院。签收人是受送达人办公室、收发室和值班室的工作人员或者是与受送达人同住的成年家属，受送达人发现邮件内容与回执上的文书名称不一致的，应当在收到邮件后的 3 日内将邮件退回法院，并以书面方式说明退回的理由。[1]

（五）转交送达

转交送达，是指人民法院将诉讼文书送交受送达人所在单位代收，然后转交给受送达人的送达方式。转交送达有三种情况：①受送达人是军人，通过其所在部队团以上单位的政治机关转交；②受送达人被监禁的，通过其所在监所转交；③受送达人被采取强制性教育措施的，通过其所在强制性教育机构转交。代为转交的机关、单位收到诉讼文书后，必须立即交受送达人签收，并以其在送达回证上签收的时间为送达日期。

（六）公告送达

公告送达，是指法院以张贴公告、登报等办法将诉讼文书公之于众，经过一定时间，法律上即视为送达的方式。根据《民事诉讼法》第 92 条的规定，公告送达必须是受送达人下落不明，或者用前 5 种方式无法送达时，才能适用的送达方式。公告送达，自发出公告之日起，经过 60 日，即为公告期满，视为送达。根据《民诉法解释》第 138、139、140 条的规定，公告送达，可以在法院的公告栏、受送达人住所地张贴公告，也可以在报纸、信息网络等媒体上刊登公告；发出公告日期以最后张贴或者刊登的日期为准。对公告送达方式有特殊要求的，应按特殊要求办理。人

_____

[1]《最高人民法院关于以法院专递方式邮寄送达民事诉讼文书的若干规定》第 1～11 条。

民法院在受送达人住所地张贴公告的，应当采取拍照、录像等方式记录张贴过程。公告送达应当说明公告送达的原因；公告送达起诉状或上诉状副本的，应说明起诉或上诉要点、受送达人答辩期限及逾期不答辩的法律后果；公告送达传票，应说明出庭地点、时间及逾期不出庭的法律后果；公告送达判决书、裁定书的，应说明该判决或裁定的主要内容，当事人有上诉权的，还应说明上诉权利、上诉期限和上诉的人民法院。适用简易程序的案件，不适用公告送达。

（七）电子送达

电子送达，也称无纸化送达，其有广义和狭义之分：广义的电子送达是指通过电话、短信、传真、电子邮件等形式所进行的送达；狭义的电子送达，仅指电子邮件送达。《民事诉讼法》第87条规定："经受送达人同意，人民法院可以采用传真、电子邮件等能够确认其收悉的方式送达诉讼文书，但判决书、裁定书、调解书除外。采用前款方式送达的，以传真、电子邮件等到达受送达人特定系统的日期为送达日期。"根据《民诉法解释》第135、136条的规定，电子送达可以采用传真、电子邮件、移动通信等即时收悉的特定系统作为送达媒介。到达受送达人特定系统的日期，为人民法院对应系统显示发送成功的日期，但受送达人证明到达其特定系统的日期与人民法院对应系统显示发送成功的日期不一致的，以受送达人证明到达其特定系统的日期为准。受送达人同意采用电子方式送达的，应当在送达地址确认书中予以确认。电子送达作为民事诉讼的程序性内容，其送达状态和结果必须打印存卷。

三、送达的效力

送达完成的标志是有送达回证。送达回证是法院与受送达人之间发生诉讼法律关系的凭证。司法人员应重视送达回证，并要求受送达人或受委托的单位寄回送达回证。送达一经完成即产生送达的效力。所谓送达的效力，是指法律文书和诉讼文书经送达后所产生的必然法律后果。送达的效力主要表现在以下两个方面：①实体上的效力，即产生实体权利义务方面的法律后果。如确定的、终局的、具有给付内容的判决书、调解书送达后，义务人即应在法律文书规定的期限内履行义务，逾期不履行义务的，权利人有权依法申请强制执行。②程序上的效力，即产生诉讼法律关系上的效力。如起诉书副本送达后，被告人即应向法院提交答辩状；传唤当事人出庭的传票送达后，当事人有义务出庭进行诉讼活动。

【本章小结】

1. 本章介绍了关于期间和送达的一般理论，包括期间的计算、补救、期日以及七种送达的方式和送达的效力。

2. 按照期间是由法律规定还是人民法院指定为标准，诉讼期间分为法定期间和指定期间。两者的区别在于：法定期间由法律明文规定，具有不可变更性；指定期间则可由法院依职权指定，具有一定程度的可变更性。两者的联系在于：指定期间是对法定期间的补充。

3. 《民事诉讼法》规定了当事人、诉讼代理人因故不能在诉讼期间内完成应为的诉讼行为时可采取的补充措施，即申请期限顺延。顺延期限的申请应当在障碍消除后 10 日内提出，顺延期限的长短则因法定期限和指定期限的区分而有所不同。

4. 掌握送达的一般理论，须将民事诉讼中的送达与日常生活中的送达区别开来。在民事诉讼中，送达的主体只能是人民法院；送达的对象只能是当事人或其他诉讼参与人；送达的文书只能是诉讼文书；送达的程序和方式必须依法进行。

5. 本章介绍了 7 种送达方式，需要重点了解以下知识点：①调解书应当直接送达本人，不得由别人代收，也不得留置送达，当事人如果拒绝签收，则调解书不发生法律效力；②关于委托送达，委托的对象只能是其他人民法院；③转交送达只适用于三种特殊人群：军人、被监禁的人、被采取强制性教育措施的人；④电子送达只适用于判决书、裁定书、调解书以外的诉讼文书；⑤公告送达有特殊适用情形及其效力。

【思考题】

1. 什么是期间与期日？
2. 简述 7 种送达方式的具体内容。
3. 送达有什么重要的法律后果？

【参考文献】

1. 赵泽君："试论民事诉讼当事人送达制度之建构"，载《昆明理工大学学报（社会科学版）》2008 年第 11 期。

2. 贺小荣："《最高人民法院关于以法院专递方式邮寄送达民事诉讼文书的若干规定》的理解与适用"，载沈德咏主编：《民事诉讼司法解释理解与适用》，法律出版社 2009 年版。

3. 宋朝武："民事电子送达问题研究"，载《法学家》2008 年第 6 期。

4. 王胜明主编：《中华人民共和国民事诉讼法释义》，法律出版社 2012 年版。

5. 沈德咏主编：《最高人民法院民事诉讼法司法解释理解与适用（上）》，人民法院出版社 2015 年版。

第十四章

第十五章

保全和先予执行

　　学习目的和要求　掌握保全的概念、条件，两种保全的区别，保全的范围、措施及保全的程序；先予执行的概念、案件范围、条件及先予执行裁定的效力；正确适用保全和先予执行制度。

■第一节　保　全

一、保全的概念和条件

　　保全，是指人民法院在利害关系人提起诉讼或申请仲裁前或在诉讼过程中，根据利害关系人或当事人的申请，或必要时依职权，对一定财产采取限制当事人处分或责令当事人实施或不实施一定行为的临时性保障措施。保全制度是连接审判程序与执行程序的纽带。

　　保全制度的实施，必须具有以下条件：

　　1. 确有实施保全的客观需要。即若不采取特殊的保全措施，即使后来形成了判决，也缺乏执行的物质基础。这种客观需要的形成或者是出于当事人一方的原因，或者是出于其他原因。所谓"当事人一方的原因"，是指实际控制着争议标的物的当事人，有意或者无意地对该标的物进行转移、变卖、处分、隐匿、毁损等，如房屋占有人改建房屋；涉外民事经济案件中的外国当事人及其船舶或飞行器驶离国内等。所谓"其他原因"，是指除当事人行为之外的原因，主要是指客观上的原因，如风雨侵蚀、日晒雨淋或者标的物本身可能的化学反应等，使该物体发生质变。

　　2. 必须有人申请实施保全。《民事诉讼法》规定的有权申请保全的人有当事人、利害关系人。当事人包括民事诉讼中的原告和被告，也应当包括仲裁中的申请人和被申请人。利害关系人仅指尚未起诉但准备起诉的人。只有在必要时，人民法院才能成为保全制度的启动者。即应最大限度地减少法院的职权干预，充分尊重当事人的诉权，人民法院通常不直接启动财产保全程序。

　　3. 实施财产保全时，必须严格遵循其范围。《民事诉讼法》第 102 条规定："保全限于请求的范围，或者与本案有关的财物。"所谓"限于请求的范围"，是指保全的对象只能是利害关系人或诉讼当事人在诉讼中或即将起诉后所指向的某项具体财物。例如，利害关系人或当事人双方对一"奥迪"牌汽车的所有权发生争议，则利害关系人或当事人只能请求对该"奥迪"牌汽车实施保全，而不能对其他汽车实施保全。如争议的标的物是金钱，则被保全的财物价额应在利害关系人的权利请求或者诉讼当事人提出的诉讼请求的范围之内，而不应超出权利请求或诉讼请求的标的价额。所谓"与本案有关的财物"，是指保全的财产应是与利害关系人之间发生争议或者即将起诉的标的物有牵连的物品。对案外人的财产，不得采取保全措施；对案外人善意取得的与案件有关的财产，一般也不得采取保全措施。被申请人提供相应数额的可供执行的财产作担保的，人民法院应当及时解除保全措施。

二、保全的种类

保全以时间为标准，分为诉前保全和诉讼中保全以及仲裁前保全和仲裁中保全。

诉前保全，是指尚未起诉或仲裁而实行的保全。诉前保全适用于情况紧急时，即因情况紧急，利害关系人不立即申请保全将会使其合法权益受到难以弥补的损害时，可以在起诉前向人民法院申请保全。实践中，常见的有诉讼前扣押船舶等。诉讼中保全，则是当事人已经起诉或已经提起仲裁，人民法院已经受理案件后才采取的保全。

诉前保全与诉中的保全既有相同之处，又有明显的区别。相同之处是：①二者均系保全法律制度；②二者的目的、动因、措施乃至程序，几乎都是一样的。不同之处有以下几方面：①保全提起的主体不同。诉前保全，只能由利害关系人向人民法院提出申请。发动诉讼中的保全的主体有二：民事诉讼当事人和人民法院。②保全提起的时间有别。诉前保全发生在诉讼开始之前；诉讼中的保全则发生在诉讼开始以后。③法律对提供担保的要求不同。《民事诉讼法》第100、101条规定，诉前保全，申请人"应当"提供担保；诉讼中的财产保全，是"可以"责令申请人提供担保。④法院作出保全裁定的时限不同。人民法院对诉前保全申请，必须在接受申请后48小时内作出裁定。对诉讼中的保全申请，人民法院对情况紧急的必须在48小时内作出裁定；对情况不紧急的，则可以在48小时之外作出裁定。⑤保全措施解除的条件不同。对诉前保全，申请人在人民法院采取保全措施后30日内不起诉的，法院应当主动解除保全。对诉讼中的保全，如是财产纠纷案件，则以被申请人是否提供担保为条件，被申请人提供担保的人民法院应当裁定解除保全；被申请人不提供担保的，则实施保全措施。[1]

三、保全的措施

根据《民事诉讼法》第103条和《民诉法解释》第153～159条以及最高人民法院的其他有关司法解释，保全的措施有查封、扣押、冻结、变卖、保存价款、提存财产以及法律规定的其他方法。关于查封、扣押、冻结的确切含义，详见本书第九

---

[1] 仲裁申请前的保全和仲裁中的保全，除了依据《民事诉讼法》的有关规定外，还需遵守《仲裁法》的规定，且与诉前保全和诉讼中保全相似或相近，故不在此赘述，下同。

编。至于"法律规定的其他方法",则系弹性规定。对于保全措施,需要说明的是,法院对某项财产查封、扣押后,应当妥善保管被查封、扣押的财产。不宜由人民法院保管的,人民法院可以指定被保全人负责保管;不宜由被保全人保管的,可以委托他人或者申请保全人保管。查封、扣押、冻结担保物权人占有的担保财产,一般由担保物权人保管。由人民法院指定被保全人保管的财产,如果继续使用对该财产的价值无重大影响,可以允许被保全人继续使用;由人民法院保管或者委托他人、申请保全人保管的财产,人民法院和其他保管人不得使用。人民法院采取冻结财产措施时,财产被冻结后,应当立即通知被冻结财产的所有人。财产已被查封、冻结的,不得重复查封、冻结。人民法院对有偿还能力的企业法人,一般不采取查封、冻结的措施。已采取的,如该企业法人提供了可供执行的财产担保,或者可以采取其他方式保全的,应当及时予以解封、解冻。人民法院对季节性商品、鲜活、易腐烂变质以及其他不宜长期保存的物品采取保全措施时,可以责令当事人及时处理,由人民法院保存价款;必要时,人民法院可以予以变卖,保存价款。人民法院对抵押物、留置物可以采取保全措施,但抵押权人、留置权人有优先受偿权。人民法院对债务人到期应得的收益,可以采取保全措施,限制其支取,通知有关单位协助执行。债务人的财产不能满足保全请求,但对第三人有到期债权的,人民法院可以依债权人的申请,裁定该第三人不得对本案债务人清偿。第三人要求偿付的,由人民法院提存财物或价款。[1]

四、保全的程序

保全的程序是指保全的申请、接受、措施实施过程以及完结的次序性规定。

(一)申请

保全应当由申请人提交申请,申请一般采用书面形式。在申请中,必须写明请求保全的标的物或有关财物的名称、数量、价额和所在地,或者行为保全的具体方法,以及保全的原因。口头申请的,由人民法院记入笔录,并由申请人在笔录上签名或盖章。对利害关系人或当事人的申请,人民法院应当从两个方面进行审查:①主体是否合格;②是否符合保全的条件。审查合格,方能接受保全申请。

诉前保全的申请人可以向被保全财产所在地、被申请人住所地或者对案件有管辖权的人民法院申请采取保全措施。审判实践中,往往有这种情况发生:在一审法院作出判决而判决尚未生效前,如果出现需要采取保全措施的情况,能否申请保全?根据最高人民法院的有关司法解释,我们认为,保全的本意是为了保证判决有实现

---

[1] 需要注意的是,人民法院采取行为保全的措施不同于财产保全措施:财产保全针对的是被申请人的财产或当事人双方争议的财产;行为保全则是责令被申请人为一定行为或禁止被申请人为一定行为,有时行为保全措施可能需要法院采取两种或两种以上的方法,比如,对于一方当事人在人行道上垒墙从而造成妨碍邻人通行的侵害相邻权纠纷案件,如果采取行为保全措施,则法院至少需要要求被申请人拆除已建的墙和要求被申请人维持通道原来的通行状态。

的物质基础，如果客观上出现了有碍判决实现的情况而不允许保全的话，有违保全的宗旨和本意。因此，在一审判决宣告后或者判决书送达后的上诉期限内，发现当事人有转移、隐匿、出卖或毁损财产等行为，必须采取保全措施的，无论当事人是否上诉，均应由当事人申请或第一审人民法院依职权采取保全措施。根据《民诉法解释》第 163 条的规定，法律文书生效后，进入执行程序前，债权人因对方当事人转移财产等紧急情况，不申请保全将可能导致生效法律文书不能执行或者难以执行的，可以向执行法院申请保全措施。

（二）提供担保

根据《民事诉讼法》第 101 条第 1 款的规定，凡申请诉前保全者，申请人应当提供担保。不提供担保的，裁定驳回申请。担保的条件，依法律规定；法律未作规定的，由人民法院审查决定。因为诉前保全是在起诉前进行的，利害关系人是否起诉、起诉后又能否胜诉，尚处于未知的状态，而保全措施是一项十分严厉的措施，一旦适用就可能会给被申请方造成经济损失和精神损害。为了平等地保护双方当事人的利益，同时为稳妥起见，法律才规定，凡申请诉前保全的，无论将来是否会给对方造成损失，申请人都要提供担保。对于诉讼中的保全申请，可以责令申请人提供担保；申请人不提供担保的，驳回申请。《民事诉讼法》规定"可以"责令申请人提供担保，应由人民法院视案件的具体情况而定。这是因为人民法院对原告的起诉或被告的反诉已进行过审查，人民法院对当事人的诉讼请求、事实和理由，已有基本的了解。对于不需要申请人提供担保的，可以不责令提供担保。但是，人民法院一旦责令申请人提供担保，申请人就必须提供，否则，驳回其申请。《民诉法解释》第 152 条规定："人民法院依照民事诉讼法第 100 条、第 101 条规定，在采取诉前保全、诉讼保全措施时，责令利害关系人或者当事人提供担保的，应当书面通知。利害关系人申请诉前保全的，应当提供担保。申请诉前财产保全的，应当提供相当于请求保全数额的担保；情况特殊的，人民法院可以酌情处理。申请诉前行为保全的，担保的数额由人民法院根据案件的具体情况决定。在诉讼中，人民法院依申请或者依职权采取保全措施的，应当根据案件的具体情况，决定当事人是否应当提供担保以及担保的数额。"

（三）裁定

人民法院对申请人的申请进行审查，认为不符合保全条件的，应裁定驳回申请；认为符合保全条件的，必须及时裁定采取保全措施。诉讼前的保全，人民法院接受申请后，必须在 48 小时内作出裁定。这是因为申请诉前保全的情况都是紧急的，故凡申请诉前保全的，都必须在接受申请后 48 小时内作出裁定。对于情况不紧急的，应在多长时间内作出裁定，《民事诉讼法》未规定，而是由人民法院酌定，即可适当延长。由于保全的裁定涉及执行内容，裁定一般应采用书面形式；个别的也可以口头裁定，由人民法院记入笔录。对于保全数额较大，或需银行等有关单位、个人协助执行的，应当作出书面裁定。

（四）交付执行

人民法院裁定采取保全措施的，应当立即开始执行，以防止有关财产或标的物面临被处分或灭失的危险或者避免债权人的权利继续遭到损害。裁定作出后，承办案件的审判人员应当立即将裁定书交执行员执行。人民法院保全财产后，应当立即通知被保全财产的人。

（五）保全的解除

保全解除的条件和原因主要有：①申请人在法定起诉期间不起诉；[1][2]②财产纠纷案件，被申请人提供担保；[3]③保全措施失当；④被保全人已履行诉讼义务等情况。[4]

五、申请保全错误的赔偿

保全是在一定条件下法院所采取的临时性保全措施。一般来说，保全措施的实施是正当的。但由于事物的复杂性也可能出现保全措施的失误。一旦出现失误，就可能给对方当事人（或利害关系人）造成一定程度的损失。根据民法原则，造成了损失就应向受损失方赔偿，此即申请保全错误的赔偿。《民事诉讼法》第105条规定："申请有错误的，申请人应当赔偿被申请人因保全所遭受的损失。"这一规定，既是对被申请人合法权益的保障，又是对申请人滥用权利的制裁。为了有效地保护被申请人的利益，申请人申请保全的，人民法院可以责令申请人提供担保。人民法院在采取诉前保全和诉讼中保全时责令申请人提供担保的，提供担保的数额应相当于请求保全的数额。申请人申请错误，就以其提供的担保来赔偿被申请人的损失。

---

[1] 人民法院采取诉前保全措施后30日内，申请人应当尽快起诉。30日届满，申请人还不起诉的，表明利害关系人不愿通过诉讼程序解决分歧，从保护被申请人的合法权益的角度出发，人民法院应当解除保全。

[2] 当事人向采取诉前保全措施以外的其他有管辖权的人民法院起诉的，采取诉前保全措施的人民法院应当将保全手续移送受理案件的人民法院。诉前保全的裁定视为受移送人民法院作出的裁定。

[3] 保全是为了使今后的判决有实现的物质基础。在被申请人向人民法院提供了相应的担保，包括保证人担保、实物担保、现金担保或有价证券担保后，就有必要重新审查原保全裁定继续的必要性。根据担保法律规定，担保人向人民法院提供担保，与被担保人一同承担连带责任，故保证人担保的，保证人应向人民法院出具担保金额的保证书，并经人民法院审查同意，以防止提供的担保不能兑现。只要被申请人向人民法院提供了担保，就消除了将来生效判决难以执行的危险。保证人为申请人或者被申请人提供保证的，在案件审理终结后，如果被保证人无财产可供执行或者其财产不足以清偿债务时，人民法院可以直接裁定执行保证人在其保证范围内的财产。提供了担保，保全措施已无必要，故应裁定解除保全。同理，被申请人提供实物担保、现金担保或有价证券担保的，担保物的价值或担保金额不应低于被保全财产的价额或金额，否则该保全即失去了继续存在的价值。

[4] 根据《民诉法解释》第163条的规定，债权人向执行法院申请采取保全措施后，在法律文书指定的履行期间届满后5日内不申请执行的，人民法院应当解除保全。且《民诉法解释》第166条规定："裁定采取保全措施后，有下列情形之一的，人民法院应当作出解除保全裁定：①保全错误的；②申请人撤回保全申请的；③申请人的起诉或者诉讼请求被生效裁判驳回的；④人民法院认为应当解除保全的其他情形。解除以登记方式实施的保全措施的，应当向登记机关发出协助执行通知书。"

　　人民法院依职权主动采取保全措施，如果发生错误，给被保全财产的公民、法人或其他组织造成损失的，也应当依法予以赔偿。我国《民法通则》第121条规定："国家机关或者国家机关工作人员在执行职务中，侵犯公民、法人的合法权益造成损害的，应当承担民事责任。"根据《国家赔偿法》第38条的规定，人民法院在民事诉讼过程中，违法采取保全措施造成损害的，赔偿请求人要求赔偿的程序，适用《国家赔偿法》刑事赔偿程序的规定。根据《经济审判规定》第19条的规定，因申请错误造成被申请人损失的，由申请人予以赔偿；因人民法院依职权采取保全措施错误造成损失的，由人民法院依法予以赔偿。这可以促使人民法院在依职权采取保全措施时，持慎重态度，有利于保护当事人的合法权益。

　　六、保全裁定的效力

　　保全裁定的效力是指保全裁定在何时、对何人发生法律效力。保全裁定的效力主要表现在以下四个方面：

　　（一）时间效力

　　依照《民事诉讼法》的规定，无论是诉前保全，还是诉讼中保全裁定，一经作出即产生法律效力。诉讼中保全裁定的时间效力，一般应维持到生效的法律文书执行时止。如果被保全的财物属于应予执行的，保全裁定的效力应维持到执行完毕时止。对于诉前保全的裁定，如果利害关系人在法定期间不起诉，人民法院解除保全时，保全的裁定即失去效力。被申请人提供担保，人民法院裁定解除保全时，保全的裁定即失去效力。

　　（二）对利害关系人和诉讼当事人的效力

　　法律规定对人民法院保全的裁定，利害关系人和诉讼当事人都不得提起上诉。利害关系人和诉讼当事人收到人民法院保全的裁定后，必须依照裁定的内容执行。申请诉前保全的利害关系人，还应当在法定期间内向人民法院提起诉讼。

　　考虑到保全裁定也不一定完全正确，为了维护另一方当事人的利益，法律也规定，对裁定不服的，当事人可以申请复议一次，但复议期间不停止裁定的执行。

　　（三）对有关单位和个人的效力

　　人民法院制作的保全裁定，不但对当事人和利害关系人产生法律上的效力，对有关单位和个人也会产生一定的法律效力。[1]

　　（四）对人民法院的效力

　　人民法院作出保全的裁定，除了对他人有约束力之外，对自身也有一定的约束

---

〔1〕 例如，采取查封、扣押、冻结被申请人财产时，有时需要有关单位和个人协助；涉及车辆、船舶的登记问题时，也需要有关产权部门的配合；涉及当事人或利害关系人的储蓄存款或账面资金时，更需要金融部门的参与；有关单位或者个人接到人民法院保全裁定的协助执行通知书，必须及时按裁定中指定的保全措施协助执行。人民法院裁定采取保全措施后，除作出保全裁定的人民法院自行解除和其上级人民法院决定解除外，在保全期限内，任何单位都不得解除保全措施。

力。这种约束力主要表现在：未经法定程序或没有法定理由不得更改，并要尽最大的努力去实施保全措施，立即开始执行。当事人对保全的裁定申请复议的，人民法院应及时审查。经审查认为裁定正确的，通知驳回当事人的申请；认为裁定不当的，作出裁定变更或者撤销原裁定。受诉人民法院院长或者上级人民法院发现采取保全措施确有错误的，可直接撤销该保全的裁定。诉前保全的裁定执行后，申请人在法定期间30日内不起诉的，人民法院应当解除保全。在诉讼过程中，需要解除保全措施的，人民法院应及时作出裁定，解除保全措施。解除财产保全措施后，人民法院保存有变卖财产价款的，应将该价款交还给被申请人。

■第二节 先予执行

一、先予执行的概念

先予执行，是指人民法院在诉讼过程中，根据当事人的申请，裁定一方当事人预先付给申请人一定数额的金钱或其他财物，或者实施或停止某种行为的一种制度。

人民法院审理民事案件，从受理到作出判决，从判决生效到强制执行，其间需要经过一段相当长的时间。在此期间，个别原告可能因经济困难，难以维持正常的生活，或者难以组织正常的生产经营活动等客观情况，需要一种终审判决作出前就可以让被告先付给原告一定数额的金钱或其他财物的制度，使原告的生活或生产经营能正常进行。这种制度在法律上称为先予执行。先予执行制度为世界大多数国家的民事诉讼法所规定。先予执行制度具有未决定先执行的性质。先予执行的内容，是将来生效判决中所确定的实体权利义务所指向的对象。先予执行制度有利于及时保护当事人的合法权益。

申请先予执行的主体通常是原告方，但不排除在特定情况下被告方申请先予执行的情形，故《民事诉讼法》第106条用的是"当事人"。

二、先予执行的适用范围

先予执行有其特定的适用范围。根据《民事诉讼法》第106条的规定，人民法院对下列案件，根据当事人的申请，可以裁定先予执行：①追索赡养费、扶养费、抚育费、抚恤金、医疗费用的；②追索劳动报酬的；③因情况紧急需要先予执行的。这是一个弹性规定，一般指除上述两类案件之外的其他案件。根据《民诉法解释》第170条的规定，因情况紧急需要先予执行的其他案件包括：①需要立即停止侵害、排除妨碍的；②需要立即制止某项行为的；③追索恢复生产、经营急需的保险理赔费的；④需要立即返还社会保险金、社会救助资金的；⑤不立即返还款项，将严重影响权利人生活和生产经营的。

三、先予执行的条件

先予执行是一种特殊的法律制度，只有符合法定条件时才能适用。根据《民事诉讼法》第107条第1款的规定，人民法院裁定先予执行的，应当符合下列条件：

①当事人之间权利义务关系明确，不先予执行将严重影响申请人的生活或者生产经营的；②被申请人有履行能力。以上条件，必须同时具备，人民法院才能裁定先予执行。

四、先予执行的申请、担保和遭受损失的赔偿

(一) 先予执行的申请和担保

先予执行，必须由当事人向人民法院提出书面申请。申请书应写明申请先予执行的理由和根据，并说明对方当事人有履行能力的具体情况。人民法院根据当事人的申请裁定先予执行，可以责令申请人提供担保。[1] 提供担保的目的在于保护被申请人的合法权益，避免因申请人申请错误而使被申请人遭受不应有的损失。

人民法院采取先予执行措施后，申请先予执行的当事人申请撤诉的，人民法院应当及时通知对方当事人、第三人或有关的案外人。在接到通知至准予撤诉的裁定送达前，对方当事人、第三人及有关的案外人，对撤诉提出异议的，应当裁定驳回撤诉申请。[2]

(二) 被申请人遭受损失的赔偿

因申请人申请而先予执行是诉讼中可能出现的情形，人民法院的判决有两种可能：①申请人胜诉；②申请人败诉。如果申请人胜诉，则已经先予执行的部分应在胜诉判决中冲抵；如果申请人败诉，则存在申请人向被申请人赔偿的问题。《民事诉讼法》第107条第2款规定，由申请人赔偿被申请人因先予执行所遭受的财产损失，有利于防止申请人滥用权利，保护被申请人的合法权益。被申请人的损失，也可以用申请人提供担保的财产赔偿。如果申请人事先没有提供担保，则应使用其他财产予以赔偿。

五、先予执行裁定的效力

(一) 时间效力

人民法院裁定先予执行，其实质是使原告提前实现了将来判决可能确认的部分权利，使被告提前履行了将来判决生效后可能履行的部分义务。因此，先予执行的裁定必须采用书面形式。先予执行裁定送达当事人后立即生效，其时间效力应维持到判决生效时止。

(二) 对当事人的效力

先予执行的裁定，对当事人的效力主要表现在：当事人收到裁定后不允许提起上诉，必须按裁定的要求执行。当事人对裁定不服的，可以自收到裁定书之日起5

---

[1] 要注意，法律规定的"可以"责令申请人提供担保的意思是说，也可以不责令申请人提供担保。是否提供担保，由人民法院视案件的具体情况而定。一般地说，在先予执行的审判实践中，很少责令当事人提供担保。因为申请人往往是老、弱、病、残者，提供担保对于他们而言存在着诸多不便。提供担保的形式，可采用保证人担保，也可采用实物或现金担保。如果法院责令申请人提供担保，申请人拒不提供担保的，驳回申请。

[2] 参见《经济审判规定》第18条。

日内向作出裁定的人民法院申请复议一次。但是，复议期间不停止裁定的执行。[1]

（三）对有关单位和个人的效力

人民法院先予执行的裁定，需要有关单位和个人协助的，有关单位接到先予执行的协助执行通知书，必须及时按通知要求予以协助。例如，通知单位将被申请人收入扣留，交给申请人；要求从被申请人的账户上将一定款额划拨给申请人；等等。

（四）对人民法院的效力

先予执行的裁定书送达当事人后，对人民法院也是有法律效力的。主要表现在：当事人不履行的，人民法院有责任采取强制执行措施；当事人对先予执行的裁定不服，申请复议的，人民法院应当在收到复议申请后10日内审查。经审查，认定裁定正确的，通知驳回当事人的申请；认定裁定不当的，作出新的裁定，变更或者撤销原裁定；受诉人民法院院长或者上级人民法院发现采取先予执行措施确有错误的，应当按照审判监督程序立即纠正。由于先予执行的裁定是人民法院根据申请人的申请所采取的临时性措施，案件审理终结不一定就能作出完全满足原告诉讼请求的判决，甚至还可能出现原告败诉的情形。如果判决原告败诉，则应适用《民事诉讼法》第233条和《民诉法解释》第173条关于执行回转的规定。

【本章小结】

1. 本章介绍了保全和先予执行的一般理论，包括保全的适用条件、种类、措施、程序、效力和申请保全错误的补偿以及先予执行的适用范围、条件、申请、担保、效力和被申请人遭受损失的赔偿等。

2. 保全制度是联结审判程序与执行程序的纽带，保全的本意是为了保证判决有实现的物质基础或防止造成当事人其他损害，它是在一定条件下，法院所采取的临时保全措施。由于事后的复杂性，可能出现保全措施的失误，因此，《民事诉讼法》规定，当申请有错误时，申请人应当赔偿被申请人因保全造成的损失，以体现保全制度的公平性。保全不仅保障申请人有实现判决的物质基础或防止申请人的权利继续遭到损害，也保障被申请人的合法权益，防止被申请人因申请人滥用权利而遭受损失。

3. 申请先予执行的主体通常是原告方，但并不排除在特定情况下，被告方申请先予执行的情形。先予执行是一种特殊的法律制度，其适用条件严格，只有在符合法定条件时才能适用。同时，与保全制度相同，当被申请人因申请人的错误而遭受损失时，申请人应当赔偿被申请人的该项损失。

4. 由于先予执行的裁定是人民法院根据申请人的申请所采取的临时性措施，案件审理终结不一定就能作出完全满足原告诉讼请求的判决，甚至还可能出现原告败诉的情形。如果判决原告败诉，则应适用《民事诉讼法》关于执行回转的规定。

---

[1] 参见《民事诉讼法》第108条和《民诉法解释》第171条。

【思考题】

1. 什么是保全？采取保全措施应具备哪些条件？
2. 诉前保全与诉讼中保全有何不同？
3. 简述保全的范围和措施。
4. 简述先予执行的概念和案件范围。
5. 试述先予执行的条件。

【参考文献】

1. 江伟、王国征："完善我国财产保全制度的设想"，载《中国法学》1993 年第 5 期。

2. 冀宗儒、徐辉："论民事诉讼保全制度功能的最大化"，载《当代法学》2013 年第 1 期。

3. 王树岭："先予执行适用中的几个问题"，载《山东法学》1995 年第 2 期。

4. 范跃如："试论我国行为保全制度及其构建与完善"，载《法学家》2004 年第 5 期。

5. 李仕春："民事保全程序基本问题研究"，载《中外法学》2005 年第 1 期。

6. 王胜明主编：《中华人民共和国民事诉讼法释义》，法律出版社 2012 年版。

7. 沈德咏主编：《最高人民法院民事诉讼法司法解释理解与适用（上）》，人民法院出版社 2015 年版。

第
十
五
章

第十六章

对妨害民事诉讼的强制措施

> **学习目的和要求**　掌握对妨害民事诉讼强制措施的概念、性质和意义，妨害民事诉讼行为的构成要件和种类，对各种妨害民事诉讼行为强制措施的适用情形。

■第一节　对妨害民事诉讼的强制措施概述

一、对妨害民事诉讼的强制措施的概念和特征

对妨害民事诉讼的强制措施，是指在民事诉讼活动中，为了排除干扰，维护正常的诉讼秩序，保障民事诉讼和执行活动的顺利进行，对有实施妨害民事诉讼秩序行为的人，所采取的具有制裁性质的强制手段。

民事诉讼要求当事人及其他诉讼参与人依法行使诉讼权利，履行诉讼义务，按照法定程序进行各项诉讼行为；同时，也要求案外人员遵守诉讼秩序，不得以任何借口阻碍诉讼活动的进行。否则，对实施妨害民事诉讼行为的人，人民法院有权根据《民事诉讼法》的规定采取强制措施以排除干扰，保障诉讼的顺利进行。对妨害民事诉讼的强制措施有以下特征：

1. 对妨害民事诉讼的强制措施是民事诉讼法规定的强制性手段，其目的在于排除妨害，保证民事诉讼的顺利进行。

2. 对妨害民事诉讼的强制措施适用于民事诉讼的全过程，既包括审判阶段，也包括执行阶段。

3. 对妨害民事诉讼的强制措施适用的对象比较广泛，既包括案件当事人和其他诉讼参与人，也包括妨害民事诉讼的案件以外的人，如旁听群众。

4. 对妨害民事诉讼的强制措施在适用时，依照行为人妨害民事诉讼的程度轻重不同，既可单独适用某一种强制措施，也可以将几种强制措施合并适用。

二、对妨害民事诉讼强制措施的性质

关于对妨害民事诉讼的强制措施的性质认识，学术界存在不同的观点。一种观点认为，对妨害民事诉讼的强制措施仅仅是一种排除障碍的强制手段。另一种观点认为，对妨害民事诉讼的强制措施是具有法律制裁性的强制教育手段。因为法律都

是有强制性的，违反了法律就要依法受到制裁。《民事诉讼法》是国家的重要法律之一，违反《民事诉讼法》的行为就是违法行为，凡违法行为就应受到制裁。只不过对妨害民事诉讼行为的人适用强制措施所依据的是程序法，因而不同于实体法律规定的制裁。

对妨害民事诉讼的强制措施不同于刑事诉讼中的强制措施：①适用的主体不同。对妨害民事诉讼的强制措施只能由人民法院适用；刑事诉讼中，强制措施适用的主体包括公安机关、检察机关和人民法院。②适用的对象不同。对妨害民事诉讼的强制措施是对实施了妨碍诉讼秩序的行为人采用的，无论是本案的当事人、其他诉讼参与人，还是案外人，只要他的行为妨碍了诉讼的进行，均应对其适用相应的强制措施；刑事诉讼中的强制措施只能对本案的被告人和犯罪嫌疑人适用的，对案外人则严禁适用。③适用的前提条件不同。对妨害民事诉讼的强制措施是对已经实施妨碍诉讼秩序行为的人适用的，具有惩罚性；刑事诉讼中的强制措施主要体现其预防性，旨在防止被告人、嫌疑人串供、毁灭证据、逃跑、自杀或继续犯罪等。④达到的效果不同。对妨害民事诉讼的强制措施是对行为人在诉讼过程中的违反程序法的行为的一种处理手段，与受到处理的行为人可能承担的实体法上的责任无关；刑事诉讼中的强制措施（如逮捕、拘留等）对于行为人今后可能受到的刑罚有直接的关系，如依法判处有期徒刑的人逮捕、拘留的时间应从刑期中作相应折抵。⑤种类不同。对妨害民事诉讼的强制措施包括拘传、训诫、责令退出法庭、罚款和拘留；刑事诉讼中的强制措施主要有拘传、取保候审、监视居住、拘留和逮捕。

对妨害民事诉讼的强制措施也不同于执行程序中的强制措施。强制执行措施是法律对义务人不履行生效法律文书所规定的义务，而强制其履行义务的措施，仅适用于执行程序。妨害民事诉讼的强制措施是对妨害诉讼程序的行为人所采用的，既可适用于审判阶段，也可适用于执行阶段。

对妨害民事诉讼的强制措施的适用具有重要意义：①有利于人民法院正常行使审判权。人民法院是国家的审判机关，在诉讼过程中，良好的诉讼秩序和法庭纪律是法院能够正确顺利行使审判权的基本条件。但是，在诉讼实践活动中，有的当事人拒不出庭，有的证人作伪证，有的案外人无故哄闹法庭等现象时有发生，给诉讼活动的正常进行造成严重障碍。只有对那些实施了妨害民事诉讼行为的人采取强制措施，才能保证诉讼的顺利进行，才能体现法律的严肃性和法院的权威性。②有利于保障当事人及其他诉讼参与人行使诉讼权利，迫使妨害民事诉讼的行为人履行诉讼义务。在民事诉讼过程中，当事人和其他诉讼参与人享有相应的诉讼权利并承担相应的诉讼义务。事实证明，只有对拒不履行诉讼义务或侵犯他人诉讼权利的行为人采取一定的强制措施，才能制止"妨害行为"继续实施，从而才能保证当事人及其他参与人诉讼权利的实现，使民事诉讼得以顺利进行，达到民事诉讼的最终目的。③有利于教育公民自觉遵守法律，维护诉讼秩序。通过对妨害民事诉讼强制措施的适用，不仅对妨害民事诉讼秩序的行为人进行了教育，也会使其他人感受到法律的威严和不可侵犯性，从而增强法律意识，自觉遵守法律。

■第二节　妨害民事诉讼行为的构成和种类

一、妨害民事诉讼行为的构成

妨害民事诉讼行为，是指民事诉讼当事人、其他诉讼参与人和案外人在民事诉讼过程中，故意干扰、破坏民事诉讼秩序，阻碍民事诉讼活动正常进行的行为。正确认定妨害民事诉讼行为，是准确适用强制措施的前提条件。构成妨害民事诉讼的行为必须具备以下条件：

1. 必须有妨害民事诉讼的行为发生。妨害民事诉讼行为包括作为与不作为。作为的形式，如伪造、毁灭重要证据；不作为的形式，如必须到庭的被告，经两次传票传唤无正当理由拒不到庭，或拒不履行人民法院已经发生法律效力的判决、裁定。无论是作为，还是不作为，只要妨害了民事诉讼的正常进行，都可能构成妨害民事诉讼的行为。

2. 应当是在诉讼过程中实施的行为。妨害民事诉讼的行为从理论上来讲，必须是在诉讼过程中实施的。因为法律确立这种惩罚性措施的目的就在于使诉讼过程顺利推进，在民事诉讼程序开始前或诉讼程序结束后所实施的行为，不属于妨害民事诉讼的行为。但是，在诉讼实践中，却有许多行为是在法院受理案件前和在法院对案件作出判决后实施的。例如，《民事诉讼法》第111条规定的伪造、毁灭证据的行为，以暴力、威胁、贿买方法阻止证人作证或者指使、贿买、胁迫他人作伪证的行为，常在法院受理案件前发生。对司法工作人员、诉讼参加人及证人、鉴定人等的侮辱、诽谤、殴打、打击报复就常在法院对案件判决后发生。因此，我们认为，界定为"应当是在诉讼过程中实施的行为"较符合法理和诉讼实践。

3. 必须是出于行为人的主观故意。这是构成妨害民事诉讼行为的主观要件。即行为人明知其行为将造成妨害民事诉讼的后果而偏要行为的主观心理。行为人的意图就是要使诉讼发生障碍以达到非法目的。凡不是以妨害诉讼为目的的过失行为，如渡河时不慎丢失一个书证，均不属于妨害民事诉讼的行为。

4. 必须是足以妨害民事诉讼的进行。行为人所实施的行为已经妨害和干扰了诉讼的顺利进行，破坏了诉讼秩序或者严重地阻碍了司法工作人员正常执行职务，才必须对其加以排除和惩罚。

行为人的行为同时具备了以上四个条件，便构成妨害民事诉讼行为。

二、妨害民事诉讼行为的种类

（一）依法必须到庭的被告拒不到庭的行为[1]

必须到庭的被告，如负有赡养、抚育、扶养义务和不到庭就无法查清案情的被告，经两次传票传唤，无正当理由拒不到庭的行为，构成妨害民事诉讼行为。但是，

---

[1]　参见《民事诉讼法》第109条。

对于法律规定不是必须到庭的被告，虽经两次传唤无正当理由拒不到庭的；原告经传票传唤，无正当理由拒不到庭的，均不属于妨害民事诉讼的行为，人民法院可以缺席判决或按撤诉处理。

（二）违反法庭规则，扰乱法庭秩序的行为[1]

开庭审理是人民法院行使审判权、审理民事案件的重要诉讼阶段。在开庭审理中，需要对各种证据进行调查、核实，需要当事人的质证和辩论，需要传召证人作证和鉴定人宣读鉴定结论，等等，而这一切都需要参与人遵守法庭规则，从而共同营造一个良好的法庭秩序，任何违反法庭规则，不遵守法庭纪律，哄闹、冲击法庭，侮辱、诽谤、威胁、殴打审判人员，未经准许进行录音、录像、摄影，未经准许以移动通信等方式现场传播审判活动，扰乱法庭秩序的行为，都会干扰或者影响诉讼活动的正常进行，均属于妨害民事诉讼的行为。

（三）妨害诉讼证据的收集、调查和阻拦、干扰诉讼进行的行为[2]

1. 伪造、毁灭重要证据，妨碍人民法院审理案件。伪造证据，是指行为人故意以弄虚作假的方式制造证据。毁灭重要证据，是指行为人将现有能够证明重要案件事实的证据销毁，使之灭失。

2. 以暴力、威胁、贿买方法阻止证人作证，或者指使、贿买、胁迫他人作伪证。这是指以武力、殴打、拘禁、恐吓、金钱引诱等方式阻止本案证人向法庭提供证言，或者以强迫、逼使、金钱引诱、要挟等方式使不是本案的证人作证，或者让本案证人作虚假证明。这些行为都会影响审判工作的顺利进行，均为妨害民事诉讼秩序的行为。

3. 隐藏、转移、变卖、毁损已被查封、扣押的财产，或者已被清点并责令其保管的财产，转移已被人民法院冻结的财产。查封、扣押、冻结是人民法院根据案件需要对本案财产所采取的措施，此措施须以限制当事人的处分权为条件。任何人未经法院允许，擅自隐藏、转移、变卖、毁损法院已采取措施的财产，均属妨害民事诉讼的行为。

4. 对司法工作人员、诉讼参加人、证人、翻译人员、鉴定人、勘验人、协助执行的人，进行侮辱、诽谤、诬陷、殴打或者打击报复。这些行为直接指向正在执行职务的司法工作人员及有关人员，阻碍了司法工作人员执行职务和诉讼参与人行使诉讼权利，干扰和破坏了诉讼秩序，使审判和执行活动无法正常进行。

5. 以暴力、威胁或者其他方法阻碍司法工作人员执行职务。司法工作人员是指审判人员、执行人员、书记员、司法警察等。任何人不得干扰破坏，阻碍司法工作人员执行职务。

6. 拒不履行人民法院已经发生法律效力的判决、裁定。人民法院制作的生效法律文书，当事人应当履行。有能力履行法律文书中规定的内容而故意藐视法律，拒

[1]　参见《民事诉讼法》第110条和《民诉法解释》第176条。
[2]　参见《民事诉讼法》第111条和《民诉法解释》第189条。

不履行已生效判决、裁定的，属于妨害民事诉讼的行为。[1]

（四）实施恶意诉讼和恶意规避执行的行为[2]

恶意诉讼行为是行为人为谋求不当利益或意图侵害他人合法权益，故意向法院提起无根据之诉的诉讼行为。这里的"他人合法权利"包括案外人的合法权益、国家利益、社会公共利益。恶意诉讼往往是当事人以牺牲对方的利益来获取自己不正当利益的诉讼行为，比如，为了谋取不正当利益，当事人之间恶意串通，通过诉讼、调解等方式所进行的虚假之诉，或者为了逃避债务，被执行人与他人恶意串通，通过诉讼、仲裁、调解等方式所实施的规避执行的行为等。

恶意诉讼和恶意规避执行的行为的存在，使民事诉讼不再成为人们所依赖的解决纠纷的有效制度，反而可能成为一种当事人可资利用的谋取非法利益的工具。这不仅违背了民事诉讼的目的，扰乱了审判秩序，也有违民事诉讼的诚实信用原则和公正、效益价值，损害了司法权威且浪费了司法资源。立法上将恶意诉讼和恶意规避执行的行为作为妨害民事诉讼的行为进行规制，在当前我国具有很强的现实意义：有利于减少或遏制恶意诉讼和恶意规避执行行为的发生，有利于实现诉讼公正和诉讼效益，也符合民事诉讼的诚实信用原则。

（五）有义务协助调查、执行的单位或组织拒不履行协助义务的行为[3]

1. 有关单位拒绝或者妨碍人民法院调查取证的。

2. 有关单位接到人民法院协助执行通知后，拒不协助查询、扣押、冻结、划拨、变价财产的。

3. 有关单位接到人民法院协助执行通知书后，拒不协助扣留被执行人的收入、办理有关财产权证照转移手续、转交有关票证、证照或者其他财产的。

4. 其他拒绝协助执行的。例如，接到人民法院协助执行通知书后，给当事人通风报信，协助其转移、隐匿财产的行为等。

人民法院对有以上行为之一的单位，可以对其主要负责人或者直接负责人员予以罚款；对仍不履行协助义务的，可以予以拘留，并可以向监察机关或者有关机关提出予以纪律处分的司法建议。

（六）采取非法拘禁他人或者非法私自扣押他人财产方式以追索债务的行为[4]

依照法律规定，只有人民法院才能采取对妨害民事诉讼的强制措施和执行措施。

---

〔1〕《民诉法解释》第189条规定："诉讼参与人或者其他人有下列行为之一的，人民法院可以适用民事诉讼法第111条的规定处理：①冒充他人提起诉讼或者参加诉讼的；②证人签署保证书后作虚假证言，妨碍人民法院审理案件的；③伪造、隐匿、毁灭或者拒绝交出有关被执行人履行能力的重要证据，妨碍人民法院查明被执行人财产状况的；④擅自解冻已被人民法院冻结的财产的；⑤接到人民法院协助执行通知书后，给当事人通风报信，协助其转移、隐匿财产的。"

〔2〕参见《民事诉讼法》第112、113条和《民诉法解释》第190条。

〔3〕参见《民事诉讼法》第114条。

〔4〕参见《民事诉讼法》第117条。

其他任何单位和个人如果非法拘禁他人或者非法私自扣押他人财产以追索债务的，均构成妨害民事诉讼的行为。

■第三节　对妨害民事诉讼行为的强制措施

一、拘传

拘传，是指人民法院在法定情况下强制被告到庭的一种强制措施。根据《民事诉讼法》第109条的规定，适用拘传必须具备三个条件，即：①必须是必须到庭的被告。所谓必须到庭的被告，是指负有赡养、抚育、扶养义务和不到庭就无法查清案件事实的被告。因为诉讼标的为赡养、抚育、扶养的案件，直接涉及权利人的基本生活问题，并且原、被告之间有一定的亲属关系，适宜用调解方式解决。如被告不到庭，则不利于原告合法权益的保护和调解的进行。即使法院硬性判决，也不利于判决的履行。对于被告不到庭就无法查清案件事实的，也必须要求其到庭，如给国家、集体或他人造成损失的未成年人的法定代理人。②对必须到庭的被告已经两次传票传唤。③必须到庭的被告无正当理由拒不到庭。正当理由，是指不可抗力的事由或事实，当事人无法预见和难以自行克服的困难，如自然灾害、突然病重等情况。没有这类理由，当事人的其他借口均不成立。

以上三个条件同时具备时，人民法院才能适用拘传措施。适用拘传措施，由合议庭或独任审判员提出意见，报经本院院长批准，并填写拘传票，直接送达被拘传人，由被拘传人签字或盖章。在拘传前，应向被拘传人说明拒不到庭的后果，经批评教育仍拒不到庭的方可拘传其到庭。

二、训诫

训诫，是一种较轻的强制措施。它是指人民法院对妨害民事诉讼行为情节较轻的人，予以批评、教育，并责令其改正，不得再犯。[1]

三、责令退出法庭

责令退出法庭，是指开庭审理中，对违反法庭规则的诉讼参与人及其他人所采取的强行命令其退出法庭的强制措施。[2]

---

[1] 根据《民事诉讼法》第110条第2款的规定，适用训诫的对象是违反法庭规则的人。法庭规则是法院开庭时，所有诉讼参与人和其他人应当遵守的纪律和秩序，它是进行开庭审理的保障。法庭规则由书记员在开庭审理时宣布，对违反法庭规则的人，审判员可以对其直接采用训诫的强制措施并记录在案，由被训诫人签字或盖章。

[2] 责令退出法庭的适用对象，也是违反法庭规则的诉讼参与人或其他人。它与训诫的强度不同：训诫只是口头的批评、教育，还允许行为人留在法庭；责令退出法庭则强行命令行为人退出法庭，比训诫更为严厉。审判人员既可以直接适用责令退出法庭的强制措施，也可以先适用训诫，然后视行为人的表现再决定是否适用责令退出法庭的强制措施。该措施既可以由合议庭作出决定，也可以由独任审判员决定，并记录在案。

四、罚款

罚款，是指人民法院对妨害民事诉讼的行为人（公民、法人或其他组织）所采取的强令其在指定期间缴纳一定数额金钱的措施。

行为人有《民事诉讼法》第 110～114 条和第 117 条规定的妨害民事诉讼行为的，均可根据情节轻重适用罚款措施。人民法院对于有上述规定的行为之一的单位，可以对其主要负责人或者直接责任人员予以罚款。《民事诉讼法》第 115 条第 1 款规定："对个人的罚款金额，为人民币 10 万元以下。对单位的罚款金额，为人民币 5 万元以上 100 万元以下。"

罚款必须经法院院长批准，并由人民法院出具《罚款决定书》。被罚款人对该决定不服的，可以向上一级人民法院申请复议一次。上一级人民法院应在收到复议申请后 5 日内作出决定，并将复议结果通知下级人民法院和被罚款人。复议期间不停止罚款决定的执行。

五、拘留

这里的拘留又称司法拘留，是指人民法院对妨害民事诉讼情节严重的行为人予以强行关押，在一定的期限内限制其人身自由的一种强制措施。它适用于有《民事诉讼法》第 110～114 条和第 117 条规定的应适用拘留情形的行为。采用拘留措施可由合议庭或独任审判员提出，并报请法院院长批准。拘留应当制作《拘留决定书》。被拘留人对该决定不服的，可以向上一级人民法院申请复议一次。上一级人民法院应当在收到复议申请后 5 日内作出决定，并将复议结果通知下级人民法院和当事人。拘留的期限，为 15 日以下。被拘留的人，由人民法院交公安机关看管。在拘留的期间，被拘留人承认并改正错误的，人民法院可以决定提前解除拘留。罚款、拘留可以单独适用，也可以合并适用。

■第四节　构成犯罪的妨害民事诉讼行为人的刑事责任

一、应追究刑事责任的行为

《民事诉讼法》第 110 条第 3 款规定："人民法院对哄闹、冲击法庭，侮辱、诽谤、威胁、殴打审判人员，严重扰乱法庭秩序的人，依法追究刑事责任；情节较轻的，予以罚款、拘留。"并且，有《民事诉讼法》第 111 条列举的六种行为之一的个人和单位的主要负责人或者直接负责人员，构成犯罪的，依法追究刑事责任。《民事诉讼法》第 117 条规定："采取对妨害民事诉讼的强制措施必须由人民法院决定。任何单位和个人采取非法拘禁他人或者非法私自扣押他人财产追索债务的，应当依法追究刑事责任，或者予以拘留、罚款。"

二、追究刑事责任的程序

《民事诉讼法》只规定了对妨害民事诉讼行为构成犯罪的，依法追究其刑事责任。

第十六章

但是，如何追究、适用何种程度却未予明确。根据《执行规定》第101条的规定，应当针对不同的妨害行为，追究已构成犯罪的人员的刑事责任。

在执行过程中，遇有被执行人或其他拒不履行生效法律文书或者妨害执行情节严重，需要追究刑事责任的，应将有关材料移交有关机关处理。

【本章小结】

1. 本章介绍了对妨害民事诉讼的强制措施的概念、性质和意义，妨害民事诉讼行为的构成要件和种类，以及对妨害行为强制措施的适用情形。

2. 对妨害民事诉讼的强制措施，是指在民事诉讼活动中，为了排除干扰，维护正常的诉讼秩序，保障民事诉讼和执行活动的顺利进行，对实施妨害民事诉讼秩序行为的人所采取的具有制裁性质的强制手段。对妨害民事诉讼的强制措施具有4个特征。

3. 妨害民事诉讼行为，是指民事诉讼当事人、其他诉讼参与人或案外人在民事诉讼过程中，故意干扰、破坏民事诉讼秩序，阻碍民事诉讼活动正常进行的行为。妨害民事诉讼行为，4个条件必须同时具备。妨害民事诉讼行为有6种。

4. 对妨害民事诉讼的强制措施，即拘留、罚款、责令退出法庭、训诫、拘传。罚款、拘留可以单独适用，也可以合并适用。

5. 《民事诉讼法》只规定了对妨害民事诉讼行为构成犯罪的，依法追究其刑事责任。但是，对如何追究，却未予以明确。根据《执行规定》第101条的规定，应当针对不同的妨害行为，追究已构成犯罪的人员的刑事责任。

【思考题】

1. 简述对妨害民事诉讼强制措施的概念、性质和意义。
2. 简述妨害民事诉讼行为的构成要件。
3. 什么是拘传？适用拘传措施应具备哪些条件？
4. 2012年修改的《民事诉讼法》对妨害民事诉讼行为的种类有何修改？其意义如何？

【参考文献】

1. 吴明童："谈谈妨害民事诉讼的强制措施的几个问题"，载《西北政法学院学报》1998年第2期。

2. 崔颖华："协商型正义：律师妨害民事诉讼行为公开方式的新探索"，载《河北法学》2013年第5期。

3. 廖中洪主编：《民事诉讼改革热点问题研究综述：1991~2005》，中国检察出版社2006年版。

4. 怀宇："我国恶意诉讼侵权制度的构建"，载《法律适用》2009 年第 11 期。

5. 王胜明主编：《中华人民共和国民事诉讼法释义》，法律出版社 2012 年版。

6. 沈德咏主编：《最高人民法院民事诉讼法司法解释理解与适用（上）》，人民法院出版社 2015 年版。

第
十
六
章

第十七章

诉讼费用

学习目的和要求 掌握民事诉讼中诉讼费用的概念、性质和交纳诉讼费用的意义；当事人交纳诉讼费用的范围和标准；诉讼费用的负担；对交纳诉讼费用确有困难的如何给予司法救助；对诉讼费用的管理和监督。

■第一节 诉讼费用概述

一、诉讼费用的概念

诉讼费用，是指当事人进行民事诉讼，依照法律规定应当向人民法院交纳和支付的费用。诉讼费用有狭义与广义之分。狭义上的诉讼费用，专指裁判费用，是当事人进行民事诉讼依法应当向法院交纳和支付的费用。我国《民事诉讼法》所规定的诉讼费用是指狭义上的诉讼费用，由案件受理费和其他诉讼费用组成。广义上的诉讼费用，又称为诉讼成本，是指当事人因进行民事诉讼所支付和花费的一切费用，它包括裁判费用和当事人费用两个部分。

二、我国有关诉讼费用征收的沿革规定和意义

20世纪50年代初，某些地区曾一度实行诉讼费用征收制度。80年代，上海、重庆、福建和山东等地的人民法院恢复诉讼费用的征收，但共征收依据是地方高（中）级人民法院与地方财政厅（局）联合颁布的地方性规章。

1982年《民事诉讼法（试行）》第80条第2款规定："收取诉讼费用的办法另行制定。"据此，各省、自治区、直辖市人民代表大会常务委员会曾纷纷制定了各自的诉讼费用征收办法。1984年，最高人民法院颁布了全国统一适用的《民事诉讼收费办法（试行）》后，各地的地方性诉讼费用征收规则相继被废除。

1989年，最高人民法院颁布实施《人民法院诉讼收费办法》。

1991年《民事诉讼法》实施，该法第107条第1款规定："当事人进行民事诉讼，应当按照规定交纳案件受理费。财产案件除交纳案件受理费外，并按照规定交纳其他诉讼费用。"

2006年12月8日，国务院第159次常务会议通过了《诉讼费用交纳办法》，国

务院总理温家宝于 2006 年 12 月 19 日以中华人民共和国国务院第 481 号令公布，自 2007 年 4 月 1 日起实施。[1]

《民事诉讼法》和《诉讼费用交纳办法》是我国目前收取诉讼费用的主要依据。

关于诉讼费用的征收，我国民事诉讼在理论上和立法上均主要以"当事人自己负担诉讼费用说"为原则，以"当事人程序基本保障说"为补充。各国在立法和学理上对案件受理费的规定和解释有以下四种：①"司法无偿性说"。该说在立法上以法国为代表。在法国大革命之前，法官职务属于世袭财产的一部分，法官收入来源于当事人交纳的裁判程序费，法官职务可以被继承或买卖。法国大革命以后，废除了法官世袭制，确定了法官身份保障制度，实行司法无偿性原则。据此，法官的工资由国库负担，当事人无须再向法官支付具有报酬性质的裁判程序费。现行《法国民事诉讼法》规定，当事人起诉无须交纳手续费。另外，法官和书记官用于本案的工作费用和书记官邮寄送达通知的费用也由国库负担。②"国家无偿服务说"。该学说认为，现代国家是租税国家，国家设立的任何一项制度都建立在国民缴纳税金的基础之上，并具有提供公共服务的性质，民事诉讼制度也是如此。由于纳税人已通过纳税方式预交了裁判程序费，因此，在自己的利益受到他人侵害时，当然有权利要求国家免费提供民事裁判意义上的服务。换言之，国家向作为纳税人的当事人再收取裁判程序费，实质上构成了双重课税，因而当事人无须再向法院支付裁判程序费。③"当事人自己负担裁判程序费说"。该说主张，民事诉讼当事人应负担裁判费，理由是：首先，民事诉讼制度的目的是保护当事人的民事权利或私权，在这个意义上，裁判程序费应当由当事人自己负担，如果转嫁为国家财政开支则不合理；其次，民事诉讼贯彻败诉人承担诉讼费用原则，其中包括裁判程序费的承担；最后，当事人承担裁判程序费有助于控制整个司法成本，防止当事人滥讼现象的发生。④"当事人程序基本权利保障说"。该说认为，民事诉讼是国家取代自力救济而设置的依法解决民事纠纷的制度，国家通过行使审判权解决法律意义上的民事纠纷，是国家向国民以及民事主体承担的一项义务。因此，在法治国家，任何人都有利用民事诉讼制度解决自己与他人之间争议的权利，即接受裁判的权利。当贫困者无力承担高昂的诉讼费用时，国家应当保障任何国民以及民事主体（尤其是贫困者）能得到诉讼救济，使其能有效地接近正义。

征收诉讼费用的意义在于：①有利于减少国家的财政支出，减轻人民群众的负担；②有利于加强社会成员的法制观念，防止和减少滥用诉权或无理缠讼的现象；③有利于促使当事人自觉遵守法律，主动履行义务；④有利于维护国家的主权和经济利益。

---

[1]《诉讼费用交纳办法》共 8 章、56 条。

■第二节 诉讼费用的种类及收费标准

一、案件受理费及收费标准

案件受理费，是人民法院决定受理案件后，按照有关规定应向当事人收取的费用。根据《民事诉讼法》和《交纳办法》的规定，除法律另有规定外，原则上，所有民事案件当事人都应交纳案件受理费。

根据《交纳办法》第 7 条的规定，案件受理费包括：第一审案件受理费；第二审案件受理费；再审案件中，依照该办法规定需要交纳的案件受理费。案件受理费又可以分为三大类：非财产案件的受理费、财产案件的受理费和其他案件的受理费。如果案件的诉讼标的既涉及非财产性质的，又涉及财产性质的时，则要按规定分别交纳案件受理费。

1. 非财产案件受理费。非财产案件，是指因人身关系或非财产关系发生争议而提起诉讼的案件。根据《交纳办法》第 13 条第 1 款第 2 项的规定，非财产案件受理费按照下列标准交纳：①离婚案件，每件交纳 50～300 元。涉及财产分割，财产总额不超过 20 万元的，不另行交纳；超过 20 万元的部分，按 0.5% 交纳。②侵害姓名权、名称权、肖像权、名誉权、荣誉权以及其他人格权的案件，每件交纳 100～500元。涉及损害赔偿，赔偿金额不超过 5 万元的，不另行交纳；超过 5 万～10 万元的部分，按照 1% 交纳；超过 10 万元的部分，按照 0.5% 交纳。③其他非财产案件，每件交纳 50～100 元。

2. 财产案件受理费。财产案件，是指因财产权益争议提起诉讼的案件。《民诉法解释》第 200 条规定："破产程序中有关债务人的民事诉讼案件，按照财产案件标准交纳诉讼费，但劳动争议案件除外。"根据《交纳办法》第 13 条第 1 款第 1 项的规定，财产案件的受理费，根据诉讼请求的金额或者价额，按照下列比例分段累计交纳：①不超过 1 万元的，每件交纳 50 元；②超过 1 万～10 万元的部分，按照 2.5% 交纳；③超过 10 万～20 万元的部分，按照 2% 交纳；④超过 20 万～50 万元的部分，按照 1.5% 交纳；⑤超过 50 万～100 万元的部分，按照 1% 交纳；⑥超过 100万～200 万元的部分，按照 0.9% 交纳；⑦超过 200 万～500 万元的部分，按照 0.8%交纳；⑧超过 500 万～1000 万元的部分，按照 0.7% 交纳；⑨超过 1000 万～2000 万元的部分，按照 0.6% 交纳；⑩超过 2000 万元的部分，按照 0.5% 交纳。

3. 其他案件受理费。①知识产权民事案件，没有争议金额或者价额的，每件交纳 500～1000 元；有争议金额或者价额的，按照财产案件的标准交纳。②劳动争议案件每件交纳 10 元。③当事人提出案件管辖权异议，异议不成立的，每件交纳 50～100 元。省、自治区、直辖市人民政府可以结合本地实际情况，对非财产案件受理费、知识产权民事案件、管辖权异议的收费，在幅度内制定具体交纳标准。

根据《民诉法解释》第 197、198 条的规定，诉讼标的物是证券的，按照证券交易规则并根据当事人起诉之日前最后一个交易日的收盘价、当日的市场价或者其载明的金额计算诉讼标的金额。诉讼标的物是房屋、土地、林木、车辆、船舶、文物等特定物或者知识产权，起诉时价值难以确定的，人民法院应当向原告释明主张过高或者过低的诉讼风险，以原告主张的价值确定诉讼标的金额。

根据《民诉法解释》第 201 条的规定，既有财产性诉讼请求，又有非财产性诉讼请求的，按照财产性诉讼请求的标准交纳诉讼费。有多个财产性诉讼请求的，合并计算交纳诉讼费；诉讼请求中有多个非财产性诉讼请求的，按一件交纳诉讼费。

根据《交纳办法》第 15、16、18 条的规定，以调解方式结案的；当事人申请撤诉的；适用简易程序审理的；被告提起反诉、有独立请求的第三人提出与本案有关的诉讼请求，人民法院决定合并审理的，分别减半交纳案件受理费。

根据《交纳办法》第 17、19 条和《民诉法解释》第 202 条的规定，对财产案件提起上诉的，按照不服一审判决部分的上诉请求数额交纳案件受理费。原告、被告、第三人分别上诉的，按照上诉请求分别预交二审案件受理费。同一方多人共同上诉的，只预交一份二审案件受理费；分别上诉的，按照上诉请求分别预交二审案件受理费。需要交纳案件受理费的再审案件，按照不服原判决部分的再审请求数额交纳案件受理费。

二、申请费及收费标准

根据《交纳办法》第 14 条的规定，交纳的申请费有 7 种：

1. 依法向人民法院申请执行人民法院发生法律效力的判决、裁定、调解书，仲裁机构依法作出的裁决和调解书，公证机关依法赋予强制执行效力的债权文书，申请承认和执行外国法院判决、裁定以及国外仲裁机构裁决的，按照下列标准交纳：①没有执行金额或者价额的，每件交纳 50～500 元。②执行金额或者价额不超过 1 万元的，每件交纳 50 元；超过 1 万～50 万元的部分，按照 1.5% 交纳；超过 50 万～500 万元的部分，按照 1% 交纳；超过 500 万～1000 万元的部分，按照 0.5% 交纳；超过 1000 万元的部分，按照 0.1% 交纳。③符合《民事诉讼法》第 54 条第 4 款规定，未参加登记的权利人向人民法院提起诉讼的，按照本项规定的标准交纳申请费，不再交纳案件受理费。

2. 申请保全措施的，根据实际保全的财产数额按照下列标准交纳：保全财产数额不超过 1000 元或者不涉及财产数额的，每件交纳 30 元；超过 1000～10 万元的部分，按照 1% 交纳；超过 10 万元的部分，按照 0.5% 交纳。但是，当事人申请保全措施交纳的费用最多不超过 5000 元。

3. 依法申请支付令的，比照财产案件受理费标准的 1/3 交纳。

4. 依法申请公示催告的，每件交纳 100 元。

5. 申请撤销仲裁裁决或者认定仲裁协议效力的，每件交纳 400 元。

6. 破产案件依据破产财产总额计算，按照财产案件受理费标准减半交纳，但是，最高不超过 30 万元。

7. 海事案件的申请费按照下列标准交纳：①申请设立海事赔偿责任限制基金的，每件交纳 1000 元～1 万元；②申请海事强制令的，每件交纳 1000～5000 元；③申请船舶优先权催告的，每件交纳 1000～5000 元；④申请海事债权登记的，每件交纳 1000 元；⑤申请共同海损理算的，每件交纳 1000 元。

三、其他诉讼费用及收费标准

根据《交纳办法》第 6 条第 3 项及第 11、12 条的规定，其他诉讼费用主要是指人民法院在审理民事案件过程中实际支出的，应当由当事人支付的费用。这部分诉讼费用包括：

1. 证人、鉴定人、翻译人员、理算人员在人民法院指定日期出庭发生的交通费、住宿费、生活费和误工补贴，由人民法院按照国家规定标准代为收取。

2. 当事人复制案件卷宗材料和法律文书应当按实际成本向人民法院交纳工本费。

3. 诉讼过程中因鉴定、公告、勘验、评估、拍卖、变卖、仓储、保管、运输、船舶监管等发生的依法应当由当事人负担的费用，人民法院根据谁主张、谁负担的原则，决定由当事人直接支付给有关机构或者单位，人民法院不得代收代付。

人民法院依照《民事诉讼法》第 11 条第 3 款规定提供当地民族通用语言、文字翻译的，不收取费用。

四、涉外案件诉讼费用及收费标准

涉外案件诉讼费用，是指在涉外案件中，应当由当事人（包括作为当事人的外国人、无国籍人、外国企业和组织）向人民法院交纳的费用。征收涉外案件诉讼费用，是世界各国的通例，体现和维护着一个国家的主权。

根据《交纳办法》第 5 条的规定，外国人、无国籍人、外国企业或者组织在我国人民法院进行诉讼，适用该办法。即采用同样的收费标准，适用同样的负担原则。

但是，如果外国法院对我国公民、法人或者其他组织，与其本国公民、法人或者其他组织在诉讼费用交纳上实行差别对待的，人民法院按对等原则处理。

■第三节　诉讼费用的交纳和管理

一、诉讼费用的预交

（一）诉讼费用的预交

根据《交纳办法》的规定，诉讼费用先由原告、有独立请求权的第三人、反诉人、上诉人或申请人预交，待案件审理完毕时，再由人民法院确定由哪一方当事人负担和怎样负担。

案件受理费的预交有以下几种情况：

1. 根据《交纳办法》第 22 条及《民诉法解释》第 213 条的规定，第一审案件的受理费，由原告自接到人民法院交纳诉讼费用通知的次日起 7 日内预交；被告反诉的，应当在提出反诉的次日起7日内预交。当事人在交纳期内既未交纳案件受理费，又未提出司法救助申请，或申请司法救助未获批准，在人民法院指定期限内仍未交纳诉讼费用的，按自动撤回起诉处理。

《交纳办法》还规定了移送、移交的案件，原受理的人民法院应将预收的诉讼费用随案交给接收案件的人民法院。审理民事案件过程中，发现涉嫌刑事犯罪并将案件移送有关部门处理的，当事人交纳的案件受理费予以退还；移送后，民事案件需要继续审理的，当事人已交纳的案件受理费不予退还。

第一审人民法院裁定不予受理或者驳回起诉的，应当退还当事人已交纳的案件受理费；当事人对第一审人民法院不予受理、驳回起诉的裁定提起上诉，第二审人民法院维持第一审人民法院作出的裁定的，第一审人民法院应当退还当事人已交纳的案件受理费。

2. 上诉案件受理费，由上诉人向人民法院提交上诉状时预交。双方都上诉的，由双方当事人分别预交。上诉人在上诉期内未交诉讼费用的，人民法院应通知其在7日内预交。上诉人在接到人民法院预交案件受理费的通知后7日内预交诉讼费用，7日内未预交且未提出司法救助申请，或者申请司法救助未获批准的，按自动撤回上诉处理。第二审人民法院决定发回重审的案件，应当退回上诉人原已预交的上诉案件受理费。

3. 符合《交纳办法》第9条的规定，需要交纳案件受理费的再审案件，由申请再审的当事人预交。双方当事人都申请再审的，分别预交。

中止诉讼和终结诉讼的案件，预交的案件受理费不予退还。中止诉讼的原因消除后恢复诉讼的，不再交纳案件受理费。

（二）申请费的预交

申请费由申请人预交，如申请保全措施的、申请支付令的、申请公示催告的、申请撤销仲裁裁决或者认定仲裁协议效力的等。但是，申请执行人民法院发生法律效力的判决、裁定、调解书，仲裁机构依法作出的裁决和调解书，公证机构依法赋予强制执行效力的债权文书的申请费，执行后交纳；申请破产的申请费，清算后交纳。

二、诉讼费用的管理

各级人民法院应当建立、健全严格的收费制度。人民法院对诉讼费用的管理应严格遵循国家"收支两条线"的政策，上缴国家财政，并接受财政、审计部门的监督。[1]

案件审结时，人民法院应将诉讼费用的详细清单和当事人应负担的数额，用书面通知本人，并在判决书、裁定书和调解书中写明当事人各方应负担的诉讼费用的

[1]　这也符合十八届四中全会要求严禁"收费罚没"收入同部门利益直接或者变相挂钩，保证公正司法，提高司法公信力的精神。

具体数额。当事人凭交款收据和判决书、裁定书或调解书，向人民法院结算诉讼费用，多退少补。需要向当事人退还诉讼费用的，人民法院应当自法律文书生效之日起 15 日内退还有关当事人。当事人对人民法院决定的诉讼费用计算有异议的，可向作出决定的人民法院院长申请复核。复核决定应当自收到申请之日起 15 日内作出。如果计算上确有错误，人民法院应当用裁定予以更正。

■第四节 诉讼费用的负担原则和司法救助

一、诉讼费用的负担原则

1. 败诉和自愿负担原则。败诉人负担诉讼费用原则，是世界各国民事诉讼法普遍采用的一项原则，也是我国诉讼费用负担的最基本原则。因为诉讼的发生往往是由败诉一方当事人不履行法定义务或实施侵权行为造成的，由此而支出的诉讼费用理应由败诉人负担。根据《交纳办法》第 29 条第 1 款和《民诉法解释》第 207 条的规定，诉讼费用由败诉方负担，胜诉方自愿承担的除外。判决生效后，胜诉方预交但不应负担的诉讼费用，人民法院应当退还，由败诉方向人民法院交纳，但胜诉方自愿承担或者同意败诉方直接向其支付的除外。

2. 原告或上诉人负担原则。《交纳办法》第 34 条第 1 款规定，民事案件的原告或者上诉人申请撤诉，人民法院裁定准许的，案件受理费由原告或者上诉人负担。

3. 协商负担原则。《交纳办法》第 31 条规定，经人民法院调解达成协议的案件，诉讼费用的负担由双方当事人协商解决；协商不成的，由人民法院决定。

这适用于离婚案件诉讼费用的负担。离婚案件有其特殊性，产生离婚纠纷的原因也各不相同。决定离与不离的因素是特定的，即夫妻感情是否破裂。所以，在离婚案件中，败诉的一方不一定就是造成纠纷的责任者，胜诉的一方也不一定对离婚没有责任。因此，《交纳办法》第 33 条规定，离婚案件诉讼费用的负担由双方当事人协商解决；协商不成的，由人民法院决定。

4. 申请人负担原则。在督促程序中，督促程序因债务人异议而终结的，申请费用，由申请人负担；债务人未提出异议的，申请费用由债务人负担。在公示催告程序中，申请费用由申请人负担。

5. 被执行人负担原则。申请执行人民法院发生法律效力的判决、裁定、调解书，仲裁机构依法作出的裁决书和调解书，公证机构依法赋予强制执行效力的债权文书，申请承认和执行外国法院判决、裁定和国外仲裁机构裁决的申请费用，由被执行人负担。

6. 法院决定承担原则。《交纳办法》第 29 条第 2、3 款和第 30 ~ 33 条规定的情形，都应由法院决定负担。根据《民诉法解释》第 196 条的规定，人民法院改变原判决、裁定、调解结果的，应当在裁判文书中对原审诉讼费用的负担一并作出处理。

根据《交纳办法》第 43 条第 1 款的规定，当事人不得单独对人民法院关于诉讼费用的决定提起上诉。

二、司法救助

根据《交纳办法》第 44 条的规定，当事人交纳诉讼费用确有困难的，可以依照本办法向人民法院申请缓交、减交或者免交诉讼费用的司法救助。[1]诉讼费用的免交只适用于自然人。《交纳办法》第 45～47 条分别对免交、减交、缓交诉讼费用的情形作了列举规定。

当事人请求人民法院予以司法救助的，应当提交书面申请和足以证明确有经济困难的证明材料。其中，因生活困难或者追索基本生活费用申请免交、减交诉讼费用的，还应当提供本人及其家庭经济状况符合当地民政、劳动保障等有关部门规定的公民经济困难标准的证明。

人民法院对当事人的司法救助申请不予批准的，应当向当事人书面说明理由。

人民法院决定对一方当事人提供司法救助，对方当事人败诉的，诉讼费用由对方当事人负担；拒不交纳的，人民法院可以强制执行。对方当事人胜诉的，可以视申请救助的当事人的经济状况，决定其减交、免交诉讼费用。

人民法院准予当事人减交、免交诉讼费用的，应当在法律文书中载明。

【本章小结】

1. 本章介绍了关于诉讼费用的一般理论，包括诉讼费用的概念、历史沿革、种类、收费标准以及诉讼费用的交纳、管理、负担和司法救助。

2. 人民法院对诉讼费用的管理，应严格遵循国家"收支两条线"的政策，上缴国家财政，并接受财政、审计部门的监督。

3. 败诉人负担诉讼费用，是我国乃至世界各国民事诉讼法普遍采用的一项原则。关于诉讼费用的负担，我国规定有 6 种方式，需注意区分 6 种方式的适用情形。

4. 关于诉讼费用的司法救助，我国规定了当事人可依法申请免交、减交、缓交三种情况，《交纳办法》第 45～47 条分别作了列举规定。当事人申请司法救助必须提交书面证明，诉讼费用的免交只适用于自然人。

第十七章

【思考题】

1. 简述民事诉讼中诉讼费用的概念和性质。

2. 简述诉讼费用的负担原则。

---

[1] 《中共中央关于全面推进依法治国若干重大问题的决定》指出，"完善法律援助制度，扩大援助范围，健全司法救助体系，保证人民群众在遇到法律问题或者权利受到侵害时获得及时有效法律帮助"。这也是建设完备的法律服务体系、推进法治社会建设的需要。

3. 对交纳诉讼费用确有困难的当事人，应如何给予司法救助？

【参考文献】

1. 方流芳："民事诉讼收费考"，载《中国社会科学》1999 年第 3 期。

2. 邓志伟、肖芳："论民事诉讼费用负担原则的完善——以诉讼费用裁判差异为分析视角"，载《法律适用》2012 年第 7 期。

3. 廖永安、刘方勇："潜在的冲突与对立：诉讼费用制度与周边制度关系考"，载《中国法学》2006 年第 2 期。

4. 傅郁林："诉讼费用的性质与诉讼成本的承担"，载《北大法律评论》2001 年第 1 期。

5. 王胜明主编：《中华人民共和国民事诉讼法释义》，法律出版社 2012 年版。

6. 沈德咏主编：《最高人民法院民事诉讼法司法解释理解与适用（上）》，人民法院出版社 2015 年版。

第
十
七
章

第七编　诉讼调解与和解

第十八章

诉讼调解

> **学习目的和要求**　了解中国调解制度的发展历史；正确理解诉讼调解的概念和意义、调解的原则；掌握诉讼调解的方式、调解协议要求和调解书的内容；明确调解的效力；通过案例分析培养调解能力。

■第一节　诉讼调解概述

一、诉讼调解的概念

诉讼调解，也称司法调解或者法院调解，是指在人民法院审判组织的主持或者确认下，双方当事人就民事争议通过平等协商，自愿达成协议，解决纠纷的诉讼制度。[1]诉讼调解是我国《民事诉讼法》规定的一项非常有特色的诉讼制度，也是人民法院依法行使审判权的重要方式。诉讼调解以当事人之间的私权冲突为基础，以当事人一方的诉讼请求为依据，以司法审判权的介入和审查为特征，以当事人之间处分自己的权益为内容，实际上是当事人的处分权与法院审判权共同作用的结果，是诉讼契约和司法审查相结合的产物，其主要功能在于作出实体处分和终结诉讼。诉讼调解达成的调解协议具有与生效裁判相同的效力。

二、诉讼调解与其他组织调解的区别

诉讼调解是按照《民事诉讼法》和相关司法解释规定的程序进行的一种诉讼活

第十八章

---

〔1〕　我国的调解制度分为诉讼内的调解和诉讼外的调解，诉讼内的调解也就是法院调解；诉讼外的调解则包括人民调解、行政调解以及仲裁程序中的调解。

动，它是人民法院审结案件的一种方式。调解一旦达成协议并为当事人接受，就具有了法律上的效力，所以，它同行政机关、仲裁机关和人民调解委员会等的调解有区别。行政调解、仲裁调解和人民调解委员会调解，属于诉讼外的调解。行政机关、仲裁机关和人民调解委员会，均不能行使国家审判权。所以，它们调解的效力与法院调解的效力也不尽相同。行政调解协议，一般不能申请人民法院强制执行，法律另有规定的除外；仲裁调解协议生效以后，义务人不履行义务，权利人可以申请人民法院强制执行；人民调解委员会的调解，其协议不具有强制执行的效力；人民法院制作的生效调解书，与人民法院的生效判决具有同等的法律效力；具有给付内容的调解，一方不履行义务，对方当事人可以申请人民法院强制执行。

三、诉讼调解历史的沿革

（一）诉讼调解制度的形成与发展

调解方式解决纠纷是中国司法的一大特色，无论是在中国古代、近代，还是现代社会，都得到了广泛的应用，被誉为"东方经验"。"重调解、求和谐"成为历代解决民事纠纷的理念。

1. 在革命根据地时期，形成了"调解为主"的解决民事纠纷的政策。"马锡五审判方式"就是这种政策的结晶。早在民主革命时期，我党领导的革命根据地人民政权在大力倡导、积极开展民间调解（包括民间自行调解和群众团体调解）、政府调解的同时，也十分重视法院调解，并将它作为处理民事案件的一种重要制度规定在诉讼法规之中。例如，1943 年 9 月颁布的《苏中第二行政区诉讼暂行条例》第 30 条规定："民事案件应以最大限度试行和解，和解成立者，应制作笔录并为送达。"其他各根据地的政府也对调解的原则、程序和效力问题作出了具体的规定。

2. 新中国成立后，各级人民法院在民事案件的审理中，继承和发扬了根据地人民司法的优良传统，把调解作为审理民事案件和轻微刑事案件的组成部分和基本方式。新中国成立之初，提出了"调解为主，审判为辅"的八字方针。1955 年 2 月，最高人民法院在总结各地人民法院审判民事案件程序的基础上制定的《关于北京、天津、上海等十三个大城市高中级人民法院民事案件处理程序初步总结》的规范性文件，也具体体现了"调解和审判相结合"的特点，规定民事案件在审理前和审理中都可以"实行调解"。1958 年，最高人民法院根据毛泽东主席关于"正确处理人民内部矛盾"的理论，结合多年来开展民事审判工作的实践经验，总结制定了"调查研究，就地解决，调解为主"的民事审判工作十二字方针。1964 年，最高人民法院又根据毛泽东主席"依靠群众办案"的指导思想，在第三届全国人民代表大会所作的工作报告中，将十二字方针发展为"依靠群众，调查研究，就地解决，调解为主"的十六字方针。十年内乱时期，"十六字方针"被诬蔑为"不符合社会主义的东西"，遭到根本否定。粉碎"四人帮"之后，1979 年初，在青岛召开的全国第二次民事审判工作会议上重新肯定了"十六字方针"，并将它写入了最高人民法院制定的规范性文件《人民法院审判民事案件程序制度的规定（试行）》之中。这个文

第十八章

件对调解作出了专门的规定,强调"处理民事案件应坚持调解为主"。

3. "着重调解"原则的法定化。1982 年 3 月,新中国第一部民事诉讼法——《民事诉讼法(试行)》颁布实施。这部《民事诉讼法》将调解以法律制度的形式加以确定,根据审判工作中出现的问题,将"调解为主"的民事审判方针修改为"着重调解"原则。

20 世纪 90 年代以前,法院的调解结案率高达 80% 左右。虽然也承认和强调诉讼调解的自愿和合法原则,但是,由于对"调解为主"和"着重调解"存在片面的理解,加之法律规范本身的缺失、法官职业能力不强等因素,部分法院过分地依赖调解结案,强制调解、久调不决等现象比较严重,影响了法院的形象,也贬低了诉讼调解本身的价值。当时形成"强制调解、久调不决"的原因,除了对诉讼调解的价值观念没有真正树立起来以外,主要存在三个方面的原因:①对"调解为主"和"着重调解"的理解发生偏差;②把调解结案比例的高低作为评价民事审判工作好坏的标准;③"闹而优则调",即少数当事人无理取闹,法院为避免矛盾激化而久调不决。[1]

(二)诉讼调解的弱化

1991 年 4 月正式公布实施的《民事诉讼法》第 9 条将"着重调解"原则修改为:"人民法院审理民事案件,应当根据自愿和合法的原则进行调解;调解不成的,应当及时判决。"随着法院推行以强化举证责任和庭审功能为核心的审判方式改革,调解在诉讼中的地位开始受到质疑。20 世纪 90 年代以后,调解结案的比率开始明显下降。下降的原因是多方面的,至少包括以下几个方面:①司法政策和审判方式改革的导向发生变化;②调解的原则和程序设计也存在一定的问题,从而影响调解功能的发挥;③法官对调解的态度发生变化和调解技能下降,一些年轻的职业法官更关注法律的技术性,追求理想化的司法程序和司法过程,调解的积极性及技能相对较弱;④当事人对诉讼期待过高,缺乏调解诚意、恶意以调解拖延诉讼、缺乏理性判断的能力和对成本效益的关心都使当事人对调解有一定的抵制情绪;⑤法学界、社会对司法诉讼和判决的过高期待以及对调解的消极评价,对当事人的行为和价值选择有很大的影响,导致调解困难。[2]

(三)诉讼调解的强化

进入 21 世纪之后,司法政策出现了一系列的变化。2002 年司法部制定的《人民调解工作若干规定》,明确了人民调解协议的性质和效力,标志着我国纠纷调解机制开始调整。特别是第十一届全国人民代表大会常务委员会第十六次会议于 2010 年 8 月 28 日通过的《人民调解法》,对人民调解制度实现了"法律化"的重要转变,提高和强化了人民调解的立法层次及其力度。此后,诉讼调解也开始走向强化。

1. 再次重申了"着重调解"的原则。2003 年 1 月发布的《证券市场虚假陈述赔

---

〔1〕 参见范愉:"诉讼调解制度研究",载常怡主编:《民事诉讼法学》,中国法制出版社 2008 年版。
〔2〕 参见范愉:"诉讼调解制度研究",载常怡主编:《民事诉讼法学》,中国法制出版社 2008 年版。

偿规定》第4条明确规定："人民法院审理虚假陈述证券民事赔偿案件，应当着重调解，鼓励当事人和解。"这是法院多年来再次重申"着重调解"。

2. 明确了"先行调解"案件的范围。2003年12月起实施的《简易程序规定》第14条明确规定："下列民事案件，人民法院在开庭审理时应当先行调解：①婚姻家庭纠纷和继承纠纷；②劳务合同纠纷；③交通事故和工伤事故引起的权利义务关系较为明确的损害赔偿纠纷；④宅基地和相邻关系纠纷；⑤合伙协议纠纷；⑥诉讼标的额较小的纠纷。但是根据案件的性质和当事人的实际情况不能调解或者显然没有调解必要的除外。"

3. 提出了"能调则调，该判则判，判调结合"的审判原则。2004年9月最高人民法院发布的《调解规定》将"能问则问，该判则判，判调结合"确定为调解工作的原则，当事人有决定是否调解的自愿，有决定调解开始时间的自愿，有选择调解方式的自愿，有是否达成调解协议的自愿，有决定调解书生效方式的自愿等，并强调了诉讼调解的各种优势或价值。

4. 确立了"案结事了"的目标。2007年3月，最高人民法院发布《诉讼调解意见》，其内容包括三个部分：①统一思想，增强意识，深刻认识诉讼调解在构建社会主义和谐社会中的重大意义；②强化调解，尊重规律，努力实现"案结事了"的目标；③创新机制，完善制度，充分发挥诉讼调解化解矛盾、平息纠纷的作用。

5. 出台了"调解优先，调判结合"的方针。2009年7月，全国法院调解工作经验交流会在哈尔滨召开，最高人民法院王胜俊院长出席会议并讲话，他强调，要全面加强调解工作，正确把握"调解优先、调判结合"方针的内涵。调解优先，就是在处理案件过程中，首先要考虑用调解方式处理。做到"调解优先"，要着力抓好四个方面的工作：①在思想上，要增强调解意识，更加积极主动地做好调解工作；②在时间上，要根据案件的具体情况，充分运用法律法规和司法解释规定，合理放宽对调解适用时间、期间和审限的限制；③在资源配置上，要优先考虑调解工作的实际需要，在法官配置、经费保障、物质装备等方面向调解倾斜，有效整合一切有利于调解的资源；④在工作机制上，要积极建立健全科学的工作成效考评机制，健全调解激励机制，创新调解方法，提高调解水平。[1]

6. 将先行调解写入了2012年《民事诉讼法》。当前我国处于社会矛盾凸显期，各类民事纠纷日益增多，调解作为解决纠纷的有效方式，具有程序简便、方式灵活、自觉履行率高等优点。为此，2012年《民事诉讼法》增加了先行调解的规定。[2]理解该条款应注意以下三点：①该条文中的先行调解属于立案调解，即庭审前的调解。

[1] 参见2009年7月28日最高人民法院王胜俊院长在哈尔滨调解工作会议上的讲话，载中国法院网：www.chinacourt.org.
[2] 《民事诉讼法》第122条规定："当事人起诉到人民法院的民事纠纷，适宜调解的，先行调解，但当事人拒绝调解的除外。"

庭审前调解避免了法官既是调解者又是判决者双重角色之弊端，不仅有助于消除非法调解、强制调解或调解不成拖延裁判的现象，也有助于排除当事人对法官调解中立性、公正性的怀疑。不过，有的学者认为，先行调解属于诉前调解，并将先行调解也列入非诉讼纠纷解决机制。[1]②先行调解并不意味着调解优于判决，调解和判决应该一样重要，不能偏废。③先行调解启动与否，取决于双方当事人的同意。

四、诉讼调解的理论基础

1. 诉讼调解的运用符合私法自治的要求，是对当事人处分权的尊重。司法自治原则是近代私法的基本原则，它是指私人之间的法律关系由主体自由决定，主体可以根据其意志，自由形成、变更、消灭法律关系。自由是人类社会所必需的，其涉及许多领域，其中与法律关系相关的行为自由，即私法自治。随着职权进行主义和当事人进行主义相结合、演变，我国民事诉讼越来越强调尊重当事人的主体地位，尊重当事人的处分权。诉讼调解作为一种允许当事人在诉讼中对自己权利进行处分的纠纷解决制度，自然是符合私法自治原则尊重当事人处分权要求的。

2. 诉讼调解体现了民事诉讼契约的理念。所谓民事诉讼契约，是指民事诉讼当事人之间就诉讼事项达成的、以直接或间接发生诉讼法上的效果为目的的合意。[2]民事诉讼契约是当事人双方就诉讼事项达成的协议，包括程序性事项和实体性事项，前者如管辖、起诉、上诉、撤诉、执行、仲裁等，后者如诉讼权利的放弃、自认、举证、实体法适用等。诉讼契约追求的目的在于当事人双方以合意来影响民事诉讼，产生诉讼法上的效果。诉讼调解是指在审判组织的主持或者确认下，双方当事人通过平等协商，就民事争议自愿达成协议、解决纠纷的诉讼活动。因此，诉讼调解是诉讼契约实现的一个具体表现。

3. 诉讼调解的平息纠纷、建设社会主义和谐社会的目标是我们坚持诉讼调解制度的一个重要原因。我们认为，民事诉讼制度的目的应为解决现实中的各种纠纷，只要把这些纠纷真正地平息了，民事诉讼的目的也就达到了。这种民事诉讼目的观符合我们建设社会主义和谐社会的要求，因为只有很好地把社会上出现的诸多纠纷真正平息，才能使人与人之间和谐相处，也才能真正实现社会的和谐。诉讼调解制度就是在一个相对宽松的环境下，在调解人的主持下，双方当事人平心静气地解决纠纷的程序，这样可以使双方激烈的对立情绪得到缓解，促使双方达成谅解，实现民事诉讼的目的，并可以加快社会主义和谐社会的建设。

4. 诉讼调解是符合我国社会主义市场经济发展要求的。在社会主义市场经济的发展过程中，必然会产生很多的社会矛盾，而这些社会矛盾能否及时、彻底地得到解决，对整个社会主义市场经济的发展起着至关重要的作用，纠纷解决得好，能够

[1] 参见李浩："非诉权利实现机制的发展与完善——对先行调解程序、调解协议的司法确认程序、实现担保物权程序、督促程序的解读"，载《检察日报》2012年9月12日，第3版。
[2] 参见陈桂明：《程序理念与程序规则》，中国法制出版社1999年版，第92页。

极大地促进经济的发展；但如果不能及时地解决这些纠纷，则会阻碍经济的发展。诉讼调解可以及时、彻底地化解当事人之间的矛盾，促进当事人之间的谅解，使纠纷当事人重归于好。这个作用正符合社会主义市场经济发展对纠纷解决的要求。

五、诉讼调解的意义

关于诉讼调解的问题，现在我国理论界和实务界主要存在两种认识：①"坚持论"，该观点认为当前我国正处于社会转型的重要时期，既是经济社会发展的黄金机遇期，又是社会矛盾的高发期，人民法院化解社会矛盾、保护人民利益、维护社会稳定的任务越来越繁重。面对新形势、新任务和新要求，各级人民法院已经深刻认识到调解在促进社会和谐稳定中的独特优势和重要作用，开始把通过调解方式化解矛盾纠纷摆到重要位置。[1]②"否定论"，该观点认为"将诉讼调解引入司法，是一种与法治严重对立的运作模式。其盛行的表面原因在于法官对调解的偏爱，其根源则在于司法制度以及政治方面的要求"。[2]还有人认为，"调解不是东方社会所特有，他是欠发达社会普遍性的制度……调解是落后的文化遗存，不是先进的法律文化……强制调解对人权法治社会构成严重的冲击……调解的滥用和强制化正在日益严重地侵蚀着刚刚起步的法治机体"。[3]

诉讼调解与判决作为法院处理民事争议的两种方式，各有其重要意义。诉讼调解的意义主要有以下几个方面：

1. 有利于及时、彻底地解决民事纠纷。法院调解是在双方当事人自愿的基础上，以平等协商的方式解决他们之间的纠纷。在调解过程中，人民法院审判人员对双方当事人进行耐心的思想教育，使其互谅互让，自愿达成调解协议，一旦调解成功，双方当事人一般能自觉地履行调解协议。所以，用调解方式审结的民事案件，能较为及时、彻底地解决民事争议。

2. 有利于减少诉讼、节约诉讼成本、提高办案效率。法院调解具有简便快捷的特点，只要当事人达成调解协议，就能迅速解决纠纷、减少诉讼。同时，调解协议送达双方当事人签收后，立即产生与生效判决同等的法律效力，当事人不得再行起诉或者上诉。

3. 有利于普及法律知识、增强群众的法律观念。人民法院审判人员主持调解的过程中，要针对案件事实和争议的焦点向当事人进行法律宣传教育工作，引导他们分清是非和责任，尊重对方的民事权益，自觉履行法律规定的义务，从而使当事人受到法制教育，增强法制观念。

4. 有利于促进当事人相互谅解、增强团结、维护社会安定，加快社会主义和谐

---

[1] 参见2009年7月28日最高人民法院王胜俊院长在哈尔滨调解工作会议上的讲话，载中国法院网：www.chinacourt.org.

[2] 参见周安平："诉讼调解与法治理念的悖论"，载《河北法学》2006年第6期。

[3] 参见周永坤："警惕调解的滥用和强制趋势"，载《河北法学》2006年第6期。

社会建设。现在我国正处在重要的战略机遇期，面临前所未有的机遇，也面临前所未有的挑战。尽管我国经济平稳快速发展，人民生活水平有了很大的改善，但是社会上仍然存在许多影响和谐的因素。人民法院作为国家审判机关，必须坚定不移地服从和服务于这一国家大局和中心任务，最大限度地减少不和谐的因素，而诉讼调解由于其在纠纷解决过程中能促进当事人之间互相谅解，因此对建设社会主义和谐社会有重大意义。

■第二节 诉讼调解的原则

诉讼调解的原则，是指人民法院和双方当事人在调解活动中必须遵守的行为准则。诉讼调解原则对保证调解活动的正常进行具有重要意义。

一、自愿原则

自愿原则是指在民事诉讼过程中，人民法院对民事案件进行调解的前提必须是双方当事人自愿，不得强迫。自愿原则应从以下两个方面理解：

1. 程序上的自愿，即双方当事人参加调解应当是自愿的。一般而言，调解的参加都不是强制性的，法院尽管有调解的义务和职权，但原则上不能强行调解。如果一方或双方当事人坚持拒绝调解，法院应当及时进行裁判。这不仅是对当事人处分权的尊重，也是提高诉讼效率的必然要求。

2. 实体上的自愿，即调解协议的达成及合意的内容必须是完全自愿的。根据《民事诉讼法》第96、99、142条的规定，调解达成协议，必须双方自愿，不得强迫。调解未达成协议或者调解书送达前一方反悔的，人民法院应当及时判决。法庭辩论终结，应当依法作出判决。判决前能够调解的，还可以进行调解，调解不成的，应当及时判决。自愿达成合意和自愿接受调解协议内容是调解的核心要求，是调解区别于法院裁判的根本。自愿既是当事人接受并履行调解协议的前提，也是制约法官职权（例如强制调解）的最有效方式。如果双方或一方当事人不同意，调解协议就不能达成。当事人的认可在调解程序中比法院的职权认可具有更高的效力和法律意义。

二、合法原则

调解合法原则是指调解应以法律为准绳。它要求有程序合法和实体合法两个方面：

1. 调解的程序合法是指调解活动要符合法律规定，遵从法定程序。调解由法院主持或确认，因此，法官应当依职权保证调解不违反法定程序，为当事人达成解决纠纷的协议提供正当的机会并保障这种自由。《调解规定》强调了调解要依法定程序展开，要求法官在程序上保障当事人缔结调解协议的自由和维护调解协议的公正性，还要求法官负责对调解协议是否存在违反法律的禁止性规定（尤其是否损害他人合法利益）之情形进行审查，对调解协议的合法性予以确定。

2. 调解的实体合法是指调解协议合法。调解协议的合法性体现在其内容的公正性和不违反法律、行政法规的禁止性规定两个方面。公正性是对当事人之间利益安排来说的，如果当事人认为调解协议的内容不符合自己的真实利益需求，就会对调解结果持否定性评价，不会接受调解的结果。因为它是不公正的，调解的正当性会受到质疑。调解协议不违反法律、行政法规的禁止性规定，就是要求调解协议的内容不仅不得侵犯国家利益、社会利益和他人合法利益，还要符合法律的强制性规定。

三、保密原则

调解保密原则是指调解活动不公开，与调解有关的全部事项（包括调解协议）也不对外公开。因此，《调解规定》明确规定了调解活动一般不公开进行，当事人可以在调解协议中订立保密条款以保证秘密或者隐私不被公开。《民诉法解释》第146条第1款规定："人民法院审理民事案件，调解过程不公开，但当事人同意公开的除外。"除调解过程不公开外，主持调解以及参与调解的人员，对调解过程以及调解过程中获悉的国家秘密、商业秘密、个人隐私和其他不宜公开的信息，应当保守秘密。

调解的一贯要求就是要消除当事人的一切后顾之忧，为调解的成功创造良好的条件。参与调解的当事人主要通过谈判协商来解决争议，期间往往涉及各自的商业秘密和个人隐私，即使不构成商业秘密和个人隐私，当事人通常也不愿意对外公开。实践也证明，适用公开调解，当事人达成协议的机会很低。

四、灵活原则

灵活原则是指法院的调解活动在法律规定的程序范围内可以按照当事人处分原则灵活安排。调解活动本身是非强制性的，因此，创造一个和谐、信任、宽松的气氛有利于调解的成功。《调解规定》对调解的启动时间、调解方式、调解地点、主持调解的人员、调解协议生效的方式、是否制作调解书等，规定当事人可以自由选择。例如，《调解规定》第7条第2款规定："调解时当事人各方应当同时在场，根据需要也可以对当事人分别作调解工作。"当事人自行决定是采用"背对背"还是"面对面"的方式进行调解。

■第三节 诉讼调解的适用范围

所谓诉讼调解的适用范围，是指诉讼调解在哪些诉讼程序、什么案件中和怎样的诉讼阶段上，运用调解方式解决纠纷。根据《民事诉讼法》和相关司法解释的规定，其适用范围包括以下几个方面：

1. 适用的程序范围。除特别程序、督促程序、公示催告程序等非讼程序以及强制执行程序外，诉讼调解广泛应用于整个民事审判程序的全过程，包括一审程序、二审程序以及审判监督程序。

2. 适用的案件范围。一般来讲，凡属于民事权益争议性质、存在调解可能的案件，人民法院均可以用调解方式解决，尤其是涉及群体利益，需要政府和相关部门配合的案件；人数众多的共同诉讼、集团诉讼案件；案情复杂，当事人之间情绪严重对立，且双方都难以形成证据优势的案件；相关法律法规没有规定或者规定不明确，在适用法律方面有一定困难的案件；敏感性强、社会关注程度大的案件；申诉复查案件和再审案件等，都可以适用调解加以解决。[1]但是，婚姻关系、身份关系确认案件以及其他依案件性质不能进行调解的民事案件除外。[2]

3. 适用的时间范围。《调解规定》第1条规定，人民法院对受理的第一审、第二审和再审民事案件，可以在答辩期满后裁判作出前进行调解。在征得当事人各方同意后，人民法院可以在答辩期满前进行调解。据此，原则上讲，诉讼调解应当在"答辩期满后裁判作出前进行"。《民诉法解释》第142条规定："人民法院受理案件后，经审查，认为法律关系明确、事实清楚，在征得当事人双方同意后，可以径行调解。"这是针对2012年《民事诉讼法》确立的立案调解制度的具体落实。[3]

■第四节　诉讼调解的程序与方式

一、诉讼调解的程序

诉讼调解的程序，是指调整民事诉讼当事人在人民法院主持下所进行的调解活动及其在调解活动中发生的法院与当事人之间关系的行为规范。由于在我国民事诉讼中，调解本身就是对案件的一种审理活动，并且贯穿于案件审理的全过程，它与诉讼的整个审理活动无法截然分开，因此，我国《民事诉讼法》没有规定单独的调解程序，而是将调解与审判程序合为一体，只对某些方面作了特别规定。本节所讲的调解程序，就是指调解在程序上的特别规定。凡是《民事诉讼法》对调解未作特别规定的，应当适用审判程序的一般规定。根据《民事诉讼法》的规定和诉讼活动的经验，诉讼调解的整个过程，大体上可以分为调解的开始、调解的进行和调解的结束三个阶段。

（一）调解的开始

传统的调解开始的开始方式有二：①因当事人的申请而开始；②由人民法院依职权主动提出而开始。我们认为，应当以当事人申请为原则，以法院主动提出为例外，因为是否以调解方式解决纠纷是当事人的诉讼权利。对于双方当事人争议不大、民事权利义务关系比较明确的案件，人民法院可以使用简便方式通知当事人、证人到庭，如可以使用口头或者电话方式进行通知。

---

〔1〕　参见《诉讼调解意见》第5条。
〔2〕　参见《调解规定》第2条。
〔3〕　参见《调解规定》第6条。

（二）调解的进行

人民法院应当在调解前告知当事人主持调解人员和书记员的姓名，以及是否申请回避等有关诉讼权利和诉讼义务。在答辩期满前申请人民法院对案件进行调解的，适用普通程序的案件自当事人同意调解之日起15天内，适用简易程序的案件自当事人同意调解之日起7日内，未达成调解协议的，经各方当事人同意，可以继续调解。延长的调解期间不计入审限。当事人申请不公开进行调解的，人民法院应当准许。调解时，各方当事人应当同时在场，根据需要也可以对当事人分别做调解工作。主持调解的人员应当认真听取当事人关于案件事实和理由的陈述，一般的次序是先原告方，后被告方，再第三方。需要证人作证的，应传证人到场发表证言。在查明事实的基础之上，有针对性地对双方当事人阐明有关政策和法律规定，做好疏导工作，并引导他们就具体的争议事项展开协商。人民法院调解案件时，双方当事人都应当到场，因故不能到场的当事人，可由其有特别授权的委托代理人参加调解；达成的调解协议，可由该委托代理人签名。但是，离婚案件的当事人因故无法出庭参加调解的，除本人不能表达意志的外，应向人民法院提交书面的调解意见。对于不能出庭的未成年人和精神病患者，可由其法定代表人出庭调解。在一般情况下，涉及精神病人的离婚案件，除了有关子女抚养和财产分割的问题可以由其法定代理人同对方协商外，对于是否解除双方的婚姻关系，应以判决方式进行。法定代理人和对方达成协议要求发给判决书的，可以根据协议内容制作判决书。

根据《调解规定》第4条的规定，当事人在诉讼过程中自行达成和解协议的，人民法院可以根据当事人的申请依法确认和解协议并制作调解书。双方当事人申请庭外和解的期间，不计入审限。当事人在和解过程中申请人民法院对和解活动进行协调的，人民法院可以委派审判辅助人员或者邀请、委托有关单位和个人从事协调活动。《调解规定》第8条规定，当事人可以自行提出调解方案，主持调解的人员也可以提出调解方案供当事人协商时参考。《调解协定》第9条规定，调解协议内容超出诉讼请求的，人民法院可以准许。

（三）调解的结束

调解的结束，是指在法院审判人员的主持下，通过双方当事人的充分协商，达成协议，结束调解程序或因调解未达成协议而终止调解。

调解达成协议的情况有三种：①庭审中或者庭审前后，在审判人员的主持下达成调解协议；②双方当事人在诉讼委托调解中达成调解协议；③双方当事人在诉讼外自行协商达成协议。审判人员对当事人在诉讼外达成的协议，应当进行审查。对于当事人双方自愿达成，协议内容又符合法律规定的，人民法院应当批准协议的成立。根据《调解规定》第12条的规定，调解协议具有下列情形之一的，人民法院不予确认：①侵害国家利益、社会公共利益的；②侵害案外人利益的；③违背当事人真实意思的；④违反法律、行政法规禁止性规定的。

二、诉讼调解的方式

根据我国现行《民事诉讼法》及相关司法解释的规定，诉讼调解在具体方式上有以下几种：

（一）法官主持调解的方式

根据《民事诉讼法》第94条第1款的规定，人民法院进行调解，可以由审判员一人主持，也可以由合议庭主持，并尽可能就地进行。所谓"由审判员一人主持"，既指由独任审判员主持调解活动，也指由合议庭指派的某一个审判人员主持调解活动。由审判员一人主持调解活动，主要适用于相对简单的民事案件，这样可以在完成调解的同时，合理控制诉讼投入，减少诉讼成本。由合议庭主持调解活动，主要适用于相对复杂或影响较大的民事案件，这样可以充分发挥合议庭组成人员的集体智慧，尽力促成调解协议的达成。所谓"尽可能就地进行"调解，是指在条件允许的前提下，审判人员应当尽量到当事人所在地或者纠纷发生地去进行调解，以方便当事人、证人参加调解活动，并借此发挥诉讼调解的教育功能。同时，《民事诉讼法》第94条第2款还规定，人民法院进行调解，可以用简便方式通知当事人、证人到庭。这主要是要求法院在没有条件"就地进行"调解的情况下，也要尽量方便当事人、证人，以增强他们参加调解的积极性。法院可以根据案件的具体情况，采用适当的方式进行调解。

《调解规定》第8条规定："当事人可以自行提出调解方案，主持调解的人员也可以提出调解方案供当事人协商时参考。"据此，调解方案既可以由当事人自己提出，也可以由主持调解的人员提出。

（二）协助调解的方式

协助调解是指法院邀请调解人参与诉讼调解，请调解人[1]协助法官做当事人的思想工作，以促进纠纷的调解解决的方式。

《民事诉讼法》第95条规定："人民法院进行调解，可以邀请有关单位和个人协助。被邀请的单位和个人，应当协助人民法院进行调解。"此处，所谓"有关单位和个人"，是指"与当事人有特定关系或者与案件有一定联系的企业事业单位、社会团体或者其他组织，和具有专门知识、特定社会经验、与当事人有特定关系并有利于促成调解的个人"（《调解规定》第3条第1款）。但是需要注意的是，协助调解机制的确立，并没有改变诉讼调解的主持者，调解的主持者仍然是审判人员。

这一机制的运用能够使普通民众在一定程度上接近司法、参与司法，是和谐司法的具体体现，也是我们坚持走群众路线、依靠人民群众解决纠纷的表现。同时，由于司法具有开放性的特点，因此，采用协助调解的方式可以很好地达到纠纷解决的效果。

---

[1] 指《调解规定》第3条第1款规定的有关单位和个人。

第十八章

（三）委托调解的方式

委托调解是指由人民法院将相关纠纷交予法院以外的调解人[1]进行调解，达成调解协议后，人民法院应当依法予以确认。

《调解规定》第3条第2款规定："经各方当事人同意，人民法院可以委托前款规定的单位或者个人对案件进行调解，达成调解协议后，人民法院应当依法予以确认。"[2]与前述的协助调解机制"请进来"的方式不同，委托调解机制则是一种"托出去"的方式。

委托调解机制，有利于建立健全诉讼与非诉讼相衔接的矛盾纠纷解决机制，实现调解主体的多元化和社会化，使多方主体参与到纠纷解决过程中来，避免了审判人员主持调解可能给当事人造成的过于"冰冷"的感觉，大大增强了诉讼调解的可接受性。同时，把一部分调解活动交给法院以外的调解人进行，可以减轻法院的工作负担，使法院更好地发挥在解决社会纠纷中的作用。

■第五节　调解协议与调解书

一、调解协议

所谓调解协议，在此是指经过调解，各方当事人就解决争议、确认彼此之间的民事权利义务关系并结束诉讼而达成的协议。根据《民事诉讼法》和相关的司法解释的规定，调解协议之事项，应当遵循以下规定：

1. 调解达成协议，必须双方自愿，不得强迫。调解协议的内容不得违反法律规定（《民事诉讼法》第96条）。

2. 调解协议的内容可以超出诉讼请求的范围（《调解规定》第9条）。这就充分尊重了当事人的意愿，可以促进纠纷的一揽子解决。

3. 允许当事人在调解协议中设定违约责任（《调解规定》第10条第1款）。此项规定的设置目的，是为了通过加大违约成本来遏制违约行为，督促当事人自觉履行调解协议。此项民事责任的预设，须以各方当事人在调解协议中明确约定为基础。此项民事责任的实际承担，须以一方当事人不履行调解协议中确定由其承担的实体义务为前提。该责任并不是相对于调解协议中的原本就已确定由某方当事人承担的基本民事责任而言的"替代性"责任，而是一种带有"加重"性质或曰"惩罚"性质的民事责任。申言之，在一方当事人不履行调解协议时，基本民事责任与此项民事责任都必须由其承担。正因如此，《调解规定》第19条第1款才规定："调解书确

---

[1]　指《调解规定》第3条第1款规定的有关单位和个人。

[2]　《诉讼调解意见》第17条规定："当事人同意由办案法官以外的社会组织或者个人主持调解，达成调解协议的，主持调解的社会组织或者个人应当在调解协议上签名或者盖章。但是人民法院根据调解协议制作的调解书，主持调解的社会组织或者个人不签名或者盖章。"

定的……承担民事责任的条件成就时，当事人申请执行的，人民法院应当依法执行。"应当注意的是，当事人在调解协议中约定的此项民事责任应当被限制在合理范围之内，通常不能超过义务人根据相关实体法所应承担的全部民事责任的范围。同时，为了避免使不履行调解协议的一方当事人重复承担"加重责任"或曰"惩罚性责任"，《调解规定》第19条第2款规定："不履行调解协议的当事人按照前款规定承担了调解书确定的民事责任后，对方当事人又要求其承担民事诉讼法第232条[1]规定的迟延履行责任的，人民法院不予支持。"

虽然各方当事人可以在调解协议中约定一方不履行协议时所应承担的民事责任，但却不能在调解协议中约定一方不履行协议时，另一方可以请求法院对案件作出裁判的条款，否则法院不予准许（《调解规定》第10条第2款）。这不仅是因为此项规定已经明显地超出了各方当事人可以合意处分的事项范围，而且若有法院据此直接作出裁判也有违诉讼机理：既无相关诉讼程序的启动，亦未经过法庭审理之过程，更无据以定案之证据。此处更为重要的是，这样做还将造成案件在实体处理上的重叠，并由此导致调解协议在事实上遭到否定。

4. 允许当事人在调解协议中设定担保（《调解规定》第11条第1款）。调解协议约定一方提供担保或者案外人同意为当事人提供担保的，法院应当准许。案外人提供担保的，人民法院制作调解书应当列明担保人，并将调解书送达担保人。担保人不签收调解书的，不影响调解书生效。当事人或者案外人提供的担保符合《担保法》规定的条件时生效。民事诉讼中调解担保制度的建立，有利于督促当事人自动履行调解协议，遏制当事人在达成调解协议之后随意毁约的现象。调解书确定的担保条款成就时，当事人申请执行的，法院应当依法执行。

5. 法院对调解协议负有审查责任（《调解规定》第12条）。经调解达成协议之后，法院应当进行审查，并根据审查的结果，或予以确认，或不予确认。调解协议有下列情形之一的，法院不予确认：①侵害国家利益、社会公共利益的；②侵害案外人利益的；③违背当事人真实意思的；④违反法律、行政法规禁止性规定的。此外，《诉讼调解意见》还要求人民法院应当认真履行对调解协议……的审查确认职责，确保协议……不违背善良风俗和社会公共道德（《诉讼调解意见》第8条）。据此可知，如有违背者，法院不予承认。

二、调解书的内容与送达

所谓调解书，在此是指在审查合格的基础上，法院用以客观记载和依法确认当事人之间所达成的调解协议的法律文书。调解协议依法成立后，人民法院应该制作调解书。人民法院制作的调解书，是一种诉讼法律文书，是结束诉讼、审结案件的一种法律形式。根据《民事诉讼法》第97条第1款的规定，调解书应该写明诉讼请求、

---

[1] 即2012年《民事诉讼法》第253条。

案件事实和调解结果。调解书应按统一规定的格式制作，一般包括首部、正文和尾部三部分：

1. 首部：人民法院名称、案号；当事人、诉讼代理人的基本情况；案由和原告的诉讼请求。

2. 正文：主要写明案件事实和调解结果两个部分。正文内容是调解书的核心部分。案件事实，即当事人之间的法律关系发生争议的事实、原因和双方的责任。这部分内容不能简略或者忽略，应明确而有重点地在调解书中写清楚，否则有可能造成当事人履行调解书时产生异议或者新的纠纷。调解结果是当事人在自愿、合法的原则下达成的解决双方间纠纷的合意，它包括双方当事人在调解过程中提出的诉讼请求和理由；双方互相让步的请求及调解结果。调解结果必须具体、明确，不能含糊或者遗漏。

3. 尾部：根据《民事诉讼法》第97条第2款的规定，调解书最后由审判人员、书记员署名，加盖人民法院印章，并写明调解书的制作时间。

法院可以用裁定补正调解书的内容。《调解规定》第16条规定："当事人以民事调解书与调解协议的原意不一致为由提出异议，人民法院审查后认为异议成立的，应当根据调解协议裁定补正民事调解书的相关内容。"《调解规定》第17条规定："当事人就部分诉讼请求达成调解协议的，人民法院可以就此先行确认并制作调解书。当事人就主要诉讼请求达成调解协议，请求人民法院对未达成协议的诉讼请求提出处理意见并表示接受该处理结果的，人民法院的处理意见是调解协议的一部分内容，制作调解书的记入调解书。"

一般民事案件经过调解达成协议之后，人民法院都应制作调解文书，送达双方当事人。根据《民事诉讼法》第98条的规定，下列案件经法院调解，当事人双方达成协议的，可以不制作调解书，而将协议内容记入笔录，由双方当事人、审判人员、书记员签名或者盖章后，即具有法律效力：①调解和好的离婚案件；②调解维持收养关系的案件；③能够即时履行的案件；④其他不需要制作调解书的案件。根据《民诉法解释》第151条的规定，当事人各方同意在调解协议上签名或者盖章后生效，经人民法院审查确认后，应当记入笔录或者将调解协议附卷，并由当事人、审判人员、书记员签名或者盖章后具有法律效力。当事人请求制作调解书的，人民法院可以制作调解书送交当事人。当事人拒收调解书的，不影响调解协议的效力。一方不履行调解协议的，另一方可以持调解书向人民法院申请执行。

诉讼调解书送达双方当事人。当事人一方拒绝签收调解书的，调解书不发生法律效力，人民法院要及时通知对方当事人。调解书不能当庭送达双方当事人的，应以后收到调解书的当事人签收的日期为调解书生效日期。对调解书的内容既享有权利又不承担义务的当事人不签收调解书的，不影响调解书的效力。

第十八章

■第六节　调解协议的效力和对反悔的处理

一、调解协议的效力

调解协议的效力，是指依据当事人达成的协议由法院所制作的调解文书在法律上的拘束力。根据《民事诉讼法》的规定，通过调解达成协议的，人民法院应当制作调解书，对不需要制作调解书的协议，应当记入笔录，调解书和调解笔录，在法律上具有同等的效力。

当事人的调解协议是人民法院制作调解文书的前提和基础。当事人的调解协议是当事人双方对解决他们之间争议的合意，仅具有契约的性质，只有经人民法院确认后才具有法律上的拘束力。人民法院的调解文书，是对当事人协议的确认，是调解协议产生法律上的拘束力的法定条件。生效的调解书与调解笔录具有以下法律效力：

（一）确定当事人间民事法律关系的效力

人民法院的调解书送达当事人或者调解笔录生效后，表明双方当事人曾经发生争议的民事法律关系已经达成共识并且得到法律的确认，原先争议的法律关系转变为无争议的法律关系。权利方应依法行使权利，义务方应依法履行义务，双方当事人从此不得对法律关系再发生争议。这就是法院调解书在实体法上的效力。

（二）结束诉讼的效力

当事人的调解协议是在人民法院主持下自愿达成的。人民法院根据调解协议制作的调解书和调解笔录，则是在法律上对当事人之间调解协议的确认。因此，人民法院的调解书送达当事人和调解笔录生效后，当事人之间的民事权益争议在法律上已经最终解决，当事人不得以同一事实和理由向人民法院再行起诉，这是调解协议在程序法上的效力。调解书和特定的调解笔录依法生效后，其法律效力同法院的生效判决一样，当事人即丧失了上诉权。即当事人如果对法院的调解书和调解笔录有异议，也不能够提起上诉。调解协议是双方当事人根据自愿、合法的原则，经过充分的协商达成的，但是，在调解书送达前和调解笔录依法生效前，还允许双方当事人反悔。所以，对生效的调解书和调解笔录，在法律上不存在当事人上诉的问题。

（三）强制执行的效力

调解协议是双方当事人在人民法院的主持下自愿达成的，一般情况下，当事人都能够自觉履行。但是，在司法实践中，有的当事人拒不履行生效的调解协议所确定的义务，于是就产生了强制执行的问题。依照法律规定，若调解书有给付内容，一方当事人又不履行确定的义务，另一方当事人有权向人民法院申请强制执行。根据《调解规定》第19条的规定，调解书确定的担保条款条件或者承担民事责任的条件成就时，当事人申请执行的，人民法院应当依法执行。不履行调解协议的当事人按照前款规定承担了调解书确定的民事责任后，对方当事人又要求其承担《民事诉讼法》第 253 条规定的迟延履行责任的，人民法院不予支持。调解书约定给付特定标的物的，调解协议达成前，该物上已经存在的第三人的物权和优先权不受影响。第三人在执行过程中对执行标的物提出异议的，应当按照《民事诉讼法》第 227 条规定处理。

二、当事人反悔及其处理

调解协议虽然是双方当事人自愿达成的，但有的当事人对已经达成的协议事后又会反悔，其具体表现形式有两种：①调解书送达前（或生效前）反悔；②调解书送达后（或生效后）反悔。

对当事人的反悔，应当根据反悔的不同情况做出恰当的处理。根据《民事诉讼法》的有关规定和司法实践经验，如调解书送达时，一方或者双方当事人拒绝签收，表明当事人不同意按调解协议解决他们之间的纠纷。此时，人民法院应对案件及时进行判决。调解书送达后，当事人反悔的，由于调解书已经生效，告知当事人可以向人民法院申请再审。

根据《民诉意见》的规定，无独立请求权的第三人参加诉讼的案件，人民法院调解时需要确定无独立请求权的第三人承担义务的，应经第三人的同意，调解书应当同时送达第三人。第三人在调解书送达前反悔的，人民法院应当及时判决。

【本章小结】

1. 本章阐述了诉讼调解的概念，介绍了诉讼调解制度在我国的历史沿革，叙明了诉讼调解的自愿、合法、保密、灵活原则，诉讼调解的范围、程序和方式以及协议的效力等一系列的内容。

2. 诉讼调解，也称司法调解或者法院调解，是指在人民法院审判组织的主持或者确认下，双方当事人就民事争议通过平等协商，自愿达成协议，解决纠纷的诉讼活动。诉讼调解在我国经历了形成与发展、诉讼调解的弱化、诉讼调解的强化这三个发展阶段，现在的诉讼调解在我国的纠纷解决方式中处于重要的地位。

3. 诉讼调解的理论依据有以下四点：①私法自治要求对当事人处分权的尊重；②民事诉讼契约的理念；③平息纠纷、建设社会主义和谐社会的目的是我们坚持诉讼调解制度的一个重要依据；④诉讼调解是适应我国社会主义市场经济发展要求的。

4. 诉讼调解的正常运行必须遵守一定的原则，其中，本章着重论述了自愿，合法，事实清楚、分清是非，保密，灵活这五个原则。

5. 法院调解协议的效力，是指依据当事人达成的协议，由法院所制作的调解文书在法律上的拘束力。

【思考题】

1. 什么是诉讼调解？它与诉讼外的调解有什么不同？

第十八章

2. 诉讼调解的理论基础是什么?

3. 简述诉讼调解的基本原则。

4. 论述诉讼调解文书的效力。

【参考文献】

1. 范愉: "诉讼调解制度研究",载常怡主编:《民事诉讼法学》,中国法制出版社 2008 年版。

2. 范愉: "诉讼调解:审判经验与法学原理",载《中国法学》2009 年第 6 期。

3. 吴兆祥: "《最高人民法院关于人民法院民事调解工作若干问题的规定》的理解与适用",载《人民司法》2004 年第 10 期。

4. 曾宪义: "关于中国传统调解制度的若干问题研究",载《中国法学》2009 年第 4 期。

5. 张卫平: "诉讼调解:时下态势的分析与思考",载《法学》2007 年第 5 期。

6. 王胜明主编:《中华人民共和国民事诉讼法释义》,法律出版社 2012 年版。

7. 沈德咏主编:《最高人民法院民事诉讼法司法解释理解与适用(上)》,人民法院出版社 2015 年版。

第十八章

第十九章

诉讼和解

学习目的和要求 了解诉讼和解的含义、性质、与诉讼调解的区别；认识我国设置诉讼和解应实行的基本原则和应建立的基本制度。

■第一节 诉讼和解概述

一、诉讼和解的概念与特征

和解，是指当事人双方自行协商，就实体权利的处分达成协议，从而解决争议的制度。和解分为诉讼外的和解与诉讼中的和解。诉讼外的和解是民事主体在诉讼外进行的民事行为，不具有任何诉讼上的意义和效力。我国《民事诉讼法》第50条规定："双方当事人可以自行和解。"《民事诉讼法》第230条规定："在执行中，双方当事人自行和解达成协议的，执行员应当将协议内容记入笔录，由双方当事人签名或者盖章。申请执行人因受欺诈、胁迫与被执行人达成和解协议，或者当事人不履行和解协议的，人民法院可以根据当事人的申请，恢复对原生效法律文书的执行。"但没有进一步规定和解的程序、效力等问题。诉讼中的和解，又称诉讼和解，是双方当事人在诉讼过程中通过自行协商、互谅互让达成协议，从而解决纠纷的制度。其基本特征主要有以下三点：①和解的主体是具有实体处分权的诉讼参加人；②和解是双方当事人之间合意达成协议的行为；③和解的目的是解决纠纷、终结诉讼。

二、诉讼和解与诉讼调解的区别

诉讼和解和诉讼调解都以解决纠纷、终结诉为目的，但二者存在明显区别：①主体不同。诉讼调解有法官的直接参与和主持；诉讼和解只是双方当事人自行协商。②程序不同。诉讼调解必须依照《民事诉讼法》规定的程序进行；诉讼和解完全由双方当事人依其自愿进行，目前《民事诉讼法》对其程序没有特别的规定。③产生的法律后果不同。诉讼调解达成协议的，调解书经双方签收后发生与生效裁判文书同等的法律效力；当事人自行达成的和解协议，《民事诉讼法》没有规定其效力，仅仅在《调解规定》中规定当事人达成和解协议后，可以申请人民法院确认和解协议书。人民法院经审查认为可以确认的，依法制作调解书。由此可见，现阶段的诉讼和解，只有将其与诉讼调解对接，才能取得法院确认的法律效力。④能否

第十九章

直接终结诉讼不同。诉讼调解作为一种结案方式，一旦达成，便可以直接终结诉讼。而诉讼和解达成后，不能直接终结诉讼，一般由原告提出撤诉，才能终结诉讼；或者经双方当事人协商，由人民法院制作调解书以调解的方式结案。

三、建立诉讼和解制度的可行性和必要性

我国诉讼法学界近年来在对法院调解制度进行全面研究的过程中，不少学者主张应在我国的民事诉讼中建立诉讼和解制度，[1]其可行性和必要性如下：

1. 诉讼和解更符合当事人意思自治原则，体现司法公正。当事人意思自治，是指民事案件当事人，在不违反公共利益，不侵犯国家、集体和他人合法权益的前提下，有权根据自己的意愿，自主地处分本人民事上的实体权利和程序权利，而不受外来的干涉。与诉讼调解相比，诉讼和解进一步明确了合意的主动权、决定权在当事人，能够更加充分地体现当事人的意思自治，更有利于当事人充分行使处分权，自由、公平地处分自己的民事权利。

2. 建立民事诉讼和解制度，是深化审判方式改革的需要。最高人民法院《民事证据规定》规定了庭前证据交换制度，通过庭前的证据交换，双方当事人对案件的大概判决结果都心中有数，对案件的事实有了全盘的了解，也非常清楚自己所拥有的证据的情况。在这样的情况下，对于理性的当事人而言，都会觉得和平解决纠纷更为经济，且如成熟之果，垂手可摘。因此，当事人最后要么是自行协商，要么是在亲友的撮合中达成和解协议。

3. 诉讼和解能节约司法资源，提高司法效率。诉讼和解大多数是在证据交换后和开庭前达成的，因此，它减少了诉讼环节，具有灵活、简便、快捷的特点，能及时、有效地化解民事争议，省时、省工、省钱，降低了诉讼成本，节约了司法资源，减轻了人民法院的审判压力。

4. 诉讼和解制度的建立，能弥补诉讼调解制度的不足。尽管民事诉讼调解制度是处理民事纠纷的传统方式，然而民事诉讼调解制度存在的不足与弊端日趋显露。如无视当事人自愿原则，以劝压调、以拖压调、以诱压调、以判压调等情况在实践中时有发生。而诉讼和解制度的建立，能够充分体现当事人自愿参与协商、形成合意的宗旨，避免了诉讼调解中可能出现的种种问题，两者形成互补，更加充分地发挥我国非诉机制在解决民事纠纷领域中的优势。

■第二节　诉讼和解的性质

在诉讼法理论上，诉讼和解的性质有三种观点：① "私法行为说"，认为诉讼

---

[1] 章武生、吴泽勇："论诉讼和解"，载《法学研究》1998 年第 2 期；张晋红："法院调解的立法价值探究——兼评法院调解的两种改良观点"，载《法学研究》1998 年第 5 期；蔡虹："大陆法院调解与香港诉讼和解之比较"，载《中国法学》1999 年第 4 期。

和解是当事人达成民事法律上的和解，属于私法上的行为；②"诉讼行为说"，认为诉讼和解是完全不同于民事法律上和解的诉讼行为，是法律承认的替代判决的诉讼法上的协议；③"两种性质说"，认为诉讼和解兼具民事法律上的和解与诉讼行为两种性质和要素。

在不同的国家和地区，诉讼和解具有不同的法律性质，由此也使得不同国家的诉讼和解具有不同的法律效力。美国的诉讼法理论采用"私法行为说"，认为无论当事人在诉讼外还是诉讼中达成的和解都是一种契约，因此不能直接终结私法诉讼程序。而日本和德国则采用"诉讼行为说"，认为和解协议虽非判决，却具有强制执行的效力。我国台湾地区支持"两种性质说"，认为和解是私法上的法律行为和终结诉讼程序的合意并存，而后者的发生效力以前者生效为前提。

从我国的立法和实践来看，当前我国采用的是"私法行为说"。一方面并未赋予和解协议与确定的生效判决同等的效力；另一方面，和解协议的达成并不能产生终止诉讼程序的效果，要想终止诉讼，必须由原告向法院申请撤诉。可见，我国和解协议的法律性质和效力并不明确。因为，根据我国《民事诉讼法》的相关规定，当事人撤诉后可以重新起诉，也就是说，原告基于和解协议撤诉后可以重新起诉，这说明我国的和解协议不具有阻止当事人对原纠纷再行起诉的效力。我们认为，在诉讼和解的法律性质和效力上，应采"两种性质说"，即诉讼和解具有诉讼行为与民事法律行为并存的两种法律性质，并赋予诉讼和解以诉讼法上的效力。理由如下：

1. 诉讼和解之所以能在诉讼中进行，是因为我国《民事诉讼法》赋予了当事人和解的诉讼权利。当和解实际地完成于诉讼过程中时，其行为当然具有诉讼行为的性质。对当事人而言，诉讼和解不仅仅是为了平息纠纷而代之以双方合意形成的新的法律关系，也是为了终结诉讼程序。从客观上看，和解成立意味着原纠纷已经消失，原诉讼标的已不复存在，诉讼也无必要继续进行。因此，基于诉讼和解中当事人的主观意图和客观效果，《民事诉讼法》应当确认诉讼和解的诉讼行为性质，并以此为根据，赋予诉讼和解终结诉讼的诉讼法上的效力。

2. 诉讼和解制度的立法基础是民事法律上的自愿原则和民事诉讼权利的可处分性。和解协议的内容合法与否得依民事实体法为审查依据，所以，诉讼和解实质上是当事人通过新的契约变更原有的实体法律关系，因而具有民事法律行为的性质。同时，和解协议的达成是双方当事人行使诉讼权利的结果，并可引起诉讼法上一定效果的产生，符合"两种性质说"。

3. "私法行为说"无法解释和解协议可以禁止再诉和可作为执行根据的效力，"诉讼行为说"无法解释实体法上的事由可导致协议无效的问题，因而这两种学说都有一定的片面性，"两种性质说"更为合理。基于此，为使诉讼和解与"案结事了"的宗旨相一致，我国《民事诉讼法》应当赋予诉讼和解更适当的法律效力。

■第三节　诉讼和解的基本原则与制度

一、诉讼和解的基本原则

诉讼和解与诉讼调解都是当事人自主行使处分权的结果，但当事人的自行和解更能体现当事人的意思自治。因此，只要是双方当事人在自愿的基础上，不违反国家法律和政策限制性的规定，不损害国家利益、社会公共利益以及第三人的合法权益，和解协议就合法有效。至于整个案件事实是否需要查明，当事人的是非责任是否需要分清，这些要看当事人在和解协议的内容中是否体现，并且"是否体现"也只能由当事人自主选择，因为是否要法院查明事实、分清是非也是当事人对自己诉讼权利的一种处分。所以，诉讼和解制度应坚持自愿和合法这两个基本原则。而诉讼调解制度中的事实清楚、分清是非原则，不应是诉讼和解的基本原则。

二、诉讼和解的基本制度

（一）建立诉讼和解的适用范围制度

诉讼和解制度是当事人意思自治原则的集中体现，而当事人意思自治原则贯穿于民事诉讼的整个过程中，无论是庭前、一审、二审，还是再审阶段。因此，诉讼和解可以适用于除一些无民事权益之争的非讼案件之外的所有民事案件的所有程序之中。

（二）建立和解协议确认制度

对于当事人自行达成的和解协议，可由双方当事人向法院提出申请，法院对和解协议进行审查。如果和解协议符合自愿、合法两大原则，则由法院制作统一规范格式的"和解协议确认书"送达当事人，确认和解协议与生效裁判文书具有同等法律效力。我国司法实践中已有这样的做法，同时也有域外的立法经验可资参考。一般有两种情况：①当事人在起诉前达成和解协议的（包括经人民调解组织调解达成和解的），如需要法院确认的，可以不起诉而直接向法院提出书面申请，由立案庭进行审查确认；②对于进入诉讼程序而自行和解的，双方当事人须在宣判前提出申请，由主审法官或合议庭予以审查确认。和解协议确认制度的建立，将有助于充分发挥和解制度的功能，使和解制度完全独立于调解制度。在现阶段，尚不能以和解制度来取代调解制度，应该在保留和完善现行调解制度的前提下，建立和规范诉讼和解制度，形成并行不悖的二元机制。

（三）建立减半收取诉讼费用制度

对于当事人自行和解的案件，我们可以借鉴日本的相关规定，把和解结案的诉讼费规定为判决结案的一半。这种做法还可促使当事人从降低成本、减轻诉讼负担的角度出发，争取自行协商、达成和解协议。

（四）建立诉讼和解瑕疵的救济制度

和解协议经法院确认后，当事人就不得对已和解部分的事项再生争执，既不能上诉，也不能对已和解部分的诉讼标的再行起诉。但是，在和解协议出现无效或可撤销等情形时，法律应给予适当的救济。至于和解协议在什么情况下无效或可撤销，应根据和解制度的自愿原则和合法原则来判定。也就是说，只有当事人能够提供依据证明和解违反自愿原则的，或和解协议的内容违反法律规定的，才可申请法院确认协议无效或撤销协议。立法应当作出这样的规定：对于"和解协议确认书"，当事人的申请符合下列情形之一的，法院均应受理并予以撤销：①和解主体与诉讼标的无权利义务关系，或者和解主体无诉讼行为能力而其法定代理人未参与和解的；②因欺诈、胁迫、强制而损害国家利益、社会公共利益或者损害第三人利益的；③和解协议的内容违反法律、法规的禁止性规定的。

为防止当事人滥用此项救济请求权，应当规定：当事人如认为和解协议具有无效或可撤销之情形的，应当在和解协议内容强制执行的程序终结前或者当事人自动履行后3个月内提出。如超过此期限的，法院则不再受理当事人的此项申请。和解协议确认书被确认无效或者被撤销后，具有实体处分权的当事人可以再行和解或者起诉。

（五）建立诉讼和解的效力制度

诉讼和解的效力，是指当事人之间达成的和解协议所具有的法律上的效力。根据我国现行《民事诉讼法》的相关规定，诉讼和解的效力主要体现在以下几个方面：

1. 双方当事人达成和解协议，并不能必然地终结诉讼，要想结束诉讼程序，还必须由原告向法院申请撤诉。

2. 双方当事人达成和解协议并撤诉的，并不能阻止原告再次向法院起诉。原告在因达成和解协议而撤诉之后，可以再次向人民法院提起诉讼，而不受前面和解协议的约束。

3. 双方当事人达成的和解协议，并不当然具有与生效判决书同等的法律效力。只有经法院确认并制作调解书的，和解协议才能够产生与生效判决同等的效力。《调解规定》第4条第1款规定："当事人在诉讼过程中自行达成和解协议的，人民法院可以根据当事人的申请依法确认和解协议制作调解书。……"根据《民事诉讼法》的规定，依法制作并经当事人签收的调解书与生效判决具有同等法律效力。

【本章小结】

1. 和解分为诉讼外的和解与诉讼中的和解。诉讼外的和解是民事主体在诉讼外进行的民事行为，不具有任何诉讼上的意义和效力；诉讼中的和解，是双方当事人在诉讼进行中自行协商，互谅互让，达成协议，从而解决纠纷的制度。

2. 和解与诉讼调解的区别主要在以下四个方面：①主体不同；②时间不同；③程序不同；④产生的法律后果不同。

3. 在法理上对诉讼和解的性质存在三种学说，即"私法行为说""诉讼行为说"和"两种性质说"。

4. 诉讼和解的基本原则有两个，即自愿和合法。建立的基本制度有五个：诉讼和解的适用范围制度、和解协议确认制度、减半收取诉讼费用制度、诉讼和解瑕疵的救济制度和诉讼和解的效力制度。

【思考题】

1. 什么是诉讼和解？诉讼和解与诉讼调解的区别有哪些？
2. 简述诉讼和解制度构建的可行性与必要性。
3. 诉讼和解有哪几个原则和基本制度？

【参考文献】

1. 章武生："论诉讼和解"，载《法学研究》1998 年第 2 期。
2. 蔡虹："大陆法院调解与香港诉讼和解之比较"，载《中国法学》1999 年第 4 期。
3. 章武生等：《司法现代化与民事诉讼制度的建构》，法律出版社 2000 年版。

第八编 诉讼程序

第二十章

第一审普通诉讼程序

学习目的和要求 全面了解第一审普通诉讼程序的理论及法律规定；运用案例模拟审理一个案件。

■第一节 第一审普通诉讼程序概述

一、第一审普通诉讼程序的概念

第一审普通诉讼程序，通称普通程序，是指人民法院审理第一审民事案件通常适用的程序。

我国《民事诉讼法》规定的诉讼程序包括第一审普通程序、简易程序、第二审程序和审判监督程序。普通诉讼程序是诉讼程序的一种。与诉讼程序相对的是非讼程序，包括特别程序、督促程序和公示催告程序等。从立法体例上讲，各国的民事诉讼法一般都是先集中规定诉讼程序，再规定非讼程序和其他程序。我国《民事诉讼法》也是在审判程序部分先规定诉讼程序，而在诉讼程序中又首先规定第一审普通程序，并将它作为诉讼程序的基础。

二、普通程序的特点

（一）普通程序具有程序的完整性

与其他诉讼程序相比，普通程序的规定是最完整的。从体系上看，普通程序包括了当事人起诉、人民法院受理、审理前准备、开庭审理、裁判等各个法定诉讼阶段，每一个诉讼阶段按顺序相互衔接，体系完整科学，反映了审判活动和诉讼活动的基本规律。从内容上看，普通程序对各个诉讼环节的具体内容均作出了具体明确的规定，并且对一些必要的诉讼制度也作出了规定，如撤诉、缺席判决、诉讼中止和诉讼终结等。它们虽不属于某一个诉讼阶段，但对于处理诉讼中可能出现的特殊问题，却是必不可少的。

（二）普通程序具有相对的独立性

普通程序的独立性体现在，适用普通程序审理民事案件，除贯彻民事诉讼法总则部分的基本原理、基本制度外，不需要适用其他任何一种诉讼程序的规定，是不依赖于简易程序、第二审程序、审判监督程序的独立的诉讼程序。人民法院无论是审理一般的诉讼案件，还是重大、复杂的诉讼案件，都可以只适用普通程序就将其审结。

（三）普通程序具有广泛的适用性

普通程序适用于各级各类人民法院审理诉讼案件。中级以上的人民法院和各专门人民法院审理第一审民事案件，必须适用普通程序；基层人民法院除审理简单民事案件适用简易程序或者小额诉讼程序外，审理其他案件也必须适用普通程序。

同时，由于普通程序完整、系统，可广泛适用于人民法院审理一审民事案件、上诉案件和再审案件。我国民事诉讼中的简易程序、第二审程序、审判监督程序是专门用于处理简单民事案件、上诉案件和再审案件的诉讼程序，针对性强但不系统完整，人民法院在审理这些案件的过程中，凡是没有法律规定相应程序的，就要适用普通程序的有关规定。普通程序的这一特点反映了普通程序和其他诉讼程序的关系。

■第二节　起诉与受理

一、起诉

（一）起诉的概念及其法律后果

起诉，是指公民、法人和其他组织认为自己的民事权益受到侵犯或与他人发生争议，以自己的名义向人民法院提出诉讼，要求人民法院予以审判的诉讼行为。民事诉讼实行"不告不理"的原则，没有当事人的起诉，人民法院不能启动诉讼程序。因此，当事人的起诉不仅对于保护自己的合法权益具有重要意义，对于诉讼程序的启动也具有重要意义。

从起诉的性质上看，起诉是原告在诉讼法上的单方行为，该行为一旦实施，就会发生一系列的法律后果，但将发生何种法律后果，我国《民事诉讼法》没有作出明确规定。我国《民事诉讼法》上将"起诉和受理"列为普通程序的第一节，学理上也通常以"起诉与受理的结合"作为诉讼程序开始的标志，而对于原告起诉的效力则少有研究。实际上，原告一旦起诉就会引起一定的法律后果，即使法院经审查后认为不符合起诉条件而不予受理。在日本，"诉讼以原告进行起诉开始，并系属于法院"。[1]德国的民事诉讼法也有类似规定，均承认起诉发生诉讼系属的法律后果。

实际上，原告提起诉讼之时，诉讼法律关系便由此产生：原告有权提起诉讼并应遵守关于起诉条件的规定；法院有权并且有责任对原告的起诉进行审查，符合条件的予以受理，不符合条件的予以驳回。如果按照诉讼程序从法院受理时开始计算，那么，在法院受理之前发生的当事人与法院诉讼上的权利义务关系将无法解释，原告的起诉行为与法院的审查、决定行为为什么要受民事诉讼法的调整也将无法解释。因此，"起诉是单方行为，不是双方行为，只要原告提起诉讼，诉讼系属就发生，诉讼程序就开始，人民法院就负担审查起诉是否合法和决定是否受理等一系列诉讼权利和诉讼义务"。[2]

根据我国《民事诉讼法》和相关司法解释的规定，原告的起诉行为在诉讼法上也会引起一定的法律后果，这些法律后果包括：

1. 根据《民诉法解释》的规定，法院接到当事人提交的民事起诉状时，对符合条件的应当登记立案；对当场不能判定是否符合起诉条件的，应当接收起诉材料，并出具注明收到日期的书面凭证，及时告知当事人是否需要补充材料，在材料补齐后7日内决定是否立案。如果决定立案，案件的审理将进入下一环节而不是程序开始，因为诉讼程序是从起诉开始计算的；法院决定不立案的，应作出裁定并说明理由，当事人不服不立案的裁定，可向上一级法院提出上诉。

2. 对原告来说，诉讼系属的效力还意味着禁止其二重起诉，禁止原告向正在审查其起诉的法院之外的其他任何法院依同一事实、同一理由再行起诉。

3. 原告起诉所引起的程序除《民事诉讼法》规定的情形（如不符合起诉条件法院不立案、撤诉、裁判）之外，任何人不得随意解除和终止。

4. 诉讼时效中断。根据《民法通则》第140条的规定，诉讼时效因当事人提起诉讼而中断。法院裁定不予受理的，从不予受理的裁定生效之日起，诉讼时效连续计算，但应当扣除从当事人起诉到法院作出不予受理的裁定生效这段时间。最高人民法院《关于审理民事案件适用诉讼时效制度若干问题的规定》第12条规定："当事人一方向人民法院提交起诉状或者口头起诉的，诉讼时效从提交起诉状或者口头起诉之日起中断。"

综上所述，原告起诉必然地要引起一定法律后果的产生，诉讼程序实际上已经发生。但如果原告的起诉要引起法院对其诉讼标的进行实体审查而不是被驳回，还必须符合《民事诉讼法》规定的其他条件。

（二）起诉的条件

根据《民事诉讼法》第119条的规定，起诉应当具备下列条件：

---

〔1〕　［日］中村英郎：《新民事诉讼法讲义》，陈刚、林剑锋、郭美松译，法律出版社2001年版，第145页。

〔2〕　［日］中村英郎：《新民事诉讼法讲义》，陈刚、林剑锋、郭美松译，法律出版社2001年版，第309页。

　　1. 原告是与本案有直接利害关系的公民、法人和其他组织。所谓"有直接利害关系"，是指原告诉请人民法院保护或确认的民事权益，应当是原告自己的民事权益，或者依法由自己管理、支配的民事权利。这是起诉的第一个法定条件，也是我国立法上有关起诉主体资格的要求。但是，将"原告与本案有直接利害关系"作为起诉条件，不可避免地会导致法官过早地进行实体审查与判断，致使尚未开庭审理即作实体审查与判断，不仅不合理、不科学，而且会加剧"起诉难"现象，这是值得进一步深入研究的。

　　2. 有明确的被告。根据《民诉法解释》的规定，原告提供被告的姓名或者名称、住所等信息具体明确，足以使被告与他人相区别的，就可以认定为有明确的被告。只要原告在起诉状中写明了被告，就不应妨碍原告行使诉权。至于该被告是否必须是正当的被告，法律并未苛求。但是，如果根据起诉状不足以认定明确的被告的，法院应告知原告补正，补正后仍不能确定的，裁定不予受理。

　　3. 有具体的诉讼请求和事实、理由。原告向人民法院提起诉讼，必须指出请求人民法院予以保护的民事权益的具体内容。同时，还必须指出这些诉讼请求赖以存在和应受到法律保护的事实根据和理由。

　　4. 属于人民法院受理民事诉讼的范围和受诉人民法院管辖。向人民法院提起诉讼的案件，应当是依法由人民法院主管的案件，并且受诉人民法院对案件有管辖权。

　　原告起诉时必须同时具备以上四个条件，缺一不可。

　　（三）起诉的方式和起诉状内容

　　《民事诉讼法》第120条规定："起诉应当向人民法院递交起诉状，并按照被告人数提出副本。书写起诉状确有困难的，可以口头起诉，由人民法院记入笔录，并告知对方当事人。"根据这一规定，起诉可以采取两种方式，即口头起诉或书面起诉。按普通程序审理的一审案件，内容一般比较复杂，采用书面的起诉方式，有利于原告详尽表述诉讼请求，说明起诉的事实、理由和根据。同时，也有利于人民法院对原告的起诉进行审查。只有在原告书写起诉状确有困难的情况下，才可以口头的方式向人民法院起诉，人民法院应当将当事人口述的内容记入笔录，并告知对方当事人。

　　根据《民事诉讼法》第121条的规定，起诉状应当包括以下内容：

　　1. 当事人的基本情况。如原告的姓名、性别、年龄、民族、职业、工作单位、住所和联系方式；原告是法人或其他组织的，应写明法人或其他组织的名称、住所和法定代表人或者主要负责人的姓名、职务和联系方式。被告的姓名、性别、工作单位、住所等信息；被告是法人或其他组织的，应写明其名称、住所等信息。有诉讼代理人的，应写明代理人的基本情况和代理权限。

　　2. 诉讼请求和所根据的事实与理由。诉讼请求应当明确具体，以便于受诉人民法院明确当事人的诉讼要求。所依据的事实应当客观，理由应当充分，以利于人民法院对案件的审理和裁判。

3. 证据和证据的来源，证人姓名和住所。由于证据是证明案件事实的根据，诉讼中，原告要说服法官支持自己的诉讼主张，在诉状中应当写明支持自己诉讼主张的证据。同时，为便于审查和查证事实，还应当提交或记明证据的来源和相关证人的姓名、住所，以便诉讼审理中对于相关事实的查证。

起诉状除要写明上述法律规定的内容外，还应写明受诉人民法院的全称和起诉的具体日期，并由原告签名或盖章。根据权利义务相一致的原则，原告有起诉权，被告有答辩权。起诉状是被告答辩的依据。因此，法律要求原告按照被告人数提供起诉状副本，由人民法院将副本分别送达被告，以便被告答辩。起诉状所记载的事项若有欠缺，受诉人民法院应通知原告限期予以补正。

二、审查起诉

对于当事人的起诉，人民法院应当进行审查，这是起诉和受理阶段必经的程序。人民法院接到原告的起诉状或者口头起诉后，应当依法进行审查，并决定是否立案受理。审查和受理，不是一般的办案手续问题，而是保障当事人正确地行使诉讼权利，防止滥用诉权，保障案件质量的必经程序。

（一）审查起诉的内容

人民法院对原告起诉的审查主要集中在起诉的形式要件。对于提交书面起诉状的，应审查起诉状的事由是否具体，有无遗漏或错误，是否提交了规定应提交的份数。对于口头起诉的，应审查口头叙述是否具体、清楚，记录有无错误等。此外，还要审查是否符合起诉条件以及不属于《民事诉讼法》第124条规定的情形，但应注意只是进行形式审查，并不要求审查实体问题。

（二）审查起诉的期限

根据《民诉法解释》第208条的规定，对当场不能判定是否符合起诉条件的，应当接收起诉材料，并出具注明收到日期的书面凭证。需要补充必要相关资料的，人民法院应当及时告知当事人。在补齐材料后，应当在7日内决定是否立案。

二、受理

（一）受理的概念和意义

受理，是指人民法院认为原告的起诉符合法定条件，决定立案审理的诉讼制度。法院对原告的起诉予以受理表现为立案，从这个意义上讲，受理即立案。原告的起诉与法院的立案反映了诉权和审判权的关系：起诉是当事人行使诉权的体现，是审判权行使的前提和基础；而立案则是法院代表国家对特定民事纠纷行使审判权的标志。在我国的民事诉讼中，法院的立案行为决定着诉讼程序的开启，事关当事人合法权益的保护和人民法院审判权的正确行使，对民事诉讼具有十分关键的作用。

长期存在于我国实践中的"起诉难"现象，与法院对起诉的审查失之过严有关。民事诉讼法规定的起诉条件设置了实质审查的标准，而法院也基于种种原因对一些符合起诉条件的案件不予受理，影响了当事人诉权的行使及合法权益的保护。中国共产党第十八届中央委员会第四次全体会议通过了《中共中央关于全面推进依法治国若干重大问题的决定》，该《决定》明确指出要"改革法院案件受理制度，变立案审查制为立案登记制，对人民法院依法应该受理的案件，做到有案必立、有诉必理，保障当事人诉权"。最高人民法院《民诉法解释》以及 2015 年 4 月 1 日中央全面深化改革领导小组第十一次会议审议通过的《关于人民法院推行立案登记制改革的意见》对立案登记制作了进一步细化的规定，这对于完善我国的受理或立案制度，保障当事人诉权，提升司法的公信力，都具有重要意义。

（二）受理的标准

根据《关于人民法院推行立案登记制改革的意见》的规定，与本案有直接利害关系的公民、法人和其他组织提起的民事诉讼，有明确的被告、具体的诉讼请求和事实依据，属于人民法院主管和受诉人民法院管辖的，人民法院应当登记立案。根据《民诉法解释》第 208 条的规定，人民法院对于符合《民事诉讼法》第 119 条规定的起诉条件，且不属于第 124 条规定情形的，应当登记立案。对当场不能判定是否符合起诉条件的，应当接收起诉材料，并出具注明收到日期的书面凭证。

立案审查制与立案登记制最大的区别在于：立案登记制仅对起诉进行形式审查，而对于诉讼主体是否适格、诉讼请求是否有理、证据是否真实则不予审查，这些实体性要件须经审判程序进行实体审理后才能做判断。因此，按照立案登记制的原理，受理的审查标准应当是形式标准，即应根据《民事诉讼法》第 120、121 条关于起诉状的内容、起诉的手续等的规定审查，若起诉的材料和手续需要补充，则应在补充后登记立案。目前，尽管《关于人民法院推行立案登记制改革的意见》和《民诉法解释》明确规定将立案审查制改为立案登记制，但《民事诉讼法》第 119 条仍有实体审查的内容，如何将以保障当事人诉权为出发点的立案登记制落到实处，还需在立法和制度建设上更进一步。

（三）应予受理的几类特殊情形

根据《民事诉讼法》和《民诉法解释》的规定，人民法院在审查起诉的过程中，遇有特殊情况的起诉，应分情形作出受理或不予受理的裁定并作出相应的处置。其中，对下列七种特殊情况的起诉，人民法院应当予以受理：

1. 裁定不予受理、驳回起诉的案件，原告再次起诉的，如果符合起诉条件且不属于《民事诉讼法》第 124 条规定情形的，人民法院应当予以受理。

2. 原告撤诉和人民法院按撤诉处理后，原告以同一诉讼请求再次起诉的，人民法院应当予以受理。

3. 当事人达成的仲裁条款或者仲裁协议无效、失效或者内容不明无法执行的，一方当事人向人民法院起诉的，法院应当予以受理。

4. 夫妻一方下落不明，另一方诉至人民法院，只要求离婚，不申请宣告下落不明人失踪或死亡的案件，人民法院应当受理，对下落不明人用公告送达诉讼文书。

5. 赡养费、扶养费、抚育费案件，裁判发生法律效力后，因新情况、新理由，一方当事人再行起诉要求增加或减少费用的，人民法院应当作为新案受理。

6. 判决不准离婚、调解和好的离婚案件以及判决、调解维持收养关系的案件的被告在 6 个月内向人民法院起诉的，应予受理。

7. 当事人超过诉讼时效期间起诉的，人民法院应予受理，受理后对方当事人提出诉讼时效抗辩，人民法院经审理认为抗辩事由成立的，判决驳回原告的诉讼请求。

（四）对不符合法定条件起诉的处理

根据《民事诉讼法》第 124 条和《民诉法解释》的规定，人民法院针对当事人的起诉，发现有下列情况之一的，不予受理，并分别不同情况予以处理：

1. 依照《行政诉讼法》的规定，属于行政诉讼受案范围的，告知原告提起行政诉讼。

2. 依照法律规定，双方当事人达成书面仲裁协议申请仲裁、不得向人民法院起诉的，告知原告向仲裁机构申请仲裁。

3. 依照法律规定，应当由其他机关处理的争议，告知原告向有关机关申请解决。

4. 对不属本院管辖的案件，告知原告向有管辖权的人民法院起诉。

5. 对判决、裁定、调解书已经发生法律效力的案件，当事人又起诉的，告知原告申请再审，但人民法院准许撤诉的裁定除外。

6. 依照法律规定，在一定期限内不得起诉的案件，在不得起诉的期限内起诉的，不予受理。

7. 判决不准离婚和调解和好的离婚案件，判决、调解维持收养关系的案件，没有新情况、新理由，原告 6 个月内又起诉的，不予受理。但如果是被告在 6 个月内就上述两类案件起诉的，则不在此限。

人民法院审查起诉，认为不符合起诉条件，裁定不予受理后，原告对该裁定不服的，可以在法定期间内提起上诉。

三、管辖权异议与应诉管辖

（一）管辖权异议

管辖权异议，是指人民法院受理案件后，一方当事人提出的、认为受理案件的人民法院对该案件并无管辖权的意见或主张。《民事诉讼法》作此规定，是为了充分保障当事人的诉讼权利，并通过行使这一诉讼权利保护自己的实体权利；同时，也是为了排除地方保护主义的干扰，保证审判管辖权合法、公正地行使。

管辖权异议是当事人的一项重要的诉讼权利，根据《民事诉讼法》第 127 条及《民诉法解释》的规定，提出管辖权异议，应具备以下几个条件：

1. 人民法院已经受理案件。如果只是原告起诉，人民法院还没有正式受理案件，被告不得提起管辖权异议。

2. 提出管辖权异议的一般为被告。因为原告的诉讼是向他认为有管辖权的法院提起的，因此，15 日法律没有必要赋予其管辖异议权。根据《级别管辖异议案件规定》的规定，上级人民法院将案件交由下级人民法院审理的，应当作出裁定，当事人（包括原告）可对此裁定提起上诉，而不是适用管辖权异议的规定。有独立请求权的第三人主动参加到他人已经开始的诉讼，应视为承认和接受了受诉人民法院的管辖，故不发生提出管辖权异议的问题，如果是受诉人民法院通知其参加诉讼，那么他有权提出管辖权异议，决定自己是以有独立请求权第三人的身份参加诉讼，还是以原告的身份向其他有管辖权的人民法院另行起诉。无独立请求权的第三人参加他人已经开始的诉讼，是通过支持一方当事人的主张而维护自己的利益，由于他在诉讼中始终是辅助一方当事人，故无权对受诉人民法院的管辖权提出异议。

3. 当事人对管辖权的异议，应当在提交答辩状期间提出。即被告应当在收到起诉状副本后的 15 日内提出管辖权异议。但如在答辩期间届满后，原告增加诉讼请求金额致使案件标的额超过受诉人民法院级别管辖范围的，被告仍可提出管辖权异议。

受诉人民法院对当事人提出的管辖权异议应及时进行审查。对当事人所提管辖权异议，未经审查或审查后尚未作出决定前，不得进入对该案的实体审理。经审查，管辖权异议成立的，裁定将案件移送至有管辖权的人民法院；异议不成立的，则应裁定驳回。裁定书应当送达双方当事人。当事人对裁定不服的，可以在 10 日内向上一级人民法院提起上诉。当事人在第二审人民法院确定该案的管辖权以后，即应按人民法院的通知参加诉讼。

（二）应诉管辖

应诉管辖亦称默示管辖，是指人民法院受理案件后，当事人放弃管辖异议权或者超过法定期限未提出异议，而在该法院应诉答辩的，人民法院因此有权对该案进行审理。

民事诉讼中，适用应诉管辖一般应具备三个条件：

1. 被告对受诉人民法院管辖未提出异议。即不管受诉人民法院对此案有无管辖权，被告均未对管辖问题提出不同意见。

2. 被告应诉答辩。应诉答辩是指被告针对原告的诉讼请求进行了实体答辩，答辩内容涉及作为诉讼标的的实体权利义务关系或者被告提出了反诉。

3. 应诉管辖不得违反我国民事诉讼法关于级别管辖、专属管辖和协议管辖的规定。应诉管辖实际上是当事人之间的一种默示协议管辖，级别管辖和专属管辖当然不能因当事人的这种默示协议行为而改变。至于当事人之间如果存在约定管辖的书面协议，则应按协议内容确定管辖法院，由双方事先约定的法院受理并审理案件。

同时具备上述三个条件的，就视为被告已承认受诉人民法院的管辖权。在诉讼过程中，被告不得再对管辖问题提出异议。

■第三节　审理前的准备

一、审理前准备的概念和意义

根据我国《民事诉讼法》的规定，审理前的准备，是指人民法院在决定受理原告的起诉后，在开庭审理之前，为保证案件审理的顺利进行，由承办案件的审判人员所进行的必要的准备活动。

审理前的准备是普通程序中开庭审理前的一个法定的必经阶段，是民事诉讼活动（尤其是庭审）顺利进行的必备前提。我国民事诉讼中的审理前的准备与英美法系的审前程序不同，首先，我国民事诉讼法没有将其构建为一个独立的程序；其次，审理前的准备以法院为主导，以保证开庭审理顺利进行为目的，当事人参与度低，功能单一。为进一步提高审前准备在整理争议焦点、交换证据、促进和解或调解以及案件的繁简分流等方面的功能，《民诉法解释》第 224、225 条增加了庭前会议的内容，这对于整个案件的审理和程序的进行都具有十分重要的意义：

1. 充分的审理前准备能够使法官了解案件的基本情况，掌握必要的证据。

2. 充分的审理前准备有利于当事人双方明确争执的焦点和各自的主张，以及对方所拥有的证据材料，防止诉讼中的证据突袭。

3. 充分的审理前准备能够保证各方当事人、证人都准时出庭，从而保障诉讼活动和审理的正常进行。

4. 充分的审理前准备有利于在交换各自主张和相关证据的基础上达成纠纷解决的合意，促进案件的分流。

二、审理前准备的内容

根据我国《民事诉讼法》第 125～133 条的规定，开庭审理前应当进行的准备工作有以下几项：

（一）在法定期限内送达诉讼文书

《民事诉讼法》第 125 条规定："人民法院应当在立案之日起 5 日内将起诉状副本发送被告，被告应当在收到之日起 15 日内提出答辩状。答辩状应当记明被告的姓名、性别、年龄、民族、职业、工作单位、住所、联系方式；法人或者其他组织的名称、住所和法定代表人或者主要负责人的姓名、职务、联系方式。人民法院应当在收到答辩状之日起 5 日内将答辩状副本发送原告。被告不提出答辩状的，不影响人民法院审理。"向当事人送达受理通知书和应诉通知书，是告知双方当事人原告起诉的案件人民法院已正式立案受理，当事人应做好参加诉讼的准备。向被告发送起诉状副本和向原告发送答辩状副本，是人民法院贯彻辩论原则、保护当事人辩论权的重要体现。

然而，在司法实践中，被告常常不按期向受诉人民法院提交答辩状。这一做法必然导致原告对被告的答辩意见及其证据无从了解，而被告则常常能够利用这一点进行"诉讼突袭"，这不仅会影响原告在庭审中进行质证和有效的辩论，还会影响庭审的效果，降低庭审的效率。尽管《民事证据规定》作出了被告应当答辩的规定，但仍过于简单，不能有效地克服上述弊端。

（二）通知必须共同进行诉讼的当事人参加诉讼

通知必须共同参加诉讼的当事人参加诉讼，是全面保护当事人的合法权益、彻底解决当事人之间争议的需要。必须参加诉讼的当事人，不论是原告还是被告，凡没有参加诉讼的，人民法院都应当通知其参加诉讼。如果在人民法院通知后，当事人不愿参加诉讼的，可按下列情况处理：①如被追加（通知）的是共同原告，该原告表示放弃实体权利的，可以不追加其为共同原告，诉讼继续进行。如该原告未表示放弃实体权利，又不参加诉讼，且经传票传唤不到庭的，可以缺席判决。②通知追加的是共同被告时，人民法院通知其参加诉讼，如果不是必须到庭的被告，经传票传唤拒不到庭的，可缺席判决。

（三）告知当事人有关诉讼权利和义务、合议庭组成人员

人民法院接到原告的起诉，经审查认为符合起诉条件，决定受理后，应当及时告知当事人有哪些诉讼权利和诉讼义务。这是人民法院维护当事人合法权益，保障当事人正确、均等地行使诉讼权利的一项重要措施，也是当事人的一项重要权利。

《民事诉讼法》第 128 条规定：“合议庭组成人员确定后，应当在 3 日内告知当事人。”以便于当事人及时行使申请审判人员回避的权利。同时，也可以减少在开庭审理时因当事人申请回避而延期审理的现象，提高诉讼效率。

（四）审查有关诉讼材料，调查收集必要的证据

审判人员应认真审阅原告提交的起诉状和被告提交的答辩状，核实当事人双方各自提供的事实和证据，明确双方当事人争执的焦点。

在民事诉讼中，证据的调查、收集和提供，主要是当事人自己的事情，人民法院原则上不负有调查和收集证据的责任。但是，《民事诉讼法》第 64 条第 2 款规定：“当事人及其诉讼代理人因客观原因不能自行收集的证据，或者人民法院认为审理案件需要的证据，人民法院应当调查收集。”人民法院调查和收集证据，是其行使国家审判权的职能需要，被调查的有关单位和个人有义务协助人民法院的调查工作，如果无故推脱、拒绝或者妨碍调查的，人民法院可以根据其行为的情节轻重，采取相应的强制措施，以保证调查工作的顺利进行。证据经人民法院调查未能收集到的，仍由负有举证责任的一方当事人承担举证不能的法律后果。

勘验笔录和鉴定意见都是证明案件事实的重要证据，如果需要由人民法院勘验或者委托鉴定的，在审理前的准备阶段，就应进行勘验或者委托有关部门鉴定，以便在开庭审理时，提交法庭辩论和质证，否则就有可能造成诉讼的迟延。

（五）当事人没有争议并且符合督促程序适用条件的案件，转入督促程序

督促程序是一种适用于解决以金钱和有价证券为标的的债务纠纷的程序，这些纠纷权利义务关系明确，一般无需严格复杂的诉讼程序即可确定。督促程序只做形式审查，省略了答辩、调查、开庭、辩论、上诉等程序，具有简便、迅速的特点。如当事人起诉到法院的案件符合督促程序的适用条件，当事人没有争议，即可转入督促程序。

（六）先行调解

《民事诉讼法》规定的调解原则适用于诉讼程序全过程。在正式开庭之前先行

调解，有利于充分发挥调解在化解纠纷、促进合意、提高效率方面的优势，人民法院应当根据案件的具体情况，结合审前程序的其他准备工作，适时安排和主持调解。经调解，当事人达成调解协议的，人民法院应当制作调解书，诉讼程序即告结束。一旦当事人之间达成调解协议，尚未完成的准备工作以及开庭审理就不必继续进行。但先行调解同样应当尊重当事人的意愿，贯彻自愿合法原则，当事人拒绝调解的，应当及时开庭。

（七）交换证据，明确争议焦点

证据交换，是指在法院的安排和主持下，双方当事人将证明自己主张的证据，于指定的日期提交对方当事人的诉讼活动。进行庭前证据交换有利于当事人提前了解对方所掌握的证据，使当事人在开庭审理时能有的放矢地进行质证，避免不公平的证据突袭。在实践中，庭前证据交换并非审理前的准备阶段所必经的程序，一般只适用于证据较多或者复杂疑难的案件。需要开庭审理的案件，应当在审前准备阶段，围绕本案当事人的诉讼请求和答辩意见，交换证据，明确争议焦点，为双方当事人在开庭审理时的证明、质证、辩论做充分准备，也为人民法院顺利地审理和裁判案件奠定基础。实践证明，交换证据、明确争议焦点的过程，不仅有助于提高庭审的质量和效率，也为在充分展示证据和交流诉辩意见的基础上，双方当事人之间的进一步协商与和解创造了条件。

除上述主要的准备工作外，还应当确定审理案件适用的程序。民事诉讼法对普通程序和简易程序的适用范围作了规定，同时也赋予当事人依法选择程序的权利。普通程序和简易程序的开庭审理具有不同的特点及要求，因此，在正式开庭前的准备阶段，应当根据案件情况确定适用普通程序或者简易程序。

■第四节　开庭审理

开庭审理，是指人民法院在当事人及其他诉讼参与人的参与下，对所受理的民事案件进行审理和裁判的活动。开庭审理是诉讼活动的重要阶段，也是第一审普通程序的必经阶段。民事诉讼法为了保证案件的审判质量，对开庭审理各阶段作了详细的规定，人民法院必须严格按照法定的程序进行。

一、庭审准备

庭审准备是开庭审理的预备阶段，其主要内容是：

1. 决定案件是否公开审理。《民事诉讼法》第134条规定："人民法院审理民事案件，除涉及国家秘密、个人隐私或者法律另有规定的以外，应当公开进行。离婚案件，涉及商业秘密的案件，当事人申请不公开审理的，可以不公开审理。"不论是否公开审理，人民法院在开庭审理前应作出决定。

2. 决定是否派出法庭巡回、就地开庭审理。巡回审理、就地办案是一项重要的便民措施，人民法院应当根据案件的实际情况，实事求是地决定是在本院审理还是下基层巡回审理。

3. 传唤、通知当事人和其他诉讼参与人。人民法院审理民事案件，应当在开庭3 日前将传票送达当事人，将出庭通知书送达其他诉讼参与人。

4. 发布公告。对于公开审理的案件，人民法院应当在开庭审理前公告当事人的姓名、案由和开庭的时间、地点，以便群众旁听、新闻记者或电视台参访，接受监督。公告地点一般在法院门前的公示栏，巡回审理的案件也可以在案发地或其他相关地点发布公告。

5. 查明当事人和其他诉讼参与人是否到庭。开庭审理前，书记员应当查明当事人和其他诉讼参与人是否到庭。如有当事人或其他诉讼参与人未到庭，则应查明传票、通知书是否已经合法送达，以及未到庭的原因，并报告审判长，由审判长根据不同情况依法作出决定。如果当事人和其他诉讼参与人都已到庭，则由书记员宣布法庭纪律，进行遵守法庭规则的教育，以保障开庭审理的顺利进行。

二、审理开始

首先由审判长宣布开庭，然后依次核对当事人，宣布案由，宣布审判人员和书记员名单，告知当事人有关的诉讼权利和义务，询问当事人是否提出回避申请。如果当事人不提出回避申请，那么继续开庭审理。如果当事人提出回避申请，就应当宣布暂时休庭，以决定是否准予回避。审查诉讼代理人的代理资格和代理权限。律师担任代理人时，审查其代理权限。

三、法庭调查

法庭调查阶段是人民法院审理的重要阶段，法庭调查将案件的审理引入到实质，它为后来的法庭辩论、合议庭评议等阶段奠定基础。法庭调查的重要任务是，通过当事人提供、展示证据以查清案件事实，审查、核实各种证据。根据《民事诉讼法》的规定，法庭调查按下列顺序进行：

1. 当事人陈述。当事人陈述的顺序是：①由原告口头陈述事实或者宣读起诉状，讲明具体诉讼请求和理由。②由被告口头陈述事实或者宣读答辩状，对原告诉讼请求提出异议或者反诉的，讲明具体请求和理由。③有独立请求权的第三人陈述诉讼请求和理由；无独立请求权的第三人针对原、被告的陈述提出承认或者否认的答辩意见。④原告或者被告对第三人的陈述进行答辩。

当事人陈述时，审判人员可以发问，查清当事人之间争议的焦点，弄清当事人各自所持的理由。当事人陈述结束后，审判长应归纳该案争议的焦点或者法庭调查的重点，并征求当事人的意见。

2. 告知证人的权利义务，证人作证，宣读未到庭的证人证言。证人作证以前，审判长应告知证人如实作证的义务以及作伪证的法律后果，并责令具有完全民事行为能力的证人签署保证书，以便证人正确行使诉讼权利，自觉履行诉讼义务。告知证人的权利义务，证人签署保证书后，由证人当庭作证。如有数个证人，应分别作证。如果数个证人提供的证言不一致，可以相互质证。当事人及其诉讼代理人经审判长许可，可以向证人发问；当事人可以互相发问。

证人出庭有困难而依《民事证据规定》提交书面证言的，由审判人员当庭宣读其证言，并允许当事人质证。未在法庭上宣读的证人证言，不能作为认定案件事实的证据。

3. 出示书证、物证、视听资料和电子数据。书证、物证、视听资料和电子数据可以是当事人提供的，也可以是审判人员依法主动收集的。证据一般先由原告出示，被告进行质证；然后由被告出示证据，原告进行质证。原、被告对第三人出示的证据进行质证，第三人对原告或者被告出示的证据进行质证。审判人员出示人民法院调查收集的证据，原告、被告和第三人对其进行质证。

案件有两个以上独立存在的事实或者诉讼请求的，可以要求当事人逐项陈述事实和理由，逐个出示证据并分别进行调查和质证。

4. 宣读鉴定意见。鉴定意见可以由鉴定人宣读，也可以由审判人员宣读，当事人及其代理人有意见的，经法庭许可，可以向鉴定人提问并进行质证。

5. 宣读勘验笔录。勘验笔录是审判人员对案件现场、物品等进行勘验时所作的笔录。审判人员要将勘验笔录当庭宣读，拍摄的照片或绘制的图纸应当场展示，询问当事人是否有异议，当事人有权对勘验笔录进行质证。

法庭决定再次开庭的，审判长或者独任审判员对本次开庭情况应当进行小结，指出庭审已经确认的证据，并指明下次开庭调查的重点。第二次开庭时，只就未经调查的事项进行调查和审理，对已经调查、质证并已认定的证据不再重复审理。

合议庭认为全部事实查清以后，审判长或者独任审判员应当就法庭调查认定的事实和当事人争议的问题进行归纳总结。由审判长宣布法庭调查结束，进入法庭辩论阶段。

四、法庭辩论

辩论权是法律赋予当事人的一项重要的诉讼权利。根据辩论原则的要求，未经法庭质证和辩论的事实不能作为人民法院认定案件事实的根据。在这一阶段，法庭必须保障当事人双方充分、平等地行使辩论权。通过当事人以及其他诉讼参与人的相互辩论和质证，进一步查清事实，分清是非责任，为正确适用法律、作出裁判打下基础。根据《民事诉讼法》第141条第1款的规定，法庭辩论按照下列顺序进行：①原告及其诉讼代理人发言；②被告及其诉讼代理人答辩；③第三人及其诉讼代理人发言或者答辩；④互相辩论。

法庭辩论中，审判人员应当引导当事人围绕争议焦点进行辩论。当事人及其诉讼代理人的发言与本案无关或者重复未被法庭认定的事实，审判人员应当予以制止。一轮辩论结束后，当事人要求继续辩论的，可以进行下一轮辩论。如果发现新的事实需要进一步调查时，审判长可以宣布停止辩论，恢复调查，待事实查清后再继续辩论。法庭辩论时，审判人员不得对案件性质、是非责任发表意见，不得与当事人辩论。

法庭辩论终结，由审判长按原告、被告、第三人的先后顺序征询各方的最后意见。同时，如有调解可能的，在征得各方当事人同意后，人民法院还可以依法再行调解，如果当庭达成调解协议的，由审判长或者独任审判员签发调解书。如果经调解不能达成协议，应当及时判决。

五、评议宣判阶段

法庭辩论终结，由审判长宣布休庭，合议庭进行评议。合议庭评议的任务，是综合分析和研究经过法庭调查和辩论的事实，分清是非，正确适用法律，用判决的形式确认当事人之间的权利义务关系，并依法确定诉讼费用的负担。合议庭评议案件，实行少数服从多数的原则。评议的情况应当制成笔录，由合议庭成员签名。评议中的不同意见，必须如实记入笔录。

合议庭在评议结束前，应根据案件审理的实际情况，决定是当庭宣判还是定期宣判。《民事诉讼法》第148条规定："人民法院对公开审理或者不公开审理的案件，一律公开宣告判决。当庭宣判的，应当在10日内发送判决书；定期宣判的，宣判后立即发给判决书。宣告判决时，必须告知当事人上诉权利、上诉期限和上诉的法院。宣告离婚判决，必须告知当事人在判决发生法律效力前不得另行结婚。"

六、审理期限

审理期限，是指一个民事案件从立案到审结所能持续的最长时间。根据《民事诉讼法》第149条的规定，人民法院适用普通程序审理的案件，应当在立案之日起6个月内审结。有特殊情况需要延长的，由受诉人民法院院长批准，可以延长6个月。如果确因情况特殊还需延长的，需报请上级人民法院批准。审理期限是法定期间，人民法院必须严格遵守。《民诉法解释》第243条规定："民事诉讼法第149条规定的审限，是指从立案之日起至裁判宣告、调解书送达之日止的期间，但公告期间、鉴定期间、双方当事人和解期间、审理当事人提出的管辖异议以及处理人民法院之间的管辖争议期间不应计算在内。"

■第五节　撤　诉

撤诉，是指人民法院对已经受理的案件，在作出判决之前，当事人向人民法院要求撤回自己的诉讼请求的行为。从广义上讲，撤诉泛指当事人向人民法院撤回诉讼请求，不再要求人民法院对案件进行审理的行为，除原告撤回起诉外，还包括被告撤回反诉、第三人撤回参加之诉、上诉人撤回上诉等。

我国《民事诉讼法》在"普通程序"一章中，仅对狭义的撤诉作出了规定。根据《民事诉讼法》的规定，狭义的撤诉又可以分为申请撤诉和按撤诉处理两种。前者是原告起诉后，自愿放弃要求人民法院对案件进行审判的权利，向人民法院申请撤回诉讼请求，是当事人对诉讼权利的积极处分；后者是人民法院在原告没有主动申请撤诉的情况下，根据法律规定，对原告之诉按撤诉处理，是当事人对诉讼权利的消极处分。

一、申请撤诉

申请撤诉，是指在案件受理后、一审判决宣告前，原告向人民法院申请撤回其起诉的一种诉讼行为。

《民事诉讼法》第145条第1款规定："宣判前，原告申请撤诉的，是否准许，由人民法院裁定。"申请撤诉是当事人的一项诉讼权利，只要符合以下条件，人民法院应当依法予以保护：

1. 有权申请撤诉的只能是处于原告地位的当事人。原告、有独立请求权的第三人有权撤回起诉。在反诉的情况下，反诉中的原告也有权撤回自己的反诉请求。

2. 必须出于当事人的自愿。撤诉是当事人对自己诉讼权利的处分，因此，必须是当事人本人自愿的行为，其他人未经当事人特别授权或者当事人是在受胁迫下的所为的，都不能成立。

3. 申请撤诉不能违反法律的规定。原告申请撤诉不得侵犯国家、社会或者他人的合法权益，不得规避法律或者企图逃避法律的制裁。

4. 必须在人民法院宣判前提出。宣判后，原告不能再提出撤诉，即使提出也已无意义。

当事人申请撤诉，应向人民法院递交撤诉申请书；按简易程序审理的案件，也可以口头申请撤诉。对当事人的撤诉申请，人民法院应当进行审查。经审查，认为符合法律规定，应当裁定准予撤诉；违反法律规定的，裁定不准撤诉。为平等保护双方当事人的合法权益，根据《民诉法解释》第238条第2款的规定，在法庭辩论终结后原告申请撤诉的，应征询被告意见，被告不同意的，法院可以不予准许撤诉。

二、按撤诉处理

按撤诉处理，是指人民法院依照法律的明确规定，对于当事人的某些行为裁定按照申请撤诉处理。人民法院在审理民事案件过程中遇到下列情况，应按撤诉处理：①原告经传票传唤，无正当理由拒不到庭的，或者未经法庭许可中途退庭的；[1]②无诉讼行为能力的原告的法定代理人，经传票传唤，无正当理由拒不到庭，又不委托诉讼代理人的；[2]③有独立请求权的第三人经人民法院传票传唤，无正当理由拒不到庭或未经法庭许可中途退庭的；[3]④未交诉讼费的，法院亦未批准缓交、免交的。[4]

三、撤诉的法律后果

人民法院裁定准许撤诉或按撤诉处理后，将产生以下法律后果：

---

〔1〕 参见《民事诉讼法》第143条。
〔2〕 参见《民诉法解释》第235条。
〔3〕 参见《民诉法解释》第236条。
〔4〕 参见《民诉法解释》第213条。

　　1. 诉讼程序终结。法院裁定准许撤诉或按撤诉处理后，诉讼程序便告终结，人民法院不能对案件再继续进行审理和作出判决，这是撤诉最直接的法律后果。

　　2. 当事人可以在诉讼时效内再行起诉。当事人撤诉只表明其处分了自己的诉讼权利，并没有处分自己的实体权利，人民法院对当事人之间的实体权利义务争议仍未予以认定。因此，人民法院裁定准许撤诉后，当事人就同一诉讼标的、同一事实和理由再次起诉的，只要未超过诉讼时效，人民法院应予以受理。

　　3. 诉讼时效重新开始计算。原告起诉后，诉讼时效中断；自人民法院裁定准予撤诉之日起，诉讼时效重新开始计算。

■第六节　缺席判决

一、缺席判决的概念与适用

　　缺席判决，是指人民法院开庭审理案件时，在一方当事人没有到庭的情况下，依法作出的判决。缺席判决是相对对席判决而言的，缺席判决作出后，与对席判决具有同等法律效力。

　　按照我国《民事诉讼法》的规定，缺席判决制度的功能，并不在于惩罚缺席的一方当事人，相反，缺席判决制度的建立，旨在促使当事人积极参加庭审并积极完成举证、质证、辩论等诉讼行为，保障当事人充分行使诉讼权利，使法官最大限度地通过庭审发现客观真实，对案件事实作出准确判断。同时，为了保障诉讼程序的正常进行，不致因一方当事人的缺席而陷入困境，缺席判决制度的建立与完善也是具有重要意义的。

　　根据我国《民事诉讼法》第143～145条的规定，缺席判决适用于下列情形：①原告在被告反诉的情况下，经人民法院传票传唤，无正当理由拒不到庭或者未经法庭许可中途退庭的；②被告经传票传唤，无正当理由拒不到庭，或者未经法庭许可中途退庭的；③人民法院裁定不准许撤诉，原告经传票传唤，无正当理由拒不到庭的；④人民法院对无诉讼行为能力的被告的法定代理人，经传票传唤，无正当理由拒不到庭，又不委托诉讼代理人的，可以比照《民事诉讼法》第144条的规定，缺席判决。

　　人民法院在作出缺席判决时，应当严格依照法定程序进行。同时，要注意保护缺席一方当事人的合法权益，不得因当事人未到庭而使其合法权益受到损害。人民法院所作的缺席判决与在双方当事人出庭情况下所作的对席判决具有同等效力。缺席一方当事人不得以未到庭为借口，拒绝履行判决所确定的义务。

二、缺席判决的模式

　　从近代以来各国民事诉讼立法看，缺席判决有两种基本模式：缺席判决主义和一方辩论判决主义。缺席判决主义是指原告缺席时，拟制为原告放弃诉讼请求，法院判决驳回起诉；被告缺席时，拟制为被告自认原告主张的事实，根据原告的申请，法院作出缺席判决。传统意义上的缺席判决主义还包括异议制度，即缺席的一方在一定的期间提出异议申请，使缺席判决失去效力，诉讼恢复到缺席以前的状态。缺席判决主义能够保障诉讼程序尽可能地不因当事人的缺席而陷入僵局，有利于达到简化程序、诉讼经济的目的。同时，设置异议制度来保障公正价值的实现，它通过赋予有正当理由而缺席的一方当事人以异议权来保障该当事人享有充分的防御权，并因此使诉讼程序的对立性恢复，以实现实体正义。但缺席判决主义也存在诸多问题，比如，当被告缺席时，拟制为被告自认原告的诉讼主张，即使被告已经提供了载有确能成立的抗辩事实及根据的答辩状，法院也不能予以考虑。从这一点分析该主义，又与公正价值不符。异议制度虽然希望为缺席一方提供补救，却容易被某些没有合法理由的被告恶意利用，造成诉讼拖延，在诉讼经济方面存在难以克服的问题。

缺席判决的另一立法模式是一方辩论判决主义，即一方当事人在开庭审理期日不到庭时，由到庭的一方当事人进行辩论，法院将当事人辩论的事实以及法院所得到的证据、缺席方提供的诉讼资料作为判决的基础。这种立法模式为现在西方大多数国家所采用。鉴于缺席判决主义在公正与效益方面存在的一些缺陷，一方辩论判决主义试图对此加以弥补和完善。根据这种模式，在当事人一方缺席的情况下，不得根据缺席的情况作出对缺席方不利的判决；缺席方在诉状或答辩状中所主张的事实、所记载的事项，均被视为缺席方的陈述，该陈述对法院是有约束力的，这就避免了缺席判决主义完全不考虑缺席方所提供的诉状及抗辩事实的弊端，较好地体现辩论主义，更有利于程序公正的实现；同时，一方辩论判决主义由于抛弃了异议制度，因此也就避免了因提起异议而导致诉讼迟延的弊端。但一方辩论判决主义绝非完美无缺，它所体现的辩论主义毕竟是不完整的，法官所掌握的证据也可能是不完整的，在此基础上所作出的判决同样可能会出现与案件事实不符的情形，在简化程序方面的作用也显得操作"一刀切"，缺乏灵活性。

我国的诉讼理论比较缺乏对缺席判决制度的深入研究，在我国的民事诉讼立法及司法实践中，缺席判决制度也还存在一些不完善之处。从立法上讲，我国民事诉讼法对缺席判决制度的规定过于简略，对缺席判决制度的审理原则、审理方式以及具体程序操作均未作出明确规定；从司法实践看，存在着错误理解缺席判决制度功能，将缺席判决单纯看作对缺席一方当事人的惩罚制裁措施的做法。为此，有必要从立法上进一步完善：

1. 应当从立法上确立体现当事人诉讼地位平等的缺席判决原则，明确缺席审判的法律要件，对于符合该要件的当事人，无论是原告还是被告，均适用缺席判决处理，而不是像现行《民事诉讼法》所规定的原告缺席按撤诉处理（除被告反诉外），被告缺席的就作缺席判决。目前这种规定使原告可能为规避败诉而不到庭，从而导致撤诉的法律后果，而案情决定了被告又不可能反诉，那么他就会因此而丧失胜诉的机会。

2. 应明确规定，符合法律要件的，要严格按缺席判决制度处理，不得改期开庭或再次传票传唤，以保障法院的办案效率。

3. 应从立法上要求被告在一定期限内提出答辩状，以便更好地贯彻辩论原则，使法院在作出缺席判决时认真审查被告已提出的辩论意见和其他有关证据材料，并充分考虑缺席一方当事人的合法权益，尽可能地发现真实，作出正确、合法的裁判。

根据《民诉法解释》第241条的规定，人民法院对到庭的当事人诉讼请求、双方的诉辩理由以及已经提交的证据及其他诉讼材料进行审理后，可以依法缺席判决。这一规定明确了缺席判决可将双方的诉辩理由及证据材料等作为事实基础，较之民事诉讼法的现行规定是一个进步。

■第七节　延期审理、诉讼中止和诉讼终结

一、延期审理

延期审理，是指人民法院决定了开庭审理的日期后，或者在开庭审理的过程中，由于出现了某种法定的事由，使诉讼不能如期进行，或者已经开始的诉讼无法继续进行，从而决定推延审理的一种诉讼制度。

根据《民事诉讼法》第146条的规定，可以延期审理的情形有以下四种：

1. 必须到庭的当事人和其他诉讼参与人有正当理由没有到庭。必须到庭的当事人一般是指追索赡养费、扶养费、抚育费、抚恤金、医疗费、劳动报酬以及解除婚姻关系案件中的当事人。其他诉讼参与人没有到庭，一般是指必须到庭的证人、翻译人员等。

2. 当事人临时提出回避申请的。当事人有申请回避的权利，根据我国《民事诉讼法》的规定：①在审理前的准备阶段，合议庭组成后，应当立即将合议庭组成人员通知当事人；②开庭审理时，审判长要宣布审判人员、书记员名单，并询问当事人是否申请回避；③如果回避事由是在案件开始审理后知道的，当事人也可以在法庭辩论终结前申请回避。在后两种情况下，如果人民法院无法立即作出决定，或者虽然决定应当回避但一时无法重新指定审判员、书记员或其他人员，开庭审理就无法继续进行，人民法院就应当决定延期审理。

3. 需要通知新的证人到庭，调取新的证据，重新鉴定、勘验，或者需要补充调查的。在案件审理过程中，当事人提出新的证人、新的证据后，如果不通知其到庭或不去调取这些证据，或者虽已作过鉴定和勘验，但如不重新鉴定、勘验将会影响对事实的认定和对案件的正确判断。由于需要一定的时间才能处理好这些工作，所以应当延期审理。

4. 其他应当延期的情形。这是一项弹性条款，供人民法院审判人员在实践中根据具体情况灵活运用。例如，开庭审理的过程中，审判人员、当事人、证人等突发急病，致使诉讼无法继续进行的。

在开庭审理中，出现上述情形的，人民法院应当决定延期审理。同时，当事人也可以请求延期审理，由人民法院依法决定。决定延期审理的案件，合议庭能确定下次开庭日期的，可以当庭通知，一时不能确定的，也可以在确定后另行通知。

延期审理与休庭不同，虽然两者都是法庭审理暂停，但休庭属正常现象，如庭审中合议庭成员需要退庭研究问题或者当天不能审理终结、第二天继续开庭等都可以宣布休庭；而延期审理不同，它是因非正常现象导致无法继续开庭，从而需要推迟到另一时间审理。

二、诉讼中止

诉讼中止，是指在诉讼进行中，由于某种法定事由的出现，使诉讼无法继续进行，由人民法院裁定暂时停止诉讼程序，待引起中止的原因消除后再恢复诉讼程序的制度。根据《民事诉讼法》第150条第1款的规定，有下列情形之一的，中止诉讼：①一方当事人死亡，需要等待继承人表明是否参加诉讼的；②一方当事人丧失诉讼行为能力，尚未确定法定代理人的；③作为一方当事人的法人或者其他组织终止，尚未确定权利义务承受人的；④一方当事人因不可抗拒的事由，不能参加诉讼的；⑤本案必须以另一案的审理结果为依据，而另一案尚未审结的；⑥其他应当中止诉讼的情形。

人民法院中止诉讼，应当作出裁定。诉讼中止的裁定一经作出即发生法律效力，当事人不能上诉，也不能申请复议。人民法院和当事人在裁定作出后，当事人应停止本案的一切诉讼行为，人民法院除依法采取保全措施外，应停止对本案的审理。中止诉讼的原因消除后，可以由当事人申请，或者由人民法院依职权恢复诉讼程序。恢复诉讼程序时，不必撤销原裁定，从人民法院通知或者准许双方当事人继续进行诉讼时起，原裁定即失去效力。诉讼程序恢复后，中止前的诉讼行为仍然有效。

诉讼中止与延期审理是两项不同的制度，不能混淆。诉讼中止是诉讼程序的暂时停止，而延期审理只是推迟了审理案件的期日，诉讼活动并未停止；诉讼中止的期限一般较长，什么时间恢复诉讼，人民法院难以确定，而延期审理一般时间较短，在决定延期审理时，一般就能确定下次开庭审理的时间。

三、诉讼终结

诉讼终结，是指在诉讼进行中，由于某种法定事由的出现，使诉讼继续进行已无必要或者成为不可能时，由人民法院裁定结束诉讼程序的制度。根据《民事诉讼法》第151条的规定，有下列情形之一的，终结诉讼：①原告死亡，没有继承人，或者继承人放弃诉讼权利的；②被告死亡，没有遗产，也没有应当承担义务的人的；③离婚案件一方当事人死亡的；④追索赡养费、扶养费、抚育费以及解除收养关系案件的一方当事人死亡的。

人民法院终结诉讼，应当作出裁定，裁定一经作出即发生效力。对终结诉讼的裁定，当事人不能上诉，不能申请复议。

■第八节　公益诉讼

一、公益诉讼的概念和特征

公益诉讼是指特定主体对于损害社会公共利益的行为向人民法院提起的诉讼。公益诉讼可分为行政公益诉讼和民事公益诉讼，本节所述为民事公益诉讼。一般的民事诉讼是典型的私益诉讼，即民事主体为维护自身利益而进行的诉讼。公益诉讼除了具有民事诉讼的一般特征外，还具有以下特征：

1. 公益诉讼的目的在于保护社会公共利益。社会公共利益是对众多人利益的抽象概括，具有整体性、普遍性、主体不特定性等特点。公益诉讼所针对的是损害社会公共利益的行为，目的在于保护社会公共利益，而非保护特定个人的私权。

2. 公益诉讼的原告不以直接利害关系为基础，因为公共利益本身就是属于无直接利害关系的不特定主体。所以，公益诉讼一般是由与侵害后果无直接利害关系的公民、公益组织或法定的国家机关提起。

3. 判决效力具有扩张性。公益诉讼是由国家机关或公益组织等代表公共利益及相关受害人进行的诉讼，这种代表资格是由法律规定的，无须征得被害人同意。人民法院的裁判不仅对参加诉讼的当事人具有拘束力，而且对社会公众、特定的国家机关、公益组织等都具有拘束力。

近年来，公共利益的维护一直为社会广泛关注。由于重大侵害公共利益事件时有发生，尤其是环境污染和侵害众多消费者利益的事件的发生，使得人们希望通过司法程序维护社会公共利益的诉求日益强烈。由于民事诉讼历来由有利害关系的原告提起，而公益诉讼因传统原告适格理论的障碍而难以被提起。尽管实践中检察机关、环保组织进行了一些有益的尝试，取得了较好的社会效果，但毕竟缺乏法律依据。我国2012年《民事诉讼法》的修改及时回应了这种社会诉求，修改后的《民事诉讼法》第55条规定，对污染环境、侵害众多消费者合法权益等损害社会公共利益的行为，法律规定的机关和有关组织可以向人民法院提起诉讼。目前，这两类纠纷是我国实践中出现的数量最大的公益纠纷。至于其他涉及公共利益的纠纷是否应纳入公益纠纷的范畴，法律没有明确规定。但该条文使用了"等损害社会公共利益的行为"这样的文字表达，为以后立法和司法扩大解释公益诉讼的案件范围留下了空间。

鉴于公益诉讼的上述特征，在诉讼程序上需要建构与一般民事诉讼不同的程序规则。据此，《民诉法解释》第284~291条对公益诉讼制度作出了细化的规定。包括公益诉讼主体资格（详见本教材第八章第三节"当事人主体资格""一、（四）公益诉讼原告资格"的内容）及起诉条件、管辖、公益诉讼程序与行政保护程序的衔接、公益诉讼原告参加诉讼、公益诉讼与私益诉讼的关系、公益诉讼案件调解与和解、公益诉讼案件撤诉、公益诉讼裁判效力等问题。

二、公益诉讼的起诉与受理

根据《民诉法解释》第284条的规定，提起公益诉讼应符合下列条件：①有明确的被告；②有具体的诉讼请求；③有社会公共利益受到损害的初步证据；④属于人民法院受理民事诉讼的范围和受诉人民法院管辖。

其中，公益诉讼案件的级别管辖，根据《民诉法解释》的规定，原则上由侵权行为地或者被告住所地中级人民法院管辖。因污染海洋环境提起的公益诉讼，由污染发生地、损害结果地或者采取预防污染措施地海事法院管辖。根据《关于审理环境民事公益诉讼案件适用法律若干问题的解释》的规定，第一审环境民事公益诉讼案件由污染环境、破坏生态行为发生地、损害结果地或者被告住所地的中级以上人民法院管辖。中级人民法院认为确有必要的，可以在报请高级人民法院批准后，裁定将本院管辖的第一审环境民事公益诉讼案件交由基层人民法院审理。

公益诉讼案件的地域管辖，应当由侵权行为地或者被告住所地法院管辖。对同一侵权行为分别向两个以上人民法院提起公益诉讼的，由最先立案的人民法院管辖，必要时，由它们的共同上级人民法院指定管辖。

人民法院受理公益诉讼案件，不影响同一侵权行为的受害人根据《民事诉讼法》第119条的规定提起诉讼。即在人民法院受理公益诉讼后，受害人可同时提起私益诉讼，主张本人的权益。

三、公益诉讼的特殊程序规则

公益诉讼按照普通程序审理，适用普通程序的各项规则。但《民诉法解释》针对公益诉讼的特殊性，规定了下列特殊规则。

1. 和解与调解。根据《民诉法解释》第289条的规定，对公益诉讼案件，当事人可以和解，人民法院可以调解。但由于公益诉讼涉及社会公共利益，为防止和解或调解不利于公共利益的保护，人民法院应当进行必要的审查，并在当事人达成和解或者调解协议后，将和解或者调解协议进行公告。公告期间不得少于30日。公告期满后，人民法院经审查，和解或者调解协议不违反社会公共利益的，应当出具调解书；和解或者调解协议违反社会公共利益的，不予出具调解书，继续对案件进行审理并依法作出裁判。

2. 撤诉。撤诉是原告处分诉讼权利的行为，是建立在处分权及私权自治基础上的，在公益诉讼中应当受到限制。根据《民诉法解释》的规定，公益诉讼案件的原告在法庭辩论终结后申请撤诉的，人民法院不予准许。根据这一规定，原告在法庭辩论终结前提出撤诉，如果不损害公共利益的，法院可以准许；但法庭辩论终结后，案件事实已查清，已经具备了判决的条件，因此，为切实保护公共利益，实现公益诉讼的目的，同时兼顾被告的程序利益，法院应裁定不准撤诉。

3. 裁判效力。对同一侵害公共利益的行为，依法律或司法解释的规定可能有多个有权提起诉讼的原告，法院对已经提起的公益诉讼作出的判决，该判决不仅对本案当事人产生既判力，对其他适格原告也产生约束力。《民诉法解释》第291条规定，公益诉讼案件的裁判发生法律效力后，其他依法具有原告资格的机关和有关组织就同一侵权行为另行提起公益诉讼的，人民法院裁定不予受理，但法律、司法解释另有规定的除外。

第二十章

【本章小结】

1. 本章全面阐述了普通程序的法律规定以及相关理论。普通程序是民事诉讼程序的基础程序，具有完整性、独立性和广泛的适用性。

2. 审前准备程序是人民法院、当事人有效进行审判活动和诉讼活动的基础，关系到庭审的效果乃至诉讼的公正与效率，应当予以完善。

3. 开庭审理是民事审判程序的中心环节，一些重要的原则、制度将在这个过程中集中体现，当事人的举证、质证、辩论以及法院认定事实、适用法律、作出裁判的活动也是集中在庭审中进行的。

4. 在普通程序中，撤诉是当事人行使处分权的制度体现，应掌握撤诉的条件、种类、效力，并研究撤诉制度的完善问题；缺席审判制度的设立，旨在避免因一方不到庭而使诉讼陷入困境，从而保障诉讼的顺利进行，本章阐述了缺席判决的适用、立法模式及其完善的问题。

5. 延期审理、诉讼中止和诉讼终结虽非每案所必经，但却是不可或缺的重要制度，应重点掌握其适用范围及效力。

6. 本章还阐述了公益诉讼的概念和特征、公益诉讼的起诉与受理和公益诉讼的特殊程序规则。

【思考题】

1. 简述普通程序在民事审判程序中的地位。
2. 简述起诉的条件及意义。
3. 如何完善我国的审前准备程序？
4. 简述开庭审理的程序及意义。
5. 撤诉应具备什么条件？
6. 如何理解我国民事诉讼法规定的缺席审判制度？
7. 什么是公益诉讼？公益诉讼有什么特点？

【参考文献】

1. 王亚新："民事诉讼准备程序研究"，载《中外法学》2002 年第 2 期。
2. 蔡虹："审前准备程序的功能、目标及其实现——兼论法院审判管理模式的更新"，载《法商研究》2003 年第 3 期。
3. 陈桂明、李仕春："缺席审判制度研究"，载《中国法学》1998 年第 4 期。

4. 蔡虹、刘加良："论民事审限制度"，载《法商研究》2004 年第 4 期。

5. 王胜明主编：《中华人民共和国民事诉讼法释义》，法律出版社 2012 年版。

6. 沈德咏主编：《最高人民法院民事诉讼法司法解释理解与适用（上）》，人民法院出版社 2015 年版。

第二十章

第二十一章

简易程序

> **学习目的和要求** 掌握简易程序的功能、适用范围以及审理简单民事案件的特别程序规则；研究简易程序的完善。

■第一节 简易程序的概念和意义

一、简易程序的概念

简易程序，是指基层人民法院及其派出法庭审理简单民事案件所适用的程序。在我国，简易程序是与普通程序并存的一种独立的简便易行的诉讼程序，是第一审程序的一种，与适用普通程序审结案件具有相同的法律效力。当事人对一审案件的判决不服，同样可以在法定期限内向上一级人民法院提起上诉。人民法院在适用简易程序审理案件时，应首先适用简易程序的规定。简易程序没有规定的，要适用普通程序的有关规定。

从理论研究及各国的立法看，可从三种意义上界定简易程序的概念：

1. 狭义的简易程序。这种意义上的简易程序外延最小，它排除了小额诉讼程序、督促程序等其他简易化了的程序。目前，《日本民事诉讼法》和我国台湾地区修改后的"民事诉讼法"即属于这种类型。

2. 传统的简易程序。即与普通程序并列的诉讼程序，包括狭义的简易程序和小额诉讼程序。我国《民事诉讼法》目前属于此种类型。

3. 最广泛意义上的简易程序。包括狭义的简易程序、小额诉讼程序，也包括其他诸如督促程序、书面审理等简易化的程序，是所有简易程序的总称。[1]

我国历来十分重视诉讼程序的简便易行。早在新民主主义革命时期，民事审判工作就坚持"方便群众诉讼、方便法院审判"的原则。陕甘宁边区提倡的"马锡五审判方式"是这一精神的集中体现。新中国成立后，1950 年中央人民政府政务院发布的《关于加强人民司法工作的指示》明确指出，人民法院审理民事案件，"一方面，应尽量采取群众调解的方法，以减少人民讼争。另一方面，司法机关在工作中

---

[1] 杨荣馨主编：《民事诉讼原理》，法律出版社 2003 年版，第 413～414 页。

应力求贯彻群众路线，推行便利人民、联系人民和依靠人民的诉讼程序和各种审判制度"。我国《民事诉讼法》总结了长期以来审判工作的经验，专章规定了简易程序，从而确立了简易程序在法律上的地位，继承和发扬了人民司法工作的优良传统。

《民事诉讼法》颁布实施后，简易程序的适用十分广泛。从不同渠道反映出的统计数字看，全国各地基层法院用简易程序审理的案件都占民事案件受案数的80%以上，有些基层法院在受理的民事案件中占90%，个别的几乎有100%，都是作为简单的民事案件适用简易程序进行审理。这些数字说明基层法院适用简易程序审理案件的范围已经在扩大，适用简易程序审理民事案件已经成为基层法院审判的主要方式。[1]相比之下，民事诉讼法对简易程序的规定过于简单，显然与此不相适应。尤其是在简易程序的适用范围、与普通程序的关系、当事人的程序保障等方面，还存在明显的不足。针对这种情况，最高人民法院在总结实践中适用简易程序的经验以及教训的基础上，同时也汲取了学术界对简易程序的研究成果，于2003年9月10日颁布了《简易程序规定》，该司法解释自2003年12月1日起实施。该司法解释的颁布实施，规范了简易程序的适用范围及包括起诉与答辩、审前准备、审理、送达等整个审判程序，并且明确赋予当事人在自愿的基础上协商适用简易程序的程序选择权，完善了我国《民事诉讼法》规定的简易程序。《民诉法解释》也设专章详细地规定了简易程序的相关问题，使得简易程序更加完备。

从世界范围来看，为了加快诉讼程序进程，适应多层次的法律需求，实行多元化的程序设计和运作，减轻当事人的讼累，各个国家的民事诉讼法不仅均规定了简易程序，而且十分重视对这一程序的发展和完善。从理论上讲，研究范围不仅包括类似于我国《民事诉讼法》规定的简易程序，也包括了所有简易化的程序，如特别程序中的简易程序、上诉审中的简易程序、再审中的简易程序、小额诉讼的简易程序等。我国民事诉讼法学界也正在对最广泛意义上的简易程序进行研究，以期对我国的简易程序作进一步的完善。

二、简易程序的意义

（一）便于当事人诉讼

我国地域辽阔，人口众多，各地的社会、经济、文化等发展不平衡，一些地方交通不便，当事人诉讼在客观上有一些困难。适用简易程序审理简单的民事案件，可以有效地为当事人减轻往返之劳，节省人力、财力和时间，使当事人之间的民事纠纷及时得到解决，使当事人的合法权益及时受到保护。

（二）便于人民法院办案

随着市场经济体制的确立和发展，民事纠纷日趋增多。在审判实践中，简单的民事案件大量存在，《民事诉讼法》规定简易程序，有利于人民法院及时审结民事

---

［1］　北京市高级人民法院："关于扩大适用民事简易程序范围的调研报告"，2001年2月在北京市举办的"简易程序研讨会"论文。

案件。简易程序规定了简便的起诉方式、简便的传唤方式和简化的审理程序，能够提高人民法院的办案效率，及时稳定民事法律关系，防止矛盾激化。同时，适用简易程序及时审结简单民事案件，还可以使人民法院抽出更多的时间和人力，更好地审结其他复杂案件。因此，《民事诉讼法》及司法解释规定的简易程序，在理论和实践上都具有重要的意义。

■第二节　简易程序的适用范围

一、适用简易程序的人民法院

简易程序是第一审程序的一种，人民法院只有在审理第一审民事案件时，才能适用简易程序。依照第二审程序审理的上诉案件，以及依照再审程序审理的案件，均不能适用简易程序。根据《民事诉讼法》关于级别管辖的规定，我国的四级人民法院都有权审理第一审民事案件。但是，在四级法院中，只有基层人民法院及其派出法庭能够适用简易程序。所谓派出法庭，包括固定的人民法庭，即基层人民法院在区、乡、镇常设的法庭，也包括巡回审理就地办案时临时组成的审判组织。人民法庭的审判活动以及所作的判决、裁定与基层人民法院的审判活动以及所作的判决、裁定具有同等法律效力。

二、适用简易程序的案件

（一）简单的民事案件适用简易程序

根据《民事诉讼法》第157条第1款的规定，简易程序一般适用于审理事实清楚、权利义务关系明确、争议不大的简单的民事案件。所谓"事实清楚"，是指当事人对争议的事实陈述基本一致，并能提供相应的证据，无须人民法院调查收集证据即可查明事实；"权利义务关系明确"，是指能明确区分谁是责任的承担者，谁是权利的享有者；"争议不大"，是指当事人对案件的是非、责任承担以及诉讼标的争执无原则分歧。[1]根据审判实践，对于以下案件，可以作为简单民事案件适用简易程序审理：

1. 结婚时间短，财产争议不大的离婚案件，或者当事人婚前就患有法律规定不准结婚的疾病的离婚案件。

2. 权利义务关系明确，只是给付时间和金额上有争议的追索赡养费、扶养费和抚育费的案件。

3. 确认或变更收养、扶养关系，双方争议不大的案件。

4. 借贷关系明确，证据充分和金额不大的债务案件。

5. 遗产和继承人范围明确，讼争遗产金额不大的继承案件。

6. 事实清楚，责任明确，赔偿金额不大的赔偿案件。

---

[1]　参见《民诉法解释》第256条。

7. 事实清楚，情节简单，是非分明，争议焦点明确，讼争金额不大的其他案件。

（二）不能适用简易程序的案件

根据《民诉法解释》第 257 条的规定，下列案件不能适用简易程序：

1. 起诉时被告下落不明的。

2. 发回重审的。

3. 当事人一方人数众多的。

4. 适用审判监督程序的。

5. 涉及国家利益、社会公共利益的。

6. 第三人起诉请求改变或者撤销生效判决、裁定、调解书的。

7. 其他不宜适用建议程序的案件。

（三）当事人合意适用简易程序

根据《民事诉讼法》第 157 条第 2 款和《民诉法解释》第 264 条第 1 款的规定，当事人双方约定适用简易程序的，应当在开庭前提出。口头提出的，记入笔录，由双方当事人签名或者捺印确认。该规定将程序选择权赋予当事人，这意味着除上述规定外，本应适用普通程序的案件，当事人选择适用简易程序的，也可适用简易程序。当事人行使程序选择权应具备下列条件：①必须是当事人一致同意适用简易程序；②为防止当事人双方恶意串通，损害他人合法权益，当事人行使程序选择权必须经人民法院同意；③未经当事人一致同意，人民法院不得依职权将普通程序转为简易程序；④针对不适用简易程序的案件，当事人不得约定适用简易程序；⑤必须在开庭前提出。

为保障当事人的合法权益，《民诉法解释》第 269 条第 1 款规定，当事人就适用简易程序提出异议，人民法院经审查，异议成立的，裁定转为普通程序；异议不成立的，口头告知当事人，并记入笔录。

■第三节　简易程序的适用

一、起诉与答辩

对于适用简易程序审理的民事案件，原告本人不能书写起诉状且委托他人代写起诉状有困难的，可以口头起诉，不需要向人民法院递交起诉状和起诉状副本。人民法院应当将原告起诉的内容，包括当事人的姓名、性别、工作单位、住所、联系方式等基本信息，诉讼请求，事实及理由等准确记录，由原告核对无误后，签名或捺印，并告知被告。

当事人应当在起诉时或答辩时向人民法院提供自己准确的送达地址、收件人、电话号码等联系方法，并签名或捺印确认。送达地址应当写明受送达人的详细地址和邮政编码；受送达人是有固定职业的自然人的，其从业的场所可以视为送达地址。

人民法院通知被告应诉后，被告可以口头答辩，法院可以当即开庭；被告要求书面答辩的，法院应当将举证及开庭的具体日期告知当事人，并向当事人说明逾期举证以及拒不到庭的法律后果，由各方当事人在笔录上签名或捺印。

二、传唤、送达

适用简易程序审理案件时，可用简便的方式传唤当事人和通知其他诉讼参与人。既可以口头传唤，也可以采用电话、短信、捎口信、传真、电子邮件等简便的方式传唤。在时间上，也不受普通程序开庭前3日通知当事人和其他诉讼参与人规定的限制，可以随时传唤当事人和通知其他诉讼参与人。采用多样的传唤方式符合简单民事诉讼程序的特点，但为了保障当事人的诉讼权利，以捎口信、电话、短信、传真、电子邮件等简便方式发送的开庭通知，未经当事人确认或者没有其他证据证明当事人已经收到的，不得作为原告撤诉和缺席判决的依据。

为了便于准确送达，当事人应当在起诉或者答辩时向法院提供自己的准确地址、收件人、电话号码等其他联系方式，并签名或捺印。送达地址应当写明受送达人住所地的邮政编码和详细地址。法院按照原告提供的被告的送达地址或者其他联系方式无法通知被告应诉的，按下列情形分别处理：①将案件转入普通程序审理；②原告不能提供被告的准确地址，法院查证后仍不能确定被告的送达地址的，可以被告不明确为由，裁定驳回起诉。

被告到庭后，拒绝提供自己的送达地址和联系方式的，法院应告知其后果，经法院告知后仍不提供的，如果被告是自然人的，以其户籍登记中的住所地或者经常居住地为送达地址；如果被告是法人或者其他组织的，应当以工商登记或者其他依法登记、备案中的住所地为送达地址。

因当事人自己提供的送达地址不准确，送达地址变更未及时告知法院，或者当事人拒不提供自己的送达地址而导致诉讼文书不能被当事人实际接收的，按下列方式处理：①邮寄送达的，以邮件回执上注明的退回之日为送达之日；②直接送达的，送达人当场在送达回证上记明情况之日视为送达之日。

在当事人拒收诉讼文书时，还可适用留置送达。

三、审理前的准备

适用简易程序审理民事案件，应在开庭前做好下列准备工作：

（一）审判组织

根据《民事诉讼法》第160条的规定，按照简易程序审理简单的民事案件，由审判员一人独任审理，书记员负责记录。在适用简易程序审理案件的过程中，如果发现案情复杂，需要转为普通程序审理的，应当在审理期限届满前作出裁定并将合议庭组成人员及相关事项书面通知双方当事人。[1]

（二）举证

在简易程序中，举证期限由人民法院确定，也可以由当事人协商一致并经法院

---

[1] 参见《民诉法解释》第258条第2款。

准许，但不得超过 15 日。当事人双方都表示不需要举证期限、答辩期间的，法院可以立即开庭审理或者确定开庭日期。当事人或者诉讼代理人申请法院调查收集证据和申请证人出庭作证，应在协商或指定的举证期限届满前提出，但可不受《民事证据规定》规定的时间限制。如果双方当事人同时到基层法院请求解决简单的民事纠纷，没有协商举证期限，当事人在开庭时要求当庭举证的，应当准许；当庭举证有困难的，可再由双方当事人协商确定举证期限，但最长不得超过 15 日；协商不成的，由法院决定。

（三）审查当事人的程序异议

根据《民诉法解释》第 269 条的规定，当事人一方或者双方就案件适用简易程序提出异议后，人民法院应当进行审查，并按下列情形分别处理：①异议成立的，应当将案件转为普通程序审理，并将合议庭的组成人员及相关事项以书面形式通知双方当事人；②异议不成立的，口头告知双方当事人，并将上述内容记入笔录。转入普通程序审理的民事案件的审理期限自人民法院立案之日起计算。

（四）先行调解

调解是民事诉讼的重要原则，在简易程序中，尤其应当充分发挥调解的作用。根据《简易程序规定》第 14 条的规定，下列民事案件，人民法院在开庭审理时应先行调解：①婚姻家庭纠纷和继承纠纷；②劳务合同纠纷；③交通事故和工伤事故引起的权利义务关系较为明确的损害赔偿纠纷；④宅基地和相邻关系纠纷；⑤合伙协议纠纷；⑥诉讼标的额较小的纠纷。适用简易程序审理的民事案件是简单的民事案件，事实清楚且争议不大，一般来讲，调解的可能性比较大，先行调解效果较好，但根据案件性质和当事人的实际情况不能调解或者显然没有调解必要的除外。

调解达成协议并经审判人员审核后，双方当事人在该协议上签名或捺印即发生法律效力，人民法院也可应双方当事人的要求制作调解书。调解协议或调解书生效后一方不履行的，另一方可依法申请法院强制执行。

人民法院可以当庭告知当事人到人民法院领取调解书的具体日期，也可以在当事人达成调解协议的次日起 10 日内将调解书发送给双方当事人。

当事人以调解书与调解协议的原意不一致为由提出异议，人民法院审查后认为异议成立的，可以根据调解协议裁定补正调解书的相关内容。

四、开庭审理

适用简易程序审理案件，也应当开庭审理。但法庭审理的方式和步骤比普通程序简便。依照普通程序审理案件，必须按照法律规定的程序进行，不能打乱法律规定的诉讼步骤。按照简易程序审理案件，审判人员可以根据案件的具体情况，灵活掌握案件审理的进程，不受《民事诉讼法》第 136、138、141 条规定的限制。《民诉法解释》还规定，当事人可以就开庭方式向法院提出申请，由法院决定是否准许。经当事人双方同意，可以采用视听传输技术等方式开庭。

根据《民诉法解释》第 268 条的规定，对于没有委托律师、基层法律服务工作者代理诉讼的当事人，人民法院在庭审过程中可以对回避、自认、举证证明责任等相关内容向其作必要的解释或说明，并在庭审过程中适当提示当事人正确行使诉讼权利、履行诉讼义务。开庭后，审判人员应当根据当事人的诉讼请求和答辩意见，归纳出争议焦点，经当事人确认后，由当事人围绕争议焦点举证、质证和辩论。

适用简易程序审理的民事案件，原则上应当一次开庭审结。

书记员应将适用简易程序审理民事案件的全过程记入笔录，根据《简易程序规定》的规定，笔录的内容应当包括：①审判人员关于当事人诉讼权利义务的告知、争执焦点的概括、证据的认定和裁判的宣告等重大事项；②当事人申请回避、自认、撤诉、和解等重大事项；③当事人陈述的与其诉讼权利直接相关的其他事项。

五、裁判

（一）裁判文书的制作

庭审结束时，审判人员可以根据案件的审理情况对争议焦点和当事人各方的举证、质证和辩论的情况进行简要的总结，并就是否同意调解征询当事人的意见。

当事人对案件事实无争议的，审判人员可以在听取当事人就适用法律方面的辩论意见后径行判决、裁定。对于其他案件，审判人员则应综合案件审理的情况，适用实体法作出裁判。由于适用简易程序审理的案件是简单民事案件，因此，根据《民诉法解释》的规定，有下列情形之一的，法院在制作裁判文书时，对认定事实或者裁判理由部分可以适当简化：①当事人达成调解协议并需要制作民事调解书的；②一方当事人明确表示承认对方全部或者部分诉讼请求的；③涉及个人隐私或者商业秘密的案件，当事人一方要求简化裁判文书中的相关内容，人民法院认为理由正当的；④当事人双方同意简化的。

（二）裁判文书的宣告与送达

适用简易程序审理的民事案件，除人民法院认为不适宜当庭宣判的以外，应当当庭宣判。当庭宣判的，除当事人要求邮寄送达的以外，应告知当事人领取裁判文书的时间和地点，当事人在指定期限内领取裁判文书之日即为送达之日；当事人在指定期限内未领取的，指定期限届满之日即为送达之日。上诉期应从领取或届满之次日起计算。定期宣判的案件，定期宣判之日即为送达之日，上诉期从定期宣判之次日计算，当事人在定期宣判之日无正当理由未到庭的，不影响该裁判上诉期的计算。当事人确有正当理由不能到庭，并在定期宣判前已经告知人民法院的，人民法院可以按照当事人自己提供的送达地址将裁判文书送达未到庭的当事人。

六、审结案件的期限

《民事诉讼法》第 161 条规定："人民法院适用简易程序审理案件，应当在立案之日起 3 个月内审结。"《民诉法解释》第 258 条第 1 款规定："适用简易程序审理的案件，审理期限到期后，双方当事人同意继续适用简易程序的，由本院院长批准，可以延长审理期限，延长后的审理期限累计不得超过 6 个月。"适用简易程序审理的案件是一些简单的民事案件，不需要大量的调查取证工作，就能够查清事实、分清是非。加之当事人之间权利义务关系明确，争议不大，在一般情况下，人民法院不需要花费太长的时间就可以审结。

从以上规定可以看出，简易程序是简化了的普通程序，其特点在于简、便、易三方面。所谓"简"，是指程序简单，从当事人起诉的方式到人民法院审理案件的方式和审结案件的期限，都有所简化；"便"是指便于群众诉讼和便于人民法院办案；"易"是指易于人民法院执行。但是，在适用简易程序时，不能将简易程序与普通程序混用。不能任意扩大简易程序的适用范围，已经适用普通程序审理的案件，原则上不得改用简易程序审理。适用简易程序审理案件，尽管简化了诉讼程序，但要保证办案质量，保障当事人的诉讼权利。人民法庭制作的判决书、裁定书和调解书，必须加盖基层人民法院印章，不得用人民法庭的印章代替基层人民法院的印章。

■第四节 小额诉讼的简易程序

一、小额诉讼程序的概念和特征

小额诉讼程序是近些年在世界各国得到高度重视和广泛应用的一种诉讼制度，其在解决小额案件、实现有效益的公正方面发挥着重大的作用。我国《民事诉讼法》第 162 条对小额诉讼程序作出了原则性规定："基层人民法院和它派出的法庭审理符合本法第 157 条第 1 款规定的简单的民事案件，标的额为各省、自治区、直辖市上年度就业人员年平均工资 30% 以下的，实行一审终审。"因为小额诉讼程序是针对情节轻微、诉讼标的金额特别小的案件，所以，小额诉讼程序相对于普通程序、简易程序要更为简化。我国《民事诉讼法》规定的小额诉讼，是指基层法院及其派出法庭审理小额案件所适用的比普通简易程序更为简化的一种程序。与其他程序相比，小额诉讼程序有以下几个特点：

1. 小额诉讼程序审理的案件为小额案件。所谓的小额案件，是指情节轻微、标的金额特别小的案件。当然，小额案件并非专指小额金钱给付请求，还包括请求给付金钱以外的其他替代物的情况，诸如小额消费交易产品瑕疵的救济、零售商的价金请求、小额的消费借贷等。小额诉讼程序是由于小额案件的特殊性而兴起的一种特殊程序。

2. 小额诉讼程序更加简化。对于小额诉讼的当事人来讲，简易程序所需要的时间和费用仍然是难以承受的，他们需要更为简化的程序使成本与收益平衡。当事人的这种合理的需求催生了小额诉讼程序。

3. 审理形式的非正式化。由于小额诉讼性质轻微，使得引入非职业化法官成为可能。假日法庭、夜间法庭这些非正式的审理组织已经出现，在这些组织中，可以吸收具备一定资格的优秀律师担任临时法官从事审理活动。

4. 注重调解，调解和审判一体化。法官直接引导双方当事人对话，设立专门的调解程序，主动提出和解方案，这在临时法官主持审理时更为明显。临时法官只有在调解不成的时候才可进行审理。

5. 快捷、低廉、高效。纵观世界各国的立法，其小额诉讼案件审限都较短，审理从受理到裁判大都不超过 30 日，多数案件可以当时受理，当即宣判。极大地缩短了审限，也降低了法院和当事人的诉讼成本，提高了诉讼效率。

6. 一般来讲，原告无上诉权，被告无反诉权。在小额诉讼中，为防止诉讼的拖延，各国在此程序中取消了原告的上诉权和被告的反诉权。

二、小额诉讼的功能

简易程序相对于小额诉讼仍显得复杂，为了解决小额诉讼纠纷，使当事人能以与诉求之金额相当的费用实现其权利，就应当在普通诉讼程序和简易诉讼程序之外设立小额诉讼程序，彻底将诉讼程序简化，使人们更接近司法、法院。这与我们依法治国、建设社会主义法治国家的目标也是一致的。而且，小额诉讼有其独特的功能：

1. 小额诉讼使得普通公民通过诉讼方式实现自己的权利，它是比简易程序还要廉价的司法救济途径，公民更加容易接受。

2. 小额诉讼是提高人们法律意识乃至整个国家的法治水平的重要途径。

3. 小额诉讼的设立是对诉讼乃至整个法制体系进行的补偏救弊。[1]

因此，应设立小额诉讼程序，让人们尽可能多地使用法律手段，培养守法的观念，使法律成为其生活的一部分。

三、我国小额诉讼程序的主要内容

《民诉法解释》针对小额诉讼审理程序的运行和具体操作，作出了较为详细的规定，不仅丰富了小额诉讼程序的内容，也为司法实践提供了更为明确具体的操作准则。

1. 小额诉讼程序适用的条件：①小额诉讼程序仅适用于事实清楚、权利义务关系明确、争议不大的简单的民事案件。这是适用小额诉讼程序的前提。②案件标的额必须符合规定的标准。借鉴各国的立法经验，我国的小额诉讼程序也以确定金额的标的为适用条件，即"为各省、自治区、直辖市上年度就业人员年平均工资 30%以下"，根据《民诉法解释》的规定，上年度就业人员年平均工资是指已经公布的各省、自治区、直辖市上一年度就业人员年平均工资，在上一年度就业人员平均工资公布前，以已经公布的最近年度就业人员年平均工资为准。这个标准充分考虑了我国东西部差异和城乡差别，因而较为科学合理。③《民诉法解释》第 274、275 条还具体列举了适用小额诉讼程序的案件以及不适用小额诉讼程序的案件，使案件范围更加明确。

2. 小额诉讼程序适用的法院。根据《民事诉讼法》第 162 条的规定，可以适用小额诉讼程序审理简单民事案件的人民法院仅限于基层人民法院以及它派出的法庭。

---

〔1〕　章武生："民事简易程序研究"，国家图书馆藏博士论文，第 97~98 页。

中级以上人民法院审理第一审民事案件不得适用小额诉讼程序。《民诉法解释》还规定，海事法院也可以审理海事、海商小额诉讼案件。

3. 小额诉讼程序适用的审判程序。民事诉讼法并没有单独规定小额诉讼案件独立的审判程序，只笼统规定法院审理小额诉讼案件适用《民事诉讼法》第十三章规定的"简易程序"，即与其他一般的简单民事案件适用的审判程序大致相同，此次《民诉法解释》对小额诉讼程序作了比较详细的规定。①管辖异议。当事人对小额诉讼案件提出管辖异议的，人民法院应当作出裁定。裁定一经作出即生效。②不符合起诉条件的处理。法院受理小额诉讼案件后，发现起诉不符合《民事诉讼法》第119条规定的起诉条件的，裁定驳回起诉。裁定一经作出即生效。③程序的转化。因当事人申请增加或者变更诉讼请求、提出反诉、追加当事人等，致使案件不符合小额诉讼案件条件的，应当适用简易程序的其他规定审理。如果案件应当适用普通程序审理的，裁定转为普通程序。适用转换后的程序审理案件时，对双方当事人之前已确认的事实，可以不再进行举证、质证。④适用小额诉讼程序的异议。当事人如果对按照小额诉讼案件审理有异议的，应当在开庭前提出。法院经审查，异议成立的，适用简易程序的其他规定审理；异议不成立的，告知当事人，并记入笔录。⑤小额诉讼程序实行一审终审，不可以上诉。但根据《民诉法解释》第426条的规定，小额诉讼案件适用再审程序。另外，《民诉法解释》还对举证期限、告知义务、诉讼文书的简化等问题作了规定，同时还指出，对于本解释中未规定的，审理小额诉讼案件时适用简易程序的其他规定。

【本章小结】

1. 本章对简易程序从理论和立法上作了分类界定。我国现行《民事诉讼法》规定的简易程序属于传统的简易程序，即讼争民事案件审理所适用的简易化的诉讼程序，是第一审程序的一种。本章着重对这种简易程序作了论述。

2. 简易程序的适用范围是基层人民法院审理的简单民事案件。《民诉法解释》规定，当事人可行使选择权，双方可合意选择适用简易程序，同时规定了几类案件不能适用简易程序。

3. 小额诉讼是近些年兴起的一种诉讼制度，在解决小额案件上有其独特的优势。本章从小额诉讼的概念和特征出发，论述了小额诉讼的功能，简要介绍了我国《民事诉讼法》及《民诉法解释》对小额诉讼的相关规定。

【思考题】

1. 试述简易程序的价值取向与特点。
2. 试述简易程序的适用范围。
3. 试述小额诉讼的概念和特征。

4. 试述小额诉讼的功能。

5. 我国《民诉法解释》是从哪几个方面完善小额诉讼制度的?

【参考文献】

1. 章武生:《民事简易程序研究》,中国人民大学出版社 2002 年版。

2. 傅郁林:"繁简分流与程序保障",载《法学研究》2003 年第 1 期。

3. 王胜明主编:《中华人民共和国民事诉讼法释义》,法律出版社 2012 年版。

4. 沈德咏主编:《最高人民法院民事诉讼法司法解释理解与适用(上、下)》,人民法院出版社 2015 年版。

第二十一章

第二十二章

民事判决、裁定和决定

学习目的和要求　裁判是人民法院行使审判权处理民事案件中实体或程序问题的结果，主要表现为民事判决、裁定和决定。通过本章的学习，掌握民事判决、裁定、决定的概念、适用范围、主要内容以及法律效力。

■第一节　民事判决

一、民事判决的概念

民事判决，是指人民法院审理民事案件和非讼案件终结之时，依据事实和法律，对双方当事人之间的民事争议或者当事人提出的非讼事件作出的权威性判定。

民事判决是人民法院行使国家审判权的最终结果。人民法院受理案件后，应认真审理案件，剖析案件事实，而后根据案件客观事实作出判定。没有正确的审理，就没有正确的判决。判决是国家审判权的具体体现。当事人因权利义务发生争执或者因权利遭到侵害，到人民法院进行诉讼，目的是解决纠纷，求助法院维护其合法权益。同样，非讼案件当事人之所以求助法院，是想借助国家强制力对不明事实加以权威性确定。可见，人民法院作出判决也是当事人的要求。

民事判决的实质是确认权利或法律事实。

民事判决的表现形式为书面形式，即民事判决书。民事判决书具有特定的针对性和广泛的适用性。所谓特定的针对性，是指它仅仅针对案件实体问题作出判决，一般不涉及诉讼程序问题。所谓广泛的适用性，是指它对任何性质的民事案件均能适用，此外，它还适用于非讼案件。

二、民事判决的种类

依不同标准，可将民事判决分为不同的类别。研究不同种类民事判决的特点，有助于人民法院正确地作出判决。

（一）依案件的性质，民事判决可分为诉讼案件判决和非讼案件判决

诉讼案件判决，通常是解决双方当事人的民事权益之争的判决。如合同当事人对合同是否成立发生分歧而涉讼，人民法院依照普通程序对该案审理后所作出的判决。

非讼案件判决是人民法院依法对某项法律事实的确认，如人民法院作出的认定某项财产为无主财产的判决。

（二）依民事判决的性质，民事判决可分为给付判决、确认判决和变更判决

给付判决，是指人民法院作出的责令一方当事人向另一方当事人交付一定金钱、财物或履行一定民事义务的判决。如责令某甲向其父支付一定赡养费的判决。给付判决与给付之诉存在一定的联系，但人民法院审理给付之诉案件的结果不一定全部形成给付判决；给付判决重在给付，义务人在规定期限不履行义务的，还可能进入执行程序。

确认判决，是指人民法院制作的确认当事人间存在或不存在某种民事权利义务关系或某项法律事实的判决，如确认甲、乙之间存在收养关系的判决。确认判决的前提是当事人对权利义务关系的现状认识不一致，或者相关人员担心某项法律事实的稳定性。

变更判决，是指人民法院制作的变更当事人间现存的某种民事法律关系的判决。如判令张三与李四解除婚姻关系的判决。变更判决的前提是当事人对现存的民事法律关系并无分歧，争执在于是否有必要继续保留或变更、消灭现存的民事法律关系。

（三）依判决的内容，民事判决可分为全部判决和部分判决

全部判决，是指人民法院对全案审理结束后依法作出的判决。它是对当事人提出的全部诉讼请求的回答和评断，审判实践中多用全部判决。

部分判决，是指人民法院对案件的一部分或几部分的请求先作出的判决。部分判决存在的前提在于案件诉讼标的的多元性：有的因诉讼请求太多，有的因存在反诉或者发生了诉的合并。人民法院审理一部分，判决一部分，有助于推动诉讼进程，也符合诉讼经济的目的。

（四）依双方当事人是否出庭，民事判决可分为对席判决和缺席判决

对席判决，是指人民法院在双方当事人自始至终参加诉讼活动的情况下作出的判决。当事人一方即本人虽未出庭，但其诉讼代理人参加诉讼时，法院作出的判决仍是对席判决。

缺席判决，是指人民法院在当事人一方部分或全部未参加诉讼活动的情况下所作出的判决。缺席判决有利于维护法律的权威，有助于全面保护当事人的合法利益。

（五）依判决作出的时间，民事判决可分为原判决和补充判决

原判决，是指人民法院首次作出的判决。

补充判决，是指当首次作出的判决主文不明、难以履行或执行，或在漏判了诉讼请求时，人民法院对原判决作补充所形成的判决。

（六）依判决的法律效力，民事判决可分为生效判决和未生效判决

生效判决，是指已产生法律效力、非经法定程序不得更改的民事判决。如最高人民法院作出的第一审民事判决，即为生效判决。

未生效判决，是指尚未产生法律效力的判决。如地方第一审人民法院所作出的

仍在上诉期内的判决。

此外，依是否满足原告的诉讼请求为标准，可将民事判决分为胜诉判决和败诉判决；依诉讼程序的不同，可将民事判决分为一审判决、二审判决和再审判决。

三、民事判决的内容

由于判决均要制作判决书，故一般认为民事判决的内容就是指民事判决书的内容。

依照《民事诉讼法》第 152 条和最高人民法院颁布的《人民法院民事裁判文书制作规范》（法〔2016〕221 号）的规定，民事判决书应包含标题、正文、落款三部分。其中，标题包括法院名称、文书名称和案号；落款包括署名和日期。正文的主要内容应包括：

（一）诉讼参加人的基本情况

诉讼参加人，包括当事人和诉讼代理人。当事人的基本情况包括诉讼地位和基本信息。当事人的诉讼地位依审级的不同分别表述，例如，一审的判决书表述为原告、被告、第三人等，二审的判决书表述为上诉人、被上诉人、第三人等。当事人的基本信息包括当事人的姓名、性别、出生年月日、民族、工作单位、职业、住所等基本情况；当事人是法人或其他组织的，应写明其名称、住所、法定代表人或负责人的姓名和职务。当事人有诉讼代理人的，应写明法定代理人或委托代理人的姓名和其他基本信息。

（二）案由、诉讼请求、争议的事实和理由

案由，是指案件的性质，案由的确定应当准确反映案件所涉及的民事法律关系的性质，符合最高人民法院有关民事案由的规定。诉讼请求，包括原告起诉时所提出的诉讼请求和被告答辩时的反诉请求。在第二审程序、审判监督程序中，还包括当事人提出的上诉请求和再审请求。争议的事实和理由，是指双方当事人对案情的认识和分歧的焦点，争执的经过和各方所持的理由。判决书应当根据当事人的起诉状、答辩状、代理词以及法庭上的诉辩意见对双方争议的事实和理由作综合表述，反映当事人的事实主张和证明过程。

（三）判决认定的事实和理由、适用的法律和理由

判决认定的事实和理由，是指人民法院经过审理，对当事人主张的事实及相关证据的认定，尤其对当事人双方有争议的证据的认定，法院应当在判决书中写明认定的意见和理由，并在此基础上对案件事实及双方当事人之间争议的权利义务关系予以认定。

判决适用的法律，是指作为本案裁判依据的法律、法规、司法解释等。判决应当针对当事人的诉讼请求、争议的法律关系、判决认定的事实和证据等援引相关的法律条文并阐述理由。正在审理的案件在基本案情和法律适用方面与最高人民法院颁布的指导性案例相类似的，应当将指导性案例作为裁判理由引述，并写明指导性案例的编号和裁判要点，但不作为裁判依据引用。

（四）判决结果和诉讼费用的负担

判决结果亦即判决主文，是人民法院在认定事实和适用法律的基础上对当事人之间的争执所作出的强制性处理结论。在制作判决书时，对于双方当事人之间的权利义务关系，尤其是履行义务的要求，应当具体、明确、便于执行。多名当事人承担责任的，应当写明各当事人承担责任的形式、范围。当事人互负给付义务且内容相同的，应当另起一段写明抵付情况。

诉讼费用包括案件受理费和其他诉讼费用。收取诉讼费用的，应根据案件的处理结果，按照诉讼费用负担的原则，写明诉讼费用的负担情况，如由双方分担的，应载明分担的比例和具体数额。

（五）上诉期间和上诉的法院

除最高人民法院作出的第一审民事判决、依小额诉讼程序作出的判决以及依特别程序审理作出的判决外，地方各级人民法院作出的第一审民事判决都允许上诉。因此，本部分应写明当事人上诉的期限和上诉的法院，以便当事人行使上诉的权利。

上述五点是民事判决书必须具备的基本内容。由于非讼案件有其特殊性，故依特别程序审理形成的判决书内容可以参照上述五点制作。

民事判决书的尾部应由审判员和书记员署名，加盖人民法院印章，写明制作判决书的日期。

四、民事判决的效力

民事判决的效力，是指法院的生效判决在法律上具有的效果。

（一）拘束力

拘束力，是指民事判决在何时、对何人、何事产生法律上的拘束力。

1. 法律没有规定上诉期的判决。最高人民法院作出的第一审民事判决、第二审人民法院作出的终审判决、依特别程序以及小额诉讼程序审理后形成的判决，判决书一经送达立即生效，产生拘束力。

2. 法律规定有上诉期的判决。地方各级法院作出的第一审判决，法律规定有上诉期的，在上诉期内，该判决尚未生效；上诉期满无人上诉即发生法律效力。民事判决一旦生效，即对该案当事人和相关人员产生法律上的拘束力，主要表现为：

（1）生效判决对当事人具有拘束力。民事判决生效后，当事人必须切实遵守。判决中确定的义务人应在判决书所载明的期限内按时履行义务；判决中确定的诉讼费用，有关当事人必须及时缴纳。一方当事人拒不履行判决时，对方当事人可向人民法院申请强制执行。

（2）生效判决对人民法院具有拘束力。生效判决对人民法院的拘束力，主要体现在人民法院要切实维护生效判决的权威和稳定，非经法定程序不得随意更改；必要时可以移送强制执行，并不得接受当事人的重复起诉。

（3）生效判决对社会具有拘束力。对社会的拘束力主要体现在机关、企事业单位、社会团体或其他组织和个人，必须尊重和维护人民法院的生效判决。生效判决付诸强制执行时，有义务协助执行的单位和个人必须协助人民法院执行，不得拒绝或者推诿。

（二）执行力

民事判决的执行力，是指法院确定判决所具有的可通过法院强制执行等方法实现判决确定内容的效力。换言之，判断一个判决是否有执行力，主要看该判决的内容是否可以以强制执行的方法来实现。确认判决的内容是对民事法律关系是否存在进行确认，判决一旦确定就发生作用，无需强制执行，因此，确认判决无执行力。形成（变更）判决是使某项民事法律关系变更或消灭，该判决同样是一旦确定就发生作用，无需强制执行，也无执行力。因此，理论上一般认为，仅仅给付判决具有执行力。

《民事诉讼法》第236条可以看作对执行力的规定。

（三）形成力

民事判决的形成力，是指依确定判决的宣告而引起法律关系变更或消灭的效力。确认判决仅仅是对某项民事法律关系是否存在进行确认，换言之，原法律关系是否存在，并不因确认而改变。例如，法院确认甲乙婚姻关系无效，这也意味着，该婚姻关系本来就是无效的，只是双方存在认识上的差异，一方才请求法院予以确认。因此，确认判决无形成力。同样，给付判决也常常是在确认一方请求权的基础上要求被告支付款项，而该请求权也是事先存在的。因此，只有形成判决具有形成力。

（四）确定力

判决的确定力包括形式上的确定力和实质上的确定力。前者指一旦判决确定，当事人便不得通过上诉请求法院撤销或变更该判决的效力；后者是指判决的既判力。既判力既反映了判决效力的实质方面，又是民事诉讼法学中的一个重要理论问题。

■第二节 民事裁定

一、民事裁定的概念

民事裁定，是指人民法院在审理民事案件和执行过程中，对程序问题以及个别实体问题所作的权威性判定。这些权威性判定，包括立案直至诉讼的结束阶段人民法院涉及的程序问题，例如，人民法院裁定不受理原告的起诉。执行程序中的问题，包括当事人申请启动执行程序直至执行程序结束前的问题，例如，裁定中止执行。个别实体问题是指直接涉及当事人的实体权利义务的有关问题，如保全的裁定。保全虽涉及实体权利义务，但它并不是对实体问题的最终认定。因此，民事裁定主要解决程序问题。

民事裁定和民事判决有许多相同之处：

1. 它们都是由人民法院作出的，生效之后都具有权威性和不可更改性。

2. 它们的目的都是为了实现诉讼的公正和保护当事人的合法权益。

民事裁定和民事判决又有许多不同之处：

1. 适用对象不同。民事裁定重在处理程序问题，而民事判决重在解决实体问题。

2. 适用时间不同。民事裁定在审判阶段和执行阶段均可适用，而民事判决只能在审判阶段适用。

3. 是否可以上诉不同。一审的民事判决（除最高人民法院、小额诉讼案件和非讼案件的判决外）都可以上诉，而一审裁定除不予受理、对管辖权有异议和驳回起诉的民事裁定允许上诉外，其他民事裁定都不允许上诉。

4. 上诉的期间不同。对判决不服的上诉期间为 15 日，对裁定不服的上诉期间为 10 日。

5. 一个案件中可以作出民事判决与民事裁定的数量不同。民事判决必须在案件全部审理终结后或者部分审理终结后才能作出，且一个民事案件通常只有一个生效判决（指全部判决而非先行部分判决），而在诉讼程序进行过程中或者在案件审理终结后，根据需要可能作出多个民事裁定，也可能一个民事案件在审结时一个民事裁定也没有。

6. 表现形式不同。民事判决必须用书面形式，而民事裁定既可用书面形式又可用口头形式。

二、民事裁定的适用范围

根据《民事诉讼法》第 154 条第 1 款的规定，民事裁定适用于下列范围：

1. 不予受理。法律规定，原告向人民法院起诉，必须符合法定条件，否则法院不予受理。受理与否关系到诉讼程序启动与否，故应用裁定。

2. 对管辖权有异议的。人民法院受理案件后，当事人有权对管辖权提出异议。人民法院审查认为异议有理，应裁定将案件移送到有管辖权的人民法院；审查认为异议无理，也应用裁定驳回当事人的异议。

3. 驳回起诉。驳回原告起诉，主要涉及程序意义上的诉权行使问题，故应用裁定形式。

4. 保全和先予执行。保全和先予执行虽涉及实体问题，但又与程序密切相关。故法律规定解决这两个问题应适用裁定。凡符合保全或先予执行条件的，人民法院裁定同意保全或先予执行，反之，裁定不予同意。

5. 准许或不准许撤诉。在我国，当事人的处分权并不是绝对的，需要辅之以人民法院的审查。撤诉成立与否，关系到诉讼程序能否继续进行，故人民法院准许或不准许当事人撤诉，都应适用裁定。

6. 中止或者终结诉讼。中止诉讼是诉讼程序的暂时停止。终结诉讼是诉讼程序的非正常结束。二者直接涉及程序，必然适用裁定。

7. 补正判决书中的笔误。补正判决书中的笔误是纠正判决中的局部失误，不是法院从根本上改变对案件实体问题的认定，属于程序问题，用裁定形式比用判决形式更加合理。

8. 中止或者终结执行。中止或者终结执行涉及的是执行程序。中止或者终结执行是有条件的，若符合条件，人民法院应裁定中止执行或者终结执行。

9. 撤销或者不予执行仲裁裁决。仲裁机构制作的仲裁裁决书经当事人申请，应作为执行根据，但法律要求人民法院接到当事人申请后应认真审查。根据《民事诉讼法》的规定，有撤销或者不予执行情形的，人民法院应裁定撤销或者不予执行。

10. 不予执行公证机关赋予强制执行效力的债权文书。公证债权文书有错误的，人民法院应裁定不予执行，并将裁定书送达双方当事人和公证机关。

11. 其他需要裁定解决的事项。这是一项弹性规定，目的在于适应民事审判中的新情况和新问题，因为法律不可能对适用裁定的事项一一列举。

三、民事裁定的形式和内容

民事裁定的形式有两种：①口头形式。口头裁定的，记入笔录。②书面形式。审判实践表明，民事裁定多是书面形式。是否准许撤回上诉的裁定，必须用书面形式。书面裁定又称民事裁定书。

民事裁定书，由诉讼参加人概况、事实、理由和结论四大部分组成。"诉讼参加人概况"是指该案当事人及其诉讼代理人的基本情况；"事实"是指程序进行中所遭遇到的客观情况；"理由"是指审判组织根据法律所确认的理由；"结论"是指人民法院根据事实和理由对程序问题所作出的判断。

民事裁定书末尾应由审判员、书记员署名，加盖人民法院印章，写明制作的日期。凡法律允许当事人上诉的裁定，还须注明上诉期间和上诉的法院。

民事裁定重在解决程序问题，制作民事裁定书时应简明、扼要。

四、民事裁定的效力

民事裁定的效力，是指民事裁定在何时、对何人、何事产生法律上的拘束力。

由于民事裁定的内容和作出法院不同，因而其生效时间也不相同。根据《民事诉讼法》的规定，最高人民法院和第二审人民法院作出的民事裁定，一经送达便产生法律效力；地方各级人民法院制作的第一审民事裁定，除"不予受理"、"对管辖权有异议的"和"驳回起诉"的裁定允许上诉外，其余裁定一经送达便生效。地方各级人民法院作出的有上诉期的民事裁定，在上诉期内当事人不上诉且上诉期届满时，该民事裁定生效。

民事裁定生效后，对人民法院和当事人会产生特殊的拘束力，主要表现在：①人民法院未经法定程序不得随便更改裁定的内容；②当事人须依裁定结论行事，不允许其再对同一事项提出相同要求。

民事裁定的效力一般只涉及诉讼领域之内，但有时也有例外。例如，补正判决书中笔误的裁定和准予先予执行的裁定，一旦生效，除对人民法院和当事人具有拘束力外，对社会有关部门和相关人士也有拘束力。例如，对先予执行的裁定，有协助执行义务的人，无正当理由拒绝协助的，可按妨害民事诉讼论处。

■第三节　民事决定

一、民事决定的概念

民事决定，是指人民法院为保证民事诉讼的顺利进行，对诉讼过程中发生的障碍，或者阻碍诉讼活动正常进行的特殊事项依法所作的判定。所谓特殊事项，是指既非案件实体问题又非纯粹的诉讼程序问题，但对特殊事项的处理又具有相当的紧迫性和特别的重要性。

民事决定不同于民事判决：①前者解决特殊问题，而后者解决实体问题；②前者产生于诉讼之中或者诉讼程序结束之后，而后者在案件审理完毕、诉讼结束时作出。

民事决定不同于民事裁定：①前者是对特殊情况的判定，而后者重在处理程序问题；②前者一律不得上诉，而后者法律规定了三种可以上诉的情况。

民事决定的形式有两种：口头形式和书面形式。适用时，由人民法院视情况而定。

民事决定的书面形式是决定书，一般应写明法院名称，决定书种类和案号，决定所依据的事实、理由和决定内容，最后应写明是否准予申请复议。民事决定书应加盖人民法院印章。

二、民事决定的适用范围

根据《民事诉讼法》的规定，民事决定主要适用于下列事项：

1. 解决是否回避。申请回避是当事人的一项诉讼权利，人民法院认为符合法定条件者应决定其回避，否则应决定不予回避。

2. 采取强制措施，排除妨害民事诉讼的行为。妨害民事诉讼的行为是一种不法行为，不果断加以排除，诉讼难以顺利进行。但妨害民事诉讼行为有其特定构成要件，对不同的行为又可采取不同的强制手段，这就要求人民法院在决定行为构成和实施手段时必须果断迅速。对重大措施（如罚款、拘留）应当用决定书。

3. 解决当事人提出的顺延诉讼期限的申请。当事人因不可抗拒的事由或者其他正当理由而耽误期限的，可以在障碍消除后的 10 日内，申请顺延期限。是否准许，应当由人民法院审查决定。

4. 解决当事人提出的缓交、减交或者免交诉讼费用的申请。实践中，有的当事人交纳诉讼费用存在一定困难。为此，《民事诉讼法》规定了救济原则，即在一定条件下，当事人可向法院申请缓交、减交或者免交诉讼费用，是否准许，由人民法院决定。

5. 解决重大疑难问题。人民法院审判委员会对解决重大疑难问题，如决定生效判决案件的再审等，应作出决定。

三、民事决定的法律效力

民事决定解决的是诉讼的特殊问题，一经作出即发生法律效力。民事决定生效后，人民法院、当事人和有关人员必须严格遵守。但为了周密地保护当事人的利益，根据《民事诉讼法》第47条的规定，当事人对是否回避的决定和拘留、罚款的决定可以申请复议一次，但复议期间不停止原决定的执行。

【本章小结】

1. 本章阐述了民事判决的概念、种类、内容、效力，民事裁定的概念、适用范围、形式、效力，民事决定的概念、适用范围。

2. 民事判决，是指人民法院审理民事案件和非讼案件终结之时，依据事实和法律对双方当事人之间的民事争议或者当事人提出的非讼事件作出的权威性判定。依六种不同标准，将民事判决分为不同的类别；民事判决包括五个方面的内容，本章一一作了介绍；其效力包括确定力、形成力、拘束力和执行力。

3. 民事裁定，是指人民法院在审理民事案件和执行过程中对程序问题以及个别实体问题所作的权威性判定。其适用范围，本章介绍了11种情况；其形式有两种，即书面和口头；其效力是指民事裁定在何时、对何人、何事产生的法律上的拘束力，具体表现在两个方面。

4. 民事决定，是指人民法院为保证民事诉讼的顺利进行，对诉讼过程中发生的障碍或者阻碍诉讼活动正常进行的特殊事项依法所作的判定。对其适用范围，本章作了5个方面的介绍。

【思考题】

1. 试述民事裁定的适用范围。
2. 比较民事裁定与民事决定之异同。
3. 试论民事判决的法律效力。

【参考文献】

1. 肖建华、唐玉富："抵销诉讼及其判决的效力"，载《政法论丛》2005年第6期。
2. 翁晓斌："论已决事实的预决效力"，载《中国法学》2006年第4期。
3.《最高人民法院关于〈人民法院民事裁判文书制作规范〉〈民事诉讼文书样式〉的通知》(2016年6月28日发布，2016年8月1日起实施)。

第二十三章

既判力

学习目的和要求　了解民事判决既判力的概念、既判力的主体界限、既判力的客体界限以及既判力的时间界限等方面的内容。

■第一节　既判力概述

一、既判力的概念

既判力，是指法院确定的终局判决所产生的，当事人及相关利害关系人不得对判决确定的特定事项再行争议，法院不得作出与之相矛盾的判断的具有强制性的实质确定力。

既判力是民事判决效力体系中最重要、也最具有实践意义的内容。民事诉讼是法院代表国家行使公权力解决民事纠纷的机制，确定的终局判决体现的是国家意志，具有权威性和稳定性。根据既判力理论，确定的终局判决应当对后诉产生既判力，法院和当事人都必须受此约束。既判力理论禁止当事人就同一诉讼标的再行起诉，禁止法院就同一纠争作出前后相互矛盾的判断。如果判决没有既判力或者既判力约束力太弱，就会导致生效判决会轻易地被撤销或变更，导致纠纷不能得到有效解决，合法权益不能得到及时保护，国家设置民事诉讼制度和当事人进行民事诉讼的目的就会落空。正因为如此，具有成文法典传统的大陆法系国家和地区大都在其民事诉讼法典中规定了关于既判力的内容。

我国民事诉讼法没有既判力的概念和规则。最接近既判力原理的规定是我国《民事诉讼法》第124条第5项之规定："对判决、裁定、调解书已经发生法律效力的案件，当事人又起诉的，告知原告申请再审……"但这一规定远不能确定既判力的作用界限。学习和研究既判力理论，无论对完善我国民事诉讼法，还是指导诉讼实践，都具有十分重要的意义。

二、既判力的本质

确定判决为什么有拘束力？确定判决拘束当事人和法院的依据何在？对这些问题的探讨就构成既判力本质问题的各种学说。关于既判力的本质，在理论界存在较大的争议，其中，最具代表性的学说有：

1. "实体法说"。这一学说是在民事诉讼法不发达的 19 世纪以前产生的，此说认为，既判力的本质在于确定判决具有创设实体法的效果，在德国早期为通说，至今仍为部分学者所遵循。由于实体法说能够将判决所确认的权利状态与诉讼外存在的权利状态统一起来，因而此学说常被某些民法学者有意无意地作为其论证的基础或根据。[1]

2. "诉讼法说"。这一学说是诉讼法自实体法中分离出来以后形成的一种学说，在德国由著名法学家赫尔维希和斯塔因所首倡，并且成为德国和日本的通说。该说认为，判决的既判力纯粹系诉讼法上的效力，而非实体法上的效力。即使法院确定判决所认定的实体权利状态与既存的真正实体权利状态不符，但基于国家要求公权判断的统一，这种误判的效力也不得不维护。既判力所具有的法律效果与诉讼之外的实体权利毫无关系，因此，既判力对当事人和法院的确定力并不来自实体法，而是来自诉讼法。既判力并不涉及判决所确认的权利与既存权利是否相符的问题，而是关系到前一判决内容上的判断对后诉法院的效力问题。判决具有既判力的原因，在于国家的审判及其权威性的判断需要保持稳定和统一。[2]

3. "权利实在说"。这一学说认为，"实体法说"和"诉讼法说"所犯的共同的根本性错误在于，它们都把权利关系的存在看成感觉领域外的物质存在范畴，将法律适用（或判决）视为对既存权利的认识手段。该说认为，权利关系的实在性是由形成权利关系判断的通用力所决定的，而法院的确定判决正是根据法社会所公认的通用力赋予权利以真正的实在性。"在此之前的权利，只不过是私人的个人法律判断，是期望性观察的权利假象而已。"[3]

4. "新诉讼法说"。这一学说是由旧诉讼法说发展而来的，其代表人物是伯特赫尔、罗森贝克及日本学者三月章等人。该说认为，既判力的法律效果在于阻止既判事项一再重复审理，亦即强调所谓的"一事不再理"，并进而将"一事不再理"作为民事诉讼的最高理念。[4]

5. "折中说"。这一学说是指为了调和"实体法说"与"诉讼法说"之间的分歧而出现的几种学说的总称。由于"实体法说"与"诉讼法说"各居一端，在理论上难免存在偏颇之处，折中说意图通过弥合上述学说之间的对立达到中和之目的。其中，比较有影响力的学说有"新实体法说"和"综合既判力说"等。[5]

6. "新实体法说"。这一学说是近年来一些德国学者在修正昔日的"实体法说"之后形成的一种学说。该说承认实体法律关系与既判力的密切关联性，认为既判力

---

〔1〕　参见陈荣宗：《举证责任分配与民事程序法》，三民书局 1984 年版，第 158 页。

〔2〕　参见王亚新：《对抗与判定——日本民事诉讼的基本结构》，清华大学出版社 2002 年版，第 339 页。

〔3〕　参见 [日] 兼子一、竹下守夫：《民事诉讼法》，白绿铉译，法律出版社 1995 年版，第 157 页。

〔4〕　参见杨荣馨主编：《民事诉讼原理》，法律出版社 2003 年版，第 292~293 页。

〔5〕　参见杨荣馨主编：《民事诉讼原理》，法律出版社 2003 年版，第 293 页。

属于实体法领域的作用，法院所作出的有既判力的判决所确认的权利状态，当事人必须遵从，即使法院的判决有错误，也应为维护判决的权威性而以判决的内容作为规范当事人权利状态的标准，不能同时承认双重权利标准。该说认为，既判力本质上具有实体和程序的双面性质，即一方面确定当事人的实体权利状态，另一方面在法院与当事人之间发生一事不再理的作用。

7. "综合既判力说"。这一学说是日本学者中村宗雄在批判以前各种学说的基础上提出的一种学说。他认为，诉讼是实体法和诉讼法综合作用的"场"，对于既判力本质，也应当分别从实体法和诉讼法两方面来理解。既判力的实体确定力表现在判决使作为诉讼标的之法律关系的存否得到确定，使抽象的法或权利转变为具体的、个别的权利。既判力的诉讼上确定力是指前诉的实体确定力对于后诉所产生的程序上的拘束力，只有当判决中被实在化的具体权利作为既判力表现出来，其诉讼上确定力才有用武之地。即使判决有错误，判决程序上的拘束力仍起作用，要想改变误判，只能通过再审程序。总之，"既判力尽管表现为程序上的拘束，但其根据则是被实在化了的具体实体法规范的实体确定力"[1]。

近年来，学者们开始了对既判力本质进行再评价的活动。一种动向是主张改变议论的形式，将本质论改换为根据论，直接使之与司法实践发生密切联系；另一种动向是从解释论的层面强调既判力的实践意义，重视既判力对当事人发生的作用。由此，既判力将具有双重性质，即赋予当事人以解决纠纷的主体地位的实体侧面（独立既判力），以及当另一方当事人在别的诉讼中攻击这一主体地位时，可以基于既判力阻断这种攻击的诉讼法的侧面（附随既判力）。[2]

三、既判力的作用

通常所说的判决的效力，是指判决在同一诉讼程序内对于原判决法院和原当事人加以拘束的效力。而既判力却是指在判决确定以后，在另一个诉的诉讼程序中，前判决对于后诉当事人以及后诉法院加以拘束的效力。既判力的作用包括以下几点：

（一）积极作用和消极作用

既判力的作用存在积极和消极两个方面。其消极面主要体现在：①当事人不能在后诉中提出与产生了既判力的前诉判断相反的主张、请求，法院也应该排斥违反既判力的当事人的主张和证据，强调一事不再理原则的实践意义。②后诉法院在后诉判断中必须以产生既判力的前诉判断作为前提。其消极作用主要是强调判决应该具有的拘束力。积极和消极两种作用相互弥补，完善了既判力的拘束性内容。判决一旦发生既判力，对判决所涉及的双方当事人，不论判决的结果有利或者不利，均有既判力的作用。既判力并不是仅对胜诉方有利的部分发生作用，而是对双方当事

---

〔1〕　参见张卫平：《程序公正实现中的冲突与衡平——外国民事诉讼研究引论》，成都出版社1992年版，第358页。

〔2〕　参见常怡主编：《民事诉讼法学》，中国政法大学出版社2007年版，第73页。

人都公平地发生作用。既判力是否发生作用，属于法院的职权调查事项，所以，在后诉中，即使当事人不主张前诉的既判力，后诉法院也可以根据职权加以调查并以此作为判决的基础。

（二）当事人的处分权与公共利益之维护

按当事人处分权的要求，在民事诉讼程序中，当事人享有广泛的自由处分自己民事权利和诉讼权利的权利。但是，对于有关公共利益而不准当事人自由处分的诉讼中，则排除当事人处分权的适用。由于既判力制度为诉讼制度，属公法上的制度，因此，法院应依职权斟酌。当事人不得以协议赋予某一判决以既判力，也不得以协议排除某判决的既判力或扩张既判力的范围。否则，法院的判决就会丧失其权威性和公信力，变得毫无意义。既判力对公共利益的维护，表现为防止当事人滥用诉讼制度，即不允许当事人就同一诉讼标的、依同一理由向相同的当事人重新起诉。

（三）个案公正与效率

当事人进行民事诉讼，法院依法保护当事人的合法权益，因此，追求客观真实，保护当事人既存的真实权利，就成了大多数学者的观点。实现个案的公正也就成了当今民事诉讼的主导性目标。但是，既判力制度主要是为维护法的安定性而设的，要求当事人之间的每一纷争都应获得终局解决，以保障法的安定、社会的稳定。从这个意义上讲，法院与当事人及其他诉讼参与人均受法院判决既判力的拘束，即使生效判决有错也应遵从，这就是程序的价值。虽然在具体案件上，当事人承受了不利的判决，但相对于法的不安定性、法院判决的不稳定性而言，危害要小得多。为了保障诉讼的公正性（既包括程序公正，也包括实体公正），在诉讼程序的设置上就须给双方当事人以平等地享有和实施各项诉讼权利的机会，建立确保判决正确的诉讼制度，以实现诉讼的公正与效率。

■第二节 既判力的主体界限

一、既判力主体界限的含义

既判力的界限是用以说明既判力作用范围的范畴，是既判力的核心，也是司法实务中经常遇到和迫切需要解决的问题。

既判力的主体界限，又称既判力的主体范围，指既判力作用的主体范围。原则上，既判力只对提出请求及与请求相对立的当事人有拘束力，对与请求的诉讼标的无关的案外人不发生效力。这里的当事人包括第一审的原告、被告、有独立请求权的第三人和被判决承担义务的无独立请求权的第三人，以及上诉审的上诉人和被上诉人等。由于既判力原则上只及于当事人，而不是绝对地针对任何人，因此，又称为既判力的相对性原则。其原因在于，民事诉讼解决的是特定当事人之间的权利义务纠纷，判决以当事人在法庭审理中的主张为基础，因而判决也只能相对地拘束双方当事人。如果判决随便拘束第三者，就侵犯了第三者享有的诉讼程序保障权。

由于民事诉讼所解决的某些纷争也关乎社会利益，对一般社会秩序的维护不无意义，所以，在某些例外情况下，既判力也会扩张至当事人以外的人，这在确立了既判力制度的各主要大陆法系国家都有规定。在我国现有的诉讼类型中，也存在既判力主体界限扩张的情形。

二、既判力主体界限的绝对扩张

民事判决书、裁定书发生法律效力，或者说生效的民事判决书、裁定书，是指如同生效的法律一样，非经法定程序，不得改变。除对当事人有约束力和执行力外，对社会的一切人和单位都将产生约束力。具体而言，对人民法院来讲，不经法定程序，不得撤销或变更原判决，并不得接受当事人的重复起诉。对全社会而言，任何企事业单位、机关、团体和公民，都不得影响该生效裁判内容的实现；有义务协助执行的单位和个人，应当协助人民法院实现该裁判的内容，不得拒绝或者推诿。这种人民法院生效裁判的一般意义上的效力，即既判力主体界限的绝对扩张。

三、既判力主体界限的相对扩张

既判力主体界限的相对扩张主要包括以下情形：

1. 当事人的承继人。此处所指的当事人的承继人，是指承继当事人实体权利义务的自然人或法人。其中，承继可因继承、赠与或法人的分立、合并和撤销等而发生，也可因当事人以协议处分或国家强制力的作用而发生。在此类情况下，承继人应受既判力的拘束，并不得以其与另一方当事人之间的其他权利义务关系抗辩。改革开放以来，有不少挂靠企业出现，名目繁多的个体公司挂靠集体企业或国有企业，甚至有的挂靠街道办事处或乡政府等。当这些个体公司出现亏损、资不抵债时，其主管部门或被挂靠的单位往往会解散或注销该个体公司。而该公司在此之前的债务虽已被法院的生效判决所确定，却因该公司被挂靠单位下令解散而使判决不能执行。该公司的上级主管或被挂靠单位，既然有权成立或解散该公司，收取挂靠费，就应承担相应的法律责任，应受法院判决的拘束。

2. 标的物被他人占有支配的情形。在给付之诉中，请求给付的标的物可能有被当事人或其承继人以外的人占有支配的情况。诉讼实践中的财产保管人、受托人、资产管理人等均属此类，既判力也向此类人扩张。因为他们是专为当事人或其承继人占有该物的，既判力的扩张既不会损害其固有的实体利益，又不会侵害其程序保障权。

3. 公司诉讼中，判决的既判力及于全体股东。公司诉讼由于公司的股东人数多，不可能凡涉及该公司诉讼的全体股东都参加，而只能由其法定代表人进行诉讼，即由该公司的董事长或总经理为维护公司全体股东的利益而进行诉讼，但是该类判决的既判力仍及于全体股东。法院对案件审理的结果，无论该公司是胜诉还是败诉，法院作出的生效判决都对该公司的全体股东产生既判力，法律责任由全体股东承担。

4. 人数不确定的代表人诉讼。对于人数不确定的代表人诉讼，诉讼时未登记的当事人，若日后诉至法院，先前判决对其有效，也就是该判决的既判力对未登记的当事人的扩张。对于代表人诉讼中起诉时人数不确定的情形，由于诉讼标的属于同一种类，且当事人一方人数众多，于是由人民法院在受理案件后发布公告，通知权利人在一定期限内到人民法院登记而参加诉讼。人民法院对案件经过进行审理所作的判决、裁定，对参加登记的全体权利人发生效力。依照我国《民事诉讼法》第54条第4款的规定："……未参加登记的权利人在诉讼时效期间提起诉讼的，适用该判决、裁定。"这就是所谓的起诉时人数不确定的诉讼代表人诉讼裁判的扩张性。即人民法院对日后诉至法院的案件，不必再对其进行全面公开开庭审理，经对起诉人提供的证据进行审查，认定其请求成立，即可直接裁定适用人民法院对此同种类案件已作出的判决，按该生效判决所确定的权利义务执行。

■第三节 既判力的客体界限

既判力的客体界限，是指既判力对判决中发生作用的判决事项，又称既判力的客观范围，是既判力制度中一个极为重要的问题。一般而言，既判力仅及于诉讼标的，对未经裁断的法律主张不发生既判力。不过，因对诉讼标的持有不同认识，且审判实践极为复杂多样，既判力客体界限的确定亦纷繁复杂。

一、诉讼标的和判决理由

判决中，对诉讼标的的判断和对判决理由的判断构成了判决的主要部分。由于对诉讼标的的识别标准不同，以及对于判决理由的判断效力的认识有别，造成既判力客体界限的混乱局面，给审判实践带来了不利影响。

关于诉讼标的的识别标准，有新旧诉讼标的理论的分野。传统诉讼标的理论以实体法规定的具体实体权利为识别诉讼标的的标准，判决的既判力只能及于该具体实体权利。但是，在请求权竞合时，原告请求给付的目的虽然只有一个，却有多个诉讼标的，原告如在前诉败诉，可以根据不同的诉讼标的提起后诉。虽然法院后诉判决判断的实质与前诉判决并无不同，但前诉判决的既判力并不及于后诉，极有可能形成矛盾判决。如此一来，确定的终局判决解决纷争的目的就难以实现，既判力维护法律安定性的目标就会落空。从民事诉讼法学理论研究的角度来讲，我们认为，法院应坚持"一事不再理"原则，不准重复诉讼，以确保生效判决的稳定性。但是，民事诉讼的目的在于解决当事人之间的争议，保证权利享有者的权利得以实现。如果过分强调法院判决的既判力，就可能使真正的权利人蒙受不利的判决之害。如甲乙二人因宅基地引发纠纷，乙以甲占据自己的宅基地为由，向法院提起诉讼。法院受理案件后，以宅基地纠纷不归法院主管为由裁定驳回原告乙的起诉。后原告乙又以甲侵权为由向同一法院提起诉讼，法院则受理了案件，并判决原告乙胜诉。如果坚持既判力理论，后诉则不能再进行，当事人之间的纠纷实难解决，原告的合法权益也得不到保护。

为了克服传统理论的缺陷，学者们创立了新诉讼标的理论，其中，最能与既判力理论相协调的是"新二分支说"。根据该说，诉讼标的的识别应当以当事人诉的声明结合原因事实为标准。诉的声明与原因事实两者中，有一个要素为单一时，诉讼标的即为单一。两者均为多数时，则构成多个诉讼标的。其中，诉的声明是当事人要求法院以裁判确定其法律地位或获得某种法律效果的请求，原因事实是指支持当事人上述请求的基础法律关系。这样，当不同的原因事实只产生同一法律后果时，这些不同的原因事实尽管可能构成实体法上的若干实体请求权，但并不形成不同的诉讼标的。我们认为，采用上述识别标准，可以弥补旧有理论的不足，易于确定既判力的客体界限。

对判决理由的判断一般不产生既判力，否则会使既判力的客体界限过宽，对受其不利影响的一方当事人极为不公。我国民事诉讼实践是依照《民诉法解释》第93条的规定进行的。根据《民诉法解释》第93条第1款第5项的规定，"已为人民法院发生法律效力的裁判所确定的事实"，当事人无须举证证明。这说明，在我国审判实务中，对诉讼标的和判决理由可以不作区分，一概承认有既判力。把既判力的客体界限扩张于判决理由，我们认为难以公平保护当事人的利益，应予修正，赋予判决对诉讼标的和判决理由的判断以不同的效果。

二、当事人的抵销抗辩

既判力的客体界限原则上对诉讼标的发生效力，而不包含判决理由。但是，判决中，对当事人在诉讼中提出的抵销抗辩，有的判断虽然属于判决理由中的判断，但作为一种特例，具有既判力。这是既判力客体界限的例外，应以法律明文规定，以免多生歧义。

法律之所以赋予抵销抗辩的判断以既判力的效果，是因为抵销抗辩不同于其他抗辩理由，它是与请求及其原因无关的反对债权，是以对等数额消灭请求债权为目的的抗辩。如果不承认抵销抗辩判断的既判力，则在反对债权不成立、抵销抗辩被排斥而败诉时，被告还可以另行起诉主张反对债权，请求同一给付。反之，在反对债权成立，原告的诉讼请求被驳回后，被告还可重复利用反对债权，另行提起诉讼，主张其反对债权，并可在后诉中利用前诉既判力对抗原告。显然，这样会招致不当结果，极不合理。关于抵销抗辩的判断，须在确定原告诉讼请求成立以及就被告提出的关于清偿、免除、时效消灭等所有抗辩事由加以判断后，才能就抵销抗辩加以判断。

发生既判力的抵销抗辩的判断，限于就抵销抗辩所作的实体判断，且仅就该部分发生既判力。如果抵销抗辩所作的不是实体上的判断，该判断并不发生既判力；如果被告提出数个反对债权以供抵销，而法院仅就其中一部分作出判断，其他未经判断的部分，不发生既判力。

此外，与抵销抗辩的既判力相关的一个问题是：已主张抵销抗辩而判决尚未确定前，被告能否就同一反对债权另行起诉。抵销抗辩经实体判断后，在抵销的范围内，当事人当然不得再行起诉，但此项效力须在该判决生效后才发生。如主张的抵销抗辩仍在诉讼中，当然没有既判力可言。在这种情况下，适宜认为当事人可以再行起诉。但是，当事人既然在本诉主张抵销，又另行起诉请求给付，理念上未免矛盾，而且法院既要就抵销抗辩进行判断，又要对另一起诉进行判断，如两个判决结果有矛盾，势必会启动再审程序，造成司法资源的浪费和当事人的讼累之苦。所以我们认为，当事人虽然可另行起诉，但两诉应视情况，或者予以合并审理，或者后诉中止审理，待前诉判决生效后再行审理。

■第四节 既判力的时间界限

既判力的时间界限，指判决赋予确定当事人之间权利义务关系状态的时间。因为民事诉讼解决的是当事人之间民事权利义务的争议，这种权利义务关系的状态即使被确定了，根据后来的情况也有变动的可能，所以，有必要在时间界限上加以明确，判决在何时确定权利义务，何时对后诉有拘束力。

一、既判力的基准时点

既判力的基准时点，是指在该时点，争议的权利义务关系已经确定，具体包括：

1. 当事人双方在上诉期间内均未提起上诉的，于上诉期间届满时发生效力。

2. 一方当事人未提起上诉，对方当事人虽然提起上诉，但又撤回上诉的，于第二审人民法院裁定准许撤回上诉时，判决对该方当事人而言，已确定。对未上诉的一方当事人而言，判决仍在上诉期间届满时发生效力。

3. 如果双方当事人都提起上诉，须双方当事人都撤回上诉，第一审法院的判决才确定。如仅有一方当事人撤回，判决仍不确定。如双方当事人均撤回上诉，其效力于第二审法院裁定准许撤回上诉时发生。

4. 上诉不符合法定程序要件，由法院以裁定驳回的，其效力于该裁定生效时发生。

5. 当事人双方如果在上诉期间内都明确表示放弃上诉权的，判决仍应在上诉期间届满时确定。判决生效，发生既判力，而不是说既判力于此时产生。在该基准时点后，既判力对当事人产生失权效果。为此，大陆法系国家通说认为，既判力的基准时点是事实审言词辩论终结时，即判决所判定的是当时的法律关系状态，此后发生的权利义务变动的事实不受既判力的拘束。

在我国，情况则有所不同。我们认为，在我国，既判力的基准时点为法庭审理终结时。由于我国实行两审终审制，第二审既是事实审，也是法律审，故既判力的基准时点应根据案件终审所经历的不同审级程序来确定。

二、既判力的发生

判决确定时发生既判力。所谓判决确定，我国通常称作判决生效，指该判决在通常诉讼程序中已没有被撤销或变更的可能。根据我国《民事诉讼法》的规定，符合法律要件而发生法律效力的裁判，具体包括以下几种：

（一）可以上诉的判决

可以上诉的判决，是指地方各级人民法院的第一审判决，第二审人民法院发回第一审人民法院重审的案件的判决和依照第一审程序审理的再审案件的判决。该类判决上诉期已过无人上诉，即发生法律效力。

（二）终局判决

依第二审程序作出的判决、小额诉讼判决和最高人民法院的第一审判决，均是终局判决。

判决宣告或判决书送达时即为既判力发生时。这里应说明的是，我国《民事诉讼法》第175条规定："第二审人民法院的判决、裁定，是终审的判决、裁定。"许多教科书将此解释为："判决书、裁定书一经作出，即发生法律效力，当事人不得再提出上诉，也不得以同一事实和理由向人民法院再行起诉。"我们认为，从理论上讲，人民法院审判民事案件，实行两审终审制，第二审人民法院的判决、裁定，无疑均是生效的判决、裁定。但是，何时生效，这在民事诉讼法学理论研究与诉讼实践中却是一个值得认真探讨的问题。因为第二审人民法院对案件审理后所作的判决，并非均是当庭宣判、当庭送达判决书。对于在开庭审理的法庭上，审判长只宣读判决而未当即送达判决书的，我们认为判决书应在送达当事人时生效。

（三）依特别程序审理案件所作的判决

依特别程序审理的案件，其判决一经作出就生效，故该类案件的判决宣告时就是既判力发生时。纵观世界各国民事诉讼法，特别程序的设置并不相同。依我国《民事诉讼法》的规定，按照特别程序审理的案件，均实行一审终审。即人民法院的判决、裁定一经作出，就是发生法律效力的判决、裁定，起诉人或者申请人都不能上诉。这是由依特别程序审理的案件的性质和特点所决定的。人民法院对这些案件所作的判决或裁定，不是解决法律关系主体之间的权利义务争议，而是对某种法律事实或者权利的有无作出确认。这些案件的案情通常简单，并且有的案件事先已经过有关机关处理或者鉴定，事实较清楚。因此，依特别程序审理的案件，既判力发生的时间应为判决作出时。但是，选民资格案件的既判力发生基准时点则有所不同，应是在判决书送达起诉人、选举委员会和有关公民时。

（四）非判决形式的裁判

某些非判决形式的裁判，既判力应在该法律文书生效时发生。例如，法院调解书、支付令等，于其生效时发生既判力。这是因为法院调解不同于判决，调解解决民事纠纷侧重于当事人的意志，即只要双方当事人自愿，达成的协议事项不违背国家法律，不损害国家、集体或他人利益，人民法院就不得干预。法院调解的既判力发生时间，依是否制作调解书而有所不同。对不需要制作调解书的调解协议，依《民事诉讼法》第98条第2款的规定，"应当记入笔录，由双方当事人、审判人员、书记员签名或者盖章后，即具有法律效力"，即此时既判力产生。对需要制作调解书的调解协议，依《民事诉讼法》第97、99条的规定，人民法院应当在调解书中写明诉讼请求、案件事实和调解结果，并由审判人员、书记员署名，加盖人民法院印章，送达双方当事人。调解书经双方当事人签收后，即具有法律效力。调解书送达前，一方当事人反悔的，人民法院应当及时判决。据此规定，我们认为，调解书既判力发生的时间应为双方当事人签收调解书时。具体讲，应为最后收到调解书的一方当事人签收调解书时。

至于人民法院依《民事诉讼法》关于督促程序的规定，为债权人请求债务人给付金钱、有价证券所签发的支付令，既判力发生时间应是支付令生效时。因为人民法院对债权人的申请只需经程序性审查，不传唤债务人到庭，没有双方的举证、质证，而是法院根据债权人单方的申请发出支付令。因此，只有在债务人收到支付令后的 15 日内，既不清偿债务，又不对支付令提出书面异议时，支付令才生效，债权人才可以向人民法院申请执行。督促程序的非讼性，决定了它不同于通常审判程序，支付令亦不同于判决、裁定。支付令不能在言词辩论结束时或法庭审理终结时发生既判力，只能在其生效时发生既判力。

三、既判力时间界限的扩张与既判力的消灭

（一）既判力时间界限的扩张

既判力时间界限扩张的情形，是既判力基准时点的例外。例如，我国台湾地区的"民事诉讼法"规定，人事诉讼判决一经确定，便上溯于判决作出时发生既判力。此种情由盖因人事诉讼判决以确认人身关系为核心，确定判决作出时就体现了今后当事人间关系之意旨。若判决作出后至判决生效前，允许该生效判决所确定的人身关系处于不确定状态，实违公序良俗，有悖于社会公益。

在我国大陆地区，我们主张离婚诉讼判决和解除收养关系诉讼判决的既判力之时间界限应发生扩张。具体而言，对此类判决，一审后当事人未上诉的，待上诉期满后，既判力上溯于判决作出之日发生；对此类判决，当事人上诉，二审维持原判的，二审判决确定后上溯至一审判决作出时发生既判力；若二审部分维持原判的，该部分判决上溯至一审判决作出时产生既判力。在我国，之所以应作出这种规定，是因为这两类判决确定的社会关系具有特殊性。

当然，上述特别情形应立法明定之。在我国，目前宜先由最高人民法院以司法解释确立该规定，待修订《民事诉讼法》时再以立法的形式规范下来。

（二）既判力的消灭

判决的既判力产生后，即应维持，当事人不得以合意排除。但是，若出现下列特定事由，既判力则应消灭，其效果视为自始不存在。

1. 确定的再审判决废弃或部分废弃原判决。当法院启动再审程序，经过再审审理，确定的再审判决废弃了原判决的全部或部分判决，则该判决的全部或部分判决的既判力消灭。

2. 判决书灭失。判决书灭失，且根据法院档案记录也难以认定原生效判决书实质内容的，原判决既判力消灭。此种情况的出现，或使当事人之间争议的民事权利

义务失去确定的依据，纠纷依然；或使前诉判决的既判力事由难以查明。因此，应认定既判力消灭，使当事人之间的纠纷能经由诉讼或其他途径解决。

【本章小结】

1. 本章介绍了既判力的概念、作用、根据和本质的各种学说。阐述既判力的主体、客体、时间界限。

2. 通说认为，既判力是指民事判决实质上的确定力，即形成确定的终局判决内容的判断所具有的基准性和不可争性效果。

3. 既判力的主体界限，是指既判力作用的主体范围。原则上，既判力只对提出请求及与请求相对立的当事人有拘束力，对与请求的诉讼标的无关的案外人不发生效力。但要注意到，在我国现有的诉讼类型中，存在既判力主体界限扩张的情形。

4. 既判力的客体界限，是指既判力对判决中发生作用的判决事项。一般而言，既判力仅及于诉讼标的，对未经裁判的法律主张不发生既判力。不过，因对诉讼标的持有不同认识，且审判实践极为复杂多样，既判力客体界限的确定亦纷繁复杂。

5. 既判力的时间界限，指判决赋予确定当事人之间权利义务关系状态的准则的时间。因为民事诉讼解决的是当事人之间民事权利义务的争议，这种权利义务关系的状态即使被确定了，根据后来的情况也有变动的可能，所以，有必要在时间界限上明确确定，判决在何时确定权利义务的，何时对后诉有拘束力。

第二十三章

【思考题】

1. 试述既判力的作用。
2. 谈谈你对既判力主体界限扩张的认识。
3. 何为既判力的基准时点？其具体内容包括哪些方面？
4. 试论既判力的客体界限。

【参考文献】

1. 邓辉辉：《既判力理论研究》，中国政法大学出版社 2005 年版。
2. 林剑峰：《民事判决既判力客观范围研究》，厦门大学出版社 2006 年版。
3. 刘学在："既判力论在中国的困境探析——以民事诉讼为视角"，载《北京科技大学学报（社会科学版）》2003 年第 3 期。

第二十四章

第二审程序

第二十四章

学习目的和要求　掌握第二审程序的概念和意义，第二审程序与第一审程序的关系，上诉案件的提起、受理、撤回；熟悉上诉案件的审理范围和方式以及法院对上诉案件的裁判。

■第一节　第二审程序概述

一、第二审程序的概念

第二审程序，是指民事诉讼当事人不服地方各级人民法院未生效的第一审判决、裁定，在法定的期限内向上一级人民法院提起上诉，上一级人民法院对案件进行审理所适用的程序。第二审程序是由当事人的上诉引起的，所以又称上诉审程序。我国实行两审终审制，一个案件经过两级人民法院审判即宣告终结，当事人不能再提起上诉，因此，第二审程序又称终审程序。

在我国，由于实行两审终审制，所以有第一审程序和第二审程序的划分。但是，第二审程序并非每个案件的必经程序。按照非诉讼程序审理的案件、按照普通程序和简易程序审理的在上诉期限内当事人没有上诉的案件、经过第一审程序当事人达成了调解协议的案件、小额诉讼案件和最高人民法院审理的案件，都不会引起第二审程序的发生，也就不需要经过第二审程序。

第二审程序与第一审程序同属于审判程序，二者有着密切的。二者的联系主要表现在：第一审程序是第二审程序的前提和基础，第二审程序是第一审程序的继续和发展，二者实质上是对同一法律关系案件的审判。二者的区别主要是：

1. 程序发生的原因不同。第一审程序的发生，是基于当事人的起诉权和人民法院的管辖权；第二审程序的发生，是基于当事人的上诉权和第二审人民法院审判上的监督权。

2. 审级不同。第一审程序是案件在第一审人民法院审理时适用的程序；第二审程序是案件在第二审人民法院审理时适用的程序。它们是两个不同审级的人民法院审理案件所适用的程序。

3. 任务不同。第一审程序的任务主要是通过对案件的审理来确认当事人之间的民事权利义务关系，解决民事纠纷；第二审程序不仅要对当事人之间争议的民事法律关系予以确认，而且担负着监督检查下级法院审判工作的任务，以保证审判活动的正确性和法律适用的统一。

二、第二审程序的性质

第二审程序的性质关系到对第二审程序作用的认识，并且关系到该程序的构建。对此，学术界有三种不同的学说：

1. 复审制。又称更新主义或第二次的第一审。该学说认为，第二审是对案件的重新审理，第二审法院应全面地收集一切诉讼资料，当事人可以提出新事实及新证据，第二审法院也可以重新收集诉讼资料，并在此基础上作出裁判。复审制以确保裁判的正确性为宗旨，但从诉讼经济的角度看，民事诉讼不宜采取这一原则。

2. 事后审制。又称限制主义，是与复审制相对立的一种学说。该学说认为，第二审法院应以审查第一审法院裁判内容及其诉讼程序有无错误为目的。第二审法院仅能以第一审所适用诉讼资料及当事人之主张为审查对象，不允许当事人在第二审程序中提出新事实、新证据。事后审制避免了复审制的弊端，但走向了另一个极端，即当事人即使有正当理由而未在一审中提出的证据和事实，在二审中也不能提出，这是有违诉讼公正的。在现代诉讼中，事后审制在二审中已不适用，但适用于三审。

3. 续审制。亦称续审主义，通常被认为是上述两种学说的折中观点。该学说认为，第二审是一审的继续和发展，因此，第二审的诉讼资料并不限于第一审原有的诉讼资料。当事人在第二审程序中还可以提出新事实及新证据。

目前，世界上大多数国家的第二审程序采用续审制。从审级制度看，大陆法系国家原则上实行三审终审制，第二审法院也作事实审，同样涉及事实认定的问题，但对当事人在二审程序中提出的新证据是否加以限制的问题上则有不同的规定。部分大陆法系国家对于向二审法院提出新证据不加任何限制，而另一部分大陆法系国家则对向二审法院提出新证据加以限制，如德国、意大利。德国之所以对采纳新的证据加以限制，其主要目的就是为提高第一审程序的威信，阻止诉讼当事人把主要精力推迟到第二审程序上。英国判例法对向二审法院提出新证据加上了两项限制：①新证据必须是表面上可信的；②采纳这些新证据至少应能对案件的结果产生重大的影响。[1]我国《民事诉讼法》基本上亦采续审制，但最高人民法院的《民事证据规定》对当事人向上诉人民法院提出新证据作了必要的限制。

三、第二审程序的意义

第二审程序是我国民事诉讼程序的重要组成部分，其意义在于：

1. 有利于保护当事人的合法权益。审判人员在审判时，由于受客观条件及主观认识水平的限制，不可能完全避免错判，有了第二审程序，当事人就可以在不服第

---

[1] 沈达明编著：《比较民事诉讼法初论（下）》，中信出版社1991年版，第341页。

一审人民法院判决、裁定的时候，行使法律赋予的上诉权利，要求上一级人民法院对第一审判决、裁定的正确性进行审查，原判决、裁定错误的，可以及时得到纠正。

2. 有利于上级人民法院对下级人民法院的审判工作进行有效监督。上级人民法院通过对上诉案件的审理，可以发现下级人民法院在认定事实、适用法律和审判作风中存在的问题并加以纠正，帮助下级人民法院总结审判工作的经验，提高审判工作水平和办案质量。对于原裁判认定事实不清的，可以撤销原判发回重审；对于适用法律错误的，可以自行改判。

■第二节　上诉的提起和受理

一、上诉的提起

上诉是法律赋予当事人的一项重要的诉讼权利，是上一级人民法院开始第二审程序的依据。但提起上诉必须具备一定的条件，即通常所说的上诉要件。只有符合法律规定的上诉条件，才能引起第二审程序的发生。上诉的条件是：

1. 提起上诉的客体必须是依法允许上诉的判决或裁定。根据《民事诉讼法》的规定，可以上诉的裁判包括：地方各级人民法院适用普通程序、简易程序作出的判决，第二审人民法院发回重审后作出的判决，以及法律规定可以上诉的裁定。除此之外，当事人对其他判决、裁定不得提起上诉。

2. 提起上诉的主体必须是依法享有上诉权的人。根据《民事诉讼法》的规定，享有上诉权的人是第一审程序中的当事人，包括原告、被告、共同诉讼人、群体诉讼的诉讼代表人、有独立请求权的第三人和判决其承担民事责任的无独立请求权第三人。他们在案件中是具有民事实体权利或者义务的人，依法可以提起上诉。与上诉人的上诉请求有利害关系的当事人为被上诉人。双方当事人和第三人都上诉的，均为上诉人。

在必要的共同诉讼中，其中一人提起上诉，经其他共同诉讼人同意，对全体发生效力，但每个共同诉讼人也有权单独提起上诉。必要共同诉讼人中的一人或部分人提出上诉的，根据《民诉法解释》第319条的规定，按下列情况处理：①上诉仅对与对方当事人之间权利义务分担有意见，不涉及其他共同诉讼人利益的，对方当事人为被上诉人，未上诉的同一方当事人依原审诉讼地位列明；②上诉仅对共同诉讼人之间权利义务分担有意见，不涉及对方当事人利益的，未上诉的同一方当事人为被上诉人，对方当事人依原审诉讼地位列明；③上诉对双方当事人之间以及共同诉讼人之间权利义务承担有意见的，未提出上诉的其他当事人均为被上诉人。在普通的共同诉讼中，共同诉讼人之间没有共同的权利义务，每个人都有权单独提起上诉；但其中一人提起上诉，对其他共同诉讼人不发生效力。

无独立请求权的第三人是否有权独立提起上诉，取决于一审是否判决其承担民事责任。根据《民事诉讼法》及《民诉法解释》的规定，无独立请求权的第三人，一般无权独立提起上诉；如果一审判决结果不要求其承担民事责任，他就没有独立的上诉权，但可以随所参加的当事人一方提起上诉；判决其承担民事责任的，则可以独立提起上诉。

具有上诉权的双方当事人均不服第一审判决，并在上诉期限内依法提起上诉的，应当都列为上诉人，并互以对方为被上诉人。

3. 必须在法定的上诉期限内提起上诉。当事人对第一审人民法院的判决、裁定提起上诉，必须在法律规定的期限内进行，超过法律规定的上诉期限，当事人就丧失了上诉权。《民事诉讼法》第164条规定："当事人不服地方人民法院第一审判决的，有权在判决书送达之日起15日内向上一级人民法院提起上诉。当事人不服地方人民法院第一审裁定的，有权在裁定书送达之日起10日内向上一级人民法院提起上诉。"《民事诉讼法》第82条第2款规定："期间以时、日、月、年计算。期间开始的时和日，不计算在期间内。"上诉期限应从判决书、裁定书送达当事人的第二日起算。当事人各自接受裁判书的，从各自的起算日开始。任何一方均可在自己的上诉期限内提起上诉。上诉期届满后，所有当事人均未上诉的，裁判才发生法律效力。

4. 必须递交上诉状。上诉状是上诉人不服第一审人民法院裁判，而请求第二审人民法院变更原审人民法院裁判的诉讼文书。它和原告向第一审人民法院提起诉讼的起诉状的共同之处在于：其目的都是引起一定诉讼程序的开始，以保护自己的合法权益。其不同之处在于：上诉人不仅同被上诉人在民事权利上有争执，而且对第一审裁判也有异议，因此，上诉状不仅要求确认自己的民事权益，还要求改变第一审人民法院的裁判。

依据《民事诉讼法》第165条的规定，当事人提起上诉，应递交上诉状，上诉状包括下列内容：①当事人的姓名，法人的名称及其法定代表人的姓名或者其他组织的名称及其主要负责人的姓名；②原审人民法院名称、案件的编号和案由；③上诉的请求和理由。其中，上诉的请求和理由是上诉状的主要内容。上诉的请求是上诉人通过上诉所要达到的目的。上诉请求应明确表明要求上诉审法院全部或部分变更原审裁判的态度，因为这关系到人民法院在二审程序中的审理范围。上诉理由则是上诉人提出上诉请求的具体根据。上诉人应当提出自己认为一审裁判认定事实和适用法律不当或者错误所根据的事实和理由，包括在第一审未提供的新事实、理由和证据。

提起上诉必须同时具备以上四个条件。此外，依法应交纳诉讼费的，在递交上诉状时，应同时交纳诉讼费，逾期不交纳的，按自动撤回上诉处理。

二、上诉的受理

《民事诉讼法》第166、167条分别规定了提起上诉和人民法院受理上诉的程序。

1. 当事人提起上诉，原则上应通过原审人民法院提出上诉状，并按照对方当事人人数提出上诉状副本。这样既便于当事人提出上诉，又便于原审人民法院进行审查。经审查，如有不符合之处，可以通知上诉人及时修改或补正。对已逾上诉期限的，可直接作出裁定驳回上诉。但是，有些当事人由于某种原因，不愿通过原审人民法院提起上诉，而直接向第二审人民法院提起，这也是允许的。对此，二审人民法院应予接受，并依法将收到的上诉状及其副本在 5 日内移交原审人民法院。这是上诉状通过原审人民法院提出原则的例外。

2. 原审人民法院收到上诉状、答辩状以后，应当在 5 日内连同全部案卷和证据报送第二审人民法院。第二审人民法院收到全部案卷、书状和证据后，认为符合法律规定条件的，应当予以受理。

三、上诉的撤回

《民事诉讼法》第 173 条规定："第二审人民法院判决宣告前，上诉人申请撤回上诉的，是否准许，由第二审人民法院裁定。"《民诉法解释》第 337 条规定："在第二审程序中，当事人申请撤回上诉，人民法院经审查认为一审判决确有错误，或者当事人之间恶意串通损害国家利益、社会公共利益、他人合法权益的，不应准许。"根据上述规定，在第二审人民法院受理上诉人的上诉后至宣告判决前的整个审理过程中，上诉人都可以向第二审人民法院申请撤回上诉。这是当事人对诉讼权利的处分，但是否准许，应由第二审人民法院裁定，以防止不正当的撤诉对国家、社会和他人合法权益造成损害。为了充分保障当事人自由处分诉讼权利，《民诉法解释》还规定，在二审程序中，原审原告可以撤回起诉，但必须要经其他当事人同意，且不损害国家利益、社会公共利益及他人合法权益的，法院才可以准许。准许撤诉的，法院应当一并裁定撤销一审判决。

裁定准予当事人撤回上诉的，上诉程序即告结束；裁定不准撤回上诉的，诉讼继续进行。对准予上诉人撤回上诉的裁定，应当制作书面裁定，由合议庭组成人员签名，并加盖人民法院印章。该裁定为终审裁定，是第一审裁判发生法律效力的依据。

第二审人民法院裁定准予上诉人撤回上诉后，上诉人放弃上诉权的处分行为产生法律上的后果，不能反悔，即使上诉期未满，上诉人也不能再行上诉。

■第三节　上诉案件的审理

《民事诉讼法》第 174 条规定："第二审人民法院审理上诉案件，除依照本章规定外，适用第一审普通程序。"因此，第二审人民法院审理上诉案件，首先适用本章关于第二审程序的规定；本章没有规定的，适用第一审普通程序的有关规定。

一、上诉案件的审理前准备

根据《民事诉讼法》第 169 条的规定，第二审人民法院在审理上诉案件前，应做好以下几项准备工作：

（一）组成合议庭

上诉案件应由审判员组成合议庭进行审理。这是上诉案件审判组织的法定形式，也是和一审程序的不同之处。上诉审不能由审判员一人独任审判，也不允许由审判员和陪审员共同组成合议庭，而只能由审判员组成合议庭。

（二）审查案卷，调查和询问当事人

由于上诉案件是在第一审法院审理的基础上进行的，各种材料都已比较齐全，因此，审查案卷十分重要。在审查案卷中，合议庭应审查当事人提起上诉是否具备了行使上诉权的四个条件。如果经审查符合上诉条件的，应进一步对上诉请求的有关事实认定和法律适用方面的问题进行审查。审查有关事实是否清楚，证据是否确实、充分，适用法律是否恰当，以及双方当事人争议的焦点和所持的理由，以明确哪些问题上的事实已查清，哪些问题上的事实不清楚、证据不充分，然后根据案件的具体情况，有重点、有计划地采取调查、询问当事人、核实证据等方式，进一步查明案情，为开庭审理或径行判决做好必要的准备工作。

二、上诉案件的审理范围

《民事诉讼法》第 168 条规定："第二审人民法院应当对上诉请求的有关事实和适用法律进行审查。"这意味着上诉案件的审理范围受当事人上诉请求的限制，因为第二审程序是基于当事人的上诉而提起的，对于第一审人民法院裁判的内容，哪些服判、哪些不服而要求上诉，应当由当事人决定。一般来说，二审人民法院应受其约束，不应把当事人已经接受的裁判内容再提出来重新审理。但是，《民事诉讼法》第 168 条对二审人民法院审理范围的限制不应是绝对的，根据《民诉法解释》第 323 条的规定，当事人虽然没有提出请求，但是一审判决违反法律禁止性规定，或者损害国家利益、社会公共利益、他人合法权益的，人民法院可以审理。这是由第二审程序的职能决定的，它不仅要通过上诉案件的审理保护当事人的合法权益，还要通过对上诉案件的审理维护法律的权威，保证法院正确行使审判权。

三、上诉案件的审理方式

根据《民事诉讼法》第 169 条的规定，第二审人民法院审理上诉案件，应当组成合议庭，开庭审理。第二审人民法院审理上诉案件，不仅要对当事人之间争议的民事法律关系进行审理，还要对一审法院的审理和裁判进行审查，因此原则上都应当开庭审理。第二审合议庭审理上诉案件，只有在上诉当事人没有提出新的事实、证据或者理由，合议庭认为不需要开庭审理的情况下，才可以不开庭审理。《民诉法解释》第 333 条具体列举了以下案件可以不开庭审理：①不服不予受理、管辖权异议和驳回起诉裁定的；②当事人提出的上诉请求明显不能成立的；③原判决、裁定认定事实清楚，但适用法律错误的；④原判决严重违反法定程序，需要发回重审的。对于不开庭审理的案件，合议庭应当认真阅卷、调查和询问当事人，在核实事实与证据及正确适用法律的基础上，对上诉案件进行裁判。

四、上诉案件的调解

第二审人民法院审理上诉案件，可以进行调解。这是我国第二审程序的重要特点之一，也是贯彻调解原则的具体体现。

第二十四章

第二审人民法院审理上诉案件，可根据自愿、合法原则主持当事人进行调解，对经过调解达成协议的案件，应当制作调解书，由审判人员、书记员署名，并加盖人民法院印章。调解书经合法送达后，即与生效判决具有同等的法律效力，原审人民法院的判决视为撤销。

五、上诉案件的审理期限

为了保证上诉案件的及时审理，《民事诉讼法》第176条对上诉案件的审理期限作了明确规定：人民法院对判决的上诉案件，应当在第二审立案之日起3个月内审结，如遇有特殊情况，不能在规定的3个月内审结，需要延长审限的，应当报请本院院长批准。院长对申请延长审结时限的案件应严格把关，只有认为确有必要延长审限的，才能批准，以避免随意延长审结时限，违反立法本意。

人民法院审理对裁定的上诉案件，应当在第二审立案之日起30日内作出终审裁定，不得申请延长。因为裁定主要用于解决诉讼程序问题，不涉及实体法律关系的确认，需解决的问题也比较单一，所以审理期限较短。

■第四节 上诉案件的裁判

根据《民事诉讼法》第170条和《民诉法解释》的有关规定，第二审人民法院对上诉案件经过审理，应分情况作如下处理：

一、驳回上诉，维持原判

第二审人民法院对上诉案件经过审理，认为原判决、裁定认定事实清楚，适用法律正确，上诉理由不能成立的，应依法裁定驳回上诉，维持原判决或裁定。原判决、裁定认定事实或者适用法律虽有瑕疵，但裁判结果正确的，二审法院可以在判决、裁定中纠正瑕疵后，同样维持原判决或裁定。这种处理方式，否定了上诉人提出的上诉理由，肯定了原审人民法院判决的正确性和合法性，承认了原审判决的法律效力。

二、自行改判

第二审人民法院对上诉案件经过审理，认为原判决、裁定认定事实错误或者适用法律错误的，以判决、裁定方式依法改判、撤销或者变更。

三、撤销原判，发回重审

撤销原判、发回重审适用于两种情况：①原判决认定基本事实不清的，第二审法院除自行改判外，亦可裁定撤销原判，发回重审。②原判决遗漏当事人或者违法缺席判决等严重违反法定程序的，裁定撤销原判决，发回原审人民法院重审。

根据《民诉法解释》的规定，下列案件是否发回重审，应当分不同情况处理：①对当事人在一审中已经提出的诉讼请求，原审人民法院未作审理、判决的，第二审人民法院可以根据当事人自愿的原则进行调解，调解不成的，发回重审。②必须参加诉讼的当事人或者有独立请求权的第三人，在一审中未参加诉讼，第二审人民法院可以根据当事人自愿的原则予以调解，调解不成的，发回重审。③在第二审程序中，原审原告增加独立的诉讼请求或原审被告提出反诉的，第二审人民法院可以根据当事人自愿的原则就新增加的诉讼请求或反诉进行调解，调解不成的，告知当事人另行起诉，不应发回重审。但双方当事人同意二审人民法院一并审理的，二审法院可以一并裁判。④一审判决不准离婚的案件，上诉后，第二审人民法院认为应当判决离婚的，可以根据当事人自愿的原则，与子女抚养、财产问题一并调解，调解不成的，发回重审。如果双方当事人同意由第二审法院一并审理的，可以由二审法院一并裁判。⑤人民法院依照第二审程序审理的案件，认为依法不应由人民法院受理的，可以由第二审法院直接裁定撤销原判，驳回起诉，不应发回重审。

凡决定发回重审的案件，人民法院应当在裁定书中概括地提出发回重审的根据和理由，以便下级人民法院重新审理。

根据《民事诉讼法》第40条的规定，发回重审的案件，原审人民法院应当按照第一审程序另行组成合议庭进行审理，原合议庭成员或者独任审判员不得参加新组成的合议庭。原审人民法院对发回重审的案件所作的判决，仍属于第一审判决，当事人对重审后的判决、裁定不服，仍有权提起上诉。但根据《民事诉讼法》第170条第2款的规定，第一审人民法院重审后，当事人不服上诉的，第二审人民法院不得再次发回重审。若认为判决认定事实仍有错误，或者认定事实不清、证据不足的，应当查清事实后依法改判。

【本章小结】

1. 第二审程序即上诉审程序，在我国的两审终审制的审级制度中具有独特的功能。当事人通过上诉程序可进一步维护自己的合法权益；上级法院也可通过上诉审对下级法院的审判工作进行监督，维护法律的统一实施。

2. 当事人必须依法行使上诉权，即符合法定的上诉条件和程序规则。

3. 第二审法院审理上诉案件，原则上应当围绕当事人的上诉请求进行；审理方式原则上应当开庭审理，但对没有提出新的事实、证据或者理由，合议庭认为不需要开庭审理的，可以不开庭审理。合议庭也可以调解方式处理。

4. 第二审法院对上诉案件审理完毕，可以视情况作出维持原判、驳回上诉的裁定，也可依法改判；对于一审判决确有错误的，应当裁定撤销原判、发回重审；原审人民法院对发回重审的案件作出判决后，当事人提起上诉的，第二审人民法院不得再次发回重审。

【思考题】

1. 第二审程序的主要功能是什么？
2. 第一审程序与第二审程序的关系如何？
3. 上诉应具备什么条件？

4. 上诉案件的审理有何特点？

5. 第二审法院对上诉案件应如何处理？

【参考文献】

1. 齐树洁：《民事上诉制度研究》，法律出版社 2006 年版。

2. 傅郁林：《民事司法制度的功能与结构》，北京大学出版社 2006 年版。

3. 王胜明主编：《中华人民共和国民事诉讼法释义》，法律出版社 2012 年版。

4. 沈德咏主编：《最高人民法院民事诉讼法司法解释理解与适用（上）》，人民法院出版社 2015 年版。

第二十四章

审判监督程序

学习目的和要求　理解审判监督程序的特征、功能等基本原理；掌握再审程序的启动主体、条件、方式；熟悉再审的程序和裁判等。

■第一节　审判监督程序概述

一、审判监督程序的概念和特征

审判监督程序，又称再审程序，是指为了纠正已经发生法律效力的裁判中的错误而对案件再次进行审理的程序。

审判监督程序并不是每一个民事案件必经的程序，而是只对已经发生法律效力且符合再审条件的判决、裁定、调解书适用的一种特殊审判程序。审判监督程序是民事诉讼程序制度中的一项补救制度，是民事诉讼程序制度中不可缺少的一个组成部分。大多数国家的民事诉讼法对此都作了规定，不过称谓不一，实施与获得补救的途径和程序也有所区别。我国《民事诉讼法》中的审判监督程序规定了法定机关提起再审和当事人申请再审的程序，以及审理再审案件的特殊程序规则。

我国的审判监督程序具有下列特征：

1. 审判监督程序的审理对象是已经发生法律效力的判决、裁定或调解书。已经发生法律效力的判决、裁定和调解书具有强制性、排他性和权威性，对法院、当事人和社会都具有约束力。为了维护其权威性、稳定性，《民事诉讼法》规定，只有依照法律规定的特殊事由和程序才可启动再审。因此，再审程序的审理对象不同于一审和二审的审理对象。

2. 审判监督程序的审理理由是生效的法律文书有错误。设立审判监督程序的目的就是纠正生效法律文书可能存在的错误，确保案件的质量，维护当事人的合法权益。

3. 审判监督程序的启动方式包括当事人申请再审、法院提起再审和检察机关抗诉引起再审。

4. 审判监督程序没有完整独立的审判程序。审判监督程序启动后，应依法分别适用第一审程序或第二审程序审理再审案件。

二、审判监督程序与第二审程序的区别

审判监督程序和第二审程序，都是为了保证判决、裁定的正确性，纠正原判决、裁定中的错误的程序，但二者有着明显的区别：

1. 审理的对象不同。依审判监督程序审理的对象是已经发生法律效力的判决、裁定、调解书，它既包括第二审人民法院生效的判决、裁定、调解书，也包括第一审人民法院生效的判决、裁定、调解书；第二审程序审理的对象，只能是地方各级人民法院尚未发生法律效力的第一审判决、裁定。

2. 提起的主体不同。按照《民事诉讼法》的规定，有权提起审判监督程序的是各级人民法院院长，最高人民法院和上级人民法院，最高人民检察院和上级人民检察院以及符合申请再审条件的当事人；有权提起上诉程序的，则是原一审程序中的双方当事人、有独立请求权的第三人以及一审裁判中被确定负有实体义务的无独立请求权的第三人。

3. 提起的期限不同。审判监督程序的发动，除当事人申请再审，必须在判决、裁定、调解书生效后6个月内提出外，人民法院和人民检察院按照审判监督程序提起再审，不受时间限制，任何时候发现已生效的判决、裁定、调解书有错误，都可以提起；上诉人提起上诉则必须在第一审判决、裁定尚未生效期限内提起。

4. 审理的法院不同。按照审判监督程序审理案件的，不仅有上级人民法院，还包括原审人民法院；按照第二审程序审理案件的，只能是第一审人民法院的上一级人民法院。

三、审判监督程序的意义

在我国的民事诉讼中，人民法院行使国家审判权作出的判决和裁定，一经发生法律效力，任何机关、团体、单位和个人都无权变更和撤销，以维护法律的严肃性与权威性，确认当事人之间权利义务关系的稳定性。但生效裁判的稳定性应当建立在公正合法的基础上。由于民事案件的复杂性和其他原因，如司法人员的工作失误或有意偏袒一方当事人等，都有可能导致生效裁判即使经过了一审、二审，仍有可能出错。如果确实有错误并达到了必须纠正的程度，就应当通过审判监督程序来改变它，而没有理由去维护这种错误裁判的稳定性。

审判监督程序的意义在于：

1. 审判监督程序是针对已经发生法律效力的判决、裁定、调解书中的错误发动的，它使发生法律效力裁判中的错误仍有通过法律程序得到纠正的机会，是对合法民事权益更完善的保护。

2. 审判监督程序的设立有利于保证办案质量，维护法院的司法权威，保证国家法律的统一实施，以维护法律的尊严。

3. 审判监督程序是对我国两审终审制的一种必要补充。世界上多数国家和地区实行三审终审制，三审终审制显然使错误裁判得到纠正的机会多于两审终审制。我国实行两审终审制，故有必要以审判监督程序作为其补充。

■第二节 当事人申请再审

一、申请再审的概念和意义

申请再审，是指民事诉讼的当事人对已经发生法律效力的判决、裁定、调解书，认为有错误，向原审人民法院或者上一级人民法院申请再行审理的行为。

《民事诉讼法》赋予当事人申请再审的权利，有着重要的意义，这种启动方式符合民事诉讼的规律及本质特征。纵观世界各国的民事诉讼法，绝大多数国家将启动审判监督程序的权利赋予当事人，这是因为当事人是生效判决、裁定、调解书所产生法律后果的实际承受者，最容易感受判决、裁定、调解书的正确与错误，同时，当事人对民事权利和诉讼权利享有处分权，最有权决定是否需要再审。赋予当事人申请再审的权利，有助于优化审判监督程序，促进我国审判监督程序的改革与完善。

审判监督程序的提起主要由当事人进行，也是市场经济的内在需要和现代民事诉讼基本法理的要求。市场经济要以尊重个人价值、个人本位的观念为基础，其发展完善也要以确认、保护个人的权利为条件。市场经济强调主体的独立性、意志自由和主体间的平等性，反映在程序法制度上，就是当事人应当成为诉讼的主体，而不是听从审判的客体；程序的设计构思及运作应当符合程序参与者的意志，同时还应赋予程序主体一定的程序参与权和选择权。民事诉讼作为解决人们私权争议的程序制度，当事人在程序中应具有主体地位，审判监督程序的启动直接影响当事人的实体权利和程序权利，因此，当事人应当最有资格决定是否启动审判监督程序。

长期以来，我国《民事诉讼法》对当事人申请再审的规定不够科学、具体、明确，造成人民法院对申请再审的案件难以把握，从而形成当事人有理无理均反复申诉，而某些确有理由的再审申请又难以进入再审程序的情形，造成一些案件"申诉难"或无限申诉、无限再审，这既不利于保护当事人的合法权益，又浪费了法院的司法资源。2007年和2012年《民事诉讼法》的修改有针对性地对此进行了完善，如细化了再审事由、增加规定了法院审查再审申请并决定再审的期限、修改完善了受理再审案件的法院等，为当事人申请再审权的行使增强了程序保障。《民诉法解释》更是对审判监督程序作了大量的补充和修改，更进一步地明确了相关法律概念，完善了相关程序，使审判监督程序更具有可操作性，进而促使其功能最大程度的发挥。

二、当事人申请再审的事由

申请再审和起诉、上诉一样，均属于当事人行使诉讼权利的行为，只要符合法定条件，就应当引起相应诉讼程序的发生。但申请再审所针对的毕竟是已经生效的判决、裁定、调解书，因此，申请再审的条件理应比起诉、上诉的条件更为严格。

根据《民事诉讼法》第200条的规定，对发生法律效力的判决、裁定，当事人的申请符合下列情形之一的，人民法院应当再审：①有新的证据，足以推翻原判决、裁定的；②原判决、裁定认定的基本事实缺乏证据证明的；③原判决、裁定认定事实的主要证据是伪造的；④原判决、裁定认定事实的主要证据未经质证的；⑤对审理案件需要的主要证据，当事人因客观原因不能自行收集，书面申请人民法院调查收集，人民法院未调查收集的；⑥原判决、裁定适用法律确有错误的；⑦审判组织的组成不合法或者依法应当回避的审判人员没有回避的；⑧无诉讼行为能力人未经法定代理人代为诉讼或者应当参加诉讼的当事人，因不能归责于本人或者其诉讼代理人的事由，未参加诉讼的；⑨违反法律规定，剥夺当事人辩论权利的；⑩未经传票传唤，缺席判决的；⑪原判决、裁定遗漏或者超出诉讼请求的；⑫据以作出原判决、裁定的法律文书被撤销或者变更的；⑬审判人员审理该案件时有贪污受贿，徇私舞弊，枉法裁判行为的。

根据《民事诉讼法》第 201 条的规定，当事人对调解书申请再审的，应提供证据证明调解违反自愿原则或者调解协议的内容违反法律。

《民诉法解释》第 380 条规定，适用特别程序、督促程序、公示催告程序、破产程序等非讼程序审理的案件，当事人不得申请再审。

三、当事人申请再审的法院

《民事诉讼法》第 199 条规定："当事人对已经发生法律效力的判决、裁定，认为有错误的，可以向上一级人民法院申请再审；当事人一方人数众多或者当事人双方为公民的案件，也可以向原审人民法院申请再审。当事人申请再审的，不停止判决、裁定的执行。"根据这一规定，当事人的再审申请原则上应当向上一级人民法院提出，只有当事人一方人数众多或者当事人双方为公民的案件，才可以向原审人民法院申请再审。之所以规定原则上向上一级人民法院申请再审，是因为由上级法院纠正错误效果更好，也有助于避免当事人多头申诉，影响生效裁判的稳定性。但如果所有再审申请都向上一级人民法院提出，会给当事人造成交通、时间等方面的不便。据此，为方便公民个人申请再审，其既可以向上一级人民法院申请再审，也可以向原审人民法院申请再审。但是如果当事人分别向原审法院和上一级法院申请再审且不能协商一致时，冲突就会发生，针对这一情况，《民诉法解释》明确规定应由原审人民法院受理。本条规定还体现了再审程序和执行程序的衔接。在司法实践中，一个很突出的问题是，败诉的一方当事人因对判决不服，就不履行生效法律文书确定的义务。根据本条规定，当事人申请再审，不停止原判决、裁定的执行。

四、当事人申请再审的期限

《民事诉讼法》第 205 条规定："当事人申请再审，应当在判决、裁定发生法律效力后 6 个月内提出；有本法第 200 条第 1 项、第 3 项、第 12 项、第 13 项规定情形的，自知道或者应当知道之日起 6 个月内提出。"这一规定也适用于对调解书的申请再审。

五、当事人申请再审的程序

根据《民事诉讼法》第 203 条的规定，当事人申请再审的，应当提交再审申请书等材料。《民诉法解释》第 378 条规定，再审申请书应包括下列内容：①再审申请人与被申请人及原审其他当事人的基本信息；②原审人民法院的名称、原审裁判文书案号；③具体的再审请求；④申请再审的法定事由及具体事实、理由。再审申请书应当明确申请再审的人民法院，并由再审申请人签名、捺印或者盖章。

人民法院应当自收到再审申请书之日起 5 日内将再审申请书副本发送对方当事人。对方当事人应当自收到再审申请书副本之日起 15 日内提交书面意见；不提交书面意见的，不影响人民法院审查。人民法院可以要求申请人和对方当事人补充有关材料，询问有关事项。

《民事诉讼法》第 204 条第 1 款规定："人民法院应当自收到再审申请书之日起 3 个月内审查，符合本法规定的，裁定再审；不符合本法规定的，裁定驳回申请。有特殊情况需要延长的，由本院院长批准。"当事人反映"申诉难"的一个重要原因是原来的法律没有对人民法院再审审查的期限作出规定，导致一些法官不及时处理案件，造成案件积压，许多当事人在递交再审申请书之后迟迟不能得知再审审查的结果。《民事诉讼法》对人民法院的再审审查期限作出规定十分必要，在这 3 个月内，人民法院应当审查完毕并作出是否启动再审的裁定。

为合理配置司法资源，避免当事人多头申请再审，《民事诉讼法》规定，当事人认为生效裁判确有错误，应当首先向人民法院申请再审，只有在下列三种情况下，才可向检察机关申请抗诉或检察建议：①人民法院驳回再审申请的；②人民法院逾期未对再审申请作出裁定的；③再审判决、裁定有明显错误的。

■第三节　法院决定再审

一、人民法院决定再审的条件

人民法院决定再审，是指人民法院发现本院或者下级人民法院的生效判决、裁定确有违法或者错误的，依职权启动再审程序对原案件进行再审。从诉讼理论上看，这种人民法院启动再审的方式是不妥当的。首先，人民法院依职权决定再审违背了司法权的特性和民事诉讼"不告不理"的原则。司法权具有被动性，特别是在民事诉讼中，法律明确规定了当事人对自己实体权利和诉讼权利的处分权，对生效的裁判，即使有错误，也要通过当事人申请再审予以纠正，人民法院不应主动干预。其次，人民法院启动再审，违背了判决效力的基本理论。"判决因宣告或送达而成立后，就产生一定的形式效力，其中对法院的效力称为拘束力，又称羁束力，即判决有使为判决之法院，在同一审级内，不得任意将已宣告之判决，自行撤销或变更之效力。"[1]最后，人民法院既是再审程序的启动者，又是该再审案件的裁判者，这势必影响其中立与公正的地位，破坏民事诉讼的基本格局。因此，从完善再审程序的角度讲，人民法院依职权启动再审程序的做法应当取消。但是，人民法院依职权启

---

[1]　参见王甲乙、杨建华、郑健才：《民事诉讼法新论》，三民书局 1981 年版，第 504 页。

动再审是我国历来的做法，2012 年修改《民事诉讼法》时仍将其保留了下来，依据我国现行立法来看，人民法院决定再审是基于法院自身的审判监督职能而提起的。根据《民事诉讼法》第 198 条的规定，人民法院决定再审，必须具备以下条件：

1. 判决、裁定、调解书已经发生法律效力。这是对再审对象的限制。如果是尚未生效的判决、裁定确有错误的，应当通过上诉程序来纠正，而不能提起审判监督程序。

2. 判决、裁定、调解书确有错误。这是对人民法院提起再审理由的限制。判决、裁定、调解书确有错误，包括判决、裁定在认定事实及适用法律方面的错误，以及调解违反自愿原则或调解协议的内容违反法律规定。

二、人民法院提起再审的程序

1. 各级人民法院院长发现本院已生效的判决、裁定、调解书确有错误提起再审的程序。按照我国现行法律的规定，各级人民法院享有审判监督权的是法院院长和审判委员会，他们对本院审判人员和合议庭的审判工作进行监督。因此，当院长发现本院已生效的判决、裁定确有错误时，应当提交审判委员会讨论，由审判委员会决定是否再审。

2. 最高人民法院对地方各级人民法院已经发生法律效力的判决、裁定、调解书，发现确有错误，提审或者指令下级人民法院再审的程序。最高人民法院是国家的最高审判机关，对地方各级人民法院的审判工作享有审判监督权。因此，最高人民法院发现地方各级人民法院已生效的判决、裁定、调解书确有错误时，应根据具体情况决定将案件提到本院自行审判，或者指令下级人民法院再审。自己提审时，应在提审的裁定中同时写明中止原判决、裁定、调解书的执行，并向原审人民法院调取案卷，进行再审。指令下级人民法院再审的，下级人民法院接到指令后，应当依法再审，并将审判结果上报最高人民法院。

3. 上级人民法院对下级人民法院已经发生法律效力的判决、裁定、调解书，发现确有错误的，提审或指令再审的程序。根据法律规定，上级人民法院对下级人民法院的审判工作享有审判监督权。因此，上级人民法院发现辖区内的下级人民法院的生效判决、裁定、调解书确有错误，既可以调取案卷自行审理，也可以指令下级人民法院再审，具体程序与最高人民法院提审或指令再审的程序相同。

第四节　人民检察院抗诉引起的再审

一、民事抗诉的概念

抗诉，是指人民检察院对人民法院作出的判决或裁定认为符合法定抗诉条件，或者发现调解书损害国家利益、社会公共利益的，依法提请人民法院对案件重新进行审理的一种诉讼行为。我国民事诉讼中的抗诉仅限于对生效民事裁判的抗诉，对未生效的民事裁判，人民检察院没有抗诉权。

检察机关是《宪法》《人民检察院组织法》及《民事诉讼法》确定的法律监督机关，作为审判监督程序的主体具有正当性，对审判人员错误裁判和枉法裁判进行监督，符合审判监督程序的价值取向。检察机关作为监督主体依法行使抗诉权，有利于维护国家法律的统一正确实施，促进司法公正，维护法律权威，保障诉讼当事人的合法权益。

根据《民事诉讼法》的规定，除抗诉外，各级人民检察院可以通过向同级人民法院提出检察建议的方式进行监督。这种监督较为直接，程序也相对简便，如果法院接受检察建议启动再审纠正错误，检察院不必提起抗诉；如果法院不采纳检察建议，检察院就可以申请其上级检察院提起抗诉。在适用范围上，检察建议还可以针对审判监督程序以外的其他审判程序中审判人员的违法行为进行监督，明显大于抗诉的适用范围。

二、提起民事抗诉的条件

根据《民事诉讼法》的规定，人民检察院依照审判监督程序提起抗诉，应当具备以下条件：

1. 人民法院的判决、裁定、调解书已经生效。根据《民事诉讼法》的规定，检察机关只能对人民法院作出的发生法律效力的判决、裁定、调解书提起抗诉。尚未生效的民事判决、裁定、调解书不得抗诉。另外，根据《民诉法解释》的规定，检察机关不能对人民法院适用特别程序、督促程序、公示催告程序、破产程序作出的判决、裁定以及解除婚姻关系的判决、裁定等不适用审判监督程序的判决、裁定提出抗诉。

2. 生效判决、裁定、调解书具有法定的抗诉事由。检察机关对生效判决、裁定的抗诉事由与当事人申请再审的事由相同，即具有《民事诉讼法》第 200 条规定的法定情形之一的，即可依法提出抗诉。对生效调解书提起抗诉的法定事由是：调解书损害国家利益、社会公共利益的。

三、抗诉的提出与审理

《民事诉讼法》第 208 条第 1、2 款规定："最高人民检察院对各级人民法院已经发生法律效力的判决、裁定，上级人民检察院对下级人民法院已经发生法律效力的判决、裁定，发现有本法第 200 条规定情形之一的，或者发现调解书损害国家利益、社会公共利益的，应当提出抗诉。地方各级人民检察院对同级人民法院已经发生法律效力的判决、裁定，发现有本法第 200 条规定情形之一的，或者发现调解书损害国家利益、社会公共利益的，可以向同级人民法院提出检察建议，并报上级人民检察院备案；也可以提请上级人民检察院向同级人民法院提出抗诉。"《民事诉讼法》第 211 条规定："人民检察院提出抗诉的案件，接受抗诉的人民法院应当自收到抗诉书之日起 30 日内作出再审的裁定；有本法第 200 条第 1 项至第 5 项规定情形之一的，可以交下一级人民法院再审，但经该下一级人民法院再审的除外。"

对于检察院提出的再审检察建议，《民诉法解释》第 419 条规定，人民法院收到再审检察建议后，应当组成合议庭，在 3 个月内进行审查，发现原判决、裁定、调解书确有错误，需要再审的，依法裁定再审，并通知当事人；经审查，决定不予再审的，应当书面回复人民检察院。

人民检察院决定对人民法院的判决、裁定、调解书提出抗诉的，应当制作抗诉书。抗诉书是人民检察院对人民法院生效裁判提出抗诉的法律文书，也是引起对案件再审的法律文书。人民法院接到人民检察院的抗诉书，裁定再审后，应当裁定中止原判决的执行，开始审判监督程序。

人民检察院提出抗诉的案件，人民法院进行再审时，应当通知人民检察院派员出庭。根据《人民检察院民事诉讼监督规则（试行）》第 96 条的规定，检察人员出席再审法庭的任务是：①宣读抗诉书；②对依职权调查的证据予以出示和说明；③发现庭审活动违法的，向再审法院提出检察建议。

■第五节　再审案件的审判

一、裁定中止原判决的执行

再审的案件，人民法院应作出裁定，中止原判决的执行，但追索赡养费、抚养费、抚育费、抚恤金、医疗费用、劳动报酬等案件，可以不中止执行。法律之所以要"中止原判决"的执行，是因为再审的案件，有可能在审结后撤销或者变更原判决，为了避免因继续履行或强制执行可能给当事人的合法权益造成更大的损害，减少和制止错判造成的不良后果，在再审期间要中止原判决的执行。

二、组成合议庭开庭审理

根据《民事诉讼法》的规定，人民法院审理再审案件，一律实行合议制。若由原审人民法院再审，还应另行组成合议庭，原合议庭成员或独任审判员不得参加新组成的合议庭，以防止其先入为主，保证对案件的公正审判。根据《民诉法解释》第 403 条的规定，按照二审程序审理，有特殊情况或者双方当事人已经通过其他方式充分表达意见，且书面同意不开庭审理的，可以不开庭审理。

最高人民法院或上级人民法院提审的再审案件，由再审的法院自行组成合议庭，并且合议庭只能由审判员组成。

三、分别适用第一审、第二审程序审理

再审的案件，原来是第一审审结的，再审时适用第一审普通程序进行审理（最高人民法院或上级人民法院提审的例外），经过再审后所作的判决、裁定，仍是第一审的判决、裁定，当事人不服可以上诉。

再审的案件，原来是第二审审结的，再审时仍适用第二审程序进行审理，审理终结所作的裁判是终审裁判，当事人不得上诉。

最高人民法院或上级人民法院提审的再审案件，不论原来适用第一审还是第二审程序，再审时一律按第二审程序审理，所作的判决、裁定是终审的判决、裁定，

当事人不得上诉。

四、再审案件的裁判和调解

人民法院审理再审案件，要对原审所作的判决、裁定在认定事实、适用法律以及审判程序等方面进行全面审查，并依法作出下列处理：

1. 再审后，如果确认原审判决、裁定认定事实清楚，适用法律正确，审判程序合法，应当维持原判决、裁定，以维护法治的尊严，保护当事人合法权益。

2. 再审后，如果确认原审判决、裁定在认定事实或者适用法律以及审理程序上均无不当，但判决、裁定书中有文字失误、用词不当、漏判等技术性错误，应根据不同情况，实事求是地予以纠正，或者补判后维持原判决、裁定。

3. 再审后，如果确认原审判决、裁定在认定事实或者适用法律上确有错误，或因审判程序上的错误导致判决、裁定错误的，应当依法改判、撤销或者变更原判决、裁定。

4. 按照第二审程序再审的案件，人民法院经审理不符合《民事诉讼法》规定的起诉条件或者具有《民事诉讼法》第124条规定的不予受理情形的，裁定撤销一、二审判决，驳回起诉。

5. 人民法院按照第二审程序审理再审案件，发现原判决认定基本事实不清的，一般应当通过庭审认定事实后依法作出判决。但原审人民法院未对基本事实进行过审理的，可以裁定撤销原判决，发回重审。但原判决认定事实错误的，上级人民法院不得以基本事实不清为由裁定发回重审。

6. 人民法院按照第二审程序审理再审案件，发现第一审人民法院有下列严重违反法定程序情形之一的，可以依照《民事诉讼法》第170条第1款第4项的规定，裁定撤销原判决，发回第一审人民法院重审：①原判决遗漏必须参加诉讼的当事人的；②无诉讼行为能力人未经法定代理人代为诉讼，或者应当参加诉讼的当事人，因不能归责于本人或者其诉讼代理人的事由，未参加诉讼的；③未经合法传唤缺席判决，或者违反法律规定剥夺当事人辩论权利的；④审判组织的组成不合法或者依法应当回避的审判人员没有回避的；⑤原判决、裁定遗漏诉讼请求的。

7. 必须共同参加诉讼的当事人因不能归责于本人或者其诉讼代理人的事由未参加诉讼的，符合再审条件而被裁定再审，按照一审程序再审的，应当追加其为当事人，作出新的判决、裁定；按照二审程序审理，经调解不能达成协议的，应当撤销原判决、裁定，发回重审，重审时应追加其为当事人。

8. 一审原告在再审程序中申请撤回起诉，经其他当事人同意，且不损害国家利益、社会公共利益、他人合法权益的，人民法院可以准许。裁定准许撤诉的，应当一并撤销原判决。

9. 根据《民事诉讼法》第227条的规定，法院裁定再审后，案外人是必要共同诉讼当事人的，按照一审程序再审的，应当追加其为当事人，作出新的判决、裁定；按照二审程序再审的，经调解不能达成协议的，应当撤销原判决、裁定，发回重审，重审时应追加其为当事人。不是必要共同诉讼人的，法院仅审理原判决、裁定、调解书中对其民事权益造成损害的内容。经审理，再审请求成立的，撤销或者改变原判决、裁定、调解书；不成立的，予以维持。

10. 人民法院对调解书裁定再审后，按照下列情形分别处理：①当事人提出的调解违反自愿原则的事由不成立，且调解书的内容不违反法律强制性规定的，裁定驳回再审申请；②人民检察院抗诉或再审检察建议所主张的损害国家利益、社会公共利益的理由不成立的，裁定终结再审程序。

再审案件按照第一审程序或者第二审程序审理的，适用《民事诉讼法》第149、176条规定的审理期限。审理期限自决定再审的次日起计算。

人民法院对再审案件宣告判决，应当一律公开进行。作出判决的法院可以自行宣判，也可以委托原审人民法院代为宣判。

适用审判监督程序审理的案件，可以进行调解。调解时，仍遵照一、二审程序有关调解的规定进行。不同的是，适用一审程序达成调解协议的案件有些可不制作调解书，而审判监督程序中的调解均应制作调解书。调解书送达后，原判决即视为撤销。

【本章小结】

1. 审判监督程序是对已经发生法律效力且符合再审条件的判决、裁定、调解书适用的一种特殊审判程序。该程序的功能主要是纠正生效法律文书的错误，保障当事人的合法权益。审判监督程序是民事诉讼程序中的一项补救制度。2012年《民事诉讼法》的修改及2015年《民诉法解释》都将审判监督程序的修改和完善作为了重点。

2. 当事人申请再审是启动再审程序的重要方式，《民事诉讼法》对再审事由、再审申请的审查程序、管辖法院等作出了规定，其目的是解决当事人"申诉难"问题。

3. 人民法院决定再审，是基于法院自身的审判监督职能而启动再审程序，是法院自我纠错的体现。2012年《民事诉讼法》修改和2015年《民诉法解释》都保留了这种启动再审的方式，并且启动再审仍以生效法律文书"确有错误"为标准，从完善再审程序的角度讲，须对此从诉讼理论上深入研究和反思。

4. 抗诉是指人民检察院认为人民法院的判决、裁定、调解书符合法定抗诉条件，依法提请人民法院对案件重新进行审理的一种诉讼行为。这是检察机关对民事审判活动实行法律监督的法定形式。《民事诉讼法》及《民诉法解释》对抗诉事由、方式和法院对抗诉的审查程序与期限以及再审法院等作出了规定。

【思考题】

1. 简述审判监督程序的特征。

2. 如何认识2015年《民诉法解释》对审判监督程序的修改和完善?

第二十五章

【参考文献】

1. 汤维建等:《民事诉讼法全面修改专题研究》,北京大学出版社 2008 年版。

2. 孙祥仕:"《最高人民法院关于适用中华人民共和国民事诉讼法审判监督程序若干问题的解释》的理解与适用",载沈德咏主编:《民事诉讼法司法解释理解与适用》,法律出版社 2009 年版。

3. 江伟:"民事再审程序的价值取向与申请再审程序的完善",载《法商研究》2006 年第 4 期。

4. 王亚新:"'再审之诉'的再辨析",载《法商研究》2006 年第 4 期。

5. 李浩:"民事再审程序改造论",载《法学研究》2000 年第 5 期。

6. 张卫平:"民事再审:基础置换与制度重建",载《中国法学》2003 年第 1 期。

7. 蔡虹:"民事再审程序立法的完善——以《中华人民共和国民事诉讼法修正案(草案)》为中心的考察",载《法商研究》2012 年第 2 期。

8. 王胜明主编:《中华人民共和国民事诉讼法释义》,法律出版社 2012 年版。

9. 沈德咏主编:《最高人民法院民事诉讼法司法解释理解与适用(下)》,人民法院出版社 2015 年版。

第二十五章

第二十六章

特别程序

学习目的和要求　了解特别程序的概念和适用范围；明确各种特殊案件不同的审理程序。

■第一节　特别程序的概念和特点

一、特别程序的概念

特别程序，是指与普通程序、简易程序等通常审判程序相对应的，人民法院审理某些非民事争议案件所适用的特殊审判程序。根据《民事诉讼法》第177条的规定，适用特别程序审理的案件具体包括：选民资格案件、宣告失踪或者宣告死亡案件、认定公民无民事行为能力或者限制民事行为能力案件、认定财产无主案件、确认调解协议案件和实现担保物权案件。[1]

二、特别程序的特点

1. 特别程序的审理是对某种法律事实进行确认。依特别程序审理案件，不是解决民事权利义务争议，而是确认某种法律事实是否存在，或者是确认某种权利的实际状况。[2]

2. 没有原告和被告双方当事人。特别程序除了选民资格案件由起诉人起诉外，其他案件均由申请人提出申请而开始，且没有明确的被告。[3]

3. 实行一审终审。按照特别程序审理案件，实行一审终审，判决书一经送达，立即发生法律效力，申请人或起诉人不得提起上诉。[4]

---

[1] 它们实际上可以分为两种类型：①解决公法性权利争议的案件，即选民资格案件；②非讼案件，即宣告失踪或者宣告死亡案件、认定公民无民事行为能力或者限制民事行为能力案件、认定财产无主案件、确认调解协议案件和实现担保物权案件。

[2] 依照通常诉讼程序审理民事案件，则要依法解决民事权益争议，确认民事权利义务关系，制裁民事违法行为。

[3] 依照通常诉讼程序审理民事案件，只能依原告起诉而启动，并且必须有明确的被告。

[4] 依照通常诉讼程序审理民事案件，除适用小额诉讼程序审理的民事案件和最高人民法院审理第一审民事案件实行一审终审外，都实行两审终审制，当事人不服第一审裁判的，有权依法提起上诉。

第二十六章

4. 审判组织特别。按照特别程序审理案件，除选民资格案件和重大疑难非讼案件由审判员组成合议庭进行审理外，原则上采用独任制。[1]

5. 不适用审判监督程序。按照特别程序审理案件，在判决发生法律效力以后，如果发现判决在认定事实或适用法律方面有错误，或者出现了新情况、新事实，人民法院根据有关人员的申请，查证属实以后，可依特别程序的规定撤销原判决，作出新判决。[2]

6. 案件审结期限较短。按照特别程序审理案件，审理期限较短，期限为 30 日；有特殊情况需要延长的，经本院院长批准，可以延长 30 日，但审理选民资格案件必须在选举日前审结。[3]

■ 第二节　选民资格案件

一、选民资格案件的概念和意义

选民资格案件，是指公民对选举委员会公布的选民资格名单有不同意见，向选举委员会申诉后，对选举委员会就其申诉所作的决定不服，而向人民法院提起诉讼的案件。根据《选举法》的规定，选民登记按选区进行，经登记确认的选民资格长期有效。选民名单应在选举日的 20 日以前公布，实行凭选民证参加投票选举的，并应当发给选民证。对于公布的选民名单有不同意见的，可以在选民名单公布之日起 5 日内向选举委员会提出申诉。选举委员会对申诉意见应在 3 日内作出处理决定。申诉人如果对处理决定不服，可以在选举日的 5 日以前向人民法院起诉。公民对选民资格名单有不同意见，是指公民认为选举委员会公布的选民资格名单有错误，如应当列入选民资格名单的人没有被列入，不应列入选民资格名单的人却被列入选民资格名单。根据《选举法》的规定，未满 18 周岁的公民、被剥夺政治权利尚未期满的公民、经登记后迁出原选区的选民、死亡的人及精神病患者不能列入选民资格名单。人民法院审理选民资格案件，是通过审判程序解决选举委员会公布的选民资格名单有无错写、漏写的问题，不存在对有破坏选举的违法犯罪行为予以制裁的问题。

---

[1] 依照通常诉讼程序审理民事案件，只有简易程序和小额诉讼才实行独任审理，普通程序必须由审判员组成合议庭或者审判员和陪审员共同组成合议庭进行审理。

[2] 对选民资格案件来说，在选举期过后，即使发现生效判决存在错误，也因再审毫无意义而没有必要再审。依照通常诉讼程序审理的民事案件，判决生效后，发现确有错误，必须依审判监督程序提起再审，予以纠正。不经审判监督程序，任何机关和个人均无权撤销生效判决。

[3] 依照普通程序审理的民事案件，应当在立案之日起 6 个月内审结。有特殊情况需要延长的，由本院院长批准，可以延长 6 个月；还需要延长的，报请上级人民法院批准，可以再延长 3 个月。适用简易程序审理的民事案件，审理期限为 3 个月。审理期限到期后，双方当事人同意继续适用简易程序的，由本院院长批准，可以延长审理期限。延长后的审理期限累计不得超过 6 个月。参见《审限规定》和《民诉法解释》第 258 条的规定。

对于破坏选举的违法犯罪行为，违反治安管理规定的，依法给予治安管理处罚；构成犯罪的，依法追究刑事责任。

人民法院通过对选民资格案件的审理，保护有选举资格的公民享有选举权和被选举权，使他们能够依法参加选举活动，通过行使神圣的选举权利来选举自己的代表管理国家事务。同时，使没有选举权和被选举权的人不能参加选举，从而保障选举工作的顺利进行。

二、选民资格案件的审理程序

1. 起诉。根据《选举法》和《民事诉讼法》的有关规定，对于公布的选民名单有不同意见的，可以在选民名单公布之日起5日内向选举委员会提出申诉。选举委员会对申诉意见，应在3日内作出处理决定。申诉人如果对处理决定不服，可以在选举日的5日以前向人民法院起诉。[1]

2. 管辖。根据《民事诉讼法》第181条的规定，选民资格案件，由选区所在地基层人民法院管辖。[2]

3. 审理和判决。根据《民事诉讼法》第178条的规定，选民资格案件实行一审终审，由审判员组成合议庭审理。[3]根据《民事诉讼法》第182条、《选举法》第28条的规定，人民法院受理选民资格案件后，必须在选举日前作出判决。[4]开庭审理活动，起诉人、选举委员会的代表和有关公民必须参加。人民法院在充分听取意见、查清事实的基础上进行评议和判决。人民法院的判决书，应当在选举日前送达选举委员会和起诉人，并通知有关公民。判决书一经送达，立即发生法律效力。

■第三节　宣告公民失踪案件

一、宣告公民失踪案件的概念和意义

宣告公民失踪案件，是指公民离开自己的住所下落不明，经过法律规定的期限仍无音讯，经利害关系人申请，人民法院宣告该公民为失踪人的案件。

法律设立宣告公民失踪制度具有多方面的意义：

1. 公民失踪以后，其财产无人管理，难免遭到毁损、灭失或不法侵害。宣告公民失踪以后即可为其指定财产代管人，以保护失踪人的合法权益。

2. 通过财产代管人从失踪人的财产中为失踪人支付所欠税款、债务以及应付的其他费用，避免了因公民失踪而对利害关系人的合法权益造成的损害。

---

〔1〕　选民资格案件的起诉人的范围非常广泛，凡是认为选民名单错误的公民，无论其是否与选举资格直接相关，都具有提起选民资格诉讼的资格。

〔2〕　这样规定不仅方便公民起诉，而且便于受诉人民法院与选举委员会取得联系，及时向选举委员会和有关公民进行调查，查明情况，作出正确的判决。

〔3〕　这是因为选民资格案件关系到公民的政治权利问题，必须予以严肃、慎重的对待。

〔4〕　否则就不能保障公民选举权的行使和选举工作的顺利进行，审判就会失去意义。

3. 失踪人的财产代管人是法定的诉讼担当人，可以成为适格的当事人参加诉讼。

二、宣告公民失踪案件的审理程序

1. 申请。申请人民法院宣告公民失踪，必须具备以下两个条件：①公民下落不明满 2 年。所谓下落不明，是指公民最后离开自己的住所或居所地后，去向不明，与任何人都无联系，杳无音讯。认定公民下落不明的起算时间，应当从公民离开自己的最后住所地或居所地之日起，连续计算满 2 年，中间不能间断。如有间断，应当自音讯消失之次日起重新计算满 2 年。战争期间下落不明的，下落不明的时间从战争结束之日起计算；因意外事故下落不明的，从事故发生之日起计算。②利害关系人提出书面申请。利害关系人，是指与下落不明的公民有人身关系或者民事权利义务关系的人。包括下落不明公民的配偶、父母、子女、祖父母、外祖父母、兄弟姐妹、孙子女、外孙子女以及其他与之有民事权利义务关系的人，如债权人。符合法律规定的多个利害关系人提出宣告失踪申请的，列为共同申请人。申请书应载明失踪的事实、时间和申请人的请求，并附有公安机关或者其他有关机关关于该公民下落不明的书面证明。其他有关机关，是指公安机关以外的能够证明该公民下落不明的机关。

2. 管辖。根据《民事诉讼法》第 183 条的规定，宣告公民失踪的案件，由下落不明人住所地的基层人民法院管辖。人民法院受理宣告失踪案件后，可以根据申请人的请求，清理下落不明人的财产，并指定诉讼期间的财产管理人。

3. 公告。根据《民事诉讼法》第 185 条的规定，人民法院受理宣告失踪案件后，应当发出寻找下落不明人的公告。公告应当记载下列内容：①被申请人应当在规定期间内向受理法院申报其具体地址及其联系方式。否则，被申请人将被宣告失踪；②凡知悉被申请人生存现状的人，应当在公告期间内将其所知道情况向受理法院报告。公告期间为 3 个月。公告期间是寻找该公民、等待其出现的期间。公告寻找失踪人是人民法院审理宣告公民失踪案件的必经程序。因为利害关系人申请宣告失踪，只是一种推定，而这一推定又将给被宣告失踪的公民带来重大影响，为了充分保护该公民的民事权益，使判决建立在慎重、准确的基础上，人民法院必须发出公告。

4. 判决。公告期满，该公民仍下落不明的，人民法院应确认申请该公民失踪的事实，并依法作出宣告该公民为失踪人的判决。如公告期内，该公民出现或者查明其下落，人民法院则应作出驳回申请的判决。

三、宣告失踪的法律后果

人民法院判决公民失踪的同时，应按照《民法通则》的规定，为失踪人指定财产代管人。《民法通则》第 21 条第 1 款规定："失踪人的财产由他的配偶、父母、成年子女或者关系密切的其他亲属、朋友代管。代管有争议的，没有以上规定的人或者以上规定的人无能力代管的，由人民法院指定的人代管。"根据《民诉法解释》

第 344 条的规定，失踪人的财产代管人经人民法院指定后，代管人申请变更代管的，比照民事诉讼法特别程序的有关规定进行审理。申请理由成立的，裁定撤销申请人的代管人身份，同时另行指定财产代管人；申请理由不成立的，裁定驳回申请。失踪人的其他利害关系人申请变更代管的，人民法院应告知其以原指定的代管人为被告起诉，并按普通程序进行审理。财产代管人应以失踪人的财产清偿失踪人的债务。对于失踪人所欠税款、债务和应付的其他费用，由代管人从失踪人的财产中支付。失踪人的财产代管人拒绝支付失踪人所欠的税款、债务和其他费用，债权人提起诉讼的，人民法院应当将代管人列为被告。失踪人的财产代管人向失踪人的债务人要求偿还债务的，可以作为原告提起诉讼。公民被宣告为失踪人以后，其民事权利能力并不因此而消灭，与失踪人人身有关的民事法律关系，如婚姻关系、收养关系等，也不发生变化。例如，在宣告失踪以后涉及继承问题的，仍然应当为失踪人保留其应当继承的份额。

四、宣告失踪判决的撤销

人民法院宣告失踪的判决，是根据法定的条件所作的推定，因而被宣告失踪的人完全有可能重新回到原居住地或者与利害关系人取得联系。被宣告失踪的公民重新出现或者确知了他的下落，宣告失踪的判决就不能继续有效。经该公民本人或者利害关系人申请，人民法院应当作出新判决，撤销原判决。原判决撤销后，财产代管人的职责终止，应把代管的财产及时返还给该公民。

■第四节 宣告公民死亡案件

一、宣告公民死亡案件的概念和意义

宣告公民死亡案件，是指公民下落不明满法定期限，人民法院根据利害关系人的申请，依法宣告该公民死亡的案件。

公民的死亡对于他的民事权利能力以及他所参与的各种民事法律关系具有十分重要的影响。尽管我国法律规定，可以将下落不明满法定期间的公民宣告为失踪人，但是宣告失踪以后，财产代管人对财产的代管仅仅只是一项临时性措施而已，与失踪人相关的许多民事权利义务关系仍然处于不确定的状态。为了结束这种不确定的状态，保护该公民及利害关系人的合法权益，维护正常的社会经济秩序和生活秩序，《民法通则》和《民事诉讼法》对宣告死亡制度作出了规定。

二、宣告公民死亡案件的审理程序

1. 申请。根据《民法通则》第 23 条和《民事诉讼法》第 184 条的规定，宣告公民死亡必须具备下列条件：①存在公民下落不明的事实。公民最后离开自己的住所后，去向不明、生死未卜、杳无音讯。如果确知该公民健在或者已经死亡，都不能宣告该公民死亡。被申请宣告死亡的公民，可以是已被宣告失踪的人，也可以是未经宣告失踪的下落不明的人。②公民下落不明达到法定期限。根据《民事诉讼法》的规定，公民下落不明满 4 年，或者因意外事故下落不明满 2 年，或者因意外事故下落不明，经有关机关证明该公民不可能生存的，利害关系人可以向人民法院申请宣告其死亡。因战争下落不明的，期间应从战争结束之日起计算，期间也为 2 年。③利害关系人提出书面申请。利害关系人包括被宣告死亡人的配偶、父母、子女、兄弟姐妹、祖父母、外祖父母、孙子女、外孙子女以及其他与被申请人有利害关系的人。符合法律规定的多个利害关系人提出宣告死亡申请的，列为共同申请人。申请书应当写明下落不明的事实、时间和请求，并附有公安机关或者其他有关机关关于该公民下落不明的书面证明。如果被申请人已经被人民法院宣告为失踪人，申请人应附上人民法院宣告失踪的判决。但宣告失踪不是宣告死亡的必经程序，只要符合宣告死亡的条件，利害关系人就可以直接向人民法院申请宣告失踪人死亡。另外，同一顺序的利害关系人，有的申请宣告死亡，有的不同意宣告死亡，人民法院应当按照宣告死亡案件审理。

2. 管辖。根据《民事诉讼法》第 184 条的规定，宣告公民死亡案件，由下落不明人住所地的基层人民法院管辖。首先，从级别管辖来看，宣告死亡案件只能由基层人民法院管辖，中级以上的人民法院不得管辖宣告死亡案件；其次，从地域管辖来看，宣告死亡案件由下落不明人住所地的人民法院管辖。

3. 公告。根据《民事诉讼法》第 185 条的规定，人民法院受理宣告死亡案件后，应当发出寻找下落不明人的公告。公告应当记载下列内容：①被申请人应当在规定期间内向受理法院申报其具体地址及其联系方式。否则，被申请人将被宣告死亡。②凡知悉被申请人生存现状的人，应当在公告期间内将其所知道情况向受理法院报告。宣告死亡的公告期间为 1 年。因意外事故下落不明，经有关机关证明该公民不可能生存的，宣告死亡的公告期间为 3 个月。公告期间是宣告死亡的必经的法定期间，人民法院不得缩短或延长。

4. 申请人撤回申请。人民法院受理宣告失踪、宣告死亡案件后，作出判决前，申请人撤回申请的，人民法院应当裁定终结案件，但其他符合法律规定的利害关系人加入程序要求继续审理的除外。

5. 判决。公告期间届满，人民法院应当根据死亡的事实是否得到确认，作出宣告死亡的判决或者驳回申请的判决。判决书除发给申请人外，还应当在被宣告死亡人的住所地和人民法院所在地公告。判决一经宣告，即发生法律效力。

三、宣告公民死亡的法律后果

被宣告死亡的人，判决宣告之日为其死亡的日期，产生拟制死亡的法律后果，其在住所地或经常居住地已发生的民事法律关系因宣告死亡而终止，如被宣告死亡的人与配偶的婚姻关系自死亡宣告之日起消灭，继承因宣告死亡而开始。即使被宣告死亡和自然死亡的时间不一致，被宣告死亡所引起的法律后果仍然有效，但自然死亡前实施的民事法律行为与被宣告死亡引起的法律后果相抵触的，以其实施的民事法律行为为准。

四、宣告公民死亡判决的撤销

宣告公民死亡是人民法院依照法定条件和程序对失踪人作出的死亡推定，并不意味着失踪人确已死亡。如果被宣告死亡的公民又重新出现或者查明下落，经本人或利害关系人申请，人民法院应当撤销原判决，作出新判决。新判决生效后，被宣告死亡公民的人身和财产关系依照下列方法处理：①被撤销死亡宣告的人有权请求返还财产，其原物已被第三人合法取得的，第三人可不予返还。但依《继承法》取得原物的公民或者组织，应当返还原物或者给予适当补偿。利害关系人隐瞒真实情况使他人被宣告死亡而取得其财产的，除应返还原物及孳息外，还应对造成的损失予以赔偿。②关于被撤销宣告死亡的人与配偶的婚姻关系，如果其配偶尚未再婚的，夫妻关系从撤销死亡宣告之日起自行恢复；如果其配偶再婚后又离婚或者再婚后配偶又死亡的，则不得认定夫妻关系自行恢复。③被宣告死亡的人在被宣告死亡期间，其子女被他人依法收养，被宣告死亡的人在死亡宣告被撤销后，仅以未经本人同意为由而主张收养关系无效的，一般不应准许，但收养人和被收养人同意的除外。

■第五节　认定公民无民事行为能力、限制民事行为能力案件

一、认定公民无民事行为能力、限制民事行为能力案件的概念和意义

认定公民无民事行为能力、限制民事行为能力案件，是指人民法院根据利害关系人的申请，对不能辨认自己行为或不能完全辨认自己行为的精神病人、痴呆病人，按照法定程序，认定并宣告该公民为无民事行为能力人或限制民事行为能力人的案件。

根据《民法通则》的规定，18周岁以上的公民是成年人，具有完全民事行为能力，可以独立进行民事活动，是完全民事行为能力人；16周岁以上不满18周岁，但以自己的劳动收入为主要生活来源的，视为完全民事行为能力人；不能辨认自己行为的精神病人是无民事行为能力人；不能完全辨认自己行为的精神病人是限制民事行为能力人。法律确立该法律制度的意义在于：其有利于维护因患精神病或其他病症而丧失了全部或部分民事行为能力的公民的合法权益；有利于保护与其有民事权利义务关系的有关利害关系人的合法权益；有利于保障民事流转的正常进行。

二、认定公民无民事行为能力、限制民事行为能力案件的审理程序

（一）申请

根据《民事诉讼法》第187条的规定，申请人民法院认定公民无民事行为能力、限制民事行为能力，必须具备下列条件：

1. 具备法定事由。即该公民必须有因患精神病或其他病症而不能辨认或者不能完全辨认自己行为的事实存在。

2. 必须由近亲属或其他利害关系人提出申请。近亲属或其他利害关系人包括被申请人的配偶、父母、子女、兄弟姐妹、祖父母、外祖父母、孙子女、外孙子女以

及与其关系密切的其他亲属、朋友中愿意承担监护责任，经精神病人的所在单位或所在地居民委员会、村民委员会同意的人。

3. 申请必须采取书面形式。应当写明该公民无民事行为能力或者限制民事行为能力的事实和根据，如医院出具的诊断证明或鉴定意见等。

根据《民诉法解释》第349条的规定，在诉讼中，当事人的利害关系人提出该当事人患有精神病，要求宣告该当事人无民事行为能力或限制民事行为能力的，应由利害关系人向人民法院提出申请，由受诉人民法院按照特别程序立案审理，原诉讼中止。

（二）管辖

根据《民事诉讼法》第187条第1款的规定，申请认定公民无民事行为能力或限制民事行为能力，由其近亲属或者其他利害关系人向该公民住所地基层人民法院提出。这样规定主要是便于人民法院就近调查了解该公民的实际健康情况。

（三）鉴定

根据《民事诉讼法》第188条的规定，人民法院受理申请后，必要时应当对被请求认定为无民事行为能力或者限制民事行为能力的公民进行鉴定。申请人已提供鉴定意见的，应当对鉴定意见进行审查。也就是说，如果该公民不是那种公认公知的精神病人，人民法院认为有必要时，应当对其是否为无民事行为能力或者限制民事行为能力进行医学鉴定。如果申请人提出申请时，已经将有关医院出具的能确切表明被申请人系精神病人的鉴定意见作为证据提交人民法院的，审判人员对申请人提供的鉴定意见经审查核实无疑问的，就不必再进行医学鉴定；如果有怀疑，则应当由人民法院指定鉴定单位重新鉴定。

（四）审理

根据《民事诉讼法》第189条第1款的规定，人民法院审理认定公民无民事行为能力或者限制民事行为能力的案件，应当由该公民的近亲属为代理人，但申请人除外。近亲属互相推诿的，由人民法院指定其中一人为代理人。该公民健康情况许可的，还应当询问本人的意见。被申请人没有近亲属的，人民法院可以指定其他亲属为代理人。被申请人没有亲属的，人民法院可以指定经被申请人所在单位或者住所地的居民委员会、村民委员会同意，且愿意担任代理人的关系密切的朋友为代理人。没有以上的代理人的，由被申请人所在单位或者住所地的居民委员会、村民委员会或者民政部门担任代理人。代理人可以是一人，也可以是同一顺序中的两人。

（五）裁判

根据《民事诉讼法》第189条第2款的规定，人民法院经审理认定申请有事实根据的，判决该公民无民事行为能力或者限制民事行为能力人；认定申请没有事实根据的，应当判决予以驳回。

根据《民诉法解释》第351条的规定，被指定的监护人不服指定，应当在接到通知之日起30日内向人民法院起诉。经审理，认为指定并无不当的，裁定驳回起

第二十六章

诉；指定不当的，判决撤销指定，同时另行指定监护人。判决书应当送达异议人、原指定单位及判决指定的监护人。

三、认定公民无民事行为、限制民事行为能力判决的撤销

公民被认定为无民事行为能力人或者限制民事行为能力人以后，可能因病情痊愈而精神恢复正常，能正确辨认自己的行为。在这种情况下，被认定为无民事行为能力或者限制民事行为能力的人或者他的监护人，有权向人民法院提出撤销原判决的申请。人民法院根据申请，经查证证实该公民无民事行为能力或者限制民事行为能力的原因已经消除的，应撤销原判决，作出新判决，从法律上恢复该公民的民事行为能力，同时撤销对他的监护。判决一经宣告，立即发生法律效力。

■第六节　认定财产无主案件

一、认定财产无主案件的概念和意义

认定财产无主案件，是指人民法院根据公民、法人或者其他组织的申请，依照法定程序将某项归属不明的财产或者失去所有权人的财产判决认定为无主财产，并将它判归国家或集体所有的案件。

财产归属不明或者失去所有权人之后，处于无人管理的状态。此时，法律就有必要对无主财产进行确认，以助于对该财产的管理和保护，做到物尽其用，发挥该项财产应有的经济价值，维护社会生产和生活的稳定。

二、认定财产无主案件的审理程序

1. 申请。根据《民事诉讼法》第191条第1款的规定，申请认定财产无主，由公民、法人或者其他组织向财产所在地的基层人民法院提出。这里的申请人包括财产的发现人、财产所在地的基层组织或者基层人民政府、该财产继承人死亡后的管理人等。申请人应写申请书，申请书主要写明财产的种类、数量以及要求认定财产无主的根据。

2. 管辖。根据《民事诉讼法》第191条第1款的规定，认定财产无主的案件，应当由无主财产所在地的基层人民法院管辖。这是个特殊规定，与《民事诉讼法》中一般管辖的规定不同，它不是由申请人住所地的人民法院管辖。这样规定便于人民法院了解无主财产情况，便于寻找财产所有人，便于人民法院调查该项财产的状况，及时作出审理和判决。

3. 公告。根据《民事诉讼法》第192条的规定，人民法院受理申请后，经审查核实，应当发出财产认领公告。公告期为1年。在公告期间，因财产仍处于无主状态，人民法院可根据财产的具体情况，指定专人看管，或委托有关单位代管。

在公告期间，如果财产所有人出现，人民法院应作出裁定，驳回申请，并通知财产所有人认领财产；如果有人对财产提出请求，人民法院应裁定终结特别程序，告知申请人另行起诉，适用普通程序审理。

4. 判决。公告满 1 年无人认领的，判决认定财产无主，收归国家或者集体所有。财产被他人占有的，占有人应自判决生效之日起将财产交给国家或者集体。《民法通则》规定，所有人不明的埋藏物、隐藏物，归国家所有。这种无主财产经确认收归国有后，由国家授权的机关单位占有使用或者经营管理。归集体所有的无主财产，主要是指集体组织的成员（如五保户等）死后无人继承，因此收归集体所有。

三、认定财产无主判决的撤销

人民法院作出认定财产无主的判决并将财产收归国家或者集体所有之后，如果原财产所有人或者合法继承人出现并在诉讼时效期间对财产提出请求的，人民法院不应以公告期满为由驳回申请，而应审查其是否属实。不属实的，驳回申请；属实的，应当撤销原判决，作出新判决。国家或者集体应将财产归还，如果已经遭受损失，应当给予适当补偿；原财产已不复存在的，应按原财产的实际价值折价返还。现实中，有的财产并非无主财产，而是财产所有人或者继承人因未见到公告等原因没能在人民法院公告期内前来认领财产，为了保护财产所有人或者继承人的合法权益，法律允许他们在一定期限内要求撤销已生效的宣告财产无主的判决。

■第七节　确认调解协议案件

一、确认调解协议案件的概念和特征

确认调解协议案件，是指对于涉及当事人之间民事权利义务的纠纷，经行政机关、人民调解组织、商事调解组织、行业调解组织或者其他具有调解职能的组织调解达成具有民事合同性质的协议后，由双方当事人在法定期间共同到人民法院申请确认调解协议的法律效力的一种新的案件类型。

确认调解协议案件具有以下特征：

1. 确认调解协议案件的前提是纠纷双方当事人已经在有关部门的主持下达成了调解协议。

2. 确认调解协议案件必须由双方当事人共同向人民法院提出。

3. 确认调解协议案件有法定期间的限制。依照《民事诉讼法》第 194 条的规定，双方当事人必须自调解协议生效之日起 30 日内共同向调解组织所在地基层人民法院提出。这里的 30 日是不变期间。

4. 确认调解协议案件只能由调解组织所在地基层人民法院管辖。

二、确认调解协议案件的申请、管辖及受理

1. 申请。双方当事人或符合《民事诉讼法》第 58 条规定的代理人应当在调解协议生效之日起 30 日内共同申请确认调解协议，并向人民法院提交调解协议、调解组织主持调解的证明，以及与调解协议相关的财产权利证明等证明材料，并提供双方当事人的身份、住所、联系方式等基本信息。委托他人代为申请的，必须向人民法院提交由委托人签名或盖章的授权委托书。

2. 管辖。当事人申请确认调解协议的，由调解组织所在地基层人民法院或人民法庭管辖。两个以上调解组织参与调解的，各调解组织所在地基层人民法院均有管辖权。双方当事人可以共同向其中一个调解组织所在地基层人民法院提出申请；双方当事人共同向两个以上调解组织所在地基层人民法院提出申请的，由最先立案的人民法院管辖。

3. 受理。当事人共同向人民法院申请确认调解协议符合条件的，人民法院应当依法受理。有下列情形之一的，人民法院裁定不予受理：①不属于人民法院受理范围的；②不属于收到申请的人民法院管辖的；③申请确认婚姻关系、亲子关系、收养关系等身份关系无效、有效或者解除的；④涉及适用其他特别程序、公示催告程序、破产程序审理的；⑤调解协议内容涉及物权、知识产权确权的。人民法院受理申请后，发现有上述不予受理情形的，应当裁定驳回当事人的申请。

三、确认调解协议案件的审查、申请的撤回及异议

人民法院受理申请后，经审查，不符合法律规定的，裁定驳回申请。依照《民诉法解释》第 360 条的规定，经审查调解协议有下列情形之一的，人民法院应当裁定驳回申请：①违反法律强制性规定的；②损害国家利益、社会公共利益、他人合法权益的；③违背公序良俗的；④违反自愿原则的；⑤内容不明确的；⑥其他不能进行司法确认的情形。符合法律规定的，裁定调解协议有效，一方当事人拒绝履行或者未全部履行的，对方当事人可以向人民法院申请执行。

确认调解协议的裁定作出前，当事人撤回申请的，人民法院可以裁定准许。当事人无正当理由未在限期内补充陈述、补充证明材料或者拒不接受询问的，人民法院可以按撤回申请处理。

对人民法院作出的确认调解协议的裁定，当事人有异议的，应当自收到裁定之日起 15 日内提出；利害关系人有异议的，自知道或者应当知道其民事权益受到侵害之日起 6 个月内提出。

■第八节 实现担保物权案件

担保物权是指以担保债务清偿为目的，在债务人或第三人的特定物或权利上设定的、就担保财产优先受偿的物权，包括抵押权、质权和留置权。担保物权的实现，是指担保物权人在特定条件下对担保物行使优先受偿权的行为。担保物权的实现是担保物权最为重要的效力，它直接关系到担保物权人的利益保护和担保交易秩序。2012 年《民事诉讼法》修改后，明确规定了实现担保物权的程序规则，实现了实体法与程序法的融洽衔接，将有利于更加充分地发挥担保物权制度的功能。

一、实现担保物权案件的申请、管辖与受理

1. 申请。申请实现担保物权，由抵押权人、质权人、留置权人等担保物权人以及抵押人、出质人、财产被留置的债务人或者所有权人等其他有权请求实现担保物权的人依照《物权法》等法律向人民法院提出。《物权法》第195条第1、2款规定:"债务人不履行到期债务或者发生当事人约定的实现抵押权的情形,抵押权人可以与抵押人协议以抵押财产折价或者以拍卖、变卖该抵押财产所得的价款优先受偿。协议损害其他债权人利益的,其他债权人可以在知道或者应当知道撤销事由之日起1年内请求人民法院撤销该协议。抵押权人与抵押人未就抵押权实现方式达成协议的,抵押权人可以请求人民法院拍卖、变卖抵押财产。"《物权法》第236条第1款规定:"留置权人与债务人应当约定留置财产后的债务履行期间;没有约定或者约定不明确的,留置权人应当给债务人2个月以上履行债务的期间,但鲜活易腐等不易保管的动产除外。债务人逾期未履行的,留置权人可以与债务人协议以留置财产折价,也可以就拍卖、变卖留置财产所得的价款优先受偿。"《物权法》第220条第1款规定:"出质人可以请求质权人在债务履行期届满后及时行使质权;质权人不行使的,出质人可以请求人民法院拍卖、变卖质押财产。"

担保物权人以及其他有权请求实现担保物权的人向人民法院提出担保物权的申请时,应当向人民法院提交以下材料:①申请书。申请书应当记明申请人、被申请人的姓名或者名称、联系方式等基本信息,具体的请求和事实、理由。②证明担保物权存在的材料,包括主合同、担保合同、抵押登记证明或者他项权利证书,权利质权的权利凭证或者质权出质登记证明等。③证明实现担保物权条件成就的材料。④担保财产现状的说明。⑤人民法院认为需要提交的其他材料。

2. 管辖。实现担保物权案件,由担保物权人以及其他有权请求实现担保物权的人向担保财产所在地或者担保物权登记地基层人民法院提出。一旦申请人向担保财产所在地或者担保物权登记地基层人民法院提出了申请并被受理,此后即使发生了担保财产所在地的变化等事宜,也不得以此变更管辖法院。实现票据、仓单、提单等有权利凭证的权利质权案件,可以由权利凭证持有人住所地人民法院管辖;无权利凭证的权利质权,由出质登记地人民法院管辖。实现担保物权案件属于海事法院等专门人民法院管辖的,由专门人民法院管辖。

3. 受理。同一债权的担保物有多个且所在地不同,申请人分别向有管辖权的人民法院申请实现担保物权的,人民法院应当依法受理。依照《物权法》第176条的规定,被担保的债权既有物的担保又有人的担保,当事人对实现担保物权的顺序有约定,实现担保物权的申请违反该约定的,人民法院裁定不予受理;没有约定或者约定不明的,人民法院应当受理。

二、实现担保物权案件的审查及异议

实现担保物权案件可以由审判员一人独任审查。担保财产标的额超过基层人民法院管辖范围的,应当组成合议庭进行审查。人民法院审查实现担保物权案件,可以询问申请人、被申请人、利害关系人,必要时可以依职权调查相关事实。人民法院应当就主合同的效力、期限、履行情况,担保物权是否有效设立、担保财产的范围、被担保的债权范围、被担保的债权是否已届清偿期等担保物权实现的条件,以

第二十六章

及是否损害他人合法权益等内容进行审查。被申请人或者利害关系人提出异议的，人民法院应当一并审查。依照《民事诉讼法》第197条的规定，人民法院受理申请后，经审查，符合法律规定的，裁定拍卖、变卖担保财产，当事人依据该裁定可以向人民法院申请执行；不符合法律规定的，裁定驳回申请，当事人可以向人民法院提起诉讼。具体按下列情形分别处理：①当事人对实现担保物权无实质性争议且实现担保物权条件成就的，裁定准许拍卖、变卖担保财产；②当事人对实现担保物权有部分实质性争议的，可以就无争议部分裁定准许拍卖、变卖担保财产；③当事人对实现担保物权有实质性争议的，裁定驳回申请，并告知申请人向人民法院提起诉讼。

由于实现担保物权案件是非讼案件，因此，人民法院对它的审查适用职权主义，对于担保物权与其他权利是否存在等相关事实均有权依职权进行调查。在审查时，应当对不同的担保物权予以区别对待，例如，对于不动产抵押权来说，由于实行公示公信原则，人民法院原则上对不动产抵押权人提交的不动产权属证书仅作形式审查，只要其经过合法登记，且债务已届满清偿期或发生了当事人约定的实现抵押权的情形，即可作出准许拍卖、变卖抵押财产的裁定；对于动产抵押权来说，在没有登记时，人民法院应当通知抵押人及债务人，确认抵押合同的真实性。如果他们对抵押权人的权利没有异议，应当裁定准许拍卖、变卖抵押财产。

此处的"裁定"应当理解为抵押权实现的执行依据，抵押物的拍卖程序实际上是抵押物强制执行的程序。

对人民法院作出的准许实现担保物权的裁定，当事人有异议的，应当自收到裁定之日起15日内提出；利害关系人有异议的，自知道或者应当知道其民事权益受到侵害之日起6个月内提出。

【本章小结】

1. 本章介绍了特别程序的一般理论，包括特别程序的概念、特征、适用范围等。

2. 根据《民事诉讼法》第177条的规定，适用特别程序审理的案件具体包括：选民资格案件、宣告失踪或者宣告死亡案件、认定公民无民事行为能力或者限制民事行为能力案件、认定财产无主案件、确认调解协议案件和实现担保物权案件。

3. 选民资格案件是解决公法性权利争议的案件；宣告失踪或者宣告死亡案件、认定公民无民事行为能力或者限制民事行为能力案件、认定财产无主案件、确认调解协议案件和实现担保物权案件是非讼案件。

【思考题】

1. 特别程序的特点是什么？

第二十六章

2. 申请宣告公民失踪与宣告公民死亡必须具备的条件有何异同？

3. 宣告公民失踪的法律后果是什么？

4. 宣告公民死亡的法律后果是什么？它与公民的自然死亡的法律后果有何异同？

5. 申请认定公民无民事行为能力、限制民事行为能力必须具备什么条件？

6. 认定财产无主案件的意义是什么？

7. 确认调解协议案件有什么特点？

8. 对实现担保物权案件如何进行审查？

【参考文献】

1. 王强义：《民事诉讼特别程序研究》，中国政法大学出版社 1993 年版。

2. 刘海渤："民事非讼审判程序初探"，载《中国法学》2004 年第 3 期。

3. 王胜明主编：《中华人民共和国民事诉讼法释义》，法律出版社 2012 年版。

4. 沈德咏主编：《最高人民法院民事诉讼法司法解释理解与适用（下）》，人民法院出版社 2015 年版。

第二十七章

督促程序

学习目的和要求 认识督促程序的概念和特征；明确申请支付令的条件和支付令的效力；掌握申请支付令案件的程序。

■第一节 督促程序概述

一、督促程序的概念和意义

督促程序，是指人民法院根据债权人给付金钱和有价证券的申请，或者对受理的案件，如果当事人没有争议，符合督促程序规定条件的，以支付令的形式催促债务人在法定期间向债权人履行义务的特殊程序。

在债务纠纷中，有的债权债务关系明确，只是债务人逾期不清偿债务，因而不必通过审判程序即可认定。这类案件如果按照通常诉讼程序来解决的话，不但会增加诉讼成本，也没有太大的必要性。人民法院对这类案件适用督促程序进行处理，通过书面审查即可催促债务人履行给付义务。如果债务人在法定期间内不履行债务又没有提出书面异议，债权人可以向人民法院申请强制执行。这对于方便当事人诉讼、便于人民法院办案和及时保护债权人的合法权益有重要意义：它一方面使债权人能简捷、迅速地实现自己的债权，减少讼累；另一方面，它又使人民法院能够省时省力地处理债务纠纷，提高诉讼效率。

二、督促程序的特点

（一）程序的非讼性

督促程序虽然属于诉讼程序的范畴，但它同一般诉讼程序不同，人民法院在以督促程序处理债务纠纷的过程中，当事人不直接发生对抗，也不经过辩论、调解和裁判等程序对案件的事实和权利义务进行评判。

（二）适用范围的特定性

督促程序仅适用于债权人请求给付金钱和有价证券的案件。金钱是指作为流通手段和支付手段的货币，通常是指人民币，特定情况下也包括外国货币。有价证券包括汇票、本票、支票、股票、债券、国库券以及可以转让的存单等。

第二十七章

（三）支付令生效的附条件性

人民法院向债务人发出的支付令只有符合一定的条件才能生效。这些条件包括两个方面：①期限上的要求，即债务人收到支付令之日起届满 15 日；②行为上的要求，即债务人在上述期限届满前不清偿债务，也不提出书面异议。

■第二节 督促程序的开始

一、支付令的申请

督促程序可由债权人申请支付令而开始。依照《民事诉讼法》第 133 条第 1 项的规定，人民法院对受理的案件，如果当事人没有争议，符合督促程序规定条件的，可以转入督促程序。可见，如果诉讼案件中，原告以起诉状向法院提起诉讼，也可能转入督促程序。有权提起支付令申请的，是依法享有债权的公民、法人及其他组织。被申请人是依法负有清偿义务的债务人。

（一）申请支付令的条件

依照《民事诉讼法》第 214 条和《民诉法解释》第 429 条的规定，支付令的申请必须具备下述条件：

1. 债权人请求给付的标的物仅限于金钱或者汇票、本票、支票以及股票、债券、国库券和可转让的存款单等有价证券。

2. 债权已经到期且数额确定，并写明请求所根据的事实、证据。债权已经到期，是指债权人请求给付的金钱或者有价证券已到双方约定或法律规定的偿还期限。数额确定，是指作为请求给付标的物的金钱或者有价证券数额很明确且双方无争议，不需要再调查取证加以认定。

3. 债权人没有对待给付义务。这是指申请人对被申请人没有给付金钱等其他债务，如果申请人对债务人有债权，但也有债务，就不能申请支付令。也就是说，债权人与债务人之间的债务关系必须是单向的且不附任何条件。单向关系是指只有债务人对债权人负有给付义务。如果债权人对债务人有先履行给付义务或者同时履行的给付义务，债务人则相应地享有先履行抗辩权或同时履行抗辩权，债权人不得申请法院发出支付令。

4. 债务人在我国境内且未下落不明。债务人不在我国境内，或者债务人下落不明不能申请支付令。这是因为债务人如果不在我国境内，则需要外交送达，而外交送达耗时过长，无法满足督促程序快速迅捷地解决纠纷的要求。债务人下落不明时，则需要公告送达，而公告送达只是一种推定送达，它不能保证受送达人准确知悉公告的内容。

5. 支付令能够送达债务人。能够送达，是指能够通过人民法院工作人员直接送达，或者通过邮寄送达、转交送达、委托送达等方式送到受送达人手中。

6. 收到申请书的人民法院有管辖权。

7. 债权人未向人民法院申请诉前保全。如果债权人向人民法院申请诉前保全，证明债权人与债务人矛盾较大，且诉前保全是为通常诉讼程序作准备的，如用督促程序解决，不符合督促程序的目的。

（二）申请支付令的方式

债权人申请支付令，必须向人民法院提交申请书。申请书应写明：①当事人及其法定代理人的基本情况；②请求给付金钱或者有价证券的数量；③债权债务关系存在及债务人没有履行债务的事实和证据；④申请发出支付令的法院。

（三）申请效力

申请效力是指支付令的申请在法律上的效果。支付令申请的法律效力有：①引起督促程序的发生；②请求权的时效中断。

（四）支付令的驳回

根据《民诉法解释》第430条的规定，有下列情况之一的，人民法院应当裁定驳回其申请：①申请人不具备当事人资格的；②给付金钱或者有价证券的证明文件没有约定逾期给付利息或者违约金、赔偿金，债权人坚持要求给付利息或者违约金、赔偿金的；③要求给付的金钱或者有价证券属于违法所得的；④要求给付的金钱或者有价证券尚未到期或者数额不确定的。人民法院受理支付令申请后，发现不符合《民诉法解释》规定的受理条件的，应当在受理之日起15日内裁定驳回申请。

二、管辖

根据《民事诉讼法》第214条的规定，债权人可以向有管辖权的基层人民法院申请支付令。《民诉法解释》第429条第3款规定："基层人民法院受理申请支付令的案件，不受债权金额的限制。"根据这一规定，按督促程序审理的案件的管辖法院只能是基层人民法院，中级以上人民法院无权以争议金额超出其级别管辖的最低金额为由对支付令案件行使管辖权。至于哪个是有管辖权的基层人民法院，取决于法律关系的性质和《民事诉讼法》关于管辖的规定。例如，如果是因合同关系请求对方当事人给付金钱，可以向合同履行地或者被告所在地的人民法院申请；如果是借贷关系，可以向被告所在地的人民法院申请。另外，《民诉法解释》第427条规定："两个以上人民法院都有管辖权的，债权人可以向其中一个基层人民法院申请支付令。债权人向两个以上有管辖权的基层人民法院申请支付令的，由最先立案的人民法院管辖。"

三、支付令申请的受理

债权人提出支付令的申请后，有管辖权的人民法院应按照《民事诉讼法》规定的申请条件，由审判员一人对申请进行审查。审查时，应采用书面审查的方式。审查的范围包括下述事项：

1. 审查申请手续是否完备，申请书的内容是否明确。手续不完备，内容不明确的，人民法院可以通知债权人限期补正。

2. 审查主体资格。申请主体的资格包括申请人是否是依法享有债权的公民、法人或其他组织。申请人是公民的，还应当审查其是否有诉讼行为能力；申请人是法人或者其他组织的，应提交营业执照复印件、法定代表人或主要负责人身份证明书。

3. 审查请求的内容。如对请求给付的标的物是否符合《民事诉讼法》规定的给付范围、债权债务关系是否明确、债务是否到期、债权是否合法等予以审查。

4. 审查有无证据。

5. 审查本院是否有管辖权。

6. 审查支付令能否送达债务人。申请书应当具体明确地写明债务人的住所，住所不明者不能适用督促程序。

人民法院审查债权人的申请后，如果认为债权债务关系明确、合法，债权人没有对待给付义务，请求给付的内容是有根据的，应当受理申请，并在收到申请后 5 日内通知债权人。经审查，债权人的申请不成立的，人民法院应在 15 日内裁定驳回申请，债权人对该裁定不得上诉。

■第三节　支付令的制作、发出和效力

一、支付令的制作和发出

支付令是人民法院根据债权人的申请，督促债务人限期清偿债务的法律文书。

对债权人的申请，经审查认为符合《民事诉讼法》规定条件的，人民法院应当在受理之日起 15 日内，以法定的送达方式向债务人发出支付令。

二、支付令的效力

支付令是人民法院制作的法律文书，一经送达债务人，即具有如下法律效力：

（一）要求债务人限期清偿债务的效力

根据《民事诉讼法》第 216 条第 2 款的规定，债务人收到支付令后，在法定期限内不提出异议的，应自收到支付令之日起 15 日内清偿债务。

（二）强制执行的效力

根据《民事诉讼法》第 216 条第 3 款的规定，债务人自收到支付令之日起 15 日不提出异议又不履行支付令的，债权人可以向人民法院申请执行。债权人向人民法院申请执行支付令的期间为 2 年。申请执行时效的中止、中断，适用法律有关诉讼时效中止、中断的规定。

债务人对债权债务关系没有异议，但对清偿能力、清偿期限、清偿方式等提出不同意见的，不影响支付令的效力。债务人在收到支付令后，不在法定期间提出书面异议，而向其他人民法院起诉的，不影响支付令的效力。

另外，必须指出的是，对设有担保的主债务人发出的支付令，对担保人没有拘束力。债权人就担保关系单独提起诉讼的，支付令自人民法院受理案件之日起失效。

■第四节　支付令的异议和督促程序的终结

一、支付令的异议

支付令的异议，是指债务人向人民法院申明不服支付令所确定的给付义务的法律行为。人民法院发布支付令前，仅审查了申请人提出的事实，并没有接触被申请人，也没有让被申请人对申请人的请求答辩。为了平等保护当事人双方的合法权益，根据《民事诉讼法》第216条的规定，债务人自收到支付令之日起15日内可以提出书面异议。[1]异议可以不附任何理由，即债务人不必提供事实和证据来证明异议的成立，只要作出异议陈述即可。

1. 异议成立的条件。异议成立的条件，是指债务人对人民法院的支付令提出异议的程序要件。不符合法律规定的要件的，异议不能成立。异议成立的条件有以下四个方面：

（1）提出异议的主体是债务人及其法定代理人，或经过特别授权的委托代理人。

（2）异议应在法定期间内提出。债务人收到人民法院发来的支付令，如认为不应当清偿债务的，应在收到支付令之日起15日内向人民法院提出异议。超过法定期限提出异议的，异议不能成立，人民法院可以裁定驳回异议。《民事诉讼法》规定的15日异议期间为不变期间，人民法院不得任意变更，债务人也必须遵守。

（3）异议必须针对债权人的请求，即异议应针对债权债务关系本身。债权人基于同一债权债务关系，向债务人提出多项支付请求，债务人仅就其中一项或几项请求提出异议的，不影响其他各项请求的效力。债权人基于同一债权债务关系，就可分之债向多个债务人提出支付请求，多个债务人中的一人或几人提出异议的，不影响其他请求的效力。

（4）异议必须以书面方式提出，债务人以口头方式提出的异议无效。

2. 异议的效力。对支付令异议的效力，是指债务人对支付令提出异议在法律上的后果。《民诉法解释》第437条规定："经形式审查，债务人提出的书面异议有下列情形之一的，应当认定异议成立，裁定终结督促程序，支付令自行失效：①本解释规定的不予受理申请情形的；②本解释规定的裁定驳回申请情形的；③本解释规定的应当裁定终结督促程序情形的；④人民法院对是否符合发出支付令条件产生合理怀疑的。"这种人民法院通过形式审查裁定终结督促程序，支付令自行失效的做法，符合督促程序的非讼性质。非讼程序是以无纷争为前提的，一旦从实质上审查异议是否有理由，实际上就相当于司法裁判了，这不是督促程序所能完成的任务，必须转由通常诉讼程序来解决。同时，这种做法也符合民事诉讼法的平等原则。因

---

[1] 例如，可以提出债权债务关系不存在，不能给付；也可以提出对方没有按照合同履约，因此不能给付；还可以提出对方有对待给付的义务；等等。

为对债权人的申请不进行实质审查，与之相对应，对债务人的异议也不应进行实质审查，而只审查其在形式上是否合法。另外，必须指出的是，债务人对债务本身没有异议，只是提出缺乏偿付能力、延缓债务清偿期限、变更债务清偿方式等异议的，不影响支付令的效力。

3. 异议的撤回。人民法院作出终结督促程序或者驳回异议裁定前，债务人请求撤回异议的，应当裁定准许。

二、督促程序的终结

督促程序的终结，是指在督促程序中，因发生法律规定的情况或某种特殊原因而结束督促程序的进行。有下述情况之一的，应终结督促程序：

1. 人民法院裁定驳回债权人的申请。人民法院受理债权人的支付令申请后，经审查认为申请不成立的，应当在 15 日内裁定驳回申请。该裁定作出后，督促程序即告终结。

2. 债务人收到支付令前，债权人撤回申请的。《民诉法解释》第 432 条第 2 项规定："债务人收到支付令前，债权人撤回申请的，人民法院应当裁定终结督促程序。"

3. 债务人在法定期间已清偿债务。在此情形下，督促程序自然终结。

4. 债务人提出了符合法定条件的异议。在此情形下，人民法院应当裁定终结督促程序，支付令自行失效。[1]

5. 人民法院受理支付令申请后，债权人就同一债权关系又提起诉讼的，应当裁定终结督促程序。

6. 人民法院发出支付令之日起 30 日内无法送达债务人的。在此情形下，人民法院裁定终结督促程序，告知债权人按通常诉讼程序起诉。

7. 人民法院对是否符合发出支付令条件产生合理怀疑的。

8. 支付令的撤销。依照《民诉法解释》第 443 条的规定，人民法院院长对本院已发生法律效力的支付令，发现确有错误，认为需要撤销的，应当提交本院审判委员会讨论决定后，裁定撤销支付令，驳回债权人的申请。

三、督促程序与诉讼程序的关联

在我国，督促程序终结后可能会自动转入诉讼程序，如支付令失效的，自动转入诉讼程序，但诉讼程序是否开始取决于当事人的意愿。这符合民事诉讼"不告不理"的法理，因为支付令失效后是否继续诉讼、向哪里诉讼，当事人有选择的权利，当事人起诉的人民法院有可能与申请支付令的人民法院不一致。同时，当事人的起诉也会受到《民事诉讼法》中管辖规定的限制，比如由于级别管辖的限制，管辖法院也有可能不同。《民诉法解释》第 440 条规定："支付令失效后，申请支付令的一方当事人不同意提起诉讼的，应当自收到终结督促程序裁定之日起 7 日内向受理申

---

[1]《民事诉讼法》第 217 条第 2 款规定："支付令失效的，转入诉讼程序，但申请支付令的一方当事人不同意提起诉讼的除外。"

请的人民法院提出。申请支付令的一方当事人不同意提起诉讼的，不影响其向其他有管辖权的人民法院提起诉讼。"《民诉法解释》第 441 条规定："支付令失效后，申请支付令的一方当事人自收到终结督促程序裁定之日起 7 日内未向受理申请的人民法院表明不同意提起诉讼的，视为向受理申请的人民法院起诉。债权人提出支付令申请的时间，即为向人民法院起诉的时间。"《诉讼费用交纳办法》第 36 条规定："债务人对督促程序未提出异议的，申请费由债务人承担。债务人对督促程序提出异议致使督促程序终结的，申请费由申请人负担；[1]申请人另行起诉的，可以将申请费列入诉讼请求。"

【本章小结】

1. 本章介绍了督促程序制度的一般理论，包括：督促程序的特征，支付令申请和受理的程序，支付令的制作、发出和效力，支付令的异议，以及督促程序的终结。

2. 支付令的申请条件和管辖法院都有严格的限定。支付令的审查采用书面审查的方式，由审判员独任审理。

3. 债务人应当自收到支付令之日起 15 日内清偿债务，或者向人民法院提出书面异议。债务人在此法定期间既不提出异议又不履行支付令的，债权人可以向人民法院申请执行。

【思考题】

1. 督促程序的概念和特点是什么？
2. 申请支付令的条件是什么？
3. 支付令的法律效力是什么？
4. 支付令异议的成立条件是什么？
5. 哪些情况可导致督促程序的终结？

【参考文献】

1. 章武生："督促程序的改革与完善"，载《法学研究》2002 年第 2 期。
2. 冯仁强："督促程序困境与对策研究"，载《司法改革论评》2002 年第 1 期。
3. 王艳彬："《最高人民法院关于适用督促程序若干问题的规定》的理解与适用"，载最高人民法院研究室编：《民事诉讼司法解释理解与适用》，法律出版社 2009 年版。
4. 王胜明主编：《中华人民共和国民事诉讼法释义》，法律出版社 2012 年版。
5. 沈德咏主编：《最高人民法院民事诉讼法司法解释理解与适用（下）》，人民法院出版社 2015 年版。

---

[1]　按照《民事诉讼法》第 133 条和第 217 条的立法精神，支付令失效自动转入诉讼程序的案件，申请费应当并入诉讼费用中，最终由败诉方承担。

第二十八章

公示催告程序

学习目的和要求　了解公示催告程序的概念和特征；明确公示催告程序的适用范围和申请条件；掌握公示催告的具体程序。

■第一节　公示催告程序概述

一、公示催告程序的概念与意义

公示催告程序，是指人民法院根据申请人的申请，以公示方式催告不明的利害关系人在法定期间内主张权利，到期无人申报权利的，则根据申请人的申请依法作出除权判决的程序。

在社会经济生活中，票据被盗、遗失或者灭失的情况在所难免。由于票据与票据上的权利是不能分离的，持票人一旦失去票据，就会丧失票据上的权利，并有可能被他人非法行使票据上的权利，加上此时相对人不明确或者根本就没有相对人，权利人也无法按通常诉讼程序提起诉讼。在这种情况下，民事权利处于不稳定状态，整个社会的交易安全受到威胁。因此，必须赋予失票人请求司法救济的权利，使这种不稳定的状态得以结束。设立公示催告程序的意义正在于此，它通过一系列的制度设计，一方面防止票据权利被他人行使，另一方面使失票人重新获得票据上的权利，从而保证了整个社会的交易安全。

二、公示催告程序的特点

1. 当事人的特定性。公示催告程序的申请人，必须是按照规定可以背书转让的票据持有人[1]或者法律规定可以申请公示催告的其他事项的拥有人。

2. 适用范围的限定性。我国公示催告程序仅适用于可以背书转让的汇票、本票和支票，以及法律规定可以公示催告的其他事项。

3. 案件的非讼性。适用公示催告程序的案件中，没有确定的对方当事人。票据持有人因票据被盗、遗失或灭失而向人民法院提出公示催告申请，其目的是通过法定公告方式，请求人民法院宣告该票据无效，以实现自己在票据上的权利，而不是

---

[1]　这里的票据持有人是指票据被盗、遗失或者灭失前的最后持有人。

因票据上的权利与他人发生争议。所以，在公示催告程序中，只有申请人，而无被申请人。即使有可能出现与申请事项有利害关系的人，在公示催告期间也处于不确定的状态。[1]

4. 审理方式的特殊性。公示催告案件的审理方式，其特殊性表现在三个方面：①人民法院以公告方式来确定票据利害关系人是否存在，以及对申报权利人的主张是否成立，只从程序上进行审查；②公告期满无人申报权利的，人民法院不直接作出宣告该票据无效的判决，而必须由申请人向人民法院提出宣告该票据无效的申请，人民法院才可以作出除权判决；③无论是除权判决，还是终结公示催告裁定，一经作出，立即发生法律效力，申请人和利害关系人均不得提起上诉，公示催告案件实行一审终审。

■第二节　公示催告程序的适用范围和条件

一、公示催告程序的适用范围

我国《民事诉讼法》第 218 条对于公示催告的适用范围作了较为严格的限制，目前只限于可以背书转让的票据被盗、遗失或灭失引起的公示催告的申请。至于《民事诉讼法》第 218 条规定的"可以申请公示催告的其他事项"，其适用范围有待进一步的明确。对公示催告程序的适用范围，各个国家的法律根据本国的具体情况作出了不同的规定。有的国家法律对公示催告程序的适用范围规定得比较广，除了宣告失票无效的公示催告外，还有排除土地所有人的公示催告、排除各种债权人的公示催告等。

这里的票据指的是出票人依票据法签发的，由本人或者委托他人在见票时或者在票载日期无条件支付确定金额的金钱给收款人或持票人的一种有价证券。票据的背书转让，是指持票人以背书方式将票据权利转让给他人的单方要式行为。即票据转让只需让与人一方的意思表示就发生效力，但让与人必须依法定方式作成背书并交付票据。

根据《票据法》第 27、80、93 条的规定，可以背书转让的票据包括汇票、本票和可以背书转让的支票三种。

（一）汇票

汇票是出票人签发的，委托付款人在见票时或者在指定日期无条件支付确定的金额给收款人或者持票人的票据。按不同的标准，汇票可分为多种类型。以汇票的付款期为标准，分为即期汇票和远期汇票。即期汇票，就是见票即行付款的汇票；远期汇票，是指必须到指定日期才能付款的汇票。以汇票的出票人为标准，汇票可

---

[1] 相比之下，以普通程序和简易程序审理的案件，必须有明确的被告，其诉因是原告和被告的民事权益发生争议。

分为银行汇票和商业汇票两种。以汇票上记载权利人的方式为标准，汇票可分为记名式汇票、指示式汇票和无记名式汇票等。

（二）本票

本票是出票人签发的，承诺自己在见票时无条件支付确定的金额给收款人或者持票人的票据。本票的一个重要特点是，出票人也是付款人。这是本票与汇票、支票的不同之处，汇票和支票的出票人和付款人是分离的。本票可分为银行本票和商业本票。我国《票据法》规定的本票仅指银行本票。

（三）支票

支票是出票人签发的，委托银行或其他金融机构在见票时无条件支付确定金额给收款人或者持票人的票据。支票分为转账支票和现金支票两种。其重要特点是：①付款人以银行为限；②见票即付。

二、申请公示催告程序的条件

根据我国《民事诉讼法》第218条的规定，申请公示催告应具备以下几个条件：①申请主体必须是依法享有票据权利的最后持票人。最后持票人又称失票人，是指丧失可以背书转让的票据的公民、法人和其他组织。签发票据的出票人是否可以作为公示催告申请人，应根据不同情况来确定。出票人签发的票据在交付收款人之前遗失的，出票人应当可以向人民法院申请公示催告。因为在这种情况下的出票人，也是该票据的合法权利人，不应把他理解为债务人。如果出票人签发的票据在交付收款人后遗失的，该出票人已是票据债务人，不能申请公示催告。②申请原因必须是可以背书转让的票据被盗、遗失或灭失。③必须向票据支付地的基层人民法院申请公示催告。票据支付地，是指票据上载明的付款机构所在地或票据付款人的住所地。法律规定由票据支付地的基层人民法院管辖，便于申请人申请公示催告，也便于受理案件的人民法院及时通知付款人停止支付，以防止票据被冒领而发生损失。

■第三节 公示催告的审理程序

一、申请

1. 公示催告申请的提出。公示催告的申请，是指享有请求权的持票人，依法向人民法院请求以公示催告的方式维护其票据权利的法律行为。公示催告程序依申请人的申请而开始，人民法院不能依职权提起公示催告程序。

公示催告的申请人，应以书面方式向人民法院提起申请。申请书的内容包括：票面金额，即失票上载明的金额；出票人，即签发票据的人；持票人，即丧失票据前的最后票据持有人；背书人，即转让票据权利的人；申请的理由和事实，以及付款人、收款人、银行账号和票据被盗、遗失、灭失的经过等。

2. 公示催告申请的撤回。公示催告申请人撤回申请的，应当在公示催告前提出。公示催告期间申请撤回的，人民法院可以径行裁定终结公示催告程序。

二、受理

人民法院对申请人提出的公示催告申请，应当立即进行审查并决定是否受理。适用公示催告程序审理的程序，可由审判员一人独任审理；判决宣告票据无效的，应当组成合议庭审理。

人民法院对公示催告申请的审查包括：①审查当事人的申请是否属于本人民法院管辖；②审查申请人是否是享有请求权的票据持有人；③审查票据是否属于法定的、可以申请公示催告的票据；④审查当事人提供的事实和证据是否与申请请求相符。《民诉法解释》第446条规定："因票据丧失，申请公示催告的，人民法院应结合票据存根、丧失票据的复印件、出票人关于签发票据的证明、申请人合法取得票据的证明、银行挂失止付通知书、报案证明等证据，决定是否受理。"

人民法院经过上述审查后，认为符合受理条件的，通知予以受理，并同时通知支付人停止支付；认为申请不符合受理条件的，在7日内裁定驳回申请。

三、通知止付和公告

（一）通知止付

通知止付即通知停止支付。停止支付通知，是人民法院决定受理公示催告申请后，向支付人发出的停止支付的文书。支付人收到人民法院停止支付通知，应当立即停止支付，直至公示催告程序终结。

在公示催告程序中，通知止付是人民法院为了保护票据关系人的合法权益而采取的一项保全性的措施。因为票据是支付人见票即付的有价证券，权利人在丧失票据的情况下，随时存在权利被侵害的危险。停止支付通知，在法律上有要求支付人履行停止支付义务的效力，如果支付人收到人民法院止付通知后不停止支付，将承担由此引起的后果。依照《民诉法解释》第456条的规定，人民法院依照《民事诉讼法》第220条规定通知支付人停止支付，应当符合有关财产保全的规定。支付人收到停止支付通知后拒不止付的，除可依照《民事诉讼法》第111、114条规定采取强制措施外，在判决后，支付人仍应承担付款义务。

（二）公告

公告，是指人民法院在公示催告程序中，公开催告票据利害关系人申报权利的告示。公告是人民法院保障利害关系人合法权益的法定程序。人民法院决定受理申请，应当同时通知支付人停止支付，并在3日内发出公告，催促利害关系人申报权利。公示催告期间由人民法院根据实际情况决定，但不得少于60日。人民法院的公告应写明如下内容：

1. 公示催告申请人的姓名或名称。申请人是公民的，应写明姓名、性别、年龄、职业和住所；申请人是法人或其他组织的，应写明单位名称、法定代表人和负责人的姓名、机构所在地等。

2. 票据的种类、号码、票面金额、出票人、背书人、持票人、付款期限等事项，以及其他可以申请公示催告的权利凭证的种类、号码、权利范围、权利人、义务人、行权日期等事项。

3. 申报权利的期间。按照《民事诉讼法》第221条的规定，利害关系人应当在公示催告期间申报权利。期间应标明开始日和终止日。

4. 在公示催告期间转让票据等权利凭证，利害关系人不申报的法律后果。在公示催告期间转让票据权利的行为无效，利害关系人在公示催告期间不申报权利的，将产生失权效果。

公示催告的公告，应当在有关报纸或者其他媒体上刊登，并于同日公布于人民法院公告栏内。人民法院所在地有证券交易所的，还应当同日在该交易所公布。这样做的目的，一方面是为了使利害关系人能够知晓以便及早申报权利；另一方面也是为了提醒所有收到票据的人注意该票据的权利处于不确定状态，不要接受该票据。

四、申报权利

人民法院发出公示催告后，除申请人外，对票据主张权利的人，为维护自己对该票据的权利，防止人民法院判决宣告票据无效，应当在公示催告期间向人民法院申报，表明自己对该票据享有权利。一旦有人申报，一张票据就有了至少两个主张权利的人，两人就可能因票据权利的归属发生争议。由于公示催告程序并非确权程序，因此，只要在公示催告期间有人申报权利，人民法院就应当裁定终结公示催告程序，并通知申请人和申报人。申请人或者申报人可以就票据权利的归属向人民法院提起确权之诉。

（一）申报权利的条件

申报权利应当符合以下条件：①申报权利人应当是持票人。所谓持票人，是指被催告申报权利的失票持有人，即申请人丧失票据后取得该票据的人。票据上的权利与票据是联系在一起的，是不能分离的；只有持有票据才能行使票据上的权利。②利害关系人应在公示催告期间或除权判决前申报权利。申报权利一般应在公示催告期间提出。公示催告期间不得少于60日，且公示催告期间届满日不得早于票据付款日后15日。利害关系人应当在该期间内向人民法院主张票据权利。如利害关系人在公示催告期间因故未申报权利，而在申报期间届满后、人民法院作出除权判决前申报权利的，与公示催告期间申报权利具有同等效力。

（二）申报权利的效力

申报权利的效力，是指利害关系人向人民法院主张权利在法律上所产生的后果，即利害关系人申报权利成立，在法律上产生终结公示催告程序的效力。利害关系人申报权利，人民法院应当通知其向法院出示票据，并通知公示催告申请人在指定的期间查看该票据。公示催告申请人申请公示催告的票据与利害关系人出示的票据不一致的，应当裁定驳回利害关系人的申报。利害关系人申报权利成立的，根据《民事诉讼法》第221条第2款的规定，人民法院收到利害关系人的申报后，应当裁定终结公示催告程序，并通知申请人和支付人。在申报期届满后、除权判决作出之前，利害关系人申报权利的，同样应裁定终结公示催告程序。申请人如不服人民法院终结公示催告程序的裁定，可以向票据支付地的基层人民法院提起诉讼。经审查，认为利害关系人的申报不符合申报条件的，应裁定驳回利害关系人的申报。利害关系人如不服人民法院驳回申报的裁定，向人民法院起诉的，人民法院可按票据纠纷适用普通程序审理，也可向票据支付地的基层人民法院提起诉讼。

■第四节　除权判决

一、除权判决的概念

除权判决，是指人民法院在公示催告期间届满后无人申报权利或者申报被驳回，依申请人的请求所作的宣告失票无效的判决。人民法院作出除权判决，必须根据公示催告申请人的申请，人民法院不能依职权主动作出除权判决。除权判决不确认票据关系人之间的权利义务，只解决票据是否有效的问题。申请人应当在公告届满的次日起1个月内，向人民法院申请作出除权判决；逾期不申请判决的，终结公示催告程序。

【例题】关于法院按公示催告程序作出的判决，下列哪些表述是正确的？（2006年国家司法考试卷三第81题）

A. 可称之为无效判决

B. 可称之为除权判决

C. 是可以再审的判决

D. 利害关系人可以在判决公告之日起，1年内起诉

【答案】BD

二、除权判决的效力

除权判决的效力，是指除权判决在法律上的执行力。除权判决应当公告，自公告之日起，除权判决发生法律效力。公示催告程序实行一审终审，除权判决作出后，当事人不能上诉。

除权判决有以下效力：①被催告申报权利的票据丧失效力，即持有该票据的利害关系人不能行使票据上的权利。但利害关系人对除权判决有异议的，可以按《民事诉讼法》第221条的规定提起诉讼。②公示催告申请人根据人民法院判决行使票据上的权利，有权向付款人请求付款，付款人不得拒绝支付。付款人拒绝付款，申请人向人民法院起诉，符合《民事诉讼法》第119条规定的起诉条件的，人民法院应予受理。

三、除权判决的撤销

《民事诉讼法》对除权判决的撤销未作明文规定。当事人对除权判决有异议的，既不能提起上诉，也不能提起再审之诉，这对因除权判决而影响其权利的人是不利的。为了保障所有票据关系人的权益，《民事诉讼法》也作了诉讼补救的规定。《民事诉讼法》第223条规定："利害关系人因正当理由不能在判决前向人民法院申报

的，自知道或者应当知道判决公告之日起 1 年内，可以向作出判决的人民法院起诉。"《民诉法解释》第 460 条对何谓正当理由作了进一步的细化规定："①因发生意外事件或者不可抗力致使利害关系人无法知道公告事实的；②利害关系人因被限制人身自由而无法知道公告事实，或者虽然知道公告事实，但无法自己或者委托他人代为申报权利的；③不属于法定申请公示催告情形的；④未予公告或者未按法定方式公告的；⑤其他导致利害关系人在判决作出前未能向人民法院申报权利的客观事由。"利害关系人向人民法院起诉的，人民法院可按票据纠纷适用普通程序审理。利害关系人请求人民法院撤销除权判决的，应当将申请人列为被告。利害关系人仅诉请确认其为合法持票人的，人民法院应当在裁判文书中写明，确认利害关系人为票据权利人的判决作出后，除权判决即被撤销。

【例题】 甲的汇票遗失，向法院申请公示催告。公告期满后无人申报权利，甲申请法院作出了除权判决。后乙主张对该票据享有票据权利，只是因为客观原因而没能在判决前向法院申报权利。乙可以采取哪种法律对策？（2007 年国家司法考试卷三第 46 题）

A. 申请法院撤销该除权判决书

B. 在知道或者应当知道判决公告之日起 1 年内，向作出除权判决的法院起诉

C. 依照审判监督程序的规定，申请法院对该案件进行再审理

D. 在 2 年的诉讼时效期间之内，向作出除权判决的法院起诉

【答案】 B

超过法定期间，利害关系人的诉讼请求不再受法律保护。

【本章小结】

1. 本章介绍了关于公示催告程序的一般理论，包括公示催告程序的概念及特征、适用范围及条件、具体的审判程序，并特别介绍了除权判决。

2. 公示催告的适用范围有较为严格的限制，目前只限于可以背书转让的票据被盗、遗失或灭失引起的公示催告的申请。

3. 在公示催告程序中，只有申请人，而无被申请人。无论是除权判决，还是终结公示催告裁定，一经作出，立即发生法律效力，申请人和利害关系人均不得提起上诉，公示催告案件实行一审终审。

4. 申请人应当在申报权利期间届满的次日起 1 个月内，向人民法院申请作出除权判决；逾期不申请，终结公示催告程序。

【思考题】

1. 公示催告程序的特点是什么？

2. 申报公示催告的条件是什么？

3. 除权判决的效力是什么？

【参考文献】

1. 翟向祎："完善票据丧失适用公示催告制度的思考"，载《金融理论与实践》2007 年第 11 期。

2. 高红梅："票据公示催告程序中的几个问题"，载《金融理论与实践》2003 年第 9 期。

3. 王胜明主编：《中华人民共和国民事诉讼法释义》，法律出版社 2012 年版。

4. 沈德咏主编：《最高人民法院民事诉讼法司法解释理解与适用（下）》，人民法院出版社 2015 年版。

第九编 执行程序

第二十九章

执行程序概述

学习目的和要求 了解民事执行的概念和特征；明确民事执行程序与审判程序的关系；辨别民事执行的分类；掌握民事执行原则的内容；正确适用基本原则分析和解决执行实践中的具体问题。

■第一节 执行和执行程序

一、执行的概念和特征

执行，亦称民事强制执行，是指执行机关依据执行根据，依照法定程序，运用国家强制力，强制债务人履行生效法律文书所确定的义务，实现债权人民事权利的行为。

执行具有如下特征：①执行由国家执行机关进行。执行须由国家授权的机关进行，在我国，民事执行机关是人民法院。②执行以执行根据为依据。民事执行机关的执行活动必须以生效的法律文书为依据展开。③执行是国家执行机关行使公权力的强制行为。执行机关实施强制措施，迫使债务人履行义务。强制执行是民事执行的本质属性。④执行是实现生效法律文书确定的私权的行为。执行机关实施强制措施，将生效法律文书中确定的债权人的权利转化为实有的权利。⑤执行必须依照法律规定的程序和方式进行。民事执行机关的执行行为必须受执行程序的约束，才能保证执行权力的规范行使。

二、执行程序与审判程序的关系

执行程序，是指执行机构、申请执行人、被申请执行人以及协助执行人在执行活动中应当遵循的原则、制度、方式等具体规定。

执行程序与审判程序都是以国家公权力为基础的实现民事诉讼法任务的法定程序，两者具有一定的联系，但两者的权力基础、特征和内容等有所不同。

（一）执行程序与审判程序的联系

1. 两种程序的运作都以国家公权力为基础，通过国家公权力保护当事人的合法权利。

2. 审判程序是执行程序的前提和基础，执行程序是审判程序的继续和完成。审判程序是解决民事纠纷的程序，法院通过审判，用调解或判决的形式确定当事人之间争议的权利义务关系。执行程序是实现权利的程序，如果当事人不履行生效法律文书确定的义务，法院可采取强制执行措施，实现已被审判程序确定的权利义务关系。

3. 两者存有交叉关系。例如，执行程序中的案外人异议制度，要适用审判程序的有关规定；审判程序中的财产保全和先予执行，要适用执行程序的有关规定。

（二）执行程序与审判程序的区别

1. 两者的权力基础不同。执行程序是以国家执行权为基础的法定程序，而审判程序是以国家审判权为基础的法定程序。

2. 纠纷的解决对两者的需求不同。执行程序不是民事诉讼的必经程序，而审判程序是民事诉讼的必经程序。

3. 两者的功能不同。执行程序的功能是实现生效法律文书确定的债权人的权利，而审判程序的功能是确定当事人之间争议的民事权利义务关系。

4. 程序制度内容的构成不同。执行程序是由多种执行方式和执行措施构成的单一的程序，而审判程序是由一审、二审和再审等多种程序构成的复合程序。

5. 执行机构的执行依据不以审判机关制作的生效法律文书为限，除了法院制作的生效裁判之外，还包括其他机构制作的生效法律文书，如仲裁机构的裁决、公证机关依法赋予强制执行效力的债权文书和行政机关可以申请法院强制执行的行政处罚决定等。

三、执行的分类

依据不同的标准，民事执行可分为不同的种类。

（一）终局执行与保全执行

以执行的结果为分类标准，执行可分为终局执行和保全执行。终局执行是指执行债权人的权利获得最终实现的执行。如执行机关根据确定的给付判决，强制债务人履行给付债务的义务，将所欠债款偿还给债权人。保全执行是指暂时维持债务人财产现状，以保证将来判决得到顺利执行。[1] 上述两种执行行为所要达到的效果不同，终局执行以最终实现权利人权利为目的，而保全执行以保证将来终局执行为目的，为终局执行提供必要的保障。

---

〔1〕 如执行机关根据财产保全的裁定，对债务人的财产予以查封，限制该债务人处分该财产。

（二）金钱债权执行与非金钱债权执行

以执行的债权为分类标准，执行可分为金钱债权执行与非金钱债权执行。金钱债权执行是指以金钱为给付内容的执行，也称金钱执行。非金钱债权执行是指不以金钱为给付内容的执行，也称非金钱执行。根据非金钱债权内容的不同，又可分为物的交付执行与行为的执行两种。由于上述两种执行行为所实现的权利性质不同，金钱债权执行与非金钱债权执行二者执行的标的有所区别。金钱债权执行的执行标的是财产，而非金钱债权执行的执行标的包括财产和行为。金钱债权执行与非金钱债权执行二者因实现的权利性质不同，执行方法也不同。

（三）直接执行、间接执行与替代执行

以执行的方法为分类标准，执行可分为直接执行、间接执行与替代执行。直接执行是指执行机关的执行行为直接针对执行标的进行，以实现债权人的权利的执行。如执行机关对作为执行标的的债务人的财产实施查封、拍卖等执行措施，并以拍卖所得的价款满足债权人的债权。间接执行是指执行机关的执行行为不直接针对执行标的进行，而是给予债务人一定的处罚，以迫使债务人履行义务的执行。如对债务人实施罚款、拘留等强制措施，以威慑债务人，迫使其履行义务。替代执行是指执行机关委托第三人替代债务人履行义务，而由债务人负担由此产生的费用的执行。在债务人拒绝履行义务，而执行标的为可替代执行的行为时，可采用替代执行的方法。

（四）对财产执行与对行为执行

依执行标的的性质不同，执行可分为对财产执行与对行为执行。对财产执行是指以债务人的财产作为执行标的，要求债务人给付金钱或支付标的物的执行。如强制债务人以给付金钱的方式赔偿损失、强制债务人退出侵占的房屋等。对行为执行是指以债务人的行为为执行标的，强制债务人履行某种义务的执行。对财产的执行，执行机关可以对执行标的采取直接的执行措施；而对行为的执行，执行机关一般采取间接的执行措施，或者通过替代执行的方法实施执行。

（五）一般执行与个别执行

依执行债务人财产范围为标准，执行可分为一般执行与个别执行。一般执行是指债务人的财产不能清偿所有债权时，为实现全体债权人的债权，对债务人的全部财产进行的执行，如破产程序中实施的执行。个别执行是指为满足或保全个别人的债权，对债务人的个别财产进行的执行。通常意义上的执行是指个别执行。

四、执行程序的立法体例

执行程序的立法体例，从世界范围看，有四种形式：①将执行程序的内容规定在民事诉讼法典中，如德国。②将执行程序的内容规定在破产法中，如瑞士、土耳其。③将执行程序的内容分别规定在其他法律中，如美国、意大利。④制定独立的民事执行法典，如日本、法国、奥地利和我国台湾地区。

我国目前在民事执行立法方面采用的是第一种体例，但是在《中共中央关于全面推进依法治国若干重大问题的决定》中已明确指出，将制定单独的强制执行法。

《民事诉讼法》第三编对执行作了专门规定，共34条。为了指导司法实践，最高人民法院颁布了一系列司法解释，以满足执行实践的需要。如《民诉法解释》《执行规定》《委托执行规定》《缓执规定》《查封、扣押、冻结规定》《拍卖规定》《执行公开规定》《执行程序若干解释》等。

■第二节　执行的原则

执行的原则是指导法院、执行当事人以及协助执行人在执行活动中的基本准则，它贯穿于执行活动的整个过程。我国民事诉讼法和强制执行法律都没有对执行原则作出规定，学者对执行原则的认识也各不相同。学理界探讨研究的执行原则主要如下：①强制执行与说服教育相结合原则；②全面保护当事人利益原则；③迅速及时原则；④民事执行权由法院独立行使原则；⑤申请执行与法院依职权相结合原则；⑥法院执行与协助执行相结合原则；⑦执行标的有限原则；⑧依法执行原则；⑨立执兼顾与审执配合原则；⑩执行当事人地位不平等原则；⑪正确处理执行工作与社会安定关系原则。

作为执行的基本原则，应依据执行的基本理论和该原则对执行活动的指导作用进行判断。据此，执行的基本原则包括以下几项：

一、执行合法原则

执行合法原则，是指执行机构在执行活动中必须以生效法律文书为依据，并且依照法定程序和方式进行。该原则要求执行机构的执行活动既要符合实体法，又要符合程序法。该原则包括以下三层含义：①生效法律文书对执行活动有约束作用。执行活动应当围绕生效法律文书展开，不能逾越生效法律文书确定的权利义务关系。②执行程序的启动方式对执行的开始具有决定作用。执行必须严格按照法定的方式启动。③执行程序对执行活动有制约作用。执行机关的执行活动必须依照法定程序进行，才能体现国家公权力的作用，保护当事人的合法权益。

二、执行标的有限原则

执行标的，亦称执行对象，是指执行活动指向的对象。执行标的有限原则，是指执行机关在执行中所针对的执行对象必须限制在法律规定的范围内，不能超越法律规定的执行范围。该原则包括以下两方面内容：①执行标的限于被执行人的财产和行为。被执行人的人身不得作为执行对象，不得以羁押人身的方式迫使或者代替被执行人履行义务。②执行被执行人的财产应限于一定的范围内。在执行中，应适当保护被执行人的利益，被执行人及其所供养家属的生活必需费用和物品不得作为执行对象。

三、全面保护当事人合法权益原则

全面保护当事人合法权益原则，是指在执行中不仅要保护债权人的合法权益，实现债权人的权利，也要保护债务人的合法权益，保证债务人能够维持其正常的生产与生活。该原则要求：①在执行根据的范围内保护债权人的合法权益；②维持债务人正常生产与生活的费用和物品不得执行，以保护债务人的合法权益；③对债务人财产采取强制措施时，应严格依照执行程序进行，如拍卖、变卖债务人的财产时，要依法进行。

四、执行及时原则

执行及时原则，是指执行案件立案后，执行机关应依法定程序及时采取执行措施，实现生效法律文书确定的债权人的债权。执行程序的任务是实现债权人的债权，因而执行效率是执行程序的重要价值目标。在执行中，要尽量缩短办案周期，迅速实现债权人的权利。执行及时原则要求：①对符合规定的执行案件应及时立案；②在执行中，严格遵守执行期限的规定，连续、不间断地实施各项执行行为，非依法律规定，不得停止执行；③在法定的执行期限内，完成执行行为。

五、法院执行与协助执行相结合原则

对于"协助执行"原则能否作为执行的基本原则，学界存在不同的认识，有学者认为，该原则仅适用于执行程序的某一阶段。[1]但该原则对保证执行活动的完成具有重要作用，有利于发挥各方面的力量协助法院执行，加大协助执行的力度是法院执行工作的重点。"协助执行"原则在执行中占据重要地位，有必要将其确立为执行的基本原则。

法院执行与协助执行相结合原则，是指在执行机关实施执行行为的同时，发挥社会各界的力量协助法院的执行活动，保证执行工作及时顺利完成。执行行为由执行机关实施，有关单位和个人负有协助执行的义务。为更有力地促使当事人履行义务，2007年修改的《民事诉讼法》加大了协助执行的力度。如被执行人不履行法律文书确定的义务，法院可以通知有关单位限制其出境，也可以在征信系统记录被执行人不履行义务的情况，同时可以通过媒体公布不履行义务人的信息。[2]协助执行原则对"执行难"问题的解决具有重要作用。执行难是一个复杂的社会问题，单靠法院自身无法有效解决，需要各有关部门密切协作，综合治理。

【本章小结】

1. 本章介绍了关于执行程序的一般理论，包括执行的概念、特征、执行程序与审判程序的关系、执行的分类和执行的原则。

2. 执行的目的是实现债权人的权利，执行活动是围绕此目的展开的，执行的法定性、强

---

〔1〕 参见江伟主编：《民事诉讼法》，高等教育出版社2004年版，第450页。

〔2〕 《民事诉讼法》第255条规定："被执行人不履行法律文书确定的义务的，人民法院可以对其采取或者通知有关单位协助采取限制出境，在征信系统记录、通过媒体公布不履行义务信息以及法律规定的其他措施。"

制性和独立性等特征能够保证执行目的的实现。

3. 执行程序在民事诉讼中具有承上启下的作用，执行程序与审判程序关系密切，两者都是以国家公权力为基础来实现民事诉讼法任务的程序，但两者的权力基础、特征和内容等有所不同。

4. 依据执行的结果、方法等标准对执行进行分类，把握执行的特性，为科学合理地采用执行措施提供基础性保障。

5. 执行的基本原则是指导执行主体参与执行活动的基本准则。执行合法原则，使执行不偏离法定程序的要求；执行标的有限原则，使执行标的限制在法律规定的范围内；全面保护当事人合法权益原则，在保护债权人权利的同时，兼顾债务人的合法利益；执行及时原则，保障执行效率价值的实现；法院执行与协助执行相结合原则，发挥执行联动机制，有效地解决执行难问题。

【思考题】

1. 简述执行的含义及其特点。
2. 如何理解执行程序与审判程序的关系？
3. 简述执行合法原则。
4. 简述全面保护当事人合法权益原则。
5. 简述执行标的有限原则。

【参考文献】

1. 杨与龄编著：《强制执行法论》，中国政法大学出版社 2002 年版。
2. 谭秋桂：《民事执行原理研究》，中国法制出版社 2001 年版。
3. 沈达明编著：《比较强制执行法初论》，对外贸易教育出版社 1994 年版。
4. 常怡、崔婕："完善民事强制执行立法若干问题研究"，载《中国法学》2000 年第 1 期。

第三十章

执行程序的一般规定

学习目的和要求　了解执行机构的设置与组成；掌握执行管辖的种类、执行根据的概念和类型；理解程序救济和实体救济的概念、条件和程序；把握执行担保的概念和执行承担的情形；理解委托执行概念、条件，协助执行的类型，执行和解、执行回转的概念和条件；明确执行监督的作用。

■第一节　执行机构

一、执行机构的设置

执行机构，是指行使国家民事执行权、负责实施民事执行工作的职能组织。

各国在设置执行机构时，都以其法定的职能和职责为重要内容。但在机构设置的形式上各有特色，有的设在法院，有的与行政机关合一，个别国家还设立了专门、独立的执行机关。我国的执行机构设在法院内部。

审执分立是各国在设置执行机构时普遍采用的原则，即执行机构与审判机构分立，由专门的执行机构负责案件的执行。我国执行机构的设置经历了审执分立——审执合———审执分立的不同阶段。20 世纪 50 年代，根据 1954 年《人民法院组织法》的规定，法院的执行工作与审判工作是分开并独立进行的。但从 1957 年后，在法律虚无主义的影响下，由审执分立改为审执合一。1979 年通过的《人民法院组织法》第 41 条第 1 款规定："地方各级人民法院设执行员，办理民事案件判决和裁定的执行事项，办理刑事案件判决和裁定中关于财产部分的执行事项。"1982 年《民事诉讼法（试行）》第 163 条第 1 款规定："执行工作由执行员、书记员进行；重大执行措施，应当有司法警察参加。"1991 年《民事诉讼法》第 209 条第 3 款规定："基层人民法院、中级人民法院根据需要，可以设立执行机构。……"根据这些规定以及审执分立的要求，20 世纪 90 年代，各基层法院和中级人民法院都设立了执行机构，近年来，根据执行工作的需要，各高级法院也相继设立了执行机构，最高人民法院设立了执行办公室，协调、指导和监督下级法院的执行工作。但是，上述规定并没有赋予最高人民法院和高级人民法院设立执行机构的权力，它们设立执行机构缺乏法律依据。为了完善执行机构的设立，并考虑执行工作的实际需求，对执行工作进行指导和监督，2007 年修改的《民事诉讼法》对 1991 年《民事诉讼法》第 209 条作了修改，该法第 205 条第 3 款规定："人民法院根据需要可以设立执行机构。"依照该规定，无论是哪一级法院，均可以根据需要设立执行机构，同时，该条规定与该法第 203 条变更执行的规定相衔接，[1]有利于执行工作的统一部署和整体管理。

二、执行机构的组成人员

根据我国法律规定，执行机构由执行员、书记员和司法警察组成。执行机构的组成人员在执行中根据其职责实施执行行为，完成执行工作。其中，执行员是执行机构的主要组成人员，负责执行工作的具体实施，采取强制执行措施；书记员负责制作执行笔录并协助执行员办理有关执行事项；司法警察负责维持执行秩序，保障执行工作的顺利进行。

三、执行机构的职能与职责

《民事诉讼法》和《执行规定》对各级人民法院执行机构的职责作了规定。根据执行机构的职责，其职能可划分为执行实施、执行命令、执行裁判、执行监督、执行协调等几个方面。但是，不同级别人民法院执行机构的具体职能有所不同。

（一）地方各级人民法院执行机构的职能与职责[2]

地方各级人民法院执行机构的职能与职责包括三个方面：执行命令、执行实施和执行裁判。执行命令是指责令被执行人、协助执行人以及其他有关人员履行法定义务；执行实施是指采取强制性的执行措施迫使被执行人履行实体义务；执行裁判是对在民事执行程序中发生的争议和纠纷进行裁断与判定。

地方各级人民法院执行机构的职能与职责包括：①依法执行生效法律文书，包括法院制作的各种生效法律文书以及其他机关制作的依法应当由民事执行机构执行的各种生效法律文书；②对仲裁裁决、公证债权文书是否具有不予执行的情形进行审查、裁定；③对仲裁机构提交法院的财产保全和证据保全申请进行审查和裁定；④对变更和追加执行债务人进行审查、裁定；⑤对案外人异议进行审查、裁定；⑥对第三人到期债权的异议进行审查、裁定；⑦中止和终结执行的裁定；⑧对实施妨害民事执行行为的人采取强制措施的审查、决定；⑨其他应由执行机构办理的事项。

（二）上级人民法院执行机构的职能与职责

上级人民法院执行机构负责本院对下级人民法院执行工作的监督、指导和协调。[3]因而中级以上人民法院执行机构除了具有执行命令、执行实施、执行裁判职

---

〔1〕 2007 年修正的《民事诉讼法》第 203 条规定："人民法院自收到申请执行书之日起超过 6 个月未执行的，申请执行人可以向上一级人民法院申请执行。上一级人民法院经审查，可以责令原人民法院在一定期限内执行，也可以决定由本院执行或者指令其他人民法院执行。"

〔2〕 宋朝武主编：《民事诉讼法学》，厦门大学出版社 2007 年版，第 419 ~ 420 页。

〔3〕 参见《执行规定》第 9 条。

能与职责外，还具有执行监督、执行指导、执行协调的职能与职责。

1. 执行监督。执行监督的内容将在本章第八节作详细阐述，此处不再赘述。

2. 执行协调。执行协调，是指上级人民法院执行机构对下级人民法院执行机构之间在执行工作中发生的争议进行协调处理。上级人民法院执行机构的协调职能主要包括：

（1）两个或两个以上法院在执行相关案件中发生争议的，应当协商解决。协商不成的，逐级报请上级人民法院，直至报请共同的上级人民法院协调处理。执行争议经高级人民法院协商不成的，由有关高级人民法院书面报请最高人民法院协调处理。

（2）执行中，发现两地人民法院或人民法院与仲裁机构就同一法律关系作出不同裁判内容的法律文书的，各有关执行机关应当立即停止执行，报请共同的上级人民法院处理。

（3）上级人民法院协调处理有关执行争议案件，认为必要的，可以决定将有关款项划到本院指定的账户。

（4）上级人民法院协调下级人民法院之间的执行争议作出的处理决定，有关人民法院必须执行。

■第二节　执行管辖

一、执行管辖的概念

执行管辖，是指法院系统内部确定各级人民法院之间以及同级人民法院之间受理执行案件的分工和权限。执行管辖和诉讼管辖都涉及人民法院受理民事案件的分工和权限问题，但执行管辖是确定生效法律文书应由哪些人民法院执行，而诉讼管辖是确定民事案件应由哪些人民法院审理。

二、执行管辖的种类

根据执行根据的法律文书和案件的性质不同，执行管辖也有所不同。我国现行的执行管辖可以分为级别管辖、普通管辖、共同管辖、选择管辖、移送管辖和变更管辖。

（一）级别管辖

级别管辖，是指上下级人民法院之间受理执行案件的分工和权限。根据《民事诉讼法》和《执行规定》的规定，各级人民法院管辖的执行案件包括：

1. 基层人民法院管辖的执行案件。

（1）基层人民法院作为第一审法院的执行案件。

（2）一般的国内仲裁裁决、公证债权文书的执行案件，其标的额在当地基层人民法院受理范围内的，由基层人民法院执行。

（3）国内仲裁中财产保全和证据保全的执行案件。该类案件由被申请人住所地或被申请保全的财产所在地的基层人民法院执行。

（4）一般的行政执行案件。行政机关申请法院强制执行的案件，除法律或者司法解释明确规定由中级人民法院执行的以外，均由被执行人的住所地或者被执行财产所在地的基层人民法院执行。

2. 中级人民法院管辖的执行案件。

（1）中级人民法院作为第一审法院的执行案件。

（2）国内仲裁裁决、公证债权文书的执行案件，其标的额达到当地中级人民法院受理诉讼案件标准的，由中级人民法院执行。

（3）涉外仲裁裁决的执行案件以及涉外仲裁中财产保全和证据保全的执行案件。在涉外仲裁中，当事人申请财产保全的，由仲裁机构提交被申请人住所地或被申请保全的财产所在地中级人民法院执行；申请证据保全的，由证据所在地中级人民法院执行。

（4）专利管理机关依法作出的处理决定和处罚决定的执行案件。该执行案件由债务人住所地或财产所在地的省、自治区、直辖市有权受理专利纠纷案件的中级人民法院执行。

（5）国务院各部门、各省、自治区、直辖市人民政府和海关依照法律、法规作出的处理决定和处罚决定的执行案件。上述行政机关作出的处理决定和处罚决定，由债务人住所地和财产所在地的中级人民法院执行。

3. 高级人民法院管辖的执行案件。

（1）高级人民法院作为第一审法院的执行案件。

（2）高级人民法院提级执行的案件，包括：①上级人民法院指令下级人民法院限期执结而逾期未执结，需要提级执行的；②上级人民法院报请高级人民法院提级执行，高级人民法院认为应当提级执行的；③疑难、重大和复杂的案件，高级人民法院认为应当提级执行的案件；④高级人民法院函示提级执行的案件。

（二）普通管辖

普通管辖，是指同一级别的人民法院执行机构受理执行案件的分工与权限。

1. 第一审人民法院或者与其同级的被执行财产所在地人民法院管辖。《民事诉讼法》第 224 条第 1 款规定："发生法律效力的民事判决、裁定，以及刑事判决、裁定中的财产部分，由第一审人民法院或者与第一审人民法院同级的被执行的财产所在地人民法院执行。"

2007 年修订的《民事诉讼法》增加了与第一审法院同级的被执行的财产所在地法院执行的条款。[1]《执行程序若干解释》第 1 条规定："申请执行人向被执行的财

---

〔1〕　1991 年《民事诉讼法》第 207 条第 1 款规定："发生法律效力的民事判决、裁定，以及刑事判决、裁定中的财产部分，由第一审人民法院执行。"2007 年修订的《民事诉讼法》第 201 条第 1 款规定："发生法律效力的民事判决、裁定，以及刑事判决、裁定中的财产部分，由第一审人民法院或者与第一审人民法院同级的被执行的财产所在地人民法院执行。"

产所在地人民法院申请执行的，应当提供该人民法院辖区有可供执行财产的证明材料。"该解释规定使被执行人的财产所在地人民法院执行案件具有了可操作性。《民事诉讼法》在规定执行地域管辖方面，将方便裁判的执行和节约执行成本作为重要考量因素。在执行实践中，有些案件的被执行人的财产不在第一审法院所在地，执行法院到异地执行较为困难；虽然该类案件可委托执行，但委托执行的案件仍为原一审法院的案件，受托法院往往不认真办理，致使委托执行的案件积压严重。而由被执行财产所在地法院执行，既有利于生效法律文书的及时执行，实现债权人的债权，又有利于节约执行成本，提高执行的效率。

2. 债务人住所地或者被执行的财产所在地法院管辖。《民事诉讼法》第 224 条第 2 款规定："法律规定由人民法院执行的其他法律文书，由被执行人住所地或者被执行的财产所在地人民法院执行。"此处的"其他法律文书"主要包括：①仲裁裁决书；②仲裁中的财产保全裁定；③公证机关赋予强制执行效力的公证债权文书；④行政机关申请执行的处理决定和处罚决定文书；等等。上述法律文书由债务人住所地或者被执行的财产所在地法院执行。

3. 特殊案件的管辖。《民诉法解释》第 462 条规定："发生法律效力的实现担保物权裁定、确认调解协议裁定、支付令，由作出裁定、支付令的人民法院或者与其同级的被执行财产所在地的人民法院执行。认定财产无主的判决，由作出判决的人民法院将无主财产收归国家或者集体所有。"

（三）共同管辖与选择管辖

共同管辖，是指两个以上人民法院对同一个执行案件均具有管辖权。根据《执行规定》第 15 条的规定，两个以上人民法院都有管辖权的，当事人可以向其中一个人民法院申请执行；当事人向两个以上人民法院申请执行的，由最先立案的人民法院管辖。

选择管辖，是指对同一案件两个以上人民法院都有管辖权，当事人可以选择其中一个人民法院起诉。接受申请的法院取得对执行案件的管辖权，其他法院不得再管辖该案件。根据《执行程序若干解释》第 2 条的规定："对两个以上人民法院都有管辖权的执行案件，人民法院在立案前发现其他有管辖权的人民法院已经立案的，不得重复立案。立案后发现其他有管辖权的人民法院已经立案的，应当撤销案件；已经采取执行措施的，应当将控制的财产交先立案的执行法院处理。"

（四）移送管辖

移送管辖，是指人民法院发现受理的执行案件不属于本法院管辖的，应当移送到有管辖权的法院执行，受移送的法院应当执行，且不得再行移送。如果受移送的法院认为执行案件依法不属于本院管辖的，应当报请上级人民法院指定管辖。

（五）指定管辖

指定管辖，是指人民法院因执行管辖发生争议时，争议双方无法协商解决的，由上级人民法院指定某一法院为管辖法院。因管辖权发生争议有两种情形：①两个法院都主张执行案件的管辖权而发生争议；②两个法院都推诿执行案件管辖权而发生争议。因管辖权发生争议的，首先由争议双方协商解决，协商不成的，再由其共同上级法院指定管辖。

《执行程序若干解释》第 4 条规定："对人民法院采取财产保全措施的案件，申请执行人向采取保全措施的人民法院以外的其他有管辖权的人民法院申请执行的，采取保全措施的人民法院应当将保全的财产交执行法院处理。"

（六）管辖权的转移

管辖权的转移，是指对执行案件有管辖权的法院因特殊情况需要上级人民法院执行的，可以报请上级人民法院执行。上级人民法院对下级人民法院管辖的执行案件，在特殊情形下可以提级执行。

（七）管辖权异议

《执行程序若干解释》第 3 条规定："人民法院受理执行申请后，当事人对管辖权有异议的，应当自收到执行通知书之日起 10 日内提出。人民法院对当事人提出的异议，应当审查。异议成立的，应当撤销执行案件，并告知当事人向有管辖权的人民法院申请执行；异议不成立的，裁定驳回。当事人对裁定不服的，可以向上一级人民法院申请复议。管辖权异议审查和复议期间，不停止执行。"

■第三节 执行根据

一、执行根据的概念和条件

执行根据，是指执行机构据以执行的法律文书。执行根据须具备以下四个条件：①须由法定机关制作。包括法院和其他机关制作的法律文书。②须是已经生效的法律文书。③权利义务主体明确。④给付内容明确。法律文书确定继续履行合同的，应当明确继续履行的具体内容。

二、执行根据的种类

根据法律文书制作的主体不同，执行根据可分为两种类型：①法院制作的法律文书；②其他机关制作的法律文书。

1. 人民法院制作的法律文书。包括：①法院制作的发生法律效力的、具有给付内容的民事判决书、裁定书、调解书、支付令和民事制裁决定书；②法院制作的生效的行政判决书、裁定书以及行政赔偿调解书；③法院制作的生效的刑事判决书、裁定书中的财产部分以及刑事附带民事判决书、裁定书和调解书；④法院制作的承认和执行外国法院判决或仲裁机构裁决的裁定书。

2. 其他机关制作的发生法律效力的法律文书。包括：①行政机关制作的依法应当由法院执行的行政处罚决定书和行政处理决定书；②我国仲裁机构作出的仲裁裁决书、调解书；③公证机关制作的依法赋予强制执行效力的关于追偿债款、物品的债权文书；④法律规定由法院执行的其他法律文书。

■第四节　执行异议

1991 年《民事诉讼法》规定了两种执行救济制度：①执行异议；②执行回转。从内容上看，这两种执行救济制度都属于实体上的救济，而没有规定程序上的执行救济制度。实践中，当事人和利害关系人对违法执行行为的救济只能通过申诉、信访等渠道向法院反映问题。因为法律规定缺失，无法指导司法实践，致使当事人和利害关系人的合法权益难以得到有效的保障。为了充分保护当事人和利害关系人的合法权益，规范人民法院的执行行为，保障生效法律文书的依法执行，民事诉讼法应当明确赋予当事人、利害关系人对违法执行行为提出异议的权利，建立程序性执行救济制度。2007 年修订的《民事诉讼法》增加了程序性救济制度，并对原有的执行异议（案外人异议）制度进行了改造。

一、当事人、利害关系人的执行异议

（一）执行异议的概念

执行异议，又称对违法执行行为的异议，是指在执行过程中，执行当事人或利害关系人认为执行机构的不当或违法执行行为损害了自己的合法权益，要求执行机构排除违法执行行为、保护其程序利益的一种法律制度。

执行异议是法律赋予当事人的一种程序性救济手段，程序性救济是对违法或不当实施的执行行为产生危害而提出的救济。2007 年修订的《民事诉讼法》增加了对违法执行行为的异议制度的规定，赋予了当事人、利害关系人对异议不服向上一级法院申请复议的权利，弥补了民事诉讼法中程序性执行救济方面的空白。《民事诉讼法》第 225 条规定："当事人、利害关系人认为执行行为违反法律规定的，可以向负责执行的人民法院提出书面异议。当事人、利害关系人提出书面异议的，人民法院应当自收到书面异议之日起 15 日内审查，理由成立的，裁定撤销或者改正；理由不成立的，裁定驳回。当事人、利害关系人对裁定不服的，可以自裁定送达之日起 10 日内向上一级人民法院申请复议。"

（二）执行异议的条件

1. 提出异议的时间须在执行过程中。执行机构的违法或不当执行行为只能发生在执行程序中，不可能发生在执行开始前或执行终结后。

2. 提出异议的主体是当事人或利害关系人。当事人是指执行当事人，即申请执行人和被申请执行人。利害关系人是指除执行当事人以外，因执行机关的执行行为而受到侵害的人。在执行中，当事人或利害关系人有权对执行机关违法或不当执行行为提出异议，因为执行违法行为给他们的合法权益造成了损害。

3. 提出异议的理由须针对执行机关违法或不当实施的执行行为提出。违法、不当的执行行为既可能侵害执行债务人的合法权益，也可能侵害执行债权人的合法权益。例如，执行法院违反法定程序，不应开始而错误开始执行，或者应当开始执行

而不开始执行，此时，执行债务人与执行债权人可以请求救济。执行行为也可能侵害案外人的合法权益，如误对案外人的财产进行查封，案外人作为利害关系人也有权请求救济。

4. 须以书面形式提出异议。

（三）对执行异议的审查和处理

1. 当事人、利害关系人提出书面异议的，执行法院应当自收到书面异议之日起15日内审查。经审查，发现执行法院的执行行为违反法律规定的，裁定撤销已执行的执行行为；执行行为不当的，纠正不当的执行行为。经审查，认为执行法院的执行行为没有违反法律规定或不属于不当执行，裁定驳回异议。

2. 当事人、利害关系人对裁定不服的，可以向上一级人民法院申请复议。复议的期限为自裁定送达之日起10日内。当事人、利害关系人申请复议的书面材料，可以通过执行法院转交，也可以直接向执行法院的上一级人民法院提交。执行法院收到复议申请后，应当在5日内将复议所需的案卷材料报送上一级人民法院；上一级人民法院收到复议申请后，应当通知执行法院在5日内报送复议所需的案卷材料。

3. 上一级人民法院对当事人、利害关系人的复议申请，应当组成合议庭进行审查，并自收到复议申请之日起30日内审查完毕，作出裁定。

4. 对于执行迟延异议，上级人民法院可以根据申请执行人的申请，责令执行法院限期或者变更执行法院。

5. 在执行异议审查和复议期间，不停止执行。被执行人、利害关系人提供充分、有效的担保，请求停止相应处分措施的，人民法院可以准许；申请执行人提供充分、有效的担保，请求继续执行的，应当继续执行。

二、案外人异议

（一）案外人执行异议的概念

案外人异议，是指在执行过程中，案外人对执行标的提出不同的意见，并主张全部或部分权利的一种法律制度。所谓案外人，是指本案当事人以外的第三人。案外人通过提出异议，主张自己对执行标的具有民事实体权利，维护自己的合法权益。案外人异议是为案外人提供实体救济的重要手段，实体救济是针对执行名义本身存在私权纠纷而提出的救济。

实践中，案外人提出异议主要有以下三种情形：①对生效判决、裁定指向的执行标的的权利归属有异议；②对判决、裁定并未涉及但在执行过程中被作为执行标的予以执行而提出异议；③认为执行行为影响了自己对执行标的的物的使用权而提出异议。[1]

《民事诉讼法》第227条规定："执行过程中，案外人对执行标的提出书面异议

---

〔1〕 全国人大常委会法制工作委员会民法室编：《〈中华人民共和国民事诉讼法〉条文说明、立法理由及相关规定》，北京大学出版社2007年版，第407页。

的，人民法院应当自收到书面异议之日起 15 日内审查，理由成立的，裁定中止对该标的的执行；理由不成立的，裁定驳回。案外人、当事人对裁定不服，认为原判决、裁定错误的，依照审判监督程序办理；与原判决、裁定无关的，可以自裁定送达之日起 15 日内向人民法院提起诉讼。"

　　1991 年《民事诉讼法》第 208 条规定："执行过程中，案外人对执行标的提出异议的，执行员应当按照法定程序进行审查。理由不成立的，予以驳回；理由成立的，由院长批准中止执行。如果发现判决、裁定确有错误，按照审判监督程序处理。"案外人异议的实质是对执行标的的归属发生争议，法院审查案外人异议涉及对该争议的处理，在处理中，可能因错误或违法执行损害案外人或当事人的合法权利，所以应当赋予了案外人相应的救济手段，而 1991 年《民事诉讼法》中的案外人异议制度对此却没有作出规定。原制度存有以下缺陷：①原案外人异议制度没有包括案外人异议的全部情形，对一些不涉及原判决、裁定的案外人异议权利，没有相应的救济程序予以保护；②原案外人异议制度中"法定程序"的具体内容没有明确规定，致使案外人执行异议权的实现缺乏相应的程序保障；③由执行员对异议进行审查，违背诉权的基本理论及审判权与执行权分立的原则；④原案外人异议制度没有赋予案外人提出异议之诉的权利。

　　《民事诉讼法》第 227 条规定的案外人异议制度，明确赋予了案外人提起异议之诉的权利，并将异议之诉的审查主体由"执行员"改为"人民法院"，规定了法院审查书面异议的期限，取消了院长对中止执行的批准权限，为案外人的异议救济权提供了相应的程序保障。该制度区分案外人异议的不同情况，分别作出不同的处理。在案外人、当事人对法院的初步审查有异议的情况下，仍可寻求其他救济途径，如异议与原判决、裁定有关的，按照审判监督程序办理；如异议与原判决、裁定无关的，案外人、当事人可以向法院提起诉讼，通过审判程序寻求救济。

　　（二）案外人执行异议的条件

　　根据《民事诉讼法》第 227 条、《民诉法解释》第 464 条的规定，案外人提出执行异议须符合以下四个条件：

　　1. 异议的时间。案外人异议应当在该执行标的的执行程序终结前提出。

　　2. 异议的主体。有权提出案外人异议的主体是案外人。在执行中，执行当事人对执行标的提出的不同意见，不能称为案外人异议。

　　3. 异议的理由。案外人异议的理由须针对执行标的本身，即案外人对执行标的主张所有权或者有其他足以阻止执行标的转让、交付的实体权利。因此，案外人异议为案外人提供的是一种实体救济权利。案外人对执行程序提出的异议，不属于案外人异议。

　　4. 异议的形式。案外人异议应以书面形式提出，并提供相应的证据。案外人书写确有困难的，可以提出口头异议，由人民法院记录在案。

（三）案外人执行异议的审查和处理

1. 执行法院依法对案外人异议是否成立进行审查，期限为 15 日。在审查期间，可以对财产采取查封、扣押、冻结等保全措施，但不得进行处分，正在实施的处分措施应当停止。经审查，按照下列情形分别处理：

（1）案外人对执行标的不享有足以排除强制执行的权益的，裁定驳回其异议。

（2）案外人对执行标的享有足以排除强制执行的权益的，裁定中止执行。驳回案外人执行异议的裁定送达案外人之日起 15 日内，法院不得对执行标的进行处分。

2. 案外人、当事人对异议裁定不服，认为原判决、裁定错误的，依照审判监督程序处理。对需要再审的案件，应作出终止执行的裁定。在再审中，应通知案外人参加诉讼，案外人也有权申请参加诉讼。

3. 案外人、当事人认为异议与原判决、裁定无关的，可以自裁定送达之日起 15 日内向人民法院提起诉讼。

（四）案外人执行异议之诉

根据《民事诉讼法》第 227 条的规定，案外人对执行法院驳回异议的裁定不服，认为异议与原判决、裁定无关的，可向人民法院提起异议之诉。即案外人提起异议之前须向执行法院就执行标的提出书面异议，执行法院对异议的审查是案外人提起异议之诉的前置程序。《民诉法解释》对案外人异议之诉作了规定：

1. 案外人执行异议之诉的条件。

（1）案外人的执行异议申请已经被人民法院裁定驳回；

（2）有明确的排除对执行标的的执行的诉讼请求，且诉讼请求与原判决、裁定无关；

（3）自执行异议裁定送达之日起 15 日内提起。

人民法院应当在收到起诉状之日起 15 日内决定是否立案。

2. 案外人执行异议之诉的主体。案外人提起诉讼，对执行标的主张实体权利并请求对执行标的停止执行的，应当以申请执行人为被告；被执行人反对案外人对执行标的的所主张的实体权利的，应当以申请执行人和被执行人为共同被告。被执行人不反对案外人异议的，可以列被执行人为第三人。

3. 案外人执行异议之诉的管辖。案外人提起异议之诉的，由执行法院管辖。

4. 案外人执行异议之诉的举证责任分配。案外人或者申请执行人提起执行异议之诉的，案外人应当就其对执行标的的享有足以排除强制执行的民事权益承担举证证明责任。

5. 案外人执行异议之诉的效力对执行程序的影响。案外人执行异议之诉审理期间，人民法院不得对执行标的进行处分。申请执行人请求人民法院继续执行并提供相应担保的，人民法院可以准许。

被执行人与案外人恶意串通，通过执行异议、执行异议之诉妨害执行的，人民法院应当根据情节轻重予以罚款、拘留；构成犯罪的，依法追究刑事责任。申请执

第三十章

行人因此受到损害的，可以提起诉讼，要求被执行人、案外人赔偿。

6. 案外人执行异议之诉的审理和裁判。案外人提起诉讼的，执行法院应当依照普通程序审理。经审理，按照下列情形分别处理：

（1）案外人就执行标的享有足以排除强制执行的民事权益的，判决不得执行该执行标的；

（2）案外人就执行标的不享有足以排除强制执行的民事权益的，判决驳回诉讼请求。

案外人同时提出确认其权利的诉讼请求的，人民法院可以在判决中一并作出裁判。

7. 执行异议裁定失效。人民法院判决不得对执行标的的执行的，执行异议裁定失效。

三、申请执行人异议之诉

申请执行人异议之诉，是指申请执行人对执行法院中止执行的裁定不服，向人民法院提起异议之诉。《民诉法解释》对申请执行人异议之诉作了规定。

（一）申请执行人异议之诉条件

1. 依案外人执行异议申请，人民法院裁定中止执行。

2. 有明确的对执行标的的继续执行的诉讼请求，且诉讼请求与原判决、裁定无关。

3. 自执行异议裁定送达之日起 15 日内提起。

人民法院应当在收到起诉状之日起 15 日内决定是否立案。

（二）申请执行人异议之诉主体

申请执行人提起执行异议之诉的，以案外人为被告。被执行人反对申请执行人主张的，以案外人和被执行人为共同被告；被执行人不反对申请执行人主张的，可以列被执行人为第三人。

（三）被执行人无权提起执行异议之诉

申请执行人对中止执行裁定未提起执行异议之诉，被执行人提起执行异议之诉的，人民法院告知其另行起诉。

（四）执行异议之诉的举证责任分配

案外人或者申请执行人提起执行异议之诉的，案外人应当就其对执行标的的享有的足以排除强制执行的民事权益承担举证证明责任。

（五）申请执行人执行异议之诉的审理和裁判

人民法院审理执行异议之诉案件，适用普通程序审理。对申请执行人提起的执行异议之诉，人民法院经审理，按照下列情形分别处理：

1. 案外人就执行标的不享有足以排除强制执行的民事权益的，判决准许执行该执行标的。

2. 案外人就执行标的享有足以排除强制执行的民事权益的，判决驳回诉讼请求。

（六）执行异议裁定失效

对申请执行人执行异议之诉，人民法院判决准许对该执行标的的执行的，执行异议裁定失效，执行法院可以根据申请执行人的申请或者依职权恢复执行。

（七）申请执行人执行异议之诉对执行程序的影响

人民法院对执行标的裁定中止执行后，申请执行人在法律规定的期间内未提起执行异议之诉的，人民法院应当自起诉期限届满之日起 7 日内解除对该执行标的采取的执行措施。

四、申请变更执行法院

（一）变更执行法院的概念

变更执行，是指在执行中，执行法院拖延执行或怠于执行的，申请执行人可向上一级法院申请变更执行法院。变更执行是 2007 年修改的《民事诉讼法》增加的内容，《民事诉讼法》第 226 条规定："人民法院自收到申请执行书之日起超过 6 个月未执行的，申请执行人可以向上一级人民法院申请执行。上一级人民法院经审查，可以责令原人民法院在一定期限内执行，也可以决定由本院执行或者指令其他人民法院执行。"执行中的公告期间、鉴定评估期间、管辖争议处理期间、执行争议协调期间、暂缓执行期间以及中止执行期间，不应当计算在上述所指的 6 个月期间内。

在执行实践中，有的执行案件，被执行人有可供执行的财产，但法院却因地方保护主义等因素的制约，拖延执行或者消极执行。针对这种情况，近年来，许多法院尝试将这种案件变更为由上级法院提级执行或者指定给其他法院执行，实践证明，这种做法能够有效地克服地方保护主义的干扰，使长期得不到执行的案件得以执行。2007 年修改的《民事诉讼法》将这种行之有效的方法上升为法律规定，增加了变更执行的规定，该规定赋予了申请执行人变更执行法院、监督法院执行的权利，并对提级执行和指令执行进行了规范。

（二）变更执行法院的条件

1. 债权人申请执行时被执行人有可供执行的财产，执行法院自收到申请执行书之日起超过 6 个月对该财产未执行完结的。

2. 执行过程中发现被执行人可供执行的财产，执行法院自发现财产之日起超过 6 个月对该财产未执行完结的。

3. 对法律文书确定的行为义务的执行，执行法院自收到申请执行书之日起超过 6 个月未依法采取相应执行措施的。

4. 其他有条件执行但超过 6 个月未执行的。

（三）变更执行法院的处理

申请人向上一级法院提出变更执行申请，上一级法院经审查后，作出以下处理：①责令限期执行。上一级法院对变更执行法院的申请予以审查后，认为符合条件的，可以责令原人民法院在一定期限内执行，向其发出督促执行令，并将有关情况书面通知申请执行人。②由本院执行或者指令本辖区其他人民法院执行。决定由本院执行或者指令本辖区其他人民法院执行的，应当作出裁定，送达当事人并通知有关人民法院。

■第五节　执行担保和承担

一、执行担保

（一）执行担保的概念和条件

执行担保，是指在执行程序中，被执行人向法院提供担保，经申请执行人同意，法院决定暂缓执行的一种制度。《民诉法解释》第 469～471 条对执行担保作了规定。执行担保须具备以下条件：

1. 被执行人向法院提出申请。

2. 担保方式。向法院提供执行担保的，可以由被执行人或者他人提供财产担保，也可以由他人提供保证。担保人应当具有代为履行或者代为承担赔偿责任的能力。他人提供执行保证的，应当向执行法院出具保证书，并将保证书副本送交申请执行人。被执行人或者他人提供财产担保的，应当参照《物权法》《担保法》的有关规定办理相应手续。

3. 经申请执行人同意。执行担保成立后，将影响申请执行人权利的实现，因此，执行担保必须征得申请执行人的同意。

4. 由法院决定。由人民法院决定是否批准执行担保以及决定暂缓执行的期限，如果担保是有期限的，暂缓执行的期限应当与担保期限一致，但最长不得超过 1 年。

（二）执行担保的效力

执行担保的效力，是指担保成立后，执行机构暂时停止对被执行人的财产执行措施，除被执行人主动履行义务外，暂缓执行期间，申请执行人不得要求法院强制被执行人履行义务。

在暂缓执行期间，被执行人或担保人对担保的财产有转移、隐藏、变卖、毁损等行为的，法院可以恢复强制执行。暂缓执行期满后，被执行人仍不履行法律文书确定的义务的，法院可以直接执行担保财产或者裁定执行担保人的财产，但执行担保人的财产以担保人应当履行义务部分的财产为限。

二、执行承担

（一）执行承担的概念

执行承担，是指在执行过程中，由于某种特定原因的出现，被执行人的义务转移给了与被执行人有一定法律关系的案外人，并由该案外人履行义务的一种制度。执行承担一般发生在被执行人不能履行或不能完全履行义务的情况下，需要变更或追加有关的案外人代被执行人履行义务，以保障债权人权利的实现。但变更或追加案外人作为执行义务人，必须严格遵守法定事由和依照法定程序，以维护案外人的合法权益。

（二）执行承担的情形

《民事诉讼法》第 232 条规定："作为被执行人的公民死亡的，以其遗产偿还债务。作为被执行人的法人或者其他组织终止的，由其权利义务承受人履行义务。"《民诉法解释》《执行规定》对执行承担的具体情形作了规定：

1. 因死亡而变更被执行人。作为被执行人的公民死亡，其遗产继承人没有放弃继承的，法院可以裁定变更被执行人，由该继承人在遗产的范围内偿还债务。继承人放弃继承的，法院可以直接执行被执行人的遗产。

2. 因分立、合并、撤销而变更、追加被执行人。在执行中，作为被执行人的法人或者其他组织分立、合并的，人民法院可以裁定变更后的法人或者其他组织为被执行人；被注销的，如果依照有关实体法的规定有权利义务承受人的，可以裁定该权利义务承受人为被执行人（《民诉法解释》第 472 条）。

被执行人按法定程序分立为两个或多个具有法人资格的企业的，分立后存续的企业按照协议确定的比例承担债务；不符合法定程序分立的，裁定由分立后存续的企业按照其从被执行企业分得的资产占原企业总资产的比例对申请执行人承担责任。被执行人被撤销的，如果依有关实体法的规定，有权利义务承受人的，可以裁定该权利义务承受人为被执行人。被执行人被撤销、注销或歇业后，上级主管部门或开办单位无偿接受被执行人的财产，致使被执行人无遗留财产清偿债务或遗留财产不足清偿的，可裁定由上级主管部门或开办单位在所接受的财产范围内承担责任。

3. 其他组织不能履行法律文书确定义务的。其他组织在执行中不能履行法律文书确定义务的，法院可以裁定执行对该其他组织依法承担义务的法人或者公民个人的财产。具体包括以下三种情况：①合伙组织。被执行人为个人合伙组织或合伙型联营企业，无能力履行法律文书确定的义务的，法院可以裁定执行该企业业主的其他财产，或裁定追加该合伙组织的合伙人或参加该联营企业的法人为被执行人。②法人分支机构。被执行人为企业法人的分支机构的，不能清偿债务时，可以裁定企业法人为被执行人。企业法人直接经营管理的财产仍不能清偿债务的，法院可以裁定执行该企业法人其他分支机构的财产。③无法人资格的私营独资企业。被执行人为无法人资格的私营独资企业，无能力履行生效法律文书确定的义务的，人民法院可以裁定执行该独资企业业主的其他财产。

4. 被执行人名称变更的。在执行中，作为被执行人的法人或者其他组织名称变更的，法院可以裁定变更后的法人或者其他组织为被执行人。

在执行中，变更或追加被执行人的裁定由执行机构依法作出。

■第六节　委托执行和协助执行

一、委托执行

（一）委托执行的概念和条件

委托执行，是指在执行中，被执行人或者被执行的财产在外地的，委托当地法院代为执行的一种制度。委托执行须具备以下条件：①被执行人或被执行的财产在外地；②受委托法院是被执行人住所地法院或被执行财产所在地法院；③委托法院应向受托法院出具书面委托文件，并附送据以执行的生效法律文书副本、立案审批表复印件及有关情况或说明。

（二）委托执行的适用范围

委托执行一般适用于被执行人或被执行的财产在外地的案件。

委托法院明知有下列情形之一的，应及时依法裁定中止执行或终结执行，不得委托当地法院执行：①被执行人无确切住所或长期下落不明，又无财产可供执行的；②有关法院已经受理以被执行人为债务人的破产案件或已经宣告破产的。

因妨害民事诉讼需要采取拘留措施的人在外地的，作出拘留决定的法院应派员到被拘留人所在地的法院，请求该法院协助执行，受委托的法院应及时派员执行。被拘留人申请复议或者被拘留人在拘留期间承认并改正错误，需要解除拘留的，受托法院应向作出拘留决定的法院传达或者提出建议，由委托法院审查并作出决定。

（三）委托法院和受托法院的权限

1. 委托法院的权限。委托执行后，案件的执行实施权转移给受托法院，未经受托法院同意，委托法院不得再自行执行已委托执行的案件。依据《民事诉讼法》的规定，委托执行的案件在司法统计上仍然是委托法院的案件。在委托执行中，委托法院应协助受托法院执行，定期与受托法院联系，及时解答受托法院提出的问题。

2. 受托法院的权限。

（1）受托法院收到委托函后，应及时将指定的承办人、联系电话、地址等告知委托法院；如发现委托的手续、资料不全，应及时要求委托法院补办，但不得据此拒绝接受委托。

（2）受托法院在执行中发现据以执行的法律文书有错误，如执行可能造成执行回转困难或无法执行回转的，应当首先采取查封、扣押、冻结等保全措施，必要时，将保全款项划到法院账户，然后函请委托法院审查。受托法院按照委托法院的审查结果继续执行或停止执行。

（3）受托法院对债务人履行债务的时间、期限和方式需要变更的，应当征得申请执行人的同意，并将变更情况及时函告委托法院。受托法院在执行中，认为需要变更被执行人的，应当将有关情况函告委托法院，由委托法院决定是否作出变更被执行人的裁定。

（4）受托法院认为执行案件需要中止或终结执行的，应提供有关证据材料函告委托法院，由委托法院作出裁定，受托法院不得自行裁定中止或终结执行。

（5）对执行担保和执行和解的情况，以及案外人对非属法律文书指定交付的标的物提出异议的，受托法院可以按照有关法律规定处理并及时通知委托法院。

二、协助执行

（一）协助执行的概念

协助执行，是指法院在执行中要求有关单位、个人协助执行生效法律文书所确定的内容的一种制度。现行的《民事诉讼法》加大了协助执行的力度，通过限制出境、在征信系统中记录和通过媒体公布不良信息等执行措施，依靠社会各界的力量，促使债务人履行义务。

（二）协助执行的类型

依据协助执行的主体不同，协助执行可分为单位协助、公民协助和法院协助。

1. 有关单位的协助执行。

（1）有权办理财产权证照转移手续的登记机关的协助执行。法院对动产或不动产进行财产保全时，有关单位必须协助法院办理该项财产的转移手续。在执行中，需要办理有关财产权证照转移手续的，法院可以向有关单位发出协助执行通知书，有关单位必须办理。[1]

（2）银行、信用合作社、其他有储蓄业务的单位以及被执行人所在单位的协助执行。人民法院决定扣押、冻结、划拨、变价财产，应当作出裁定，并发出协助执行通知书，有关单位必须办理。[2] 人民法院扣留、提取收入时，应当作出裁定，并发出协助执行通知书，被执行人所在单位、银行、信用合作社和其他有储蓄业务的单位必须办理。[3]

（3）有关单位协助限制被执行人出境，在征信系统记录、通过媒体公布被执行人不履行义务信息。例如，公安机关对被执行人采取限制出境措施；人民银行征信局的信贷征信系统；电台、电视台、报刊、网络等新闻媒体协助法院公布被执行人不履行义务的情况。

2. 法院的协助执行。在执行中，如果案件中的被执行人或被执行的财产在外地，法院需要到异地执行，但执行法院不熟悉当地情况，需要当地法院协助，才能使执行工作顺利进行。法院协助的事项主要有：①提供交通工具和通讯工具，联系食宿，代购车船机票，配合做好有关部门和被执行人的工作；②协助外地法院采取财产保全措施，如查封、扣押财产，冻结银行账户；③协助采取对妨害执行行为的强制措施等。

3. 公民协助执行。在执行中，如果被执行的财产由其他公民保管、使用或持有时，该公民应协助执行人员执行，交出存放在该处的财产等。

---

[1]　参见《民事诉讼法》第251条。
[2]　参见《民事诉讼法》第242条第2款。
[3]　参见《民事诉讼法》第243条第2款。

■第七节　执行和解与执行回转

一、执行和解

（一）执行和解的概念

执行和解，是指在执行中，双方当事人合意就生效法律文书确定的权利义务关系达成协议，结束执行程序的一种制度。

执行和解是执行当事人行使处分权的行为。"在执行中，双方当事人可以自愿达成和解协议，变更生效法律文书确定的履行义务主体、标的物及其数额、履行期限和履行方式。"[1]执行和解协议是在双方当事人自愿协商、互谅互让的基础上达成的，它有利于债权人权利的及时实现，有利于纠纷的及时解决，有利于缓解当事人之间的矛盾，有利于降低执行成本。

（二）执行和解的条件

1. 和解须双方当事人自愿。执行和解协议是在双方当事人自愿、平等协商的基础上达成的，进行和解是当事人真实意思的表示，而没有受任何外在力量的威胁、欺诈、利诱，当事人自愿就执行根据中确定的权利义务关系内容进行变更，并达成和解协议。双方当事人自愿达成的和解协议的内容不得违反法律的基本原则和禁止性规定，不得损害社会公共利益和他人的合法权益。

2. 和解应当在执行中进行。执行和解只能发生在执行程序中，当事人通过和解，旨在结束执行程序。执行程序开始前，当事人协议变更生效法律文书内容的，不属于执行和解。在执行程序结束后，生效法律文书已得到执行，也不会发生执行和解。

3. 和解协议应采用书面形式或由执行人员记入笔录。和解协议反映的是双方当事人变更生效法律文书确定的权利义务的意思表示，要求具备一定的法律形式。"和解协议一般应当采用书面形式。执行人员应将和解协议副本附卷。无书面协议的，执行人员应将和解协议的内容记入笔录，并由双方当事人签名或盖章。"[2]

（三）执行和解后当事人对执行程序的选择

申请执行人与被执行人达成和解协议后请求中止执行或者撤回执行申请的，人民法院可以裁定中止执行或者终结执行（《民诉法解释》第466条）。

（四）不履行执行和解协议的法律后果

执行和解协议是当事人合意变更生效法律文书内容所达成的结果，体现了双方当事人的意愿。和解协议的实现依靠当事人的自愿，它没有强制执行的效力。

《民事诉讼法》第230条第2款规定："申请执行人因受欺诈、胁迫与被执行人达成和解协议，或者当事人不履行和解协议的，人民法院可以根据当事人的申请，

---

〔1〕　参见《执行规定》第86条第1款。
〔2〕　参见《执行规定》第86条第2款。

恢复对原生效法律文书的执行。"当事人根据和解协议已经履行的部分，法院在恢复执行时应当扣除。和解协议已经全部履行完毕，当事人又申请按生效法律文书执行的，法院不予准许。当事人申请恢复对生效法律文书的执行，适用《民事诉讼法》关于申请执行期限的规定。申请执行的期限因达成执行和解协议而中断，申请恢复执行的期限从和解协议所定履行期限的最后一日起重新计算。

二、执行回转

（一）执行回转的概念和原因

执行回转，是指在执行完毕后，因原执行根据被依法撤销，由法院采取执行措施，强制一方当事人将依原执行根据所得的财产交还给被执行人，恢复到原执行程序开始的状况的一种制度。执行回转发生的原因主要有以下几种：

1. 法院制作的先予执行的裁定，在执行完毕后，被本院的生效判决或者二审法院的终审判决所撤销。

2. 法院制作的判决书、裁定书、调解书，在执行完毕后，被本院或上级人民法院依审判监督程序撤销。

3. 法律规定由人民法院执行的其他法律文书执行完毕后，该法律文书被有关机关或者组织依法撤销的。如仲裁裁决书、公证债权文书等，由法院执行完毕，又被有关仲裁机构、公证机构依法撤销。

（二）执行回转的条件

根据《民事诉讼法》第233条和《执行规定》第109条的规定，执行回转必须具备以下四个条件：

1. 在执行中或执行完毕后，据以执行的判决、裁定和其他法律文书确有错误。

2. 执行根据被依法撤销或变更。执行根据是法院据以执行的依据，执行根据有错误，依法定程序被撤销或变更的，债权人依该执行根据取得的民事权益便失去了合法依据，该债权人应当返还据此取得的财产，如果不还，就会产生执行回转的问题。

3. 依据原执行根据，申请执行人已取得被执行的财产。

4. 依当事人申请或依职权，人民法院按照新的生效法律文书作出执行回转的裁定。

（三）执行回转的程序

执行程序终结后，据以执行的根据被法院或者其他机关依法撤销的，法院应当依据当事人的申请或者依职权，按照新的执行根据，作出执行回转的裁定，责令申请执行人返还已取得的财产，拒不返还的，强制执行。

执行回转案件应当重新立案，并适用执行程序的有关规定。

执行回转时，已执行的标的物系特定物的，应当退还原物。不能退换原物的，可以折价抵偿。

■第八节 执行监督

一、执行监督的概念

执行监督，是指上级人民法院依法对下级人民法院的执行工作进行监督，最高人民法院依法对地方各级人民法院和专门人民法院的执行工作进行监督；人民检察院依法对人民法院的执行工作进行监督。

二、法院对执行活动的监督

（一）法院执行监督的规定

《民事诉讼法》没有对法院的执行监督作出规定，《执行规定》中用8个条文规定了执行监督制度，使法院的执行监督工作有了具体的操作规范。

《执行规定》第9条规定："上级人民法院执行机构负责本院对下级人民法院执行工作的监督、指导和协调。"因此，中级以上人民法院执行机构除具有了执行命令、执行实施和执行裁判的职能与职责外，还具有执行监督、执行指导和协调的职能与职责。除了上级人民法院对下级人民法院执行工作的监督之外，现行《民事诉讼法》还赋予了当事人对法院执行工作的监督。例如，规定了变更执行法院的制度，赋予当事人向上一级人民法院申请执行的权利，加强了执行工作的监督制约机制，有利于克服地方保护主义和执行不力的问题。

（二）执行监督的内容

1. 指令纠正或裁定纠正。上级人民法院发现下级人民法院在执行中作出的裁定、决定、通知或具体执行行为不当或者有错误的，应当及时指令下级人民法院纠正，并可以通知有关法院暂缓执行。

下级人民法院收到上级人民法院的指令后，必须立即纠正。如果认为上级人民法院的指令有错误，可以在收到指令后5日内请求上级法院复议。上级人民法院认为请求复议的理由不成立，而下级法院仍不纠正的，上级人民法院可直接作出裁定或决定予以纠正，送达有关法院及当事人，并可直接向有关单位发出协助执行通知书。

2. 责令纠正或裁定不予执行。上级人民法院发现下级人民法院执行的非诉讼生效法律文书有不予执行事由，应当依法作出不予执行裁定而不制作的，可以责令下级人民法院在指定时限内作出裁定，必要时可直接裁定不予执行。

3. 督促纠正或提级执行、共同执行与指令执行。上级人民法院发现下级人民法院的执行案件（包括受委托执行案件）在规定的期限内未能执行结案的，或应当作出裁定、决定、通知而不作出的，或应当依法实施具体执行行为而不实施的，应当督促下级人民法院限期执行，或及时作出有关裁定或法律文书，或采取相应措施。

对下级法院长期未能执结的案件，确有必要时，上级人民法院可以决定由本院执行或与下级人民法院共同执行，也可以指定本辖区其他法院执行。

现行《民事诉讼法》对上级人民法院监督下级人民法院的执行期间作出明确规定，同时赋予当事人在法院超期未执行的情况下申请变更执行的权利。[1]当事人申请法院变更执行的，法院启动内部监督程序，如采用责令下级人民法院执行、提级执行或指令执行的方式，解决超期未执行的问题。该规定对规范执行监督工作具有重要意义。

4. 决定暂缓执行及其期限。上级人民法院在监督、指导、协调下级法院执行案件中，发现据以执行的生效法律文书确有错误的，应当书面通知下级人民法院暂缓执行，并按审判监督程序处理。

上级人民法院在申诉案件复查期间，决定对生效法律文书暂缓执行的，有关审判庭应当将暂缓执行的通知抄送执行机构。上级人民法院通知暂缓执行的，应同时指定暂缓执行的期限。暂缓执行的期限一般不得超过3个月。有特殊情况需要延长的，应报经院长批准，并及时通知下级人民法院。暂缓执行的原因消除后，应当及时通知执行法院恢复执行。期满后，上级人民法院未通知继续暂缓执行的，执行法院可以恢复执行。

5. 责任承担。下级人民法院不按照上级人民法院的裁定、决定或通知执行，造成严重后果的，按照有关规定，追究有关主管人员和直接人员的责任。

三、检察院对执行活动的监督

（一）执行检察监督的规定

2012年《民事诉讼法》第235条规定："人民检察院有权对民事执行活动实行法律监督。"修改后的《民事诉讼法》强化了检察监督的职能，检察监督从过去的对民事审判活动的检察监督扩大到包括民事执行阶段在内的整个民事诉讼领域。这种监督领域的扩展不仅是检察监督理论的落实，也是司法现实的需要。执行阶段的司法腐败一直是社会比较关注的问题，可以说，执行领域是司法腐败的高发领域或高危领域。为了防止和制止执行中的违法行为，修改后的《民事诉讼法》规定检察机关对执行活动可以实施检察监督。

（二）执行检察监督的范围

检察机关对民事执行进行监督，其范围的设定关系到监督权介入民事执行活动的程度问题，以及执行监督权与执行权的合理行使问题。建设民事执行检察监督制度，明确监督范围尤为重要。执行检察监督范围的设定，与民事执行检察监督的目的和执行检察监督采全面监督原则还是有限监督原则有关。

民事执行的目的是实现债权人的权利，执行检察监督的目的是监督保障生效法律文书的落实，最终实现债权人的权利。因此，执行检察监督的目的与民事执行的目的相一致。民事诉讼包括民事审判和民事执行，从法院审判活动与执行活动的关系看，执行活动是审判活动的继续，具有承上启下的作用，但审判与执行是人民法

---

[1] 参见《民事诉讼法》第226条。

院行使审判权与执行权的两个阶段，其目的、任务和侧重点均有所不同。审判活动的侧重点是对民事权利义务争议进行裁判，而执行活动的侧重点是对发生法律效力的裁判确定的内容的落实，因此，执行须有执行依据，即生效法律文书。法院执行活动是围绕实现生效法律文书而展开的，执行检察监督也必须以保障生效法律文书实现而展开。因此，执行检察监督不宜采用全面监督原则，而应采有限监督原则，即检察机关对民事执行监督应有所侧重，有所选择。首先，执行检察监督程序的启动应以执行当事人或者利害关系人的启动为原则，检察机关启动为例外。对于涉及国家利益和社会公共利益的执行案件，检察机关可以依职权启动监督程序。其次，执行检察监督的重点是保障生效法律文书的实现。民事执行的重点是实现生效法律文书确定的内容，而不是判断生效法律文书的正确与否。虽然生效法律文书的正确与否会影响民事执行，但生效裁判是否有错误应由审判机关来判断，而不是由执行机关进行判断。因此，执行检察监督的重点是监督保障生效法律文书的落实，而不是对生效裁判是否有错误的认定。最后，执行检察监督的对象应为法院的执行活动，即对违法执行行为、不当执行行为及犯罪执行行为进行监督。

执行检察监督，在有限监督原则指导下，设定监督范围，即对直接影响生效法律文书实现的执行行为进行监督。主要包括：执行裁决是否合法、执行行为是否符合执行程序法的规定、执行标的是否正当，还包括执行人员是否有违法乱纪、徇私枉法等行为。

1. 执行裁决违法。执行裁决是法院在执行中依据执行权对发生的相关事项所作出的认定。执行裁决，涉及当事人和利害关系人的实体权利和诉讼权利，若违反执行程序法的规定，确有错误的，检察机关应当依法监督。

2. 执行措施和范围违法。包括违反法定程序采取执行措施，采取的执行措施违背了生效民事判决中所确定的权利义务内容，滥用执行措施，等等，给当事人或者案外人造成侵害或损失的。

3. 执行人员违法乱纪、徇私枉法执行。执行人员在执行中贪污受贿、滥用职权、枉法执行，如侵吞、截留、挪用、私分执行钱款或徇私采用错误执行措施，对于这些犯罪行为，检察机关应当进行监督。

（三）执行检察监督的方式

从监督的形式或方式来看，除了原来的对生效裁判的抗诉外，2012 年修改《民事诉讼法》时还增加了检察建议这一监督形式，修改后的《民事诉讼法》规定，地方各级人民检察院对同级人民法院已经发生法律效力的判决、裁定，发现有《民事诉讼法》第 200 条规定的情形之一的，或者发现调解书损害国家利益、社会公共利益的，可以向同级人民法院提出检察建议。

修改前的《民事诉讼法》只规定了抗诉一种监督方式，2012 年修改后的《民事诉讼法》对民事执行检察监督在法律上予以肯定，则监督方式也要相应地予以肯定。对民事执行进行监督，不宜采用抗诉的方式，检察建议是一种产生于检察实务的实践性措施，再审检察建议是针对符合抗诉条件的申诉案件，为减少诉讼环节、减少当事人的讼累而建议人民法院按照再审程序自行纠正的一种方式。再审建议入法，将会使相当一部分符合抗诉条件的案件通过再审建议的方式表现，也将减少当事人的讼累。但检察建议一旦成为一个法律概念，其如何制度化便成为一个需要进一步研究的问题。例如，检察建议的法律形式、法律效力、程序，执行法院的对应义务，检察建议的类型，等等。

（四）检察调查权

《民事诉讼法》第210条规定："人民检察院因履行法律监督职责提出检察建议或者抗诉的需要，可以向当事人或者案外人调查核实有关情况。"

2012年修改后的《民事诉讼法》明确规定，检察机关为实施抗诉权和检察建议权，享有对案件事实进行调查的权力，从而使检察调查权名正言顺，但是没有明确规定检察机关在实施监督权时享有阅卷权、调卷权，这将影响检察监督权的落实。

【本章小结】

1. 本章介绍了关于执行程序一般规定的理论，包括执行机构、执行管辖、执行异议、执行担保、委托执行、执行和解、执行回转和执行监督。

2. 执行机构专司执行权，各级人民法院执行机构根据其职能与职责行使执行实施权、执行裁判权等。执行管辖明确划分了各执行机构之间的执行权，享有执行管辖权的执行机构对案件行使管辖权。执行管辖的划分须考虑方便裁判的执行和节约执行成本，执行级别管辖和地域管辖以此作为确定管辖的标准。变更执行制度赋予了当事人申请变更执行管辖的权利，上级人民法院通过当事人的变更执行申请，启动提级执行或指令执行程序，使提级执行或指令执行的实施更加规范化和制度化。

3. 执行根据是申请执行人启动执行程序和执行机构实施执行行为、实现债权人权利的依据。

4. 执行异议和案外人异议制度为当事人、利害关系人提供了程序救济和实体救济的权利。现行《民事诉讼法》首次赋予了当事人、利害关系人对违法执行行为提出异议的权利，确立了程序性执行救济制度，同时，对原有的执行异议制度进行改造。现行的案外人异议制度，赋予了案外人提出异议之诉的权利。

5. 执行担保是法院为了促使被执行人履行义务而在一定条件下采取的一种暂缓执行的措施。执行担保是一种公平的制度，它既考虑到申请执行人的利益，又考虑到被申请执行人的利益；暂缓执行是为被执行人提供一种履行义务的机会，最终实现债权人的债权。

6. 执行承担是为了保证执行的完成，在特定情形下由案外人参加诉讼，代替被执行人履行义务。执行承担的实施，须以案外人与被执行人有一定法律关系为前提。

7. 委托执行是执行中被执行人或者被执行的财产在外地，因此委托当地法院代为执行的一种制度。协助执行发动社会各界力量协助法院执行，这一执行联动机制能有效地解决执行难的问题。

第三十章

8. 执行和解是执行当事人协商解决纠纷、结束执行程序的方法。该方法有利于纠纷的彻底解决、当事人双方关系的恢复和执行成本的降低。

9. 执行回转是纠正错误的执行根据，将财产状态恢复到原执行程序开始前的状态，为纠正执行错误的裁判提供了救济途径。

10. 执行监督是上级人民法院依法监督下级人民法院的执行工作，最高人民法院依法监督地方各级人民法院和专门人民法院的执行工作，以及人民检察院依法监督人民法院的执行工作。在监督中采用指令纠正、裁定纠正、提级执行、共同执行、指令执行和暂缓执行等方式，纠正不当的执行行为，防止执行权的滥用。

【思考题】

1. 简述执行管辖的分类。
2. 简述变更执行。
3. 简述执行根据的种类。
4. 简述执行和解的条件。
5. 执行回转的情形有哪些？
6. 对违法执行行为提出异议的条件有哪些？
7. 简述案外人异议。
8. 执行承担的情形有哪些？

【参考文献】

1. 童兆洪主编：《民事执行调查与分析》，人民法院出版社 2005 年版。
2. 杨荣馨主编：《强制执行立法的探索与构建——中国强制执行法（试拟稿）条文与释义》，中国人民公安大学出版社 2005 年版。
3. 王洪光："强制执行救济论"，载《诉讼法论丛》2000 年第 2 期。
4. 常怡、崔婕："完善民事强制执行立法若干问题研究"，载《中国法学》2000 年第 1 期。
5. 江伟、赵秀举："论执行的性质与执行机构的设置"，载《人大法律评论（2000 年卷）》，中国人民大学出版社 2000 年版。
6. 俞灵雨、越晋山："《最高人民法院关于适用中华人民共和国民事诉讼法执行程序若干问题的解释》的理解与适用"，载沈德咏主编：《民事诉讼司法解释理解与适用》，法律出版社 2009 年版。
7. 王胜明主编：《中华人民共和国民事诉讼法释义》，法律出版社 2012 年版。
8. 沈德咏主编：《最高人民法院民事诉讼法解释理解与适用（下）》，人民法院出版社 2015 年版。

第三十一章

执行开始

学习目的和要求 了解申请执行的概念和条件；理解移送执行的概念和范围；掌握执行的准备工作。

■第一节 申请执行

根据《民事诉讼法》第 236 条的规定，执行开始有两种方式：①申请执行；②移送执行。

一、申请执行的概念

申请执行，是指债权人在债务人不履行生效法律文书确定的义务时，向法院请求强制执行的行为。执行的目的是实现债权人的债权，是否启动执行程序由债权人决定，申请执行是债权人的一项重要诉讼权利，也是启动执行程序的主要方式。

二、申请执行的条件

申请执行应当具备以下条件：

1. 申请执行的法律文书已经生效。

2. 申请执行人是生效法律文书确定的权利人或其继承人、权利承受人。

3. 义务人逾期不履行法律文书确定的义务。

4. 在法定的期限内提出申请。《民事诉讼法》第 239 条规定："申请执行的期间为 2 年。申请执行时效的中止、中断，适用法律有关诉讼时效中止、中断的规定。前款规定的期间，从法律文书规定履行期间的最后一日起计算；法律文书规定分期履行的，从规定的每次履行期间的最后一日起计算；法律文书未规定履行期间的，从法律文书生效之日起计算。"现行《民事诉讼法》将执行期限延长为 2 年，而且申请执行的时效适用中止、中断的规定，同时，对所有当事人适用相同的执行期限，体现了民事主体的平等性。[1]

---

[1] 1991 年《民事诉讼法》第 219 条第 1 款规定："申请执行的期限，双方或者一方当事人是公民的为 1 年；双方是法人或者其他组织的为 6 个月。"但该规定的申请执行期限过短，并且没有规定期间的中止、中断，不利于保护债权人的合法权益、促使债务人履行义务。

根据《执行程序若干解释》第 27 ~ 29 条的规定，在申请执行时效期间的最后 6 个月内，因不可抗力或者其他障碍不能行使请求权的，申请执行时效中止。从中止时效的原因消除之日起，申请执行时效期间继续计算。申请执行时效因申请执行、当事人双方达成和解协议、当事人一方提出履行要求或者同意履行义务而中断。从中断时起，申请执行时效期间重新计算。生效法律文书规定债务人负有不作为义务的，申请执行时效期间从债务人违反不作为义务之日起计算。

5. 属于受申请执行的法院管辖。根据《民事诉讼法》第 224 条的规定，生效的法律文书由第一审人民法院或者与第一审法院同级的被执行的财产所在地法院执行，或者由被执行人住所地或被执行财产所在地法院执行。

人民法院对当事人申请执行的案件依法审查后，认为符合条件的予以立案，不符合条件的予以驳回。

三、不予执行仲裁裁决与公证债权文书

《民诉法解释》第 477 ~ 481 条对不予执行仲裁裁决与公证债权文书作了规定。

（一）不予执行仲裁裁决

对依法设立的仲裁机构的裁决，一方当事人不履行的，对方当事人可以向有管辖权的人民法院申请执行。受申请的人民法院应当执行。

被申请人提出证据证明仲裁裁决有下列情形之一的，经人民法院组成合议庭审查核实，裁定不予执行：①当事人在合同中没有订有仲裁条款或者仲裁机构无权仲裁的；②裁决的事项不属于仲裁协议的范围或者仲裁机构无权仲裁的；③仲裁庭的组成或者仲裁的程序违反法定程序的；④裁决所根据的证据是伪造的；⑤对方当事人向仲裁机构隐瞒了足以影响公正裁决的证据的；⑥仲裁员在仲裁该案时有贪污受贿，徇私舞弊，枉法裁决行为的。另外，人民法院认定执行该裁决违背社会公共利益的，裁定不予执行。

如果仲裁机构裁决的事项，只有部分有上述情形的，人民法院应当裁定对该部分不予执行。但如果应当不予执行部分与其他部分不可分的，人民法院应当裁定不予执行仲裁裁决。无论是裁定不予执行仲裁裁决，还是裁定对部分仲裁机构裁决的事项不予执行，都必须制作书面的裁定书，裁定书应当送达双方当事人和仲裁机构。

人民法院裁定不予执行仲裁裁决后，当事人对该裁定提出执行异议或者复议的，人民法院不予受理。当事人可以就该民事纠纷重新达成书面仲裁协议申请仲裁，也可以向人民法院起诉。

在执行中，被执行人通过仲裁程序将人民法院查封、扣押、冻结的财产确权或者分割给案外人的，不影响人民法院执行程序的进行。案外人不服的，可以根据《民事诉讼法》第 227 条的规定提出异议。

（二）不予执行公证债权文书

当事人向人民法院申请执行公证债权文书的，应当受理。但是有下列情形之一的，法院裁定不予执行：

1. 公证债权文书属于不得赋予强制执行效力的债权文书的。

2. 被执行人一方未亲自或者未委托代理人到场公证等严重违反法律规定的公证程序的。

3. 公证债权文书的内容与事实不符或者违反法律强制性规定的。

4. 公证债权文书未载明被执行人不履行义务或者不完全履行义务时同意接受强制执行的。

人民法院认定执行该公证债权文书违背社会公共利益的，裁定不予执行。

公证债权文书被裁定不予执行后，当事人、公证事项的利害关系人可以就债权争议提起诉讼。

（三）申请不予执行仲裁裁决或者公证债权文书的期限

当事人请求不予执行仲裁裁决或者公证债权文书的，应当在执行终结前向执行法院提出。

四、申请执行时效期间届满后执行申请的处理

申请执行人超过申请执行时效期间向人民法院申请强制执行的，人民法院应予受理。被执行人对申请执行时效期间提出异议，人民法院经审查异议成立的，裁定不予执行。被执行人履行全部或者部分义务后，又以不知道申请执行时效期间届满为由请求执行回转的，人民法院不予支持（《民诉法解释》第483条）。

三、申请执行应提交的文件和证件

1. 申请执行书。申请执行书应当写明申请执行的理由、事项、执行标的，以及申请执行人所了解的被执行人的财产状况。申请执行人书写申请执行书确有困难的，可以口头提出申请。法院接待人员对口头申请应当制作笔录，由申请执行人签字或盖章。外国一方当事人申请执行的，应当提交中文申请书。当事人所在国与我国缔结或者共同参加的司法协助条约有特别规定的，按照特别规定办理。

2. 生效法律文书副本。

3. 申请执行人的身份证明。公民个人申请的，应当出具居民身份证；法人申请的，应当提交法人营业执照副本和法定代表人身份证明；其他组织申请的，应当提交营业执照副本和主要负责人身份证明。

4. 继承人或权利承受人申请执行的，应当提交继承或承受权利的证明文件。

5. 其他应当提交的文件或证件。申请执行仲裁机构的仲裁裁决的，应当向法院提交有仲裁条款的合同书或仲裁协议书。申请执行外国仲裁机构的仲裁裁决的，应当提交经我国驻外使领馆认证或我国公证机关公证的仲裁裁决书的中文本。

申请执行人可以委托代理人代为申请执行。委托代理的，应当向法院提交委托人签字或盖章的授权委托书，写明委托事项或代理人的权限。委托代理人代为放弃、变更民事权利，或代为进行执行和解，或代为收取执行款项的，应当有委托人的特别授权。

执行法院对符合上述执行条件的申请，应当在收到申请书7日内予以立案，对于不符合上述条件的申请，应当在7日内裁定不予受理。

■第二节 移送执行

一、移送执行的概念

移送执行，是指法院审判员依据生效法律文书，将某些特殊的案件依法直接交付执行机构执行，从而启动执行程序。

二、移送执行案件的范围

1. 法院已生效的法律文书中具有给付内容的赡养费、扶养费、抚育费、抚恤金、医疗费和劳动报酬的法律文书。此类案件直接与债权人的生活有密切关系，债务人不履行义务，将直接影响债权人的生活；同时，此类案件中的债权人一般属于社会中的弱势群体，国家法律应给予该群体相应的关怀，而移送执行的规定体现了国家对弱势群体的关注和关怀。

2. 法院已生效的刑事法律文书中含有财产执行内容的法律文书。这类案件中，有的没有执行债权人，如刑事判决中的没收财产、罚金、追缴财产上缴国库；有的虽有执行债权人，如刑事附带民事判决、裁定、调解书，也不宜由债权人申请。

3. 法院作出的程序性民事裁定书、决定书。如财产保全或者先予执行裁定书，法院对妨碍民事诉讼行为所作的罚款、拘留的决定。

移送执行要填写移送执行通知书，其内容一般包括：①移送执行案件的编号、案由；②需要执行的事项和具体要求；③被执行人经济状况、履行义务的能力、对判决的态度，以及在执行中需要注意的其他事项。移送执行通知书经庭长或院长批准后，连同生效的判决书、裁定、支付令、调解协议书交给执行庭或者执行员。如有必要，也可以将案件一并移交。

■第三节 执行的准备工作

执行程序开始后，法院应当着手准备采取执行措施的工作，执行准备工作包括以下内容：

一、执行通知和立即执行

1. 发出执行通知书，责令被执行人履行义务。人民法院应当在收到申请执行书或者移交执行书后10日内发出执行通知。执行通知中除应责令被执行人履行法律文书确定的义务外，还应通知其承担《民事诉讼法》第253条规定的迟延履行利息或者迟延履行金。被执行人未按执行通知书指定的期限履行生效法律文书确定的义务的，法院应当及时采取执行措施。向被执行人发出执行通知书，可以使被执行人对法院将要采取的执行措施作必要的协助、配合等准备，保证执行工作的顺利进行。

2. 被执行人恶意逃避执行的，立即执行。2007年修正的《民事诉讼法》增加了"立即执行"的制度，该法第216条第2款规定："被执行人不履行法律文书确定的义务，并有可能隐匿、转移财产的，执行员可以立即采取强制执行措施。"2012 年修正的《民事诉讼法》第 240 条规定："执行员接到申请执行书或者移交执行书，应当向被执行人发出执行通知，并可以立即采取强制执行措施。"根据 1991 年《民事诉讼法》第 220 条的规定，执行机构采取执行措施前，应当向被执行人发出执行通知。但在实践中，这种事先通知的做法，对逃避债务的债务人起到了通风报信的作用，为被执行人隐匿、转移财产提供了时间；将发出执行通知作为采取执行措施的前置条件，还严重束缚了执行人员的工作，使其无法及时采取执行措施，致使许多案件丧失了有力的执行时机。[1]为此，现行《民事诉讼法》增加了"立即执行"的条款，防止被执行人利用执行通知逃避债务。

二、查明被执行人的财产

被执行人财产调查的方法主要有申请执行人提供、被执行人申报和法院调查：

1. 申请执行人提供。申请执行人应当向法院提供其所了解的被执行人的财产状况或线索。[2]

2. 被执行人申报。被执行人必须如实向法院报告其财产状况。被执行人未按执行通知履行法律文书确定的义务，应当报告当前以及收到执行通知之日前 1 年的财产情况。被执行人拒绝报告或者虚假报告的，人民法院可以根据情节轻重对被执行人或者其法定代理人、有关单位的主要负责人或者直接责任人员予以罚款、拘留。现行《民事诉讼法》增加了财产报告制度，以便更好地掌握被执行人的财产状况，获取关于财产调查的线索，防止被执行人隐匿或转移财产。

3. 法院调查。法院有权向金融机构及其管理部门、房地产管理部门、工商管理部门、税务机关、海关及其他有义务协助调查、执行的单位和个人调查被执行人的财产状况、财产线索等，有关单位和个人不得拒绝。

《民诉法解释》第 485 条规定，人民法院有权查询被执行人的身份信息与财产信息，掌握相关信息的单位和个人必须按照协助执行通知书办理。

执行法院对被执行人的财产状况进行调查，可以传唤被执行人及其法定代表人、负责人到庭接受询问，可以采取民事搜查措施，也可以依职权向有关机关、社会团体、企事业单位或公民个人了解被执行人的财产状况。[3]

【本章小结】

1. 本章介绍了执行开始的一般理论，包括申请执行、移送执行、执行的准备工作。

---

〔1〕 全国人大常委会法制工作委员会民法室编：《〈中华人民共和国民事诉讼法〉条文说明、立法理由及相关规定》，北京大学出版社 2007 年版，第 427 页。

〔2〕 参见《执行规定》第 28 条。

〔3〕 江伟主编：《民事诉讼法》，中国人民大学出版社 2007 年版，第 503～504 页。

2. 民事执行的启动以当事人申请为主，法院对符合申请执行条件的案件启动执行程序。现行《民事诉讼法》将执行期限延长为 2 年，而且申请执行的时效适用中止、中断的规定。

3. 民事执行的启动也可采用移送执行方式，对某些特殊的案件，可由审判员依法直接交付执行机构执行。这类案件的特殊性决定了应采用移送执行方式，不影响当事人处分权的行使。

4. 执行前的准备是为了执行工作的顺利进行，如发出执行通知、调查被执行人财产等。现行《民事诉讼法》中增加了"立即执行"和"财产报告"制度的条款。被执行人恶意逃避执行的，可立即执行，防止被执行人利用执行通知逃避债务。建立被执行人财产报告制度，以便更好地掌握被执行人的财产状况，获取关于财产调查的线索，防止被执行人隐匿或转移财产。

【思考题】

1. 简述执行启动的方式。
2. 简述申请执行和移送执行的条件。
3. 简述移送执行的案件范围。
4. 简述查明被执行人财产的方法。

【参考文献】

1. 沈达明编著：《比较强制执行法初论》，对外贸易教育出版社 1994 年版。
2. ［日］竹下守夫：《日本民事执行法理论与实务研究》，张卫平、刘荣军译，重庆大学出版社 1994 年版。
3. 杨与龄编著：《强制执行法论》，中国政法大学出版社 2002 年版。
4. 常怡、崔婕："完善民事强制执行立法若干问题研究"，载《中国法学》2000 年第 1 期。
5. 王胜明主编：《中华人民共和国民事诉讼法释义》，法律出版社 2012 年版。

第三十一章

第三十二章

执行措施

> **学习目的和要求**　了解对动产和对不动产的执行措施；理解指定交付财物、票证和完成行为的执行措施；掌握特殊的执行措施的概念和程序；正确运用各类执行措施。

■ 第一节　对动产的执行措施

执行措施，是指执行机构为实现生效法律文书确定的内容而依法采取的执行方法和手段。对动产的执行措施，是指以动产为执行标的所采取的执行方法和手段。作为执行标的的动产主要包括被执行人的存款、收入、财产、物品和债权等。

《民诉法解释》第 486 条规定："对被执行的财产，人民法院非经查封、扣押、冻结不得处分。对银行存款等各类可以直接扣划的财产，人民法院的扣划裁定同时具有冻结的法律效力。"该条规定明确了人民法院处分被执行财产的条件。

对动产的执行措施有以下几种：

一、对被执行人存款的执行

《民事诉讼法》第 242 条第 1 款规定："被执行人未按执行通知履行法律文书确定的义务，人民法院有权向有关单位查询被执行人的存款、债券、股票、基金份额等财产情况。人民法院有权根据不同情形扣押、冻结、划拨、变价被执行人的财产。人民法院查询、扣押、冻结、划拨、变价的财产不得超出被执行人应当履行义务的范围。"

（一）对被执行人存款的执行方法

查询，是指法院向银行、信用合作社和其他有储蓄业务的单位调查了解被执行人的存款情况。冻结，是指法院向银行、信用合作社和其他有储蓄业务的单位发出协助执行通知书，不允许被执行人在执行期限内提取或转移其被冻结的存款。划拨，是指法院通过银行、信用合作社和其他有储蓄业务的单位，将被执行人账户上的存款划转到执行权利人的账户上。

（二）对被执行人存款的执行程序

《民事诉讼法》第 242 条第 2 款规定："人民法院决定扣押、冻结、划拨、变价财产，应当作出裁定，并发出协助执行通知书，有关单位必须办理。"

法院可以直接向银行及其营业所、储蓄所、信用合作社和其他有储蓄业务的单位查询、冻结、划拨被执行的存款。外地法院可以直接到被执行人住所地、被执行财产所在地银行、信用合作社和其他有储蓄业务的单位查询、冻结、划拨被执行人应当履行义务部分的存款，无需由当地法院出具手续。

根据《执行规定》第34条的规定，被执行人为金融机构的，对其交存在人民银行的存款准备金和备付金不得冻结和扣划，但对其在本机构、其他金融机构的存款，及其在人民银行的其他存款可以冻结、划拨，并可对被执行人的其他财产采取执行措施，但不得查封其营业场所。

二、对被执行人收入的执行

《民事诉讼法》第243条第1款规定："被执行人未按执行通知履行法律文书确定的义务，人民法院有权扣留、提取被执行人应当履行义务部分的收入。但应当保留被执行人及其所扶养家属的生活必需费用。"对被执行人收入进行执行，可采取扣留、提取的方法。此处的被执行人收入主要指工资、奖金、稿酬、农副业收入、股息、红利收益等。

（一）对被执行人收入的执行方法

扣留，是指法院强制留存被执行人的收入，不允许其支取或处分。提取，是指法院依法提取被执行人的收入，并将其转交给执行权利人。

法院采取扣留、提取被执行人收入的措施时，应当为被执行人及其所扶养的家属保留生活必需费用。

（二）对被执行人收入的执行程序

《民事诉讼法》第243条第2款规定："人民法院扣留、提取收入时，应当作出裁定，并发出协助执行通知书，被执行人所在单位、银行、信用合作社和其他有储蓄业务的单位必须办理。"

有关单位收到法院协助执行通知书后，擅自向被执行人或其他人支付的，法院有权责令其限期追回；逾期未追回的，应当裁定其在支付的数额内向申请执行人承担责任。

三、对被执行人财产的执行

《民事诉讼法》第247条规定："财产被查封、扣押后，执行员应当责令被执行人在指定期间履行法律文书确定的义务。被执行人逾期不履行的，人民法院应当拍卖被查封、扣押的财产；不适于拍卖或者当事人双方同意不进行拍卖的，人民法院可以委托有关单位变卖或者自行变卖。国家禁止自由买卖的物品，交有关单位按照国家规定的价格收购。"

上述措施适用于直接以除金钱外其他财产为执行标的的执行案件以及被执行人无金钱给付能力的案件。法院根据案件的需要和被执行人的财产情况，分别采取不同的方法。

（一）查封

查封，是指法院对被执行人的有关财产进行封存，禁止其处分或转移的措施。

在执行程序中采取查封措施时，法院应当作出裁定。对财产进行查封时，根据查封财产的性质，分别采用加贴封条、张贴公告和发协助执行通知书等方式进行。对动产的查封，应当采取加贴封条的方式，不加贴封条的，应当张贴公告；对有产权证照的动产或不动产的查封，应当向有关管理机关发出协助执行通知书，要求其不得办理被查封财产的转移过户手续，通知有关登记机关办理查封登记手续，同时可以责令被执行人将有关此财产权证照交法院保管，必要时也可采取加贴封条或张贴公告的方法查封。

既未向有关管理机关发出协助执行通知书，也未采取加贴封条或张贴公告的办法查封的，不得对抗其他法院的查封。

被查封的财产，法院可以责令被执行人对财产加以保管。保管期间，如继续使用被查封的财产，对其价值无重大影响的，可以允许被执行人继续使用。因被执行人使用或保管的过错造成的损失，由被执行人承担。

（二）扣押

1. 扣押的概念和程序。扣押，是指法院将被执行人的财产运送到有关场所，使被执行人不能占有、使用和处分该财产的措施。扣押措施一般适用于价值较高、可移动的物品，但也可适用于扣押船舶、航空器等不便于移动的物品。被扣押的财产，法院可自行保管，也可以委托其他单位或个人保管。对扣押的财产，保管人不得使用。

在执行程序中采取扣押措施时，法院应当作出裁定。采取扣押措施需有关单位协助的，应当向有关单位发出协助执行通知书。协助执行通知书中应当载明有关单位不得办理查封、扣押财产的转移过户以及设定担保等手续。同时，可以责令被执行人将有关财产权证照交执行法院保管。

法院对被执行人所有的其他人享有抵押权、质押权或留置权的财产，可以采取查封、扣押措施，财产拍卖、变卖后，所得价款应在抵押权人、质押权人或留置权人优先受偿后，余额部分用于清偿申请执行人的债权。

查封、扣押、冻结已登记的不动产、特定动产及其他财产权，应当通知有关登记机关办理登记手续。未办理登记手续的，不得对抗其他已经办理了登记手续的查封、扣押、冻结行为。[1]

人民法院查封、扣押财产时，被执行人是公民的，应当通知被执行人或者他的同住成年家属到场；被执行人是法人或者其他组织的，应当通知其法定代表人或者主要负责人到场。拒不到场的，不影响执行。被执行人是公民的，其工作单位或者财产所在地基层组织应当派人参加。对被查封、扣押的财产，执行员必须造具清单，

第三十二章

---

[1]　参见《查封、扣押、冻结规定》第 9 条第 2 款。

由在场人签名或者盖章后，交给被执行人一份，被执行人是公民的，也可以交给他的成年家属一份。[1]

2. 查封和扣押的区别。查封和扣押都属于临时性、控制性的执行措施，其实质都是限制被执行人对执行标的物的处分，为今后可能要采取的变价措施（如拍卖、变卖）作准备。查封和扣押的区别是：查封的对象一般是不宜移动的物品，而扣押的对象一般是容易移动的物品。

（三）冻结

1. 冻结的概念。冻结，是指法院对被执行人的存款、股权、股息、红利等，禁止其转移或支取的强制措施。有关单位或者个人必须按照法院的协助执行通知书依法协助。

2. 查封、扣押、冻结的期限。人民法院冻结被执行人的银行存款的期限不得超过 1 年，查封、扣押动产的期限不得超过 2 年，查封不动产、冻结其他财产权的期限不得超过 3 年。申请执行人申请延长期限的，人民法院应当在查封、扣押、冻结期限届满前办理续行查封、扣押、冻结手续，续行期限不得超过前款规定的期限。人民法院也可以依职权办理续行查封、扣押、冻结手续（《民诉法解释》第 487 条）。

查封、扣押、冻结期限届满，人民法院未办理延期手续的，查封、扣押、冻结的效力消灭。[2]

3. 禁止查封、扣押、冻结的财产。对于被执行人的下列财产，人民法院不得查封、扣押、冻结：①被执行人及其所扶养家属所必需的生活用品。②被执行人及其所扶养家属所必需的生活费用。当地有最低生活保障标准的，必需的生活费用依照该标准确定。③被执行人及其所扶养家属完成义务教育所必需的物品。④未公开的发明或者未发表的著作。⑤被执行人及其所扶养家属用于身体缺陷所必需的辅助工具、医疗物品。⑥被执行人所得的勋章及其他荣誉表彰的物品。⑦根据《缔结条约程序法》，以及以中华人民共和国、中华人民共和国政府或者中华人民共和国政府部门名义同外国、国际组织缔结的条约、协定和其他具有条约、协定性质的文件中规定免于查封、扣押、冻结的财产。⑧法律或司法解释规定的不得查封、扣押、冻结的财产。对被执行人及其扶养家属生活所必需的居住房屋，人民法院可以查封，但不得拍卖、变卖或者抵债。[3]

但是根据《房屋执行规定》的规定，对于被执行人所有的依法设定抵押的房屋，人民法院可以查封，并可以根据抵押权人的申请，依法拍卖、变卖或者抵债，但应当给予被执行人 6 个月的宽限期，宽限期届满后，被执行人仍不搬迁的，可以

---

〔1〕 参见《民事诉讼法》第 245 条。
〔2〕 参见《查封、扣押、冻结规定》第 30 条第 1 款。
〔3〕 参见《查封、扣押、冻结规定》第 5、6 条。

强制执行。强制迁出时，被执行人无法自行解决居住问题的，经人民法院查证属实，申请执行人还应当按照当地人均廉租住房面积标准，为被执行人提供临时住房。临时住房租金标准由申请执行人和被执行人协商确定，协商不成的，由执行机关确定。临时住房的租金由被执行人支付，但可从拍卖、变卖价款中优先扣除。

4. 轮候查封、扣押、冻结。所谓轮候查封、扣押、冻结，是指法院对债务人的财产采取查封、扣押、冻结措施后，其他法院不得再实施查封、扣押、冻结。但可以采取通知或办理登记的方法，当前一顺序的查封、扣押、冻结解除时，已办理通知或者已登记的次一顺序的查封、扣押、冻结立即生效。

《民事诉讼法》第103条第2款规定："财产已被查封、冻结的，不得重复查封、冻结。"该规定确定了执行顺序，但先查封的法院排斥了其他法院的查封，当先查封的法院解封时，在其他法院未查封之前，如果被执行人立即转移了解封的财产，将使债权人的合法权益受损。禁止重复查封、扣押并不排斥轮候查封、扣押。对已被法院查封、扣押、冻结的财产，其他机构可以进行轮候查封、扣押、冻结。查封、扣押、冻结解除的，登记在先的轮候查封、扣押、冻结即自动生效。其他法院对已登记的财产进行轮候查封、扣押、冻结的，应当通知有关登记机关协助进行轮候登记。实施查封、扣押、冻结的法院应当允许其他法院查阅有关文书和记录。其他法院对没有登记的财产进行轮候查封、扣押、冻结的，应当制作笔录，并经实施查封、扣押、冻结的法院执行人员签字，或者书面通知实施查封、扣押、冻结的法院。[1]

（四）拍卖与变卖

1. 拍卖与变卖的概念。拍卖，是指法院对已实施查封、扣押、冻结的财产，以公开竞价的方式卖给出价最高的买受人的措施。

变卖是指法院对已实施查封、扣押、冻结的财产进行出卖的措施。根据《执行规定》第48条和《拍卖规定》的规定，财产无法委托拍卖、不适于拍卖或当事人双方同意不需要拍卖的，可采用变卖方式。法院查封、扣押季节性强、鲜活、易腐烂变质的商品以及其他不宜长期保存的物品，也应当及时变价处理，保存价款。

2. 拍卖、变卖主体。人民法院在执行中需要拍卖被执行人财产的，可以由人民法院自行组织拍卖，也可以交由具备相应资质的拍卖机构拍卖。交拍卖机构拍卖的，人民法院应当对拍卖活动进行监督（《民诉法解释》第488条）。

人民法院在执行中需要变卖被执行人财产的，可以交有关单位变卖，也可以由人民法院直接变卖。对变卖的财产，人民法院或者其工作人员不得买受（《民诉法解释》第490条）。

3. 拍卖评估程序中强制检查、勘验。拍卖评估需要对现场进行检查、勘验的，人民法院应当责令被执行人、协助义务人予以配合。被执行人、协助义务人不予配合的，人民法院可以强制进行（《民诉法解释》第489条）。

---

[1]　参见《查封、扣押、冻结规定》第28条。

4. 拍卖与变卖的程序。法院对被执行人财产采取拍卖、变卖措施的，应当作出裁定。法院拍卖、变卖被执行人的财产，应当委托依法成立并具有相应资质的资产评估机构进行价格评估。对于财产价值较低或者价格依照通常方法容易确定的，以及当事人双方及其他执行债权人申请不进行评估的，可以不进行评估。[1]对债务人的股权进行评估时，法院可以责令有关企业提供会计报表等资料，有关企业拒不提供，可以强制提取。

由法院直接变卖的，变卖前应就价格问题征求物价等有关部门的意见，作价应当公平合理。被执行人申请对法院查封的财产实施自行变卖的，法院可以准许，但应监督其按照合理价格在指定的期限内进行并控制变卖价款。

拍卖和变卖都是财产变价的方式，但拍卖的公开竞价性使其更有利于实现被拍卖财产的最大价值和保护执行当事人的合法权益，因此，在变价方式的选用上，应首先采用拍卖方式。拍卖、变卖被执行人财产成交后，必须即时钱物两清，委托拍卖组织变卖被执行人财产所发生的费用，从所得价款中优先扣除。

5. 被执行财产无法拍卖、变卖的处理。被执行人的财产无法拍卖或者变卖的，经申请执行人同意，且不损害其他债权人合法权益和社会公共利益的，人民法院可以将该项财产作价后交付申请执行人抵偿债务，或者交付申请执行人管理；申请执行人拒绝接收或者管理的，退回被执行人（《民诉法解释》第 492 条）。

（五）以物抵债

1. 以物抵债。经申请执行人和被执行人同意，且不损害其他债权人合法权益和社会公共利益的，人民法院可以不经拍卖、变卖，直接将被执行人的财产作价交申请执行人抵偿债务。对剩余债务，被执行人应当继续清偿（《民诉法解释》第 491 条）。

2. 拍卖成交裁定、以物抵债裁定的物权变动效力。拍卖成交或者依法定程序裁定以物抵债的，标的物所有权自拍卖成交裁定或者抵债裁定送达买受人或者接受抵债物的债权人时转移（《民诉法解释》第 493 条）

（六）折价赔偿

执行标的物为特定物的，应当执行原物。原物确已毁损或者灭失的，经双方当事人同意，可以折价赔偿。双方当事人对折价赔偿不能协商一致的，人民法院应当终结执行程序。申请执行人可以另行起诉（《民诉法解释》第 494 条）。

（七）搜查

1. 搜查的概念。搜查，是指在执行过程中，被执行人逾期不履行义务，并隐匿财产的，法院可以对被执行人的人身及其住所地、财产隐匿地进行搜查的措施。

搜查是保障执行完成的重要执行措施，搜查中涉及公民的人身权、住宅权等诸多权利，且社会影响也较大，因此，搜查必须严格依照法定的条件和程序进行。

2. 搜查的条件和程序。搜查必须符合以下条件：①生效法律文书确定的履行期限

---

[1]　参见《拍卖规定》第 4 条。

已经届满；②被执行人不履行生效法律文书确定的义务；③债务人有隐匿财产的行为。

法院决定采取搜查措施，应由院长签发搜查令。搜查人员搜查时必须按规定着装，并出示搜查令和工作证件。搜查时，禁止无关人员进入搜查现场。搜查对象是公民的，应当通知被执行人或者其成年家属以及基层组织派员到场；搜查对象是法人或者其他组织的，应当通知法定代表人或主要负责人到场，有上级主管部门的，也应通知上级主管部门有关人员到场。拒不到场的，不影响搜查的进行。搜查妇女身体，应当由女执行员进行。对被执行人可能存放隐匿财物及有关证据材料的处所、箱柜等，被执行人经责令开启而拒不配合的，法院可以强制开启。搜查中发现应当依法采取查封、扣押的财产，依照《民事诉讼法》第245条第2款和第247条的有关查封、扣押财产的规定办理。搜查应当制作搜查笔录，由搜查人员、被搜查人及其他在场人签名、捺印或盖章。拒绝签名、捺印或者盖章的，应当记入搜查笔录。

四、对被执行人其他特殊财产权的执行

（一）对知识产权的执行

知识产权是指著作权、专利权、商标权、发明权、发现权等权利所有人对其智力劳动成果依法享有的专有权。被执行人不履行生效法律文书确定的义务，其享有知识产权的，法院有权裁定禁止被执行人转让其专利权、注册商标专用权、著作权（财产权部分）等知识产权。上述权利有登记主管部门的，应当同时向有关部门发出执行通知书，要求其不得办理财产权转移手续，必要时，可责令被执行人将财产权或使用权证照交法院保存。

采取上述执行措施后，被执行人仍不履行义务的，执行机构有权对被执行人所有的知识产权采取拍卖、变卖等执行措施。

（二）对股息、红利等收益的执行

对被执行人从有关企业中应得的已到期的股息或红利等收益，法院有权裁定禁止被执行人提取和有关企业向被执行人支付，并要求有关企业直接向申请执行人支付。

对被执行人预期从有关企业应得的股息或红利等收益，法院可以采取冻结措施，禁止到期后被执行人提取和有关企业向被执行人支付。到期后，法院可以从有关企业提取，并出具提取收据。

（三）对股票等有价证券的执行

"被执行人未按执行通知履行法律文书确定的义务，人民法院有权向有关单位查询被执行人的存款、债券、股票、基金份额等财产情况。人民法院有权根据不同情形扣押、冻结、划拨、变价被执行人的财产。人民法院查询、扣押、冻结、划拨、变价的财产不得超出被执行人应当履行义务的范围。"[1]对被执行人的债券、股票、基金份额等财产，法院可以扣押，并强制被执行人按照《公司法》的有关规定转让，也可以直接采取拍卖、变卖的方式进行处分，或直接将股票等有价证券抵偿给

---

[1] 《民事诉讼法》第242条第1款。

债权人，用于清偿被执行人的债务。

（四）对股权或投资收益权的执行

1. 对被执行人在有限责任公司、其他法人企业中的投资权益或股权，法院可以采取冻结措施。冻结投资权益或股权的，应当通知有关企业不得办理被冻结投资权益或股权的转移手续，不得向被执行人支付股息或红利。被冻结的投资权益或股权，被执行人不得自行转让。

被执行人在有限责任公司中被冻结的投资权益或股权，法院可以依《公司法》第35、36条的规定，征得全体股东过半数同意后，予以拍卖、变卖或以其他方式转让。不同意转让的股东，应当购买该转让的投资权益或股权，不购买的，视为同意转让，不影响执行。

法院也可允许被执行人自行转让其投资权益或股权，将转让所得收益用于清偿对申请执行人的债务。

2. 被执行人在其独资开办的法人企业中拥有的投资权益被冻结后，法院可以直接裁定予以转让，以转让所得清偿其对申请执行人的债务。

3. 对被执行人在中外合资、合作经营企业中的投资权益或股权，在征得合资或合作他方的同意和对外主管贸易机关的批准后，可以对冻结的投资权益或股权予以转让。如果被执行人除在中外合资、合作企业中的股权以外，无其他财产可供执行，其他股东又不同意转让的，可以直接强制转让被执行人的股权，但应当保护合资他方的优先购买权。

有关企业收到法院发出的协助执行通知后，擅自为被执行人办理已冻结投资权益或股权的转移手续，造成已转移的财产无法追回的，应当在转移的投资权益或股权价值范围内向申请执行人承担责任。

■第二节　对不动产的执行措施

对不动产的执行措施，是指以不动产为执行标的的执行措施。不动产主要包括：房屋、土地及其附着物。对不动产的执行措施主要包括强制迁出房屋和退出土地，该措施是专门针对不动产所采取的执行措施。除此之外，还可以适用查封、拍卖、变卖等执行措施。

一、强制迁出房屋和退出土地的概念

强制迁出房屋和退出土地，是指法院强制搬迁被执行人在房屋内或者特定土地上的财物，腾出房屋或土地交给权利人的一种执行措施。对房屋拆迁、房屋买卖、宅基地纠纷等案件的执行，可采用强制迁出房屋和退出土地的措施。

二、强制迁出房屋和退出土地的程序

1. 发出执行公告。强制迁出房屋和退出土地，应由法院院长签发限期迁出房屋或退出土地的公告。公告要写明强制被执行人迁出房屋和退出土地的原因，并再次指定债务人履行义务的期限，说明逾期不履行的法律后果。公告由法院院长署名，并加盖法院印章。公告应张贴在法院公告栏内以及应当迁出的房屋或退出的土地附近。被执行人在指定的履行期间履行义务的，执行程序结束；如果不履行义务的，法院开始执行。

2. 强制执行。法院实施强制迁出房屋和退出土地的措施时，被执行人是公民的，应当通知本人或者其成年家属到场，并邀请被执行人所在单位或者房屋土地所在地的基层组织派人参加；被执行人是法人或者其他组织的，应当通知法定代表人或主要负责人到场，拒不到场的，不影响执行。执行员应当将强制执行的情况记入笔录，由在场人员签名或者盖章。

在执行中，被执行人在占有的房屋内或者土地上存放的财物，执行人员应当造具清单，由在场人签名或者盖章后，由法院派人将这些财物运至指定处所，交给被执行人。被执行人是公民的，也可交给他的成年家属。如果他们拒绝接受，由此造成的损失，由被执行人承担。强制执行完毕后，执行人员应将腾出的房屋或者退出的土地及时交付权利人，结束执行程序。

■第三节 指定交付财物、票证、完成行为和对隐匿财产、会计账簿的执行措施

一、指定交付财物、票证的执行

指定交付财物、票证，是指在执行中，被执行人拒不履行法律文书所指定的财物或者票证时，法院强制被执行人交付指定的财物或者票证的措施。法律文书指定交付的财物，可以是种类物，也可以是特定物；交付的票证，一般是有财产权利内容的凭证，如股票、国库券等。

交付财物或票证可采取当面交付和转交两种方法。当面交付，由执行人员传唤双方当事人到庭或到指定场所，由被执行人将指定的财物或票证交付给权利人。转交有执行机构转交和第三人转交两种方法。执行机构转交是被执行人将指定交付的财物或者票证交给执行人员，由执行人员转交给权利人。第三人转交是指定交付的财物或票证由第三人持有或保管的，应当根据法院的协助执行通知书，将财物或票证转交给权利人或执行机构；拒不交出的，强制执行。

有关单位和个人持有法律文书指定交付的财物或者票证，在接到法院协助执行通知书后，拒不转交的，可以强制执行，并可依照《民事诉讼法》第114、115条规定处理。他人持有期间财物或者票证毁损、灭失的，参照《民诉法解释》第494条规定处理。他人主张合法持有财物或者票证的，可以根据《民事诉讼法》第227条规定提出执行异议。(《民诉法解释》第495条)

生效法律文书确定被执行人交付特定标的物的，应当执行原物。原物被隐匿或非法转移的，法院有权责令其交出。原物确已毁损或者灭失的，经双方当事人同意，可以折价赔偿。双方当事人对折价赔偿不能协商一致的，人民法院应当终结执行程

序。申请执行人可以另行起诉（《民诉法解释》第494条）。

二、对法律文书指定行为的执行

对法律文书指定行为的执行，亦称对行为的执行，是指被执行人不履行生效法律文书确定的义务，即不履行生效文书指定的行为，法院根据债权人的请求强制被执行人履行指定行为的措施。法律文书指定的行为，包括作为和不作为。

对于可替代履行的行为，被执行人不履行生效法律文书确定的行为义务，该义务可由他人完成的，人民法院可以选定代履行人；法律、行政法规对履行该行为义务有资格限制的，应当从有资格的人中选定。必要时，可以通过招标的方式确定代履行人。申请执行人可以在符合条件的人中推荐代履行人，也可以申请自己代为履行，是否准许，由人民法院决定（《民诉法解释》第503条）。

代履行费用的数额由人民法院根据案件具体情况确定，并由被执行人在指定期限内预先支付。被执行人未预付的，人民法院可以对该费用强制执行。代履行结束后，被执行人可以查阅、复制费用清单以及主要凭证（《民诉法解释》第504条）。

被执行人不履行法律文书指定的行为，且该项行为只能由被执行人完成的，人民法院可以依照《民事诉讼法》第111条第1款第6项规定处理。被执行人在人民法院确定的履行期间内仍不履行的，人民法院可以依照《民事诉讼法》第111条第1款第6项规定再次处理（《民诉法解释》第505条）。

三、对隐匿财产、会计账簿的执行

在执行中，被执行人隐匿财产、会计账簿等资料的，人民法院除可依照《民事诉讼法》第111条第1款第6项规定对其处理外，还应责令被执行人交出隐匿的财产、会计账簿等资料。被执行人拒不交出的，人民法院可以采取搜查措施（《民诉法解释》第496条）。

四、办理有关财产权证照转移手续

在执行中，对有些执行财产所有权的转移，必须同时办理财产权证照转移手续。财产权证照是指证明具有财产内容的各种文书和执照，如房产证、土地使用证、林权证、专利证书、商标证书、车船执照等。

在执行中，对于需要办理财产权证照转移手续的，由法院向有关财产权证照办理单位发出协助执行通知书。有关单位收到协助执行通知书后，必须办理；拒绝协助办理的，法院可以依照妨害执行行为的有关规定，对负有协助义务的单位及其直接责任人员采取强制措施。

■第四节　特殊的执行措施与制度

一、财产报告制度

（一）财产报告制度的概念

财产报告制度，是指法院对不履行生效法律文书确定义务的被执行人，强制其如实向法院报告财产状况的制度。《民事诉讼法》第241条规定："被执行人未按执行通知履行法律文书确定的义务，应当报告当前以及收到执行通知之日前1年的财产情况。被执行人拒绝报告或者虚假报告的，人民法院可以根据情节轻重对被执行人或者其法定代理人、有关单位的主要负责人或者直接责任人员予以罚款、拘留。"

为了保证执行效果，许多国家和地区都将查明被执行人的财产作为强制执行制度的一项重要内容。在执行实践中，大量的案件因为找不到被执行人的财产而无法执行，2007年修改的《民事诉讼法》明确规定了财产报告制度，并规定了被执行人拒不履行申报义务或虚假申报的法律后果。该制度的设立有利于掌握被执行人的财产状况，获取关于财产调查的线索，防止被执行人隐匿或转移财产。

（二）财产报告的程序

在执行程序中，被执行人收到法院发出的履行通知书后，仍不履行法律文书确定的义务的，应当向法院报告财产状况。法院作出的法律文书生效后，被执行人应在法律文书确定的履行期限内履行义务。被执行人不履行义务，经债权人向法院申请执行后，仍不按照执行通知的要求履行义务的，被执行人应当向法院报告财产状况。《执行程序若干解释》对财产报告的内容、程序作了规定。

1. 报告财产令。人民法院责令被执行人报告财产情况的，应当向其发出报告财产令。报告财产令中应当写明报告财产的范围、报告财产的期间、拒绝报告或者虚假报告的法律后果等内容。

2. 报告财产的范围。被执行人应当书面报告下列财产情况：收入、银行存款、现金、有价证券；土地使用权、房屋等不动产；交通运输工具、机器设备、产品、原材料等动产；债权、股权、投资权益、基金、知识产权等财产性权利；其他应当报告的财产。

3. 报告财产的期间。被执行人自收到执行通知之日前1年至当前财产发生变动的，应当对该变动情况进行报告。被执行人在报告财产期间履行全部债务的，人民法院应当裁定终结报告程序。

4. 报告财产的补充。被执行人报告财产后，其财产情况发生变动，影响申请执行人债权实现的，应当自财产变动之日起10日内向人民法院补充报告。

5. 报告财产的查询与核实。对被执行人报告的财产情况，申请执行人请求查询的，人民法院应当准许。申请执行人对查询的被执行人财产情况，应当保密。对被执行人报告的财产情况，执行法院可以依申请执行人的申请或者依职权调查核实。

被执行人拒绝报告或者虚假报告的，法院可以根据情节轻重，对被执行人或者主要责任人予以罚款、拘留。

二、责令支付迟延履行利息或迟延履行金

迟延履行，是指在生效法律文书确定的履行期间内，被执行人没有履行义务。对被执行人迟延履行义务的行为，法院既要强制其履行义务，又要追究被执行人迟延履行的法律责任。

第三十二章

1. 责令被执行人支付迟延履行利息，主要适用于金钱给付义务的执行案件。被执行人迟延履行的，迟延履行期间的利息或迟延履行金自判决、裁定和其他法律文书指定的履行期间届满之日起计算（《民诉法解释》第506条）。

2. 责令被执行人支付迟延履行金，适用于除金钱给付义务以外的其他执行案件。被执行人未按判决、裁定和其他法律文书指定的期间履行非金钱给付义务的，无论是否给申请执行人造成损失，都应当支付迟延履行金。已经造成损失的，双倍补偿申请执行人已经受到的损失；没有造成损失的，迟延履行金可以由人民法院根据具体案件情况决定。（《民诉法解释》第507条）

三、对剩余债务的继续执行

在执行中，法院采取查询、冻结、划拨被执行人的银行存款，扣留、提取被执行人的收入，查封、扣押、冻结、拍卖、变卖被执行人的财产等措施后，被执行人仍不能履行生效法律文书确定的义务的，应当由其继续履行义务。如果债权人发现被执行人有其他财产的，可以随时请求法院执行，且不受民事执行期限的限制。这种制度称为继续执行。

继续执行一般有以下两种情形：①债务人暂时无履行能力，待其有履行能力时，可申请继续履行；②债务人转移、隐匿财产，抽逃资金或者外出躲债，债权人发现其财产后，可申请继续执行。

继续执行不受申请执行期限的限制，只要债务人的债务没有履行，债权人就可随时申请执行。该制度为债权人的债权的实现提供了实质性的保障，同时，被执行人的债务也不因采取执行措施后其不能履行而得到豁免。

四、参与分配

（一）参与分配的概念和条件

参与分配，是指在执行程序中，因被执行人的财产不能清偿所有债权，申请执行人以外的其他债权人依据执行根据申请参加已开始的执行程序，并从执行债权中获得公平清偿的制度。对人民法院查封、扣押、冻结的财产有优先权、担保物权的债权人，可以直接申请参与分配，主张优先受偿权（《民诉法解释》第508条第2款）。

参与分配须具备以下条件：

1. 被执行人是公民或其他组织。被执行人是企业法人的，不适用参与分配程序。在执行中，如果企业法人的财产不足以清偿全部债务的，可告知当事人依法申请被执行人破产。

2. 多个债权人对同一债务人的财产进行执行。多个债权人依据不同的执行根据或多个债权人根据一份生效法律文书，请求对同一债务人的财产强制执行。

3. 被执行人的财产不能清偿全部债权。在执行程序中，部分债权人对债务人的财产已申请执行，债务人的全部或部分财产已经被查封、扣押或被冻结，其他债权人发现被执行人的财产不能清偿所有债权的，可以向法院申请参与分配。如果被执行人还有其他财产可供执行，或者其他财产足以清偿全部债务，取得执行根据的其他债权人可另行申请执行，已起诉的其他债权人可以在取得执行根据后再申请执行。

4. 参与分配的财产必须属于被执行人。

5. 参与分配的申请时间。参与分配申请应当在执行程序开始后，被执行人财产执行终结前提出。

6. 参与分配的标的必须是金钱债权或者已经转换为金钱的债权。民事执行可分为金钱债权的执行、物的交付请求权的执行和行为请求权的执行。参与分配是将执行所得的金额在各债权人之间按比例公平分配。因此，可申请参与分配的债权必须都是金钱债权。

7. 参与分配必须以书面形式提出。

（二）参与分配的程序

1. 申请。债权人申请参与分配，应当向法院提交参与分配申请书，写明参与分配的理由，并附有执行根据。

2. 主持参与分配的法院。参与被执行人财产的具体分配应当由首先查封、扣押或冻结的法院主持进行。如该法院所采取的执行措施系为执行财产保全裁定，具体分配应当在该院案件审理终结后进行。

3. 制作分配方案。申请执行人和被申请执行人对其他债权人的参与分配申请没有异议，且法院认为参与分配申请符合条件的，法院应当制作分配方案，并送达各债权人和被执行人。财产分配中，有优先权的债权应当优先受偿，没有优先权的财产应当按照比例进行分配。

4. 参与分配中的清偿顺序。参与分配执行中，执行所得价款扣除执行费用，并清偿应当优先受偿的债权后，对于普通债权，原则上按照其占全部申请参与分配债权数额的比例受偿。清偿后的剩余债务，被执行人应当继续清偿。债权人发现被执行人有其他财产的，可以随时请求人民法院执行（《民诉法解释》第510条）。

（三）参与分配方案异议处理

债权人或者被执行人对分配方案有异议的，应当自收到分配方案之日起15日内向执行法院提出书面异议。

债权人或者被执行人对分配方案提出书面异议的，执行法院应当通知未提出异议的债权人或被执行人。未提出异议的债权人、被执行人收到通知之日起15日内未提出反对意见的，执行法院依异议人的意见对分配方案审查修正后进行分配；提出反对意见的，应当通知异议人。异议人可在自收到通知之日起15日内，以提出反对意见的债权人、被执行人为被告，向执行法院提起诉讼；异议人逾期未提起诉讼的，执行法院依原分配方案进行分配。诉讼期间进行分配的，执行法院应当将与争议债权数额相应的款项予以提存。

五、代位执行

（一）代位执行的概念

代位执行，亦称对第三人财产的执行，亦称到期债权的执行，是指被执行人不能清偿到期债务，但对本案以外的第三人享有到期债权的，法院可依申请执行人或被执行人的申请，对该第三人财产进行强制执行。

（二）代位执行的程序

1. 申请人提出申请。申请执行人或被申请执行人在被执行人不能清偿到期债务时，对第三人享有到期债权的，可向法院提出书面申请。

2. 审查及作出冻结债权的裁定，并通知第三人向申请执行人履行。法院对申请人的申请进行审查后，认为债权属实，向第三人发出履行债务通知。履行通知应当包含下列内容：①第三人直接向申请执行人履行其对被执行人所负的债务，不得向被执行人清偿；②第三人应当在收到履行通知后的 15 日内向申请执行人履行债务；③第三人对履行到期债权有异议的，应当在收到履行通知后的 15 日内向执行法院提出；④第三人违背上述义务的法律后果。

3. 第三人提出异议及异议的形式。第三人在履行通知指定的期间内提出异议的，法院不得对第三人强制执行。对第三人提出的异议，法院不进行审查。第三人提出自己无履行能力或其与申请执行人无直接法律关系，不属于此处所指的异议。如第三人对债务部分承认、部分有异议的，可以对其承认的部分强制执行。第三人对履行通知的异议一般应当以书面形式提出，口头提出的，执行人员应记入笔录，并由第三人签字或盖章。

4. 第三人未提出异议。第三人在履行通知指定的期限内没有提出异议，而又不履行的，执行法院有权裁定对其强制执行。此裁定同时送达第三人和被执行人。

5. 被执行人放弃债权或延缓履行期限的行为无效。被执行人收到法院的履行通知后，放弃其对第三人的债权或延缓第三人履行期限的行为无效，法院仍可在第三人无异议又不履行的情况下予以强制执行。

6. 第三人的责任。第三人收到法院要求其履行到期债务的通知后，擅自向被执行人履行，造成已向被执行人履行的财产不能追回的，除在已履行的财产范围内与被执行人承担连带责任外，可以追究其妨害执行的责任。

7. 执行第三人财产的范围。在对第三人作出强制执行的裁定后，第三人确无财产可供执行的，不得就第三人对他人享有的到期债权强制执行。

8. 法院证明。第三人按照法院履行通知向申请执行人履行了债务或已被强制执行后，法院应当出具有关证明。

（三）第三人到期债权的执行

人民法院执行被执行人对他人的到期债权，可以作出冻结债权的裁定，并通知该他人向申请执行人履行。该他人对到期债权有异议，申请执行人请求对异议部分强制执行的，人民法院不予支持。利害关系人对到期债权有异议的，人民法院应当按照《民事诉讼法》第 227 条规定处理。对生效法律文书确定的到期债权，该他人予以否认的，人民法院不予支持（《民诉法解释》第 501 条）。

六、执行转破产程序

（一）执行转破产程序的概念

执行转破产程序，是指在执行中，作为被执行人的企业法人无力清偿到期债务，资不抵债，执行法院经申请执行人或被执行人同意，应当裁定中止对该被执行人的执行，将执行案件相关材料移送被执行人住所地人民法院。《民诉法解释》第513～516条对执行转破产程序作了规定。

（二）执行转破产程序的条件

1. 被执行人的企业法人无力清偿到期债务，资不抵债。

2. 申请执行人之一或被执行人同意。

（三）破产申请审查处理

1. 移送材料。执行法院将执行案件相关材料移送被执行人住所地人民法院。

2. 审查期限。被执行人住所地人民法院应当自收到执行案件相关材料之日起30日内，作出是否受理的裁定，并告知执行法院；不予受理的，应当将相关案件材料退回执行法院。

（四）破产程序对执行程序的影响

1. 解除保全。法院裁定受理破产案件的，执行法院应当解除对被执行人财产的保全措施。

2. 终结执行或恢复执行。法院裁定宣告被执行人破产的，执行法院应当裁定终结对该被执行人的执行；不受理破产案件的，执行法院应当恢复执行。

（五）不同意移送或者不受理破产案件的处理

当事人不同意移送或者被执行人住所地人民法院不受理破产案件的，执行法院就执行变价所得财产，在扣除执行费用及清偿优先受偿的债权后，对于普通债权，按照财产保全和执行中查封、扣押、冻结的财产的先后顺序清偿。

七、执行程序终结后再次申请执行

执行程序终结后再次申请执行，是指执行过程中，执行法院经过财产调查，未发现被执行人有可供执行的财产，在申请执行人签字确认或者执行法院组成合议庭审查核实并经院长批准后，可以裁定终结本次执行程序。终结执行后，申请执行人发现被执行人有可供执行财产的，可以再次申请执行。再次申请不受申请执行时效期间的限制（《民诉法解释》第519条）。

根据《民诉法解释》第519条的规定，在执行中发生被执行人无财产可供执行的情况，执行法院可依法终结本次执行，如申请执行人发现执行财产线索的，可再次申请执行，而不受执行期限的限制。这一规定解决了在实践中，因被执行人无财产而执行案件一直悬而未决的情况，有利于法院对执行案件的管理。

八、撤销申请后再次申请执行

撤销申请后再次申请执行，是指因撤销申请而终结执行后，当事人在申请执行时效期间内再次申请执行的，人民法院应当受理（《民诉法解释》第520条）。

依据《民事法解释》第 520 条的规定，当事人撤销申请执行后，在执行时效内可再次申请执行，这一规定为当事人行使诉讼权利提供了充分保障，弥补了民事诉讼法对撤销申请执行后对当事人保护立法方面的不足。

九、对妨害执行行为的强制措施的适用

对妨害执行行为的强制措施，是指在执行程序中，法院对于妨害民事执行活动的人所采取的强制措施。妨害执行行为的强制措施属于妨害民事诉讼强制措施的一种，1991 年《民事诉讼法》对妨害民事诉讼强制措施作了规定；在此基础上，《执行规定》第 97～101 条对妨害执行行为的强制措施又作了补充规定；2007 年修改的《民事诉讼法》又增加了限制出境、在征信系统记录、通过媒体公布不履行义务信息以及法律规定的其他措施；《民诉法解释》又进一步细化了该类强制执行措施的适用。

（一）拘传

对必须接受调查询问的被执行人、被执行人的法定代表人、负责人或者实际控制人，经依法传唤，无正当理由拒不到场的，人民法院可以拘传其到场。

拘传的时间及地点：①对被拘传人进行调查询问的时间不得超过 8 小时，情况复杂，依法可能采取拘留措施的，调查询问的时间不得超过 24 小时。②在本辖区以外采取拘传措施时，可以将被拘传人拘传到当地法院，当地法院应予协助（《民诉法解释》第 484 条）。

（二）罚款和拘留

对下列妨害执行的行为，可适用罚款和拘留强制措施：

1. 拒绝报告或者虚假报告的。现行《民事诉讼法》将拘留的适用对象扩大到协助执行单位的主要负责人和直接责任人员，同时，对拒绝报告财产状况或者虚假报告财产状况的被执行人可采取罚款、拘留等强制措施，以保障财产报告制度的实施。[1] 该规定有利于促使有关单位依法履行协助执行义务，改变"协助执行人难求"的局面。

2. 根据《执行规定》第 100 条的规定，被执行人或其他人有下列拒不履行生效法律文书或者妨害执行行为之一的，人民法院可以依照《民事诉讼法》第 111 条的规定予以罚款、拘留：①隐藏、转移、变卖、毁损向人民法院提供担保的财产的；②案外人与被执行人恶意串通转移被执行人财产的；③故意撕毁人民法院执行公告、封条的；④伪造、隐藏、毁灭有关被执行人履行能力的重要证据，妨碍人民法院查明被执行人财产状况的；⑤指使、贿买、胁迫他人对被执行人的财产状况和履行义务的能力问题作伪证的；⑥妨碍人民法院依法搜查的；⑦以暴力、威胁或其他方法

---

〔1〕《民事诉讼法》第 241 条规定："被执行人未按执行通知履行法律文书确定的义务，应当报告当前以及收到执行通知之日前 1 年的财产情况。被执行人拒绝报告或者虚假报告的，人民法院可以根据情节轻重对被执行人或者其法定代理人、有关单位的主要负责人或者直接责任人员予以罚款、拘留。"

妨碍或拒绝执行的；⑧哄闹、冲击执行现场的；⑨对人民法院执行人员进行侮辱、诽谤、诬陷、围攻、威胁、殴打或者打击报复的；⑩毁损、抢夺执行案件材料、执行公务车辆、其他执行器械、执行人员服装和执行公务证件的。

2007 年修改的《民事诉讼法》第 104 条第 1 款规定："对个人的罚款金额，为人民币 1 万元以下。对单位的罚款金额，为人民币 1 万元以上 30 万元以下。"[1] 2012 年修改的《民事诉讼法》则将罚款数额的幅度提高到原规定的 10 倍，对不履行义务的被执行人和不履行协助义务的协助执行人形成有力的威慑，促使其履行法律文书确定的义务。

（三）对拒不履行或妨害执行的行为追究刑事责任

在执行中，被执行人或其他人拒不履行生效法律文书或者妨害执行情节严重，需要追究刑事责任的，应将有关材料移交有关机关处理。

（四）限制出境

限制出境，是指执行法院对未履行生效法律文书确定义务的被执行人，限制其出境的强制措施。限制出境的对象包括自然人、法人的法定代表人和其他组织的负责人。

根据《民事诉讼法》第 255 条的规定，被执行人不履行法律文书确定的义务的，人民法院可以对其采取或者通知有关单位协助采取限制出境的措施。限制出境措施的确立，加强了法院的执行力度，并发挥社会各界的力量，形成执行联动机制，对促使当事人履行生效法律文书确定的义务具有积极作用。

《执行程序若干解释》第 37、38 条对限制出境作了进一步的规定：

1. 限制出境的启动。对被执行人限制出境的，应当由申请执行人向执行法院提出书面申请；必要时，执行法院可以依职权决定。

2. 被限制出境的主体。被执行人为单位的，可以对其法定代表人、主要负责人或者影响债务履行的直接责任人员限制出境。被执行人为无民事行为能力人或者限制民事行为能力人的，可以对其法定代理人限制出境。

3. 限制出境的解除。在限制出境期间，被执行人履行法律文书确定的全部债务的，执行法院应当及时解除限制出境措施；被执行人提供充分、有效的担保或者申请执行人同意的，可以解除限制出境措施。

（五）在征信系统记录、通过媒体公布不履行义务信息

根据《民事诉讼法》第 255 条的规定，被执行人不履行法律文书确定的义务的，法院可以在征信系统记录、通过媒体公布不履行义务信息以及法律规定的其他措施。

1. 在征信系统记录。在征信系统记录，是指法院将被执行人不履行生效法律文书确定的义务的行为记录在法院的征信系统中的强制措施。

实施这一措施的目的，是建立国家执行威慑机制，通过将法院的征信系统与金

---

[1] 1991 年《民事诉讼法》第 104 条第 1 款规定："对个人的罚款金额，为人民币 1000 元以下。对单位的罚款金额，为人民币 1000 元以上 3 万元以下。"

融、工商、房地产、交通、出入境管理等部门以及其他社会信用体系的网络相联接，逐步从法律、经济、政治、道德、生活、舆论等各个方面对被执行人进行制约，使其在进入交易市场时受到严格的审查和限制，促使被执行人自觉履行义务，形成综合治理执行问题的工作格局，以达到标本兼治的目的。

2. 通过媒体公布不履行义务信息。通过媒体公布不履行义务信息，是指法院将不履行义务的被执行人的名单通过电台、电视台、报刊、网络等新闻媒体，以公告的形式公布的强制措施。该措施的实施，使被执行人不履行义务的情况在一定范围内被社会公众所知晓，造成一定的社会影响和压力，从而促使其自动履行义务。

根据《执行程序若干解释》第39条的规定，执行法院可以依职权或者依申请执行人的申请，将被执行人不履行法律文书确定义务的信息，通过报纸、广播、电视、互联网等媒体公布。媒体公布的有关费用，由被执行人负担；申请执行人申请在媒体公布的，应当垫付有关费用。

"执行难"是当今社会面临的重大问题，解决"执行难"除了需要加强法院的执行力度外，还应形成法院与社会的联动执行机制，发动社会各界力量，加强多部门之间的共同协作。上述强制措施，有利于从各个方面加强对被执行人的约束，促使被执行人自觉、主动地履行义务，从而切实有效地解决"执行难"的问题。

（六）失信被执行人名单

《民诉法解释》第518条规定了失信被执行人名单强制执行措施："被执行人不履行法律文书确定的义务的，人民法院除对被执行人予以处罚外，还可以根据情节将其纳入失信被执行人名单，将被执行人不履行或者不完全履行义务的信息向其所在单位、征信机构以及其他相关机构通报。"

该措施以诚信机制约束被执行人，一旦被执行人不诚信的行为被纳入失信被执行人名单，他将为自己的不诚信行为付出代价。

（七）执行终结后对妨害执行标的物行为的处理

根据《民诉法解释》第521条的规定，对妨害执行标的物行为可依法进行处罚。对妨害执行标的物行为的处理，是指在执行终结6个月内，被执行人或者其他人对已执行的标的有妨害行为的，人民法院可以依申请排除妨害，并可以依照《民事诉讼法》第111条规定进行处罚。因妨害行为给执行债权人或者其他人造成损失的，受害人可以另行起诉。

在执行过程中，有时会发生被执行人或者其他人对已执行的标的物实施妨害行为的情况，该类妨害行为严重损害了司法的尊严和权威，应当予以惩处。《民诉法解释》的规定，为处罚这类违法行为提供了法律依据。

【本章小结】

1. 本章介绍了执行措施的一般理论，包括对动产的执行措施，对不动产的执行措施，对指定交付财物、票证和完成行为的执行措施，特殊的执行措施与制度。

2. 对动产执行时，根据不同情况，可分别采取查询、冻结、划拨被执行人存款，扣留、提取被执行人收入，查封、扣押、冻结、拍卖、变卖被执行人财产的措施。查封、扣押、冻结等是临时性、控制性的执行措施，其实质都是限制被执行人对执行标的物的处分，为今后可能要采取的变价措施（如拍卖、变卖等）做准备。拍卖、变卖是变价性执行措施，但拍卖的公开竞价性，更有利于实现被拍卖财产的最大价值和保护执行当事人的合法权益。因此，在变价方式的选用上，应首先采用拍卖方式。搜查被执行人隐匿的财产，为上述执行措施的实施和执行的完成提供了保障。

3. 强制迁出房屋和退出土地是直接针对不动产而采取的强制措施，除此之外，还可采取查封、拍卖、变卖等执行措施。

4. 对执行中涉及的财物、票证的交付，行为的执行以及办理有关财产权证照转移手续，指定交付财物、票证和完成行为的执行措施，为上述执行提供了保障。

5. 2007年修改的《民事诉讼法》在执行措施方面增加了财产报告制度，将查明被执行人财产作为强制执行制度的一项重要内容，对保证执行效果、有效地解决执行难问题具有重要作用。交付迟延履行利息和迟延履行金的措施，既强制被执行人履行义务，又追究其迟延履行的法律责任。对剩余债务的继续执行，使执行不受执行期限的限制，只要债务人的债务没有履行，债权人就可随时申请执行，该制度为债权人债权的实现提供了实质性的保障。参与分配，在特殊情况下，即被执行人财产不能清偿所有债权时，债权人可参加已开始的执行程序，能够从执行债权中获得公平清偿。代位执行制度为申请执行人债权的实现提供了特殊保障，即在被执行人不能清偿到期债务时，可申请执行被执行人有到期债权的第三人的财产。

6. 2007年修改的《民事诉讼法》新增了对被执行人的限制性执行措施，例如，限制出境，在征信系统记录、通过媒体公布不履行义务信息。这些措施的共同作用在于，既发挥法院的执行力量，又发挥社会各部门的协作力量，从各个方面加强对被执行人的约束，促使被执行人履行生效法律文书确定的义务。上述措施与拘传、罚款、拘留等其他强制措施一起，对妨害执行的行为进行制裁，以保障执行工作的顺利进行。

【思考题】

1. 对动产可采取哪些执行措施？
2. 简述民事搜查程序。
3. 对行为的执行可采取哪些执行措施？
4. 简述财产报告制度。
5. 简述执行第三人到期债权制度。
6. 简述代位执行制度。
7. 简述对被执行人的限制性措施。

【参考文献】

1. 杨荣馨主编:《强制执行立法的探索与构建——中国强制执行法（试拟稿）条文与释义》,中国人民公安大学出版社 2005 年版。

2. 常怡、崔婕:"完善民事强制执行立法若干问题研究",载《中国法学》2000 年第 1 期。

3. 陈桂明、侍东波："民事执行法中拍卖制度之理论基石——强制拍卖性质之法律分析",载杨荣新主编:《民事诉讼法修改的若干基本问题》,中国法制出版社 2002 年版。

4. 肖建国、赵晋山:"民事执行若干疑难问题探讨",载《法律适用》2005 年第 6 期。

5. 王胜明主编:《中华人民共和国民事诉讼法释义》,法律出版社 2012 年版。

6. 沈德咏主编:《最高人民法院民事诉讼法司法解释理解与适用（下）》,人民法院出版社 2015 年版。

第三十二章

执行中止和执行终结

学习目的和要求　了解执行中止、执行终结的概念和情形；理解执行中止、执行终结对执行程序的影响。

■第一节　执行中止

一、执行中止的概念

执行中止，是指在执行过程中，由于出现了某种特殊情况而使执行程序暂时停止，待特殊情况消失后，执行程序再继续进行。

二、执行中止的情形

根据《民事诉讼法》第256条和《执行规定》第102、103条的规定，有下列情形之一的，人民法院应当裁定中止执行：

1. 申请人表示可以延期执行。执行开始后，申请人请求延期执行，是对其权利的处分，法院应尊重申请人的处分行为，中止执行程序。

2. 案外人对执行标的提出确有理由的异议。案外人依法提出执行异议，认为强制执行可能损害自己的实体权利，并提供相应的证据，此时作为执行根据的法律文书可能有错误，应中止执行。

3. 作为一方当事人的公民死亡，需要等待继承人继承权利或者承担义务的。在执行中，一方当事人死亡，执行程序将因缺少一方主体而无法进行。因而，在执行中，出现作为一方当事人的公民死亡的情形时，就应由其继承人来继承权利或承担义务。而确定权利义务承受人需办理一定的手续，需要一定的时间，应中止执行程序。

4. 作为一方当事人的法人或者其他组织终止，尚未确定权利义务承受人的。法人或者其他组织终止，是指法人或者其他组织依法被撤销、解散、宣告破产以及合并、分立等情况。如果在法人或者其他组织终止时，尚未确定权利义务承受人的，应当中止执行程序。

5. 人民法院认为应当中止执行的其他情形。除上述规定以外，人民法院在下列情形下也应中止执行：①法院已经受理以被执行人为债务人的破产申请；②被执行人确无财产可供执行的；③执行的标的物是其他法院或仲裁机构正在审理的案件、争议标的物，需要等待该案件审理完毕、确定权属的；④一方当事人申请执行仲裁裁决，另一当事人申请撤销仲裁裁决的；⑤申请人对仲裁裁决依据《民事诉讼法》第 237 条第 2 款的规定向人民法院提出不予执行请求，并提供适当担保的；⑥案件已经按审判监督程序决定再审的。

执行中止应由执行法院或按审判监督程序再审的法院制作裁定书。裁定书应当写明中止执行的理由和法律依据，并由执行员、书记员署名，加盖人民法院印章。

三、执行中止的效力

执行中止的效力，是指执行程序的暂时停止。执行中止的裁定在送达当事人后立即生效。在中止执行期间，执行法院不得进行执行活动，当事人和其他执行参与人不得实施与执行中止相违背的行为。

执行中止的原因消失后，执行法院可以根据当事人的申请或依职权恢复执行，恢复执行应当书面通知当事人。中止执行的裁定，自执行程序恢复时自行失效。

■第二节　执行终结

一、执行终结的概念

执行终结，是指在执行过程中，由于出现了某种特殊情况，使执行程序无法或无需继续进行，因而依法结束执行程序。

二、执行终结的情形

根据《民事诉讼法》第 257 条的规定，具有下列情形之一的，法院裁定终结执行：

1. 申请人撤销申请的。执行程序的启动，主要是由申请人申请执行引起的，执行开始后，申请人请求撤销执行，是对自己权利的处分，只要不违反法律规定，法院应准予其撤回申请。

2. 据以执行的法律文书被撤销的。执行根据是法院据以执行的依据，如果执行根据被撤销，执行就失去了依据，执行程序必须停止。

3. 作为被执行人的公民死亡，无遗产可供执行，又无义务承担人的。在执行中，如果被执行人是公民的，其死亡但有遗产可供执行的，法院可依法执行死者的遗产；没有遗产还可由他的义务承担人履行义务。但若无遗产可供执行又无义务承担人的，执行无法继续进行，法院应裁定终结执行。

4. 追索赡养费、扶养费、抚育费案件的权利人死亡的。追索赡养费、扶养费、抚育费案件的权利人所享有的权利，是与其人身密不可分的，只能由权利人本身所享有，既不能转让，也不能继承。因此，此类案件的权利人死亡后，权利人所享有的权利即告消灭，被执行人继续履行义务已无必要。执行程序也无需进行下去，法院应裁定终结执行。

5. 作为被执行人的公民因生活困难无力清偿借款，又无收入来源，又丧失劳动能力的。适用这一规定时，应符合以下条件：①被执行人与申请人是一种借贷关系，而不能是因其他法律关系（如侵权行为）产生的债务；②被执行人无收入来源，且丧失劳动能力。这两种因素须同时存在。如虽无收入来源，但有劳动能力的，属于有潜在的偿还能力，法院不能裁定终结执行。

6. 法院认为应当终结执行的其他情形。这是终结执行的弹性条款，有利于法院处理在实践中出现的特殊情形。如被执行人被人民法院宣告破产的，执行法院应当裁定终结执行。

执行法院终结执行，应制作裁定书，裁定书应当写明终结执行的理由和法律依据，并由执行员、书记员署名，加盖人民法院印章。

三、执行终结的效力

执行终结的裁定书送达当事人后立即生效。其效力表现为：执行程序结束，以后不再恢复；法院不再以强制执行权迫使义务人履行义务。

【本章小结】

1. 本章介绍了关于执行中止和终结的一般理论，包括执行中止、执行终结的概念、法定情形和效力。

2. 执行中止是因法定情形的发生，暂时停止执行，待中止的原因消除后，继续恢复执行，如中止的原因无法消除，则执行程序结束。

3. 执行终结是因法定情形的发生，结束执行，执行程序不再继续进行。

4. 执行中止和执行终结都发生于执行中，但两者对执行程序的影响是不同的。前者的效力只是执行程序的暂时停止，而后者的效力是结束执行程序。

【思考题】

1. 执行中止的法定情形有哪些？
2. 执行终结的法定情形有哪些？
3. 简述执行中止与延期审理的区别。
4. 简述执行中止与执行终结的区别。

【参考文献】

1. 童兆洪主编：《民事执行调查与分析》，人民法院出版社2005年版。
2. 杨荣馨主编：《强制执行立法的探索与构建——中国强制执行法（试拟稿）条文与释义》，中国人民公安大学出版社2005年版。
3. 王胜明主编：《中华人民共和国民事诉讼法释义》，法律出版社2012年版。

第三十三章

第十编 涉港、澳、台民事司法协助

第三十四章

涉港、澳、台民事司法协助概述

学习目的和要求 了解涉港、澳、台民事案件及其司法协助的含义；明确涉港、澳、台民事司法协助的重要性；掌握其法理基础，为进一步学习、研究和运用涉港、澳、台民事司法协助的具体规定打下基础。

■第一节 涉港、澳、台民事司法协助的含义

随着我国大陆（内地）与港、澳、台地区之间的民间交往和经贸活动日益频繁，民事纠纷也随之增多。我国大陆（内地）和香港、澳门、台湾地区的民事诉讼制度，在"一国两制"的政治框架下分别在各个法域内运行，我国由此形成了"一个国家、两种制度、两大法系、四个法域"的状况。在诉讼程序上，涉港、澳、台民事诉讼，既不同于大陆（内地）民事诉讼，也有别于涉外民事诉讼。相应地，涉港、澳、台民事司法协助也不同于国际司法协助，又与国际社会上复合法域国家的区际司法协助有所不同。[1]

一、涉港、澳、台民事案件

涉港、澳、台民事案件，是指当事人一方或者双方居住在我国香港、澳门、台湾地区，或者双方是居住在我国大陆（内地）的中国公民，但争议的财产在我国港、澳、台地区，或者他们之间民事关系的发生、变更、消灭在我国港、澳、台地

---

[1] 一个国家内部各个具有独特法律制度的地区，一般被称为"法域"，而其内部具有数个法域的国家，被称之为"复合法域国家""复数法制国家""多法域国家"或"法律不统一国家"。

区，依法应由人民法院审理的案件。

在此，应当注意涉港、澳、台民事案件与大陆（内地）民事案件和涉外民事案件的区别。港、澳、台同胞或者港、澳、台地区企业、其他经济组织在内地成立的独资企业或者投资兴办的合资经营企业、合作经营企业与内地自然人、企业、其他经济组织之间的民商事纠纷案件，不属于涉港、澳、台民事案件，而是大陆（内地）民事案件。对于那些居住在我国香港、澳门、台湾地区的外国人，或者港、澳、台同胞在外国登记成立的企业、组织同内地的公民、法人及其分支机构发生的民事、经济纠纷案件，也不属于涉港、澳、台民事纠纷案件，而是涉外民事纠纷案件。

由于历史的原因，我国香港、澳门和台湾地区的政治、经济、法律制度与内地不同，因而在适用民事诉讼程序问题上，就必然不同。对具体民事案件的处理，具有类似于适用涉外民事诉讼程序的特点，但这种特点又同涉外民事纠纷案件有着本质的不同。这是由一个国家内政治、法律制度的不同造成的。人民法院审理涉港、澳、台民事纠纷案件的时候，要充分认识涉港、澳、台案件的特殊性。一方面，不能把涉港、澳、台民事纠纷案件视为涉外民事纠纷案件；另一方面，其又不完全等同于一般民事案件。

我国大陆（内地）没有完整、系统、单行的涉港、澳、台民事诉讼程序，在诉讼程序上，需要适用《民事诉讼法》规定的原则、制度和程序，属于简单的民事案件的，可以适用简易程序审理，但也要参照涉外民事诉讼程序的某些规定办理。最高人民法院出台了若干司法解释，但这些特别程序主要局限于送达、调查取证和判决的承认与执行等司法协助领域。

二、涉港、澳、台民事司法协助

涉港、澳、台民事司法协助，是指在中华人民共和国主权之下，针对涉港、澳、台民事案件中有关诉讼文书的送达、调查取证、法院判决和仲裁裁决的承认与执行等特定诉讼事项，大陆（内地）司法机关与我国香港、澳门特别行政区与台湾地区司法机关，以及我国香港、澳门特别行政区、台湾地区司法机关之间相互提供帮助与合作的司法行为。

虽然涉港、澳、台民事司法协助属于区际司法协助的范畴，但其明显有别于目前在国际社会复合法域国家内存在的区际司法协助。这主要体现在以下三个方面：

1. 二者产生的背景存在差异。国际上，其他国家的区际司法协助大多建立在"一国一制"的国家的情况下，比如美国、瑞士、澳大利亚等复合法域国家的区际司法协助。而我国涉港、澳、台民事司法协助是"一国两制"政治框架和多元司法并存条件下的产物，其前提是实行不同社会制度的特别行政区的高度自治和司法独立。

2. 二者的国家结构形式存在差异。国际上，区际司法协助的国家多为联邦制。从国家法律体系看，除有联邦的宪法和法律外，各成员单位还有各自的宪法和法律；而从国家机构的组成看，除设有全联邦的立法机关、政府和司法系统外，各成员单位还设有各自的立法机关、政府和司法系统。我国是单一制国家结构，"一国两制"的实施并未改变我国的单一制国家结构形式。在单一制国家结构构架下施行的区际司法协助，不仅有利于在不同法域之间建立司法协助，也为区际司法协助的有效运行提供了有利的政治条件。

3. 二者解决法律冲突的难度存在差异。国际上，复合法域国家由于实行"一国一制"，因而各法域的法律性质和基本原则相同，法律体系之间的共同点是主要的，不同点是次要的，其出现的法律冲突也是浅层的，因而，其通过司法协助解决各法域之间法律冲突的难度相对较低。我国"一国两制"下的大陆（内地）与香港、澳门以及台湾地区之间法律性质和法律冲突比较复杂。由此衍生出"一国两制"法制体系下的诸多复杂的法律冲突现象，也决定了我国大陆（内地）与香港、澳门以及台湾地区之间的司法协助比较繁杂。

■第二节　涉港、澳、台民事司法协助的法理基础

我国大陆（内地）与港、澳、台民事司法协助有其产生和存在的必然性，主要体现在以下几个方面：

一、"一国两制"是我国大陆（内地）与港、澳、台地区之间民事司法协助的制度基础

"一国两制"是人类历史上的伟大构想。它不仅是完成祖国统一大业的需要，也对我国的法律体系产生了深刻的影响，形成了在一国范围内复合法域并存的局面。"一国两制"条件下，内地与特别行政区实施的法律并不相同，并依法在其法域内享有独立的司法权和终审权，这是司法协助得以产生的制度基础。

二、经济发展是我国大陆（内地）与港、澳、台地区之间民事司法协助的前提条件

香港、澳门的先后回归和未来台湾问题的最终圆满解决，必然导致我国大陆（内地）与香港、澳门和台湾地区的经济往来越来越密切，我国内地与港、澳、台之间的民事纠纷必然会跨法域频繁发生。为了保障我国内地与香港、澳门和台湾地区之间的经贸往来健康和有序地进行，保护当事人的合法权益，相应的法律保证必不可少，而解决民事纠纷则离不开民事司法协助。

三、法律冲突是我国大陆（内地）与港、澳、台地区之间民事司法协助的内在原因

"一国两制"使我国成为一个多法域国家，无论是我国大陆地区（内地），还是我国香港、澳门及台湾地区，都是相对独立的法域。也就是说，在"一国两制"的国家结构和法律体系下，就行政关系而言，中央人民政府与特别行政区之间的关系是中央与地方的隶属关系，而从区际法律冲突关系而言，大陆（内地）与港、澳、台地区的法域都是相对独立的法域，都允许保持性质不同、各具特色的法律制度。

在此情形下，各地区之间的经济往来和人民交往就会产生大量涉及不同法域的法律因素和法律关系，从而要求各法域互相承认其他法域的法律在自己法域内的域外效力。这就使不同法域之间法律冲突的产生具备了主客观条件，而各法域之间法律冲突的存在，又使得解决各法域法律冲突的司法协助的产生具有了客观必然性。

【本章小结】

1. 本章阐述了涉港、澳、台民事案件和涉港、澳、台民事司法协助的含义。

2. 涉港、澳、台民事司法协助，是指在中华人民共和国主权之下，针对有关诉讼文书的送达、调查取证、法院判决和仲裁裁决的承认与执行等特定诉讼事项，我国大陆（内地）与香港、澳门、台湾地区司法机关，以及香港、澳门、台湾地区司法机关之间相互提供帮助与合作的司法行为。

3. 涉港、澳、台民事司法协助的产生和存在，既有其必要性，也有内在动因，其存在的法理基础是"一国两制"、经济发展以及法律冲突。

【思考题】

1. 什么是涉港、澳、台民事案件？
2. 什么是涉港、澳、台民事司法协助？简述涉港、澳、台民事司法协助的特征。
3. 简述涉港、澳、台民事司法协助存在的理由。

【参考文献】

1. 肖建华主编：《中国区际民事司法协助研究》，中国人民公安大学出版社 2006 年版。
2. 余先予主编：《冲突法》，上海财经大学出版社 1999 年版。
3. 常怡主编：《比较民事诉讼法》，中国政法大学出版社 2002 年版。

第
三
十
四
章

第三十五章

涉港、澳、台民事司法协助的规定

学习目的和要求　了解涉港、澳、台民事司法协助的具体内容；熟悉涉港、澳、台民事司法协助的规定和理论并能正确分析具体案例；提高运用涉港、澳、台民事司法协助的规定分析和解决实际问题的能力。

■第一节　我国内地与香港之间民事司法协助的规定

一、我国内地与香港特别行政区法院之间送达司法文书

（一）送达的依据

目前，我国内地与香港之间相互委托的送达主要由 1999 年最高人民法院通过的《内地与香港委托送达安排》调整，而内地人民法院受理的涉及香港的民商事案件需向住所地在香港地区的受送达人送达司法文书，依据的是最高人民法院 2009 年 3 月 9 日发布的《涉港澳送达规定》。据此，我国内地人民法院和香港特别行政区法院可以相互委托送达民商事司法文书以及我国内地人民法院可以向在香港的受送达人送达司法文书。

（二）具体内容

1. 我国内地与香港特别行政区法院相互之间的委托送达。

（1）送达司法文书的法院。双方委托送达司法文书，均须通过各高级人民法院和香港特别行政区高等法院进行，最高人民法院司法文书可以直接委托香港特别行政区高等法院送达。

（2）送达司法文书的范围。送达的司法文书，在我国内地包括起诉状副本、上诉状副本、授权委托书、传票、判决书、调解书、裁定书、决定书、通知书、证明书、送达回证；在香港特别行政区包括起诉状副本、上诉状副本、传票、状词、誓章、判案书、判决书、裁决书、通知书、法庭命令、送达证明。

（3）送达司法文书的要求。委托方请求送达司法文书，须出具盖有其印章的委托书，并须在委托书中说明委托机关的名称、受送达人的姓名或者名称、详细地址及案件的性质。委托书应当以中文文本提出。所附司法文书没有中文文本的，应当提供中文译本。以上文件一式两份。受送达人为两人以上的，每人一式两份。受委

托方如果认为委托书与本安排的规定不符，应当通知委托方，并说明对委托书的异议。必要时，可以要求委托方补充材料。

不论司法文书中确定的出庭日期或者期限是否已过，受委托方均应送达。委托方应当尽量在合理期限内提出委托请求。受委托方接到委托书后，应当及时完成送达，最迟不得超过自收到委托书之日起2个月。

送达司法文书后，内地人民法院应当出具送达回证；香港特别行政区法院应当出具送达证明书。出具送达回证和证明书，应当加盖法院印章。受委托方无法送达的，应当在送达回证或者证明书上注明妨碍送达的原因、拒收事由和日期，并及时退回委托书及所附全部文书。

（4）送达司法文书的程序和费用负担。送达司法文书，应当依照受委托方所在地法律规定的程序进行。受委托方对委托方委托送达的司法文书的内容和后果不负法律责任。委托送达司法文书费用互免。但委托方在委托书中请求以特定送达方式送达所产生的费用，由委托方负担。

2. 内地人民法院向住所地在香港特别行政区的受送达人送达司法文书。

（1）适用范围。内地人民法院审理涉及香港特别行政区的民商事案件时，依据最高人民法院《涉港澳送达规定》的规定，向住所地在香港特别行政区、澳门特别行政区的受送达人送达司法文书。

（2）司法文书范围。送达的司法文书包括起诉状副本、上诉状副本、反诉状副本、答辩状副本、传票、判决书、调解书、裁定书、支付令、决定书、通知书、证明书、送达回证等与诉讼相关的文书。

（3）在内地的直接送达。作为受送达人的自然人或者企业、其他组织的法定代表人、主要负责人在内地的，内地人民法院可以直接向该自然人或者法定代表人、主要负责人送达。受送达人在内地设立有代表机构的，内地人民法院可以直接向该代表机构送达。受送达人在内地设立有分支机构或者业务代办人并授权其接受送达的，内地人民法院可以直接向该分支机构或者业务代办人送达。

（4）送达方式。内地人民法院向受送达人送达司法文书，可以邮寄送达。内地人民法院可以通过传真、电子邮件等能够确认收悉的其他适当方式向受送达人送达。人民法院不能依照上述方式送达的，可以公告送达。公告内容应当在内地和受送达人住所地公开发行的报刊上刊登，自公告之日起满3个月即视为送达。除公告送达方式之外，内地人民法院可以同时采取多种法定方式向受送达人送达。采取多种方式送达的，应当根据最先实现送达的方式确定送达日期。受送达人未对内地人民法院送达的司法文书履行签收手续，但存在以下情形之一的，视为送达：①受送达人向人民法院提及了所送达司法文书的内容；②受送达人已经按照所送达司法文书的内容履行；③其他可以确认已经送达的情形。

二、我国内地与香港特别行政区法院之间代为调查取证

根据1997年6月6日中国常驻联合国代表向联合国秘书长发出的外交照会，原来适用于香港的一些国际司法协助公约如《海牙民商事案件国外调取证据公约》在1997年7月1日后仍继续适用于香港。由于这些公约调整的是中国和其他主权国家之间的司法协助关系，它们不适用于具有统一主权的内地和香港之间的相关司法协助行为。因此，在内地和香港适用的民商事司法协助公约不是两地间开展民商事司法协助活动的法律渊源。但两地间的所有司法协助行为不能因无法可依而处于停滞状态。《民事诉讼法》第四编关于涉外民事诉讼程序的特别规定，可以作为与香港进行司法协助的依据，但它只是内地的本地法，不在香港适用，只可作为内地具体实施司法协助的法律依据。《香港特别行政区基本法》第95条规定："香港特别行政区可与全国其他地区的司法机关通过协商依法进行司法方面的联系和相互提供协助。"因此，两地对代为调查取证的司法协助只能通过协商进行，目前还缺乏统一而系统的安排，而这种协商具有临时性和应急性。

在实践中，内地与香港实行当事人或者代理人自行取证。如司法部曾先后3次共委托49位香港特别行政区律师办理当事人来内地处理民商事事务所需要的公证，包括对在香港的当事人或者发生在香港特别行政区的事实和行为进行调查取证。[1]

三、内地与香港特别行政区法院相互认可和执行法院判决和仲裁裁决

（一）法院判决的认可与执行

1. 依据。根据最高人民法院和香港特别行政区政府于2006年7月14日在香港签署的《内地与香港判决认可安排》[2]，内地人民法院和香港特别行政区法院在具有书面管辖协议的民商事案件中作出的须支付款项的具有执行力的终审判决，当事人可以根据本安排向内地人民法院或者香港特别行政区法院申请认可和执行。

2. 具体内容。

（1）相互执行的法院。申请认可和执行符合本安排规定的民商事判决，在内地向被申请人住所地、经常居住地或者财产所在地的中级人民法院提出，在香港特别行政区向香港特别行政区高等法院提出。被申请人住所地、经常居住地或者财产所在地在内地不同的中级人民法院辖区的，申请人应当选择向其中一个内地人民法院提出认可和执行的申请，不得分别向两个或者两个以上内地人民法院提出申请。被申请人的住所地、经常居住地或者财产所在地，既在内地又在香港特别行政区的，申请人可以同时分别向两地法院提出申请，两地法院分别执行判决的总额，不得超过判决确定的数额。已经部分或者全部执行判决的法院应当根据对方法院的要求提供已执行判决的情况。

（2）适用的范围。当事人可以向内地人民法院或者香港特别行政区法院申请认可和执行的判决只能是具有执行力的终审判决。根据《内地与香港判决认可安排》

---

[1] 张春良、马志强："论我国国际司法协助的难点及其应对"，载《学术论坛》2002年第3期。
[2] 2008年7月3日最高人民法院发布公告：根据最高人民法院与香港特别行政区双方一致意见，该安排自2008年8月1日起生效。

第2条的规定，这里的"判决"，在内地包括判决书、裁定书、调解书、支付令；在香港特别行政区包括判决书、命令和诉讼费评定证明书。当事人向香港特别行政区法院申请认可和执行判决后，内地人民法院对该案件依法再审的，由作出生效判决的上一级人民法院提审。"具有执行力的终审判决"，在内地是指最高人民法院的判决，高级人民法院、中级人民法院以及经授权管辖第一审涉外、涉港、澳、台民商事案件的基层人民法院依法不准上诉或者已经超过法定期限没有上诉的第一审判决、第二审判决和依照审判监督程序由上一级人民法院提审后作出的生效判决；在香港特别行政区是指终审法院、高等法院上诉法庭以及原讼法庭和区域法院作出的生效判决。

（3）适用条件。当事人要申请认可和执行内地或香港法院作出的判决，必须在诉讼前达成排他性的"书面管辖协议"，即当事人为解决与特定法律关系有关的已经发生或者可能发生的争议，以"书面形式"明确约定内地或香港法院具有唯一管辖权。《内地与香港判决认可安排》的适用以当事人的契约自由为基础，需要当事人的自主选择。如果当事人没有达成书面的管辖协议，就没有适用的余地。同仲裁协议具有独立性一样，"书面管辖协议"也具有独立性，即除非合同另有规定，合同中的管辖协议条款独立存在，合同的变更、解除、终止或者无效，不影响管辖协议条款的效力。当然，当事人约定书面管辖协议时，仍然要受到内地和香港相关法律的限制。同时，仅适用于内地和香港法院就"特定法律关系"争议作出的"须支付款项"的判决，即内地和香港法院就"民商事合同"争议作出的"须支付款项"的判决，不包括实际履行判决和禁令的认可和执行。对于"民商事合同"的内涵，《内地与香港判决认可安排》未作专门解释和定义，这将留待内地和香港法院自行判断。但是，《内地与香港判决认可安排》明确将雇佣合同以及自然人因个人消费、家庭事宜或者其他非商业目的而作为协议一方的合同排除在其适用范围之外。按照《内地与香港判决认可安排》第3条的规定，"书面形式"是指合同书、信件和数据电文（包括电报、电传、传真、电子数据交换和电子邮件）等可以有形地表现所载内容、可以调取以备日后查用的形式。

（4）申请提交的文件。申请人向有关法院申请认可和执行判决，应当提供以下文件：请求认可和执行的申请书；经作出终审判决的法院盖章的判决书副本；作出终审判决的法院出具的证明书，证明该判决属于终审判决，在判决作出地可以执行。对于该证明书，执行地法院无须另行要求公证；身份证明材料。申请人为自然人的，应当提交身份证或者经公证的身份证复印件；申请人为法人或者其他组织的，应当提交经公证的法人或者其他组织注册登记证书的复印件；申请人是外国法人或者其他组织的，应当提交相应的公证和认证材料。

申请书应当载明下列事项：当事人为自然人的，其姓名、住所；当事人为法人或者其他组织的，法人或者其他组织的名称、住所以及法定代表人或者主要负责人的姓名、职务和住所；申请执行的理由与请求的内容；被申请人的财产所在地以及财产状况；判决是否在原审法院地申请执行以及已执行的情况。

申请人申请认可和执行内地人民法院或者香港特别行政区法院判决的程序，依据执行地法律的规定。

（5）申请执行的期限。申请人申请认可和执行的期限，双方或者一方当事人是自然人的，为1年；双方是法人或者其他组织的，为6个月。其中，内地判决到香港特别行政区申请执行的，从判决规定履行期间的最后一日起计算，判决规定分期履行的，从规定的每次履行期间的最后一日起计算；香港特别行政区判决到内地申请执行的，从判决可强制执行之日起计算，该日为判决上注明的判决日期，判决对履行期限另有规定的，从规定的履行期限届满后开始计算。

（6）拒绝认可和执行的情形。对于申请认可和执行的判决，原判决的债务人提供证据证明有下列情形之一的，受理申请的法院应当裁定不予认可和执行判决：①根据当事人协议选择的原审法院地的法律，管辖协议属于无效，但选择法院已经判定该管辖协议为有效的除外；②判决已获完全履行；③根据执行地的法律，执行地法院对该案享有专属管辖权；④根据原审法院地的法律，未曾出庭的败诉一方当事人未经合法传唤或者虽经合法传唤但未获依法律规定的答辩时间，但原审法院根据其法律或者有关规定公告送达的，不属于上述情形；⑤判决是以欺诈方法取得的；⑥执行地法院就相同诉讼请求作出判决，或者外国、境外地区法院就相同诉讼请求作出判决，或者有关仲裁机构作出仲裁裁决，已经为执行地法院所认可或者执行的；⑦内地人民法院认为在内地执行香港特别行政区法院判决违反内地社会公共利益，或者香港特别行政区法院认为在香港特别行政区执行内地人民法院判决违反香港特别行政区公共政策的，不予认可和执行。

（7）中止执行的情形。对于香港特别行政区法院作出的判决，判决确定的债务人已经提出上诉，或者上诉程序尚未完结的，内地人民法院审查核实后，可以中止认可和执行程序。经上诉，维持全部或者部分原判决的，恢复认可和执行程序；完全改变原判决的，终止认可和执行程序。

内地地方人民法院就已经作出的判决按照审判监督程序作出提审裁定，或者最高人民法院作出提起再审裁定的，香港特别行政区法院审查核实后，可以中止认可和执行程序。再审判决维持全部或者部分原判决的，恢复认可和执行程序；再审判决完全改变原判决的，终止认可和执行程序。

（8）当事人的救济途径。当事人对认可和执行与否的裁定不服的，在内地可以向上一级人民法院申请复议，在香港特别行政区可以根据其法律规定提出上诉。

在法院受理当事人申请认可和执行判决期间，当事人依相同事实再行提起诉讼的，法院不予受理。

已获认可和执行的判决，当事人依相同事实再行提起诉讼的，法院不予受理。

对于不予认可和执行的判决，申请人不得再行提起认可和执行的申请，但是可以按照执行地的法律依相同案件事实向执行地法院提起诉讼。

第三十五章

（9）财产保全。法院受理认可和执行判决的申请之前或者之后，可以按照执行地法律关于财产保全或者禁止资产转移的规定，根据申请人的申请，对被申请人的财产采取保全或强制措施。

（10）溯及力。内地与香港法院"自本安排生效之日（含本日）起作出的判决"，适用《内地与香港判决认可安排》。因此，该《内地与香港判决认可安排》的适用没有溯及力。但值得注意的是，根据《内地与香港判决认可安排》第3条的规定，"书面管辖协议"是指"自本安排生效之日起"达成的排他性书面管辖协议。这是否意味着，对于在《内地与香港判决认可安排》生效之前达成的书面排他性管辖协议，但判决是在《内地与香港判决认可安排》生效之日起作出的，不能根据《内地与香港判决认可安排》申请认可和执行该判决？换言之，《内地与香港判决认可安排》仅适用于基于《内地与香港判决认可安排》生效之后达成的书面排他性管辖协议而作出的判决？该问题需要在《内地与香港判决认可安排》生效时，通过有关司法解释或立法予以明确。

（二）仲裁裁决的认可与执行

1. 依据。在仲裁裁决的承认与执行方面，内地与香港之间按照1999年最高人民法院《内地与香港仲裁执行安排》，调整彼此之间仲裁裁决的承认与执行问题。香港特区法院同意执行内地仲裁机构依据《仲裁法》所作出的裁决，内地人民法院同意执行在香港特区按香港特区《仲裁条例》所作出的裁决。

2. 具体内容。

（1）相互执行的法院。内地和香港相互执行仲裁裁决的法院，在内地，指被申请人住所地或者财产所在地的中级人民法院；在香港特区，指香港特区高等法院。被申请人住所地或者财产所在地在内地不同的中级人民法院辖区内的，申请人可以选择其中一个内地人民法院申请执行裁决，不得分别向两个或者两个以上内地人民法院提出申请。

被申请人的住所地或者财产所在地，既在内地又在香港特区的，申请人不得同时分别向两地有关法院提出申请。只有在一地法院执行不足以偿还其债务时，才可就不足部分向另一地法院申请执行。两地法院先后执行仲裁裁决的总额，不得超过裁决数额。

（2）执行的范围。香港特区法院同意执行内地仲裁机构（名单由国务院法制办公室经国务院港澳事务办公室提供）依据《仲裁法》作出的裁决，内地人民法院同意执行在香港特区按香港特区《仲裁条例》作出的裁决。内地执行香港特别行政区仲裁裁决时，对我国在加入《纽约公约》时所作的商事保留还继续适用，即执行仲裁裁决的范围，是对按照内地法律属于契约性和非契约性商事法律关系而引起的争议所作出的仲裁裁决。在内地或者香港特区作出的仲裁裁决，一方当事人不履行仲裁裁决的，另一方当事人可以向被申请人住所地或者财产所在地的有关法院申请执行。

（3）执行的申请。申请人向有关法院申请执行在内地或者香港特区作出的仲裁裁决的，应当提交以下文书：①执行申请书；②仲裁裁决书；③仲裁协议。

执行申请书的内容应当载明下列事项：①申请人为自然人的情况下，该人的姓名、地址；申请人为法人或者其他组织的情况下，该法人或其他组织的名称、地址及法定代表人姓名。②被申请人为自然人的情况下，该人的姓名、地址；被申请人为法人或者其他组织的情况下，该法人或其他组织的名称、地址及法定代表人姓名。③申请人为法人或者其他组织的，应当提交企业注册登记的副本。申请人是外国籍法人或者其他组织的，应当提交相应的公证和认证材料。④申请执行的理由与请求的内容，被申请人的财产所在地及财产状况。

执行申请书应当以中文文本提出；裁决书或者仲裁协议没有中文文本的，申请人应当提交正式证明的中文译本。

有关法院接到申请人申请后，应当按执行地法律程序处理及执行。

（4）不予执行的情形。在我国内地或者香港特区申请执行的仲裁裁决，被申请人接到通知后，提出证据证明有下列情形之一的，经审查核实，有关法院可裁定不予执行：①仲裁协议当事人依对其适用的法律属于某种无行为能力的情形；或者该项仲裁协议依约定的准据法无效；或者未指明以何种法律为准时，依仲裁裁决地的法律是无效的。②被申请人未接到指派仲裁员的适当通知，或者因他故未能陈述意见的。③裁决所处理的争议不是交付仲裁的标的或者不在仲裁协议条款之内，或者裁决载有关于交付仲裁范围以外事项的决定；但交付仲裁事项的决定可与未交付仲裁的事项划分时，裁决中关于交付仲裁事项的决定部分应当予以执行。④仲裁庭的组成或者仲裁庭程序与当事人之间的协议不符，或者在有关当事人没有这种协议时与仲裁地的法律不符的。⑤裁决对当事人尚无约束力，或者已经仲裁地的法院或者按仲裁地的法律撤销或者停止执行的。

有关法院认定依执行地法律，争议事项不能以仲裁解决的，则可不予执行该裁决。

内地人民法院认定在内地执行该仲裁裁决违反内地社会公共利益，或者香港特区法院决定在香港特区执行该仲裁裁决违反香港特区的公共政策，则可不予执行该裁决。关于拒绝执行仲裁裁决的问题，应当注意，依据《内地与香港仲裁执行安排》的规定，对于仲裁裁决在认定事实和适用法律方面是否有错误，是不予审查的，其对仲裁裁决的审查只是程序性审查。这同内地法院对国内仲裁机构作出的裁决可进行实质审查是完全不同的。虽然《内地与香港仲裁执行安排》规定了公共秩序条款，但一国之内的不同法律区域间相互提供协助应当比国与国之间更全面、有效。因此，对于内地与香港双方来说，应当严格限制公共秩序条款的适用。

（5）申请执行的期限。申请人向有关法院申请执行内地或者香港特区仲裁裁决的期限，依据执行地法律有关时限的规定。

■第二节　我国内地与澳门之间民事司法协助的规定

一、我国内地与澳门特别行政区之间相互委托送达司法文书

（一）送达司法文书的依据

我国内地与澳门特别行政区法院相互之间的送达司法文书的依据主要是《内地与澳门委托送达安排》。为解决内地人民法院受理的涉及澳门民商事案件在司法文书送达中存在的问题，最高人民法院于 2009 年 3 月 9 日通过了《涉港澳送达规定》。据此，内地人民法院与澳门特别行政区法院就民商事案件可以相互委托送达司法文书。[1]内地人民法院审理涉及澳门特别行政区的民商事案件时，可以向住所地在澳门特别行政区的受送达人送达司法文书。

（二）具体内容

1. 我国内地与澳门之间相互委托送达司法文书。

（1）委托送达司法文书的法院。我国内地与澳门之间相互委托送达司法文书，须通过各高级人民法院和澳门特别行政区终审法院进行。最高人民法院与澳门特别行政区终审法院可以直接相互委托送达和调取证据。

各高级人民法院和澳门特别行政区终审法院相互收到对方法院的委托书后，应当立即将委托书及所附司法文书和相关文件转送根据其本辖区法律规定有权完成该受托事项的法院。如果受委托方法院认为委托书不符合本安排规定，影响其完成受托事项时，应当及时通知委托方法院，并说明对委托书的异议。必要时，可以要求委托方法院补充材料。

（2）委托送达司法文书的范围。司法文书在内地包括起诉状副本、上诉状副本、反诉状副本、答辩状副本、授权委托书、传票、判决书、调解书、裁定书、支付令、决定书、通知书、证明书、送达回证以及其他司法文书和所附相关文件；在澳门特别行政区包括起诉状副本、答辩状副本、反诉状副本、上诉状副本、陈述书、申辩书、声明异议书、反驳书、申请书、撤诉书、认诺书、和解书、财产目录、财产分割表、和解建议书、债权人协议书、传唤书、通知书、法官批示、命令状、法庭许可令状、判决书、合议庭裁判书、送达证明书以及其他司法文书和所附相关文件。

（3）委托送达司法文书的程序。委托方法院请求送达司法文书，须出具盖有其印章的委托书，并在委托书中说明委托机关的名称、受送达人的姓名或者名称、详细地址及案件性质。如果执行方法院请求按特殊方式送达或者有特别注意的事项的，应当在委托书中注明。委托书及所附司法文书和其他相关文件一式两份，受送达人为两人以上的，每人一式两份。委托书应当以中文文本提出。所附司法文书及其他

---

[1]　适用于该安排的民商事案件，在内地包括劳动争议案件，在澳门特别行政区包括民事劳工案件。

相关文件没有中文文本的，应当提供中文译本。

委托方法院应当在合理的期限内提出委托请求，以保证受委托方法院收到委托书后，及时完成受托事项。受委托方法院应优先处理受托事项。完成受托事项的期限，送达文书最迟不得超过自收到委托书之日起2个月。受委托方法院应当根据本辖区法律规定执行受托事项。委托方法院请求按照特殊方式执行委托事项的，如果受委托方法院认为不违反本辖区的法律规定，可以按照其特殊方式执行。

完成司法文书送达事项后，内地人民法院应当出具送达回证；澳门特别行政区法院应当出具送达证明书。出具的送达回证和送达证明书，应当注明送达的方法、地点、日期和司法文书接收人的身份，并加盖法院印章。受委托方法院无法送达的，应当在送达回证或者送达证明书上注明妨碍送达的原因、拒收事由和日期，并及时退回委托书及所附全部文件。

不论委托方法院司法文书中确定的出庭日期或者期限是否已过，受委托方法院均应送达。受委托方法院对委托方法院委托送达的司法文书和所附相关文件的内容和后果不负法律责任。

（4）不予送达的情形。受委托方法院收到委托书后，不得以其本辖区法律规定对委托方法院审理的该民商事案件享有专属管辖权或不承认对该请求事项提起诉讼的权利为由，不予执行受托事项。但是，受委托方法院在执行受托事项时，如果该事项不属于法院职权范围，或者内地人民法院认为在内地执行该受托事项将违反其基本法律原则或社会公共利益，或者澳门特别行政区法院认为在澳门特别行政区执行该受托事项将违反其基本法律原则或公共秩序的，可以不予执行，但应当及时向委托方法院书面说明不予执行的原因。

2. 我国内地人民法院向住所地在澳门特别行政区的受送达人送达司法文书。

（1）适用范围。我国内地人民法院审理涉及澳门特别行政区的民商事案件时，可以向住所地在香港特别行政区、澳门特别行政区的受送达人送达司法文书。

（2）司法文书范围。司法文书是指起诉状副本、上诉状副本、反诉状副本、答辩状副本、传票、判决书、调解书、裁定书、支付令、决定书、通知书、证明书、送达回证等与诉讼相关的文书。

（3）在内地直接送达。作为受送达人的自然人或者企业、其他组织的法定代表人、主要负责人在内地的，内地人民法院可以直接向该自然人或者法定代表人、主要负责人送达。受送达人在内地设立有代表机构的，内地人民法院可以直接向该代表机构送达。受送达人在内地设立有分支机构或者业务代办人并授权其接受送达的，内地人民法院可以直接向该分支机构或者业务代办人送达。

（4）送达方式。内地人民法院向受送达人送达司法文书，可以邮寄送达。内地人民法院可以通过传真、电子邮件等能够确认收悉的其他适当方式向受送达人送达。内地人民法院不能依照上述方式送达的，可以公告送达。公告内容应当在内地和受送达人住所地公开发行的报刊上刊登，自公告之日起满3个月即视为送达。除公告送达方式外，内地人民法院可以同时采取多种法定方式向受送达人送达。采取多种方式送达的，应当根据最先实现送达的方式确定送达日期。受送达人未对人民法院送达的司法文书履行签收手续，但存在以下情形之一的，视为送达：①受送达人向内地人民法院提及了所送达司法文书的内容；②受送达人已经按照所送达司法文书的内容履行；③其他可以确认已经送达的情形。

（三）我国内地与港、澳之间相互委托送达司法文书的差异

《内地与香港委托送达安排》与《内地与澳门委托送达安排》中有关文书送达的内容基本是相同的，但在以下两个方面存在差异：

1. 主管机关存在差异。根据《内地与香港委托送达安排》的规定，内地与香港之间互送司法文书均需通过各高级人民法院和香港特别行政区高等法院，内地的最高人民法院可以直接委托香港特别行政区高等法院进行文书送达。但是，根据《内地与澳门委托送达安排》的规定，内地与澳门相互委托送达司法文书均需通过各高级人民法院和澳门特别行政区终审法院进行，内地最高人民法院与澳门特别行政区终审法院可以直接相互委托送达文书，即澳门特别行政区终审法院和内地最高人民法院之间的委托是相互的，而香港特别行政区高等法院和内地最高人民法院之间的委托送达则是单向的，只能是内地最高人民法院委托香港特别行政区高等法院来送达文书，香港特别行政区高等法院不能委托内地最高人民法院送达文书。

2. 对委托请求的拒绝存在差异。《内地与香港委托送达安排》并没有对文书送达的拒绝作出直接规定，而《内地与澳门委托送达安排》却在第8条明确规定了拒绝委托请求的条件，其中包括受委托事项不属于法院职权范围之内以及受委托事项违反受委托法院所在地的公共政策。《内地与澳门委托送达安排》积极回应了公共秩序保留制度在区际司法协助问题中的尴尬局面，明确规定了公共秩序保留制度，与《内地与香港委托送达安排》相比较，这是一个不小的进步。但是，区际司法协助毕竟是一个国家内的事情，为了避免其对国内各法域之间的交往造成障碍，对公共秩序保留制度的适用范围应该严格限制。

二、内地与澳门特别行政区法院之间相互委托调取证据

（一）委托调取证据的依据

根据《内地与澳门委托送达安排》的规定，内地人民法院与澳门特别行政区法院就民商事案件（在内地包括劳动争议案件，在澳门特别行政区包括民事劳工案件）可以相互委托代为调取证据。

（二）具体内容

1. 委托调取证据的法院。内地和澳门委托代为调取证据，均须通过内地各高级人民法院和澳门特别行政区终审法院进行。最高人民法院与澳门特别行政区终审法院可以直接相互委托调取证据。内地各高级人民法院和澳门特别行政区终审法院相互收到对方法院的委托书后，应当立即将委托书及所附司法文书和相关文件转送根据其本辖区法律规定有权完成该受托事项的法院。如果受委托方法院认为委托书不

符合本安排规定，影响其完成受托事项时，应当及时通知委托方法院，并说明对委托书的异议。必要时，可以要求委托方法院补充材料。

2. 委托调取证据的范围。委托方法院请求调取的证据只能是用于与诉讼有关的证据。具体代为调取证据的范围包括代为询问当事人、证人和鉴定人，代为进行鉴定和司法勘验，调取其他与诉讼有关的证据。[1]

3. 调取证据委托书的内容。内地和澳门法院之间相互委托代为调取证据的委托书应当写明：委托法院的名称；当事人及其诉讼代理人的姓名、地址，以及其他一切有助于辨别其身份的情况；委托调取证据的原因，以及委托调取证据的具体事项；被调查人的姓名、地址，以及其他一切有助于辨别其身份的情况、需要向其提出的问题；调取证据需采用的特殊方式；有助于执行该委托的其他一切情况。

4. 委托调取证据的程序。委托方法院应当在合理的期限内提出委托请求，以保证受委托方法院收到委托书后，及时完成受托事项。

委托方法院如提出要求，受委托方法院应当将取证的时间、地点通知委托方法院，以便有关当事人及其诉讼代理人能够出席。受委托方法院在执行委托调取证据时，根据委托方法院的请求，可以允许委托方法院派司法人员出席。必要时，经受委托方允许，委托方法院的司法人员可以向证人、鉴定人等发问。

受委托方法院可以根据委托方法院的请求，并经证人、鉴定人同意，协助安排其辖区的证人、鉴定人到对方辖区出庭作证。证人、鉴定人在委托方地域内逗留期间，不得因在其离开受委托方地域之前，在委托方境内所实施的行为或针对他所作的裁决，而被刑事起诉、羁押，或者为履行刑罚或者其他处罚而被剥夺财产或者扣留身份证件，或者以任何方式对其人身自由加以限制。证人、鉴定人完成所需诉讼行为，且可自由离开委托方地域后，在委托方境内逗留超过 7 天，或者已离开委托方地域又自行返回时，前述所指的豁免即行终止。

受委托方法院取证时，被调查的当事人、证人、鉴定人等的代理人可以出席。

受委托方法院应优先处理受托事项。完成受托事项的期限，调取证据最迟不得超过自收到委托书之日起 3 个月。

5. 不予执行的情形。受委托方法院收到委托书后，不得以其本辖区的法律规定对委托方法院审理的该民商事案件享有专属管辖权或不承认对该请求事项提起诉讼的权利为由，不予执行受托事项。但受委托方法院在执行受托事项时，如果该事项不属于法院职权范围，或者内地人民法院认为在内地执行该受托事项将违反其基本法律原则或社会公共利益，或者澳门特别行政区法院认为在澳门特别行政区执行该受托事项将违反其基本法律原则或公共秩序的，可以不予执行，但应当及时向委托方法院书面说明不予执行的原因。

6. 费用的预付。委托方法院无须支付受委托方法院在调取证据时发生的费用或

---

〔1〕 在委托调取证据时，受委托方法院可以根据委托方法院的请求代为查询并提供本辖区的有关法律。

税项。但受委托方法院根据其本辖区的法律规定，有权在调取证据时，要求委托方法院预付鉴定人、证人、翻译人员的费用，以及因采用委托方法院在委托书中请求以特殊方式调取证据所产生的费用。证人、鉴定人到委托方法院出庭而导致的费用及补偿，由委托方法院预付。这里所指的出庭作证人员，在澳门特别行政区还包括当事人。

7. 委托调取证据的结束。受委托方法院完成委托调取证据的事项后，应当向委托方法院书面说明。如果未能按委托方法院的请求全部或部分完成调取证据事项，受委托方法院应当向委托方法院书面说明妨碍调取证据的原因，并及时退回委托书及所附全部文件。如果当事人、证人根据受委托方的法律规定，拒绝作证或推辞提供证言，受委托方法院应当以书面通知委托方法院，并退回委托书及所附全部文件。

（三）主要特点

1. 取证主体明确。我国内地与澳门地区相互委托调取民商事证据的主体是内地各高级人民法院和澳门特别行政区终审法院，而最高人民法院与澳门特别行政区终审法院之间也可以直接相互委托调取证据。

2. 取证途径简便。我国内地与澳门两地法院在相互取证的途径上采用了法院直接委托的方式，即在一定条件下允许一方法域的司法人员赴另一方法域调查取证，必要时，该司法人员可以询问证人、鉴定人等，而未采纳国际司法协助中普遍采用的中央机关途径。这样就大大简化了程序，缩短了取证时间，体现了诉讼效率原则。

3. 体现了法域平等。我国内地与澳门两地法院相互委托调取证据的安排体现了法域平等原则。比如，委托法院可以根据委托方法院的请求，并经证人、鉴定人同意，协助安排其辖区的证人、鉴定人到对方辖区出庭作证，但证人或鉴定人在委托方地域内逗留期间，享有一定条件的刑事责任豁免权等。

三、我国内地与澳门特别行政区法院之间相互认可和执行民商事判决

（一）依据

最高人民法院于 2006 年 3 月 21 日公布、自 2006 年 4 月 1 日起施行的《内地与澳门判决认可安排》是我国内地与澳门特别行政区相互认可与执行法院民商事判决的重要法律依据。适用于该规定的民商事案件，在内地包括劳动争议案件，在澳门特别行政区包括劳动民事案件。该安排亦适用于刑事案件中有关民事损害赔偿的判决、裁定，但不适用于行政案件。

（二）具体内容

1. 受理和执行的法院。我国内地有权受理认可和执行判决申请的法院为被申请人住所地、经常居住地或者财产所在地的中级人民法院。两个或者两个以上中级人民法院均有管辖权的，申请人应当选择向其中一个中级人民法院提出申请。

澳门特别行政区有权受理认可判决申请的法院为中级法院，有权执行的法院为初级法院。

被申请人在内地和澳门特别行政区均有可供执行的财产的，申请人可以向一地法院提出执行申请。

申请人向一地法院提出执行申请的同时，可以向另一地法院申请查封、扣押或者冻结被执行人的财产。待一地法院执行完毕后，可以根据该地法院出具的执行情况证明，就不足部分向另一地法院申请采取处分财产的执行措施。

两地法院执行财产的总额，不得超过依据判决和法律规定所确定的数额。

2. 民商事判决的范围。"判决"在内地包括判决、裁定、决定、调解书、支付令；在澳门特别行政区则包括裁判、判决、确认和解的裁定、法官的决定或者批示。

一方法院作出的具有给付内容的生效判决，当事人可以向对方有管辖权的法院申请认可和执行。没有给付内容，或者不需要执行，但需要通过司法程序予以认可的判决，当事人可以向对方法院单独申请认可，也可以直接以该判决为证据在对方法院的诉讼程序中使用。

3. 申请程序。请求认可和执行判决的申请书，应当载明下列事项：①申请人或者被申请人为自然人的，应当载明其姓名及住所；为法人或者其他组织的，应当载明其名称及住所，以及其法定代表人或者主要负责人的姓名、职务和住所。②请求认可和执行的判决的案号和判决日期。③请求认可和执行判决的理由、标的，以及该判决在判决作出地法院的执行情况。

申请书应当附生效判决书副本，或者经作出生效判决的法院盖章的证明书，同时，应当附作出生效判决的法院或者有权限机构出具的证明下列事项的相关文件：①传唤属依法作出，但判决书已经证明的除外；②无诉讼行为能力人依法得到代理，但判决书已经证明的除外；③根据判决作出地的法律，判决已经送达当事人，并已生效；④申请人为法人的，应当提供法人营业执照副本或者法人登记证明书；⑤判决作出地法院发出的执行情况证明。

如被请求方法院认为已充分了解有关事项时，可以免除提交相关文件。被请求方法院对当事人提供的判决书的真实性有疑问时，可以请求作出生效判决的法院予以确认。

申请书应当用中文制作。所附司法文书及其相关文件未用中文制作的，应当提供中文译本。其中，法院判决书未用中文制作的，应当提供由法院出具的中文译本。

4. 送达与答辩。法院收到申请人请求认可和执行判决的申请后，应当将申请书送达被申请人。被申请人有权提出答辩。

5. 不予认可的情形。被请求方法院应当尽快审查认可和执行判决的请求，并作出裁定。被请求方法院经审查核实存在下列情形之一的，裁定不予认可：①根据被请求方的法律，判决所确认的事项属被请求方法院专属管辖。②在被请求方法院已存在相同诉讼，该诉讼先于待认可判决的诉讼提起，且被请求方法院具有管辖权。③被请求方法院已认可或者执行被请求方法院以外的法院或仲裁机构就相同诉讼作出的判决或仲裁裁决。④根据判决作出地的法律规定，败诉的当事人未得到合法传唤，或者无诉讼行为能力人未依法得到代理。⑤根据判决作出地的法律规定，申请认可和执行的判决尚未发生法律效力，或者因再审被裁定中止执行。⑥在内地认可和执行判决将违反内地法律的基本原则或者社会公共利益；在澳门特别行政区认可和执行判决将违反澳门特别行政区法律的基本原则或者公共秩序。

6. 救济途径。法院就认可和执行判决的请求作出裁定后，应当及时送达。当事人对认可与否的裁定不服的，在内地可以向上一级人民法院提请复议，在澳门特别行政区可以根据其法律规定提起上诉；对执行中作出的裁定不服的，可以根据被请求方法律的规定，向上级法院寻求救济。

在被请求方法院受理认可和执行判决的申请期间，或者判决已获认可和执行，当事人再行提起相同诉讼的，被请求方法院不予受理。

对于根据上述不予认可的第①、④、⑥项情形作出的不予认可的判决，申请人不得再行提起认可和执行的申请。但根据被请求方的法律，被请求方法院有管辖权的，当事人可以就相同案件事实向当地法院另行提起诉讼。对于上述不予认可的第⑤项所指的判决，在不予认可的情形消除后，申请人可以再行提起认可和执行的申请。

7. 执行。经裁定予以认可的判决，与被请求方法院的判决具有同等效力。判决有给付内容的，当事人可以向该方有管辖权的法院申请执行。被请求方法院不能对判决所确认的所有请求予以认可和执行时，可以认可和执行其中的部分请求。

8. 财产保全。法院受理认可和执行判决的申请之前或者之后，可以按照被请求方法律关于财产保全的规定，根据申请人的申请，对被申请人的财产采取保全措施。

9. 费用的交纳。申请人申请认可和执行判决，应当根据被请求方的法律规定，交纳诉讼费用、执行费用。申请人在生效判决作出地获准缓交、减交、免交诉讼费用的，在被请求方法院申请认可和执行判决时，应当享有同等待遇。

■第三节　我国大陆与台湾地区之间民事司法协助的规定

随着我国海峡两岸民间交往的迅速发展，涉及两岸间的法律事务日益增多，两地之间开展司法协助存在迫切的需求。为此，最高人民法院先后就认可我国台湾地区的法院裁决、仲裁裁决、调解书和支付令以及诉讼文书的送达作出了司法解释和相关批复。这些司法解释和批复，为我国大陆与台湾地区之间的司法协助实践提供了依据。关于调查取证的规定，主要是1990年司法部发布的《关于办理涉台法律事务有关事宜的通知》，该通知指出，需要在我国台湾地区办理的法律事务，可以委托我国台湾地区律师办理，而我国台湾地区在"两岸人民关系条例"第4、7、8条中对其在大陆地区进行调查取证作了原则规定。[1]

与涉港、澳民事司法协助不同，目前，涉台民事司法协助仍处于单方立法阶段，

第三十五章

---

〔1〕　在实践中，我国大陆与台湾地区之间仍然按照"汪辜会谈"之四项协议中的《两岸公证书使用查证协议》进行调查取证，此外，我国内地的一些律师事务所与台湾地区的律师事务所订立协议，建立业务联系，委托我国台湾地区的律师从事调查取证等活动。

缺乏官方之间有效的沟通机制，尚未在民事司法协助方面作出共同的安排。

一、我国大陆人民法院对涉台民事案件诉讼文书的送达

（一）诉讼文书送达的依据

最高人民法院于 2008 年 4 月 17 日颁布、自 2008 年 4 月 23 日起施行的《涉台送达规定》是我国大陆人民法院审理涉台民事案件，向住所地在我国台湾地区的当事人送达民事诉讼文书，以及我国大陆人民法院接受我国台湾地区有关法院的委托代为向住所地在大陆的当事人送达民事诉讼文书的重要依据。

（二）具体内容

1. 送达诉讼文书的范围。我国大陆人民法院送达或者代为送达的民事诉讼文书包括：起诉状副本、上诉状副本、反诉状副本、答辩状副本、授权委托书、传票、判决书、调解书、裁定书、支付令、决定书、通知书、证明书、送达回证以及与民事诉讼有关的其他文书。

2. 送达方式。我国大陆人民法院向住所地在我国台湾地区的当事人送达民事诉讼文书，可以采用下列方式：

（1）受送达人居住在大陆的，直接送达。受送达人是自然人，本人不在的，可以交其同住成年家属签收；受送达人是法人或者其他组织的，应当由法人的法定代表人、其他组织的主要负责人或者该法人、组织负责收件的人签收；受送达人不在大陆居住，但送达时在大陆的，可以直接送达。

（2）受送达人在大陆有诉讼代理人的，向诉讼代理人送达。受送达人在授权委托书中明确表明其诉讼代理人无权代为接收的除外。

（3）受送达人有指定代收人的，向代收人送达。

（4）受送达人在大陆有代表机构、分支机构、业务代办人的，向其代表机构或者经受送达人明确授权接受送达的分支机构、业务代办人送达。

（5）受送达人在我国台湾地区的地址明确的，可以邮寄送达。

（6）有明确的传真号码、电子信箱地址的，可以通过传真、电子邮件方式向受送达人送达。

（7）按照两岸认可的其他途径送达。

采用上述方式不能送达或者我国台湾地区的当事人下落不明的，公告送达。

3. 送达的程序。采用上述第（1）、（2）、（3）、（4）项送达方式送达的，由受送达人、诉讼代理人或者有权接受送达的人在送达回证上签收或者盖章，即为送达；拒绝签收或者盖章的，可以依法留置送达。

采用上述第（5）项方式送达的，应当附有送达回证。受送达人未在送达回证上签收但在邮件回执上签收的，视为送达，签收日期为送达日期。自邮寄之日起满3 个月，如果未能收到送达与否的证明文件，且根据各种情况不足以认定已经送达的，视为未送达。

采用上述第（6）项方式送达的，应当注明我国大陆人民法院的传真号码或者

电子信箱地址，并要求受送达人在收到传真件或者电子邮件后及时予以回复。以能够确认受送达人收悉的日期为送达日期。

采用上述第（7）项方式送达的，应当由大陆有关的高级人民法院出具盖有本院印章的委托函。委托函应当写明案件各方当事人的姓名或者名称、案由、案号；受送达人姓名或者名称、受送达人的详细地址以及需送达的文书种类。

采用公告方式送达的，公告内容应当在境内外公开发行的报刊或者权威网站上刊登。公告送达的，自公告之日起满 3 个月，即视为送达。

我国大陆人民法院按照两岸认可的有关途径代为送达我国台湾地区法院的民事诉讼文书的，应当有我国台湾地区有关法院的委托函。我国大陆人民法院收到我国台湾地区有关法院的委托函后，经审查符合条件的，应当在收到委托函之日起 2 个月内完成送达。民事诉讼文书中确定的出庭日期或者其他期限逾期的，受委托的大陆人民法院亦应予送达。

4. 送达的后果和退回。受委托的大陆人民法院对我国台湾地区有关法院委托送达的民事诉讼文书的内容和后果不负法律责任。

我国大陆人民法院按照委托函中的受送达人姓名或者名称、地址不能送达的，应当附函写明情况，将委托送达的民事诉讼文书退回。完成送达的送达回证以及未完成送达的委托材料，可以按照原途径退回。

二、我国大陆人民法院认可我国台湾地区有关法院的民事判决

（一）认可的依据

最高人民法院 1998 年通过的《认可台湾民事判决规定》是最高人民法院为依法保护海峡两岸当事人的民事权益，根据审判实践的需要，依法作出的涉台民事司法协助的一个重要司法解释。为了更好地解决认可我国台湾地区有关法院民事判决的相关问题，维护当事人的合法权益，最高人民法院于 2009 年 3 月 30 通过了《认可台湾民事判决补充规定》。据此，我国台湾地区有关法院的民事判决、裁定和仲裁裁决所确定的民事权利[1]，在不违反国家法律的基本原则、不损害社会公共利益的前提下，经大陆人民法院审查认可后，可以在大陆得到执行。

（二）具体内容

1. 申请。

（1）申请人应提交申请书，并须附有不违反"一个中国"原则的我国台湾地区有关法院民事判决正本或经证明无误的副本、证明文件。

（2）申请书应记明以下事项：①申请人姓名、性别、年龄、职业、身份证件号码、申请时间和住址（申请人为法人或者其他组织的，应记明法人或者其他组织的名称、地址、法定代表人姓名、职务）；②当事人受传唤和应诉情况及证明文件；

---

[1] 申请认可我国台湾地区有关法院民事裁定、调解书、支付令，以及我国台湾地区仲裁机构裁决的，适用规定和本补充规定。

③请求和理由；④其他需要说明的情况。

（3）申请人申请认可我国台湾地区有关法院民事判决，应当提供相关证据，以证明该判决真实并且效力已确定。申请认可我国台湾地区有关法院民事判决的，应当在该判决效力确定后 2 年内提出。当事人因不可抗拒的事由或者其他正当理由耽误期限而不能提出认可申请的，在障碍消除后的 10 日内，可以申请顺延期限。

（4）申请人提出认可我国台湾地区有关法院民事判决的申请时，或者在案件受理后、人民法院作出裁定前，可以提出财产保全申请。申请人申请财产保全的，应当向人民法院提供有效的担保。申请人不提供担保或者提供的担保不符合条件的，驳回其申请。

2. 受理与审查。申请由申请人住所地、经常居住地或者被执行财产所在地的大陆中级人民法院受理。申请人向两个以上有管辖权的大陆中级人民法院申请认可的，由最先立案的大陆中级人民法院管辖。申请人向被执行财产所在地大陆中级人民法院申请认可的，应当提供被执行财产存在的相关证据。

大陆人民法院收到申请书，经审查，符合上述第（1）、（2）、（3）项条件的，应当在 7 日内受理；不符合上述条件的，不予受理，并在 7 日内通知申请人，同时说明不受理的理由。

大陆人民法院受理申请后，对于我国台湾地区有关法院民事判决是否生效不能确定的，应告知申请人提交作出判决的法院出具的证明文件。

3. 裁定不予认可的情形和认可的效力。我国台湾地区有关法院的民事判决具有下列情形之一的，裁定不予认可：①申请认可的民事判决的效力未确定的；②申请认可的民事判决，是在被告缺席又未经合法传唤或者在被告无诉讼行为能力又未得到适当代理的情况下作出的；③案件系大陆人民法院专属管辖的；④案件的双方当事人订有仲裁协议的；⑤案件系大陆人民法院已作出判决，或者外国、境外地区法院作出判决或境外仲裁机构作出仲裁裁决且已为大陆人民法院所承认的；⑥申请认可的民事判决具有违反国家法律的基本原则或者损害社会公共利益情形的。

大陆人民法院审查申请后，对于我国台湾地区有关法院民事判决不具有上述所列情形的，裁定认可其效力。1998 年通过的《认可台湾民事判决规定》生效以后，我国大陆人民法院认可我国台湾地区法院的民事判决，与我国大陆人民法院作出的生效判决一直是具有同等法律效力的。但在实践中，有些台湾法律界人士和台湾同胞误认为被认可的我国台湾地区法院作出的判决在效力上要低于大陆人民法院作出的判决。为了消除此种误会，最高人民法院《认可台湾民事判决补充规定》明确规定了被认可的台湾地区法院的判决与大陆人民法院作出的生效判决具有同等效力。大陆人民法院受理认可我国台湾地区有关法院民事判决的申请后，对当事人就同一案件事实起诉的，不予受理。被认可的我国台湾地区有关法院民事判决需要执行的，依照《民事诉讼法》规定的程序办理。

4. 相关事项。我国大陆在认可我国台湾地区民商事判决上体现了相当的灵活性。这种灵活性主要表现为：赋予当事人较大的自由处分权；在发生"一事两诉"的情况下，不完全受制于"一事不再理"原则。案件虽经我国台湾地区有关法院判决，但当事人未申请认可，而是就同一案件事实向人民法院提起诉讼的，应予受理。

人民法院受理认可申请后，作出裁定前，申请人要求撤回申请的，应当允许。

对大陆人民法院不予认可的民事判决，申请人不得再提出申请，但可以就同一案件事实向人民法院提起诉讼。

大陆人民法院作出民事判决前，一方当事人申请认可我国台湾地区有关法院就同一案件事实作出的判决的，应当中止诉讼，对申请进行审查。经审查，对符合认可条件的申请，予以认可，并终结诉讼；对不符合认可条件的，则恢复诉讼。

三、我国大陆人民法院认可我国台湾地区有关法院的民事调解书、支付令或者有关机构的调解协议书

2015 年 6 月 2 日由最高人民法院审判委员会第 1653 次会议通过的《最高人民法院关于认可和执行台湾地区法院民事判决的规定》，是最高人民法院根据我国台湾地区法界人士和民众的反映和诉求，将认可民事判决的范围扩大到我国台湾地区有关法院民事调解书、支付令以及有关调解机构调解文书的一个重要依据。

该司法解释第 2 条第 1 款明确规定："本规定所称台湾地区法院民事判决，包括台湾地区法院作出的生效民事判决、裁定、和解笔录、调解笔录、支付令等。"对我国台湾地区有关机构（包括民间调解机构）出具并经台湾地区法院核定的调解文书，当事人向大陆人民法院申请认可的，大陆人民法院参照应用本规定。[1]

上述规定申请认可范围的进一步补充，标志着审理认可我国台湾地区法院民事判决的工作进入了一个新阶段，目的是更好地保护当事人的合法民事权益。

【本章小结】

1. 本章阐述了涉港、澳、台民事案件的含义和司法协助的规定。

2. 涉港、澳、台民事案件，是指当事人一方或者双方居住在香港、澳门、台湾地区，或者双方是居住在内地的中国公民，但争议的财产在港、澳、台地区，或者他们之间民事关系的发生、变更、消灭在港、澳、台地区，依法应由人民法院审理的案件。

3. 涉港、澳、台民事司法协助，包括送达、调查取证和判决的承认与执行等司法协助领域。

【思考题】

1. 内地人民法院和香港特别行政区法院之间相互委托送达民商事司法文书应当符合什么

---

〔1〕　参见《最高人民法院关于认可和执行台湾地区法院民事判决的规定》第 2 条第 3 款。

要求？

2. 内地人民法院与澳门特别行政区法院之间相互委托代为询问当事人、证人和鉴定人时应遵循哪些程序？

3. 内地人民法院审理涉港澳民商事案件需向住所地在港澳地区的受送达人送达司法文书时可以采用哪些送达方式？

4. 简述大陆人民法院认可我国台湾地区有关法院民事判决的范围。

5. 最高人民法院《关于人民法院认可台湾地区有关法院民事判决的补充规定》的主要特点有哪些？

【参考文献】

1. 王冠玺、周翠："两岸民事判决的认可与执行问题研究"，载《法学研究》2010 年第 3 期。

2. 黄进主编：《中国的区际法律问题研究》，法律出版社 2001 年版。

第三十五章

第十一编　涉外民事诉讼程序的特别规定

第三十六章

涉外民事诉讼程序概述及其一般原则

学习目的和要求　了解涉外民事诉讼程序不是独立于民事诉讼法之外的诉讼程序，而是法律针对涉外民事案件的特点而制定的特别规定；理解并掌握进行涉外民事诉讼时的特殊原则，即国家主权原则、司法豁免原则、适用我国缔结或参加的国际条约原则。

■第一节　涉外民事诉讼程序概述

一、涉外民事诉讼的概念

涉外民事案件，是指具有涉外因素的民事案件。涉外因素体现在如下三个方面：

1. 争议法律关系的主体一方或双方是外国人、无国籍人、外国企业或组织。例如，中国某远洋运输公司某号货轮承运一批货物，从我国某港口启运到德国汉堡，货物在运输中发生损害，引起收货人（外国人）向承运人索赔，并已向我国人民法院起诉。

2. 法律关系的内容产生、变更或者消灭的法律事实发生在国外。法律关系内容通常指民事实体权利和义务。法律关系内容含有涉外因素系指该民事权利和义务的设立、变更或终止的法律事实发生在国外。例如，两家中国公司在某国举办的博览会上签订一订货合同，后因货物质量发生纠纷，双方诉至法院。

3. 作为法律关系的客体在国外。民事实体法律关系客体指物、行为和智力成果，倘该客体在外国境内时，即法律关系客体含有涉外因素。例如，一留美华侨病故，其居住在大陆的两个儿子因继承其父在美所留房产而诉至我国人民法院。

应当明确，民事案件含有涉外因素，是指只要具备其中一个涉外因素即为涉外民事案件。

涉外民事诉讼，是指我国人民法院在涉外民事案件当事人和有关诉讼参与人的参加下，依法审理和解决涉外民事案件的活动和关系的总称。涉外民事案件的特殊性，决定了涉外民事诉讼具有不同于国内民事诉讼的特征：

1. 涉外民事诉讼涉及国家主权。由于涉外民事诉讼含有涉外因素，在管辖、取证、执行诸环节涉及国家之间的关系。人民法院在审理涉外民事案件时，既要尊重他国主权，又要维护我国主权。这一点是国内民事诉讼所不具有的。

2. 涉外民事诉讼期间较长。在涉外民事诉讼中，有的当事人在中华人民共和国领域内没有住所，有的证据存在于国外。因此，诉讼法律关系主体在实施送达诉讼文书、调查取证、传唤证人、起诉、答辩、上诉等诉讼行为时，需要较长的时间，否则难以完成诉讼行为，客观的需要决定了涉外民事诉讼期间的特殊规范。

3. 审理涉外民事案件时，存在适用法律的选择问题。选择表现在两个方面：①选择适用程序法；②选择适用实体法。就程序法而言，原则上应适用我国《民事诉讼法》，但如果我国参加或缔结的国际条约中有有关程序的特殊规定时，则须首先选择适用该项国际条约，称为"信守国际条约原则"。当然，我国声明保留的条款除外。就适用实体法而言，应按我国《民法通则》《物权法》等实体法律的规定办理。例如，遗产的法定继承中，动产适用被继承人死亡时住所地法律，不动产适用不动产所在地法律。

4. 人民法院进行涉外民事诉讼，有时需要外国法院的协助。例如，合同关系，适用当事人协议选择的法律或与合同有最密切联系的国家的法律；调查取证，有时要委托外国法院协助完成；判决生效后，有时请求外国法院执行。

二、涉外民事诉讼程序的概念

所谓涉外民事诉讼程序，是指一国法院受理、审理和执行涉外民事案件的程序。有的又称为国际民事诉讼程序。从各国立法实践看，有的国家在《民事诉讼法》之外另行制定《涉外民事诉讼法》；少数国家在《民事诉讼法》和《国际私法》中分别作相应规定；还有的国家则在《民事诉讼法》中对涉外民事诉讼程序加以专门规定。我国属于最后者，大多数国家都采用这种立法例。

严格地说，涉外民事诉讼程序不是独立的程序。它的全称应是"涉外民事诉讼程序的特别规定"。这种特别规定和国内的民事诉讼程序规定以及某些国际条约的规定共同构成审理涉外民事案件的诉讼程序。可见，审理涉外民事案件的诉讼程序具有相当的复杂性和原则性。

从内容上分析，涉外民事诉讼程序的特别规定的"特别"之处主要体现在原则、管辖、送达、期间、涉外仲裁和司法协助等方面。它们有的是对国内民事诉讼程序内容的补充、增加或完善，有的是对有关国际条约内容的转化。涉外民事诉讼程序的特别规定与普通程序之间的关系为一般和特别的关系，特别规定明确单列的，在审理涉外案件时应当适用，特别规定中未作明文规定的，则适用普通程序中的规定。

■第二节 涉外民事诉讼的一般原则

涉外民事诉讼的一般原则，是人民法院审理涉外民事案件的基本准则，也是涉外民事案件当事人和有关诉讼参与人必须遵循的基本依据。

一、适用《民事诉讼法》的原则

《民事诉讼法》第4条规定："凡在中华人民共和国领域内进行民事诉讼，必须遵守本法。"第259条规定："在中华人民共和国领域内进行涉外民事诉讼，适用本编规定。本编没有规定的，适用本法其他有关规定。"因为此条中"本编"规定是针对涉外民事诉讼的特殊性而制定的，根据特别规定优于一般规定的原则，人民法院审理和执行涉外民事案件适用法律时，首先要按照"本编"规定的原则、程序办理，"本编"没有规定的，则适用本法其他有关规定。例如，以事实为根据，以法律为准绳原则、诚实信用原则、辩论原则、处分原则、当事人诉讼权利平等原则、人民检察院对民事诉讼实行法律监督原则和调解原则等。

二、国家主权原则

由于涉外民事案件具有涉外因素，人民法院审理时必须坚持国家主权原则。国家主权原则具体体现在以下几个方面：

1. 必须坚持我国法院对涉外民事案件的司法管辖权。凡根据《民事诉讼法》有关管辖规定，属于我国法院管辖的涉外民事案件，人民法院应对其行使管辖权。我国法律规定的专属管辖案件，绝不允许和承认外国法院对其行使管辖权，也不允许当事人协议选择外国法院管辖。即使外国法院已经审理，我国人民法院仍须重新审判。"一事不再理"规则的前提是：我国人民法院已对该案件作出结论。

2. 当事人进行诉讼时，必须使用我国通用的语言、文字。语言、文字是诉讼的工具和手段，一定的语言文字又与国家主权密切相关。根据主权原则，外国当事人提交诉讼时须附具中文译本，诉讼中必须使用我国通用的语言、文字。当事人要求提供翻译的，可以提供，其费用由当事人承担。

3. 凡委托律师代理出庭诉讼的，必须委托中华人民共和国律师。根据《民事诉讼法》第263条的规定，外国人、无国籍人、外国企业和组织在人民法院起诉、应诉，需要委托律师代理诉讼的，必须委托中华人民共和国律师。《民诉法解释》第528条规定："涉外民事诉讼中的外籍当事人，可以委托本国人为诉讼代理人，也可以委托本国律师以非律师身份担任诉讼代理人；外国驻华使领馆官员，受本国公民的委托，可以以个人名义担任诉讼代理人，但在诉讼中不享有外交或者领事特权和豁免。"在中华人民共和国领域内没有住所的外国人、无国籍人、外国企业和组织委托中华人民共和国律师或者其他人代理诉讼，从中华人民共和国领域外寄交或者托交授权委托书，应当经所在国公证机关证明，并经中华人民共和国驻该国使、领馆认证，或者履行中华人民共和国与该所在国订立的有关条约中规定的证明手续后，才具有效力。

4. 外国法院或其他机关请求我国执行其生效裁判时，只有在该生效裁判不违背我国法律基本原则，不危及我国安全，不损害我国社会公共利益，并符合我国参加或缔结的国际条约且符合一定的程序要求时，人民法院才予以承认和执行。否则，该裁判在我国无效。

三、司法豁免原则

司法豁免权系指国家根据本国法律或参加、缔结的国际条约，对住在本国的外国和国际组织的代表和机构赋予的免受司法管辖的权利。司法豁免权是外交特权的一种，它包括刑事司法豁免和民事司法豁免。司法豁免权是建立在国与国对等原则基础上的权利，司法豁免权有利于各国外交代表和国际组织完成任务，本处所指司法豁免权，仅指民事司法豁免权，是指当事人的民事行为和财产不受所在国法院管辖的权利。

《民事诉讼法》第 261 条规定："对享有外交特权与豁免的外国人、外国组织或者国际组织提起的民事诉讼，应当依照中华人民共和国有关法律和中华人民共和国缔结或者参加的国际条约的规定办理。"本规定所指我国有关法律，主要指《外交特权与豁免条例》和《领事特权与豁免条例》。本规定所指国际条约，主要有《维也纳外交关系公约》《维也纳领事关系公约》等。

凡依照上述法律和国际条约规定享有司法豁免权的外交代表，我国人民法院不受理对他们提起的民事起诉，但下列情形除外：①派遣国政府明示放弃豁免；②外交代表以私人身份进行的遗产继承诉讼；③外交代表在中国境内从事公务范围以外的活动或者商业活动引起的诉讼。

与外交代表共同生活的配偶和未成年子女，如不是中国公民，享有与外交代表同等的司法豁免权；外交代表如果是中国公民或者获得在中国永久居留资格的外国人，则仅就其执行外交公务的行为享有司法豁免权。使馆行政技术人员和与其共同生活的配偶及未成年子女，如不是中国公民并且不是在中国永久居留的，仅就执行公务的行为享有民事管辖豁免。

外国领事官员和领馆行政技术人员仅就其执行职务的行为享有司法管辖豁免，但下列事项除外：①涉及未明示以派遣国代表身份所订的契约的诉讼；②涉及在中国境内的私有不动产的诉讼，但以派遣国代表身份所拥有的为领馆使用的不动产不在此限；③以私人身份进行的遗产继承的诉讼；④因车辆、船舶或者航空器在中国境内造成的事故涉及损害赔偿的诉讼。

外交代表和领事官员等如果主动提起民事诉讼，或在诉讼中提出反诉，则不得援用民事管辖豁免原则。

来访的外国国家元首、政府首脑、外交部长及其他具有同等身份的官员，享有司法豁免权。

来我国参加联合国及其专门机构召开的国际会议的外国代表，临时来华的联合国及其专门机构的官员和专家，联合国及其专门机构驻我国的代表机构和人员的待遇，按我国已加入的有关国际公约和签订的协议办理。

四、适用我国缔结或参加的国际条约原则

国际条约属于国际法范畴。国际法如何在本国实施，世界各国有两种做法：①将国际法转换成国内法；②在国内法中规定适用国际法原则。我国采取第二种方式。《民事诉讼法》第260条规定："中华人民共和国缔结或者参加的国际条约同本法有不同规定的，适用该国际条约的规定，但中华人民共和国声明保留的条款除外。""条约优先"也是国际法和处理国际关系的一个基本原则。

人民法院审理涉外民事案件适用我国缔结或参加的国际条约原则时，要注意掌握下列三点：①我国《民事诉讼法》未规定但国际条约有规定的，依国际条约规定办理。②国际条约和我国《民事诉讼法》均有规定，但前者比后者具体，依前者规定办理。③国际条约和《民事诉讼法》的相关规定发生冲突时，依国际条约规定办理。当然，若系我国声明保留的条款，在适用时，依我国《民事诉讼法》的规定办理。

【本章小结】

1. 本章概括了涉外民事诉讼案件、涉外民事诉讼、涉外民事诉讼程序的概念和涉外民事诉讼的一般原则。

2. 涉外民事案件，是指具有涉外因素的民事案件。涉外因素是指争议法律关系主体的一方或双方是外国人、无国籍人、外国企业或组织；法律关系的内容产生、变更或者消灭的法律事实发生在国外；作为法律关系客体的物在国外。涉外民事诉讼，是指我国人民法院在涉外民事案件当事人和有关诉讼参与人的参加下，依法审理和解决涉外民事案件的活动和关系的总称，其特征有4个。所谓涉外民事诉讼程序，是指一国法院受理、审理和执行涉外民事案件的程序，有的又称为国际民事诉讼程序。

3. 涉外民事诉讼的一般原则，是人民法院审理涉外民事案件的基本准则，也是涉外民事案件当事人和有关诉讼参与人必须遵循的基本依据。其有如下四个基本原则：①适用《民事诉讼法》的原则；②国家主权原则；③司法豁免原则；④适用我国缔结或参加的国际条约原则。

【思考题】

1. 简述涉外民事诉讼与国内民事诉讼的区别。

2. 按照我国法律以及参加的国际条约，哪些人员和组织在我国不享有司法豁免权？

【参考文献】

1. 李双元等：《中国国际私法通论》，法律出版社 2003 年版。

2. 汪祖兴主编：《民事诉讼法·涉外与仲裁篇》，厦门大学出版社 2007 年版。

3. 王胜明主编：《中华人民共和国民事诉讼法释义》，法律出版社 2012 年版。

4. 沈德咏主编：《最高人民法院民事诉讼法司法解释理解与适用（下）》，人民法院出版社 2015 年版。

第三十六章

第三十七章

涉外民事诉讼的管辖

学习目的和要求　了解涉外民事诉讼管辖的基本含义、我国《民事诉讼法》中关于涉外民事诉讼管辖的基本种类。

■第一节　涉外民事诉讼管辖的概念和原则

一、涉外民事诉讼管辖的概念

涉外民事诉讼管辖，是指确定我国人民法院对涉外民事案件的审判权限和划分各级各类人民法院受理第一审涉外民事案件的分工。不难发现，涉外民事诉讼管辖不同于国内民事诉讼管辖。涉外民事诉讼管辖至少涉及两个问题：①管辖的外部关系，即某一涉外民事案件到底是由我国法院管辖还是由外国法院管辖；②管辖的内部关系，即由我国管辖的涉外民事案件应由哪一级的某个人民法院审判。

有的学者认为，涉外民事诉讼的管辖解决的只是我国法院受理涉外民事案件的权限问题，即哪些案件应由人民法院管辖，哪些案件人民法院无权管辖，至于各级、各类法院的管辖权，则属普通管辖理论范畴，《民事诉讼法》在立法体例上，在"涉外程序编"也只对管辖的外部关系作了规定，但鉴于国内法院在涉外案件管辖分工上也有一定的特别之处，我们认为其也应属于涉外民事诉讼管辖所应包括的内容。

我国《民事诉讼法》作出特别规定的涉外民事诉讼管辖有四种：①特殊地域管辖，即在合同或其他财产权益纠纷中，对在我国境内没有住所的被告起诉的，可以由与案件有实际联系的地点的法院管辖；②协议管辖，即在涉外合同或其他财产权益纠纷中，当事人可以书面选择与争议有实际联系的地点的法院管辖；③应诉管辖，即涉外民事诉讼的被告对人民法院的管辖不提出异议而应诉答辩的，视为承认人民法院有管辖权；④专属管辖，即因在中华人民共和国境内履行中外合资经营企业合同、中外合作经营企业合同、中外合作勘探开发自然资源合同而发生的诉讼，由人民法院专属管辖。

涉外民事诉讼管辖直接关系到国家的主权，所以，各国对涉外民事案件管辖权历来十分重视。加之，不同的法律对同一案件的判决结果又迥然不同，为了获得有利于自己的判决，当事人对管辖的选择也存在尖锐冲突。可见，正确确定涉外民事诉讼管辖，对国家和当事人都有着非同寻常的意义。

1. 有利于维护国家主权。司法管辖权是国家主权的具体体现之一。正确界定我国人民法院对涉外民事案件的管辖范围，有利于国家主权的完整和统一。凡应由我国人民法院管辖的涉外民事案件，我国决不放弃管辖权。当然，我们也尊重别国的主权，不主张任意拓宽涉外民事诉讼管辖范围。

2. 有利于人民法院的审判活动和当事人诉讼活动的顺利进行。只有正确界定涉外民事案件管辖范围，才能使人民法院对一定范围的涉外民事案件行使审判权。否则，就会出现要么无法实现审判权、要么错误行使审判权的情形。对当事人来说，管辖的界定便于他们行使诉讼权利，协议选择管辖法院。

3. 有利于维护我国当事人的合法权益。不同的国家有不同的法律。对同一案件，因适用的法律不同，最后形成的审判结果也必然不同。界定涉外民事诉讼管辖，对于维护我国公民、法人和其他组织的民事权益，减少他们的诉讼耗费，具有重要的现实意义。

二、确定涉外民事诉讼管辖的原则

当今世界，各国对涉外民事诉讼管辖都有扩大本国管辖权的倾向，从而作出相互冲突的规定，但各国在长期交往中也逐渐积累了一些国际惯例，又签署了一些国际条约，这些惯例和条约的影响必然作用于各国的国内法，形成涉外诉讼管辖方面诸多的共同原则。例如，"原告就被告"原则，即由原告向被告所在地国家的法院提起诉讼原则，就为多数国家如德国、日本、奥地利、希腊、泰国、印度、巴基斯坦、缅甸和东欧国家所接受和实行。当然，在适用"原告就被告"原则的国家中，也有不少例外，如英美两国法律规定，对人的诉讼，只要起诉时被告在英国、美国出现，即使是暂时居住或路过，哪怕为时非常短促，英国、美国也对其拥有管辖权。这就是所谓的"有效控制论"。"有效控制论"的先导人是美国法官斯托里（Joseph Story）。英国国际私法学者戴西（A. V. Dicey）曾说："任何一个国家的法院，对于任何案件，只要能够作出一个有效的判决，英国法律应承认它有权管辖（即有权对该案件进行裁判），如果不能作出有效的判决，英国法律就不承认它有权管辖（即无权对该案件进行裁判）。"[1]这里所谓的"有效的"判决，是指在宣告判决的法院所属国家内能够予以执行的判决。这一原则实际上是以判决能否有效执行作为衡量管辖是否适当行使的标准。

■第二节 我国涉外民事诉讼管辖的种类

涉外诉讼管辖种类是一个十分复杂的问题，在民事诉讼理论上，由于分类标准

---

[1] 参见刘振江：《国际民事诉讼法原理》，法律出版社1985年版，第64页。

不同，诉讼管辖的种类各不相同：①以人或事物所在地为标准，可分为普通管辖和特别管辖；②以强制规定和任意规定为标准，可分为专属管辖和协议管辖；③以诉讼关系为标准，可分为共同管辖和合并管辖。

一、集中管辖

根据 2002 年 3 月 1 日起施行的《涉外管辖规定》，我国对涉外民商事案件的受案法院作出了较大的调整，将以往分散由各基层人民法院、中级人民法院管辖的涉外民商事案件，集中由少数受案较多、审判力量较强的中级人民法院和基层人民法院管辖。此规定包括的案件有：①涉外合同和侵权纠纷案件；②信用证纠纷案件；③申请撤销、承认与强制执行国际仲裁裁决的案件；④审理有关涉外民商事仲裁条款效力的案件；⑤申请承认和强制执行外国法院民商事裁决、裁定的案件。

以上案件一审由五类法院审理：①国务院批准设立的经济技术开发区的人民法院；②省会、自治区首府、直辖市所在地的中级人民法院；③经济特区、计划单列市中级人民法院；④最高人民法院指定的其他中级人民法院；⑤高级人民法院。实行集中管辖后，其他本来具有一审管辖权的基层和中级人民法院就对这些案件失去了管辖权，因而对以前的法律规定应作变通理解。例如，涉外侵权纠纷中，侵权行为地和被告住所地的人民法院若不具有一审管辖权，则由与案件关系最近或最方便诉讼的有管辖权的人民法院管辖。

二、牵连管辖

牵连管辖是指根据诉讼与人民法院所在地的一定牵连关系来确定管辖法院的制度。其特点有：①管辖法院的确定以诉讼与法院所在地的牵连为标准；②被告在我国领域内没有住所的，不管被告的国籍如何；③适用范围有限制，即只适用于合同纠纷或者其他财产权益纠纷。我国《民事诉讼法》第 265 条作了明确规定："因合同纠纷或者其他财产权益纠纷，对在中华人民共和国领域内没有住所的被告提起的诉讼，如果合同在中华人民共和国领域内签订或者履行，或者诉讼标的物在中华人民共和国领域内，或者被告在中华人民共和国领域内有可供扣押的财产，或者被告在中华人民共和国领域内设有代表机构，可以由合同签订地、合同履行地、诉讼标的物所在地、可供扣押财产所在地、侵权行为地或者代表机构住所地人民法院管辖。"

合同签订地，是法律关系发生地，合同在何地签订，就与该地法院在司法上存在一定的关系，不论合同是否履行，该地法院均可有管辖权。

合同履行地，是合同实现地，也是行使实体权利和履行实体义务所在地。合同纠纷由合同履行地法院管辖，有利于查明案情，及时解决纠纷。

诉讼标的物所在地，是双方当事人实质争议的发生地。不论诉讼标的物是不动产，还是动产，也不论是权属争议，还是其他争议，都与标的物所在地法院存在司法上的联系。

可供扣押财产所在地，在某些情况下，权利人主张权利只能在对方当事人的财产所在地起诉，才能实现其权利。因此，可供扣押财产所在地也是与法院有实际联系的地点。

侵权行为地，是侵权法律关系的发生地，包括侵权行为发生地和侵权行为结果地。不论当事人属何国籍，也不论基于何种原因，凡是在中国领域内发生的侵权行为，侵权行为地的人民法院对此都有管辖权。

被告代表机构所在地，是指被告在我国领域内设立的代表机构所在地。这里的代表机构，是指外国企业或其他组织派驻我国境内的常设办事机构，而不是分支机构。一方当事人以外国企业为被告，向其代表机构所在地的人民法院起诉，是基于涉外诉讼中被告及其代表机构与所在地法院有实际牵连，因此，我国法院对其代表机构具有司法上的管辖关系，从而形成对诉讼的管辖权。它不同于一般规定中的一般地域管辖。

三、协议管辖与应诉管辖

协议管辖，是指依当事人双方自愿协商约定管辖法院的制度。协议管辖制度最早出现于罗马法，协议管辖用于涉外民事诉讼中则是 19 世纪后期的事。协议管辖的理论基础是当事人的"意思自治"。依不同标准，可以对协议管辖作出不同分类：

1. 依案件性质为标准，可分为国内协议管辖和涉外协议管辖。前者是指国内民事案件的协议管辖，后者是指涉外民事案件的协议管辖。

2. 依双方当事人协议对管辖权的作用为标准，可分为专属协议管辖和附加协议管辖。专属协议管辖系指当事人协议约定，使本无管辖权的法院获得对案件的管辖权；附加协议管辖系指通过当事人协议，更进一步确定有管辖权法院的管辖权。

3. 依协议双方当事人诉前意思表示为标准，可分为明示协议管辖和默示协议管辖。前者专指当事人在诉前有书面协议；后者指当事人诉前虽无协议，但原告选择法院起诉后，根据被告行为推论其承认受诉法院的管辖权，又叫应诉管辖。

应诉管辖是指涉外民事诉讼的被告对人民法院管辖不提出异议，并且已应诉答辩（包括已提出书面应诉答辩状，或者已出庭应诉），即视为被告承认该人民法院有管辖权的制度。这也是国际社会普遍公认的一条管辖制度。

应诉管辖与协议管辖虽然都在一定程度上体现了当事人的意志，但二者仍是两种不同的管辖制度。协议管辖中，管辖法院是双方当事人以书面协议的形式在诉讼之前确定的，并且是双方当事人一致的意思表示。而应诉管辖是在一方当事人起诉后，对方当事人以应诉的方式自愿接受受诉法院的管辖，双方当事人之间并没有明确的协议。

2012 年我国《民事诉讼法》修订以后，涉外民事诉讼程序部分已经删除了协议管辖和应诉管辖的条文规定，在协议管辖与应诉管辖的规定上，国内案件与涉外案件的协议管辖和应诉管辖的条件和程序完全相同。

四、专属管辖

专属管辖是指一定范围的民事案件只能由一国法院独享管辖权的制度。

我国《民事诉讼法》第 33 条规定的三类诉讼为专属管辖。按特别法中未加规定者适用普通法中相应规定的原理，涉外不动产案件、涉外港口作业纠纷案件和涉外遗产继承案件，同样属于我国人民法院专属管辖案件。此外，《民事诉讼法》第 266 条规定："因在中华人民共和国履行中外合资经营企业合同、中外合作经营企业合同、中外合作勘探开发自然资源合同发生纠纷提起的诉讼，由中华人民共和国人民法院管辖。"条文中虽无专属管辖字样，但从内容分析，应属专属管辖。

专属管辖具有排他性。凡专属管辖案件，我国法院概不承认外国法院对之行使管辖权，也不允许当事人书面协议由其他国家法院管辖，但允许当事人协议选择仲裁机构。

【本章小结】

1. 本章阐述了涉外民事诉讼管辖的概念和我国涉外民事诉讼管辖的种类。

2. 涉外民事诉讼管辖，是指确定我国人民法院对涉外民事案件的审判权限和划分各级各类人民法院受理第一审涉外民事案件的分工。

3. 我国涉外民事诉讼管辖有集中管辖、牵连管辖、协议管辖、应诉管辖、专属管辖。

【思考题】

1. 涉外民事诉讼管辖与国内民事诉讼管辖的区别何在？

2. 涉外协议管辖成立的要件是什么？

3. 涉外协议管辖与国内协议管辖的区别有哪些？

【参考文献】

1. 刘力：《国际民事诉讼管辖权研究》，中国法制出版社 2004 年版。

2. 陈启垂："民事诉讼之国际管辖权"，载《法学丛刊》（台北）1997 年第 2 期。

3. 王胜明主编：《中华人民共和国民事诉讼法释义》，法律出版社 2012 年版。

第
三
十
八
章

第三十八章

涉外民事诉讼的送达和期间

学习目的和要求　了解涉外民事诉讼案件的九种送达方式；认识涉外民事诉讼期间的特殊性。

■第一节　涉外民事诉讼的送达

涉外民事案件的特殊性，决定了有关诉讼文书送达的特殊性。涉外民事诉讼的送达包括涉外民事诉讼文书的域内送达和域外送达，依法律规定，凡当事人在中华人民共和国领域内有住所者，按国内民事诉讼送达方式送达。凡当事人在中华人民共和国领域内没有住所者，采取下列方式送达：

一、直接送达

作为受送达人的自然人或者企业、其他组织的法定代表人、主要负责人，在中华人民共和国领域内的，人民法院可以向该自然人或者法定代表人、主要负责人送达。

二、依有关国际条约规定的方式送达

按国际条约优先适用原则，若受送达人所在国与我国订有或共同参加了某一国际条约，而该条约中又有关于诉讼文书送达的规定时，诉讼文书送达均按该条约规定办理。目前，我国已先后与法国、波兰、比利时、意大利、土耳其等国签订了司法协助协议。1991年，我国又加入了于1965年11月在海牙订立的《海牙公约》。这些协议和公约都规定，各有关国家要指定一个机关作为中央机关和有权接受外国通过领事途径转递的文书的机关，我国指定的中央机关为司法部。我国人民法院向缔约当事人送达诉讼文书时，可依协议或公约规定，先将请求书（附上送达的文书或其副本）送交有关高级法院转最高人民法院，再转司法部，由司法部按照公约规定的格式制作请求书、被送达文书概要和空白证明书，与文书一并送交受送达人所在国的中央机关，再由该机关依本国法律安排送达。

三、通过外交途径送达

外交途径送达，是指受送达人所在国已与我国建立但尚未签署司法协助协议，也未共同加入有关国际条约，按互惠原则通过外交机关协助而实施的送达。按最高

人民法院、外交部、司法部《关于我国法院和外国法院通过外交途径相互委托送达法律文书若干问题的通知》的规定，我国人民法院通过外交途径向国外当事人送达诉讼文书时，应按下列程序办理：

1. 要求送达的法律文书须经有关省、自治区、直辖市高级人民法院审查，由外交部领事司负责转递。

2. 须准确注明受送达人姓名、性别、年龄、国籍及其在国外的详细外文地址，并将该案件的基本情况函告外交部领事司，以便转递。

3. 须附有送达委托书。

外交途径送达诉讼文书的收费，按对等原则办理。

四、委托我国驻外使、领馆代为送达

此送达方式主要适用于受送达人具有中华人民共和国国籍，但受送达人在我国境内又没有住所的情况。这时，可以由我驻该受送达人所在国使、领馆代为送达。由于这种送达方式涉及驻在国的法律和国家利益，通常应当符合三个条件：①只能向本国公民实施送达行为；②不得违反驻在国法律；③不得采取强制措施。

五、向受送达人的诉讼代理人送达

向受送达人委托的代理人送达诉讼文书简便易行，是国际上通行的一种做法，其行为效力为多数国家所认可。受送达人的代理人应是有权接受送达的代理人，像许多国家一样，我国在司法实践中掌握的尺度是：只要代理的委托事项中没有排除地写明不得代受送达，即视为他是有权代受送达文书的代理人。

六、向受送达人在我国领域内设立的代表机构或者有权接受送达的分支机构、业务代办人送达

这种送达主要针对受送达人是外国企业或组织的情形。外国企业或组织在我国境内无住所时，可通过他们设立的代表机构送达。代表机构既然可以代表受送达人处理业务，当然也应有权收受诉讼文书。没有代表机构但在我国境内有分支机构或业务代办人时，只要他们有接受诉讼文书的授权，也可向分支机构或业务代办人送达。这种送达方式无任何中间环节，故简便、迅速。

七、邮寄送达

涉外民事诉讼中，利用邮寄送达方式须以受送达人所在国法律允许为前提。根据《民事诉讼法》的规定，受送达人所在国的法律允许邮寄送达的，可以邮寄送达，自邮寄之日起满3个月，如果送达回证没有退回，但根据各种情况足以认定已经送达的，期间届满之日也视为送达。英美法系国家一般不反对邮寄送达，我国和德国、埃及、土耳其等国对此则持否定态度。

八、传真、电子邮件等方式送达

人民法院可以通过传真、电子邮件等能够确认受送达人收悉的方式送达。

九、公告送达

公告送达是国际民事诉讼中通用的方法，它适用于上述几种送达方式无法或难

以送达的情形。我国涉外民事诉讼中，公告送达是指将应送达的诉讼文书张贴于法院公告栏内，同时，将公告送达事项刊登在国内外公开发行的报刊上，自公告之日起满 3 个月即视为送达。

■第二节 涉外民事诉讼的期间

涉外民事诉讼当事人在我国领域内无住所的，他们为某些诉讼行为必须花费较多时间。从实际出发，《民事诉讼法》对此作了相应规定。

一、被告提出答辩的期间

涉外民事诉讼被告在中华人民共和国领域内有住所的，他提出答辩的期间为 15 日，倘被告在中华人民共和国领域内没有住所，人民法院应当将起诉状副本送达被告，并通知被告在收到起诉状副本后 30 日内提出答辩状。遭遇特殊情况，被告申请延长答辩期的，是否准许由人民法院视情况决定。一方当事人在国内有住所，而另一方当事人在国内没有住所时，应当区别对待，对国内当事人适用一般规定，对国外的当事人则适用有关涉外的特殊规定。

二、当事人上诉和答辩的期间

上诉是涉外民事诉讼当事人的权利。在我国领域没有住所的当事人，对第一审人民法院未生效判决和可以上诉的裁定不服的，有权向上一级人民法院提出上诉，其上诉期限为 30 日。被上诉人在收到上诉状副本后，应当在 30 日内提出答辩状。当事人因故在法定的 30 日内不能提起上诉或者提出答辩状，申请延期的，是否准许，由人民法院决定。因为居住在我国领域内和领域外的当事人的上诉期是不同的，最高人民法院有关司法解释规定，双方的上诉期均已届满，没有上诉的，第一审人民法院的判决、裁定即发生法律效力。

三、审限

一般地说，人民法院审理涉外民事案件时，在调查取证、传唤当事人、送达诉讼文书等方面都具有一定的难度和复杂性，它必须比审理国内民事案件花费更多的时间和精力。从立案到制作判决、宣告判决，很难事先框定一个时间表。为此，《民事诉讼法》第 270 条专门规定："人民法院审理涉外民事案件的期间，不受本法第 149 条、第 176 条规定的限制。"[1]

【本章小结】

1. 本章阐述了涉外民事诉讼送达的 9 种方式，涉外民事诉讼的期间的规定。

---

[1] 2001 年《最高人民法院案件审限管理规定》第 10 条要求"涉外、涉港、澳、台民事案件应当在庭审结束后 3 个月内结案；有特殊情况需要延长的，由院长批准"。

2. 送达的方式有 9 种：直接送达；依有关国际条约规定的方式送达；通过外交途径送达；委托我国驻外使、领馆代为送达；向受送达人的诉讼代理人送达；向受送达人在我国领域内设立的代表机构或者有权接受送达的分支机构、业务代办人送达；邮寄送达；传真、电子邮件等方式送达；公告送达。

3. 对涉外民事诉讼中的被告提出答辩的期间、当事人上诉和答辩的期间、审限作了具体规定。

【思考题】

1. 简述涉外民事诉讼案件的 9 种送达方式。

2. 采取邮寄送达时应注意哪些事项？

3. 涉外民事诉讼期间有哪些规定？

【参考文献】

1. 李双元、谢石松：《国际民事诉讼法概论》，武汉大学出版社 2001 年版。

2. 汪祖兴主编：《民事诉讼法·涉外与仲裁篇》，厦门大学出版社 2007 年版。

3. 王胜明主编：《中华人民共和国民事诉讼法释义》，法律出版社 2012 年版。

第三十九章

涉外仲裁

学习目的和要求 理解涉外仲裁的概念、特点、原则和程序；区别涉外仲裁与涉外诉讼；了解我国涉外仲裁机构作出的裁决是终局性的，对法院、当事人均有约束力。

■第一节 涉外仲裁概述

一、涉外仲裁概念

涉外仲裁，是指根据当事人的约定，涉外仲裁机构依法对当事人之间的争执居中决断的制度。涉外仲裁有以下几个特点：①涉外仲裁机构属民间性质。因为：它不是国家行政机关；它的仲裁员系由民间推荐选任；它对仲裁事项并无强制管辖权；涉外仲裁机构行使仲裁权的基础取决于双方当事人的合意。②较大的灵活性。主要表现在当事人可以自由地选择仲裁地点、仲裁机构和仲裁员。仲裁庭裁决案件时，除适用本国法律外，还可参照国际商业惯例。③广泛的适应性。由于仲裁员系经济、贸易、运输、海事、法律等方面的专家学者，他们具有较强的处理海事、海商、经贸等纠纷的业务能力。加之仲裁程序简便易行，仲裁速度往往与市场经济频率吻合，所以，仲裁能满足各类案件当事人的需要。④有严格的保密性。涉外仲裁一般不公开进行，易于迎合商人保守业务秘密的心理。因此，它深受国际商界的欢迎。

涉外仲裁不同于国内仲裁。国内仲裁是指仲裁机构依据《仲裁法》的规定仲裁国内的劳动争议、合同争议和其他争议的制度。国内仲裁的范围、原则、期间、送达和仲裁程序等，均与涉外仲裁有明显差异。

涉外仲裁不同于国际仲裁。国际仲裁是指用仲裁方法解决国家间的争端。争端的主体是国家，仲裁事项主要是领土、侨民等公法关系方面的争议。国际仲裁属国际法学研究范围。涉外仲裁则属于民事诉讼法学和仲裁法学的研究范围。

二、涉外仲裁机构

目前，我国涉外仲裁机构有两个：

（一）中国国际经济贸易仲裁委员会

中国国际经济贸易仲裁委员会隶属于中国国际商会，原名对外经济贸易仲裁委员会，成立于1956年。中国国际经济贸易仲裁委员会由主任1人、副主任和委员若干人组成。根据《中国国际经济贸易仲裁委员会仲裁规则》的规定，中国国际经济贸易仲裁委员会主要管辖中外当事人之间、外国当事人之间和中国当事人之间的产生于国际或涉外的契约性或非契约性的经济贸易等争议。如合资经营、合作经营、合作开发、合作生产、技术转让、金融信贷、财产租赁、融资租赁、货物买卖、运输、保险、支付以及来料加工、来件装配、补偿贸易等方面的争议。

（二）中国海事仲裁委员会

中国海事仲裁委员会隶属于中国国际商会，成立于1959年。该委员会由主席1人、副主席和委员若干人组成。仲裁员由中国国际贸易促进委员会从具有有关专业知识和实际经验的中外人士中聘任。中国海事仲裁委员会主要管辖下列争议：

1. 关于海上船舶互相救助、海上船舶和内河船舶互相救助报酬的争议。

2. 关于海上船舶碰撞、海上船舶和内河船舶碰撞或海上船舶损坏港口建筑物或设备所发生的争议。

3. 关于海上船舶租赁、代理、拖航、打捞、买卖、修理、建造业务以及根据运输合同、提单或其他运输文件办理的海上运输业务和海上保险所发生的争议。

4. 关于海洋环境污染损害的争议。

5. 双方当事人协议要求仲裁的其他海事争议。

三、涉外仲裁原则

涉外仲裁原则，是指我国涉外仲裁机构在裁决案件时必须遵循的基本准则。根据《中国海事仲裁委员会仲裁规则》和《中国国际经济贸易仲裁委员会仲裁规则》的规定，涉外仲裁原则主要有：

1. 协议原则。所谓协议原则，是指仲裁机构仲裁权的取得须建立在当事人自愿协议的基础之上。当事人可以事先在合同中订立仲裁条款，也可以事后达成书面仲裁协议。没有当事人的仲裁协议，仲裁机构不能行使仲裁权。

2. 独立裁决原则。独立裁决原则，首先是指仲裁机构在仲裁案件时，只能依据客观事实和法律，实事求是地裁决，不受任何机关、团体和个人的干涉；其次是指仲裁员个人独立，基于独立的意志作出裁决意见，不受组织和个人的干涉，并有权将自己的少数意见反映在相关记录上。

3. 公平原则。公平原则建立在当事人法律地位平等的基础之上。无论是中国当事人，还是外国当事人，也无论当事人所在国家的大、小、强、弱，他们在仲裁程序中都处于平等的地位，仲裁机构将公平相待、公正裁决。

4. 仲裁与调解相结合原则。仲裁与调解相结合原则，首先在中国的仲裁实践中获得成功，并已引起国际上的普遍赞赏和广泛关注。它的基本含义是：仲裁庭在仲裁过程中，可以对审理的案件进行调解。但在仲裁程序中，调解不是一个独立存在的程序，它以当事人的自愿为前提，调解不成或当事人不同意调解的，仲裁庭即应迅速仲裁，并且在以后的程序中不得援引调解过程中当事人及仲裁员自己提出的、建议过的、承认过的任何建议或意见。

5. 保密审理原则。保密审理是指不公开审理和当事人、仲裁员、证人、鉴定人等承担不向外界透露案件实体和程序进行情况的义务。对涉外案件不公开仲裁是出于对当事人自由意志的尊重和商业保密的考虑。如果双方当事人申请公开审理，必须征得仲裁庭的同意和认可。

6. 参照国际惯例原则。各国在长期的商业交往中已形成若干惯例，这些惯例既涉及实体法，又涉及程序法。涉外仲裁机构在仲裁时，参照这些国际惯例，可以弥补我国法律法规的某些不足，也有利于双方当事人接受裁决结果，从而合理、迅速地解决当事人之间的争执。

四、涉外仲裁与涉外诉讼的联系与区别

涉外仲裁与涉外诉讼是性质不同的两种制度。两者自成体系，各具特色，存在诸多不同：

1. 案件审理人员不同。涉外仲裁的仲裁员概由中国国际贸易促进委员会从社会各界的专门人士或知名人士中聘任，有一定的聘期；涉外诉讼的审判人员则是人民法院的法官。

2. 管辖案件的范围不同。涉外仲裁机构受理的是国际贸易、海事运输、海商活动中，双方当事人在合同中订有仲裁条款或事后有书面仲裁协议的有关涉外案件。涉外仲裁所解决的纠纷必须是当事人对之拥有和解权，有权对其中的实体权利进行处分的纠纷；人民法院管辖的涉外民事案件范围却比涉外仲裁宽得多，除国际经济贸易、海事运输、海商活动中的涉外案件可以诉诸法院外，其他有关涉外继承、不动产、涉外合同等方面的案件，只要案件在我国有联系点的，均属我国人民法院管辖。

3. 审理的制度和原则不完全相同。仲裁涉外民事案件以不公开为原则，审理涉外民事案件却以公开为原则；涉外仲裁实行一裁终裁制，涉外诉讼实行两审终审制。

4. 二者的根本性质有别。涉外诉讼依据国家法律而进行，是一种国家行为，构成司法制度的重要内容；涉外仲裁是一种民间行为，基于当事人的选择而开始，其主权意义远远比不上涉外诉讼。

涉外仲裁与涉外诉讼并不是绝对排斥的两种制度，二者是有联系的：

1. 涉外仲裁中的保全事宜必须由被申请人住所地或财产所在地的中级人民法院裁定。保全涉及保全措施的实施，而涉外仲裁机构的民间性质决定了它无执行权。因此，《民事诉讼法》第272条规定，当事人申请采取保全的，中华人民共和国涉外仲裁机构应当将当事人的申请，提交被申请人住所地或者财产所在地的中级人民法院裁定。根据《民诉法解释》第542条的规定，人民法院对申请可以进行审查，决定是否进行保全。裁定保全的，应当责令申请人提供担保，申请人不提供担保的，裁定驳回申请。

2. 涉外仲裁裁决有待人民法院协助并监督执行。涉外仲裁裁决是在当事人自愿协议仲裁的前提下产生的。所以，在多数情况下，仲裁裁决有待当事人自觉履行，个别裁决也存在强制执行问题。执行权是国家司法权的有机组成部分，只有人民法院才享有执行权。因此，仲裁裁决只能由人民法院强制执行。《民事诉讼法》第273条规定："经中华人民共和国涉外仲裁机构裁决的，当事人不得向人民法院起诉。一方当事人不履行仲裁裁决的，对方当事人可以向被申请人住所地或者财产所在地的中级人民法院申请执行。"

人民法院接到当事人有关执行仲裁裁决的申请后，必须认真审查，这是司法权对民间仲裁权的法律监督的体现和要求。只有审查合格才能付诸执行，否则裁定不予执行。

■第二节　涉外仲裁程序

一、仲裁协议

仲裁协议，是当事人双方达成的自愿将争议提交涉外仲裁机构解决的书面意见。书面协议可以单独制作，也可在合同中确立仲裁条款。仲裁协议包括的内容有请求仲裁的意思表示、仲裁地点、仲裁机构、仲裁事项和仲裁规则。

仲裁协议是涉外仲裁机构受理案件的唯一依据，并具有排除法院管辖权的效力。

二、申请与受理

订有仲裁协议的当事人之间产生纷争后，必须有人向仲裁机构正式提出申请，经仲裁机构审查合格后，方予以立案。

当事人申请时必须呈交仲裁申请书。申请书中应写明：申诉人和被诉人名称、地址、仲裁协议、要求及事实和理由。在呈交仲裁申请书的同时，还须呈交案情和争议要点，有关证明文件和证据。申请时，应按规定交纳仲裁费。

仲裁机构收到申请后，应认真审查。审查内容主要是：本机构对申请仲裁事项是否拥有管辖权，手续是否完备，申请仲裁事项是否超过时效，等等。

涉外经济贸易、运输和海事中发生的纠纷，当事人在合同中订有仲裁条款或者事后达成书面仲裁协议，提交中华人民共和国涉外仲裁机构或者其他仲裁机构仲裁的，当事人不得向人民法院起诉。当事人在合同中没有订立仲裁条款或者事后没有达成书面协议的，可以向人民法院起诉。

三、仲裁

仲裁机构受理当事人仲裁申请后，应迅速进入案件审理。其主要阶段是：

（一）组建仲裁庭

涉外仲裁机构仲裁案件采取独任仲裁制和仲裁庭制两种方式。仲裁庭一般由3人组成。其程序是：先由双方当事人在仲裁员名册中各选定1名仲裁员，然后由仲裁委员会主任指定1名首席仲裁员，首席仲裁员和当事人选定的仲裁员共同组成仲裁庭。

（二）仲裁

仲裁庭审理案件一般不公开进行。审理中实行回避制度。证据由仲裁庭审定，必要时可组织鉴定或调查相关证据。仲裁时可以进行调解，当事人也可自行和解。仲裁时应制作笔录或录音，必要时可令有关人员签字。

（三）仲裁裁决

仲裁庭应当在案件组庭之日起9个月内作出仲裁裁决书。仲裁庭在合议时实行民主集中制，少数人的意见可记入附卷。

经中华人民共和国涉外仲裁机构裁决的，仲裁裁决书一经制定即产生效力。当事人不得就同一事项向人民法院起诉，也不得向其他机构提出变更仲裁裁决的请求。一方当事人拒不履行仲裁裁决书的，对方当事人可以向被申请人住所地或者财产所在地的中级人民法院申请强制执行。申请人须提出书面申请书，并附裁决书正本。如果申请人为外国一方当事人，其申请书须用中文提出。

根据《民事诉讼法》第274条第1款的规定，对中华人民共和国涉外仲裁机构作出的裁决，被申请人提出证据证明仲裁裁决有下列情形之一的，经人民法院组成合议庭审查核实，裁定不予执行：①当事人在合同中没有订有仲裁条款或者事后没有达成书面仲裁协议的；②被申请人没有得到指定仲裁员或者进行仲裁程序的通知，或者由于其他不属于被申请人负责的原因未能陈述意见的；③仲裁庭的组成或者仲裁的程序与仲裁规则不符的；④裁决的事项不属于仲裁协议的范围或者仲裁机构无权仲裁的。

仲裁机构裁决的事项，如果部分属于仲裁协议的范围，部分超过协议范围，对超过部分，法院应当裁定不予执行。

人民法院认为存在上述情形之一的，须报请本辖区所属高级人民法院进行审查，如果高级人民法院同意不予执行或者拒绝承认和执行，应将其审查意见报最高人民法院。待最高人民法院答复后，方可裁定不予执行或者拒绝承认和执行。

《民诉法解释》第540条规定："申请人向人民法院申请执行中华人民共和国涉外仲裁机构的裁决，应当提出书面申请，并附裁决书正本。如申请人为外国当事人，其申请书应当用中文文本提出。"第541条规定："人民法院强制执行涉外仲裁机构的仲裁裁决时，被执行人以有民事诉讼法第274条第1款规定的情形为由提出抗辩的，人民法院应当对被执行人的抗辩进行审查，并根据审查结果裁定执行或者不予执行。"

人民法院认为执行该裁决违背社会公共利益的，裁定不予执行。仲裁裁决被人民法院裁定不予执行的当事人可以根据双方达成的书面仲裁协议重新申请仲裁，也可以向人民法院起诉。

四、仲裁裁决的撤销

撤销仲裁裁决是国际上通行的一种制度，美国、日本、法国、德国等都规定有这样的程序。我国《仲裁法》第70条规定，当事人提出证据证明涉外仲裁裁决有

《民事诉讼法》第274条第1款规定的情形之一的，经人民法院组成合议庭审查核实，裁定撤销。法院在撤销前，应当得到所在辖区高级法院及最高法院的核准。

撤销涉外仲裁裁决与不予执行涉外仲裁裁决的条件虽然类似，但二者并不重复。由于裁决的双方当事人都可申请撤销裁决，所以，仲裁裁决制度倾向于保护双方当事人的利益，而不予执行仲裁裁决制度保护的只是被申请执行人的利益。同时，在荷兰等许多国家，撤销仲裁裁决与不予执行仲裁裁决的原因是截然不同的。

对于裁决书中的书写、打印、计算等性质的错误，当事人则可在收到裁决书的一定期限内，书面申请仲裁庭作出更正。

法院对涉外仲裁裁决的司法审查范围，仅限于程序方面，即对于裁决在认定事实和适用法律方面是否有错误，不加过问。

【本章小结】

1. 本章阐述了涉外仲裁的概念和特点、涉外仲裁机构、涉外仲裁的原则和涉外仲裁程序。

2. 涉外仲裁，是指根据当事人的约定，涉外仲裁机构依法对当事人之间的争执居中决断的制度。其特点有：涉外仲裁机构属民间性质，有较大的灵活性、广泛的适应性、严格的保密性；涉外仲裁既不同于国内仲裁，也不同于国际仲裁。涉外仲裁原则，是指我国涉外仲裁机构在裁决案件时必须遵循的基本准则，其原则主要有6个。

3. 涉外仲裁程序包括：仲裁协议、申请与受理、仲裁、仲裁裁决的撤销。

【思考题】

1. 涉外仲裁有哪些特点？

2. 涉外仲裁与涉外诉讼之间的主要区别何在？

3. 试述对涉外仲裁裁决的撤销和不予执行的法定事由。

【参考文献】

1. 黄进、宋连斌、徐前权：《仲裁法学》，中国政法大学出版社2002年版。

2. 汪祖兴：《国际商会仲裁研究》，法律出版社2005年版。

3. 王胜明主编：《中华人民共和国民事诉讼法释义》，法律出版社2012年版。

第四十章

司法协助

学习目的和要求　了解司法协助的含义、意义、种类；理解一般司法协助的内容和办理程序；掌握承认和执行外国法院判决和涉外仲裁机构裁决的条件。

第一节　司法协助概述

一、司法协助的概念

司法协助，是指一国法院或其他机构根据本国缔结或参加的国际条约或互惠原则，为他国法院代为一定的诉讼行为或与诉讼有关的行为的制度。司法协助制度是随各国经济、贸易、文化的频繁交往而逐步形成和发展起来的。1896 年在海牙签订的《民事诉讼程序公约》是较早的司法协助文件。该公约规定，送达诉讼文件的委托，由委托国领事向受托国有关机关提出；送达文件的委托不得拒绝，除非受托国认为送达损害它的主权或安全。20 世纪以后，有关司法协助的国际条约日渐增多，如 1928 年美洲国家签订的《巴斯塔曼特法典》、1958 年在纽约签订的《纽约公约》、1971 年在海牙签订的《海牙民商事案件外国判决的承认和执行公约》等。根据这些公约的规定，司法协助的义务机构不仅包括法院，也包括司法部等机构。只有当受委托执行司法行为的机构为另一国的机构时，才是司法协助，所以，当请求行为的执行是一国外交机构或领事机构的职责时，就不能叫做司法协助。另外，某一法院要求定居在国外的个人为特定的司法行为的，也不是司法协助。

司法行为是一种主权行为，基于主权独立的原则，任一主权国家都有排斥他国司法行为的绝对权力，但出于跨国民事诉讼的实际需要，不依赖司法协助，案件就无法进行，国际民事纠纷得不到解决，各国在事实上限制自己的主权而对他国的司法程序给予协助，也正因为如此，司法协助一般要以有条约、互惠关系或外交关系为前提，而且协助国在实施相应行为时，一定是根据本国法律而进行的。

司法协助有利于保护当事人的合法利益。当事人请求司法保护的目的是维护自己的民事利益，而法院保护当事人合法利益的唯一手段是制定裁判并使之付诸实现。但根据国家主权原则，本国生效裁判包括本国生效的仲裁裁决只能在本国领域内才具有法律效力。倘裁决或仲裁裁决涉及境外当事人或执行对象存在于国外时，欲使其在他国发生法律效力，只有依赖司法协助制度。

司法协助有利于促进各国经济、贸易、科技和文化的交流。事实证明，闭关锁国是国家经济发展的桎梏。国家要发展，必须"对外开放"。对外开放就要交流，有交流必有一些纠纷，有纠纷必有诉讼。司法协助制度有利于纠纷的平息，有利于诉讼功能的彻底实现，客观上会推动和促进各国经济、贸易、科技和文化的交流。

鉴于司法协助的重要作用，我国《民事诉讼法》在第二十七章专章对其作了比较详尽的规定。

二、司法协助的种类

当今各国法律多数都有司法协助的规定。但由于各方面的原因，每一个国家关于司法协助的规定又不尽一致。有的司法协助范围广泛，有的稍显狭窄。概而言之，司法协助的范围囊括以下五个方面：①代为送达诉讼文书；②代为调查证据、询问证人；③根据委托向对方提供有关法律资料和文件；④承认和执行外国法院生效裁判；⑤承认和执行外国仲裁机构生效裁决。法学界针对司法协助范围不同的实际状况，在理论上作了一个大概的分类：凡囊括以上五个方面内容的称为广义司法协助；仅包含上述①～③方面内容的称为狭义司法协助。狭义司法协助又称为一般司法协助。单独指④、⑤方面内容的，又称为特殊司法协助。

三、司法协助的根据和原则

（一）司法协助的根据

司法协助的根据是指司法协助发生的基础。从各国诉讼立法和实践分析，司法协助的根据有三种：

1. 国家之间缔结的双边协定或协议。通过签订双边协定或协议明确两国间的司法协助，是当今各国普遍采取的方式。双边协定或协议一旦生效，两国法院便负有互为对方司法协助的义务。至于司法协助范围、途径、程序，全由协定（协议）确定。

2. 两国共同参加的有关司法协助的多边国际条约。[1]主权国家一旦参加条约即应遵守该国际公约，本国对该条约其他参加国便负有司法协助的义务。当然，声明保留的条款除外。基于国家主权和司法权统一行使的原理，地方各级人民法院与外国或其司法机关订立的司法协助协定是不适当的行为，已经订立的应当中止执行。

3. 互惠关系。国家的主权神圣不可侵犯。当主权国家之间既未缔结司法协助协定，又未共同参加有司法协助内容的有关国际条约时，按理双方是不能进行司法协助的。但是，建立有外交关系的国家，为了双方的方便，根据国际惯例，可以按互惠关系形成事实上的司法协助关系。事实上的司法协助关系一旦成立，两国法院便可以互为对方为一定的诉讼行为。诉讼行为的范围按对等原则确定。

---

[1] 例如，我国于1991年3月2日加入的《海牙公约》，1986年12月2日加入的《纽约公约》，等等。

第四十章

（二）司法协助原则

司法协助涉及国家间的关系，尊重他国主权和法律的基本原则，不违反他国社会公共利益是司法协助不可动摇的原则。

在涉外民事诉讼中，国家主权主要体现在案件管辖、语言文字、律师制度、法律适用等方面。因此，请求他国协助事项不得属于他国法院专属管辖范畴；委托他国完成的文件须附有该国通用的语言文字文本或国际条约规定的其他文字文本；委托事项不得有碍他国安全和社会公共利益。否则，他国有权拒绝协助。司法协助所适用的法律一般是依受托国本国法，但也可以在不违背自己本国法基本原则的前提下，应对方要求，适用对方法律或依对方指定的特定方式进行。

进行司法协助应当坚持平等、互惠原则。各当事国地位平等，相互尊重，不得将本国意志强加于他国或以此为借口制裁、攻击他国。国与国之间没有司法协助条约时，应坚持互惠对等，彼此遵循国际惯例。

同样，我国人民法院受托完成协助任务时，也必须依照上述原则对委托内容详加审查。凡违反中华人民共和国法律的基本原则或者国家主权、安全、社会公共利益的，不予协助。

■第二节 一般司法协助

一、一般司法协助的内容和途径

（一）一般司法协助的内容

一般司法协助，又叫普通司法协助，是指一国法院按一定根据为他国法院完成一定诉讼行为的制度。"一定诉讼行为"内容包含三项：①代为送达诉讼文书。如送达起诉状、答辩状、上诉状、传票、判决书等。②代为调查取证。如代为询问证人、当事人，代为调取证据，代为现场勘验，等等。③提供有关法律资料。

一般司法协助内容的实现和完成取决于两个方面：①委托方提出请求；②受托方实施协助。受托方实施协助即完成诉讼行为时，一般应适用本国法律。例如，代为询问证人，如本国法律明令证人必须宣誓，获取证言前，应该让证人宣誓，但条约有特殊规定的除外。

（二）一般司法协助的途径

1. 国际条约或协议规定的途径。例如，1987年9月28日生效的《中华人民共和国和法兰西共和国关于民事、商事司法协助的协定》中规定，提供司法协助，除本协定另有规定外，应当通过缔约双方各自指定或建立的中央机关进行。我国指定的中央机关为司法部。

2. 外交途径。适用外交途径，限于两国尚未签订司法协助协定或双方均未参加有关国际条约，但双方业已建立外交关系。当需要司法协助时，要按互惠原则通过外交途径解决，这也是国际惯例。通过外交途径时，一般由外交机关作为中介，最

第四十章

终还是由协助国司法机关实施协助，这是它与使领馆途径的区别。

3. 使领馆途径。本国驻外国使领馆代为完成某种诉讼行为是司法协助的又一途径。由于该途径是本国机关在他国实施诉讼行为，涉及驻在国的法律和利益，故必须严格遵循下列规定：①采用这种途径只能向本国公民实施诉讼行为，不能向外国公民实施诉讼行为；②不得违反驻在国的法律；③不得采取强制措施。

上述三种途径是对各国一般司法协助的概括。实践中，一国进行一般司法协助途径由其国内法规定。

我国法律对上述三种途径持认可态度。《民事诉讼法》第 277 条第 1 款规定："请求和提供司法协助，应当依照中华人民共和国缔结或者参加的国际条约所规定的途径进行；没有条约关系的，通过外交途径进行。"

外国驻中华人民共和国的使馆可以向该国公民送达文书和调查取证，但不得违反中华人民共和国的法律，并不得采取强制措施。

与我国没有司法协助协议又无互惠关系的国家的法院，未通过外交途径，直接请求我国法院司法协助的，我国法院应予退回，并说明理由。

未经中华人民共和国主管机关准许，任何外国机关或者个人不得在中华人民共和国领域内送达文书和调查取证。

二、一般司法协助程序

根据《海牙公约》《取证公约》《民事诉讼法》的有关规定和有关部门制定的文件精神，国家之间一般司法协助程序分为三种：①公约成员国之间的司法协助程序；②与我国订有司法协助协议的程序；③与我国只有外交关系的国家进行一般司法协助时的程序。1991 年 3 月 2 日，第七届全国人大常委会第十八次会议决定批准我国加入《海牙公约》；1997 年 7 月 3 日，第八届全国人大常委会第二十六次会议决定批准我国加入《取证公约》。兹分述如下：

（一）公约成员国间司法协助程序

凡公约成员国驻华使、领馆转送该国法院或其他机关请求我国送达的民事或商事司法文书，应直接送交我国司法部，由司法部转递给最高人民法院，再由最高人民法院交有关人民法院送达给当事人。

凡公约成员国有权送达文书的主管机关或司法助理人员请求我国送达的民事和商事司法文书，应直接送交我国司法部转递给最高人民法院，再由最高人民法院交有关人民法院送达给当事人。

公约成员国要求我国代为调查取证，请求书应依上述送达程序交我国司法部，由司法部转交给最高人民法院，再由最高人民法院送交有执行权的人民法院执行。

送达证明由有关人民法院交最高人民法院送司法部，再由司法部送交该国驻华使领馆或该国主管当局或司法助理人员。

我国法院欲请求公约成员国向该国公民或第三国公民或无国籍人送达民事、商事司法文书，有关中级人民法院或专门人民法院应将请求书和所送司法文书送有关高级人民法院转交最高人民法院，由最高人民法院送司法部转送给该国指定的中央机关；必要时，也可由最高人民法院送我国驻该国使馆转送给该国指定的中央机关。我国法院请求公约成员国调查取证，依上述送达程序将请求书及必要的文件送该国有责任接收请求的指定中央机关，再由其根据本国法律调查证据。

公约成员国驻他国使、领馆可以直接向本国公民送达民事或商事司法文书，但不得违反他国法律。

我国与公约成员国签订有司法协助协定的，按协定的规定办理。

（二）订有司法协助协议时，进行一般司法协助的程序

外国一方法院请求我国协助时，首先，应通过我国司法部递交申请我国法院提供司法协助的请求和有关文件；其次，由司法部将请求书和有关文件转交最高人民法院，经审查后，送交有关高级人民法院指定的中级人民法院或专门人民法院办理；最后，办理结果由承办法院交有关高级人民法院，由高级人民法院审核后报最高人民法院，并由其译成外文，连同原文书一并送司法部，再由司法部转递提出申请的外国一方。

如系我国法院委托外国一方法院予以司法协助的，亦应按司法协助协定提出请求文书和附件，经所属高级人民法院审核后，报最高人民法院，最高人民法院审核后，译成外文，连同中文的请求文书和所附文件一并转司法部，由司法部转递给缔约的外国一方。

关于域外取证，在我国同法国、波兰、比利时等许多国家签订的司法协助协定中都有规定，代为送达和代为取证在制度上大体上是相同的。

我国与外国签订的双边司法协助条约中大多规定了上述程序。另外，中俄、中蒙等司法协助条约中则规定了检察机关参与司法协助的程序。

（三）与我国只有外交关系的国家法院进行一般司法协助时的程序

外方要求我国协助时，先由该国驻华使、领馆将委托事项和有关文件交我国外交部领事司审查后转递给有关高级人民法院，再由该高级人民法院指定有关中级人民法院代为完成诉讼行为，完成结果连同原有关文件再按上述程序送外交部领事司转交给对方。

我国要求外方提供一般司法协助的，先将请求书及有关文件报经有关高级人民法院审查，再转由外交部领事司向外方转递。

请求提供一般司法协助时，须注明对方人员的姓名、性别、年龄、国籍及其在国外的详细外文地址，同时附上委托书。委托书和所附法律文书应有该国文字或该国同意使用的第三国文字译本。若受托国法院名称不明时，可委托当事人所在地区主管法院。该国对委托书及法律文书有公证、认证等特殊要求的，按要求办理，但特殊要求不得违反中华人民共和国法律。

进行一般司法协助所需费用按对等原则办理，现在国际条约主张完全废除有关国际司法协助的费用和特别手续费用，但应委托方要求，用特殊方式送达法律文书

所引起的费用以及有关证人、鉴定人、翻译人员的旅费、食宿费和报酬，应由委托方负担。

■第三节　特殊司法协助

特殊司法协助相对于一般司法协助而言，是指两国法院在一定的前提下相互承认并执行对方法院制作的生效裁判和涉外仲裁机构制作的生效裁决的制度。

特殊司法协助包含两方面的内容：①对外国法院和涉外仲裁机构裁决的承认和执行；②我国法院和涉外仲裁机构裁决在国外的承认和执行。

一、对外国法院和涉外仲裁机构裁决的承认和执行

（一）对外国法院和涉外仲裁裁决的承认和执行的概念

在一般条件下，一国法院或仲裁机构生效裁决的效力只及于本国。在特定条件下，一国法院和涉外仲裁机构裁决才需在他国实现和完成。一国法院和涉外仲裁机构裁决欲在他国实现和完成，首先应得到他国对裁决效力的认可，其次才是如何实现的问题。可见，承认和执行外国法院和涉外仲裁机构裁决有两层含义：①承认他国法院和涉外仲裁机构裁决在本国境内具有法律效力；②执行已被认可有法律效力的裁决。承认是执行的前提，执行是承认的延续。

（二）承认和执行外国法院和涉外仲裁机构裁决的条件

根据我国与外国缔结参加的国际条约和《民事诉讼法》的规定，承认和执行外国法院和涉外仲裁机构裁决应符合以下条件：①当事人所在国或请求法院所在国与我国订有司法协助协定或共同参加有承认和执行内容的条约或存在互惠关系；②须有当事人或外国法院向我国有管辖权的中级人民法院提出承认与执行某裁决的请求；③请求承认与执行的裁决确已生效；④制作该裁决的法院或涉外仲裁机构对裁决事项拥有管辖权，并不在我国声明保留条款之列；⑤外国法院和涉外仲裁机构制作裁决时的程序合法；⑥该裁决不违反我国法律的基本原则，不危及国家主权、安全和社会公共利益。

人民法院收到当事人或外国法院提出的请求后，应按上述条件予以认真审查。审查认定符合条件者，对外国法院裁判或涉外仲裁裁决予以承认，承认用裁定形式。需要执行的，由人民法院发出执行令，按我国《民事诉讼法》有关执行程序的规定执行。

人民法院审查认定请求不符合或不完全符合上述条件者，裁定驳回申请，拒绝承认与执行。

二、我国法院和涉外仲裁机构的裁决在国外的承认和执行

《民事诉讼法》第280条规定："人民法院作出的发生法律效力的判决、裁定，如果被执行人或其财产不在中华人民共和国领域内，当事人请求执行的，可以由当事人直接向有管辖权的外国法院申请承认和执行，也可以由人民法院依照中华人民

共和国缔结或者参加的国际条约的规定，或者按照互惠原则，请求外国法院承认和执行。"

我国涉外仲裁机构制作的生效仲裁裁决，当事人请求执行的，如果被执行人或其财产不在我国领域内，应当由当事人直接向有管辖权的外国法院申请承认和执行。由于我国是1958年《纽约公约》的成员国，我国涉外仲裁机构的仲裁裁决可以在世界上已加入该公约的90多个国家和地区得到承认和执行。

当事人请求外国法院承认和执行我国法院或涉外仲裁机构生效裁决时，必须提供下列文件：①生效裁决副本；②业已送达的送达回证或其他证明文件，审判中有缺席判决情形的，还应提供缺席判决合法的有关法律文件；③上述文件的译本，译文须采用对方通行或认可的文字。

外国法院收到当事人或我国人民法院的请求后，与我国有司法协定或条约的，按协定或条约规定的要件审查；与我国无条约关系的，按互惠原则进行审查，审查合格者，按该国法律规定的程序予以承认和执行。

《民诉法解释》第550条规定："当事人在中华人民共和国领域外使用中华人民共和国法院的判决书、裁定书，要求中华人民共和国法院证明其法律效力的，或者外国法院要求中华人民共和国法院证明判决书、裁定书的法律效力的，作出判决、裁定的中华人民共和国法院，可以本法院的名义出具证明。"

承认和执行外国法院裁判文书和仲裁机关的裁决书制度中存在的问题是：各国国内法和不同的国际条约或规定的程序不尽相同，典型的模式有三种：

1. 登记制度。主要为英美国家所采用，外国法院判决要想得到承认，须由胜诉方先行进行登记，然后再以外国法院判决为诉由向承认国法院起诉，承认国作出内容相同的判决，再予执行。

2. 执行状制度。这一制度为德国所采用，其特点在于将承认外国法院判决和执行外国法院判决分成两个阶段，分别适用不同的条件。

3. 裁定承认制度。我国承认和执行外国法院判决是以裁定方式进行的，这一做法也具有一定的代表性。

国际上正在为统一各国的做法而努力，寻求一个为多数国家所认可的承认和执行外国裁决的程序是必然的趋势。

【本章小结】

1. 本章阐述了司法协助的概念、根据、原则和一般司法救助的概念、内容、途径、程序，以及特殊司法救助概念、内容。

2. 司法协助，是指一国法院或其他机构根据本国缔结或参加的国际条约或互惠原则，为他国法院代为一定的诉讼行为或与诉讼有关的行为的制度。司法协助的根据是指司法协助发生的基础。其根据有：国家之间缔结的双边协定或协议；两国共同参加的有关司法协助的多边国际条约；互惠关系。司法协助涉及国家间的关系，尊重他国主权和法律的基本原则，不违反他国社会公共利益是司法协助不可动摇的原则，司法协助还应当坚持平等、互惠原则。

3. 一般司法协助，是指一国法院按一定根据为他国法院完成一定诉讼行为的制度。其途径有：国际条约或协议规定的途径；外交途径；使领馆途径。国家间一般司法协助程序分为三种：①公约成员国之间的司法协助程序；②与我国订有司法协助协议的程序；③与我国只有外交关系的国家进行一般司法协助时的程序。

4. 特殊司法协助，是指两国法院在一定的前提下相互承认并执行对方法院制作的生效裁判和涉外仲裁机构制作的生效裁决的制度。它包括两方面的内容：对外国法院和涉外仲裁机构裁决的承认执行；我国法院和涉外仲裁机构的裁决在国外的承认和执行。承认和执行外国法院和涉外仲裁机构裁决应符合 6 个条件。

【思考题】

1. 什么是司法协助？它有什么重要意义？
2. 承认和执行外国法院判决和涉外仲裁机构裁决有哪些条件？

【参考文献】

1. 司法部司法协助局编：《司法协助的研究》，法律出版社 1996 年版。
2. 王胜明主编：《中华人民共和国民事诉讼法释义》，法律出版社 2012 年版。